创新思维法学教材
Legal Textbooks of Creative Thinking

民　法

Civil　Law

主　编 ▶ 马俊驹　辜明安
撰稿人 ▶（以撰写章节排序）
马俊驹　王伦刚　童列春　申海恩
辜明安　张金海　江海波　唐清利

WUHAN UNIVERSITY PRESS
武汉大学出版社

图书在版编目(CIP)数据

民法/马俊驹,辜明安主编. —武汉:武汉大学出版社,2012.1
创新思维法学教材
ISBN 978-7-307-09371-3

Ⅰ.民… Ⅱ.①马… ②辜… Ⅲ.民法—中国—高等学校—教材
Ⅳ.D923

中国版本图书馆 CIP 数据核字(2011)第 272681 号

责任编辑:胡 荣   责任校对:刘 欣   版式设计:马 佳

出版发行:**武汉大学出版社**   (430072 武昌 珞珈山)
(电子邮件:cbs22@whu.edu.cn 网址:www.wdp.com.cn)
印刷:武汉中科兴业印务有限公司
开本:720×1000 1/16 印张:44.5 字数:918 千字 插页:1
版次:2012 年 1 月第 1 版 2012 年 1 月第 1 次印刷
ISBN 978-7-307-09371-3/D·1128   定价:64.00 元

目　　录

第五编　继　承　法

第六编　侵权责任法

导　论

一、民法整体之概观

民法是国家重要的基本法之一，是调整平等主体之间的社会关系或人们日常生活的法律规范体系。民法是商品经济一般条件在法律上的反映，其存在和发展与人类平等思想的形成直接相关。民法原则蕴含了对个人至高无上的价值观念和尊严的尊重，是法治社会得以产生和成长的精神基石。在身份等级社会，不会有近代意义上的民法，只有承认人类在本质上是平等的，才会产生民法的构成原理和制度规则。民法确认人的个体的独立性，允许和保护个人所拥有的财产利益和精神价值，促进了社会进步和经济发展。民法强调主体的意志自由、行为自主，非依照法律规定，国家不得对其进行制约和干预，民法规范大多为任意性规范，虽然有一些强制性规范，但也是为了保障平等主体的意志自由和协调其利益关系服务的。民法是以保护个人权利即私权为宗旨，实行权利本位，以权利为中心的规范体系。其内容包括权利主体的确认、权利的种类和构成、权利的行使方式、权利的保护方法等。在我国，立法上实行民商合一体例，民法包含商法，商法是民事特别法，民法的基本原则适用于商法。

民法调整的社会关系包括财产关系和人身关系。民法调整的财产关系，是指人与人之间因财产而发生的具有经济内容的社会关系，它包括财产的支配关系和流转关系。财产支配关系的规范构成物权制度，财产流转关系的规范构成债权制度，由此构成传统民法财产权制度的二元体系。财产关系不仅包括有形财产关系，也包括无形财产关系，而且随着科学技术的发展和社会的变革，无形财产关系已成为民法调整的重要内容。民法调整的人身关系，是指与人身相联系且又不直接体现为物质利益的社会关系，它包括人格关系和身份关系。调整人格关系的规范构成人格权制度，体现民法对人格尊严和相关伦理价值的确认和保护；调整身份关系的规范构成身份权制度，体现民法对因不同社会身份产生的个人利益份额的确认和保护。

为什么民法也要调整身份关系？因为人格平等与身份差异是人类社会结构中两个不可分离的元素，它体现了人与人之间共性与个性的共存。一方面，我们必须在人的社会中树立一个普遍的、一致的平等理念，以此作为人们保护自身利益、实现个体权利的原则和尺度，但这里所谓的"平等"只具有抽象的、理性的、相对的和法律形式上的意义；另一方面，我们也必须承认人性是独特的也是多元的，在任何的社会或群体中，每个人都有自己的位置，即不同的角色或身份。民法是一项维护社会公平与和谐的重要法律，因此就要承认人的身份差异，针对不同身份人群的切实需求以及社会的现有资源和储存，运用相关民法规范调整社会的分配和占有关系，引导和规制人与人之间的团结、协作关系，使每一个人都能有尊严地生活，从而实现人间大同与和谐、个性自由与人格独立的理想。[1]

根据民法调整社会关系的内容和性质，为了实现社会的公平正义，其调整方式具有以下特点：（1）维护民事主体的平等地位。由于民法只调整平等主体之间的社会关系，所以必须将这些社会关系的参与者置于平等的地位，将其视为各自独立的、彼此互不依赖的当事人，排除任何个人、团体的政治权利、经济实力、行为能力的差异等因素对处理民事关系的不利影响。（2）尊重民事主体的自主意志。民法遵循意思自治原则，所以民法规范以任意性规范为主，任意性规范对民事主体实施行为仅起指导性作用，在法律许可的范围内，其当事人可以根据自己的意愿选择和决定实施某项行为。（3）肯定解决争议方式的多样性。与民法尊重民事主体的平等地位和自主意志相联系，民法允许民事主体选择解决纠纷的方式，这包括选择诉讼和选择仲裁、第三人调解或自行和解等。（4）强调救济措施的公正性。民法规定的民事责任既是对违法行为的制裁，也是对受侵害人权利的救济。民事责任除了根据责任构成的有关原则和规则认定外，还应本着社会公正、弥补损失、合理负担、团结协作的原则和方式承担。[2]

民法在法律体系中的地位。在国内法中，宪法是国家的最高法律，是保证公民基本权利、实现国家兴旺发达与长治久安的法律。民法是调整民事关系的基本部门法，是维护公民民事权利、促进经济发展和社会文明与和谐的法律。宪法规定公民享有的财产权和以人的尊严为核心的各项基本权利，也是民法应当给予保护的。在法治社会，公民的自由、平等与国家发生关系时由宪法规定，与他人发生关系时由民法规定。在划分公法与私法的传统下，民法及其商法属于私法，宪法、行政法、刑法、诉讼法属于公法，它们针对不同的调整对象以不同的调整方式构筑了国家的整个法律体系。

近代民法有大陆法系和英美法系之分。大陆法系以罗马法为共同的法学基础，形成并盛行于欧洲大陆，始为规定公民之间关系而制定，其他部门法均从民法原则出发逐步得以发展。大陆法系重视法律的法典化，《法国民法典》、《德国民法典》是近代民法典的代表。中国自晚清西学东渐以来，民法采大陆法系成文法模式，1911年起草的《大清民律草案》、1925年起草的《中华民国民律草案》、1929—1931年陆续颁布实施的《中华民国民法典》，均采纳了德国的民法结构。新中国成

---

① 马俊驹：《人格和人格权理论讲稿》，法律出版社2009年版，第21页。
② 马俊驹、余延满：《民法原论》（第三版），法律出版社2008年版，第6页；江平主编：《民法学》，中国政法大学出版社2000年版，第42页。

立后，民事立法虽经历了曲折复杂的发展过程，但始终未脱离大陆法系概念化的基本立法体系。英美法系以英国普通法为基础，其渊源主要为判例法，以解决现实社会生活和诉讼为目的，表现出立法的浓厚经验色彩。随着政治、经济、文化的交流和融合，法律全球化的发展趋势日益显见，使得两大法系的传统区别已越趋模糊，这也明显地反映到我国的民事立法中。

二、民法是市民社会关系的基本准则

市民社会是人类关系中一个复杂而独特的领域，自亚里士多德首次提出这个概念之后，历世西方学者对此有着不同的理解和阐释。黑格尔是最早将市民社会和政治国家区分开来的哲学家，他认为"市民社会是在现代世界中形成的"，是"各个成员作为独立的单个人的联合"。① 马克思既吸收了黑格尔关于市民社会理论的合理内核，又批判了他所宣扬的"国家高于社会"的伦理精神，进而指出，市民社会和政治国家属于人类生活的两个不同领域，市民社会是人的物质生活领域，国家是人的政治生活领域。② 正因为如此，以物质生产活动为内容的市民社会，"在一切时代都构成国家4以及任何其他的观念的上层建筑的基础"③。所以，在市民社会与国家的关系方面，是市民社会决定了国家，而不是国家决定了市民社会。市民社会是一种以个体理性为基础，以市场机制为核心的经济关系的网络，也是生产、交换和分配的特定场所。市民社会是个人利益的社会关系的总和，市场机制决定了个人在法律上的平等地位，决定了民法固有的平等、自由理念。孟德斯鸠有句名言，"一个人只有受民法的支配才有自由。因此，我们自由，是因为我们生活在民法之下"④。可见，民法对于市民社会关系的调整和维护，是须臾不可或缺的。

古代罗马社会，市民阶层逐渐形成，罗马法的起始就是市民社会产生和发展的结果。当时，市民社会还是一个有着多层含义的政治共同体，它与政治社会的各种因素交织在一起。但是，罗马人已经认识到公共领域与私人领域的界分对于维系社会的重要性，从而确立起个人存在于社会的独立价值，这是市民社会得以存在的基本条件，也是罗马法司法制度产生的根源所在。马克思认为，罗马法是"以私有制为基础的法律的最完备形式"⑤。公元前449年《十二表法》的颁布，是平民与贵族反复斗争的结果，是市民社会与政治社会渐显区分的反映，它标示着古典市民社会的产生。至帝政后期，先后颁布和编纂了新的法律和法学教程，形成了由

---

① ［德］黑格尔：《法哲学原理》，商务印书馆1982年版，第197页。
② 刘志刚：《立宪主义语境下宪法与民法的关系》，复旦大学出版社2009年版，第30页。
③ 《马克思恩格斯全集》（第3卷），人民出版社1979年版，第41页。
④ ［法］孟德斯鸠：《论法的精神》（下），张雁深译，商务印书馆1963年版，第194页。
⑤ 《马克思恩格斯全集》（第3卷），人民出版社1979年版，第143页。

《查士丁尼法典》、《法学阶梯》、《学说汇纂》和《新律》四部分组成的《查士丁尼国法大全》，首开成文法体系之先河。市民法作为适用于某一特殊城邦或国家区域内市民之间的私法规范，为后世民法的发展和民法法典化奠定了基础。

在欧洲中世纪中后期，基于城市的出现和新兴市民阶层的形成，资本主义商品经济关系开始产生、发展，市民阶层逐渐认识到自身独立利益的重要性，开始谋求适于维护自身平等、意思自治的私法调整，这就为公元 12 世纪罗马法在欧洲的复兴提供了社会基础。"当工业和商业进一步发展了私有制（起初在意大利，随后在其他国家）的时候，详细拟定的罗马法便立即得到恢复并重新取得威信。"① 市民社会与民法之间源流相生的关系，再次得到印证。罗马法的复兴，使其民法法典化的传统直接导致了近代欧洲大陆法系国家的法典化运动。1804 年《法国民法典》是世界上最早的一部资产阶级国家的民法典，它"旨在消灭往昔的封建制度，并在其废墟上培植财产、契约自由、家庭以及家庭财产继承方面的自然法价值"②，它首创资产阶级私法三原则：权利平等原则、所有权绝对原则、契约自由原则，从而适应了新兴的资产阶级国家市民社会对于法律的要求，成为之后许多国家制定民法典的蓝本和楷模。20 世纪中叶以来，法国的立法者也根据国内外形势的需要，多次对该法典进行了一些修改。1900 年《德国民法典》，是另一部具有世界性历史意义的民法典。该法典将传承于罗马法的形式理性推向极致，其逻辑严谨、风格独特，体系较《法国民法典》更为完善。但是，该法典缺少开放性和灵活性，不能及时反映出因垄断出现而引起的市民社会关系的重大变化，致使许多调整新型社会关系的法律和司法判例不能纳入法典的概念结构和制度框架之中。这些现象使得有的学者甚至认为，《德国民法典》早在 1900 年就已变得过时与不完整了。③

中国古代社会，法律作为一种统治者的人治之术，其与市民社会对政治国家的限制无干，而与国家权利的专断强横相生相伴。在这种政治环境之下，加之长期奉行的重农抑商政策，市民社会在中国无由产生。在中国固有的法制中，虽不乏民事习俗、规则，但却无法形成彰显着市民社会平等、自治精神的民法。中国对于西方民法的移植，始于清末，但因封建统治者的腐朽和专制，国内又无市民社会产生和发展的经济基础，所以民法无法栖身于中国社会。这就决定了 1929—1931 年颁布的《中华民国民法典》由于欠缺市民社会的土壤，也"未能突然改变中国人的思想，也未能在几年的时间内使中国的法学家和人民接受一千多年来西方天主教法学

---

① 《马克思恩格斯全集》（第 3 卷），人民出版社 1979 年版，第 71 页。
② ［德］K. 茨威格特、H. 克茨：《比较法总论》，潘汉典等译，贵州人民出版社 1992 年版，第 144 页。
③ ［德］K. 茨威格特，H. 克茨：《比较法总论》，潘汉典等译，贵州人民出版社 1992 年版，第 274～278 页。

家研究发展的罗马观念"①。因此，在当时的社会条件下，民法典的作用仍然是有限的。

新中国成立后，1954年、1962年、1979年曾三次起草民法典，但因历史条件的限制，均未成功。1986年颁布了我国第一部民事基本法——《民法通则》，这是一部具有类似于民法典地位的基本法。我国改革开放以来，因市场经济的建立并逐步融入全球经济轨道，国有经济实现产权多元化和完善法人治理结构，着力营造多种所有制经济公平竞争的市场环境。与此相适应，国家法制逐步健全，民事法律日趋完善。国家行政公权者身份与民事私权者身份的分离日益明显，其公权的行使正在"依法行政"的要求下，受到越来越严格的限制；而公民的私人利益受到尊重和维护，从私权长期受忽视，到私法精神深入人心，民间个人权利意识和民主意识得到加强，社会关系结构发生了深刻变化。这表明我国政治领域与私人领域之间的分野逐渐显见，一个新兴的市民社会正在形成。

市民社会的健康成长，需要民法的有力维护。应当承认，我国目前的市民社会较之于政治国家仍然是微弱的，在某些场合下，甚至是依附于政治国家的。在封建社会遗留下来的等级制度、权利崇拜和官本位等观念的影响下，国家公权侵入私人领域，损害乃至践踏私权的现象仍时有发生。与此同时，长期依赖于国家权威来维持秩序的中国社会，非政府性的自律、自治机制相当脆弱，人与人之间理性的、和谐的交往方式并未完全形成。一旦国家的权力约束有所松动，绝对自由主义、极端利己主义的行为又会迅速蔓延，进而扭曲乃至葬送正在形成的市民社会。因此，市民社会与国家也不是隔离的，对于市民社会中的个体生活，国家已经担当了越来越多的责任，它为缓解市民社会中存在的社会资源分配不公和为市民社会提供更多更优质的公共产品作出了贡献，它对于市民社会的健康发展将发挥着积极的作用。然而，国家对市民社会的这种作用必须通过法治的途径才能真正实现。这其中，民法不仅起到界定市民社会与政治国家边界的作用，而且为市民社会的有序运行提供了一个完整的法律规范体系。在我国，民法一方面肩负着权力制衡的使命，使公权力和私权利的行使受到各自行为规范的限制；另一方面肩负着塑造市民社会的使命，让所有人能够自由、平等、更有尊严的生活。民法已经成为调整市民社会关系的基本准则。

三、民法是市场经济关系的本质要求

我国实行社会主义市场经济，民法是调整市场经济的基本法律。市场经济是指在社会经济的运行中市场机制居于主导地位，社会资源的配置主要通过市场进行调节的一种经济组织模式。市场经济的发展需要平等、自由和秩序。这恰恰是民法所

---

① ［法］勒内·达维德：《当代主要法律体系》，漆竹生译，上海译文出版社1984年版，第490页。

能赋予的。民法作为调整商品生产和商品交换关系的规范体系，是市场经济正常、有序、高效运行的根本保证。民法集中体现市场经济条件下平等、自愿、公平、诚实信用等原则的本质要求，在生产、分配和交换过程中规范经济活动中各个主体的权利、义务和行为，是发展社会主义市场经济的重要法律基石。民法和商法在规范市场经济的法律体系中，以规范市场主体、市场行为为主，而市场调控、市场管理、社会福利由经济法、行政法或社会保障法加以调整。根据私法和公法在市场经济法律体系中的不同作用，民法作为私法主要是规范民事主体行为的，公法是规范至少一方为国家或国家公权者行为的，它们以不同的调整方法共同维护着市场经济秩序，保证市场经济进一步促进生产力的发展和实现社会正义。

在我国，建立平等、自由的社会主义市场经济的竞争秩序是经济流畅运行的核心。民法是确认市场主体资格的法律，是明确市场主体的平等地位、权利义务、法律责任及其设立、变更和终止的法律规范。平等是商品交换关系在观念形态上的反映，商品经济的基本规律是价值规律，这体现在民法上就是平等原则。民法坚持平等原则，承认和维护商品生产者、经营者、消费者的平等地位，是实行市场经济必不可少的前提条件，也是贯彻自愿、公平、等价有偿、诚实信用原则的基础和前提。在市场经济活动中，市场主体具有平等、独立的人格，与他人在财产、行为上互不相干，与政府部门也不存在依附关系，有完全的权利能力和行为能力，能够自主实施法律行为，有完全的责任能力，能够对自己的行为承担责任。从而，使每一个自然人和法人在遵守同样的竞争规则下，获得了选择参与经济活动的自由，有了张扬个性和发挥个人才干的机会，激发了人们参加经济建设的积极性和创造性。

民法坚持意思自治原则。意思自治是私法自治的灵魂，是民法的基本理念和法律准则。意思自治，是指民事主体在参与市场经济活动时意志自由、行为自主，根据自己的意志和愿望来设立、变更和终止民事法律关系。意思自治的法律意义在于，一是民事主体享有自主决定权，各自生产和经营活动不受他人或政府部门的非法干预，有利于形成当事人所预期的法律效果，提高竞争能力和经济效率。二是民事主体要为自己所为法律行为的后果负责，违反意思自治而为的法律行为法律不予保护，如因欺诈、胁迫或有重大误解和显失公平的行为，为可撤销的法律行为。合同关系最能体现意思自治的精神，合同是由法律地位平等的双方当事人，通过自主协商决定合同的签订、内容、变更或解除。合同的精髓就是当事人之间的合意，即意思表示的一致。物权关系中，物权的占有、使用、转让和处分也由权利人的自由意志决定。婚姻家庭和继承关系中，民法维护结婚自由、离婚自由、遗嘱自由等。民事责任的承担，表现为自己责任，既然民事主体意志是自由的，行为是自主的，理所当然也要为自己产生的不良后果承担责任。

民法不仅赋予民事主体以平等与自由，而且还要求民事主体担负起维护社会秩序的责任。市场经济是社会化、国际化大生产的产物，特别伴随着金融市场的形成，社会经济运行的信用程度不断提高。为了保证市场经济的有序进行，就必须依据法律规范而不是其他社会规范调整各种经济关系。民法首先设定条件界定市场主体的范围和形式，制定完善的法人制度，使市场主体符合现代企业制度的要求；其次建构科学的法律行为制度。法律行为是私法自治的实现手段，又是对私法自治的限制，正像有学者所言，"一方面私法不能不自治，他方面私法自治确有堪虑之处；为寻求其间之平衡，遂为私法自治设置门槛，此门槛即法律行为也"①。民法除任意性规范外，也有一些强制性规定。如物权法实行法定主义，物权的种类和内容由法律直接规定，而不是由当事人的自由意志任意设立和变更。合同法依据公序良俗原则，限制消极的合同自由，对合同当事人在签订和履行合同过程中违背公序良俗的行为作出限制性规定，以维护经济秩序和社会公正。我国《民法通则》第6条、第7条规定，民事活动不得违反法律和不得违背社会公德。由此确认了禁止权利滥用原则，以此项原则协调个人利益与社会公共利益的关系。在市场经济活动中，每一民事主体都须参与社会的分工与合作，而这要依赖于和谐、稳定的社会秩序和善良的社会风俗，民法则要求民事主体须对社会承担一定的义务，不得违反法律和损害社会公共利益。可见，民法一方面奉行私法自治和私权神圣原则，确认和保护私权，另一方面又维护社会整体利益，防止和禁止侵害社会公共利益的行为，使人类社会得以健康发展。

四、民法的制度体系和基本内容

我国民法沿袭了大陆法系传统，尤以德国民法的逻辑体系为制度架构，结合我国国情和立法实践，形成了民法总则、民事权利、民事责任三个基本组成部分。民法总则又主要包括民事主体和民事法律行为。目前，我国民法典正在制定中，民法还是由《民法通则》及其统率下的各单行民事法律、法规的规范构成。改革开放后，我国先后颁布了《婚姻法》、《继承法》、《收养法》、《担保法》、《拍卖法》、《合同法》、《物权法》、《侵权责任法》等一系列民事法律，构成了民法的基本制度体系。以全国人大常委会2002年12月审议的民法典草案为基础，加之笔者的认识和基本观点，对我国民法的制度体系和基本内容作以下阐述。

1. 民法总则

民法总则立法模式肇始于德国的《撒克逊民法典》，是近代潘德克顿法学的产物。我国法学界多认为未来民法典应设置总则，且《民法通则》已将总则的主要内容作了规定，民法典设置总则是力求在结构上遵从先一般后特殊的原则，形成总则、编、章、节的逻辑体系，达到总则的一般规定适用于各编的特殊规则。在总则设置的内容和体例上，法学界还有一些不同的主张。有学者认为，我国在制定民法典时应将民事主体独立成编，一方面总则既将民法共同适用的规则确定下来，另一

---

① 曾世雄：《民法总则之现在与未来》，中国政法大学出版社2001年版，第189页。

方面又能适应民事主体制度不断发展的客观要求。① 也有学者认为,《德国民法典》模式的总则并不能足够地统领民法制度体系,如法律关系中最重要的民事权利制度就没有包含在内,且人法、代理、物等制度也是民法的具体制度,并非"提取公因式"的产物。② 现在,法学界较一致的意见是,总则的内容包括民法的任务、调整对象、基本原则、法律行为、民事权利、民事责任的一般规定,以及代理、物、诉讼时效、法律适用和法律解释等制度规则。其中,法律行为制度是民法总则的核心制度。

2. 人格权法

在近代民法上,人格是以人的伦理价值为实质基础的,而人的伦理价值又具体表现为"生命、身体、健康、自由、尊严、名誉"等范畴。至现代,各国民法虽然开始使用"人格权"的概念,但它仍然与物权、债权、亲属权、继承权诸"外在与人"的权利不同,是一种"内在与人"的法律地位,或者是自然权利体系中的"天赋权利",它的内涵与罗马法以及承继罗马法各国的传统权利观念相距甚远。人格权引入民法,经历了漫长和艰难的历程。1804 年的《法国民法典》,只是承认形式上的人格平等,还不承认实质意义上的人格权;1900 年的《德国民法典》,仅有了人格权益的规定,将姓名权和一些具体的人格利益放在债编,作为侵权行为的客体加以保护;1907 年的《瑞士民法典》,虽然规定了一般人格权,并将人格法作为独立的一编,但因对人格概念的片面认识,该编实际上是总则编中的民事主体制度,而有关人格权制度的内容仍是在债务法中规定的。

人格权制度的逐步确立,代表了民法现代化、文明化的潮流。各国对民法典的修改,或通过判例阐引,不仅使民法摆脱了财产法的褊狭,而且促进了民法平等观念的深入。现在,人格权已不限于是一项基本的民事权利,而且成为现代民法的基本理念之一。③ 正因为如此,把人格权单独列出并放在民事权利体系的第一位,已是多数学者的意见。④ 在民事权利的体系中,人格权应为诸民事权利的前提和统率,将其放在第一位符合民法发展的潮流,也与我国《民法通则》对人身权和财产权的保护并重的立法思想相吻合。目前,人格权独立成编的最大困难是立法技术上的障碍。由于人格权是现代社会人权运动的产物,许多新类型的人格价值要素还在不断涌现,虽然有关条文较少,但通过制定一个开放的人格权法,可以适应人格权不断扩张的社会现实。在人格权制度与侵权责任制度之间,人格权制度规范的是

---

① 房绍坤等:《中国民事立法专论》,青岛海洋大学出版社 1995 年版;马俊驹:《现代民法的发展与我国未来民法典体系的构想》,载《清华法律评论》第 1 辑,清华大学出版社 1998 年版。

② 马俊驹、梅夏英:《我国未来民法典中设置财产权总则编的理由和基本构想》,载《中国法学》2004 年第 4 期。

③ 王利明主编:《人格权法新论》,吉林人民出版社 1994 年版,第 214、215 页。

④ 谢怀栻:《论民事权利体系》,载《法学研究》1996 年第 2 期。

一般人格权和各项具体人格权，强调人格尊严、人身自由、人身完整，界定其权利的内容和范围；侵权责任制度规范的是人格权受到侵害的确认原则、条件和救济手段。

人格权法首先应对人格与身份作出一般规定，之后主要规定三类人格权：一类为维护人身完整的人格权，如生命权、身体权、健康权等；二类为维护人格尊严的人格权，如名誉权、荣誉权、隐私权、肖像权、形象权等；三类为维护人格自由的人格权，如身体自由权、思想自由权、表述自由权、创造自由权等。人格权法还应确认法人人格权，这包括法人名称权、名誉权、荣誉权、秘密权等。在特殊人格权方面，包括人格商品化权、器官捐赠权、死者生前人格权等。为了认定人格与身份，还应从民法的功能出发，对户籍和身份证、身份登记的效力、身份公证作出一般规定。人格权制度是一项正在建立中的民法制度，立法应为它的发展留下空间，形成一个较为开放的人格权制度体系。

3. 亲属法

大陆法系各国均将婚姻家庭法纳入民法典中，该法适用于民法的基本原则和相关规定。在我国，《民法通则》第103～105条规定了婚姻家庭关系方面的内容，把婚姻家庭法也纳入了民法体系。依照传统民法和我国习惯，还应将调整婚姻家庭关系的法律规范扩大为调整亲属关系的法律规范，即亲属法。现在，将亲属法纳入民法体系已成为我国许多司法工作者和法学界人士的共识。但是，亲属法在民法典中的地位和位置还需进行研究。

亲属法编入民法典的体例，有罗马式编制法和德国式编制法之分，前者以《法国民法典》为代表，将亲属法列入人法编，后者以《德国民法典》为代表，将亲属法作为民法典的独立一编。在德国式编制法中，有将亲属法列为第四编的，如《德国民法典》、《日本民法典》、台湾地区适用的"民法典"，也有将亲属法列为第二编的，如《瑞士民法典》、《土耳其民法典》。我国由于近代民法的历史传统，不可能采取罗马式编制法，只能采取德国式编制法。但是否按《德国民法典》的体例将亲属法列为第四编，这倒不一定。因为《瑞士民法典》将亲属法编排在人格法之后也有充分的理由。

亲属法在本质上是身份法而不是财产法，亲属财产关系也以亲属身份关系为其发生的基础。依据一般民法理论，人身权分为人格权与身份权，而身份权是存在于一定身份关系上的权利。由于社会的文明与发展，许多身份关系（如贵族、商人、家长）已不存在，所以法学者通常认为，身份关系主要是父母子女之间、配偶之间、其他亲属之间发生的亲属关系，所以身份权也称亲属权。亲属权与人格权同属人身权，均具有专属权、排他性和明显的人格色彩。我们如果将人格法列为第二编，亲属法自然应列为第三编。有学者认为，继承法上的权利也属身份权，是否应将继承法与亲属法并列或在其后列为第四编？其实，继承权虽与身份关系相关联，但不是严格意义上的身份权，而是一种由期待权转化而来的既得权，具有明显的财产权性质。所以，继承法在民法典中的位置没有必要一定与亲属法并列或接续。

亲属法编应包括婚姻、亲子、监护三个部分。除亲属法的一般规定外,可以分为三章。第一章婚姻,应将我国新修订的婚姻法(实际上是婚姻家庭法)的有关规定移植于民法典中,其内容主要包括婚姻的成立和解除、婚姻的效力、夫妻间的权利和义务,结合社会经济的变迁与发展,应对夫妻财产制作出更为详细的规定。第二章亲子,亲子法是关于调整亲子关系即父母子女关系的法律规范,其内容主要包括亲子关系的发生、变更和消灭,以及亲子间的权利和义务,特别关于亲权的确定和效力、消灭和恢复等问题也需作出明确的规定。① 第三章监护,监护与行使亲权有所不同,应作为独立的一章加以规定,其内容包括监护的种类、监护人的设立和职责、监护的终止等。

4. 物权法

物权法是民法的重要组成部分。它是调整民事主体对于物的直接管领和支配关系的法律规范的总和。物权法有广义和狭义之分,广义的物权法是指所有规范和调整民事主体对物的支配关系的法律,不仅包括民法典中的物权篇,而且包括诸如《海商法》、《土地管理法》、《农村土地承包法》、《森林法》、《草原法》、《矿产资源法》、《水法》、《文物保护法》等;狭义的物权法专指民法典中关于物权的规定。大陆法系国家(德国、日本)物权法上的物权仅指有体物,主要是不动产和动产,而民事主体对专利、商标等无形财产的支配关系,则由民法中一个新的相对独立的部分,即知识产权法调整。

我国《物权法》于 2007 年 3 月颁布、同年 10 月开始施行。这部《物权法》共 5 编,19 章,247 条。其总则部分,规定了物权法的基本原则,物权的设立、变更、转让和消灭,以及物权的保护方法。物权的基本原则主要有两项:一是物权法定原则;二是物权公示原则,即不动产原则上经过登记发生效力,动产原则上通过交付发生效力。物权包括所有权、用益物权和担保物权。所有权是指物权人依法对自己的物享有全面支配的权利,并从我国国情和实际出发,对国家、集体和私人的所有权分别作了规定,但对它们实行平等保护的原则。用益物权是指物权人依法对他人的物享有占有、使用和收益的权利,如土地承包经营权、建设用地使用权、宅基地使用权、地役权等。担保物权是指为了确保债务履行而设立的物权,包括抵押权、质权、留置权,当债务人不履行债务时,债权人依法享有就担保物优先受偿的权利。该法还对占有作了规定,占有是指占有人对物在事实上的管领和控制②,为

---

① 陈明侠:《亲子法基本问题研究》,载梁慧星主编:《民商法论丛》(第 6 卷),法律出版社 1997 年版,第 71～73 页。

② 马克思在研究罗马法时指出:"私有财产的真正基础,即占有,是一个事实,是不可解释的事实,而不是权利。只是由于社会赋予实际占有以法律的规定,实际占有才具有合法占有的性质,才具有私有财产的性质。"参见《马克思恩格斯全集》(第 1 卷),人民出版社 1964 年版,第 382 页。

维护市场交易安全和社会的和谐与正义，民法对占有关系给予保护。

物权法专章对物权的保护途径、保护方法作了规定。当物权受到侵害时，物权人可以通过和解、调解、仲裁、诉讼等途径解决；并规定，当事人可以通过请求确认物权、返还原物、消除危险、排除妨害、修理、重作、更换或者恢复原状、损害赔偿等方式保护自己的物权。这些保护方式，可以单独适用，也可以根据物权被侵害的情形合并适用。侵权人侵害他人物权要承担民事责任；若违反行政管理规定的，依法要承担行政责任；若构成犯罪的，依法还要追究刑事责任。①

5. 合同法

在我国未来的民法典中，是设债权法编还是设合同法编，民法学界曾有长时间的讨论。各国民法关于债的发生根据规定不尽相同②，但合同是债的最普遍的发生根据，也是债的最重要的法律形式。在传统的债权法体系中，无因管理、不当得利均属缺乏主观要件的事实行为，而且是较少发生的情况。一般来说，这些事实行为没有必要专章规定，可以依其主要特征分别放在侵权法通则或合同法分则中规定，如将不当得利放在无过错责任的侵权行为之后规定，将无因管理放在委托合同之后规定，也能够为受损害的一方提供适当的法律救济，实现法律上的公正。严格意义上讲，侵权行为所产生的民事责任不能与债相提并论。债是法的当为，责任为法的强制，二者相区分的思想已被越来越多的国家的民事立法所接受③。我国《民法通则》对债务与责任即持区分态度，侵权行为问题不放在债权中规定，而是放在第六章民事责任中规定。

由此看来，债权法的核心内容是合同问题，债权法的一般规则就是合同法的一般规则。如果我们在合同法编中对债权债务关系作出一般规定，自无须再为债权法设立专编，否则难免叠床架屋，而且合同通则又明显单薄。债权法不设专编并不等于废弃债权、债务的概念。在我国，合同的性质是债权合同，它的定义就与设立、

---

①　胡康生：《物权法的基本原则及其主要内容》，载《中华人民共和国物权法释义》，法律出版社 2007 年版，第 3、16 页。

②　各国民法关于债的发生根据规定各异：《法国民法典》沿袭罗马法的规定，将合同、准合同（包括无因管理、不当得利等）、侵权行为、准侵权行为列为债的发生根据；《德国民法典》未列举债的发生根据，在第二章规定合同通则，第七章规定各种合同（该章还分别规定无因管理、不当得利、侵权行为）；《瑞士民法典》（债务法）规定合同、侵权行为、不当得利三项为债的发生根据，无因管理的规定则散见于各种债的关系中；《日本民法典》规定合同、无因管理、不当得利、不法行为四项为债的发生根据；台湾地区适用的"民法典"规定合同、代理权的授与、无因管理、不当得利、侵权行为五项为债的发生根据；我国《民法通则》未集中列举债的发生根据，在第五章第二节债权中，除规定合同的基本规则外，分别在第 92 条、第 93 条规定不当得利和无因管理，侵权行为放在第六章民事责任部分规定；英美国家的合同法与侵权法相互独立，并不强调合同、侵权行为是债的发生根据，在合同判例中，则承认准合同理论。

③　孔祥俊：《民商法新问题与判解研究》，人民法院出版社 1996 年版，第 115 页。

变更、终止债权债务密切相关。我们设立合同法专编，至少有以下意义：（1）突出合同法在民法典中的地位，符合现实经济活动和法律生活的实际；（2）集中规定债权债务关系的一般规则，有利于民法体系的完善和法律上的适用；（3）摆脱传统民法体系的束缚，适应现代合同法的发展趋势。

我国1981年颁布了《经济合同法》，1985年颁布了《涉外经济合同法》，1987年颁布了《技术合同法》，为了适应建立市场经济体制的需要，更好地与国际合同法制衔接，维护合同当事人的合法权益，于1999年3月颁布了统一的《合同法》，并于同年10月开始实施。该法分总则和分则，共23章，428条。总则内容包括合同法的一般规定、合同的订立、合同的效力、合同的变更和转让、合同的权利义务终止、违约责任等；分则规定了买卖合同，供用电、水、气、热力合同，赠与合同，借款合同，租赁合同等15类合同规则。这部《合同法》实施后，原《经济合同法》、《涉外经济合同法》和《技术合同法》废止。

根据我国《民法通则》规定的基本原则，合同是指平等主体之间设立、变更、终止债权债务关系的协议。合同法强调平等、自愿和公平、诚实信用原则。在合同订立方面，规定了合同主体资格、合同形式和订立方式，并对缔约过失责任作了规定。在合同效力方面，规定了依法成立的合同，自成立时生效；应当办理批准、登记等手续的，依照其规定。在合同履行方面，规定了同时履行抗辩权和不安抗辩权，以及代位权和撤销权。在《合同法》制定过程中，曾多次讨论情势变更制度，但情势变更的事实难以界定，特别是与商业风险的界限难以划清，又缺乏司法实践经验，对此作出规定的条件尚不成熟，所以该《合同法》没有规定情势变更的相关规则。在违约责任方面，规定了一方当事人未支付价款或报酬的，对方可以请求其支付价款或报酬及其逾期利息；对于一方当事人不履行非金钱债务的，对方可以请求强制履行；一方当事人不履行债务给对方造成损失的，其赔偿额应当相当于因违约所给对方造成的损失，包括合同履行后可以获得的利益。该《合同法》还规定了预期违约制度，即一方当事人明确表示或者以自己的行为表明不履行合同的，对方可以在履行期届满前请求其承担违约责任。

在《合同法》的分则部分，有几种合同规则应予关注。在买卖合同中，规定了标的物的权利瑕疵担保义务，即出卖人就交付的标的物，负有保证第三人不得向买受人主张任何权利的义务，但买受人订立合同时知道或者应当知道第三人对买卖的标的物享有权利的除外。在赠与合同中，采取大陆法系的做法，规定赠与合同为诺成合同，但赠与可以附义务，并规定赠与的财产依法可以办理登记，登记后即移转财产所有权并产生对抗善意第三人的效力。在借款合同中，强调借款人负有信息披露和按期返还借款的义务，贷款人应当按约定的日期、数额提供借款，否则应当赔偿损失。在租赁合同中，双方当事人之间既引起债权法律关系，又引起物权法律关系，即一般就不动产的租赁而言，导致承租人获得物权性质的租赁权和先买权。① 在运输合同中，强调从事公共运输的承运人不得拒绝旅客、托运人通常合理的运输要求，以及向旅客及时就有关情况履行告知义务和救助义务，以保证旅客安全和运输工具正常运行。在技术合同中，对技术合同的内容和报酬计算、技术风险负担和技术秘密均作了详细规定，并进一步明确技术成果的权属和分享，更好地促进了技术的开发和转让，使技术成果及时转化为生产力。在委托合同中，突破了《民法通则》显名代理制度，借鉴了英美法及《国际货物销售代理公约》的规定，规定了隐名代理制度和未披露委托人的代理制度。我国《合同法》除规定典型合同外，也允许当事人之间依据合同法的基本原则和相关规则订立无名合同。无名合同的成立、生效及纠纷解决，除适用民法关于民事法律行为和合同的一般规定外，可以就合同的目的及当事人的意思，依民法的处分原则类推适用有名合同的法律规定。②

6. 继承法

在各国民法中，继承法的编制方法有两种，其一为特别法主义，另一为法典主义。从我国的民事立法实践来看，我国的继承法最终将采法典主义。在法典主义国家，继承法在民法典中的位置也不尽相同。有的将继承法列入物权法编，如荷兰民法、奥地利民法；有的将继承法列入财产取得法编，如法国民法；有的将继承法列为民法典的单独一编，并编排在亲属法之后，如瑞士民法、德国民法、日本民法以及我国台湾地区的"民法"。为什么会产生如此差异？这主要是各国立法对继承法的性质认识不同。如认为继承法是财产所有权转移的方式或财产所有权于所有人死亡后的自然延伸，继承法即为财产法，并被列入物权法编或财产取得法编；如认为继承是与身份关系密不可分的独立权利，继承法即为身份法，是亲属法的补充，故将继承法作为单独一编放在亲属法编之后。

在我国，如何确定继承法在民法典中的位置？首先必须对继承法的性质作出判断。依据我国现在继承法的规定，继承人的继承权可以因一定的法定事由而剥夺，也可以因被继承人的遗嘱而剥夺，相反无一定身份关系的人，却可以因法律的规定而享有继承遗产的权利。③ 可见，继承权的实际取得与一定的身份并无绝对的联系，继承权并非身份权。一般情况下，继承权的取得虽然以一定的身份关系为前提，但继承法的本质仍然是调整因继承而发生的财产关系。所以，继承法应归属于财产法。④ 但是，由于继承法的特殊属性，它与物权和债权有明显的区别，因而不能将继承法并入物权法或合同法中，继承法是民法上一种特殊的财产法，在民法典

①　余延满：《合同法原论》，武汉大学出版社 1999 年版，第 606、692 页。
②　江平、王家福主编：《民商法学大辞书》，南京大学出版社 1998 年版，第 765 页。
③　我国《继承法》第 14 条规定，继承人以外的对被继承人抚养较多的人，可以分给他们适当的遗产。
④　郭明瑞、房绍坤：《继承法》，法律出版社 1996 年版，第 14 页。

中应有它独立的位置。又因为遗产作为继承法律关系的客体，既可能是物权性质的财产权利，也可能是债权性质的财产权利，还可能是某种财产义务；另外，遗产的转移也是一种财产转移的方式，物权法和合同法中的某些规定也适用于继承法。所以，从前后承接的逻辑上考虑，应将继承法放在其后各类财产法（如物权法、合同法）之后，而不是放在亲属法之后，列为民法典第六编较为合适。

我国《继承法》于1985年4月颁布、同年10月开始施行。该法分为总则、法定继承、遗嘱继承和遗赠、遗产的处理、附则5章，共37条。该法作为未来法典的独立一编，其内容分为四章。第一章通则，包括立法根据、继承开始的时间、遗产的范围、继承种类、遗赠和遗赠扶养协议的关系、继承权的行使和丧失等规定。第二章法定继承，包括男女继承人的平等权利、法定继承人的范围和顺序、代位继承、转继承、遗产的分配原则和分配方法等规定。第三章遗嘱继承和遗赠，包括自然人立遗嘱的权利、遗嘱的内容和形式、对缺乏劳动能力又无生活来源的继承人的保护等规定。第四章遗产的处理，包括继承的通知，遗产的保管、使用和处分，继承和遗赠的接受、放弃，遗产的分割，遗产税等规定。附则的有关内容，如涉外继承关系的法律适用等。我国现行继承法是一部先进的社会主义继承法，它对法定继承范围的界定，配偶在继承法上的地位加强，非婚生子女的地位的提高等方面作出的规定，不仅符合我国的国情和民间习惯，而且顺应了继承法的世界性的发展倾向。所以，这部继承法移植于我国未来的民法典中，可能不会遇到很大的困难。

7. 侵权法

侵权法即侵权责任法。它是民法的重要组成部分，应成为我国未来民法典中独立的一编。在大陆法系国家，侵权法通常被纳入债权法编。侵权行为与不当得利、无因管理、单方法律行为等一起构成非合同之债。而与合同法相比较，侵权法显得过于简略[1]，因而不利于侵权法的发展，也不能适用社会生活的需要。虽然，这些国家根据司法实践的需要，先后颁布了一些有关侵权法方面的特别民事法规，但适用起来又非常繁琐，与原来追求简洁的立法思想背道而驰。在英美法系国家，由于侵权法的开放性和独立性，使它成为英美法系中与财产法、合同法相并列的民事法律三大支柱之一，进而保持了侵权法应有的活力。[2] 我国《民法通则》突破传统的民法体例，将侵权责任和违反合同责任并列规定在民事责任一章，这是民事立法中的一大创举和进步，它使侵权法在债权法之外获得了一个宽松的发展空间。侵权责任和违反合同责任都是侵害民事权利的法律后果，它们在构成要件、免责条件、责任形式等方面均具有共性。但是，构成民事责任的侵权行为和违反合同的行为毕

---

[1] 《法国民法典》中有关合同的规定268条，侵权行为的规定5条；《德国民法典》中有关合同的规定367条，侵权行为的规定31条；《日本民法典》中有关合同的规定176条，侵权行为的规定16条；台湾地区的"民法典"中有关合同的规定431条，侵权行为的规定15条。

[2] 张新宝：《中国侵权行为法》，中国社会科学院出版社1998年版，第8页。

竟各有自身质的规定性，两者在适用法律规范的性质、发生法律后果的根据、承担责任的内容等方面均有明显的区别。应当认为，侵权法和合同法是民法中相互独立的法律，侵权责任和违反合同责任也是不同性质的责任。将侵权法和违反合同责任的有关规则放在同一章中加以规定，容易混淆两法的性质、模糊两法的界限，不仅会扰乱民法的内在和谐体系，而且会对司法实践中处理民事纠纷产生不利影响。①实际上，将侵权法作为统一的一编，其中包括侵权责任和合同责任两种责任形式，这在立法体例上并非不可，还可能更便于法律的适用。有关民事责任的一般规定可以列为侵权法总则的内容，它不仅适用于合同法，也适用于侵权法，而且适用合同及侵权之外，如监护人、代理人、不当得利、无因管理受益人、破产责任人的民事责任的承担。

我国《侵权责任法》于 2009 年 12 月颁布、2010 年 7 月开始实施。该法共 12章，92 条。该法根据《民法通则》的规定，明确我国侵权责任实行过错责任和无过错责任相结合的原则，过错责任原则包括过错推定，为更有效地保护受害人，强调行为人损害他人民事权益，不论行为人有无过错，法律规定应当承担侵权责任的，依照其规定。该法规定了产品责任、机动车交通事故责任、医疗损害责任、环境污染责任、高度危险责任、饲养动物损害责任等具体侵权责任形式。该法还对精神损害赔偿作出规定，即侵害他人人身权益，造成他人严重精神损害的，被侵权人可以请求精神损害赔偿，但对精神损害赔偿的范围进行了严格限制。

我国《侵权责任法》规定其救济方式，包括停止侵害、排除妨碍、返回财产、恢复原状、赔偿损失、赔礼道歉、消除影响、恢复名誉。这里，我们需要关注的是因侵权行为产生的救济权法律关系，归纳起来，其被侵权人的救济权包括"退出式"和"割让式"两种请求方式。"退出式"是指请求侵权人因非法侵入原权支配的"领地"，而必须承担退出该"领地"的责任，如返还财产、排除妨碍、排除危险等；"割让式"救济权是指请求侵权人必须承担从其自身支配的"领地"中割让相应的财产给被侵权人，如赔偿损失。可见，作为请求权的原权受到侵害时，应产生"割让式"的民事责任。但作为支配权的原权受到侵害时，则应依侵权人的入侵是否造成"领地"的缺失区分为承担"退出式"的民事责任或承担"割让式"的民事责任。根据这种二元救济权理论，侵权责任法可以选择两种立法模式：一是对支配权如物权、人格权的侵害，仍在相关的物权编和人格权编中加以规范，因此形成物权请求权、人格权请求权，而对请求权如债权的侵害，以及支配权的侵害而造成原权支配的"领地"缺失的侵害，则以侵权之债的形式在传统债法中加以规范；二是制定统一的侵权责任法，将前述两种救济权均规定在其中，并分别规定在两个部分，一部分规定预防与排除，另一部分规定损害赔偿。实际上，在侵权责任法中把不同性质的救济权分别加以规定，与在民法典的有关编中分开规定，只是立

---

①　王利明主编：《民法·侵权行为法》，中国人民大学出版社 1993 年版，第 46 页。

法技术问题，在效果上是一样的。我国自《民法通则》以来的立法、司法实践在事实上已经将这两种不同性质的救济权统一规定在了民事责任部分。这次新颁布的《侵权责任法》对此也没作出根本性的改变。

侵权法独立成编后放在民法典中何处位置也值得研究。侵权法所保护的对象十分广泛。它不仅包括人身权，而且包括各种财产权，一般来说，侵权法保护的是绝对权，所以人格权、身份权、物权、知识产权、继承权都在其内。侵权法是否保护合同债权？随着现代民事责任制度的演化，尤其是违反合同责任和侵权责任竞合现象的发展，在某种情况下，侵权法也保护合同债权。侵权是否保护继承权？我国学术界也有异议。我认为，既然继承权是绝对权，即继承人以外的一切人都负有不侵害继承人继承权的不作为义务，那么一旦有人采取欺骗、胁迫等违法行径，迫使继承人不能正常行使继承权，显然是对继承人财产权的一种侵害，理应按侵权法的有关规定加以保护。在具体的保护方法上，可以采取各种物权的保护方法，在特殊的情况下，也可以采取债权的保护方法。此外，侵权法还保护一些未形成为权利的财产利益和人身利益。所以，我们把侵权法作为民法典的最后一编，即侵害各项民事权利的责任编。

以上是对我国民法的制度体系和基本内容的阐述，实际上也是对我国未来民法典体系和内容的思考，这只是一个粗线条的、不成熟的构想。本部分所应论及的问题还有许多方面，如知识产权法是否列入民法典？是否需要设置财产权总则？民事主体若独立成编，法律行为仍在总则编中规定，这在内容上、逻辑上是否协调？分则各编在民法典中的位置如何编制等，都还需要进行深入的研究。如果我们对上述问题有了比较成熟的思考，恐怕距民法典的最后颁布也就为时不远了。

五、民法所遇挑战及其发展趋势

1. 民法全球化趋势与民事立法

由于经济的全球化及其国际社会的历史性变迁，促进了各国法律的趋同化和一体化进程。这在世界范围内首先表现在民商法领域。就民法而言，一方面各国民法大量借鉴和移植外国民法规范、制度、原则，并在法律中规定对涉外民事关系的适用，而使国内民法出现全球化趋势；另一方面由于国际贸易组织和国际经济联合市场的形成，全球经济纽带的空前紧密，为调整共同市场的关系，又制定了一些共同的民事关系为各国共同遵守；再者，民法作为国内法与国际法之间的界限正在变得模糊不清，而这种联结的实现就在于国际法高于国内法的信念也得到普遍的确认。① 因此，使民法出现了全球化的发展趋势。

在立法技术上，各国制定民法有其超越国界、超越地域、超越民族的共同标

---

① 车丕照：《法律全球化——是现实？还是幻想》，载《国际经济法论丛》，法律出版社2001年版，第32～33页。

准。这是因为：第一，制定民法时，在法律规则与法律方面都有共同的市场经济背景和近代以来逐步形成的文化传统；第二，民法在形式上力求简洁、规范及无背景解释的特征，意味着任何国家的民法起草者可以轻而易举地参照任何别国的民事立法；第三，尤其制定民法典，要求概念精确、逻辑严谨、体系完整，所以起草起来非常困难，因而都不愿改弦更张是很自然的。

当今，任何一个国家在制定和修正自己的法律，特别是民事法律时，都不得不重视比较法的研究，都不得不力争从各国包括不同社会制度、不同法系国家的法律文化和立法经验中汲取更多的营养。如荷兰重新编纂民法典时，仅第六编（债务法总则）的注释"包含有 220 个脚注，其中 120 个涉及制定法、法院决议以及其他国家法律文献（这些国家是奥地利、比利时、英国、法国、德国、瑞士、匈牙利、意大利、葡萄牙、瑞典、斯堪的纳维亚国家、加拿大、美国、南非、日本），并且立法中还参考了法律史、国内外的法学著作以及立法"，以至"新法典是否还属于法国法传统很令人怀疑。正如有关资料所证实的那样，法典是在欧洲大陆同一法的基础上建立起自己的风格"。① 荷兰对民法典所作的重大修改，从编纂方法和修正内容上都反映了现代民法的发展动向。荷兰和其他一些国家在民事立法中所获得的经验，正是我们制定民法典时所应参考和借鉴的。

民法全球化趋势也反映在两大法系的差距日趋缩小。大陆法国家，对判例的重视被普遍承认，判例法逐渐成为这些国家法律的渊源；英美法国家，对法条的优越性被普遍重视，成文法在法律中的比重不断增加。这一趋势必然影响着我国民法的发展和民法典结构体系的形成。如前所述，中国近代民法属于大陆法系传统，即仿效了德国、日本、瑞士等国家的民法原则和体系。新中国成立后，我国几部民法典草案大致采取了苏俄民法典的体例，从法律形式上看，也是属于大陆法系的。现在我国编纂的民法典，显然要借鉴大陆法系国家的立法经验，在法典的结构体系上，不可能摆脱大陆法的影响。但是，我们也应当重视英美法系国家的判例法和制定法的优越之处。如英美法国家把合同法和侵权法作为民法中相对独立的部分，并各自构成一个完整的体系，因而突出合同法和侵权法在民法中的地位，有利于自然人、法人和非法人团体合法权益的法律保护。

2. 民法社会化趋势与民法修正

民法社会化是从私权的社会化理论演绎而来的，私权的社会化又是法社会化的组成部分。民法社会化是公法、私法二元法律结构矛盾运动及公法、私法融合的产物。在市民社会与政治国家分离理论的前提下，人们将利益分为个人利益和公共利益，并以它们之间的对立关系为思想模式构造了公法、私法的二元法律结构，进而表明对民事权利的保障和对公权力的限制的法治状态，成为近现代整个法秩序的基

---

① ［荷］阿瑟·S. 哈特坎普：《1947 年至 1992 年间荷兰民法典的修改》，载姜宇、龚馨译，载梁慧星主编：《民商法论丛》（第 6 卷），法律出版社 1997 年版，第 428～439 页。

础。

　　但是，公法与私法的划分也有明显弊端。社会法学派认为，公法和私法的界限模糊，二者之间是相互渗透、融合的。特别当国家以自己名誉参与物权或债权关系的场合，就使国家有了权力主体和私权主体的双重身份，这时，公权力与私权、公法与私法的划分更为困难。依现代法治理念，当国家与其他民事主体之间发生权利和义务争端时，就应适用民事法则加以处理，而不是将国家从私法的领域移出。在社会法学派看来，公法要社会化，私法也要社会化，民事权利不过是公益和利益的统一体。因此，公法与私法没有划分的必要。当然这种观点并未被法学界广泛认同。

　　民法的社会化大致有以下含义：（1）民法的生命力在于社会。民法制度的设置要以适应社会和推动社会发展为宗旨。（2）个人本位与社会本位并重。个人利益独立于社会利益，个人利益难以实现；社会利益只能以人们的个人利益为基础，才能具有存在价值。（3）个体权利必须受到限制。任何权利都是受限制的，无限制就无所谓权利。当民事主体享有自由和行使个人权利时，也要顾及社会公共利益和他人的自由和权利。（4）人格的抽象性与现实性的统一。民法倡导的平等与自由，只是一种抽象的、形式的理念和奋斗目标，它只有实现具体的、实质上的平等与自由，才能达到真正的平等社会。因此，加强对弱者的权利保护是民法社会化的一项重要内容。就具体制度而言，民法社会化包括对契约自由的限制、他物权的优位趋势、民事责任判断标准的客观化与承担责任的社会化等方面。

　　在大陆法国家，原有民法典已经难以涵盖和调整迅猛发展的社会生活。为了适应社会化倾向的日益发展，有些国家和地区对民法典进行了大规模的修正，各种名目的单行法也大量出现。在德国，一方面继续赋予合同自由、所有权自由和遗嘱自由，另一方面又强调所有权的社会性义务及对合同自由的限制。法院的裁判在其允许的管辖能力范围内创造性地起到完善法律的作用，以致德国现行民法包括两方面：成文法典与法官立法。① 在法国，曾多次对民法典进行了修改，如增加了为社会公共利益而限制个人利益的规定，扩大了对个人契约自由的限制，加强了家庭成员在法律上的平等地位，增加了以危险为基础的无过错责任等。各国民法的社会化倾向还表现为，公法人（国营企业）和公私混合法人（公私合营企业）的出现，所有权以集体形式行使，国家强制保险制度的推广等。与此同时，在某些领域又表现出个人主义的倾向。由于宪法加强了对人权的保障，在人法和亲属法等方面对个人行为限制进一步放宽，例如，当事人有充分的自由选择夫妻财产制，已婚子女和非婚生子女、养子女地位的提高等。但是在这些国家，民法典仍是调整市民社会的基本法，它的结构体系并没有发生明显的变化。在这个阶段，希腊1940年的民法

---

① ［德］海尔穆特·库勒尔：《德国民法典的过去与现在》，孙宪忠译，载梁慧星主编：《民商法论丛》（第2卷），法律出版社1994年版，第235～236页。

典，意大利 1942 年的民法典，葡萄牙 1966 年的民法典，荷兰 1970 年后陆续生效的民法典，加拿大魁北克省 1978 年的民法典，均沿袭了《德国民法典》或《法国民法典》，或融合两法典形式的结构体系。这说明，民法典的内容虽然不断丰富，规则也有变更，但其结构并未发生根本性变化。民法典的各编、各章、各节，如同多彩的"七巧板"可以有创意地变换图形，而核心的内容、基本框架的构成是不容易发生质的改变的。

3. 可持续发展与民法价值的思考

20 世纪中叶以后，人类挟其运用核能及电子、基因技术的能力，将人类社会推进到科技时代。这波科技革命虽带给人类前所未有的便利与文明，但对社会所造成的冲击也百倍于过去的工业革命，特别是公害的频生、生态环境的恶化、自然资源的耗竭和退化，物种灭绝的危机，不仅伴随而生，而且日益趋重。此种情形下，人类开始反省自己的行为模式，逐渐意识到对生态环境肆意的破坏、对自然资源无情的掠夺，已经严重威胁到当代人和后代人的生活。因此，可持续发展成为解决"人与自然和谐共处"，促进经济社会和人的全面发展的宏大主题。

"可持续发展"是指：（1）这样一种发展观——"既满足当代人的需要，又不对后代人满足其需要的能力构成危害"；（2）作为一种发展模式，主要满足所有人的基本需求，向所有人提供实现美好生活愿望的机会；（3）作为一种社会策略，号召人们改变现行经济社会体制中的不可持续性，以达到人与人，当代人与后代人，国与国，人与自然之和谐共处。① 可持续发展观的提出，源于全球性的环境和资源问题威胁着人类的生存和发展，其基本目标是实现当代人与后代人的公平，代际间的公平又须以当代人间公平的实现为前提，而当代人间实现公平的一个重要方面就是改变"人定胜天"的对自然征服的哲学观念，建立"人与自然和谐"的行为模式，依法实施可持续发展战略。

传统民法理论认为，民法的价值在于对个体的尊重和保护进而追求人与人之间关系的和谐。然而，在日益严重的环境和资源问题面前，人们不得不对这种价值重新进行思考。民法所尊重与保护的个体，仅限于人类社会内部之间。人域之外的自然界，一概被民法作为客体，人类可对其进行任意的支配。那些供人类使用的自然产物为不同的个人或团体所分别占有、处分、使用和收益。这种价值取向可以用一两句话概括："人类利益主义"，即以人为中心，人处于支配和统治的地位，自然物处于被支配和被统治的地位。因此，有学者指出，现代民法中，世界远不是人类的"家"，而是"被图像化"地等待人们去征服的客体，是一个可以计算、预测、

---

① 转引自郑少华：《从对峙走向和谐：循环型社会法的构成》，科学出版社 2005 年版，第 6 页。尽管上述定义并不全面，只是信念上、道德上的解释，但它还是为我们规划全人类的发展模式给予了重要启示。

消耗的材料。① 今天我们认识到为了解决环境和资源问题,实现社会的可持续发展,除利用国家公权力和使用行政手段外,还须运用市场手段和民法手段来进行调整。但是,民法注重于保护民事主体特别是自然人的人身权和财产权,按照传统民法的价值取向,无疑是把他人的利益放在第一位,而对环境和资源的保护只是间接的,是依附于对人的利益的保护。

当然民法的价值内涵,也是不断发展变化的,民法以人为根本,我们治理环境、保护资源,也还是为了解决环境恶化、资源缺失对人类造成的生存危机。从根本上说,民法要尊重生态利益,是为了求得人类生活环境的改善,以及人类社会的可持续发展,最终达到人与自然和谐共处的状态。事实上,从近代民法到现代民法,民法正在朝着个人本位兼顾社会本位的方向发展。现代民法已经对绝对的"人类利益中心主义"有所修正,比如对所有权的限制,规定所有权的行使不能损害他人、社会的利益乃至破坏环境。结合法律思想的不断变化,将民法的价值进一步加以发展与修正是可行的。我们是否可以作出这样的推论:民法不能仅仅局限在对人类社会本身的关怀,还应该考虑对自然与生态利益的关怀与注重。也有学者将这种思想称为"有责任的人类中心论"②,民法的价值要实现对人类利益与生态利益的并重,探求环境保护和资源合理开发和利用,也是民法对人的终极关怀,为了更好地促进人类的幸福。

至于民法能否直接调整人与自然的关系,能否赋予自然物体如动物、森林以法律人格,能否将某些"私权性"的环境权如通风权、采光权等值于民事权利体系,能否在物权和债权制度中融入新的环境保护理念,强调对自然资源的合理开发和持续利用,能否运用民法的公序良俗原则协调人与自然的各种利益的冲突,等等。这些问题均是对民法价值观念和基本原则、具体制度的冲击,我们应将"可持续发展"作为一项重要的法治原则,从理论上探讨、确立民法的新理念,在制度上完善对生态环境和自然资源关系的调整和保护。

4. 民法的权利客体呈多样化和复杂化

由于现代科学技术的高度发展,将人类社会推进到了知识经济时代,这给以有体物为主的传统财产权制度带来巨大的挑战。随着商品交易形式的变化和发展,民事权利客体呈现多样化和复杂化的趋势。其中最明显的特点,就是民法调整的社会关系发生重大变化,它从调整有形商品(有体物)市场到调整技术、信息、产权等无形商品(无体物)市场,从而使民事权利的客体得以迅速扩张。传统民法理论认为,物权的客体是有体物,债权的客体是债务人的给付行为。而对人身权和继

---

① 谢鸿飞:《现代民法中的"人"》,载《北大法律评论》第 3 卷第 2 辑,法律出版社 2001 年版,第 149~150 页。

② 李建良:《论环境保护与人权保障之关系》,载《东吴法律学报》(2000 年 12 月号) 第 12 卷第 2 期。

承权客体的明确表述较少。通常认为，人格权的客体是人格利益或人格伦理要素，身份权的客体是身份要素，继承权的客体是集合财产或某项权利。此外，知识产权的客体是无体物，即精神和智力成果，股权的客体主要是公司的给付行为，经营权的客体是财产权利，等等。由此可见，"权利客体的事物是多种多样的，它们既可以是物质上的存在，也可以是观念上的存在；既可以是实际存在的事物，也可以是制度上的建构，及法律上的权利"①。

在现代社会中，财产权种类和形式日益复杂，无体物时常充当着财产权的客体角色。传统民法上的无体物，包括所有权以外的各种权利，如他物权、债权、知识产权等。而今天无体物还包括营业资产、商誉、商业秘密、顾客、政府的经营特许、知识产品以及现代商业信息等所享有的权利，也还包括有价证券、股票流通中的权利等。但是，无体物一旦成为客体就会直接冲击德国法和日本法的财产权二元结构的理念。所以，无体物能否成为权利的客体，法学界还有不同的认识。有的学者认为，将无体物作为权利客体混淆了权利和权利客体的界限，令人难以把握，特别是使所有权与其他民事权利无法区分，进而会使民事权利的逻辑体系发生动摇。目前，我国多数学者认为，无体物只是不能成为所有权的客体，但可以成为他物权的客体，这主要体现在担保物权方面。显然，这种认识还有待于进一步思考和探索。

有的学者针对我国《合同法》第 130 条的规定，提出这样的主张："买卖标的并不限于有体物，一切可让与的财产权皆可成为买卖标的；买卖标的也不限于出卖人享有所有权的现在物，订约时上不存在或者出卖人不享有处分权的将来物，亦可成为买卖标的。"② 我赞成这种意见。事实上，无体物作为交易的客体已经层见叠出，将来物成为合同的标的已习以为常。我国现行立法已经对土地使用权的有偿出让与转让，商标权、专利权有偿转让和股票、期货交易、房地产预售等加以规范，此外，我国《合同法》第 80 条、第 81 条对合同债权的转让已经作出明确规定，在这里，合同债权是以无体物的形态作为转让权利的客体存在的。所以在民法上，权利可以成为另一种权利的客体已是不争的事实，这也是民事主体自由竞争意志的表现。

我们讨论权利客体的扩张趋势，其目的还是从理论上和立法上正视无体财产权的自身特点和独立性，逐步建立适应当代财产权制度实际状况的财产权体系。因此，如何采取适当的方式使无体财产权制度体系化并与我国未来民法典恰如其分地加以衔接，这是法学界极需关注和研究的问题。

---

① 方新军：《权利客体的概念及层次》，载《法学研究》2010 年第 2 期。

② 陈本寒、周平：《买卖标的之再认识》，载《法学评论》2000 年第 2 期。我国《合同法》第 130 条规定："买卖合同是出卖人转移标的物的所有权于买受人，买受人支付价款的合同。"在这里，标的物的概念是模糊的，它是否既包括有体物又包括无体物呢？另外，客体与标的的概念也有区别。学者通常认为，买卖合同所转移的客体是有体物的所有权。

第一编

民法总论

第一编

民法总论

第一章 民法概述

☞ **本章导读**

中国民法是调整平等主体之间的人身关系和财产关系的法律规范的体系。本章目的在于让读者了解什么是民法，知晓民法在整个社会生活中的社会功能与作用，懂得民法的本位，还要求读者透彻了解民法不同于其他部门法律的基本特征，即它是市民社会的法、私法和权利法。民法的适用是指民法规范适用现实于社会生活，这需要以三段论为基础的逻辑方法才能实现。

第一节 民法的概念与调整对象

一、民法的调整对象

法律的社会功能在于通过规范指导人的行为，从而使社会关系达到符合某个时代、某个社会人们所认同的价值秩序，民法也不例外。《民法通则》在第 1 条就明确了其调整对象在于："为了保障公民、法人的合法的民事权益，正确调整民事关系，适应社会主义现代化建设事业发展的需要，根据宪法和我国实际情况，总结民事活动的实践经验，制定本法。"因此，民事关系就是中国民法所调整的社会关系。

什么是民事关系？《民法通则》第 2 条规定："中华人民共和国民法调整平等主体的公民之间、法人之间、公民和法人之间的财产关系和人身关系。"我国大多数学者赞成《民法通则》的规定，认为它科学界定了我国民法的调整对象，少数学者持不同看法。① 本书依通说认为，民法是调整平等主体之间的人身关系和财产关系的法律规范的体系。这个概念可以从以下几个方面来理解：

1. 平等主体

人类个体之间具有差异性和多样性。由于自然和社会因素的影响，人与人之间在相貌、健康、文化程度以及职业等实质方面根本不可能相同。民法概念中的"平等主体"可以从两个方面来理解：第一，平等主体指人与人之间要相互尊重以及受到同等对待。这要从伦理学上的人出发来理解。所谓伦理学上的人，是指人依

----

① 马俊驹、余延满：《民法原论（第四版）》，法律出版社 2010 年版，第 4 页。

据其本质属性，有能力在给定的各种可能性的范围内，自主地和负责地决定他的存在和关系、为自己设定目标并对自己的行为加以限制。每一个人都要求其他任何人尊重他的生存、人格和私人领域，同时其他人也都必须尊重他人人格及不侵害他人权利的义务。这种"相互尊重原则"是民法上人与人之间平等的道德基础，是具体法律关系的基础。① 第二，平等主体指民法上人与人之间不存在公共权力那种服从关系。依据有无公共权力的存在，人与人之间可以分为平等关系与服从关系。如果一方拥有公权力，那么另一方就得服从，双方就不具有平等的关系。平等主体意味着在民法领域中任何人都应该受到平等尊重和对待，并不受公权力干扰。总之，确认参加民事关系的主体一律平等，这是近现代民法的基本要求。

2. 财产关系

财产是对象化的经济利益。所谓对象化，即能够被人作为利益享有的对象。法律中的财产必须符合三个条件：其一，须具有经济价值；其二，不属于自然人的人格；其三，能够为人力所支配。② 财产关系就是人们以财产为媒介而形成的具有经济内容的社会关系。财产关系既包括平等主体之间的财产关系，也包括不平等主体之间的财产关系。我国民法只调整平等主体之间的财产关系。民法调整的财产关系范围，主要包括财产支配关系、财产流转关系、财产继承关系和智力成果支配利用关系，它们分别构成民法的物权法、债权法、继承法和知识产权法的主要内容。

3. 人身关系

人身关系是与特定人身不可分离而又没有直接财产内容的社会关系，包括人格关系和身份关系两类。所谓人格关系是指人们因具有民事主体资格要素或条件的生命、健康、姓名、名誉、肖像等而形成的社会关系。所谓身份关系是指因血缘、婚姻等身份而形成的社会关系。

平等主体、财产关系和人身关系分别从三个方面限定了民法调整的社会关系的范围，也表明了它调整社会关系的规范要求。因此《民法通则》第 1 条所指的我国民法的调整对象就是民事关系，即人们相互之间必须平等对待基础上的人身关系和财产关系。

二、民法的概念

民法是调整必须平等对待的主体之间的财产关系和人身关系的法律规范的体系。

受近代理性自然法影响，民法逐渐形成一套有内在逻辑的法律规范部门法体

---

① ［德］卡尔·拉伦茨：《德国民法通论》，王晓晔等译，法律出版社 2003 年版，第 47 页。

② 张俊浩：《民法学原理（修订版）》，中国政法大学出版社 2001 年版，第 7 页。

系。法律概念、法律原则与法律规则是法的三大要素。① 法的要素构成法律制度，法律制度构成子部门法，几个子部门构成一个部门法规范体系，所有部门法体系共同构成一个国家现行的法律体系。当今中国大陆的法律体系由宪法、民法、行政法、社会法、刑法等部门法构成，民法这个部门法规范体系由人格权法、亲属法、继承法、物权法、债权法、侵权行为法等子部门法构成。其中，人格权法等是民法的子部门法，人格权制度又由一般人格权制度和具体人格权制度等构成，一般人格权制度的构成要素是一般人格权的概念、平等尊重人格等基本原则以及关于一般人格权的具体法律规则构成。因此，民法是有内在逻辑且有机联系的法律规范体系。在现代社会，民法这个法律规范体系必须经过一个主权国家的认可和制定，才具有全体社会成员必须遵循的法律强制效力。

民法规范体系调整的社会关系是平等主体之间的人身关系和财产关系。必须再次强调，这里的平等主体不是指人天生不具有差异，也不是指每个人在社会生活中最终必须得到相同的财富和名声，而是指人类社会的成员必须都被看成平等的个体。借用黑格尔的话说，也就是要求每一个社会成员"成为一个人，并尊敬他人为人"②。同时，这种要求在现代社会主要由国家来实现，是对现代国家的政治要求。现代国家必须平等对待每一个社会成员，即做到公民人格平等。主体之间是否必须平等对待是现代社会民法与古代社会民法之间的本质区别。

民法调整的社会关系被划分为人身关系和财产关系，这仅仅是逻辑上的区分。在现实生活中，有些社会关系兼有财产、人身二重性质，如股权关系、继承权关系等。人格权也可以商品化或者物化。③ 财产同人身利益也紧密相连，甚至存在具有人格利益的财产。④ 他们具有共同的尊重人的人文主义基础和对人的终极关怀，因此由民法加以统一调整。民法是调整上述社会关系的法律规范构成的内部和谐统一的体系。

【案例分析 1-1】

小明（8 岁）的爸爸对孩子的教育要求非常严格。一天，小明在家打破了花瓶，不但受到严厉的斥责，而且还挨了打。这时，小明的姑妈正好到来，看到小明挨打，就责怪小明的爸爸，"你和他都是平等的，凭什么打他？"小明的爸爸却说，"我是他爸爸，为什么不能教育惩戒他？"请问：小明的爸爸和姑妈的说法，谁是正确的？

本案中，小明和他爸爸虽然是地位平等的民事主体，但是他们之间有着监

---

① 张文显：《法理学》，高等教育出版社、北京大学出版社 2007 年版，第 113～114 页。
② ［德］黑格尔：《法哲学原理》，范扬、张企泰译，商务印书馆 1982 年版，第 46 页。
③ 马俊驹：《人格和人格权理论讲稿》，法律出版社 2009 年版，第 121～125 页。
④ 易继明：《论具有人格利益的财产》，载《法学研究》2008 年第 1 期。

护关系。《民法通则》第 16 条规定："未成年人的父母是未成年人的监护人"，最高人民法院《关于贯彻执行〈中华人民共和国民法通则〉若干问题的意见》第 10 条规定，"监护人的监护职责包括：保护被监护人的身体健康，照顾被监护人的生活，管理和保护被监护人的财产，代理被监护人进行民事活动，对被监护人进行管理和教育，在被监护人合法权益受到侵害或者与人发生争议时，代理其进行诉讼"。监护关系在某种程度上是一种隶属关系，被监护人在一定程度上要受到监护人的保护与管教。由此，小明的爸爸可以合法地惩戒小明的错误行为，只要这种惩戒不损害小明的身心健康和财产安全。故小明的爸爸和姑妈的说法都是正确的。小明与他爸爸既是平等的民事主体，同时爸爸对小明也负有教育管教的义务。

　　此案说明，《民法通则》第 1 条的"平等主体"仅仅是原则性规定，民法调整的对象还存在例外。某些具有隶属性质的社会关系如亲权关系也由民法调整。

第二节　民法的本位与性质

一、民法本位

民法本位，是指民法的根本价值取向和思想立足点。观察民法本位的角度有两种：一是以主体为标准，民法本位为个人或社会；二是以内容为标准，民法本位为权利或义务。我国学者对民法本位的认识存在较大纷争。

从主体来看，民法本位有个人本位与社会本位的争议。有人认为，个人本位是现代法律的基础，是民法的最本原的核心本位。[①] 但有学者却认为，现代民法是社会本位，我国民法属现代民法，因此我国民法当采社会本位。[②]

从内容来看，民法本位有权利本位与义务本位的辩驳。义务本位观认为，法作为社会控制、规范手段，主要通过义务性规范来实现自己试图达到的目的。权利本位观认为，在处理权利义务的相互关系上，民法应以权利为本位。权利本位是民法私法属性的具体表现，民法的一切制度都以权利为核心而构成，而民事义务只是实现权利的手段。民法的权利本位观念，不仅包括以权利为中心建立民法体系的形式

　　① 王伯琦：《近代法律思潮与中国固有文化》，清华大学出版社 2005 年版，第 58、62 页。
　　② 高富平：《民法法典化的历史回顾》，载《华东政法学院学报》1999 年第 2 期；孙鹏：《民法法典化探索》，载《现代法学》2001 年第 2 期。

要件，还应包括对私权予以同等保护的实质性要件。① 我国民法理应旗帜鲜明地以权利本位作为自己的理念和原则。

还有学者则混合两种视角，认为法律发展史上存在义务本位、权利本位与社会本位三个阶段，目前处于社会本位阶段。依此推理，我国民法当采权利本位兼社会本位。②

当代中国民事立法并没有明确表明自己的本位立场，但我们还是可以从立法文本中看出端倪。总体而言，我国民法还是个人本位和权利本位。民法的个人本位，主要表现在《民法通则》、《合同法》、《公司法》等均首先以人类个体作为权利义务的承担者。即使是社会组织，也是从整体上作为权利义务的最终承担者。同时，《民法通则》强调权利的行使要讲究诚实信用与社会公益。《民法通则》第 7 条规定："民事活动应当尊重社会公德，不得损害社会公共利益，破坏国家经济计划，扰乱社会经济秩序。"可见，我国民法在承认个人利益的基础上也追求个人利益与社会利益的平衡。

我国民法的权利本位，主要表现在《民法通则》的逻辑以权利为线索进行安排，而且正面确认民事主体的权利。《民法通则》第二章公民（自然人）、第三章法人是确认权利主体，第四章民事法律行为和代理是权利行使的行为，第五章民事权利是正面确认了各项民事权利，第六章民事责任是侵犯民事权利应该承担的民事责任，第七章诉讼时效是权利行使的时间限制。第五章确认了财产所有权和与财产所有权有关的财产权、债权、知识产权、人身权等各种民事权利。因此，说《民法通则》是中国人的权利宣言书真是名副其实。

二、民法的性质

民法的性质是指民法在社会现实生活和法律体系中的地位以及其法律规范所展现的特有属性。关于民法的性质，我国民法学家从不同的角度作了不完全相同的表述。归纳起来，民法的性质主要体现在以下几个方面：

（一）民法是市民社会的法

民法是市民社会或民间社会的法已成学界通说。从历史来看，市民社会在西方社会的发展有古代和现代两个阶段。城市的出现，是古希腊罗马从野蛮走向文明、从部落走向国家的标志。以此为背景，古希腊罗马学者往往用"市民社会"概念描述城市或城邦的生活状况，其含义与自然状态或野蛮社会相对，所以古代的市民

① 江平、张楚：《民法的本质特征是私法》，载《中国法学》1998 年第 6 期；李开国：《民法基本问题研究》，法律出版社 1997 年版，第 23 页。

② 胡长清：《中国民法总论》，法律出版社 1997 年版，第 43 页；李锡鹤：《论民法本位》，载《华东政法学院学报》2000 年第 2 期；梁慧星：《民法总论》，法律出版社 1996 年版，第 38 页。

社会实际指文明社会和政治社会。① 现代的市民社会则是与政治社会相对的概念，它是对近代欧洲政治国家和市民社会相分离的现实反映。② 在西方近代众多思想家理论成果的基础上，第一个真正将市民社会作为政治社会相对概念进而作出学理区分的是黑格尔。黑格尔认为，市民社会是处在家庭和国家之间的阶段，它不再是与野蛮或不安全的自然状态相对的概念，而是同时与自然社会（家庭）和政治社会（国家）相对的概念。市民社会独立于国家而存在，是受到自身规律调整的经济领域，人们在其间有追求私利的自由和可能，同时市民社会又是不自足的，这种不自足只有依靠国家才能解决。③ 马克思发展了黑格尔的市民社会概念。马克思认为，自从私人利益和阶级利益产生之后，社会就分裂为市民社会和政治国家两个领域。前者是特殊的私人利益关系的总和，后者则是普遍的公共利益关系的总和。

就民法而言，真正有价值的是现代市民社会理论。在现代政治哲学中，人们往往将一个民族国家内的社会领域在逻辑上分为市民社会和政治国家。社会中每个人担当着双重角色，他既是市民社会的成员"市民"，也是政治国家的成员"公民"。在市民社会中，他作为"市民"进行活动，他是独立的个体；在政治国家中，他作为"公民"进行活动，他属于国家的成员。在市民社会中，每个市民可以在不违背法律的情况下自由追求自己的私利（self-interest），不受他人的非法干预，尤其是公共领域的政府更不能进行不正当干预。

民法是调整市民社会中的私人关系，但它仍然是政治国家制定的法律。民法是市民社会的法，强调的是这种制定法在这个领域有着不同于调整政治社会关系的法律的特征，比如强调主体的平等对待，强调行为的意思自治，鼓励合法地追求自己的私利等。民法作为市民社会的法是通过规范私人的行为来建立合理的社会生活秩序，从而实现对人的关怀之目的。民法是市民社会的法，是指民法的功能主要在于调整市民社会领域中的关系。

（二）民法是私法

市民社会与政治国家的逻辑二分不仅确定了民法是市民社会的法，还决定了民法是私法。

自罗马法以来，法学上就有公法与私法的划分，但立法上实现公、私法分立，则始于自由资本主义时期。尽管如此，学者们对区别公法与私法的标准一直存在不同见解。大体来讲，公法就是调整国家或由国家授予公权者与其相对方之间关系的

---

① 何增科：《市民社会概念的历史演变》，载《中国社会科学》1994 年第 5 期；方朝晖：《市民社会的两个传统及其在现代的融合》，载《中国社会科学》1994 年第 5 期。

② 市民社会源于英文 "civil society" 一词。在汉语里，"civil society" 有三个流行的译名，即 "公民社会"、"市民社会" 和 "民间社会"。参见梁治平：《"民间"、"民间社会" 和 civil society——civil society 概念再检讨》，载《云南大学学报（社会科学版）》2003 年第 1 期。

③ 邓正来：《市民社会理论的研究》，中国政法大学出版社 2002 年版，第 36 页。

法，如宪法、行政法、刑法等；而私法就是调整私人或非公权者团体之间关系的法，如民法和商法。公法主要贯彻国家意志先定原则，国家干预较多；私法则主要贯彻当事人意思自治的原则，国家干预较少。在私法领域，当事人依法自行协商决定他们之间的权利义务，若他们的纠纷不能自行解决，国家授权机关才出面解决。国家干预是间接的，也称为第二次干预。

要特别指出，私法与公法都是对一国现行法律体系的内部划分，即私法与公法都是由国家制定或认可的法。"所谓私法，并不单指个人相互间的法而言，是更含有经国家承认和保护意义的。即是说要有国家的承认和保护的法才算私法。"① 因此，私法也是国家法，它首先产生于市民社会而后被国家承认和保护。

强调公私法的划分并指出民法的私法性质意义重大，因为私法和公法所规范的行为自由度和约束条件有着实体上的差异和纠纷解决程序上的区别。② 对转型时期的中国而言，明确民法的私法属性还有利于限制国家权力侵犯私法领域的自由和权利，促进社会主义市场经济的健康发展。

（三）民法是权利法

民法是市民社会的私法，决定了民法是权利法。民法是权利法体现在以下几个方面：

1. 民法主张私权神圣。要求市民社会的成员要平等尊重他人及其权利，为此，成立政府的目的就在于保护私人的民事权利。民法划定了私法事务与社会公务的界定，以排除公权力的干预。

2. 民法以权利为线索而建立。民法主体制度规定的是权利主体，人身利益、物、精神智力成果等是权利客体，法律行为和代理是权利的行使，诉讼时效是权利行使的时间限制，人格权、亲属权、继承权、物权、债权等是权利的种类，民事责任是权利的保护。

3. 民法多以授权性规范为要素。民法提倡私权自治，以授权性规范鼓励主体积极进行活动，不同于以禁止性规范为主的刑法。授权性规范为人们提供行为模式，赋予人们权利去设立、变更和终止法律关系。民事主体据此可以自由选择从事或不从事某种活动。

【案例分析 1-2】

2002 年 8 月 18 日晚，陕西省××市公安局派出所接到举报。举报人称，有人正在播放黄碟。派出所几位民警身着警服，但未带警衔出警来到被举报播

---

① ［日］美浓部达吉：《公法与私法》，黄冯明译，中国政法大学出版社 2003 年版，第 21、22 页。

② ［德］迪特尔·梅迪库斯：《德国民法总论》，邵建东译，法律出版社 2001 年版，第 4～11 页。

放黄碟的房屋后面，从玻璃窗外发现是一对年轻夫妇在临街一医疗诊所中观看黄碟。民警扣押 VCD 机、电视机和收缴黄碟时，与丈夫张某发生冲突。由于冲突中张某用木棍打了其中一位民警，当晚他被派出所带走并留置。10 月 21 日，张某被公安分局刑事拘留。10 月 28 日，公安分局以张某"涉嫌妨碍公务罪"向检察机关提请批准逮捕。11 月 4 日，检察机关以该案"事实不清，证据不足"为由决定不批准逮捕，并退回要求补充侦查。12 月 5 日案件被撤销。12 月 31 日下午，由××市××区政法委、××区政府、××区信访局等部门的人员组成协调小组同张某夫妇及其代理律师进行了商谈。双方最终达成协议：由××区公安分局向张某夫妇赔礼道歉；一次性补偿张某医疗费及误工费人民币 29137 元；对办理本案的有关责任人员，按照有关规定作出相应处理。

本案发生后，由于新闻媒体的追踪报道，引起全国舆论四起。"警察是否应该干预夫妻在家看黄碟"成为讨论的焦点。舆论普遍认为，警察作为公权力的代表，不能私自进入公民的私人空间。张某夫妇在诊所看黄碟等同于在家看黄碟，警察进入干预则侵犯了公民私生活的自由。在舆论的压力下，本案以××区公安分局赔礼道歉和赔偿损失而告终。

在某种程度上，我们可以将本案看成是中国公民私人空间以及市民社会成长的标志，将本案看成是中国社会个人自由意识增长过程中的事件。但是，诚如朱苏力先生指出，在"陕西黄碟案"事件的分析中，社会舆论和法学专家对自由主义的理解存在重大缺陷，只偏重关注个人自由而忽视他人权益和社会利益。①

第三节　民法的法源

民法的法源，是指民事法律规范的存在形式。通俗地说，就是民事法律规范从哪里来，或者到哪里去找。

民法的渊源有两种形式：一元制与多元制。一元制只承认制定法为民法渊源，比如《法国民法典》第 5 条规定："禁止法官对其审理的案件以一般性笼统条款进行判决。"② 多元制主张除了制定法外，还包括习惯法和判例等。如《瑞士民法典》第 1 条第 2 款："无法从本法得出相应规定时，法官应依据习惯法裁判，若无习惯法时，依据自己如作为立法者应提出的规则裁判。"③

---

① 苏力：《法理的知识谱系及其缺陷》，载《也许正在发生：转型中国的法学》，法律出版社 2004 年版，"第四章"。
② 《法国民法典》，罗结珍译，中国法制出版社 1999 年版，第 1~2 页。
③ 《瑞士民法典》，殷生根、王燕译，中国政法大学出版社 1999 年版，第 3 页。

我国立法采用民法渊源的二元制。根据立法，我国民法的渊源不仅包括国家有关机关在其职权范围内制定的有关民事的规范性文件，如法律、行政法规等，而且包括执政党的政策、交易习惯等非正式的规范。前者是正式法源，后者可以称为非正式法源。

一、正式法源

我国民法的正式渊源有宪法、法律、法规、规章、各种法律解释以及国际条约等。

（一）宪法

宪法是我国的根本大法，具有最高的法律效力，是民事法律的立法依据。宪法中的民法规范，如关于所有权的规定等，既是民法的立法依据，也是调整民事关系的最高法律规范。

（二）法律

在我国，法律有广义和狭义之分。广义的法律包括所有有权机关制定的规范性法律文件；狭义的法律仅仅指全国人大及其常委制定的基本法律和基本法律以外的法律。这里的法律是指狭义的法律。

在民法渊源中，《民法通则》是处于指导和核心地位的民事一般法，它规定了民事生活的共通原则和制度。《合同法》、《物权法》、《婚姻法》、《继承法》、《公司法》等是重要的民事单行法。其他一些法律如《文物法》、《草原法》、《矿产资源法》、《水法》等法律中也含有重要的民法规范。

（三）行政法规

行政法规是国务院制定的规范性法律文件，也是民法的重要渊源，但其不得与宪法和法律相抵触。国务院制定的民事法规有两类：一类是根据政府行政职能，为立法部门制定的法律配套的，如《企业法人登记管理条例》、《著作权法实施条例》、《专利法实施细则》；还有一类是含有民事法律规范的单行行政法规，如《土地管理法实施条例》、《城市房地产管理条例》等。

（四）地方性法规、自治条例和单行条例

在不同宪法、法律、行政法规相抵触的前提下，根据《立法法》规定的立法权限，省、自治区、直辖市人大及其常委会、省政府所在地的人大及其常委、国务院规定的较大的市的人大及其常委颁布的规范性文件，就是地方性法规。民族自治地方的人大及其常委以及政府可以颁布自治条例和单行条例。

地方性法规、自治条例和单行条例中也存在民事规范，但地方性法规、自治条例和单行条例，只能在制定者管辖的行政区域内有效。

（五）规章

根据《立法法》的规定，规章有部门规章和地方规章。部门规章是指国务院部委行署颁布的规范性法律文件；地方规章是省级政府、省政府所在地的政府、国务院规定的较大的市政府颁布的规范性法律文件。规章中有些是民事规范，这些民事规范也是民法的渊源。

（六）最高人民法院的司法解释

最高人民法院对于民事法律的解释文件和对法律适用的说明，对法院审判有约束力，故也有法律规范的性质。最高人民法院制定的系统性民事法律解释文件很多，如《关于贯彻执行〈中华人民共和国民法通则〉若干问题的意见》、《关于适用〈中华人民共和国担保法〉若干问题的解释》、《关于审理名誉权案件若干问题的解释》等。

（七）国际条约

我国政府签署并经人大批准的国际公约或双边协定，具有与国内法等同的法律效力，也是法律重要的渊源之一，如《联合国国际货物销售合同公约》、《保护工业产权巴黎公约》等。

二、非正式法源

（一）国家政策

由于中国的国体与政体合一，中国执政党的政策也是民法重要的渊源。《民法通则》第6条规定，"民事活动必须遵守法律，法律没有规定的，应当遵守国家政策"。最高人民法院《关于贯彻执行〈中华人民共和国民法通则〉若干问题的意见》（以下简称《民通意见》）第196条规定："1987年1月1日以后受理的案件，如果民事行为发生在1987年以前，适用民事行为发生时的法律、政策，当时的法律、政策没有具体规定的，可以比照民法通则处理。"因此，国家政策也是我国民法的渊源。

当然，有人反对将国家政策归为我国的法律渊源，但却没有说明理由。① 我们认为，执政党或者国家的政策能否以及何种程度通过何种程序成为民法渊源，这在我国的国体和政体下其实是一个非常值得研究的问题。

（二）习惯

在人类历史长河中，习惯一直是民法渊源，只是大陆法系民法法典化遮蔽了习惯作为法律渊源的作用。习惯在各国民法渊源体系中的地位各有千秋。我国民法没有对习惯的效力作明确的一般性规定，但《民法通则》第151条规定："民族自治地方的人民代表大会可以根据本法规定的原则，结合当地民族的特点，制定变通的或者补充的单行条例或者规定。"这在一定程度上承认了民族习惯。有些单行法也肯定习惯的效力。例如，《合同法》第125条规定："当事人对合同条款的理解有争议的，应当按照合同所使用的词句、合同的有关条款、合同的目的、交易习惯以及诚实信用原则，确定该条款的真实意思。"因此，交易习惯也

---

① 李永军：《民法总论》，法律出版社2006年版，第39页。

是我国民法的渊源。

第四节 民法的适用

法律适用，就是运用现行有效的法律规范对现实生活中的纠纷或者争议中的人的行为进行评价和判断的过程。民法的适用就是将民法规范运用于现实生活的过程。

一、民法的适用范围

民法的适用范围，是指民事法律规范在何时、何地、对何人发生法律效力。

（一）民法的适用时间

民法的适用时间，是指民事法律规范自何时生效和废止，以及对实施前发生的民事案件有无溯及力。

一般来说，民法自立法规定的实施之日起生效。如我国《民法通则》第156条规定，"本法自1987年1月1日起施行"。民法至废止之日停止其适用。新实施的法律对先前发生的案件是否适用，就涉及新法的溯及力问题。如果适用，就是有溯及力；如果不适用，就是没有溯及力。一般情况下，新实施的民事法律只适用于该法律生效后发生的民事关系，但法律不溯及既往并不是绝对的。

（二）民法的适用空间

民法的适用空间，是指民事法律规范产生效力的地域范围。根据制定和颁布民事法律规范机关的权限不同，民事法律规范适用的空间范围也不相同。在我国，凡属全国人民代表大会及其常务委员会、国务院及其所属各部、局、行、署等中央国家机关制定并颁布的民事法律规范，适用于除特别行政区以外的一切领域。各地方国家机关根据各自权限所颁布的民事法律规范，仅在各地方国家机关管辖区内发生法律效力。

根据其居住地的空间差异，我国公民适用民法主要有两种情况：（1）对居住在我国境内的一切自然人或设立在我国境内的法人及其他组织，具有法律效力。（2）对居住在外国的我国公民，原则上不适用我国民法。但是，依照我国缔结或参加的国际条约以及认可的国际惯例应当适用我国民法的，适用我国民法。

二、法律适用的基本方法

法律适用，包括人们在行为过程中对自己行为合法性判断的自动适用以及司法过程中裁判者解决争议案件的裁判适用。这里的法律适用仅指后者，即司法。法律适用需要以逻辑为基础的技术和方法。法律适用的基本方法始终离不开一个基本的逻辑模式，那就是被称为确定法效果的三段论法。① 确定法效果的三段论法可以简单表示如下：

$$T \rightarrow R（大前提）$$
$$S = T（小前提）$$
$$S \rightarrow R（结论）$$

这个简单的逻辑模式可以描述为：T 代表一个完全法条所描述的构成要件，R 代表 T 实现后被赋予的法律效果；S 代表具体的案件事实。具备 T 的全部要件，就产生 R 的法律效果，这是大前提；特定的案例事实 S 符合 T 的要件，这是小前提；对 S 赋予法律效果 R，这是结论。

三段论是法律适用的基本逻辑形式。在法条将构成要件以及法律效果规定得非常准确的情况下，三段论可以清楚地适用。但是，仅仅使用三段论的模式也简化了法律适用的过程。很多情况下，法条是不完整的，这就需要对三段论加以修正适用。这就涉及找寻法律甚至弥补法律漏洞，以形成大前提；确定案件事实以及涵摄等。这也要涉及民法解释学或法律方法论等更专业、更复杂的法律适用方法的学习和训练。

【案例分析 1-3】

《中华人民共和国侵权责任法》第 85 条规定："建筑物、构筑物或者其他设施及其搁置物、悬挂物发生脱落、坠落造成他人损害，所有人、管理人或者使用人不能证明自己没有过错，应当承担侵权责任。"根据这个法条析出 T，T 的全部内容为：（1）建筑物、构筑物或者其他设施及其搁置物、悬挂物的存在；（2）前述物件发生倒塌、脱落、坠落造成他人损害；（3）所有人、管理人或者使用人不能证明自己没有过错。假使任何一个案件事实实现 T 的全部内容，就赋予法律效果 R，即由所有人、管理人或者使用人承担侵权责任。

假设现在有一个案件 S 是这样的：某土地开发公司在其办公楼上架设了一个广告牌以做宣传。一天，一阵狂风扫过，广告牌被风刮落在地砸伤了路人甲。事后，土地开发公司拿不出任何证据证明自己没有过错。那么 S 事例是否符合 T 呢？

根据《中华人民共和国侵权责任法》第 85 条，将 S 事例同 T 的全部内容进行比对：（1）广告牌是建筑物上的搁置物或悬挂物；（2）广告牌坠落造成甲损害；（3）广告牌的所有人某土地开发公司不能证明自己没有过错。案件 S 符合 T 的全部内容，因此某土地开发公司应当对路人甲受伤承担侵权责任。

---

① ［德］卡尔·拉伦茨：《法学方法论》，商务印书馆 2003 年版，第 150 页。

【本章思考题】

1. 应如何理解民事关系中的主体平等？
2. 如何理解民法是权利之法？
3. 现代社会的民法和国家的关系是什么？
4. 民法适用的基本方法是什么？

第二章 民法基本原则

☞ **本章导读**

民法基本原则是贯穿民事立法、司法和民事活动全过程的基本准则，它集中体现了民法的本质和特征，反映了市民社会和市场经济的根本要求。作为一种立法技术，民法基本原则起着弥补成文法之不足的作用；作为一种司法准绳，民法基本原则具有重要的裁判功能；作为一种行为规范，民法基本原则对人们行为有重要的指引作用。本章通过对民法基本原则的简要介绍，使读者领会民法基本原则所蕴含的精神，掌握各项基本原则的具体内容。

第一节 民法基本原则概述

民法基本原则是构成民法的基本要素之一，是民法基本精神和价值追求的载体，是贯穿于整个民事法律制度始终的基本准则。它既不同于民法规范，又不同于民法具体原则。基本原则出现于立法，是人类思维能力进步和立法技术高度的结晶。[①]

立法宣示的民法基本原则主要具有以下功能：

（1）解释民法的价值指向。无论是对民法进行有权解释，还是学理解释，都应该以民法基本原则所蕴含的精神内核和价值追求作为基准，否则都是不恰当的解释。关于民法基本原则的价值指向，我们可以对相应法条做简单的文字游戏就可以看出来。例如，我国《民法通则》第 4 条规定，"民事活动应当遵循自愿、公平、等价有偿、诚实信用的原则"。我们可以在"自愿"、"公平"、"等价有偿"、"诚实信用"等语词前加上"不"字，就构成"不自愿"、"不公平"、"不等价有偿"、"不诚实信用"等语词，这个时候就可以清晰地看出《民法通则》第 4 条的价值取向是要求做到前者而摈弃后者。《民法通则》中有关基本原则的条款都可以进行这种文字游戏来显示其价值取向。

（2）民事活动的基本准则。在民事活动中，民事主体必须以民法基本原则作为根本行为准则，不得违反，否则就会导致该行为无效的法律后果，并且还要承担

---

① 徐国栋：《民法基本原则的解释——成文法局限性之克服》，中国政法大学出版社 2001 年版，第 376 页。

相应的民事法律责任。

（3）民事审判的补充准则。在现行立法没有相应具体规定或者具体法律规范的适用会造成非正义的情况下，法院可以依据民法基本原则进行裁判，以实现个案的正义与公平。

民法原则具有历史性。现代民法原则是在近代民法原则基础上发展而来的。人及人之尊严是整个法律秩序的最高原则。① 在此基础上，形成了民法的一系列基本原则。其中，意思自治原则是自由原则在民法中的体现，是民法的首要原则。平等原则、禁止权利滥用原则、诚实信用原则、公序良俗原则重在解决意思自治原则在私人之间以及私人与社会之间的界限。

第二节 民法基本原则各述

根据《民法通则》的规定，我国民法宣示的基本原则有：意思自治原则、平等原则、禁止权利滥用原则、诚实信用原则、公序良俗原则。

一、意思自治原则

我国《民法通则》第 4 条规定，民事活动应当遵循自愿原则。该条规定就是对意思自治原则的立法确认。自愿原则与自由原则在内容上、立法背景、法律精神、法律视角上均不可等同。② 但绝大多数学者还是将自愿原则看成是中国民法对于自由原则的确认。

意思自治又称私法自治，是指民事主体可以根据自己的意志进行法律所不禁止的民事活动而不受到法律之外的束缚。意思自治的核心是确认并保障个人自由，法律赋予并且保障民事主体都具有在一定范围内通过民事行为调整相互之间关系的可能性。"在私法自治范围内，法律对于民事主体的意思表示，即依其意思而赋予法律效果；依其表示而赋予拘束力；其意思表示之内容遂成为规律民事主体行为之规范，相当于法律授权民事主体为自己制定的法律。"③ 意思自治原则是市民社会自治在民法上的体现。市民社会自治，就是指市民社会中的主体，如自然人或社会组织在处理私人事务时，可以按照自己的或者相互的共同意愿行事，不受外在的人为因素干扰，尤其不受国家公权力的干预。

无论是传统民法还是现代民法，意思自治都是一项极为重要的基本原则。私法

---

① 王泽鉴：《民法总则》（增订版），中国政法大学出版社 2001 年版，第 35 页。

② 江平、程合红、申卫星：《论新合同法中的合同自由原则与诚实信用原则》，载《政法论坛》1999 年第 1 期。

③ 梁慧星：《民法总论》，法律出版社 2001 年版，第 175 页。

自治之原则在民法中居于龙头地位。① 罗马法孕育了意思自治原则的思想和精神，但并未提出意思自治概念。随着近代工商业的发展，西方市民社会兴起，16 世纪法国法学家查理·杜摩林正式提出"当事人意思自治说"。从此，意思自治原则在法律发展尤其是西欧成文法运动中被赋予更深刻的内涵和更庄严的使命。在《法国民法典》中，意思自治原则得到充分体现和反映，与个人本位、权利至上等思想共同成为民法制度的理论基石。迄今为止，意思自治原则已得到世界绝大多数国家的普遍确认。当资本主义经济进入垄断阶段以后，市场经济形态的更替和经济学说的推陈出新，使意思自治原则发生了演变。民法中的意思自治受到诚实信用原则、公序良俗原则以及禁止权利滥用原则等一般条款的限制。

意思自治原则是民法最有代表性的原则，它体现在民法各个具体制度领域中。在物权法中表现为财产自由，合同法中为合同自由，亲属法中为婚姻自由，继承法中为遗嘱自由。其中，合同自由或契约自由被视为意思自治原则的核心。

二、平等原则

《民法通则》第 3 条规定，当事人在民事活动中的地位平等。这条规定是平等原则的法律表现形式。虽然它规定的是民事活动中的基本规则，但是对于立法和司法也具有指导价值。民法中的平等原则是以意思自治原则为基础的。

在承认人与人之间差异基础上，民法主张人与人之间的平等对待，这种对待的平等可以从以下三个方面具体限定和理解：

首先，民法上的平等是形式平等。人与人的平等可以从三个层面观察，即起点平等、形式平等和结果平等。由于自然原因和社会原因，人与人之间的差别永恒存在，所以起点平等是不可能的。结果平等又可称实质平等，这种平等观认为，不论人的天赋、才能、机遇如何，人们通过民事活动产生的结果应是相同的。形式平等又称为过程平等、机会平等，这种平等观认为，不论人的天赋、才能、机遇如何，社会向人们提供民事活动的机会应是同等的，不区别对待就是平等，至于人们从事民事活动的结果应该允许存在差别。当然，民法的平等观也有所变化。现代社会逐渐形成和创立如遗产累进税以及义务教育等制度，以尽量缩小人与人之间起点不平等的差距。但是，这些制度并没有否定形式平等在民法中的支配地位，仅仅是对绝对形式平等的补充和修正。

其次，民法上的平等还是特权的对立物。特权就是社会生活中一些人可以不受普遍性法律的约束。与特权对立的平等就是指社会生活中所有人都应受普遍性法律的约束。但遗憾的是，人类社会在步入文明时代之后，人与人之间的不平等和特权

---

① 曾世雄：《民法总则之现在与未来》，中国政法大学出版社 2001 年版，第 19 页。

就成了人类社会的常态。① 人类追求与特权对立的平等经历了漫长的历史征程。早在古希腊自然哲学产生初期，平等观就开始出现，一些学者就批判社会等级，否定奴隶制。后来斯多葛学派主张人理性的统一性是人平等的基础。基督教的人类普遍平等观念把人的自然平等上升到更高层次，指出人的平等在于生命创造意义上的平等。资本主义生产方式兴起对平等提出了要求，启蒙思想家为此提出"人人生而平等"的主张，并赋予人自然权利。法国资产阶级取得政权后，便在《人权宣言》中提出了公民在法律面前人人平等的原则。《法国民法典》第 8 条将这一原则具体化，规定，"一切法国人均享有民事权利"。从此，与特权对立的平等就变成了现代民法的基本精神和基本原则。

最后，民法上的平等又是身份的对立物。这里的身份特指传统社会的身份，即一个人或团体相较于他人或他团体被置放的有利或不利的地位。平等是特权与歧视的对立物，特权与歧视的基础源于身份。身份受到有利安排的人就获得了特权；身份受到不利安排的人就受到了歧视。对一个身份受到不利安排的人来说，他的处境由出生所决定，无法加以改变。一个人无论多有能力，只要身份不佳，社会就不会为他提供改变处境的渠道。机会只对社会的特权阶级开放，而不对其他阶级开放，身份是特权的依托。② 因此，身份社会就是机会不均等的社会。现代民法主张把人们从各种身份关系中解放出来，把机会向社会所有人开放，使契约关系成为现代社会的基本社会关系。

总之，平等原则最集中地反映了民法调整社会关系的基本要求。只有都能自主地表达自己的意志，当事人之间才是平等的。因此，平等是意思自治的体现和界限。

三、诚实信用原则

《民法通则》第 4 条规定，民事活动应当遵循诚实信用的原则。这一规定是诚实信用原则的法律表现形式。

我国民法学界就如何理解诚实信用原则形成了"语义说"和"一般条款说"两种观点。"语义说"认为，诚实信用原则要求主体之间进行民事活动时要恪守信用、不进行任何欺诈。"一般条款说"认为诚实信用原则是一般条款，其外延和内涵均具有不确定性，但具有法律强制力。我国诚实信用原则要求民事主体在民事活动中维持双方的利益平衡以及当事人利益与社会利益的平衡，目的在于保持三方利益平衡与社会和谐。我们认为上述两种观点并不矛盾，可以并存。具体而言，诚实信用原则在两个方面发挥着作用：对当事人进行民事活动起着指导作用，要求当事

---

① 夏勇：《人权概念的起源——权利的历史哲学》，中国政法大学出版社 2001 年版，第 9 页。

② 徐国栋：《民法基本原则的解释》，中国政法大学出版社 2001 年版，第 56 页。

人行使权利、履行义务时像对待自己事务一样地对待他人事务；对法官平衡权的授予，要求法官根据公平正义进行创造性的司法活动以实现利益平衡。

关于诚实信用原则的地位，学者们也多有争论。有学者称诚实信用原则是现代民法的最高指导原则和"帝王条款"。① 但是，这种说法遭到其他学者的质疑。② 由于合同自由是意思自治原则的核心，所以人们一直在讨论合同自由与诚实信用原则的关系。学者大多认为，诚实信用原则与合同自由原则都是现代民法的基本原则，诚实信用原则是对意思自治原则的补充与矫正。有学者甚至指出，虽然设置了限制性内容，但意思自治原则仍然是现代民法的基本精神支柱，没有形式正义的实质正义是根本无法存在的。③

虽然意思自治原则在西方国家经历了萌芽、兴起、发展和衰落的演变过程，但那是由西方社会经济发展的历史决定的。由于我国缺乏私法传统且长期实行计划经济，因此确立意思自治原则作为我国民法理论基石和基本原则有非常重大的意义。诚如有学者指出，意思自治原则对我国社会主义市场经济的创建如促进产权结构优化、保护市场主体平等权以及保护交易自由等方面担负着特殊使命。而且，我国要建立的市场经济既不同于自由放任的市场经济，也不是国家干预的垄断经济，其本质特征是由市场对资源配置起基础性调节作用，辅之以政府适度的宏观调控，这也决定意思自治原则应作为我国民法的理论基石。④

四、禁止权利滥用原则

权利不得滥用原则是指民事主体行使权利不得损害他人利益和社会公共利益。权利不得滥用原则是以意思自治原则为基础的，它的作用在于将民事主体的权利行使限定在一定范围之内，以免损害他人和社会公共利益。

在大陆法系国家，权利不得滥用原则是诚实信用原则的当然内容。我国将权利不得滥用原则从诚实信用原则中独立出来。《宪法》第 51 条规定："中华人民共和国公民在行使自由和权利的时候，不得损害国家的、社会的、集体的利益和其他公民的合法的自由和权利。"这是确立民法中的权利不得滥用原则的宪法根据。《民法通则》第 7 条规定："民事活动应当尊重社会公德，不得损害社会公共利益，破坏国家经济计划，扰乱社会经济秩序。"这一规定是权利不得滥用原则的民事立法依据。

民法往往遏制权利滥用行为，如拥有权利而不及时行使者，就限制其权利；剥

---

① 梁慧星：《诚实信用原则与漏洞补充》，载《法学研究》1994 年第 2 期。

② 孟勤国：《质疑"帝王条款"》，载《法学评论》2000 年第 2 期。

③ 孙宪忠主编：《民法总论》，社会科学文献出版社 2004 年版，第 30 页。

④ 刘凯湘、张云平：《意思自治原则的变迁及其经济分析》，载《中外法学》1997 年第 4期。

夺滥用权利者的权利；利用权利对他人造成损害者要承担侵权民事责任等。总之，民事主体如果滥用权利，就不能发生所期望的法律效果，对他人造成损害，还应承担损害赔偿责任。①

五、公序良俗原则

公序良俗原则已成为世界各国民法均采纳的原则，是现代民法的基本原则之一。以公序良俗观念限制法律行为的内容，始于罗马法，后为德、法、意等近代国家的民法所采用。我国《民法通则》第 7 条规定，"民事活动应当尊重社会公德，不得损害社会公共利益，破坏国家经济计划，扰乱社会经济秩序"。一般认为，这是我国民法公序良俗原则的立法依据。

公序良俗原则的目的不是要将道德要求转化为法律义务，而是不让法律成为道德规避的工具。诚如王泽鉴先生所言，公序良俗原则"非在于为伦理秩序而服务，使道德性的义务成为法律义务；其目的乃在不使法律行为成为违反伦理性的工具。简言之，即不能使违反法律本身价值体系或违反伦理者，在法律上具有强制性"②。

公序良俗原则的含义解释，学界尚未取得一致意见。一般认为，公序良俗是公共秩序和善良风俗的合称，"公序"和"良俗"并不是完全等同的概念。"公序"指国家社会一般的利益，"良俗"指社会一般的道德观念。

公序良俗原则的适用是颇费思量的问题。作为民法的基本原则，公序良俗的评价对象不是当事人的一切行为，而只是当事人的法律行为。因此，"即使当事人的行为是应该受到指责的，但其从事的法律行为却可能是有效的。反之，即使当事人是善意的，只要法律行为的后果表现为不可忍受，该法律行为也可能违反善良风俗"③。违反公序良俗原则的判断标准不是具体的法律规范，而是存在于法律本身的价值体系或法律外的伦理秩序。因此，公序良俗原则在民事案件活动中的应用，必然导致法官的自由裁量权。据此，学者们着力将公序良俗原则具体化。具体化的方法有两种，一是将违反公序良俗的行为类型化；如梁慧星先生将公序良俗原则的行为划分为十种类型：（1）危害国家公序类型；（2）危害家庭关系类型；（3）违反性道德行为类型；（4）射幸行为类型；（5）违反人权和人格尊严的行为类型；（6）限制经济自由的行为类型；（7）违反公平竞争行为类型；（8）违反消费者保护的行为类型；（9）违反劳动者保护的行为类型；（10）暴力行为类型。④ 二是同

---

① 史尚宽：《民法总论》，中国政法大学出版社 2000 年版，第 38 页。

② 王泽鉴：《民法总则》（增订版），中国政法大学出版社 2001 年版，第 289 页。

③ ［德］迪特尔·梅迪库斯：《德国民法总论》，邵建东译，法律出版社 2001 年版，第 515 页。

④ 梁慧星主编：《民商法论丛》（第 1 卷），法律出版社 1994 年版，第 56 ~ 60 页。

时采用价值补充方法赋予法官处理具体案件的裁量权。①

关于违反公序良俗原则的法律后果，在世界各地均被当作合同无效的后果的事实根据。在司法实践中，法院遇到扰乱社会秩序、有违社会公德的法律行为而立法又缺乏相应禁止性规定时，可直接适用公序良俗原则认定该法律行为无效。

【案例分析 2-1】

江湖豪侠庄聚贤非常爱阿紫姑娘，一日不见如隔三秋，于是请求一生一世成为阿紫的奴隶，以便终生伺候她。阿紫姑娘同意了他的请求。于是庄聚贤与阿紫姑娘签订合同，合同规定：庄聚贤因爱慕阿紫姑娘，自愿成为阿紫姑娘的奴隶；阿紫姑娘接受庄聚贤的要求，自愿成为主人供其整日伺候。请问这份自愿订立的合同是否有效？

本例中的合同虽然是庄聚贤与阿紫姑娘自愿签订的，但这份合同却违背了我国《民法通则》第 3 条"当事人在民事活动中地位平等"的规定，同时，即使自愿为奴，也有违现代之公序良俗，因此无效。这个案件说明，平等原则与公序良俗原则是意思自治原则的界限，自愿当奴隶虽不违背意思自治原则，但却违背人人平等与公序良俗原则。

【案例分析 2-2】

黄某某和蒋某某都是泸天化集团公司 404 分厂的职工，1963 年结婚。婚后，由于蒋某某一直没有生育，后他们抱养了一个儿子。1996 年，50 多岁的黄某某认识了离异并有一个 10 岁男孩的 33 岁的张某某。1997 年，黄某某和张某某同居，第二年张某某生育一女黄某。2001 年 4 月 18 日，黄某某因得知肝癌晚期医治无效，就立下遗嘱：将其所得住房补贴金、公积金、抚恤金和卖房所获款的一半 4 万余元及自己所用手机等共计 6 万元的财产赠给张某某。该遗嘱经过公证。黄某某去世后，张某某向蒋某某索要黄某某的遗产遭到拒绝，于是将蒋某某告上了法庭，诉请法院支持她取得被遗赠的财产。2001 年 10 月 11 日，泸州市纳溪区基层人民法院根据《民法通则》第 7 条关于民事活动应当尊重社会公德，不得损害社会公共利益的规定，认定黄某某立下遗赠无效，判决驳回原告张某某的诉讼请求。张某某上诉到泸州市中级人民法院。2001 年 12 月 28 日，泸州市中院维持了一审判决。

本案判决后，当地百姓大都拍手称快，认为这个案子断得好，端正了社会风尚，有力地打击了"包二奶"的歪风邪气。但是，法学界多数人却持相反意见，主张黄某某的遗嘱行为和他与张某某的婚外同居在法律上是两个独立的

---

① 于飞：《公序良俗原则研究——以基本原则的具体化为中心》，北京大学出版社 2006 年版，第 169~170 页。

行为，遗嘱不应该因婚外同居行为违反善良风俗而无效。泸州市两级法院的判决是以道德审判替代了法律审判。

　　事隔7年后，郑永流先生对学界观点进行了重新思考。他认为，从德国90余年间的数十个情妇遗嘱案的判决看，德国法院立场是不断变化的。法律技术不仅不能排斥道德立场，反而应服务于道德立场。公序良俗原则的具体化可以按照法外寻求标准、依据多数原则、进行价值评价、采用地方性准则、据以个人经验五步法进行。针对本案，郑永流先生认为不必在公序良俗与遗嘱自由之间进行谁具有优先性的非此即彼的权衡，而是可以作出兼顾双方立场的判决，可考虑将遗赠人有权处分的财产一半判给其妻子，一半判给其情妇。①

【本章思考题】

1. 为什么说民法基本原则表明了民法的根本价值取向？
2. 如何理解我国民法基本原则的内在逻辑？
3. 意思自治原则在现代民法中的地位是怎样的？
4. 如何判断权利滥用？

---

　　① 郑永流：《道德立场与法律技术——中德情妇遗嘱案的比较和评析》，载《中国法学》2008年第4期。

第三章　民事法律关系

☞ 本章导读
　　民事法律关系是人们基于社会经验设计的调整社会关系的法律模型。平等的社会主体之间的人身和财产关系经过民法规范调整，成为民事法律关系。民事法律关系是法律职业者分析真实案件的不可缺少的思维工具。因此，透彻了解民事法律关系是法律人的基本素养。本章需要读者把握社会关系抽象为民事法律关系的思维过程，了解它与刑事法律关系相区别的基本特征及其基本种类，熟悉民事法律关系的构成要素以及引起民事法律关系产生、变更和终止的民事法律事实及其种类。

第一节　民事法律关系概述

一、民事法律关系的概念

　　民事法律关系，是由民事法律规范调整形成的，在同等对待的主体之间的以民事权利义务为内容的关系。

　　民事法律关系实质上是加入了民事法律规范作用的社会关系，因此它是主体之间发生的人身和财产社会关系在民事法律上的表现。

【案例分析3-1】

　　　　某市发生一辆轿车擦挂一辆自行车的交通事故。车祸中自行车主人搭载的一箱人民币被弄得满天飞舞，散落于地。许多路人拾到人民币后主动交给失主，但也有人不交，偷偷离去。这时，自行车主人和在场群众合力抓住一个不交的人D，叫他将钱退还失主，但这人振振有词地说："那么多人都捡到没退，凭啥叫我退？你叫其他人都退我就退！"请大家运用民事法律关系原理思考这个人错在哪里。

　　　　现在以这个案例来展现，社会关系是如何通过民事法律规范的作用转变为民事法律关系的。我们先看看下面的示意图：

　　　　图形上面表示社会生活关系，下面是民事法律关系，中间的方格长方形代表法律规范，也表示法律技术的抽象环节，因为法律规范就是对社会关系的规

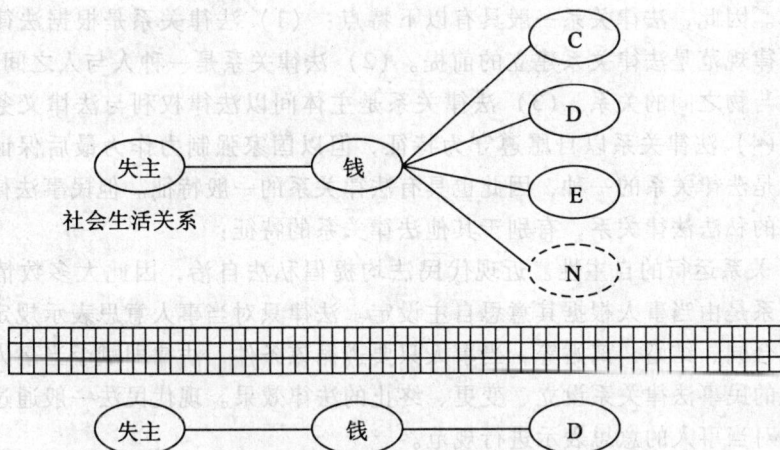

社会关系转化为民事法律关系例举示意图

范和抽象。在现实社会生活中，失主丢失的钱被很多人如 C、D、E…N 拾到，产生了失主与 C、D、E…N 的关系，现在我们只抓住一个人 D，叫他还钱。但是，这个案件在法律上却被抽象为示意图下方的法律关系，失主与 D 的关系从复杂的社会关系中独立出来，构成民事法律关系的一种——所有权法律关系。在这个所有权法律关系中，D 作为拾遗者就应该将钱归还给失主。至于其他人是否归还，则在失主与其他拾遗者形成的法律关系中去解决。通过法律技术的抽象来建立起人与人的关系模型，社会关系被类型化和模型化，社会关系就转化为法律关系。因此，法律关系就成为社会关系的参照物，社会关系的形成和纠纷的产生，都要按照法律关系这个模型来进行。

通过上文的分析，我们知道解决社会纠纷时，职业法律人会把民事法律关系分解开来一个一个解决。上文案例中 D 的错误在于，他混淆了自己与失主的法律关系和他人与失主的法律关系，将别人履行法律义务作为自己履行法律义务的前提。

在社会活动中，主体相互间要发生各种财产关系和人身关系，民事法律的调整使这些社会关系具有法律性质，从而演变为民事法律关系。因此，民事法律关系是社会关系的法律技术抽象，是处理社会关系的法律模型。诚如梅迪库斯所说，民事法律关系是社会关系的一部分的撷取，这是法律研究技术的必要手段。①

---

① ［德］迪特尔·梅迪库斯：《德国民法总论》，邵建东译，法律出版社 2001 年版，第 52~53 页。

所有部门的法律关系都是根据这种建立模型的科学化的法律技术抽象社会关系而形成的。因此，法律关系一般具有以下特点：（1）法律关系是根据法律规范建立的，法律规范是法律关系建立的前提。（2）法律关系是一种人与人之间的关系，而不是人与物之间的关系。（3）法律关系是主体间以法律权利与法律义务为内容的关系。（4）法律关系以自愿遵守为特征，但以国家强制力作为最后保证。民事法律关系是法律关系的一种，因此也具有法律关系的一般特征。但民事法律关系是一种独立的私法法律关系，有别于其他法律关系的特征：

（1）关系运行的自主性。近现代民法均提倡私法自治，因此大多数情况下民事法律关系是由当事人根据其意思自主设定。法律只对当事人意思表示规定具体条件，例如合同、结婚、离婚等，当事人只要遵循该条件，法律即赋予当事人意思表示所期望的民事法律关系设立、变更、终止的法律效果。现代民法一般通过法律行为制度来对当事人的意思表示进行规范。

（2）主体的平等性。民事法律关系是必须平等对待的社会普通成员之间的关系，因此它具有主体的平等性。人与人之间一切自然与社会的差别都要被过滤掉，只能以平等身份进入民事法律关系。这是民事主体参与民事活动的前提条件，因为主体不平等，自主产生民事法律关系就是一句空话。主体平等不仅意味着民事主体参与民事法律关系的资格平等，即民事权利能力平等；而且民事主体参与民事法律关系，在适用法律上要平等对待。

（3）内容为民事权利、民事义务和民事责任。民事法律关系的内容，就是民事权利和民事义务，具体来说是人身和财产权利义务关系。民事权利与民事义务都源自于现行有效的民法规范，法律正是通过具体的法律规范来调整当事人之间的关系。民事权利可以放弃，民事义务不得违反，否则法律要求违反者承担民事责任。

（4）保障措施具有自觉性和补偿性。同刑事责任相比，民事责任可以在没有国家干预的情况下，由违反义务者自己自觉承担。只有在义务人拒绝自觉承担责任，权利人诉请人民法院强制追究义务方责任时，才最终体现出国家强制性。还有，民事责任一般具有补偿性而不具有惩罚性，具体表现为民事责任的范围与违法行为造成的权益损害相适应。

二、民事法律关系的分类

（一）财产法律关系和人身法律关系

以内容是否具有直接物质利益为标准，民事法律关系可分为财产法律关系和人身法律关系。

财产法律关系，是指具有直接物质利益内容的民事法律关系。财产法律关系可划分为物权法律关系和债权法律关系。人身法律关系，是指与不具有直接物质利益而以人格要素和身份利益为内容的民事法律关系。人身法律关系又可区别为人格权法律关系和身份权法律关系。

　　区分财产法律关系和人身法律关系的意义在于：第一，可用以判断具体法律关系的内容在法律上是否具有可让与性。财产法律关系的主体可以转让自己的权利义务，而人身法律关系的主体享有的权利在其人身存续期间与人身是不可分离的，内容一般具有不可让与性。第二，法律救济的方法不同。财产法律关系受到损害时，主要适用财产救济方法，用财产责任加以保障，如恢复原状、赔偿损失等；而人身法律关系受到破坏时，主要适用非财产救济方法，主要以非财产责任加以保障，如赔礼道歉、消除影响等。

（二）绝对民事法律关系和相对民事法律关系

　　以义务主体是否特定为标准，民事法律关系可分为绝对民事法律关系和相对民事法律关系。

　　绝对民事法律关系是指义务主体是权利主体以外的一切不特定的人的民事法律关系。在这种法律关系中，权利主体特定，且他无须义务主体协助，就可直接行使权利；义务主体是不特定的，其义务是消极的不作为，即不妨碍或不干涉权利主体合法行使权利。物权法律关系、知识产权法律关系、人身权法律关系均为绝对民事法律关系。相对民事法律关系，是指与权利主体相对应的义务主体为特定的人的民事法律关系。在这种法律关系中，权利主体与义务主体都是特定的，权利主体权利的行使与实现需要具体义务人的积极行为予以协助，义务主体负有积极行为的义务。债权法律关系为相对民事法律关系。

　　区分绝对法律关系与相对法律关系，不仅有利于确定权利主体行使权利的方式，而且还有利于确定义务人及其承担责任的性质和类型，从而准确地适用法律。

（三）单一民事法律关系和复合民事法律关系

　　以复杂程度为标准，民事法律关系可以分为单一民事法律关系和复合民事法律关系。

　　单一民事法律关系，是指当事人一方享有权利，他方负有义务的民事法律关系。复合民事法律关系，是指当事人双方互为权利义务主体，由两组以上权利义务构成的民事法律关系。

　　区分单一法律关系与复合法律关系的意义在于，它有利于确定当事人的权利义务，而且法律会赋予复合法律关系当事人特有的权利，如双务合同中的同时履行抗辩权、先履行抗辩权等。

（四）主民事法律关系和从民事法律关系

　　以能否独立存在为标准，可将民事法律关系分为主民事法律关系和从民事法律关系。

　　主民事法律关系，是指能独立存在的民事法律关系。从民事法律关系，是指必须依赖或附属于其他民事法律关系而存在的民事法律关系。如合同法律关系与合同担保法律关系就是主民事法律关系与从民事法律关系。

　　区分主民事法律关系和从民事法律关系的意义在于：从民事法律关系是以主民

事法律关系的存在为前提的，是对主民事法律关系的加强或补充，除法律另有规定或当事人另有约定的以外，它是随着主民事法律关系的变更或消灭而变更或消灭的。

第二节 民事法律关系的要素

法律关系的要素是法律关系成立所不可或缺的因素，任何法律关系均由一定的要素构成。法律关系由主体、客体和内容三个要素构成，三个要素缺一不可，其中一个要素发生变动，法律关系则发生变更。"主体为权利义务之所属，客体为权利义务之所附"①，内容由权利义务所构成。

一、民事法律关系的主体

民事法律关系的主体，简称民事法律主体，是指具有民事权利能力的个人或组织。

民事权利能力是能够参加民事活动，享有民事权利和负担民事义务的法律资格。只有具有民事主体法律资格的个人或组织，才能在具体的民事法律关系中成为主体。根据我国《民法通则》的相关规定，自然人的民事权利能力一律平等，自出生时始，至死亡时止。而法人的民事权利能力则取决于法人的经营范围。

要实际地参加民事法律关系，还需要具备民事行为能力。民事行为能力，是通过自己的行为取得民事权利和负担民事义务的理智能力。我国民事法律根据自然人年龄或智力的不同，将自然人的民事行为能力分为无民事行为能力人、限制民事行为能力人和完全民事行为能力人，而法人的民事行为能力则与其民事权利能力相一致，取决于法人的经营范围。

民事法律关系主体可以分为自然人、法人和非法人团体。

1. 自然人

自然人系指因出生具有生命并获得民事权利能力的人类个体。在民事法律关系中，自然人是最重要的民事主体。自然人包括本国公民、外国人和无国籍人。

2. 法人

法人是指具有民事权利能力的社会组织。在民事法律关系中，法人是另一类重要的参与者。根据《民法通则》第37条的规定，我国法人资格的取得必须具备以下条件：（1）依法成立；（2）有必要的财产或者经费；（3）有必要的名称、组织机构和场所；（4）能够独立承担民事责任。具备上述条件的法人，获得民事权利能力，取得民事主体资格。

国家是一种特殊的法人，以法人身份参与民事活动。随着社会的发展，国家功能将更加多样化。它不仅是社会的公共管理者，而且参与经济活动，调节经济秩序，为社会弱势群体提供福利。国家既然要实现不同的功能，也就应该参与不同的

---

① 郑玉波：《民法总则》，中国法制出版社 2006 年版，第 94 页。

法律领域。在行使主权者职能时，国家就成为公法主体，在市场条件下实现经济功能时，国家往往就成为民事主体。根据国家的各项功能辨别其法律地位，避免国家参与民事法律关系时借用公权力损害其他民事主体的利益。在民法中，国家可以成为物权法主体、合同法主体和民事责任的主体。①

3. 非法人团体

非法人团体是指虽不具备法人资格但可以自己的名义从事活动的组织体。确立非法人团体的主体资格，是现代各国民事主体制度的最新发展。非法人团体与法人的最大区别在于：当这些组织体不能清偿债务时，应由其创立人或上级承担民事责任。最具有代表性的非法人团体是合伙组织。

二、民事法律关系的客体

民事法律关系的客体，是民事主体享有的民事权利和承担的民事义务共同指向的对象。客体是主体民事交往的基石和利益寄托的载体。没有客体，便无从发生民事法律关系。

民事法律关系的客体具有如下特征：一是客观性。客观性，是指独立于人的意识之外但能为意识所感知和人的行为所支配的各种事物与现象。二是效益性。民事法律关系的客体为各种物质和非物质财富，能满足主体的物质利益和精神需要。三是法定性。民事法律关系的客体必须得到国家法律规范确认和保护。

依利益的表现形式，民事法律关系的客体大致可分为人身利益、物、知识产权（也称智力成果）和行为四类。

1. 人格要素和身份利益

我国《民法通则》把平等主体之间的人身关系作为其调整对象之一，因而有必要从理论上确定民法调整人身关系而形成的人身权法律关系的客体，从而完善我国民事法律关系的理论。

现代社会，人是法律关系的主体，不允许作为法律关系的客体，但这并不意味着构成人的人格要素或者人际之间的身份利益不能够作为客体。人的伦理价值或者人格要素可以外化为人格权的客体。② 人身利益具体表现为人格要素和身份利益。人格要素在法律上表现为姓名或名称、生命健康、肖像、名誉等。

身份是个人在市民社会关系中具有私法意义的定位与相应的利益份额。③ 现代社会某些社会成员尤其是具有婚姻、血缘关系的成员之间往往客观存在身份利益。身份利益在法律上表现为配偶、父母、荣誉等。

---

① 马俊驹、宋刚：《民事主体功能论——兼论国家作为民事主体》，载《法学家》2003年第6期。

② 马俊驹：《人格权的理论基础及其立法体例》，载《法学研究》2004年第6期。

③ 马俊驹、童列春：《私法中身份的再发现》，载《法学研究》2008年第4期。

2. 物

物是能满足人的需要，能够被人支配或控制的物质实体或自然力。民法上的物同时具有物理属性和法律属性，但与物理学意义上的物不同，要求有可支配性、客观性和效益性。

物在民法中具有重要意义，大多数民事法律关系与物有密切联系，有的以物为客体，如所有权、担保物权等，有的虽以行为客体，但仍以物为利益体现，如交付物的买卖合同。

3. 智力成果

智力成果是人脑力劳动创造的精神财富。智力成果是知识产权的客体，包括文学、艺术、科技作品；发明、实用新型、外观设计；商标等。知识产权保护的不是智力成果的载体，而是载体上的信息，载体本身属物权的客体。

4. 行为

作为客体的行为特指能满足债权人利益的行为，通常也称给付。行为主要是债这一民事法律关系的客体，因为债权是请求权，债权人只能就自己的利益请求债务人进行给付，如交付物、完成工作，而不能对债务人的物或其他财产直接加以支配。

三、民事法律关系的内容

民事法律关系的内容，指民事主体所享有的权利和承担的义务。民事法律关系的内容是民法所调整的社会关系的内容在法律上的反映。民事法律关系的内容在民事法律关系中具有重要的地位，主要体现在：（1）它是把民事主体与客体联系在一起的纽带，没有民事权利与义务，民事主体与客体之间不可能发生联系；（2）民事法律关系的内容体现了民事法律关系的性质及其与其他民事法律关系的区别；（3）民事法律关系的内容是民法规范功能的指引。只有民法正式确认主体之间的民事权利义务内容，才能为民事主体提供相应的行为模式，进而调整相关的社会关系。①

德国学者萨维尼认为，法律关系的本质就是划定个人的意思所能独立支配的范围，即权利。因此，法律关系的本质就是权利。他将权利分为三类，第一种是从人一出生就享有的不得被剥夺的"原权利"；第二种和第三种都是后天取得的，称为"取得权利"，形成人与自然的关系及人与人的关系。所谓人与自然的关系就是人对物的支配权，即民法上的物权关系；而人与人的关系，就比较复杂。有的是对特定行为的权利，因为这种权利承担着的人格存在，不得支配，故称为请求权，即民法上的债权；还有与他人后天的结合，例如夫妻关系，并由此产生父母子女关系。大陆法系许多国家基本上就是以这种分类来规定民事权利的，具体体现为人身权、物权和债权。②

---

① 申卫星主编：《民法学》，北京大学出版社2007年版，第49页。
② 江平主编：《民法学》，中国政法大学出版社2007年版，第18~19页。

当然，在民事法律关系中，权利的实现往往需要有对应的义务存在。因此，权利和义务是相互对立、相互联系的。任何民事法律关系中必有权利，该权利决定民事法律关系的性质，同时也有与该权利相对应的义务。权利的内容要通过相应的义务表现，而义务的内容则有相应的权利限定。① 在民事法律关系中，不可能仅存在民事权利而没有民事义务，反之亦然，一方当事人享有的民事权利，必须反映为另一方当事人所负有的民事义务。譬如，在买卖关系中，出卖人和买受人是买卖法律关系之双方主体。买受人所享有的权利是请求对方交付商品，而与之相应的出卖人则负有交付商品之义务；而同时，买受人负有支付价款的义务又反映为出卖人向买受人请求支付价款的权利。我们之所以强调权利在民事法律关系上的地位，甚或将其作为民事法律关系的本质，意在高扬民法权利本位的基本理念。

（一）民事权利的性质

所谓民事权利，是民事主体为实现某种利益而依法为或不为某种行为（作为或不作为）的可能性或自由。简言之，民事权利就是权利主体对实施还是不实施一定行为的选择自由。

关于民事权利的性质，存在意思说（主观说）、利益说（客观说）、折中说（法力说）。

意思说（主观说），由德国学者温德沙伊德提出，他认为，权利的本质是意思自由，某人享有一项权利，就意味着赋予该权利人依其意思能够自由活动或任意支配的确定范围。意思是权利的基础，没有意思就没有权利。

利益说（客观说），由德国法儒耶林所倡，在他看来，权利的本质就是受法律保护的利益，不受法律承认和保障的利益就不是权利。凡是依法律规定归属于个人的利益，无论是精神的还是物质的，都是权利。

折中说（法力说），由德国学者梅克尔主张，他认为权利的本质是法律上之力，权利是法律所授予的满足利益的意思支配力。换言之，"特定利益"和"法律上之力"两个因素构成权利。特定利益是权利的内容，法律上之力则是权利的外形。

其实，不同的权利观念所涉及的各个元素似乎并不像学者想象的那样毫不相干，利益、意思（意志）、法律上之力总是交织在一起的。其中，利益是权利最深层的内容，没有权利不体现一定主体的利益（精神的或物质的）；而意思（意志）体现了人的主观自觉，人的利益正是通过意志支配下的行为来实现的；法律上之力则是对合法利益和意思的确认、保护和限制。② 可见，权利实际上就是实现特定利益的意志获得法律上之力，换言之亦可将权利称为民事主体享有的具有法律效力的实现特定利益的意志自由。

---

① 郭明瑞主编：《民法》，高等教育出版社 2003 年版，第 28 页。
② 王卫国主编：《民法》，中国政法大学出版社 2007 年版，第 33 页。

（二）民事权利的类型

1. 财产权和人身权

以权利的内容为标准，可将民事权利分为财产权和人身权。

财产权，是以实现财产利益为内容的权利，如物权、债权等。财产权直接体现一定经济价值，可以由当事人自由移转。市场经济活动中大量的权利都是财产权。

人身权，是与权利人的人身密切联系且不具有直接财产内容的权利。人身权又可以分为人格权和身份权。人格权是指以人格利益为标的的专属性权利，包括生命、健康、身体、肖像、隐私、名誉、贞操等权利形态。身份权，是指基于一定的身份关系而享有的权利，主要包括亲权、监护权和配偶权。人格利益虽不直接体现财产利益，但在受到侵害时，可以请求精神补偿；因其具有专属性，所以不能被转让和继承。

2. 支配权、请求权、形成权、抗辩权

以权利的作用形式和功能为标准，可将民事权利分为支配权、请求权、形成权、抗辩权。

支配权，是指权利人得排除他人干涉，仅凭自己的意志而对标的物进行支配的权利，包括物权、知识产权等。这类权利的利益实现不需要他人的积极协助。物权支配的是物，而知识产权支配的则是无形财产或称智力成果。

请求权，是指权利人可请求他人作为或者不作为的权利。请求权当中最重要的是债权，而物权请求权、人格权请求权、亲属和继承法上的请求权，是基于这些基础权利本身的实现或保护而产生的权利，在行使规则上可以比照适用债权的规定。

形成权，是指仅凭权利人单方面的意思表示即能使法律关系产生、变更和消灭的权利。如追认权、抵销权、撤销权等即为其典型例。形成权没有对应的义务，因此也不可能被侵害。

抗辩权，是指对抗请求权或否认对方权利的权利。同时合同法上的履行抗辩权、不安抗辩权以及保证人的先诉抗辩权等即是典型的抗辩权。抗辩权可分为永久的抗辩权和延期的抗辩权，前者是能否认或消灭请求权的抗辩权，将请求权永久排除；后者是指仅能使请求权在一定时期内不能行使的抗辩权，当作为抗辩的事由消灭后，请求权人得继续行使请求权。

3. 绝对权与相对权

根据与权利相对应的义务人的范围为标准，可以分为绝对权和相对权。

绝对权，又称为对世权，是指义务人不特定，无须其他人的积极协助实现的权利。如所有权、人身权等支配权即为绝对权之典型例。

相对权，又称为对人权，是指义务人特定，需其他人积极协助才能实现的权利。债权等请求权即为典型的相对权。

4. 既得权与期待权

根据权利成立的要件是否具备为标准，可将民事权利分为既得权与期待权。

既得权，又称为完整权，是指成立要件已经齐备，已具有现实性的权利。如通常之物权、知识产权等均为既得权。

期待权，指已具备权利的部分成立要件待将来有实现可能性的权利。在附延缓条件的法律行为中，在条件成就之前，当事人享有的权利就为期待权。

5. 专属权与非专属权

以民事权利是否可与其主体分离为标准，可分为专属权与非专属权。

专属权，是指只能由特定主体享有或行使的不能让与的权利。专属权可分为享有的专属权和行使上的专属权，所谓享有的专属权，是指专属于特定的人享有的不得让与他人的权利，人身权即为典型的享有的专属权。行使上的专属权，则指其是否行使职能由权利人决定，他人不得代理的权利，如结婚和离婚的权利即是其例。

非专属权，是指非为特定的人设定的，可与权利主体分离可移转的权利。民法上的财产权大多为非专属的权利。

专属权与非专属权的区分对于明确哪些权利可以流转和执行具有重要作用，专属权利不能流转，也不能被执行，反之，非专属权利既可交易流转，也可执行。

6. 主权利与从权利

以权利相互之间能否独立存在为标准，可分为主权利和从权利。

主权利，是指不依赖于其他权利而独立存在的权利；从权利，是依赖于主权利而存在的权利。构成主从关系的权利是密切联系的，主权利的存亡移转，决定着从权利的存亡移转，如抵押权与债权的关系即为典型，抵押权是为担保债权而设，债权是主权利，而抵押权是从权利；没有主债权存在，抵押权即无存在的必要，主债权消灭，抵押权即归于消灭；如果没有法律的特别规定和当事人约定，主债权转让，抵押权亦随之转让。

7. 原权利与救济权

以权利是原生抑或派生为标准，可将民事权利分为原权利和救济权。

原权利，即原生权利，是指主体享有的受法律保护的本权利。通常民法上的人身权、财产权均为原权利。

救济权，是指原权利受到侵害时产生的对原权利进行救援的权利。

在一定程度上讲，原权利与救济权也是主权利和从权利的关系，救济权是为保护原权利服务的，没有原权利也就没有救济权。但是区分原权利与救济权有其实益，有时原权利不得放弃，但救济权可以放弃，如人身权受到侵害时，受害人不可放弃其人身权，但可放弃赔偿要求。

（三）民事权利的行使与保护

1. 民事权利的行使

所谓民事权利的行使，即权利人通过一定方式实现权利内容，满足自己的利益需求的过程。行使自己的权利以实现其利益，这是权利的应有之义。但是，权利并不是某人所独有，他人亦有权利，因此，在权利行使过程中，不能只顾自己而忽视他人，违反彼此尊重的法律伦理原则。为了社会和谐，权利行使须受相应限制，乃属当然。① 可见，权利行使自由与权利行使的限制是一个问题的两个方面。

（1）权利行使的自由。法律保护民事主体的合法权利，权利人可以一定方式行使权利，他人不得干涉。权利行使自由表征当事人可以行使权利，也可以不行使甚至放弃权利。

（2）权利行使的限制。权利行使的限制一般表现在以下几个方面：权利行使不得损害他人和社会利益；权利行使当以诚实信用为之，维护各方利益之平衡，不得滥用权利；权利行使须遵守社会公德，不得危及社会公序良俗。

2. 民事权利保护

权利由法律赋予，法律亦为权利提供相应的保护。所谓民事权利的保护，是指权利行使过程中遭遇阻碍而不能得到实现时，法律给予其强制性的救济措施，以恢复权利行使的正常状态。民事权利保护分为自我保护和国家保护，前者称为自力救济，后者称为公力救济。

（1）自力救济，又称私力救济，是指权利主体在法律允许的范围内，凭借自身的力量对权利实施保护。自力救济表现为私权主体之间的直接抵抗。随着国家力量的强大和国家机器职能的逐步完备，公权介入社会生活的范围得以扩大，私权救济被限制在一定范围之内。自力救济的方式主要是自卫行为和自助行为。

自卫行为，是指为了使自己或他人的人身或财产免受正在发生的不法行为的侵害，或遭遇紧急危险时，采取必要的措施防止损害的发生或扩大。自卫行为又分为正当防卫和紧急避险。所谓正当防卫，是指为了保护本人或他人的合法权利免受正在进行的不法侵害采取的对不法侵害者造成一定损害的自卫行为。《民法通则》第128条规定："因正当防卫造成损害的，不承担民事责任。正当防卫超过必要的限度，造成不应有的损害的，应当承担适当的民事责任。"可见，正当防卫须以不超过必要限度为限。紧急避险，是指为了保护本人或他人人身或财产免受正在发生的危险，不得已采取的致他人损害的行为。《民法通则》第129条规定："因紧急避险造成损害的，由引起险情发生的人承担民事责任。如果危险是由自然原因引起的，紧急避险人不承担民事责任或者承担适当的民事责任。因紧急避险采取措施不当或者超过必要的限度，造成不应有的损害的，紧急避险人应当承担适当的民事责任。"可见，紧急避险是在"两害相权"的情况下，采取的以牺牲较小利益保护更大的利益的不得已选择。因此，避险人的避险行为给他人造成的损害应该小于避险人保护的利益。若紧急避险的措施不当或者超过必要的限度，造成不应有的损害的，紧急避险人应当承担适当的民事责任。

自助行为，是指权利人受到不法侵害之后，为保全或者恢复自己的权利，在情势紧迫而不能及时请求国家公权予以救济的情况下，依靠自己的力量，对他人的财

---

① 王泽鉴：《民法概要》，中国政法大学出版社2003年版，第152页。

产或自由施加扣押、拘束或其他相应措施的合法行为。与自卫行为相比较，自助行为更显积极，因而在法律上应该受到更加严格的限制。

（2）公力救济，是指当权利人的权利受到侵害或者有被侵害之虞时，国家公权机关根据权利人的请求对权利人实施的保护行为。权利人行使诉讼权，诉请人民法院依民事诉讼和强制执行程序保护自己的权利，是公力救济最主要的方式。

在现代社会中，公力救济是保护民事权利的主要手段，在能够援用公力救济保护民事权利的场合，则排除适用自力救济。

第三节　民事法律事实

一、民事法律事实的概念

民事法律事实，是指符合民事规范，能够引起民事法律关系发生、变更、消灭的客观现象。

民事法律关系是法律规范对社会关系调整的结果。法律规范通过设定某个行为模式并赋予其相应的法律后果来规范社会关系。法律规范的逻辑结构是由行为模式和法律后果构成。其中行为模式描述了法律上规定的从事某种行为必须具备的条件，而法律后果则表述了法律上赋予的从事该行为或不从事该行为的后果。因此，法律事实就是指现实生活中从事某种行为必须具备的条件的实现。一旦某个行为的法律要件具备，当事人就可以从事或不从事某种行为，否则相应的民事法律关系的法律后果便产生。例如，《物权法》第18条规定："权利人、利害关系人可以申请查询、复制登记资料，登记机构应当提供。"这条法律规范调整的就是物权人到登记机构查阅物权登记资料的社会关系的规范。行为模式就是行为人只要符合下述条件就可以查阅物权资料：查阅人是物权人或者利害关系人；查阅人查阅之前要向登记机关申请；查阅人在查阅过程中可以查询和复制登记资料。符合这种条件，查阅人就可以查阅，登记机构应当提供。如果登记机关拒绝提供，那么权利人就可以追究登记机关的法律责任，让登记机关承担相应的法律后果。

并非一切客观事实均能引起民事法律关系发生、变更、消灭，只有纳入民事法律规范的客观情况才能成为民事法律事实。

二、民事法律事实的类型

法律事实种类繁多。根据是否与人的意志有关，民法上将其分为事件和行为两大类。

1. 事件

事件是与人的意志无关但能引起民事法律关系变动的自然现象，如人的死亡、海啸等。前者可能导致继承关系的发生；后者若将房屋掀塌则可导致所有权的消灭。

2. 行为

行为是与人的意志有关的法律事实。根据是否依法产生法律后果，行为可以分为不具有法律意义的行为和具有法律意义的行为。不具有法律意义的行为是指当事人一方虽向对方表达的但并不愿意受到法律约束的，因而不产生法律后果的行为。德国学者也将其称为"情谊行为"。①

【案例分析 3-2】

甲对乙说："我女儿考上重点大学，我请你喝酒。"后来，甲的女儿考上了重点大学，但他却没有请乙喝酒。如果乙向法院诉请甲请他喝酒，他能否得到法院支持？

本案中，人们一般会认为甲乙之间签订了有法律约束力的合同，但这种看法是错误的。甲有条件地请乙吃饭，但显然并没有想给乙一个法律上的履行请求权，并不愿意受到法律约束。因此，乙的诉请并不能得到法院支持。甲的行为就是典型的情谊行为，发生在法律之外。

具有法律意义的行为，根据行为人是否明确对外作意思表示，行为可被划分为表意行为和非表意行为。

（1）表意行为。表意行为是行为人通过意思表示，旨在设立、变更和终止民事法律关系的行为。表意行为可以分为法律行为和准法律行为。法律行为就是典型的表意行为，其核心就是意思表示，只要符合法律规定的有效要件，该行为就能产生当事人意欲达到法律效果。准法律行为以表意行为为内容，但其法律后果却源于法律的直接规定。例如，我国《合同法》第 47 条规定，限制民事行为能力人订立的合同，相对人可以催告法定代理人在 1 个月内予以追认；法定代理人未作表示的，视为拒绝追认。相对人催告的意思表示就是准法律行为。它虽然是意思表示，但其法律后果是法定代理人 1 个月追认期的开始，这种法律后果是合同法的直接规定，与催告人本人的意思毫无关系。

（2）非表意行为。非表意行为是行为人主观上没有产生民事法律关系效果的意思表示，客观上却引起法律效果发生的行为。如侵权行为，行为人主观上并没有效果意思，但客观上却导致民事损害赔偿的发生。根据合法与否，非表意行为可以分为事实行为和违法行为。侵权行为就是典型的民事违法行为。

---

① ［德］迪特尔·梅迪库斯：《德国民法总论》，邵建东译，法律出版社 2001 年版，第 149～158 页。

关于具有法律意义行为的上述分类，我们可以用图形表示如下①：

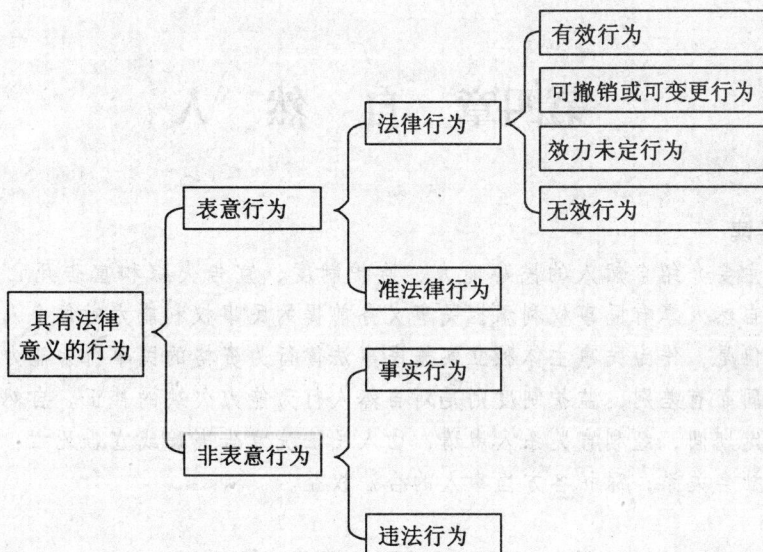

```
                                              ┌─ 有效行为
                                              │
                                  ┌─ 法律行为 ─┼─ 可撤销或可变更行为
                                  │           │
                      ┌─ 表意行为 ─┤           ├─ 效力未定行为
                      │           │           │
                      │           └─ 准法律行为└─ 无效行为
         具有法律      │
         意义的行为 ───┤
                      │           ┌─ 事实行为
                      └─ 非表意行为─┤
                                  └─ 违法行为
```

【本章思考题】

1. 民事法律关系与其对应的社会关系有什么区别？
2. 民事法律关系的特征是什么？
3. 民事法律关系主体的种类有哪些？
4. 如何理解民事法律关系的内容？

---

①　本图形参考了董安生先生对于行为的分类，请参见董安生：《民事法律行为》，中国人民大学出版社2002年版，第89页。

第四章 自 然 人

☞ **本章导读**

　　本章主要介绍自然人的民事能力、监护制度、宣告失踪和宣告死亡等基本制度。作为自然人享有民事权利承担民事义务前提的民事权利能力对每个人都是一律平等的，但是，作为民事主体独立实施民事法律行为资格的民事行为能力，确是因心智的不同而有差别，监护制度则是对自然人行为能力欠缺的补正。自然人下落不明达到法定期间，经利害关系人申请，由人民法院宣告失踪或宣告死亡，通过法律推定稳定社会关系，保护各方当事人的合法权益。

第一节　自然人的民事能力

一、自然人概念

　　自然人是依自然规律出生而取得民事主体资格的人。自然人是与法人相对应的概念，为了区别于法律拟制的作为团体人格者的"人"，遂使用"自然人"概念。

　　自然人是一个超越国籍的概念，一个域外自然人也可以依法参加民事活动，成为民事主体，享受民事权利、承担民事义务。

二、自然人的民事权利能力

（一）民事权利能力的概念

　　民事权利能力，是法律确认的自然人享有民事权利、承担民事义务的资格。自然人只有具备了民事权利能力，才能参与民事活动，所以，民事权利能力是主体资格的体现。换言之，人之为人必须能够享有权利和承担义务，如果某一个体连享有权利的资格都不具备，那么，该个体根本就不是人。《民法通则》第 10 条规定，公民的民事权利能力一律平等。自然人平等地享有民事权利能力，民事权利能力与自然人不可分离，不得转让、抛弃。

　　必须指出的是，民事权利能力和民事权利是两个不同的概念，民事权利能力是民事主体之为主体的基础和前提，是享有民事权利的基础。反之，作为民事权利的享有者，当然具备民事权利能力。

（二）民事权利能力的开始

自然人的民事权利能力始于出生。《民法通则》第9条规定，公民从出生时起到死亡时止，具有民事权利能力，依法享有民事权利，承担民事义务。出生属于自然事实，在民法上成为权利能力的始期。对于出生的标准，有一部暴露说、全部暴露说、独立呼吸说。本书认为应该采用独立呼吸说，因为出生包括"出"和"生"，其要件包括：一是与母体完全分离；二是分离时具有生命。

出生的时间以户籍证明为准；没有户籍证明的，以医院出具的出生证明为准；没有医院证明的，参照其他有关证明认定。

对于存在于母体内的胎儿，虽尚未出生，但出生后即为自然人，其利益需要保护。各国和各地区法律对于胎儿保护，有三种立法主义：第一种为总括保护主义。就胎儿利益保护事项，将胎儿视为已经出生。瑞士民法典与台湾地区"民法典"均采用此主义。第二种为个别保护主义。胎儿原则上无权利能力，但于若干例外情形中视为具有权利能力。德国、法国、日本均采用此主义。第三种为绝对主义。认为胎儿不具备民事权利能力，不得为民事权利主体。1964年的《苏俄民法典》与我国《民法通则》采用此种主义。为了保护胎儿利益，我国《继承法》第28条规定：遗产分割时，应当保留胎儿的继承份额。胎儿出生时是死体的，保留的份额按照法定继承办理。我国现行立法对胎儿的保护极为不利，对此应引起我们的高度重视。

（三）民事权利能力的终止

依照《民法通则》的规定，自然人的民事权利能力终于死亡。对于确定自然人生理死亡的标准，实际上是将医学标准法律化。对于死亡事件的确定，理论上存有多种学说，包括呼吸停止说、脉搏停止说、心脏停止说和脑死亡说。在我国，一般以心脏停止跳动的时间作为死亡时间。自然人死亡应由医院或基层主管部门出具死亡证明书，然后办理相关的户籍注销等手续。自然人的民事权利能力，自死亡时终止，其民事主体资格即告消灭。

值得注意的是，在法律上除了生理的死亡以外，还有宣告死亡，那么，宣告死亡能否消灭自然人的民事权利能力呢？不同立法例的规定是不同的，如在把宣告死亡视同死亡的立法，宣告死亡固然使自然人权利能力消灭；如果单独规定宣告死亡的法律后果，将宣告死亡与（生理）死亡进行区分的立法，应认为宣告死亡并不引起自然人权利能力消灭的后果。我国法律虽然规定宣告死亡以法律文书确定的死亡时间为准，但是，如果被宣告死亡的人生存于其他地方，其民事权利能力不因为在原住所地被宣告死亡而受影响。换言之，在我国，宣告死亡并不当然引起自然人民事权利能力消灭，只有生理的死亡才导致自然人权利能力的消灭。

三、自然人的民事行为能力

（一）自然人民事行为能力的概念

民事行为能力是民事主体独立实施民事法律行为的资格。民事行为能力反映了民事主体之间的能力差异，民事行为能力受自然人的理智、认识能力等主观条件的制约。理智健全者有资格独立参与民事活动；理智不健全者，如果容许其独立进行民事活动，可能会损害自己利益和交易安全。

与自然人民事权利能力一律平等相比较，自然人的行为能力体现出如下特点：

（1）具体性。民事权利能力及于所有自然人，而民事行为能力则非及于所有的人，未达到法定年龄和有严重精神障碍不能辨别自己行为的精神病人就不具备行为能力。

（2）差异性。与权利能力普遍平等的同质性不同，行为能力则区别年龄和精神状况的不同，划分为完全行为能力、限制行为能力、无行为能力几种不同情形。

（3）可变性。与权利能力之于主体从生到死不可转让、抛弃、不得剥夺不同，行为能力可能因为主体的认识能力的变化而发生改变，如因年幼不具有行为能力，到一定年龄而具备限制的行为能力，到成年以后的完全行为能力，甚或虽为成年人，但因患精神疾病导致完全不能辨别自己行为而丧失行为能力而为无行为能力人等。

民事行为能力有无的依据是自然人的意思能力。意思能力，是行为人对自己行为所发生何种效果的预见能力。自然人有无意思能力属于事实问题，但法律只能就一般情形进行规范，我国现行立法对心智正常人根据年龄划定，达到一定年龄即认定其有行为能力；而对成年精神病人，则区别情况采取个案审查制。

责任能力是自然人对自己行为加害后果承担责任的能力。民事行为能力与民事责任能力既有相同之处，也有不同之处。有民事行为能力人，同时也是有民事责任能力人，但限制民事行为能力人，也有民事责任能力。

（二）自然人的民事行为能力的类型

1. 完全民事行为能力

完全民事行为能力人是指达到一定年龄且精神状况正常，能够自己独立进行民事活动，取得民事权利和承担民事义务的自然人。

我国《民法通则》第11条第1款规定，18周岁以上的公民是成年人，具有完全民事行为能力，可以独立进行民事活动，是完全民事行为能力人。具有完全民事行为能力的人，可以实施法律不禁止的任何民事法律行为。虽未满18周岁，但已满16周岁且以自己的劳动收入为主要生活来源的，视为完全民事行为能力人。

据此，在我国年满18周岁和虽未满18周岁但以自己的劳动收入为主要生活来源且精神状态正常的自然人均为完全行为能力人。

2. 限制民事行为能力

限制民事行为能力，是指对自然人的行为能力进行一定限制。作为限制行为能力人只能独立实施与年龄、智力相适应的民事法律行为，超出其行为能力范围的事务须经法定代理人同意或由法定代理人代理。需要注意的是，我国《合同法》第47条规定，限制行为能力人订立的"纯获利益的合同或者与其年龄、智力、精神健康状况相适应而订立的合同，不必经法定代理人追认"。

《民法通则》对限制民事行为能力人的规定分为两类。一类是年满10周岁的未成年人。年满10周岁以上的未成年人，已具备一定的认知和判断能力，但其心智尚未成熟，其判断能力难免欠缺，因此法律上将其确认为限制民事行为能力人。另一类是成年但不能完全辨别自己行为的精神病人和智力障碍者。

3. 无民事行为能力

无民事行为能力，是不具有独立实施民事法律行为的能力。《民法通则》规定，不满10周岁的未成年人和不能辨认自己行为的精神病人是无民事行为能力人。无民事行为能力人自己不能独立参与民事活动，其本身的事务由代理人代理。可见，在我国无民事行为能力人也包括两类：一类是不满10周岁的未成年人；另一类是不能辨认自己行为的精神病人。

（三）对成年人限制民事行为能力与无民事行为能力的认定

最高人民法院《民通意见》第5条的解释为，如果没有判断能力和自我保护能力，不知其行为后果的为无民事行为能力人；对于比较复杂的事务或者比较重大的行为缺乏判断能力和自我保护能力，并且不能预见其行为后果的，为限制民事行为能力人。实务中，如何判断一个人是否达到法律所说的没有或者缺乏"判断能力和自我保护能力，不知其行为后果的"，则属于医学范畴的技术，需要由医生来鉴定。

对成年之限制民事行为能力人和无民事行为能力人的认定，可以由本人或利害关系人提出申请，由人民法院宣告。

【案例分析 4-1】

甲为22周岁的成年人，乙为15周岁的精神病人（限制行为能力人），甲问乙是否敢拿石头砸丙。乙捡起石头将丙砸伤，丙为此花去医疗费1万元。此案中，谁应当承担责任？

本案涉及因为教唆而产生的共同侵权问题。依据最高人民法院《民通意见》第148条的规定，教唆、帮助他人实施侵权行为的人，为共同侵权人，应当承担连带民事责任。教唆、帮助无民事行为能力人实施侵权行为的人，为侵权人，应当承担民事责任。教唆、帮助限制民事行为能力人实施侵权行为的人，为共同侵权人，应当承担主要民事责任。甲为教唆者，属于完全民事行为能力人，乙为限制民事行为能力人，甲与乙构成的共同侵权中，甲承担主要责任，乙的监护人承担相应的民事责任。

第二节　监护制度

一、监护的概念

监护是对限制行为能力人和无行为能力人设定专人保护其利益、代表其参加活动、监督其行为并且管理其财产的法律制度。虽然限制民事行为能力人和无民事行为能力人享有民事权利能力，但是却不能充分依据自主意志参与民事活动，所以需要通过监护制度弥补其行为能力不足，使无民事行为能力人和限制民事行为能力人通过监护人参加民事法律关系。

我国的《民法通则》对于监护制度作出了规定，《婚姻法》、《收养法》、《未成年人保护法》、《妇女儿童权益保障法》也对监护作出了相关规定。

二、监护的性质

监护关系多在亲属间发生，监护在性质上属于身份关系，因此，有学者认为监护权属于身份权。权利的核心是利益，但是，在监护制度之中，设置监护的目的在于保护被监护人的利益而并非保护监护人的利益，对于监护人而言，只有资格、义务、责任内容，而没有利益内容，所以，监护徒有权利的称谓，在内容和实质上谈不上是权利，监护应该理解为身份职责。

三、监护人的设立

监护依设立的方式，可分为法定监护、指定监护和委托监护。

1. 法定监护

法定监护是由法律直接规定监护人范围和顺序的监护。法定监护人可以由一人或多人担任。《民法通则》第 16 条第 1 款规定，未成年人的父母是未成年人的监护人。因此，父母是未成年人当然的第一顺位监护人。

未成年人的父母死亡或没有监护能力的，依次由祖父母和外祖父母、兄姐、关系密切的亲属或朋友、父母单位和未成年人住所地的居委会或村委会、民政部门担任监护人。成年精神病人的法定监护人的范围和顺序：配偶、父母、成年子女、其他近亲属，关系密切的亲属或朋友、精神病人所在单位或住所地的居委会、村委会、民政部门。

法定监护人顺序在前者有优先于顺序在后者担任监护人的效力。但法定顺序可以依监护人的协议而改变；前一顺序监护人无监护能力或对被监护人明显不利的，人民法院有权从后一顺序中择优确定监护人。

2. 指定监护

指定监护是指有法定监护资格的人之间对担任监护人有争议时，由监护权力机关指定的监护。从《民法通则》的规定看，被指定的监护人实际上仍然是法定监护人。

这里需要注意的是，指定监护只是在法定监护人有争议时才发生。所谓争议，对未成年人是指其父母以外的监护人范围内的人争抢担任监护人或互相推诿都不愿意担任监护人；对成年精神病人则是指监护范围内的任何人之间的争议。

《民法通则》规定的指定监护的权力机关，是被监护人住所地的居民委员会或村民委员会。指定监护可以用口头方式，也可以用书面方式，只要指定监护的通知送到被指定人，指定即成立。被指定人不服指定的，可在接到指定通知次日起30天内向人民法院起诉，由人民法院裁决。指定监护在被指定人未提起诉讼时，自收到通知后满30天后生效；在提起诉讼时，自法院裁决之日起生效。

3. 委托监护

委托监护是依据法定监护人的单方意志（遗嘱）或者合同设立的监护，委托监护属意定监护。委托监护可以是全权委任，也可以是限权委任。前者如父母将子女委托祖父母照料或配偶将精神病人委托精神病院照料；后者如将子女委托给寄宿制学校、幼儿园等。依我国最高人民法院《民通意见》的规定，委托监护不论是全权委托或限权委托，委托人仍要对被监护人的侵权行为承担民事责任，但另有约定的除外；被委托人只有在确有过错时，才负担连带赔偿责任。即法定或指定监护人对被监护人应承担的民事责任，不因委托发生移转，委托监护人只承担过错连带赔偿责任，其在尽到监护之责而无过错时，被监护人之行为如依法律仍须由监护人负责时，则由法定监护人承担。

四、监护人的职责

根据《民通意见》的规定，监护人的职责主要是对被监护人的人身、财产和教育管理等几个方面的监护，具体体现为：充当被监护人的法定代理人；代理被监护人进行民事活动、代理被监护人进行诉讼；保护被监护人的身体健康、照顾被监护人的生活；对被监护人进行管教；保护被监护人的人身、财产及其他合法权益不受损害；保护和管理被监护人的财产。

无民事行为能力人、限制民事行为能力人造成他人损害的，由监护人承担民事责任。监护人尽了监护责任的，可以适当减轻其民事责任。在承担赔偿责任时，被监护人有财产的，从本人财产中支付赔偿费用；不足部分，由监护人适当赔偿，但单位担任监护人的除外。单位尽到监护责任时，不承担责任。

五、监护的终止

监护的终止主要是基于被监护人的原因和监护人的原因。两方面的原因只要其中之一发生，监护即告终止。

基于被监护人的原因的监护终止，主要包括下列情形：（1）被监护人取得完全行为能力，如未成年人已经成年取得完全民事行为能力或成年精神病人恢复健康状态而取得完全行为能力，此时因监护已无必要而归于终止。（2）被监护人死亡或被宣告死亡，此时因监护失去对象而当然终止。

基于监护人的原因的监护终止，包括如下情形：（1）监护人死亡或被宣告死亡。（2）监护人成为无民事行为能力人或限制民事行为能力人。监护人以有完全民事行为能力为条件，丧失完全民事行为能力，也即丧失监护能力，监护关系理当终止。（3）监护人辞去监护。监护人有正当理由的，可以辞去监护。指定监护人，辞去监护须经协商或提起诉讼由法院判决，擅自辞去的不发生辞去效力。（4）监护人被撤销监护资格。监护人不履行监护义务或损害被监护人利益的，经利害关系人申请，可由人民法院撤销其监护。（5）监护委托人因委托关系消灭而终止监护，或监护人通过委托转移了监护职责。

监护终止意味着监护人和被监护人之间的原有监护关系结束，因此，应当对监护人与被监护人之间的财产予以清算，该归还被监护人的应当归还，监护人死亡的应向其继承人移交。

第三节　宣告失踪和宣告死亡

一、宣告失踪

（一）宣告失踪的概念

宣告失踪是自然人下落不明达到法定期间，经利害关系人申请，由人民法院宣告为失踪人并为其设立财产代管人的法律制度。其主要法律意义，在于为失踪人设定财产代管人。

宣告失踪是对自然事实状态的法律确认，其制度价值在于救济因自然人下落不明而导致的财产关系不稳定状态。通过宣告下落不明人为失踪人，并为其设立财产代管人，保管失踪人财产，代理失踪人缴纳税款，处理应了结的债权债务，维护失踪人和利害关系人的利益，维护社会秩序的稳定。

（二）宣告失踪的条件

1. 受宣告人处于下落不明状态

即受宣告自然人离开住所或居所没有任何音讯，处于下落不明的状态。

2. 失踪达到法定期间

宣告失踪的法定期间为2年，从失踪人音讯消失之次日起算；战争期间失踪的，失踪期间从战争结束之日起计算。

3. 经利害关系人申请

宣告失踪须经利害关系人申请，宣告失踪程序才开始。利害关系人包括父母、配偶、近亲属、债权人、债务人等。对于申请权的行使，法律没有规定顺序限制，任一申请人都可以申请。

4. 须经法院宣告

法院收到利害关系人的宣告失踪申请后，应审理宣告失踪的案件，查明被宣告失踪人的财产，指定临时的财产管理人或采取保全措施，发出寻找下落不明人的公告，公告期间为3个月。公告期满，失踪事实得到确认，法院应以判决方式宣告失踪。

（三）宣告失踪的效力

法院在宣告失踪的判决中，为失踪人指定财产代管人。有资格充任财产代管人的，应是失踪人的配偶、父母、成年子女或关系密切的其他亲属、朋友。财产代管人的选任应先由前述范围内的人协商后，供法院指定；协商不能时，则由法院直接指定。

财产代管人负保管失踪人财产的职责，对于失踪人所欠的税款、债务和其他费用，可从代管财产中支付。财产代管人不履行代管职责或者侵犯失踪人财产的，要负侵权之民事责任，其他利害关系人可请求其承担民事责任，并要求变更财产代管人。

（四）失踪宣告的撤销

当失踪人复出或者有人确知其下落时，经本人和利害关系人申请，由法院撤销对其失踪宣告。法院的撤销失踪宣告作出后，财产代管人资格消灭，财产代管人应交还代管财产，并汇报管理情况和收支账目。

二、宣告死亡

（一）宣告死亡的概念

宣告死亡是自然人下落不明达到法定期间，经利害关系人申请，由法院推定其死亡，宣告结束失踪人以生前住所地为中心的民事法律关系的制度。

宣告死亡是一种法律推定，其意义在于维护相关人的利益。失踪人的配偶因为失踪人的失踪使婚姻关系处于不确定状态，债权人的债权因为债务人失踪而无法行使，亲属之间的权利义务关系因为失踪人的失踪无法实现，通过宣告死亡确定失踪人配偶的再婚权、继承人的继承权、债权人的受偿权等。由于宣告死亡要消灭被宣告死亡人的民事主体资格，所以，法律为宣告死亡规定了严格的条件。

（二）宣告死亡的法律要件

1. 受宣告人处于失踪状态

受宣告人必须是离开住所或居所没有任何音讯，处于生死不明状态。

2. 失踪达到法定期间

普通期间的时间为4年，从自然人音讯消失之次日起计算，因战争而下落不明的，则从战争结束之日起计算；特殊期间的时间为2年，该期间仅适用于因意外事故造成的自然人下落不明的情况，如地震、海啸、飞机失事等，从意外事故发生之日起开始计算。

3. 经利害关系人申请

宣告死亡须由利害关系人申请。宣告死亡的申请人有顺序先后的限制。第一顺序为配偶；第二顺序为父母、子女；第三顺序为兄弟姐妹、祖父母、外祖父母、孙子女、外孙子女；最后顺序是其他有民事权利义务关系的人。申请人的顺序效力是在先顺序排除在后顺序，同顺序人权利平等。

4. 由法院宣告

法院受理宣告死亡申请后，先要发出寻找失踪人的公告，公告期为 1 年，因意外事故失踪人的寻找公告，公告期为 3 个月。公告期间届满，生死不明的事实得到确认后，由法院以判决方式宣告失踪人死亡。判决宣告之日为被宣告人死亡的日期。

（三）宣告死亡的效力

宣告死亡在私法上与自然死亡有同等的法律效果。在被宣告死亡人的住所地为中心的区域，宣告死亡的效果等同于生理死亡，婚姻、监护等身份关系终止，财产作为遗产被继承。宣告死亡是法律的推定，与事实不一定完全相符。被宣告死亡人在自然死亡前实施的民事法律行为与被宣告死亡引起的法律后果相抵触的，则以其实施的民事法律行为为准。

（四）死亡宣告的撤销

1. 死亡宣告撤销的概念

死亡宣告的撤销是被宣告死亡人重新出现或被确知没有死亡时，经本人或利害关系人的申请，由法院撤销对其死亡宣告。

2. 死亡宣告撤销的法律要件

其一，有被宣告死亡人存活的事实；其二，有本人及利害关系人的申请，利害关系人范围与宣告死亡申请人范围相同，不受顺序限制；其三，由人民法院判决撤销。

3. 死亡宣告撤销的效力

（1）在人身关系方面。配偶尚未再婚的，婚姻关系自行恢复；配偶已再婚的，再婚效力不受撤销宣告的影响，即使再婚后离婚的，婚姻关系也不当然恢复；子女在宣告死亡期间被他人收养的，收养关系仍然有效，不受撤销宣告的影响。

（2）在财产关系方面。因宣告死亡而继承、受遗赠或以其他方式取得遗产者，均应返还，返还原则应是原物及孳息；原物已被第三人善意取得时，则免除原物返还义务，代之以适当补偿。

（3）宣告死亡若系利害关系人隐瞒真相恶意所致，属于侵权行为，侵害人不仅要返还所取得的财产及孳息，还要负赔偿责任。

第四节　自然人的住所

一、住所

（一）住所与居所

住所是自然人以久住的意思而经常居住的中心生活场所；居所是自然人经常居

住的场所。构成住所，必须有久住的意思和经常居住事实两个条件。自然人的住所只能有一个，《民法通则》第 15 条规定：公民以其户籍所在地的居住地为住所，经常居住地与住所不一致的，经常居住地视为住所。

自然人的住所可以与户籍登记地一致，也可以不一致。在不一致时，非户籍登记地的经常居住地，就是住所。

（二）住所的设定与变更

根据意思自治原则，住所的设定与变更应尊重当事人的意思。通常情况下，虽然以自然人的户籍登记地的居所为设定的住所，但在自然人离开住所时，应以连续居住 1 年以上的经常居住地为住所。当自然人无经常居住地，且其户籍已从原地迁出至迁入新地之前，仍应以原户籍所在地为住所。被监护人的住所由监护人设定，一般以监护人的住所为住所。

（三）户籍与身份证

户籍是对自然人按户进行登记并予以出证的法定文件。户籍记载的自然人的姓名、出生日期、婚姻状况、亲属关系等具有法律上的证明效力。在无相反证明时，户籍记载的住址即为住所。

居民身份证是证明 16 周岁以上的自然人的姓名、性别、民族、出生、住址等居民身份资格的法定文件。身份证是为了便利自然人的活动，从原来的户口登记簿中分化出来的。它以个人为登记单位，以便利自然人在从事民事活动时对自己身份的证明。

（四）住所的法律效果

住所作为自然人生活和活动的中心，在民法上具有重要的法律意义：（1）确定自然人失踪的空间标准。自然人的失踪，是以离开住所后，若干年内杳无音信为依据确认的。（2）确定债务履行地。《民法通则》第 88 条第 3 项规定，履行地点不明确，给付货币的，在接受给付一方的所在地履行，其他标的在履行义务一方的所在地履行。此处的"所在地"，对自然人而言，即为住所。（3）确定个体工商户的登记管辖。个体工商户的登记，由其住所所在地的工商局管辖。（4）确定婚姻登记地。婚姻登记，由男女双方其中任何一方的住所所在地的婚姻登记机关管辖。（5）决定涉外民事关系的法律适用。在处理涉外民事关系时，如婚姻、收养、继承、侵权行为等，均可以当事人一方的住所地法律作为适用的法律。（6）决定民事诉讼地域管辖。民事诉讼中，一般管辖采"原告就被告"的地域管辖，对自然人被告，就是由其住所地法院管辖。（7）行使选举权的所在地。无论是人大代表还是村民委员会的选举、被选举，皆以户籍所在地为准登记参加。（8）其他，如在今日社会管理的条件下，接受义务教育、参加高考以及录取、兵役登记、信用卡办理等，都与户籍所在地有关。

【案例分析 4-2】

　　刘某出海打渔因遇台风而未归。两年后，其妻向人民法院申请宣告刘某失踪，人民法院依法作出宣告。但是，在谁为刘某的财产管理人的问题上，其妻与刘母发生争议。经查，在刘某失踪期间，其妻有转移财产行为。此案如何处理？

　　本案涉及失踪人的财产管理问题。在失踪的情况下，其财产管理人应该为与失踪人生活最紧密的人，顺序为配偶、父母、成年子女、关系密切的其他亲属和朋友。但是，对于失踪财产的管理应有利于失踪人，这是最高原则。本例中由其妻管理刘某的财产有明显不利，由其母管理更为合适。

【本章思考题】

1. 什么是自然人的权利能力？
2. 什么是自然人的行为能力？
3. 宣告失踪的条件是什么？
4. 宣告死亡的条件是什么？
5. 张某未报户口，其母记得其出生日期为 8 月 27 日，邻居记得是 8 月 28 日，接生记录上为 8 月 29 日，出生证上记录是 8 月 30 日。依据法律规定，张某的出生日期应为哪一个？

第五章 法 人

☞ **本章导读**

　　法人制度是我国民法上重要的主体制度，与自然人主体制度一起构架了民法的二元权利主体制度。作为团体或组织的法人，在法律上也是"人"，因此，应与自然人一样具有民事能力。法人有不同的类别，因其为法律上的"拟制体"，法人的民事能力与自然人有着本质的区别。通过本章的学习，读者应透彻理解法人制度的基本理论，并把握相关的制度设计和法律适用。

第一节 法人概述

一、法人的概念与特征

（一）法人的概念

　　法人是享有民事权利能力和民事行为能力，能以自己名义享有民事权利和承担民事义务的组织。自然人是依自然规律产生的民事主体，而法人是与自然人对称的，由法律创造的"人"。法人制度和法人观念萌芽于罗马法，中世纪注释法学派在总结罗马法基础上提出法人概念；15世纪末，荷兰、英国在工商业发展过程中，其合伙型公司向法人型公司过渡，如1612年的东印度公司具有了相对独立的财产和团体人格。1863年萨克逊王国公布了《萨克逊王国民法典》规定了法人制度，将法人分为社团法人和财团法人；1896年《德国民法典》将法人规定为独立民事主体，与自然人并列，法人包括社团、财团和公法人。我国《民法通则》第36条规定："法人是具有民事权利能力和民事行为能力，依法独立享有民事权利和承担民事义务的组织。"

（二）法人的特征

1. **法人是团体（社会组织）**

　　作为民事主体，自然人的人格基础是生命体，而法人的人格基础是由自然人及其财产的集合而组成的团体，属于组织体，这个团体被法律确认为民事主体。由于法人是自然人或财产的集合，所以，需要通过法人的组织机构形成、行使、实现法人的意志。但需注意的是，法人的社团性除了社员因素以外，还体现在团体的组织性上，即与单个自然人不同，就其实际存在而言法人是一个组织体，具有相应的组织结构特征，因此，即便随着一人有限责任公司这种典型的非团体法人的出现和法律承认，从社员因素来说似乎法人的团体性在某种程度上有所减弱，但就其作为一个组织体而言，仍然体现了其团体性。可见，对法人的团体性特征应该适度，既不宜过分强调，又不能仅看其社员因素，而应从社员性和组织体两方面全面观察。

2. 法人拥有独立的财产

法人拥有独立财产，这是法人人格独立的基础。法人的财产属法人所有，既独立于其出资人，也独立于其雇员。出资人一旦将财产所有权移转于法人，其享有的就只是股东权而不再是所有权，出资财产成了法人的独立财产。法人能够独立享有民事权利能力和民事行为能力，就是依赖于其拥有独立财产。

3. 法人能独立承担民事责任

依据自己责任原则，以法人名义所为的行为，其后果一般由法人承担。在法律上，法人的出资人不直接对法人行为负责，对于法人行为所产生的损失，仅以出资额为限实际上负有限责任。在特殊情形中，通过公司人格否定制度，可以依法否定法人的独立人格，由投资者直接负连带责任。

4. 法人能以自己的名义参加民事法律关系

法人是独立的民事主体，能以自己的名义参加民事法律关系。法人所为行为总是由具体充任法人机构的自然人作出的，即由法人代表人、代理人或者其他雇员具体实施。任何自然人在代表法人从事民事活动时属于职务行为，其个体人格被法人吸收，不再代表自己，其行为属于法人。

二、法人的本质

（一）关于法人本质的学说

1. 法人拟制说

法人拟制说为注释法学派所倡导，近代由萨维尼将其发扬光大。萨维尼主张只有具备意思能力者，始具有法律上之人格。因此，惟有自然人方能成为权利义务之主体，社团本为抽象之概念，并无实体之存在，是通过法律之力将社团拟制为自然人。

在法人拟制说看来，作为民事主体本来没有法人，只是由于客观法的创设使社会团体像自然人一样享有权利能力，而这种享有权利能力的法律地位是不可能取代个人所固有的属性的，这种地位在多大范围发生效力完全取决于立法者的选择和法律的规定，因此，法人的法律地位完全是法律拟制的。法人本质拟制说是最早论及法人本质的学说，也是对英美法系影响最大的一种学说。

2. 法人否认说

法人否认说排斥法人的观念，不承认法人存在，在法人或财产以外不复有任何物。否认说从法人为拟制结果出发，依实证主义考察，主要有以下三种观点：

（1）目的财产说。由德国学者布林兹（Brinz）所倡，他认为，法人之本质不过是为一定目的而组成的无主体财产而已。这些为达到特定目的而由多数人的财产集合而成的财产，已经不属于单个的个人，而是属于一个为法律拟制的人格所有。法人本身并非独立人格，只不过是为了一定目的而存在的财产。

（2）受益者主体说。这为德国学者耶林（Jhering）所主张。他认为，拟制的团体是不存在的，法人只不过是形式上的权利义务的归属者，而权利义务归属的实质主体是享有该社团财产利益的多数自然人。立法者所要保护的既非存在于社团中的集体意思，也非团体的独立人格，而是团体各成员所要追求的利益目标。

（3）管理者主体说。这种学说的代表人物有德国学者霍达（Holder）、宾德（Binder）。他们认为，法人的财产属于管理其财产的自然人，即实际管理财产之人就是法人的主体。在这种观点中，对集合财产的性质认识不一，有认为是一种新型的集体财产，管理集体财产的个人就是法人，有认为仅合伙人之间通过协议将财产集合起来，而管理合伙财产的代表就是法人。从受益者主体说到管理者主体说反映了公司法人治理结构由股东会中心主义到董事会中心主义的转变。

3. 法人实在说

法人实在说主张法人既非法律虚构拟制的，也并不是没有团体意思和团体利益，而是有其社会实在，法人本身就是客观的独立主体，主要有有机体说、组织体说和社会作用说。

（1）有机体说。又叫团体人格说、具体实在说，为德国学者基尔克（Gierke）所倡导。他认为，个人要结合为一个团体，实际上有一个与其构成成员并存的独立实体。实体是具备团体意思之社会的有机体。不过，自然人非因为自然有机体而为权利主体，法人虽为社会有机体，也不当然为权利主体。对此社会的有机体，赋予法律的人格，使之为权利义务之主体，便成为法人。

（2）组织体说。这种观点为法国学者米休德（Michoud）、塞雷勒斯（Salleilles）所倡。他们认为，法人并非简单拟制而是基于其实在的存在，不过这种"实在"不是社会有机体，而在于适于权利主体的组织，即基于一定目的的社团和财团。

（3）社会作用说。这是由日本学者我妻荣提出的。他认为，法人可独立承担社会价值，有适于具有权利能力的社会价值，他们的存在既对社会经济的发展起着重要的推动作用，也对社会负有越来越多的责任。法律上确认这些社会团体的地位，不仅有助于极大地发挥法人组织的积极作用，而且也有助于从法律责任上确认法人的社会责任。

（二）对法人本质传统学说的简单评析

关于法人本质之所以出现大量的讨论，甚或出现若干理论纷争，在当时的社会环境和法律观念下似乎是可以理解的，毕竟在以个人为中心的法律体系中，对拥有强大力量的法人如何定位和评价的确是不能忽视的。但是，时至今日，这种讨论还有多大意义的确值得怀疑。

我们认为，法人本质的讨论的意义在于明确法人之为"人"的依据，从而理清法人与自然人在权利能力上的差异，这是有意义的。但是，我们不必过高估计法人本质的意义。无论如何，即便在法律意义上，法人与自然人的权利能力也是不可同日而语的，但是，法人毕竟也是"人"，对于法人地位和活动必须从主体角度在私法上合理规制。

三、法人的分类

（一）大陆法系国家的法人类型

1. 公法人和私法人

以法人设立的法律依据为标准，大陆法系国家普遍将法人分为公法人和私法人。所谓公法人是根据宪法、行政法、政府法令等组建并具有一定公共职能的法人；私法人就是以私法规则为依据设立的法人。对二者进行区分的意义主要体现在，一是对他们是否承担政府的公共职能的确认上，私法人一般以营利为其出发点，不承担公共职能，而公法人虽然在其运行中准用私法的制度规则，但其以公共服务为其职责；二是在涉案诉讼的规制上有较大的差异，公法人案件一般适用行政诉讼程序，而私法人案件一般适用民事诉讼程序。

2. 公益法人、营利法人与中间法人

依法人的目的事业的性质，法人可划分为公益法人、营利法人和中间法人。所谓营利法人，是指以营利并将该利益分配给成员为目的事业的法人，如公司、合伙企业等。所谓公益法人是指以公益为目的事业的法人，如学校、医院、慈善机构等。所谓中间法人是指既非以营利为目的又非以公益为目的事业的法人，如同乡会、校友会。

区分营利法人与公益法人的意义在于：（1）设立目的不同。营利法人以营利并分配给其成员为目的；公益法人以公益为目的。（2）设立准则不同。营利法人多依据特别法设立；公益法人除有特别法外，一般依据民法设立。（3）设立程序不同。营利法人除特别规定外，一般依据准则主义设立；公益法人必须得到许可后才能设立。（4）法律组织形式不同。营利法人只能采取社团法人的组织形式，公益法人既可以采取社团法人组织形式，又可以采取财团法人组织形式。（5）民事活动范围不同。营利法人可以从事营利活动；公益法人只能从事公益活动，不得从事经营活动。

3. 社团法人与财团法人

按照法人设立的基础不同，将私法人分为社团法人和财团法人。社团法人，是指以社员为基础集合成立的法人，也称为人的组合。如公司、工会均属于社团法人。社团法人之成员统称社员，其享有的权利亦称社员权。财团法人，是指以财产为基础而集合成立的法人，其主要形式就是基金。

社团法人与财团法人区分的意义在于：（1）成立基础不同。社团法人以社员为基础；而财团法人以财产为基础，没有法人成员。（2）设立人地位不同。社团法人的设立人，在法人成立后成为其社员，享有社员权。财团法人的设立人或出资人的出资，属于捐赠或遗赠，因此，法人成立，所赠财产即移转为法人所有，捐赠人或遗赠人并不在法人内部获得社员身份和社员权。（3）设立法人的目的不同。财团法人只能为公益事业，只能是公益法人；而社团法人既可以为了营利，也可以为了公益，如公司。（4）有无意思机关不同。财团法人参与民事活动，须以捐赠人的意思进行，所以，财团法人属他律法人，没有自己的意思机关。而社团法人有自己的意思机关，其从事的活动由意思机关决定，属自律法人。

4. 本国法人与外国法人

按法人国籍区分，法人分为本国法人与外国法人。本国法人是指具有本国国籍的法人，如凡是依照中国法律，在中国设立的法人，为中国法人；在中国设立的中外合资企业、中外合作经营企业、外资企业是中国法人。外国法人，是指不具有本国国籍的法人。如在我国外国公司是指依照外国法律在中国境外成立的公司，外国公司属于外国法人，其在中国境内设立的分支机构，必须向中国主管机关提出申请，并提交公司章程、所属国的公司登记证书等文件，经批准后，向公司登记机关办理登记，领取营业执照。按国民待遇，外国营利法人与本国营利法人的民事权利能力和民事行为能力基本是一致的。这一区分的意义在于，基于国家的经济安全，通过对外国法人规定专门的认许制度，以对外国法人的民事活动范围进行限制。

（二）英美法系国家对法人的分类

英美法系国家因为没有财团的概念，他们的财团是由信托制度代替的，所以不分社团法人和财团法人，因而以其人数的多寡将法人分为集体法人和独任法人。所谓集体法人，是由多数人组成的可以永续存在的集合体法人，如地方政府法人、公用事业法人科研机构和各种公司等；独任法人，是指一个自然人由法律确认而形成的法人，如英王、主教、牧师等，在法律上这些职位是永久的，而担任这些职位的自然人的人格与职位无关。

（三）我国法律对法人的分类

《民法通则》按法人的功能、设立方法以及财产来源的不同，把法人分为四类，即企业法人、机关法人、事业单位法人、社会团体法人。

1. 企业法人

企业法人是指以营利为目的，独立从事商品生产和经营活动的法人。企业是从事生产经营活动、以获取利润为目的的经济组织，企业取得法人资格就是企业法人。合伙企业、独资企业无法人资格，不是企业法人。企业法人一般在核准登记的经营范围内连续营业，并将所获得的利润分配给出资者。企业法人可以进一步分类：（1）按照企业财产来源的不同，分为全民所有制企业法人、集体所有制企业法人、私营企业法人、中外合资企业法人、中外合作经营企业法人、外资企业法人。（2）按照组织形式不同，分为公司企业法人和非公司企业法人。（3）按照企业的行业性质不同，分为工业企业法人、农业企业法人、金融业企业法人等。

2. 机关法人

机关法人是指因履行职务需要而享有相应民事权利能力和民事行为能力的国家机关。国家机关依据法律或者行政命令设立，其独立经费来源于财政拨款，国家机关只有在参加民事活动时，才被视做法人。在我国，机关法人通常指中央及地方各级人民代表大会、国务院和地方各级人民政府、各级人民法院和人民检察院、中央军事委员会和独立编制的各级军事组织。

3. 事业单位法人

事业单位法人是指为了社会公益事业目的，从事文化、教育、卫生、体育、新闻等公益事业的单位。事业单位以往是指由国家财政拨款、从事公益事业的社会组织，如学校、医院、报社等单位，这些单位一般不从事商业活动。经过经济体制的改革，有些事业单位已不再享有财政拨款，被改制为自负盈亏或实行企业化经营，如有些科研院所、出版社、营利医院等，使事业单位与企业的界限日益模糊，但是，事业单位的目的主要是公益。

4. 社会团体法人

社会团体法人是由自然人或法人自愿组成，为实现会员共同意愿，按照其章程开展活动的非营利性的社会组织。如协会、基金会、商会等团体。《社会团体登记管理条例》第 3 条规定，社会团体分为必须登记和免予登记两种。免予登记的团体有三类，即"参加中国人民政治协商会议的人民团体"、"由国务院机构编制管理机关核定，并经国务院批准免予登记的团体"和"机关、团体、企业事业单位内部经本单位批准成立、在本单位内部活动的团体"。其他必须登记的社会团体法人，其设立的法律要件为：有 50 个以上的个人会员或者 30 个以上的单位会员，个人会员、单位会员混合组成的，会员总数不得少于 50 个；有规范的名称和相应的组织机构；有固定的住所；有与其业务活动相适应的专职工作人员；有合法的资产和经费来源，全国性的社会团体有 10 万元以上活动资金，地方性的社会团体和跨行政区域的社会团体有 3 万元以上活动资金；有独立承担民事责任的能力。社会团体法人的共同特征是不得从事以营利为目的的经营性活动，只能从事与团体章程或法律规定相应的事业。

我国法律对于法人类别的划分具有很强的本土特色，在划分标准的确定上也不尽统一，关键的问题是这种分类没有突出法人的一般意义和特点，造成了一定程度的混乱，尤其是以所有制为标准在很大程度上人为地制造身份差别，因此，对于我国的法人类型的划分应该重新确定标准，使其尽量科学合理。

第二节　法人的民事能力

一、法人的民事权利能力

（一）法人民事权利能力的概念

法人的民事权利能力是法人依法享有的参加民事法律关系，享有民事权利、承担民事义务的资格。《民法通则》第 36 条第 2 款规定，法人的民事权利能力和民事行为能力，从法人成立时产生，到法人终止时消灭。

法人的民事权利能力始于成立，终于消灭。公司等营利法人的成立以登记机关颁发的"法人执照"注明的日期为准；法人消灭以清算完结注销登记之日为准。非营利法人依《民法通则》第 50 条第 1 款规定，有独立经费的机关从成立之日起，具有法人资格。其他法人依该条第 2 款规定，具备法人条件的事业单位、社会团体，依法不需要办理法人登记的，从成立之日起，具有法人资格；依法需要办理法人登记的，经核准登记，取得法人资格。

（二）法人民事权利能力的范围

1. 始期与终期

法人的民事权利能力以成立为始期，消灭为终期。在我国，企业法人和社会团体法人，成立之时是法人营业执照或法人登记证所注的日期；机关法人和事业单位法人的成立之时，是主管机关批准法人设立之日。

法人民事权利能力的终期，应是法人清算完结登记注销之日，所以，对"终止"不应理解为法人停止活动之日。法人在终止时，若有未了结的债权债务，必须经过清算，否则不能消灭。据此，法人注销登记之日，即为其民事权利能力消灭之时。

2. 法人的民事权利能力范围

我国台湾学者史尚宽将权利能力分为一般的权利能力和特别的权利能力。作为一般的民事权利能力是一种抽象的资格，是法人主体资格的反映，在这方面，法人与自然人一样，不存在范围和限制问题。特别的民事权利能力是指就特定的权利得为其主体的资格，在这方面，由于法人是自然人为了各种目的而设立的，因此，法人的民事权利能力范围，与自然人不同，即使在各个法人之间也是各不相同的。法人的特别的民事权利能力有以下三方面限制：

（1）性质上的限制。基于自然人的天然属性而专属于自然人的民事权利能力内容，法人均不能享有。例如身体权、健康权、隐私权、继承权、扶养请求权、婚姻自主权等，法人因其自然属性无法享有。

（2）法律上的限制。为了防止国有资产的流失和保护交易安全，某些法人的民事权利能力范围受法律的直接限制。例如《担保法》第 8、9 条规定，机关法人和以公益为目的的事业单位法人、社会团体法人不得为保证人。

（3）目的事业的限制。法人的民事权利能力范围，以其目的事业为限，在以登记设立的法人，该范围以登记为准。《民法通则》第42条规定：企业法人应当在核准登记的经营范围内从事经营。根据最高人民法院1993年5月6日的《全国经济审判工作座谈会纪要》第3条的规定，只要不是违反专营、专卖及法律禁止性规定，法人超越经营范围所订立的合同应属有效。从这个意义上说，对法人的目的事业限制，只是法律禁止的事项，而不是核准经营的事项。《最高人民法院关于适用合同法若干问题的解释（一）》第10条规定："当事人超越经营范围订立合同，人民法院不因此认定合同无效。但违反国家限制经营、特许经营以及法律、行政法规禁止经营规定的除外。"可见，对于目的事业的限制具有放宽的趋势。

二、法人的民事行为能力

（一）法人的民事行为能力的概念和特点

1. 法人的民事行为能力的概念

法人的民事行为能力，是指法人能以自己的行为取得民事权利承担民事义务的资格。

2. 法人的民事行为能力的特点

（1）民事行为能力与其民事权利能力一起产生、消灭。两者的始期与终期完全一致。

（2）民事行为能力范围与民事权利能力的范围相一致。

（3）民事法律行为能力通过法人机关实现。法人实施民事法律行为，是由代表机关进行，在以法人的名义实施民事法律行为时，法定代表机关所作的意思表示，就是法人本身的意思表示，而不是法定代表人个人的意思表示，应由法人承受法定代表人意思表示的效果。

三、法人的责任能力

（一）法人的责任能力概念

法人的责任能力是指法人对自己侵权行为承担民事责任的能力或者资格。法人作为独立的民事责任承担者，还要承担由此产生的责任。

（二）法人的责任能力确定

法人应该对于自己的行为负责，法定代表人和其他工作人员的职务行为属于法人行为，应该由法人负责。

1. 法人须对法定代表人的行为负责

《民法通则》第43条规定：企业法人对它的法定代表人和其他工作人员的经营活动，承担民事责任。非企业法人的法定代表人的行为，也应由所代表的法人承担。法人对法定代表人所负的责任，包括越权行为的责任。《合同法》第50条规定：法人或者其他组织的法定代表人、负责人超越权限订立的合同，除相对人知道或者应当知道其超越权限的以外，该代表行为有效。

2. 法人对工作人员的职务行为负责

职务行为是法人的工作人员在执行职务期间实施的民事行为。法人参与民事活动，诸多事务还需要其他工作人员去执行。因此，法人不仅要对法定代表人的行为负责，还要对其他工作人员因执行法人交付的任务而所为的行为负责，其中也包括侵权行为所致的民事责任。

3. 法人应负的非法活动责任

《民法通则》第 49 条规定，企业法人应对非法活动承担责任，包括超出登记机关核准登记的经营范围从事非法经营的；向登记机关、税务机关隐瞒真实情况、弄虚作假的；抽逃资金、隐匿财产逃避债务的；解散、被撤销、被宣告破产后，擅自处理财产的；变更、终止时不及时申请办理登记和公告，使利害关系人遭受重大损失的；从事法律禁止的其他活动，损害国家利益或者社会公共利益的。

第三节　法人机关

一、法人机关的概念

法人机关是指根据章程或法律规定，于法人成立时产生，无须特别授权即能够以法人名义对内形成法人意思、对外代表法人为民事法律行为的自然人或自然人团体。依据机构设置的结构不同，法人机关可以分为多元机关和单一机关，多元机关指将法人机关由多个机构组成，通常包括权力机关、执行机关、代表机关、监督机关等，将法人的各项职能分别赋予不同的机关执行，法人的各职能机关之间互相协助、互相监督、互相制约；单一机关指将法人的各项职能赋予单一机关执行，法人的决策、指挥、行动由一个机关全权担当，如"厂长负责制"中的厂长就是单一机关。

依据充任机关的人数不同，法人机关可以分为独任机关和集体机关之分。独任机关是指由一个自然人充任的机关，如法定代表人。集体机关是指由多数人充任的机关，如董事会。

法人机关无独立人格，其行为即是法人的行为，如董事会的行为即所依附之法人的行为。法人机关虽然由具体的自然人或自然人团体担任，担任人也会有自己的人格，但是该担任人在为法人行为时，人格被法人吸收，不再代表自己。

二、法人机关的类型

法人的组织机关按其职能区分有以下几种：

（一）权力机关

权力机关是形成法人意志的机关。在社团法人，意思机关是社员大会，如公司的股东大会、工会的会员代表大会等。在社员人数不多时可以全体社员大会为意思机关；在社员人数太多无法召开全体社员大会时，可以社员代表大会为意思机关。根据财团法人的性质，其不得有意思机关，其以捐助人的意思为法人的意思。

（二）执行机关

这是执行法人权力机关的决定、法人章程、捐助人意思等事项的机关。社团法人的执行机关由单个自然人担任时，称执行董事或执行理事等，由自然人团体担任时称董事会或理事会等。财团法人的执行机关，通常是自然人团体，如理事会等。

（三）代表机关

1. 代表机关的概念

代表机关是指依照法律或者法人章程的规定，对外代表法人行使职权的负责人。代表机关必须由单个自然人担任，故称为法人代表。

法人代表一般由执行机关的主要负责人担任，如董事长，在单一机关中，由法人的正职首长担任，如校长、厂长等。《公司法》规定公司的法定代表人由公司章程确定，由董事长、执行董事或者经理担任。

2. 法人代表意思表示的效力

代表机关的权限由章程或捐助人意思决定，担任法人代表的自然人在代表法人对外为意思表示时，所作的意思表示的效力归于法人。

（四）监督机关

监督机关是根据法人章程和意思机关的决议对法人执行机关、代表机关实施监督的机关。监督机关不是法人的必设机关。监督机关可由单个自然人担任，也可由自然人团体担任，在自然人团体担任时称监事会。

三、法人分支机构

法人分支机构是根据法人的意思以法人财产设立的相对独立活动的法人组成部分。法人可以设立分支机构，独立活动的法人分支机构也需要进行登记。法人分支机构仍属于法人的组成部分，其目的事业须在法人范围之内，其行为的效果仍由法人承担。法人分支机构在参与民事活动时能不能形成自己的独立意思，须有法人机关的授权，对外不得代表法人，不具有独立责任能力。

【案例分析5-1】

青岛某公司在北京设立一家办事处。办事处负责人王某因公外出驾车，途中伤人，需承担50万元医疗等费用。该50万元应如何承担？

本案涉及分支机构的法律地位及工作人员在执行职务过程中致人损害的责任负担。依据《最高人民法院关于审理人身损害赔偿案件适用法律若干问题的解释》第 8 条的规定，法人或者其他组织的法定代表人、负责人以及工作人员，在执行职务中致人损害的，依照《民法通则》第 121 条的规定，由该法人或者其他组织承担民事责任。上述人员实施与职务无关的行为致人损害的，应当由行为人承担赔偿责任。王某属于法人的工作人员，在执行职务过程中致人损害，应由法人承担。办事处是法人的分支机构，该分支机构不具有相应的权利能力，不具有承担责任的能力，也不具有诉讼主体资格。故本案中损害赔偿责任应该由法人自己承担。

第四节 法人的成立、变更和终止

一、法人的设立与成立

（一）法人的设立是法人成立的前提

法人成立，指法人依法取得法人资格。民事主体中，自然人是因出生而成为主体的，而法人则是依照法律规定设立的，设立达到法律规定的要求经国家登记机关登记认可，法人即告成立。一般来说，法律制度首先规定了法人的法律要件，法人设立就是自然人进行筹集、组织活动，满足这些要件的一系列行为，其中既有事实行为，如为准备场所；也有民事法律行为，如签署发起协议。设立获得法律认可，赋予法人人格，法人即成立。成立后，法人获得民事主体地位，能够以法人名义参加民事法律关系。设立的法人如何成立，要视法人类型而定，如企业法人、社会团体法人等就需要经过登记，即只有登记完成法人始告成立。也有法律规定不需要登记，机关法人依据法令而成立。因此，法人的设立是法人成立的前提，法人成立是法人设立的结果。

（二）法人成立的条件

1. 依法成立

首先，成立法人要依据明确的法律规范。如依照《公司法》在我国设立公司只能依法设立有限责任公司或者股份有限公司。其次，成立法人要依据设立法人的法定程序。这主要是指法人设立登记程序，如社会团体法人必须遵循《社会团体登记管理条例》规定的程序。

2. 有必要的财产或者经费

独立财产是法人参加民事活动、承担民事责任的物质基础，故法人成立必须有财产或经费。对企业法人要求必要的财产，对非企业法人要求必要的经费。法人成立时，必要经费标准由制定法规定。如依据我国《公司法》规定，股份有限公司注册资本的最低限额为人民币 500 万元；法律、行政法规对股份有限公司注册资本的最低限额有较高规定的，从其规定。有限责任公司注册资本的最低限额为人民币

3 万元；法律、行政法规对有限责任公司注册资本的最低限额有较高规定的，从其规定。

3. 有自己的名称、组织机构和场所

法人的名称与自然人的姓名功能相同，受法律保护。机关法人的名称通常由法律直接规定，而企业法人的名称就必须符合《企业名称登记管理规定》。企业法人的名称要素一般包括住所地、字号、行业、责任形式。例如，武汉南华高速船舶股份有限公司。

法人机关是法人的内部组织机构，其机能在于形成、表达和执行法人的意志。法人要独立参与民事活动，就必须有行为的实施者，这一实施者就是法人的机关。法人机构既可由自然人个人担任，如法定代表人；也可由自然人集体组成，如董事会。

场所包括法人办事机构的所在地和法人活动场所所在地。具有法律意义的场所是法人的住所，是法人活动的中心地，决定法人国籍、登记地、纳税地和诉讼管辖。《民法通则》第 39 条规定：法人以它的主要办事机构所在地为住所。所谓主要办事机构所在地，应是法人的意思机构或执行机构所在地。

（三）法人设定的程序

1. 法人设立的一般原则

法人设立的原则，在不同时代和不同类型的法人以及不同立法例下是不同的。大体而言，法人设立的原则包括：

（1）自由设立主义，又称放任主义。国家对于法人的设立不加任何干预，不要求具备任何形式，全凭当事人自由。此原则盛行于中世纪，因易导致公司滥设，现在少有采用。

（2）特许主义。这是指法人设立需要经过立法或者国家元首许可。此种主义公权干涉过度，易于产生特权，效率也太低，现代除法国外，亦鲜有采用。

（3）行政许可主义。法人设立需要经过行政机关许可，对于一般的公司设立此种主义有过度干预之嫌，但是对于特殊公司设立有行政许可必要。德国民法对于财团法人设立、日本民法对于公益法人的设立，采取此种主义。

（4）准则主义。法律对于法人设立，预先规定一定条件，无须先经行政机关许可，依照法定条件设立后，仅需向登记机关办理登记，法人即可成立。此种主义有利于提高效率，也能够保证市场公平，便于公司设立。

2. 中国现行法中的法人设立原则

（1）特许主义设立原则。这主要适用于机关法人或不需要登记的国有事业单位法人的设立，这些法人的设立一般都是依照法律、法令、行政命令方式设立，自设立之日起取得法人资格。

（2）行政许可主义设立原则。对需要办理登记的社会团体法人和事业单位法人，以及需要审批设立的公司法人等须经有关机关批准方可设立。

（3）准则主义的设立原则。对于营利性法人（如公司）的设立，除按《公司法》规定"以募集方式设立股份有限公司公开发行股票的，还应当向公司登记机关报送国务院证券监督管理机构的核准文件"外，一般采取准则主义的设立原则。

2．法人的设立方式

在我国，法人设立的方式主要有：

（1）发起设立。即由发起人一次性交足法人成立所需的资金而成立法人。这种方式主要适用于有限责任公司、股份有限公司、私营法人、股份合作法人等。

（2）募集设立。即法人成立所需资金在发起人未认足之时，向社会公开招股募集，以募足所需资金设立法人的设立方式。股份有限公司中大都采此种设立方式。

（3）命令设立。即以政府命令方式设立法人。国家机关等采此方式设立。

（4）捐助设立。即通过捐助方式筹集法人设立所需资金的法人设立方式。一些基金法人即采此方式设立。

3．登记程序

在中国，设立企业法人均需经过登记，才能取得法人资格；事业单位和社会团体法人，除法律规定不需要登记的外，均需办理登记；机关法人无须登记。

4．法人设立的民事责任

在法人设立过程中一系列活动所产生的民事责任应有人承担，一些学说认为，在设立中的组织其实是一种合伙，因此，其法律责任应由设立该法人的成员共同承担。我国立法上未明确规定，仅《公司法》第95条规定，股份有限公司的发起人应当承担下列责任：公司不能成立时，对设立行为所产生的债务和费用负连带责任；公司不能成立时，对认股人已缴纳的股款，负返还股款并加算银行同期存款利息的连带责任；在公司设立过程中，由于发起人的过失致使公司利益受到损害的，应当对公司承担赔偿责任。

就通常情况而言，如果法人设立成功，在法人设立过程中在设立范围内实施的民事行为产生的民事责任，应由成立以后的法人承担；不属于设立法人范围内的民事法律责任，法人不承担，除成立以后的法人机关追认的以外，应由设立人承担。如果法人设立不成功，设立活动所产生的民事责任由设立人承担。

二、法人的变更

（一）法人的变更的概念

法人的变更，是指法人成立后，其组织、名称、住所、经营范围等重要事项发生的变化，这些事项的变更，可依法人意思自主决定，法人只要作相应的变更登记，即可发生变更效力。《民法通则》第44条第1款规定，企业法人分立、合并或者有其他重要事项变更，应当向登记机关办理登记并公告。《公司法》等法律也有相应的规定。

（二）法人的合并与分立

1. 法人的合并

法人的合并是指两个以上的法人集合为一个法人的民事法律行为。法人的合并是法人集中资金，扩大实力，增加竞争优势的重要手段。法人合并，有新设式合并和吸收式合并两种方式。新设式合并也称创设式合并，是两个以上的法人归并为一个新法人，原法人均告消灭的合并方式。吸收式合并也称吞并式合并，是一个法人吸收被合并的其他法人，合并后只有一个法人存续，被吸收法人均告消灭的合并方式。法人合并时，应有法人意思机关的合并决定和合并各方缔结的合并合同。为保障各合并法人的债权人的利益，法人应在合并前将合并决定通知债权人，债权人有权要求清偿其债务或提供担保。

2. 法人的分立

法人的分立是指一个法人分为两个以上法人的民事法律行为。法人分立，有新设式分立和存续式分立两种分立方式。新设式分立也称创设式分立，指解散原法人，分立为两个以上新法人的分立方式。存续式分立也称派生式分立，指原法人存续，分出部分财产设立一个以上新法人的分立方式。法人分立的程序需要有分立的决定、债务分配合同，对债权人发出分立通知并根据债权人请求清偿债务或提供担保。

3. 法人合并与分立的效果

（1）法人之消灭。在新设式合并中，原法人均告消灭；在吸收式合并中，被吞并的法人归于消灭。在新设式分立中，原法人消灭；在存续式分立中，只是原法人的财产或组织机构发生变更。

（2）债权债务承受。因合并而消灭的法人，其债权债务由合并后的法人概括承受。在法人分立中，原法人的债权债务，应依分立前缔结的合同确定的分担份额，由分立后的法人承受。

三、法人的终止

（一）法人的终止的概念

法人的终止，即法人的民事主体资格消灭，丧失民事权利能力和民事行为能力。法律为法人终止专门设立了清算程序了结未了事务。无论何种类型法人，也无论是因何种原因终止，都必须经过清算。法人终止，应当依法进行清算，停止清算范围外的活动。清算之后，办理注销登记。

（二）法人终止的原因

1. 依法被撤销

这是因主管机关的行政处分行为导致法人消灭的原因。法人从事法律禁止的活动，如非法经营、租借或转让法人执照等，情节严重的，将被吊销执照，强行解散。

2. 解散

任意解散是基于法人的意思或设立人的意思而解散。前者如根据股东会决议解散公司,后者如章程规定的法人存续期限届满或其他解散事由发生。

3. 法人破产

法人破产是法人因丧失清偿能力而不能对债权人的全部债权实行清偿的状态。法人一旦破产并被破产宣告后,财产要清偿破产债权,在破产程序终结时,依法律规定解散。

4. 其他原因

这是指上述三种原因之外的导致法人消灭的原因,例如国家作出的关于国有企业"关闭"、"停止"的决定。

（三）法人的清算

法人的清算,指清理已发生终止原因的法人的尚未了结的事务,使法人归于消灭的程序。法人发生终止原因时,即要停止实现目的事业的积极活动,开始进入清算程序。法人的清算有破产清算和非破产清算之分,破产清算依《破产法》进行,非破产清算依《民法》或《公司法》规定的程序进行。

（四）法人消灭

清算事务处理完毕,清算即完结,经办理法人注销登记后,法人自注销登记之日起消灭。法人一经消灭,其民事主体资格不复存在,其民事权利能力和民事行为能力也同时消灭。

四、法人的登记

（一）登记的概念

法人登记是行政主管机关对法人成立、变更、终止的法律事实进行登录,以为公示的制度。根据我国法律规定,企业法人和社会团体法人,均适用法人登记。法人登记在民法上的制度价值主要在于公示,以便于利害关系人了解法人变动的事实。所以,在民法上,法人成立、变更、终止的法律事实仅仅存在,尚不足以发生相应的法律效果,只有经过登记方可发生该事实的法律效力。

（二）登记的类型

根据法人变动的类型,登记分为设立登记、变更登记和注销登记三类。

1. 设立登记

法人设立登记的登记机关,是由法律规定的,例如负责公司和其他企业法人登记的是各级工商行政管理部门,负责事业单位法人登记的通常是各级国家机构编制管理机关,负责社会团体法人登记的则是各级民政部门。设立登记的义务人,是法人设立人。

2. 变更登记

变更登记的机关,与该法人设立登记机关相同,但变更登记义务人是法人代表。变更登记的事项包括法人合并与分立以及法定代表人、住所、注册资本、名称、营业范围、增减分支机构等事项的变动。

3. 注销登记

注销登记机关也与法人设立登记机关相同,但登记义务人是清算组织。法人自注销登记完成时终止。

【案例分析 5-2】

甲公司因为项目完成而决定解散,成立了清算小组,以清理债权债务。对于已经成立的清算小组,其性质和地位如何?如何组成清算小组?

本例涉及清算小组的法律地位及其组成问题。在企业清算情况下,应当成立清算小组以清理企业债权债务,企业在清算期间被称为清算法人,其主体地位并不消灭,清算法人是清算中的企业,清算小组具有诉讼主体地位。在破产清算中清算小组的成立由人民法院主导;在非破产清算中清算小组的成立由清算企业主导。清算小组在清算期间不是独立的民事主体,而是清算企业的代表机关或者执行机关。

【本章思考题】

1. 什么是法人?
2. 法人成立的条件有哪些?
3. 什么是法人机关?
4. 法人联营的形式有哪些?
5. 甲公司因业务需要分立为乙公司与丙公司,双方约定原欠丁公司的债务由乙公司承担。之后,乙公司无力偿还,发生纠纷。该笔债务依法应如何偿还?

第六章 合　伙

☞ **本章导读**

作为非法人组织，合伙在社会生活中发挥着重要作用。合伙具有团体属性但不具有法人资格，属于"第三主体"范畴。本章主要对合伙的基本理论和制度进行介绍，以期使读者对合伙有一个全面的认识和把握。本章的重点在合伙组织的法律责任，而对其法律地位的理解则是读者学习的难点所在。

第一节　合伙概述

一、合伙的概念和特征

（一）合伙的概念

合伙作为一种古老的商业组织形态，曾在欧陆各国得到较大的发展。近代以来，尽管公司这一具有强大生命力的社会经济体出现，合伙依然没有退出历史舞台，它以合伙契约的形式被确立为一种基本的民事组织和制度；同时在英美法国家，合伙的团体性质还在一定程度上得到进一步加强。在现代市场经济条件下，合伙更因其聚散灵活的经营形式和较强的应变能力，受到各国的普遍重视，成为现代市场的一种重要经营形式。在大陆法系的很多国家，由于民商分立的传统，在法律上将合伙分为民事合伙与商事合伙，而且二者有极大的区别。在立法上往往将民事合伙一般作为契约规定于债法，而将商事合伙则作为主体进行规定。前者从事非营利活动，而后者进行营利性活动。

对于合伙的定义，一般对民事合伙界定为，以合伙契约为纽带结合而成的对外承担无限连带责任的组织。而商事合伙由于情况比较复杂，很难对它进行准确定义。学者多从商事主体的角度作大致界定，即商事合伙是指从事营利活动但不具有法人资格的自然人团体。

我国对合伙调整的法律规范，一是《民法通则》的相关规定，二是《合伙企业法》。《民法通则》将合伙限定于个人合伙，依该法第 33 条规定"个人合伙可以起字号，依法经核准登记，在核准登记的经营范围内从事经营"，因此，《民法通则》所规定的合伙既包括民事合伙，也包括商事合伙。《合伙企业法》不是包罗民事合伙与商事合伙的统一合伙法，而是在《民法通则》规定合伙的基础上专以规定商事合伙为其任务的商事法律。因此，我们认为，我国的《合伙企业法》规定的合伙不是仅有简单的合同关系，而是采用企业形式，突出了合伙企业的主体地位。由此，我们对合伙的概念可作如下界定：合伙是指二个以上主体依据合伙协议共同出资设立的从事营利性活动但不具有法人资格的企业组织。

（二）合伙的特征

1. 合伙协议是合伙的成立基础

合伙协议在合伙企业中的作用类似于公司章程，它与公司章程的不同在于，公司章程作为公司的"宪法"，具有公开的对外效力，而合伙协议是处理合伙人相互之间的权利义务关系的内部法律文件，据以调整合伙关系、规范合伙人相互间的权利义务、处理合伙纠纷，仅具有对内效力。《合伙企业法》大部分的规则都是任意性规范，只是在合伙协议没有约定时才适用。合伙企业的合伙协议应当采用书面形式；如果未订立书面形式的合伙协议，但事实上存在合伙人之间的权利义务关系，并进行了事实上的合伙营业，仍然视为合伙。

2. 合伙具有人合的团体属性

合伙企业虽不是法人，但因须为二人以上组成，其团体性特征较为明显，同时因其基于合伙人之间的人身信任关系而缔结和约而成，不乏人合性特征。所以，合伙是具有人合性的团体。

3. 全体合伙人共同出资从事营利性活动

合伙人的目的是营利，从事营利性的经营活动变成了合伙的业务内容；当然，出资是取得合伙人资格的前提。合伙人可以现金、实物、土地使用权和知识产权出资，还可以其他财产性权利出资，如债权、技术等，经其他合伙人同意也可以用劳务出资。

4. 合伙人大多共负盈亏、共担风险

合伙以经营活动为其目的事业，自然产生收益或风险，虽然因为合伙的形式不同，其盈亏负担不尽一致，但大多以合伙人共享收益、共担风险为原则，尤其是普通合伙人，对合伙的债务承担无限连带责任，只有有限合伙人才仅以其出资额为限承担有限责任。

二、合伙的分类

（一）民事合伙与商事合伙

合伙以其规范基础是民法抑或商法可以分为民事合伙与商事合伙。简而言之，民事合伙以民法为规范基础而设立，合伙人之间的权利义务关系适用民事法律规范调整；商事合伙以商事法为规范基础设立，合伙的法律地位以及合伙人之间的权利义务关系由商事法律规范予以调整。民事合伙与商事合伙的区别在于：

（1）民事合伙是一种契约型共同体，而商事合伙则是具有主体性的组织体。前者以契约维系合伙人之间的权利义务关系，各合伙人是合伙共同体权利义务的归属者和承担者；后者则具有法人的某些特征，如以自己的名义进行经营活动，权利义务的归属和承担首先归于合伙组织等。

（2）民事合伙不一定涉及商号，而商事合伙必须有商号。这与二者的属性密切相关，因为民事合伙的后果由合伙人承担，并不必然需要商号；而商事合伙作为一个参与经营活动的组织体，无商号不能正常营业。

（3）民事合伙无须登记，商事合伙必须进行商事登记。将商事合伙进行商事登记，建立商业账簿是各国的普遍做法；而民事合伙作为契约型合作机制，不需要进行商业登记。

（4）在对外关系上对二者的要求明显不同。民事合伙须以全体合伙人名义执行业务，而商事合伙只需以合伙组织名义执行业务即可。

（二）一般普通合伙与特殊普通合伙

以合伙从事的行业和合伙人之间的关系为标准，可将合伙划分为一般普通合伙与特殊普通合伙。特殊普通合伙之特殊体现在：

（1）以专业知识和技能为合伙提供有偿服务。

（2）一个合伙人或者数个合伙人在执业活动中因故意或者重大过失造成合伙企业债务的，应对此承担无限责任或者无限连带责任，其他合伙人则以其在合伙企业中的财产份额为限承担责任；合伙人在执业过程中非因故意或重大过失造成的合伙企业债务以及合伙企业的其他债务，由全体合伙人承担无限连带责任。

因特殊普通合伙的"特殊性"，在其名称中须标明"特殊普通合伙"字样。除此之外，特殊普通合伙适用一般普通合伙的规定。

（三）普通商事合伙和有限商事合伙

在商事合伙中以合伙人的责任承担形式为标准即是否以出资额为限对债务承担有限责任，可以将合伙分为普通商事合伙和有限商事合伙。

普通商事合伙，即两个以上的合伙人在同一商号下以营利为目的结成的所有合伙人对合伙企业的债务都承担无限连带责任的合伙。普通合伙的设立，不仅需要两个以上的合伙人达成合伙契约，还需有商事营业和商号并进行商事登记。

有限商事合伙则是为在某一商号下从事营业活动建立起来的包括普通合伙人和有限合伙人的商事合伙。其中，普通合伙人对合伙企业债务承担无限连带责任，有限合伙人只以其认缴的出资额为限对合伙企业债务承担责任。普通商事合伙与有限商事合伙存在如下不同：

（1）普通商事合伙的所有出资人都必须对合伙企业的债务承担无限连带责任，即合伙人全部为普通合伙人；而有限商事合伙中一部分出资人对企业债务承担有限责任，一部分出资人对合伙企业的债务承担无限责任（有限合伙企业只有一个普通合伙人时）或无限连带责任（有限合伙企业中有两个或以上普通合伙人）。

（2）普通商事合伙的投资人数为2人以上，即对投资人数没有上限规定；而有限商事合伙企业的投资人数为2人以上50人以下且至少有一个普通合伙人。

（3）普通商事合伙的合伙人对执行合伙事务享有同等的权利。当然，根据合伙协议约定或经全体合伙人决定，可委托一个或数个合伙人对外代表合伙企业，执行合伙事务；而有限商事合伙中的有限合伙人不得执行合伙企业中的事务，不得对外代表合伙企业。

（4）普通商事合伙的出资人不得在合伙协议中约定将全部利润分配给部分合伙人或由部分合伙人承担企业的全部亏损；而有限商事合伙根据合伙协议的约定可以将全部利润分配给部分合伙人，但不得约定企业全部亏损由部分合伙人承担。

（5）普通合伙人不得自营或与他人合作经营与合伙企业相竞争的业务；有限合伙人可自营或与他人合作经营与本企业相竞争的业务，除合伙协议另有约定的除外。

（6）普通合伙人不得同本企业进行交易，但合伙协议另有约定或经全体合伙人一致同意的除外；有限合伙人可以与合伙企业进行交易，当然，合伙协议约定不能进行交易的除外。

（7）普通合伙企业的合伙人以其出资份额出质，须经全体合伙人一致同意，否则其出质行为无效；有限合伙人可将出资份额出质，但合伙协议约定有限合伙人不能以其出资份额出质的除外。

（四）显名合伙与隐名合伙

以合伙人是否公开其姓名、是否参与合伙经营管理以及是否对合伙债务承担无限连带责任等为标准，可将合伙划分为显名合伙与隐名合伙。

显名合伙，顾名思义，即在合伙中公开合伙人姓名，而且合伙人参与合伙经营管理，并对合伙的债务承担无限连带责任；隐名合伙，即在合伙中至少存在一名以上的隐名合伙人的合伙，所谓隐名的合伙人即不对外公开其姓名，不参加合伙的经营管理，且仅以其出资额为限对合伙债务承担有限责任的合伙人。

与显名合伙人相比较，隐名合伙人也要按约出资，并以合伙协议为依据维系与其他合伙人之间的关系，但是，因其不对外公布姓名或名称，一般而言不为第三人所知；同时，因其不参与合伙事务管理，隐名合伙人当然也不能代表合伙与第三人进行业务交往而发生权利义务关系；此外，隐名合伙人对合伙的债务仅承担有限责任，从而避免了显名合伙人可能承担的无限责任风险。

作为一种契约型合伙形态，隐名合伙在许多国家普遍存在，但我国法律中对此没有进行规定。在立法中对此合伙类型予以明确并不复杂，但是如何处理好隐名合伙与第三人权利保护的关系问题，以避免利用隐名合伙对第三人的欺诈，才是问题的关键。

对合伙的上述分类是各国的通例。当然，我国《民法通则》将合伙规定于"自然人"一章，将法人之间的合伙规定为"联营"。实际上，是以合伙人的身份是自然人或者法人为标准将合伙分为自然人合伙和法人合伙。这种立法受到学者批评，2006年修订后的《合伙企业法》改变了这种立法思路，该法规定，自然人、法人和其他组织都可以作为合伙人，但"国有独资公司、国有企业、上市公司以及公益性的事业单位、社会团体不得成为普通合伙人"（第3条）。

第二节　合伙的设立

我国《合伙企业法》规定了普通合伙企业和有限合伙企业两种典型的合伙企业形态，因此，本节即以该法的规定为参照依据，对合伙企业的设立进行简要介绍。

一、普通合伙企业的设立条件

依据《合伙企业法》第14条的规定，普通合伙企业的设立应当具备下列条件：

（一）有符合要求的合伙人

1. 合伙人数不少于2人

《合伙企业法》未规定合伙企业的人数的上限，但是，由于合伙的人合性质，相互之间的连带责任叫能带来巨大的风险，合伙人之间能够相互信任的范围有限，客观上限制了合伙人人数。

2. 合伙人必须具有完全民事行为能力

一般情形中，限制行为能力人、无行为能力人不得作为合伙人，只有完全民事行为能力人，才能作为合伙人。但是，在特殊情形中，根据《合伙企业法》第48条的规定，普通合伙人被依法认定为无民事行为能力或限制民事行为能力人的，经其他合伙人一致同意，可以依法转为有限合伙人，此时普通合伙企业转为有限合伙企业。《合伙企业法》第50条规定，合伙人死亡或被宣告死亡的，其继承人根据合伙协议的约定或经全体合伙人同意，可取得合伙人资格；继承人为无民事行为能力或限制民事行为能力人的，经合伙人一致同意，可以依法成为有限合伙人，普通合伙企业转为有限合伙企业。即无民事行为能力人或限制民事行为能力人不能成为合伙企业的创始合伙人；无民事行为能力人或限制行为能力人可以且只能成为有限合伙人。

3. 自然人、法人和其他组织均可以成为合伙人

自然人之间可以设立合伙企业，法人或其他组织之间可以设立合伙企业，自然人和法人或其他组织之间也可以设立合伙企业。

4. 普通合伙人的资格限制

法律、行政法规禁止从事营利性活动的人，不得成为合伙企业的合伙人，包括国家公务员、法官、检察官及警察。国有独资公司、国有企业、上市公司以及公益性的事业单位、社会团体不得成为普通合伙人，但可以成为有限合伙人。

（二）有书面合伙协议

合伙协议是指合伙人为设立合伙企业而签订的协议。根据《合伙企业法》第18条的规定，合伙协议必须采用书面形式，并载明以下内容：

（1）合伙企业的名称和主要经营场所的地点；（2）合伙目的和合伙企业的经营范围；（3）合伙人的姓名或者名称及其住所；（4）合伙人出资的方式、数额和缴付出资的期限；（5）利润分配和亏损分担办法；（6）合伙企业事务的执行；（7）入伙与退伙；（8）争议解决办法；（9）合伙企业的解散与清算；（10）违约责任。必须注意的是，有限合伙企业合伙协议还应当载明下列事项：（1）普通合伙人和有限合伙人的姓名或者名称、住所；（2）执行事务合伙人应具备的条件和选择程序；（3）执行事务合伙人权限与违约处理办法；（4）执行事务合伙人的除名条件和更换程序；（5）有限合伙人入伙、退伙的条件、程序以及相关责任；（6）有限合伙人和普通合伙人相互转变程序。

合伙协议经全体合伙人签名、盖章后生效。合伙协议的修改或补充应当经过全体合伙人一致同意，但合伙协议另有约定的除外。

（三）有实际缴付的出资

合伙人必须向合伙组织出资，合伙人出资的形式可以是货币、实物、土地使用权或者其他财产权利出资，也可以用劳务出资。合伙人以货币以外的形式出资，一般应进行评估作价。评估作价由合伙人协商确定，也可以由全体合伙人委托法定评估机构进行评估，以评估报告作为折价的依据。若以劳务出资，其评估办法由合伙人协商确定，并在合伙协议中载明。合伙人应当按照合伙协议约定的出资方式、数额和缴付出资的期限，履行出资义务。以非货币财产出资的，依照法律、行政法规的规定需要办理财产权转移手续的，合伙人应当依法办理该等手续。合伙人只能以其实际向合伙缴付的出资作为其出资份额，并据此享有权利和承担义务。如果合伙人违反了出资义务，即构成违约，其他合伙人可追究其违约责任。

（四）有合伙企业的名称

名称是企业的对外标志，是合伙设立的条件之一。有限合伙企业的名称中应当标明"有限合伙"字样。《民法通则》规定，合伙企业享有名称权，即合伙企业对其登记的名称享有专有使用的权利。

（五）有经营场所等必要经营条件

经营场所是指合伙企业从事生产经营活动的所在地，合伙企业一般只有一个经营场所，即在企业登记机关登记的营业地点。经营场所的法律意义在于确定债务履行地、诉讼管辖、法律文书送达等。从事经营活动的必要条件是指根据合伙企业的业务性质、规模等因素而需具备的设施、设备、人员等方面的条件。

二、合伙企业的设立程序

（一）设立登记申请

设立合伙企业，应由全体合伙人指定的代表或者共同委托的代理人向企业登记机关申请设立登记。登记机关为工商行政管理部门。

（二）申请时应提交的材料

申请设立合伙企业，应向企业登记机关提交登记申请书、合伙协议书、全体合伙人的身份证明等文件。

（三）审核与登记

企业登记机关应自收到申请人提交所需的全部文件之日起 20 日内，作出是否登记的决定。予以登记的，发给营业执照，合伙企业的营业执照签发日期，为合伙企业成立之日。不予登记的，登记机关应当给予书面答复并说明理由。

合伙企业领取营业执照之前，合伙人不得以合伙企业的名义从事合伙业务。

合伙企业可以设立分支机构。合伙企业设立分支机构的，应当向分支机构所在地的企业登记机关申请登记，领取营业执照。

第三节 合伙的内部关系

一、合伙企业与合伙人之间的财产关系

（一）合伙企业的财产

依《合伙企业法》第 20 条的规定，合伙人的出资、以合伙企业名义取得的收益和依法取得的其他财产，均为合伙企业的财产。换言之，合伙财产的范围包括：一是全体合伙人的出资。合伙人对合伙企业的出资是指各合伙人按照合伙协议实际缴付的出资。二是合伙企业成立后解散前，以合伙企业名义取得的全部收益和依法取得的其他财产。

（二）合伙企业财产的性质

合伙人的出资和所有以合伙企业名义取得的收益均为合伙企业的财产。但是，合伙人出资与合伙积累的财产在性质上并不完全相同，即便是合伙人出资的财产其性质亦有不同。

（1）以现金或明确以财产所有权出资的，意味着所有权的转移，出资人不再享有出资财产的所有权，形成合伙财产而由全体合伙人共有。

（2）以土地使用权、房屋使用权、商标使用权、专利使用权等权利出资的，出资人并不因出资行为而丧失土地使用权、房屋所有权、商标权、专利权等权利，这些出资财产的所有权或使用权仍属于出资人，合伙企业只享有使用和管理权。对于此类出资，在合伙人退伙或者合伙企业解散时，合伙人有权要求返还原物。如果出资的所有权转移而形成合伙人间的共有关系，合伙人退伙或者合伙企业解散时，只能以分割共有财产的方式收回出资的价值量。

（3）对于是以所有权出资还是以使用权出资约定不明，而合伙人之间又达不成合意的，应当结合合伙存续期间的实际情况予以判断。

（4）合伙经营积累的财产归合伙人共有，合伙人以所有权出资形成的合伙财

产也属于合伙人共有。但合伙财产的共有是共同共有还是按份共有，学界存在争议。按照《物权法》第 103 条和第 104 条的规定，这种共有应视为按份共有。合伙人对其应有份额按协议约定而确定，如果合伙人没有约定或者约定不明确的，按照出资额确定。

（三）合伙企业财产的管理与使用

合伙企业财产依法由全体合伙人共同管理和使用。

（1）在合伙企业存续期间，合伙人不得要求分割财产，也不得依据份额比例决定合伙人对合伙财产的使用、管理以及合伙事务执行方面的权利。在分配合伙企业利润时，依据份额比例分配利润；退伙、合伙企业解散时，依据份额比例分割财产。

（2）在合伙企业存续期间，合伙人向合伙人以外的人转让其在合伙企业中的全部或部分财产份额时，除合伙协议另有约定外，须经其他合伙人一致同意，在同等条件下其他合伙人有优先受让的权利。作为合伙人以外的人依法受让合伙财产份额后，经修改合伙协议即成为合伙企业的合伙人，新的合伙人依照修改后的合伙协议享有权利、承担责任。

（3）在合伙企业存续期间，合伙人之间可以转让在合伙企业中的全部或者部分财产份额，但应通知其他合伙人。

（4）在合伙企业存续期间，合伙人以其在合伙企业中的财产份额出质的，须经其他合伙人一致同意。未经其他合伙人一致同意，出质行为无效，因此给善意第三人造成损失的，由行为人依法承担赔偿责任。

（5）在合伙企业存续期间，除法律有特别规定外，合伙人不得请求分割合伙企业财产，也不得擅自转移或者处分合伙企业财产。合伙人擅自转移或者处分合伙企业财产的，合伙企业不得以此对抗善意第三人。

【案例分析 6-1】

2008 年 6 月，甲、乙、丙三人共同成立一普通合伙企业，并约定由乙、丙承担合伙企业的全部亏损。2008 年 9 月，该合伙企业向银行贷款 10 万元，期限为 1 年，10 月甲退伙，丁入伙。到 2009 年 3 月，银行发现合伙企业的财产已不足清偿全部的贷款，对不足部分，哪些人有义务承担清偿责任？

依据《合伙企业法》第 33 条第 2 款规定，合伙协议不得约定将全部利润分配给部分合伙人或者由部分合伙人承担全部亏损。因此，合伙企业约定由乙、丙承担全部亏损，此约定无效，甲仍然要承担连带责任。第 44 条规定，入伙的新合伙人与原合伙人享有同等权利，承担同等责任。新合伙人对入伙前合伙企业的债务承担无限连带责任。因此，丁需要承担连带责任。第 53 条规定，退伙人对基于其退伙前的原因发生的合伙企业债务，承担无限连带责任。因此，甲退伙后仍然要承担连带责任。所以，甲、乙、丙、丁均须承担连带清偿责任。

二、合伙人执行合伙事务的决策与执行

（一）合伙事务的决议

合伙事务的决议只能由合伙人依法作出，不得委托其他合伙人或合伙人以外的人进行。

1. 合伙事务的表决方式

对合伙企业有关事项作出决议，按合伙协议约定的表决方式办理。如果合伙企业对表决方式没有约定或者约定不明，则实行一人一票并经全体合伙人过半数通过的表决方式处理。

2. 合伙事务全票决的事项

（1）改变合伙企业名称；

（2）改变合伙企业的经营范围、主要经营场所的地点；

（3）处分合伙企业的不动产；

（4）转让或者处分合伙企业的知识产权和其他财产权利；

（5）以合伙企业的名义为他人提供担保；

（6）聘任合伙人以外的人担任合伙企业的经营管理人员；

（7）修改或者补充合伙协议；

（8）合伙人向第三人转让其在合伙企业中的全部或者部分财产份额；

（9）吸收新的合伙人。

（二）合伙事务的执行

合伙事务的执行是指为实现合伙目的而进行的业务活动。执行合伙事务是合伙人的权利，不管出资额多少，合伙人对执行合伙事务享有同等的权利。

1. 合伙事务的执行方式

（1）由全体合伙人共同执行。

（2）由各合伙人分别单独执行合伙事务。

（3）由一名合伙人执行合伙事务。即一名合伙人受托代表全体合伙人执行合伙事务。

（4）由数名合伙人共同执行合伙事务。即由全体合伙人委托数名合伙人执行合伙事务。

法人或其他组织作为合伙人的，其执行合伙事务由其委派的代表执行。

2. 合伙事务的执行规则

（1）如果根据合伙协议的约定或者经过全体合伙人一致同意，由一人或者数个合伙人执行合伙事务的，则其他合伙人不再执行合伙事务。

（2）不执行合伙事务的合伙人有权监督执行事务合伙人执行合伙事务的情况；

执行事务合伙人应当定期向其他合伙人报告事务执行情况以及合伙企业的经营和财务状况。

（3）所有合伙人为了解合伙企业的经营状况和财务状况，都有权查阅合伙企业的财务会计账簿等财务资料。

（4）合伙人分别执行合伙事务的，执行事务合伙人可以对其他合伙人执行的事务提出异议。提出异议时，应当暂停该项事务的执行；如果合伙人之间因此发生争议，应当由合伙人按照合伙企业约定的表决方式进行表决。

（5）受委托执行合伙事务的合伙人不按照合伙协议或者全体合伙人的决定执行事务的，其他合伙人可以决定撤销该委托。

3. 合伙企业事务执行后果的承担

执行合伙事务的合伙人，对外代表合伙组织，其执行合伙事务所产生的收益归合伙企业，所产生的费用和亏损由合伙企业承担。

4. 合伙事务执行人的权利义务

（1）合伙事务执行人的权利：

①依据约定取得报酬；

②因执行合伙事务支出的必要费用，有权请求合伙组织偿还；

③因执行合伙事务造成的损害赔偿或其他债务，有权请求合伙组织承担。

（2）合伙事务执行人的义务：

①注意义务。合伙人执行合伙事务时，应与处理自己事务为同一注意；取得报酬的，应尽善良管理人义务。

②忠实义务。合伙人对于合伙事务应该亲自执行，及时向其他合伙人汇报执行情况，执行事务所产生的权益及时移交给合伙组织。

③竞业禁止义务。合伙人不得自营或者与他人合作经营与本合伙企业相竞争的业务；不得未经全体合伙人同意，合伙协议也没有约定，而与本合伙企业进行交易；损害合伙企业的不当利益应该归于合伙企业；由此造成合伙企业和其他合伙人的损失，应予赔偿。

三、合伙内部的损益分配

（一）损益分配含义

损益分配包括利益（盈余）分配与亏损分担，合伙财产超出合伙人出资部分为合伙盈余，盈余利益在合伙人之间按比例分配；合伙财产少于合伙人出资的部分为合伙的亏损，亏损由合伙人按照比例分担。

（二）损益分配的比例

合伙协议约定合伙企业的利润分配方法和亏损分担方法，按照约定处理。如果合伙协议对利润分配或亏损分担未作约定或者约定不明，则由合伙人协商确定；协商不成的，由各合伙人按照实际的（而非约定的）出资比例分配利润和分担亏损。

如果无法确定各合伙人的出资比例,则由各合伙人平均分配利润和分担亏损。合伙协议不得约定将全部利润分配给部分合伙人或者由部分合伙人承担全部亏损。

（三）损益分配的方法

合伙人之间存在协议的,依据协议约定的方法分配;协议没有约定的,可以补充约定,否则,采用现金分配。以盈余分配作为合伙人增资或者填补损失的,须经全体合伙人一致同意。

（四）损益分配的时间

合伙企业的利润分配或者亏损分担的具体方案,由全体合伙人协商决定或者按照合伙约定的办法决定。如果出现未约定并且无法达成协议时,德国民法规定,合伙人惟于合伙解散后,得请求决算及损益分配;合伙长期存续的,决算及利益分配时间存有异议的,应在每个事务年度终结之时进行。

四、入伙与退伙

（一）入伙

入伙是指在合伙企业存续期间,合伙人以外的第三人加入合伙企业并取得合伙人资格的行为。

1. 入伙的条件

（1）全体合伙人的同意。入伙使得入伙人取得合伙人的资格,与其他合伙人共同成为合伙组织的成员,因此须经其他合伙人的一致同意。但是,如果合伙协议对入伙的同意条件另有约定,则从其约定。

（2）入伙人与原合伙人订立书面合伙协议。原合伙人与入伙人签订入伙协议时,应履行其告知的义务,即告知入伙人原合伙企业的经营状况和财务状况。因为入伙人入伙后,对入伙前的合伙企业债务要与原合伙人承担连带责任。原合伙人履行告知义务,目的是有利于第三人决定是否入伙。入伙协议中关于入伙人债权债务承担的约定不得对抗第三人,但对内具有效力。

2. 入伙的效果

入伙的效果是入伙人取得合伙人的资格;新合伙人对入伙前合伙企业的债务承担连带责任;除入伙协议另有约定外,新合伙人与原合伙人享有同等权利,承担同等责任。

（二）退伙

退伙是在合伙存续期间,合伙人资格的消灭。

1. 退伙的形式

（1）声明退伙。又称自愿退伙,是指合伙人基于自愿的意思表示而退伙。声明退伙又可分为单方退伙和通知退伙。

①单方退伙,指当合伙协议约定了合伙的经营期限时,某一合伙人要求退伙的情形。如果合伙协议约定了合伙期限,在该期限内若有下列情形之一时,合伙人可

以单方提出退伙：A. 合伙协议约定的退伙事由出现；B. 发生合伙人难以继续参加合伙企业的事由；C. 其他合伙人严重违反合伙协议约定的义务。

②通知退伙，指在合伙协议未约定合伙期限的情况下的退伙。根据《合伙企业法》第46条的规定，合伙协议未约定合伙期限的，在不给合伙事务执行造成不利影响的前提下，合伙人可以不经其他合伙人同意而退伙，但应当提前30日通知其他合伙人。

（2）法定退伙，是指直接根据法律的规定而退伙。法定退伙又可分为当然退伙和除名退伙。

①当然退伙，是指发生了某种客观情况而导致的退伙。当然退伙情形包括：A. 作为合伙人的自然人死亡或者被依法宣告死亡；B. 个人丧失偿债能力；C. 作为合伙人的法人或者其他组织依法被吊销营业执照、责令关闭、撤销，或者被宣告破产；D. 法律规定或者合伙协议约定合伙人必须具有相关资格而丧失该资格；E. 合伙人在合伙企业中的全部财产份额被人民法院强制执行。

如果作为合伙人的自然人被依法认定为无民事行为能力或者限制民事行为能力人的，并不必然导致退伙。此种情形下，若经其他合伙人一致同意，该合伙人可以依法转为有限合伙人，普通合伙企业依法转为有限合伙企业。但是，如果未能取得其他合伙人的一致同意，则该合伙人退伙。

②除名退伙，也称开除退伙，是指在合伙人出现法定事由的情形下，由其他合伙人决议将该合伙人除名。开除退伙的事由包括：未履行出资义务；因故意或者重大过失给合伙企业造成损失；执行合伙事务时有不正当行为；合伙协议约定的其他事项。

合伙企业作出对某一合伙人的除名决议，应当书面通知被除名人。被除名人接到除名通知之日，除名生效，被除名人退伙。但是，被除名人对除名决议有异议，可以自接到除名通知之日起30日内向人民法院起诉，通过诉讼以最终确认除名决议的效力。

（二）退伙的效力

（1）退伙人丧失合伙人身份。

（2）导致合伙财产的清理与结算。退伙时的结算应遵循如下规则：

①合伙人退伙，其他合伙人应当与该退伙人按照退伙时的合伙企业财产状况进行结算，退还退伙人的财产份额。退伙时有未了结的合伙企业事务的，可以待该事务了结后再进行结算。

②退伙人对给合伙企业造成的损失负有赔偿责任的，可以相应扣减其应当赔偿的数额。

③退伙人在合伙企业中财产份额的退还办法，由合伙协议约定或者由全体合伙人决定，可以退还货币，也可以退还实物。

④如果退伙时合伙企业的财产少于合伙企业债务，亦即资不抵债，则退伙人应

当根据合伙协议的约定或者《合伙企业法》第33条的规定分担亏损。

⑤退伙人退伙时，对基于其退伙前的原因发生的合伙企业债务，仍应与其他合伙人一起承担无限连带责任。

（3）可能导致合伙企业的解散。如果合伙人仅剩下1人时，退伙则导致合伙的解散。

【案例分析 6-2】

　　甲、乙二人为设立合伙企业，签订合伙协议，约定甲提供资金5万元，不参与企业的经营管理，乙不提供资金，全面负责企业的经营，利润平分。合伙企业成立后，经营规模扩大，经甲同意，乙聘请丙担任企业副经理，实行年薪制，乙的弟弟丁想加入企业，乙同意，甲不同意，乙仍然安排丁在企业工作，后来由于乙和丙决策失误，企业亏损10万元。该亏损应该如何承担？

　　本案中，乙虽然不提供资金，仅提供劳务，但是合伙协议中约定甲、乙二人分享利润，所以甲、乙均是合伙人，丙是合伙人聘请的管理人员，不参与企业利润的分配，而是领取年薪，所以丙不是合伙人，根据《合伙企业法》第43条规定，新合伙人入伙，除非合伙协议另有约定，应经全体合伙人一致同意，并依法订立书面入伙协议。本案中，甲反对丁入伙，所以丁虽然参与了经营，但是未取得合伙人的资格，故而对于合伙企业的损失也没有义务承担。所以，由甲、乙分担亏损。

第四节　合伙的外部关系

一、合伙与善意第三人的关系

合伙企业对合伙人执行合伙事务以及对外代表合伙企业权利的限制，不得对抗善意第三人。善意第三人是指与合伙企业进行法律行为的人，其主观上不知合伙企业内部对合伙人执行合伙事务的权利限制，包括善意取得合伙财产和善意与合伙企业设定其他法律关系的人。合伙人或聘用的经营管理人执行合伙企业事务受约定或法律规定的限制，但这些限制不得对抗不知情的善意第三人，合伙企业仍须承担合伙人的行为后果。

二、合伙与债务人的关系

（一）合伙债务的性质

合伙企业对其债务，应先以其全部财产进行清偿；合伙企业财产不足以清偿到期债务的，各合伙人应当承担无限连带清偿责任。合伙人对于合伙债务的清偿责任的性质属于补充性责任，即只有当合伙财产不足以清偿合伙债务时方由合伙人承担责任。

(二) 合伙人对合伙债务承担无限责任

各合伙人对于合伙财产不足以清偿的债务，负无限清偿责任，而不以出资额为限。此即普通合伙人的无限责任。

(三) 合伙人对合伙债务承担连带责任

其一，每个合伙人均需对全部合伙债务负责，债权人可以依其选择，请求全体、部分或者个别合伙人清偿债务，被请求的合伙人即须清偿全部的合伙债务，不得以自己承担的份额为由拒绝；其二，每个合伙人对合伙债务的清偿，均对其他合伙人发生清偿的效力；其三，合伙人由于承担连带责任，所清偿债务数额超过其应当承担的数额时，有权向其他合伙人追偿。

(四) 双重优先原则

由于无限连带责任的存在，在合伙的债务清偿中，同时存在合伙企业债务和合伙人个人债务，当合伙人与合伙企业都处于资不抵债的境地时，应当确定清偿这两种债务的先后顺序。我国《合伙企业法》和《民法通则》对此均未规定，但实践中应当依照双重优先原则处理相关的纠纷。双重优先原则是指合伙财产优先用于清偿合伙债务，个人财产优先用于清偿个人债务，即合伙人个人的债权人优先于合伙企业的债权人从合伙人的个人财产中得到清偿，合伙企业的债权人优先于合伙人个人的债权人从合伙财产中得到清偿。这种原则公平合理地维护了合伙债权人和合伙人个人债权人双方的利益，使二者都有均等的机会从合伙财产和合伙人个人财产中得到清偿。

(五) 合伙人个人债务的清偿规则

1. 债权人抵销权的禁止

当某一合伙人发生与合伙企业无关的债务，而该合伙人的债权人同时又负有对合伙企业的债务时，该债权人只能请求合伙人履行债务，而不得以其对合伙企业的债权主张相互抵销，即不得以其对某一合伙人的债权抵销其对合伙企业的债务。

2. 代位权的禁止

当合伙人发生与合伙企业无关的债务时，该合伙人的债权人不得以其债权人的身份而主张代位行使合伙人在合伙企业中的权利。

3. 合伙份额的强制执行

如果合伙人的自有财产不足清偿其个人债务时，该合伙人的债权人可以请求人民法院强制执行该合伙人在合伙企业中的财产份额以清偿债务。人民法院强制执行合伙人的财产份额时，应当通知全体合伙人，其他合伙人享有优先购买权。人民法院强制执行合伙人的财产份额通常可以采用协议转让或拍卖、变卖的方法；若采用拍卖或变卖的方法，合伙人以外的第三人可以参加竞买。但是，如果其他合伙人不同意将该合伙人的财产份额转让给第三人，则第三人不能受让该财产份额。其他合伙人不购买该强制执行的财产份额，又不同意将该财产份额转让给合伙人以外的第三人的，则按退伙处理，合伙企业应当为该合伙人办理退伙结算，该合伙人退出合伙。如果强制执行的只是该合伙人的部分财产份额而非全部财产份额，则应当为该合伙人办理削减其相应财产份额的结算，即该合伙人被人民法院强制执行的部分财产份额由受让人持有，该合伙人持有份额的比例相应减少。

第五节 合伙的解散与清算

一、合伙的解散

合伙的解散是指因某些法律事实的发生而使合伙归于消灭的行为。根据《合伙企业法》的规定，合伙解散的事由包括：

（1）合伙协议约定的经营期限届满，合伙人不愿继续经营的。如果合伙协议约定的经营期限届满后合伙人对继续经营合伙事业均无异议，则可认为合伙人一致同意延长合伙经营期限，延长后的期限则为不定期限。但应在原约定的经营期限届满之日起 15 日内向原登记机关办理有关变更登记手续。

（2）合伙协议约定的解散事由出现。合伙协议如约定当某一事由出现时合伙便解散，则设立合伙的行为实为附解除条件的法律行为，条件成就时协议解除，合伙解散。

（3）全体合伙人决定解散。无论合伙协议是否约定有合伙经营期限，合伙人均可通过合意而终止合伙协议，解散合伙。如果一部分合伙人同意解散合伙，而一部分合伙人不同意，则合伙不解散，由同意解散的合伙人退伙，合伙企业继续存在。

（4）合伙人已不具备法定人数满 30 天。合伙组织的合伙人必须是 2 人以上，若合伙成立后不断发生退伙而致只剩下 1 人时，便出现了合伙人不足法定人数的现象，当这种情形持续满 30 天时，合伙企业应当解散。

（5）合伙协议约定的合伙目的已经实现或者无法实现。

（6）合伙企业被依法吊销营业执照、责令关闭或者被撤销。

（7）出现法律、行政法规规定的合伙企业解散的其他原因。

二、合伙企业的清算

清算解决合伙与债权、债务人的关系及合伙人内部的关系。合伙清算结束后，如原办理了合伙企业登记的，应依法办理合伙企业的注销登记。

1. 清算人的确定

清算人应由全体合伙人担任；如果未能由全体合伙人担任清算人的，经全体合伙人过半数同意，可以自合伙企业解散后 15 日内指定 1 名或者数名合伙人，或者委托第三人担任清算人。

2. 清算人的职责

这包括清算合伙企业财产，分别编制资产负债表和财产清单；处理与清算有关的合伙企业未了结的事务；清缴所欠税款；清理债权、债务；处理合伙企业清偿债务后的剩余财产；代表合伙企业参与民事诉讼活动。

3. 清算程序

清算人确定后，应当自确定日起 10 日内将合伙企业解散事项通知合伙企业的债权人，并且应当于 60 日内在报纸上予以公告。债权人自接到通知书之日起 30 日内，未接到通知书的自公告之日起 45 日内，向清算人申报债权。债权人申报债权时应当说明债权的有关事项，并提供证明材料。清算人应当对债权进行登记。

清算结束后，清算人应当编制清算报告，经全体合伙人签名、盖章后，在 15 日内向企业登记机关报送清算报告，申请办理合伙企业注销登记。

合伙企业清算期间，其企业主体资格仍然存续，但不得开展与清算无关的经营活动。

4. 清偿的顺序

合伙企业财产在支付清算费用后，应按下列顺序清偿：合伙企业所欠职工工资和劳动保险费；合伙企业所欠税款；合伙企业的债务；退还合伙人的出资。合伙企业财产按上述顺序清偿后仍有剩余的，则按约定或法定的比例在原合伙人间分配。如果合伙企业的财产不足以清偿其债务的，由原合伙人承担无限连带责任。

5. 合伙企业注销后的债务承担

合伙企业注销后，原普通合伙人对合伙企业存续期间的债务仍应承担连带责任，债权人仍然可以向普通合伙人进行追偿。

6. 合伙企业的破产与债务清偿

合伙企业不能清偿到期债务的，债权人可以依法向人民法院提出破产清算申请，合伙企业在依法被宣告破产后，普通合伙人对合伙企业的债务仍然需要承担无限连带责任；也可以要求普通合伙人清偿，即直接要求普通合伙人按照无限连带责任的规定偿还债务。

第六节　有限合伙

一、有限合伙的概念

有限合伙或有限合伙企业是指由一个以上的普通合伙人和一个以上的有限合伙人共同设立的合伙企业。即有限合伙企业中至少有一个普通合伙人和至少有一个有限合伙人，否则就不能成为有限合伙。

二、有限合伙企业的设立

有限合伙企业由 2 个以上 50 个以下合伙人设立，但法律另有规定的除外。

有限合伙企业的名称中应当标明"有限合伙"字样，以区别于普通合伙企业。

有限合伙企业的合伙协议除需要记载普通合伙企业协议应当载明的事项，还需要载明以下特殊事项：（1）执行事务合伙人应具备的条件和选择程序；（2）执行事务合伙人的权限与违约处理办法；（3）执行事务合伙人的除名条件和更换程序；（4）有限合伙人入伙、退伙的条件、程序以及相关责任；（5）有限合伙人和普通合伙人相互转变程序。

有限合伙人可以货币、实物、知识产权、土地使用权或者其他财产权利作价出资，但不得以劳务出资。

有限合伙企业登记事项中应当载明有限合伙人的姓名或者名称及认缴的出资数额。

三、有限合伙企业的事务执行

有限合伙企业的事务由普通合伙人执行。有限合伙人不执行合伙事务，也不得对外代表有限合伙企业。这是有限合伙企业与普通合伙企业的重大区别。在普通合伙企业中，任何一个合伙人都有权执行合伙事务，都有权对外代表合伙企业，其地位是完全平等的。

有限合伙人的下列行为不视为执行合伙事务：（1）参与决定普通合伙人入伙、退伙；（2）对企业的经营管理提出建议；（3）参与选择承办有限合伙企业审计业务的会计事务所；（4）获取经审计的有限合伙企业财务会计报告；（5）对涉及自身利益的情况，查阅有限合伙企业财务会计账簿等财务资料；（6）在有限合伙企业中的利益受损时，向有责任的合伙人主张权利或者提起诉讼；（7）执行事务合伙人怠于行使权利时，督促其行使权利或者为了本企业的利益以自己的名义提起诉讼；（8）依法为本企业提供担保。

四、有限合伙人的特殊权利

（1）有限合伙人仅以其认缴的出资额为限对合伙企业的债务承担责任。新入伙的有限合伙人对入伙前合伙企业的债务也是以其认缴的出资额为限承担责任。

（2）除非合伙协议另有约定，有限合伙人可以同合伙企业进行交易。

（3）除非合伙协议另有约定，有限合伙人可以自营或者同他人合作经营与本合伙企业相竞争的业务。

（4）除非合伙协议另有约定，有限合伙人可以将其在合伙企业中的财产份额出质。

（5）有限合伙人可以按照合伙协议的约定向合伙人以外的人转让其在合伙企

业中的财产份额，只需提前 30 天通知其他合伙人即可。

（6）作为有限合伙人的自然人在合伙企业存续期间丧失民事行为能力的，其他合伙人不得因此要求其退伙。

五、表见普通合伙

第三人有理由相信有限合伙人为普通合伙人并与其交易的，该有限合伙人对该笔交易承担与普通合伙人同样的责任。表见的普通合伙仅适用于该笔特定的情形，对其他不构成表见普通合伙的情形，有限合伙人仍承担有限责任。

六、有限合伙与普通合伙的转换

（1）当有限合伙企业仅剩普通合伙人时，有限合伙企业转为普通合伙企业，并应当进行相应的变更登记。

（2）当有限合伙企业仅剩有限合伙人时，则该企业不再是合伙企业，故应解散。

（3）经全体合伙人一致同意，普通合伙人可以转变为有限合伙人，有限合伙人可以转变为普通合伙人。有限合伙人转变为普通合伙人的，对其作为有限合伙人期间合伙企业发生的债务承担无限连带责任；普通合伙人转变为有限合伙人的，对其作为普通合伙人期间合伙企业发生的债务承担无限连带责任。

【本章思考题】

1. 合伙协议的作用是什么？
2. 合伙人之间的法律关系如何？
3. 什么是特殊的普通合伙？
4. 什么是有限合伙？
5. 下列有关合伙企业出资合法的是：（　）

A. 有限合伙人户籍民警赵某的专利权；B. 普通合伙人某上市公司的土地使用权；C. 普通合伙人某基金会的房屋租赁权；D. 普通合伙人李某（犯贪污罪服刑完毕未满 1 年者）的劳务。

第七章 法律行为

☞ **本章导读**

    法律行为是私法自治的工具，是以意思表示为核心要素，以意思表示追求私法上相应法律效果的法律事实。法律行为是高度抽象、概括的法律概念，统辖了合同法、物权法、继承法、婚姻法等具体的法律行为规则。法律行为要发生行为人追求的法律效果，必须具备相应的成立要件，符合具有相应行为能力、意思表示真实、不违反法律和公共秩序等生效要件的要求。作为法律行为核心构成要素的意思表示，由效果意思、表示意思、行为意思和表示行为构成。其不符合生效要件的情况主要表现为，意思表示不一致和意思表示不真实。通过设定条件和期限，人们可以应对未来生活中确定或者不确定的法律风险。法律行为不具备生效要件的情况，可以分为无效法律行为、可撤销法律行为和效力未定法律行为三种。

第一节 法律行为概述

    私法自治意味着，民法通过各种方式保障民事主体按照自己的意愿决定权利的行使、法律关系的塑造。① 民事主体设立、变更、消灭法律关系的法律塑造意思必须通过一定的方式表达出来，让相关的主体得以识别，这就产生了对私法自治工具的需求。现代民法学满足这一需求的，就是法律行为制度。

一、法律行为的概念

（一）法律行为的缘起

    法律行为，是指以意思表示为要素，可依其意思表示的内容而引起民事法律关系设立、变更和终止的行为②。中文的"法律行为"一词，源自对德语 Rechtsge-schaeft 一词日语翻译中的汉字③。

    法律行为概念的产生，与潘德克顿法学派有着非常紧密的联系。潘德克顿法学派致力于抽象法学体系的建立，即努力使物权法、债权法等较为特殊的概念，隶属

---

① Larenz/Wolf, Allgemeiner Teil des Buergerlichen rechts, 9. Aufl. , 2004, §1 Rn. 2.

② 马俊驹、余延满：《民法原论》，法律出版社 2007 年版，第 180 页。

③ 胡长清：《中国民法总论》，中国政法大学出版社 1997 年版，第 184 页。

于一个前置的总则部分，这是潘德克顿法学的主要特征。总则部分的规则从分则部分抽象而成，反过来又适用于分则各部分。法律行为是对所有旨在依照个人的意愿塑造法律关系之行为类型的一种抽象。① 法律行为概念一个至关重要的功能就在于，在民法领域内，以抽象概括的方式统领诸如买卖、租赁等形形色色的经济交易，是民法学中对于社会经济生活和具体法律部门有力的分析认识工具。

作为私法自治的工具，法律行为的本质在于，能够"引起意思所指向的法律后果"，这里的"意思"是当事人追求法律上效果的意思，"法律效果"就是法律关系的产生、变更或消灭，连结"意思"与"法律效果"的媒介，就是意思表示规范。符合意思表示规范要求的意思，即可以引起意思所指向的法律后果，否则，不符合意思表示规范的要求，则不能引起意思所指向的法律后果。

（二）法律行为的合法性问题

我国《民法通则》关于法律行为的规范采用了"民事法律行为"和"民事行为"相区分的表述方式。之所以不直接采用"法律行为"，是因为立法者认为，只有合法行为才会发生行为人所希望发生的法律效力，不合法的则不能如当事人所愿地发生相应的法律效力，因此法律行为应当是合法行为。进而，"无效法律行为"的说法是自相矛盾的，应当将民法上的行为，即民事行为中的合法行为称为民事法律行为，其他的则称为民事行为，如可撤销的民事行为、无效的民事行为等。

以合法性标准来区分是否构成法律行为，是对法律行为构成与法律行为效力两个问题的混淆。与法律行为相对立的是无意思表示的事实行为，法律行为仅仅是民事主体追求某种法律效果的行为，至于所追求的法律效果能否发生，取决于法律的评价。即使法律将其评价为无效行为，它依然是法律行为，不会因此转变为事实行为。②

法律行为通过合法性标准进行判断的结果只能是合法行为和不法行为，非此即彼。但是，就法律行为的效力来讲，存在着另外一种更为准确、科学的判断方式，即在绝对有效法律行为与所谓绝对无效的法律行为之间，还存在着大量的可撤销、可变更的法律行为和效力未确定法律行为，相关的法律规则在法律行为制度中也占有极大的比重。这些处于中间状态的意思表示行为实际上不能简单地用合法与不合法来予以评价，这些行为不仅无法纳入合法行为与违法行为的简单分类，而且直接与《民法通则》生造出来的"民事法律行为"概念相矛盾。如果确认这些行为可以发生法律行为效力，无异于否认了法律行为合法性标准；如认为这些行为不能发生法律行为效力，又会否定立法规则，导致"白马非马"的错误。③

---

① Wermer Flume, Allgemeiner Teil des Buergerlichen Rechts, Bd. 2, Das Rechtsgeschaeft., 1. Aufl., 1965, S. 28, S. 23.

② 李永军：《民法总论》，法律出版社 2009 年版，第 406 页。

③ 董安生：《民事法律行为》，中国人民大学出版社 2002 年版，第 92 页。

另外，有人将所有能够引起法律后果的现象通称为"法律行为"，由此导致了"行政法律行为"、"刑事法律行为"的概念，进而导致了在民法上出现"民事法律行为"的概念。应当明确的是，法律行为是私法自治的工具，是私法中独有的概念，只有奉行私法自治原则的法律部门才需要法律行为概念。在公法领域，并不存在依据当事人意思发生法律效果的可能，也就不可能存在"行政法律行为"、"刑事法律行为"这样的概念和制度。使用"民事法律行为"这一源于前苏联、不承认意思自治原则的概念，就完全抽掉了法律行为理论的灵魂。①因此，本书认为，应当还原法律行为制度的本来面目，放弃"民事法律行为"和"民事行为"区分的不正确做法，不使用"民事法律行为"，而直接使用法律行为概念。

二、法律行为的意义

法律行为，是民事主体通过意思表示追求相应私法上法律效力的法律事实。

（一）法律行为以意思表示为核心

法律行为的成立，必须存在一个或多个意思表示。没有意思表示，就不存在法律行为。所谓意思表示，是指行为人将其所追求私法上法律效果的意思，以一定的方式表达于外部的行为。法律行为与其他法律事实最主要的不同就在于，其以意思表示为构成要件。

（二）法律行为发生私法上的法律效力

法律行为的效力，限于发生私法上的法律效力，而不发生公法上的法律效力。因此，提起诉讼、行政处罚等仅为公法上的行为，而不属于法律行为。法律行为发生私法上的法律效力，从行为人的角度来看，行为人实施法律行为，当其符合法律规定的生效要件时，即以其意思表示的内容为标准发生法律效力。法律行为是以发生私法上效力为目的的法律行为，至于是否能够最终确定发生私法上的法律效果，则需要根据法律行为的生效要件来判断。即使是无效法律行为，也是以追求私法上效力为目的的，也属于法律行为。②

【案例分析 7-1】

　　某县政府为鼓励县属酒厂多创税利，县长与酒厂厂长签订合同约定：酒厂如果完成年度税收 100 万元的指标，第二年厂长和全厂职工都可以加两级工资。经过努力，该酒厂完成了 100 万元的税收指标，县长称，因财政紧张无法兑现合同承诺，酒厂员工欲提起诉讼要求县政府承担违约责任。

---

① 孙宪忠：《民法典立法中法律行为制度的应然设计》，载《中日"中国民法典制定"国际研讨会论文集》，第 24 页。

② 史尚宽：《民法总论》，中国政法大学出版社 2000 年版，第 306 页。

　　本案中的核心问题是，县长和酒厂厂长所签订的合同是否属于法律行为。由于合同的主体内容是为厂长和全厂职工加两级工资，而国营企业职工增加工资属于人事管理关系，其性质为行政管理关系，行政管理关系属于公法领域，不属于私法自治的领域。因此，该合同并非法律行为，也就不存在基于该合同承担违约责任的基础了。

（三）法律行为根据意思表示的内容发生效力

　　从实证法的意义来讲，法律行为发生的法律效力来自于现行法的赋予。但现行法赋予法律行为以法律效力的根据在于，行为人通过意思表示表达了其期待该法律效果的意愿，之所以对行为人的期待赋予法律效力，是基于私法所奉行的私法自治原则。因此，法律不考虑当事人是否追求某种法律效果，而直接赋予某种效力的行为，如债务履行催告、提存的通知、对限制行为能力人实施的法律行为追认的催告等均不属于法律行为。

三、法律行为与相关概念的区分

（一）法律行为与情谊行为

　　情谊行为，是指那些位于"法律层面之外"的行为，这些行为本身不能依法发生法律后果。① 情谊行为的典型是请客吃饭、聚会娱乐等社交性的行为，由于法律无法对社交行为实施强制性要求，赋予当事人参与社交活动的请求权，或者在当事人未能参加该社交活动时赋予其损害赔偿的请求权都不妥当。值得注意的是，情谊行为不能依法发生法律后果，并不排除在实施相应行为的过程中，发生其他非基于法律行为的法律关系。例如，在请客吃饭过程中，请客人未将醉酒的客人妥善安置致其身亡，就可能会承担侵权责任。

【案例分析7-2】

　　甲、乙在火车上相识，甲怕自己到站时一觉未醒，请求乙在 A 站唤醒自己下车，乙欣然同意。火车到达 A 站时，甲沉睡，乙也未醒。甲未能在 A 站及时下车，为此支出了额外费用。甲要求乙赔偿损失。对此，应如何处理？

　　判断乙是否应当对甲的损失负赔偿责任，首先应当确定甲乙之间的约定是否为法律行为，如属于法律行为——合同，则乙应当对其违约（未在 A 站唤醒甲下车）行为承担责任，否则不需承担责任。本案中，甲乙双方均没有受法律约束的意图，属于情谊行为。因此，甲不能要求乙赔偿损失。

---

① Dieter Medicus, Allgemeiner Teil des BGB, C. F. Mueller Verlage., Heidelberg, 9. Aufl., Rn. 184.

（二）法律行为与事实行为

事实行为，是指行为人不具有设立、变更或消灭民事法律关系的意图，但依照法律规定客观上能引起民事法律后果的行为。① 法律行为与事实行为之间的主要区别在于，法律行为的效力取决于行为人所表示的效果意思，事实行为的效力取决于法律对行为的效力规范。例如，合同的法律效果主要取决于双方当事人所希望发生的法律效果，即效果意思；而拾得遗失物的法律效果则完全是根据《物权法》第109～112条的规定来确定其效力，即使拾得人明确表示了据为己有的效果意思，也不能据其效果意思发生物权变动的效力。

（三）法律行为与准法律行为

准法律行为，是指表意行为中法律行为之外的行为。② 根据准法律行为所表示的内容不同，可以将准法律行为区分为意思通知、观念通知和感情表示等三种类型。所谓意思通知，是当事人表示一定期望的行为，例如法定代理人的催告、对债务人的请求或对丁安约的拒绝等。所谓观念通知，是当事人表示对一定事实的观念或认识，例如授予代理权的表示、债权让与的通知等。所谓感情表示，是指当事人表示一定感情的行为，例如被继承人对继承人虐待、遗弃行为的原谅等。

准法律行为与法律行为不同，准法律行为的实施，目的并不在于发生行为人希望产生的法律后果，很多时候，行为人并未表达任何意思。即使在表达一定期望的意思通知中，行为人所表达的仅仅是事实上的期望，但这种表示并不引发相同内容的法律拘束力。例如，甲与乙签订买卖合同，在知悉乙为限制行为能力人后，即向乙的法定代理人丁表示，请其对甲乙的买卖合同予以追认。本案中，催告的法律效果并不是丁因甲的催告而负有追认的义务，而是决定了追认期间的开始，期间届满后，法定代理人未作表示的，视为拒绝追认（《合同法》第47条第2款），这一法律效果，与催告人内心的希望并无关联，事实上，催告人大多数情况下都是希望法定代理人予以追认。

虽然可以从概念上将二者相互区分，但实际上，准法律行为与法律行为之间并不存在一条清晰的界限，因此在法律适用上，准法律行为原则上可以类推适用有关法律行为的规定，这是其与事实行为的根本区别所在。

（四）法律行为与意思表示

意思表示，是指行为人把进行某一法律行为的内心效果意思，以一定的方式表达于外部的行为。法律行为与意思表示均属于典型的德国法概念，二者在德国民法典中经常交替使用。不过，在侧重意思表达本身的过程，或者在着重强调意思表示是法律行为构成要件之一时，多使用意思表示的表述方式。③

---

① 马俊驹、余延满：《民法原论》，法律出版社2007年版，第182页。
② 马俊驹、余延满：《民法原论》，法律出版社2007年版，第183页。
③ Mot. I, 126（Mugdan I, 421）.

从意思表示作为法律行为构成要件的角度来讲，法律行为既可以由多个意思表示组成，如合同、决议，也可以由单个意思表示构成，如行使解除权、先买权等形成权的等形成行为。但很多情况下，法律行为并不等于意思表示，还包含了其他构成要件在内，尤其是官方行为，例如结婚不仅需要当事人之间的合意，而且还需要进行婚姻登记（《婚姻法》第8条）；所有权的移转，除双方当事人的意思表示一致以外，还需要交付或者变更登记（《物权法》第9条、第23条），学术上称这种情形为法律行为的"双重构成"。意思表示相对于法律行为的独立意义还在于，当法律行为由多个意思表示或者意思表示与其他程序组成时，法律行为的效力问题往往需要转变为意思表示问题，因为这样更有利于问题的理解和解决。[1]

第二节 法律行为的种类

作为以意思表示为其基本构成要素的一般法律概念，法律行为是整个私法的基础。正是因为法律行为制度这种非常广泛的外延，法律行为制度才适用于众多完全不同的法律关系，由此必须考虑其不同的利益状况。为了适应不同的需求，所以就产生了对法律行为的分类。

一、单方行为、双方行为与多方行为

根据法律行为参与主体人数或所需意思表示的数量不同，可将法律行为分为单方法律行为、双方法律行为和多方法律行为。

（一）单方法律行为

单方法律行为，仅包含一方当事人的意思表示即可成立的法律行为。比如，立遗嘱、委托授权、放弃继承、追认无权代理等行为，都属于单方法律行为。只要有行为人的一方意思表示就依法成立，不需要征得他人的同意。

单方法律行为可因其生效是否需他人对其意思表示的受领、接收，分为需受领的单方法律行为和无须受领的单方法律行为。需受领的单方法律行为，通常会对他人的法律状况有所改变或影响，因此有必要为对方当事人提供机会了解该法律行为的内容[2]，如解除合同的意思表示、代理权的授予行为等。无须受领的单方法律行为，又称为严格的单方法律行为，由于这类法律行为仅涉及行为人自己的权利领域，不对他人权利领域产生不利影响，因此无须他人的受领、接收[3]，如抛弃动产所有权等。

---

[1] Flume, Allgemeiner Teil des Buergerlichen Rechts, Bd. 2, Das Rechtsgeschaeft. , 4. Aufl. , S. 26. , S. 28.

[2] 黄立：《民法总则》，中国政法大学出版社2005年版，第195页。

[3] Larenz/Wolf, Allgemeiner Teil des Buergerlichen rechts, 9. Aufl. , 2004, S. 403.

（二）双方法律行为

双方法律行为，是指需要两项内容相对应的意思表示一致而成立的法律行为。双方法律行为的典型，是各种合同行为①，如买卖、互易、承揽等。通常来讲，这些双方法律行为中，双方当事人之间的权利、义务存在着甲方权利即为乙方义务，乙方权利即为甲方义务的交换关系，双方当事人的意思表示在内容上并不相同，但却能因为其交换关系而达成一致②。当然，也有一些合同，并不具有上述交换关系，而具有共同的目的，如合伙合同中，各合伙人之间并不存在交换关系，而是以共同事业的经营为目的。所以，双方法律行为的重点在于意思表示一致，至于两项意思表示内容是否互异，则非其要点。

（三）多方法律行为

多方法律行为，是指需要多项内容相同的意思表示方能成立的法律行为。多方法律行为包括共同行为和组织行为，共同行为要求所有的意思表示必须一致，例如合伙协议、共有物分管协议、法人设立协议；组织行为则依照民主原则、多数决原则决定其效力，例如公司决议、监事会主席选举等。双方法律行为是由双方内容互异而相对立的意思表示的合意而成立的，多方法律行为则要求达成合意的多个意思表示指向相同、内容相同。组织行为调整组织的内部关系，而不调整组织、团体与第三人之间的法律关系，具有如下特点：（1）意思表示不是指向其他组织成员，而是指向组织、社团；（2）对于不同意的组织成员也具有拘束力。

区分单方行为、双方行为和多方行为的意义在于，除了法律另有规定以外，单方法律行为自行为人独立表达其意思时即可成立，而双方法律行为则自双方当事人意思表示一致时成立。多方法律行为则需要区分共同行为和组织行为，在共同行为中，一项意思表示发生瑕疵，就会影响整个行为的效力；而在组织行为中，一项意思表示的瑕疵，并不必然导致组织行为的效力瑕疵。

二、有偿行为和无偿行为

根据当事人取得权益是否应当支付相应对价，可将法律行为分为有偿行为和无偿行为。

有偿行为，是当事人据以通过支付相应对价而取得权益的法律行为，其典型行为为买卖、互易、租赁、承揽等双方法律行为。无偿行为，是使当事人据以取得权

---

① 请注意，本书所言的"合同行为"与我国民国民法及我国台湾地区"民法"上所讲的"合同行为"完全不同，后者实际上是下文提及的多方法律行为、共同行为等，此处所言的"合同行为"相当于我国民国民法及我国台湾地区"民法"上的"契约"。请参见陈自强：《民法讲义I：契约之成立与生效》，法律出版社 2002 年版，第 33～35 页。

② 对此的经典表述为："契约系由双方互异而相对立的意思表示的合致而构成。"参见王泽鉴：《民法总则》，北京大学出版社 2009 年版，第 209 页。

益而无须支付相应对价的法律行为，其典型行为为赠与、借用、无偿委托、保管等法律行为。

区分有偿行为与无偿行为的实意在于，首先，有偿行为中行为人的法律责任重于无偿行为的当事人。例如，买卖合同的出卖人对于标的物的质量和权利承担瑕疵担保责任，而赠与合同中赠与人一般不承担赠与物的瑕疵担保责任（《合同法》第191条）。其次，有偿行为应当遵循等价有偿原则，无偿行为则不适用该原则。例如买卖合同当事人可以显失公平为由要求变更、撤销买卖合同（《合同法》第54条第1款），而无偿的保管合同则不能以违反等价有偿原则为由要求寄存人支付保管费。最后，法律对有偿行为没有特殊规定的，参照买卖合同的有关规定（《合同法》第174条），而无偿行为则不适用该规则。

三、要式行为和不要式行为

以法律行为是否必须采用法律或当事人要求的形式为标准，可将法律行为分为要式行为和不要式行为。

要式行为，是指法律或当事人要求的必须采用特定形式的法律行为；不要式行为，即法律或当事人并未要求采取特定形式的法律行为。

要式行为可以分为法定的要式行为和约定的要式行为。法定的要式行为，即法律规定必须以一定方式作出的法律行为。法律规定要式行为的原因主要有：（1）为保证行为的慎重及其存在与内容的明确，例如建设工程合同、技术开发合同、技术转让合同的订立；（2）为了使行为的成立及其内容对外公开，以获得公示效力，例如抵押权登记、预告登记等；（3）为了确定权利范围便于交易流通，其典型是票据行为。

约定的要式行为，是当事人对法律行为方式作出的要求，未完成该约定方式前，该法律行为通常不成立，但约定采用书面形式订立合同，当事人未采用书面形式但一方已经履行主要义务，对方接受的，该合同成立。（《合同法》第36条）

通说认为，要式行为所要求的形式，是该法律行为的成立要件，违反该形式要求的，该法律行为不成立。但我国《合同法》第44条第2款规定，"法律、行政法规规定应当办理批准、登记等手续生效的，依照其规定"。

区分要式行为和不要式行为的意义在于，要式行为如果不符合形式要件，即可能发生不成立、不生效的法律后果；而不要式行为则不存在效力受行为形式限制的问题。

四、主法律行为和从法律行为

根据两个相互关联的法律行为的相互地位，可将法律行为区分为主行为与从行为。

主法律行为，是指在两个相互关联的法律行为中，作为其他行为成立之前提的法律行为。从法律行为是指其成立以他行为或其他法律关系的存在为前提的法律行为。例如，甲向乙借款 1 万元，由丙作保证人。此例中，存在两个法律行为：一个是甲与乙之间的借贷合同，另一个是丙与乙之间的保证合同。保证合同的存在以借贷合同的存在为前提，因此，借贷合同是主法律行为，保证合同是从法律行为。

区分主法律行为与从法律行为的意义在于，从法律行为具有附随性，从法律行为随主法律行为的成立而成立，随主法律行为的消灭而消灭。主法律行为效力的变更或者撤销，都会影响从法律行为的效力，但从行为的从属性并不相同，需要具体分析。

五、独立行为和附属行为

根据法律行为是否以独立的法律上变动的实质性内容为标准，可将法律行为区分为独立行为和附属行为。

独立行为，是指以独立的法律上变动为实质性内容的法律行为，例如买卖合同、租赁合同等，至于其是否需要附属行为的补充，在所不问。

附属行为，又称为补助行为，是不具有独立的法律上变动为实质性内容，而为他行为效力完成的条件的行为，例如，对限制行为能力人超出其行为能力范围的行为，法定代理人作出的事前的同意、事后的承认允许等。附属行为所辅助的行为，称作基础行为或者待补充的行为。

区分独立行为和附属行为的意义在于，附属行为必须针对待补充的行为作出，才发生效力，而独立行为自身即可能发生效力。

值得注意的是，附属行为和从法律行为并不相同，附属行为并无独立的法律上变动的实质性内容，而从法律行为是具有此种内容的，所以从法律行为是独立行为。附属行为的功能主要在于补足存在瑕疵的独立行为的效力，而从法律行为并不具有这一功能。同时，并非所有的独立行为都需要有附属行为来与之对应，仅仅是那些需要补助的独立行为才需要辅助行为与之对应，但必须有从法律行为的存在，主法律行为才有存在的意义，二者是相互依存的关系。

六、财产行为和身份行为

根据法律行为变动的关系的不同，可将法律行为区分为身份行为与财产行为。

身份行为，是指以发生身份关系变动为效果的法律行为，其中有单方行为，如辞去委托监护，也有双方行为，如收养、协议离婚等；有变动自己身份关系的，例如结婚、离婚等，也有变动他人身份关系的，例如撤销婚姻，也有补助他人身份关系变动的，例如对他人身份行为的同意。财产行为，是指以发生财产关系变动为效果的法律行为，如抛弃、交付、买卖、承揽等。

区分身份行为与财产行为的意义在于，关于法律行为的规定，通常以财产行为为适用对象，身份行为原则上不能适用或应该予以变通后方可适用。另外，由于身份行为涉及伦理关系，通常以行为人自由意志决定为必要，原则上不得代理、不得附条件或期限。

七、有因行为和无因行为

根据法律行为本身是否应当具备一项法律原因，可将法律行为分为有因行为和无因行为。

有因行为，是指应当具备法律上原因的法律行为。绝大多数的合同都是有因行为，买受人订立买卖合同、负担支付价金义务是以出卖人承诺转让标的物所有权的义务为原因的，这种原因称作负担原因、取得原因，另外，清偿债务的行为须有清偿原因、消灭现有债务成立新债务关系的须有更改原因、纯粹使他人受有利益的须有赠与原因等，至于赠与是基于表示感谢、友谊、援助还是其他社交往来原因，则属于动机，而不是原因。

无因行为，是指不以原因存在、健全为必要的法律行为，我国立法上典型的无因行为是票据行为。无因行为，不因原因的欠缺而影响行为本身的效力，例如，甲向乙购车，签发支票，嗣后买卖合同不成立、无效或被撤销并不影响签发支票行为的效力，乙如将支票转让于第三人，甲不能以买卖合同无效而拒绝付款。在无因行为中，如依据当事人的约定可以转变为有因行为的，称作相对的无因行为；如果禁止当事人约定为有因行为的，则为绝对的无因行为。

区分有因行为和无因行为的意义主要在于，有因行为的效力受原因的影响，如标的物不存在、恶意串通或者违法等缔约原因欠缺、虚假或者不法而导致有因行为不能成立生效，原因是有因行为效力的控制键；而无因行为则出于交易安全、便捷的目的，不受原因瑕疵的影响。

八、负担行为和处分行为

根据法律行为的法律效果，可将其分为负担行为和处分行为。

所谓负担行为，又称为义务行为、债务行为或债权行为，是指以发生债权债务为其内容的法律行为。负担行为既可以是单方行为，如捐助行为、悬赏广告，也可以是双方行为，如买卖、租赁、承揽等合同。其特征在于，负担行为的做成，即产生使债务人负有给付义务的法律效果，例如买卖合同一经生效，出卖人即负有交付标的物并移转所有权的义务，买受人则负有支付价金的义务。

所谓处分行为，是指直接使某种权利发生、变更或消灭的法律行为。处分行为，包括物权行为和准物权行为。物权行为，是现实变动物权关系的法律行为。物权行为可以是单方行为，如动产所有权的抛弃，也可以是双方行为，如抵押权的设定。物权行为是德国民法理论上的重要概念，我国民法学界主流学说不承认物权行为理论，也有学者认为《物权法》实际上已经采纳了物权行为的理论。① 准物权行为，是以债权、知识产权等其他财产权利为处分标的的处分行为。准物权行为中的单方行为，如债务承担、债务免除以及著作权的转让等。

处分行为与负担行为的区别主要在于，二者对权利义务关系发生作用的阶段和方式不同，负担行为是通过设定请求权、给付义务的间接方式，处于权利义务关系塑造的准备阶段；而处分行为则是直接作用于权利义务关系，处于权利义务关系塑造的完成阶段。在法律适用上，处分行为与负担行为也存在重大的不同：（1）处分行为适用标的物特定原则，即在最迟应于处分行为生效时确定标的物，物权行为还适用一物一权原则，而负担行为则没有此项要求。据此，那种认为"合同标的须确定和可能属于合同的成立要件"的观点②，是值得商榷的。（2）处分行为以处分人有处分权为要件，而负担行为则不以行为人有处分权为其要件。例如，甲对乙表示抛弃属于丙的动产，该处分行为即为无权处分行为，处于效力待定状态；相反如果甲与乙订立合同，将属于丙的动产出售于乙，买卖合同的效力并不因甲没有处分权而受影响，至于甲能否依约履行买卖合同，则并非买卖合同的效力问题。（3）处分行为中的物权行为，还适用物权公示原则，即物权的变动需要有外界足以识别的标识，不动产物权的变动应当予以登记（《物权法》第9条），动产物权的变动，自交付时发生效力（《物权法》第23条）。

九、生前行为与死因行为

根据法律行为的效力是否发生于行为人生前，可以将法律行为分为生前行为和死因行为。生前行为，不以行为人死亡为生效要件的法律行为，一般的行为均属于生前行为，如买卖等行为。死因行为，又称死后行为，是以行为人死亡为生效条件的法律行为，如遗嘱、遗赠。死因行为作出的目的，在于决定行为人死亡时的身份关系和财产关系，也可以决定他人间法律关系为目的，例如寡妇临死前为其未成年子女指定监护人。死因赠与合同是对死后财产关系的预先处置，与一般作为生前行为的其他合同行为不同，准用关于遗赠的规定。③ 人寿保险合同，虽以被保险人之在一定期限内死亡为条件而支付保险金，但其并非死因行为，原因在于保险合同在被保险人生前即已发生效力，保险公司可以依据保险合同要求投保人缴纳保险费，被保险人于保险期满而仍健在时，投保人也可以从保险公司取回一定的金额。

区分生前行为与死因行为的意义在于，死因行为，须以行为人死亡为生效要件，并且在形式上大多有特殊要求。

---

① 孙宪忠：《中国物权法总论》，法律出版社2009年版，第454页以下。
② 参见崔建远主编：《合同法》，法律出版社2010年版，第42~43页，第99页。
③ 史尚宽：《民法总论》，中国政法大学出版社2000年版，第312页。

第三节　法律行为的成立与生效

一、法律行为的成立要件

法律行为的成立，即法律行为的事实构成，是指法律行为作为一种客观现象存在的状态。法律行为是人们用以塑造相互之间法律关系的工具，法律行为的成立，标志着人们完成了这一工具的生产过程，但是否能够实现预期目的还需要对其是否合格（即法律行为的效力）进行检验。例如，买卖合同需要买卖双方的合意，如果仅有卖方的要约而无买方的承诺，则买卖合同根本不存在；买卖双方一经合意，买卖合同即成立，至于买方是无民事行为能力人则属于买卖合同的效力问题。因此，法律行为成立应该具备哪些事实要素，即法律行为的成立要件，则是法律行为成立的核心问题。法律行为的成立要件，可分为一般成立要件和特别成立要件。

（一）法律行为的一般成立要件

法律行为的一般成立要件，是指法律行为依法成立应当具备的一般要件。关于法律行为的一般成立要件，学说上有三要件说、二要件说和一要件说之争。我国学界通说主张应包括行为人、意思表示和标的三项（三要件说）；德国、日本学界通说主张仅包括意思表示一项（一要件说）①。如果看到德国民法典的《立法理由书》关于"意思表示与法律行为为同义之表达方式"② 的论述，三要件说主张基本上就丧失了理论的基础。此外，就意思表示而言，本身就当然包括了表示意思的当事人③，至于标的，即意思表示的内容，属于意思表示的要素，不具有拟设权利义务内容的表示行为不属于意思表示。据此，本书认为，意思表示是法律行为的一般成立要件。

（二）法律行为的特别成立要件

法律行为的特别成立要件，指特定法律行为除须具备一般成立要件外，依法还须具备的其他特殊事实要素。这种特别成立要件的情形主要表现在要式行为、要物行为中对于特殊形式和物之交付的要求，不具备该形式或者未交付标的物，法律行为不成立。

二、法律行为的生效要件

法律行为的生效要件，是指已成立的法律行为发生法律约束力所应当具备的法

---

① ［日］山本敬三：《民法讲义 1》，解亘译，北京大学出版社 2004 年版，第 83 页。

② 转引自［德］迪特尔·梅迪库斯：《德国民法总论》，邵建东译，法律出版社 2000 年版，第 190 页。

③ 张俊浩主编：《民法学原理》，中国政法大学出版社 1997 年版，第 222 页。

定条件。根据我国《民法通则》第 55 条的规定，法律行为的生效要件有三：行为人具有相应的民事行为能力；意思表示真实；不得违反法律或社会公共利益。

（一）行为人具有相应的民事行为能力

行为人具有相应的民事行为能力，是法律行为生效的主体要件。法律行为以当事人的意思表示为基础，根据当事人意思表示的内容产生一定的法律效果。因此，实施法律行为的当事人，必须具有相应的民事行为能力，能正确认识和判断自己行为的法律意义。如此，法律行为才能够真正发挥其作为私法自治工具的功能。

根据行为能力原则，法律行为的行为人必须具有与该法律行为相适应的行为能力。但是，无民事行为能力人和限制民事行为能力人接受奖励、赠与、报酬等纯获利益的行为，不受其行为能力的限制。

【案例分析 7-3】

15 岁少年甲向邻居乙借 1000 元购买手机，在去购买手机的途中不慎将钱丢失。乙要求甲还钱，甲不得已将借钱的事情告诉了父母，甲的父母一方面对儿子进行批评教育，另一方面认为乙不应该借钱给其未成年的儿子，而且钱已经丢失，因而拒绝还钱。乙因此提起诉讼，法院应如何判决？

甲为限制行为能力人，只能实施与其年龄、精神状况和智力程度相适应的法律行为，甲借款 1000 元，应属于超出其认识能力范围的，因此应当征得法定代理人同意或者由其法定代理人代理。需经其法定代理人同意、代理或者得到其法定代理人事后的追认，才能有效。本案中，甲的父母显然没有同意或者事后追认的意思，甲借款的法律行为因此而成为无效法律行为。根据《民法通则》第 61 条、《合同法》第 58 条，甲应该向乙返还借款 1000 元。根据《民法通则》第 133 条，由于甲是限制行为能力人，应由甲的父母承担返还责任，如果甲有财产的话，可以从其财产中支付，不足部分由父母适当赔偿。

对于法人而言，行为能力原则要求法人在其目的事业范围内实施法律行为。但是，在合同法领域内，我国立法与司法实践已经对此规则作出了改变。如果法人超越经营范围订立合同，该合同并不因此被认定为无效，只有违反国家限制经营、特许经营以及法律、行政法规禁止经营规定的除外(《最高人民法院关于适用〈中华人民共和国合同法〉若干问题的解释（一）》，以下简称《合同法解释（一）》，第 10 条)。

（二）意思表示真实

法律行为生效的法律后果是当事人通过意思表示所追求的，从贯彻私法自治原则的角度来看，必须保证行为人意思表示真实，才能实现其目的，否则可能导致法律强加权利、义务于当事人的后果。

所谓意思表示真实，是指行为人表现于外部的意思真实地反映了其内心所期望发生的法律效果。行为人实施法律行为，通常情况下，都会如实将其内心的意思表示于外，以追求对相关法律关系的塑造。当法律行为是当事人内心真实意思之体现时，法律对其因此所取得的权利予以保护，行为人也应该信守承诺，承担相应的义务。但是，如果行为人的意思表示因为某种原因，例如受到欺诈、胁迫，而并非其内心真实意思的表达，则法律不能仅凭其外部的意思表示而使其接受相应法律行为的拘束，而应该保护其真实的内心意思，赋予行为人预期的法律效果。例如，甲并不想出售其祖传族谱（内心真实意思），但碍于朋友情谊勉强表示，要乙用其全部家产交换（虚伪的意思表示），即使乙承诺愿以其全部家产交换时，也不得认为互易合同有效成立。原因即在于，甲对乙的表示与其内心的真实愿望并不一致，其真实想法是希望乙知难而退，双方不成立买卖（或者交换）族谱的法律关系。因此，当事人意思表示真实是法律行为生效的必要条件。

（三）不得违反法律或社会公共利益

虽然法律行为的效力在于，根据行为人的意思表示发生其预期的法律效果，但之所以能够具有法律效力，还在于法律的赋予。因此，不得违反法律或者社会公共利益，即为法律行为的合法性要件。

在法律行为合法性要件中，对于任意性规范不存在违反的可能，法律行为合法性要件中不得违反的法律应该是强制性规范。根据是否对法律行为的效力产生影响，强制性规范可以划分为效力性规范和管理性规范或取缔性规范。① 违反效力性规范，法律行为可能会出现无效、效力待定等效力瑕疵；而违反管理性、取缔性规范，可能受到刑事上或者行政上的制裁，但法律行为的效力不会受到影响。据此，合同行为不得违反的法律规范是指"效力性强制性规范"（《最高人民法院关于适用〈中华人民共和国合同法〉若干问题的解释（二）》，以下简称《合同法解释（二）》，第 14 条）。

其次，法律行为不得违反的法律，是指全国人大及其常委会制定的法律和国务院制定的行政法规，而不包括地方性法规、行政规章(《合同法解释（一）》第 4 条)。

法律行为还不得违反社会公共利益。对于那些表面上虽未违反现行法的规定，但实质上损害了社会大众的公共利益、破坏社会生活秩序、违背社会公共道德的行为，均应认定为"违反社会公共利益的行为"。

第四节　意思表示

一、意思表示及其构成要素

（一）意思表示的概念

意思表示，是指行为人将其所追求私法上法律效果的意思，以一定的方式表达

---

① 耿林：《强制规范与合同效力：以合同法第 52 条第 5 项为中心》，中国民主法制出版社 2009 年版，第 85 ~ 86 页。

于外部的行为。意思表示是法律行为的核心，是民法上的专有概念。私人将其想法表达于外，何种情况下具有追求私法上法律效果之目的，应当根据具体情形分别加以认定。通常情况下，居家睡眠、外出散步、友人聚餐等纯粹生活行为不属于意思表示。而在涉及利益纠纷时，则容易引起争论。例如乙忘记了甲嘱托其代购某特定号码的彩票，而摇奖结果表明，该特定号码的彩票中奖，奖金 200 万元，甲能否依委托合同向乙请求损害赔偿？通常情况下，可能基于当事人的利益状态及一般情形而否定甲与乙间有成立委托合同的意思。① 但倘若乙以为他人代购彩票为业，则答案将截然相反，这种不同结果的来源就是乙的营业人身份引起的对意思表示识别的决定性影响。

（二）意思表示的构成

意思表示，由行为人的内心意思与外部的表示行为两方面构成，行为人的内心意思为意思表示的主观要素，表示行为是意思表示的客观要素。

1. 主观要素

（1）效果意思又称为法律行为意思，是指行为人欲通过意思表示追求某种法律效果的意思，例如想要将自己的房产赠与他人的意思、想要解除与对方合同的意思等。效果意思是意思表示生效后法律关系性质的决定性因素，是确定当事人权利义务的根据。例如，因为书写错误，误将价值 1000 元的物品标价为 100 元，此时当事人表示行为（愿以 100 元售出）与其效果意思（愿以 1000 元售出，100 元不卖）不一致，存在效果意思瑕疵。

【案例分析 7-4】

教授甲举办学术讲座时，在礼堂外的张贴栏中公告其一部新著的书名及价格，告知有意购买者在门口的签字簿上签名。学生乙未留意该公告，以为签字簿是为签到而设，遂在上面签名。对乙的行为应如何认定？（该例源自 2005 年司法考试卷三）

从表面来看，乙的行为似乎可推定为购买甲新著的意思表示，但事实上，乙并无通过签字行为承诺购买教授甲新著的效果意思，所以其签字行为欠缺意思表示的核心构成要件——效果意思，从而乙的行为并非意思表示，在甲乙之间并未成立买卖合同。对此，容易误认为乙的行为构成重大误解。重大误解是在意思表示构成要件均具备的前提下发生的，在意思表示本身成立时，并不发生重大误解。

（2）表示意思，也称为表示意识，是指行为人将其内心的效果意思表达于外的意思。表示意思是行为人效果意思转变为法律行为的首要环节，当事人即使

① 参见王泽鉴：《民法总则》，北京大学出版社 2009 年版，第 266 页。

产生了效果意思，但并没有将其向外部表达的意思时，法律效果也就无从发生。例如，将书写好的赠与协议置于桌上，尚未想好是否发出，家人却代为发出时，当事人即存在表示意思欠缺。表示意思，以行为人知道其行为会被他人视为有特定法律效果的意思为前提，否则不成立意思表示。例如，进入拍卖会场向朋友举手打招呼，而不知举手表示提高标价，此时举手者内心并无参与拍卖的效果意思，也不知其行为在法律上有何意义，没有将内心效果意思表达于外的表示意思。

（3）行为意思，即行为人想要作出表示行为的意思。行为意思是对表示行为的控制阀，没有行为意思支持、控制的表示行为，不是意思表示意义上的表示行为。如果行为人所作出的行为是在无意识状态下作出的，例如在睡眠中作出的动作，由于欠缺控制该行为的意思，并非表示行为。另外，由于他人强制、胁迫而作出的行为，例如麻醉他人或强抓住他人手在合同上摁下手印，此时他人并无行为的意思，从而也不存在表示行为和意思表示。

2. 客观要素

意思表示的客观要素，即表示行为。表示行为，是行为人所实施的能够使外界客观了解的行为，通过此种行为，外界从客观上可以认为行为人欲追求某种法律效果。例如，在合同上签字、摁手印、举手招呼出租车、登上公交汽车等。表示行为作为意思表示的客观要素，是当事人内心意思与外部建立联系的媒介，没有表示行为，即使当事人内心存在着完全符合法律要求的意思，也无法认定意思表示、法律行为，无法实现其追求法律效果的目的。

二、意思表示的发出与生效

（一）意思表示的发出

意思表示的发出，是意思表示、法律行为生效的前提，也是判断表意人是否有权利能力或行为能力、意思表示有无错误的时间点。意思表示一经发出，表意人死亡、丧失行为能力或其行为能力受到限制，已经发出的意思表示效力不受影响。意思表示的发出，需要根据意思表示的不同类型有不同的要求。

1. 有相对人的意思表示

有相对人的意思表示，又称需受领的意思表示，如订立合同的要约与承诺、债务免除、合同解除、授予代理权。这种意思表示的发出应当针对相对人作出，使相对人在客观上能够了解意思表示，否则不能认为意思表示已经发出。例如，甲对其妻子表示决定购买乙的古书一套，乙恰好在甲家门口听到，随即作出的愿意出卖的表示也并非对甲的承诺。再如，出租人对租客甲表示想要解除与租客乙的租赁合同，租客乙在隔壁房间听到而"了解"，并不发生合同解除的效力。

2. 无相对人的意思表示

无相对人的意思表示，又称无须受领的意思表示，如遗嘱、悬赏广告、抛弃动产物权等。无相对人的意思表示，表意人完成其表示过程时，就意味着意思表示已经发出。例如，在自书遗嘱中，遗嘱人完成遗嘱内容并签名即为意思表示的发出，在报纸上刊登悬赏广告，意思表示发出的时间是广告人将广告交付或寄给报社时，而不是该广告刊登之时。

（二）意思表示的生效

1. 意思表示生效的理论

意思表示发出后何时生效，有表示主义、发信主义、到达主义和了解主义四种不同的理论。根据表示主义，内心意思表现于外部时即生效；根据发信主义，意思表示发出时生效；根据到达主义，意思表示到达对方时生效；根据了解主义，相对人事实上知道时，意思表示生效。各种不同的理论，一方面在于确定意思表示生效的时间，另一方面也具有意思表示风险分配的功能。在表示主义下，表意人要承担其意思脱离其控制而发出的风险，例如将含有买卖合同的书信写好同时，即可能因家人代为发出而成立买卖合同。发信主义下，意思表示传递过程中的风险完全分配给接收人承担，即使解除合同的意思表示信件中途遗失，合同也会在接收人不知情的情况下被解除。到达主义下，意思表示传递过程中的风险，由表意人自行负担，接收人只需承担意思表示到达后而未及时了解的风险。了解主义之下，接收人的风险负担最少，表意人则承担接收人了解之前的所有风险。①

2. 无相对人的意思表示的生效

在无相对人的意思表示中，除非法律有特殊规定，意思表示成立的同时即发生效力，即采取表示主义。例如，高考结束后将所有书籍抛弃于垃圾堆上，其动产所有权于其抛弃行为完成之时即归于消灭；再如，甲在候车大厅表示，找回其丢失的钱包的给予报酬 500 元，悬赏广告的效力在其说完话之后立即发生。

3. 有相对人的意思表示的生效

在有相对人的意思表示中，意思表示需受领，应当区分对话的意思表示与非对话的意思表示分别处理。

（1）对话的意思表示。在有相对人的意思表示中，相对人可同步受领意思表示的，为对话的意思表示，如打电话直接订立合同等。在对话的意思表示中，意思表示的生效采取了解主义的理论，即相对人知道意思表示时发生效力。

（2）非对话的意思表示。相对人不可同步受领意思表示的，为非对话的意思表示，如由信函、传真、E-mail（电子邮件）交往或者经使者传达而订立合同。非对话的意思表示，通常采取到达主义，即意思表示于到达相对人时，发生法律效力。所谓到达，是指意思表示到达相对人的支配范围，处于相对人随时可以了解其内容的客观状态，相对人在通常情况下能够知道意思表示的内容，同时依交易习惯也可以期待其知悉。采用数据电文形式发出意思表示的，如果收件人

---

① 参见黄立：《民法总则》，中国政法大学出版社 2002 年版，第 248～249 页。

指定特定系统接收数据电文的，该数据电文进入该特定系统的时间，视为到达时间；如果未指定特定系统的，该数据电文进入收件人的任何系统的首次时间，视为到达时间（《合同法》第 16 条第 2 款）。

三、意思表示的瑕疵

意思表示发生效力，以意思表示无瑕疵为前提。理论上将意思表示瑕疵（Willensmangel）、不健全根据不同类型分别处理，总体上可以将意思表示瑕疵区分为意思表示不一致和意思表示不自由。

（一）意思表示不一致

意思表示不一致，是指表意人客观上所表示的意思与其内心所真实希望的意思互相不一致的情形，理论上也称为意思欠缺、非真意表示或者意思表示本身的瑕疵。当意思表示不一致时，应当如何确定其效力，理论上有三种主张：（1）意思说；（2）表示说；（3）折中说，该说认为意思说与表示说过于武断，均有漏洞，为平衡表意人与相对人的利益关系，应当以意思说或者表示说为原则，而以相对立的学说为例外补充。本书赞同折中说。

意思表示不一致，根据表意人是否故意表达不一致的意思，又可分为两种情形，即故意的意思表示不一致与无意的意思表示不一致，后者也称为错误。

1. 故意的意思表示不一致

所谓故意的意思表示不一致，是指表意人明知其内心的真实意思与表示出来的意思不一致而作出的意思表示，理论上称其为虚伪表示。例如，甲欲赠与乙一辆汽车，为避免人情困扰，假意签订买卖合同。

根据虚伪表示是否为表意人双方共同故意，可将虚伪表示区分为单独虚伪表示和通谋虚伪表示，前者即表意人一方所为的虚伪表示，后者即表意人与相对人共同故意而为的虚伪表示。

（1）单独虚伪表示，又称为真意保留，是指表意人一方故意使其内心意思与外部表示不一致，而无意受其意思表示拘束的情形。例如，甲身无分文，以白吃白喝的意思走入餐厅点餐食用，内心并不希望成立用餐合同、支付费用。在单独的虚伪表示中，表意人明知其行为将表示出一定的效果意思，知道其行为将被理解为具有法律意义上的行为，依然出于自主的行为意思实施表示行为。此时，表意人客观上表示出来的意思正是其内心想要表达的内容，基于其自己的意思决定，当然应对其表达出来的意思负责。[①] 因此，单独的虚伪表示应为有效的意思表示，表意人应受其对外表示意思的约束，仅在对方知道其保留真意时，不发生效力。

[①] 参见陈自强：《民法讲义 I ——契约之成立与生效》，法律出版社 2002 年版，第 183 页。

（2）通谋虚伪表示，是指表意人与相对人均故意表达不真实的意思表示，无意受其意思表示拘束的情形。通谋虚伪表示，既然表意人与相对人均同意不以客观上表示出来的内容为准，则应以双方当事人的意思为准，即通谋虚伪表示无效。例如，甲乙合意订立假买卖合同，甲不出让标的物所有权为乙所承认，乙不支付价金为甲所认可，法律则没有必要强迫双方履行买卖合同。但是，如果通谋虚伪表示涉及善意第三人利益时，不得对抗善意第三人。例如，甲为逃避对丙的债务，与情人乙串通签订赠与合同，转移全部财产，并办理了房产过户手续。后情人乙将房屋卖给不知情的第三人丁后潜逃。丙在房屋卖给丁之前，可以主张通谋虚伪表示无效（《民法通则》第58条第4项）要求变更登记（《物权法》第19条）；甲不得以赠与合同因通谋虚伪表示而无效，而要求丁返还房屋。

应予说明的是，虚伪表示既可能单纯为不受意思表示拘束的情形，也可能同时隐藏其他法律行为的真实效果意思在内，被隐藏的行为称为隐藏行为。例如，甲乙合意订立虚假买卖合同，实则欲达到赠与合同的目的，其中赠与合同即为隐藏行为。隐藏行为的效力，适用关于该项法律行为的规定，隐藏行为不因通谋虚伪表示而无效，但隐藏行为的有效性不得对抗善意第三人。

2. 无意的意思表示不一致

无意的意思表示不一致，是指表意人非因故意引起其意思与表示不一致的情形。无意的意思表示不一致，主要是指错误的情形，根据错误发生的不同阶段，可以将意思表示错误分为意思形成阶段的错误、意思表示阶段的错误和意思表示生效阶段的错误。

（1）意思形成阶段的错误，也称为动机错误。当事人意思的形成，常常受到众多不同因素的左右，如自己的需要、标的物的质量、相对人的履行能力、房屋未来的增值能力等。当事人对上述决定其意思作出的因素认识不正确而形成某种意思，即发生意思形成阶段的错误，即动机错误。通说认为动机错误不对意思表示的效力发生影响。

（2）意思表示阶段的错误，包括内容错误、表示错误和传达错误。

内容错误，是指表意人选用的语言符号，无法正确传达表意人真正的意思。例如乙有A、B两幅画，甲欲购买B画，误将A画的名字当作B画的名字，向乙表示愿以高价购买。内容错误是在选用语言符号方面发生的错误，经常发生在需要使用外语、专业术语时，例如国际贸易中，交易术语内容掌握不准确，误以"CAF"指代"CAB"交易条件。

表示错误，又称为表示行为错误，是指表意人选用了正确的语言符号，但在书写、说出时却发生错误，是意思表示在发出时发生的错误。例如内心知道某件陶瓷的正确名称为A，在书写时却写成了B。

传达错误，是由于传达人的原因，导致表意人正确的意思到达相对人时，发生的错误。例如，甲欲购买A画，托丙转达给乙，丙在转达时口误说成了B画；再如甲发电报给乙表示欲以 21 万出售其轿车，由于电信局的原因，价格错发为 12 万元。

（3）意思表示生效阶段的错误。意思表示在到达相对人后，相对人在了解意思表示内容时发生的错误，即为意思表示生效阶段的错误，也称为受领人的错误。例如，甲向乙表示愿以 10 万元购买乙的 A 车，乙误以为其 A 车为泡水车，立即表示同意。而实际上，A 车并未泡水，价值 20 万元，乙想要出售的是泡水车 B 车。

（4）我国法上的重大误解。传统民法上，将意思表示阶段的错误，即受领人的错误称为"误解"，我国民法上对误解作广义的理解，既包括受领人的错误，也包括传统民法上的错误。① 在我国民法上，错误并不一定能够对意思表示的效力构成影响，仅在重大误解时才可以撤销意思表示(《民法通则》第 59 条、《合同法》第 54 条)。所谓重大误解，是指行为人因对行为的性质、对方当事人、标的物的品种、质量、规格和数量等的错误认识，使行为的后果与自己的意思相悖，并造成较大损失的(《民通意见》第 71 条)。

（二）意思表示不自由

意思表示不自由，又称为有瑕疵的意思表示、非自愿的意思表示，指表意人于意思形成、决定、表示阶段受到不正当的干涉。意思表示不自由的原因有二，其一为欺诈，其二为胁迫。

1. 欺诈

欺诈，是指以使他人陷于错误并因而以意思表示为目的，故意陈述虚伪事实或隐瞒真实情况的行为。例如，假冒名牌产品，以次充好等。

2. 胁迫

胁迫，是指行为人一方以未来的危害相恐吓，使表意人陷入心理上的恐惧，并因此作出意思表示的行为。胁迫是对表意人心理上的强制，与对表意人生理上无法抗拒的强制不同，后者因意思表示欠缺行为意思而无效。

3. 乘人之危

乘人之危，是指行为人利用相对人的急迫需要或者危难处境，迫使其作出违背本意而接受对其非常不利的条件的意思表示。从比较法来看，我国民法上的乘人之危很难找到对应的规则，有学者称它"是我国民法通则的一个独创"②。事实上，乘人之危制度来源于传统民法上的暴利行为制度。所谓暴利行为，是指乘他人急迫、轻率或无经验，使其为财产上之给付，或为给付之约定，而显失公平的法律行为。暴利行为在主观上须有乘他人急迫、轻率或无经验，在客观上须有显失公平的结果。我国民法将暴利行为一分为二：作为显失公平原因的乘人之危与显失公平相

---

① 梁慧星：《民法总论》，法律出版社 2007 年版，第 178 页。
② 佟柔主编：《中国民法学·民法总则》，人民法院出版社 2008 年版，第 177 页。

互分离，在《民法通则》中，乘人之危作为影响意思表示自由的情形被规定为无效原因，显失公平被规定为可撤销原因。在《合同法》中二者则与未侵害国家利益的欺诈、胁迫一同被规定为合同可撤销、可变更的原因。

乘人之危的意思表示，是一方当事人乘对方处于危难之机，为牟取不正当利益，迫使对方作出不真实的意思表示，是严重损害对方利益的情形（《民通意见》第70条）。

【案例分析7-5】

李某急需一笔现金支付合同款，以免承担高额的违约罚金，遂向姜某提出以高于同期银行利率3倍的利息借款10万元，借期为1年，姜某答应，双方订立借款合同。还款期届至时，李某生意发生严重亏损，无力还款。姜某向法院提起诉讼，要求李某偿还借款、支付利息，李某反诉称，姜某签订合同是乘人之危，请求人民法院撤销该合同。法院应支持李某还是姜某的诉讼请求？

本案中，李某在签订借款合同时的确处于急迫的情形中，但是并无任何证据显示，姜某存在利用李某处于急迫情形而乘人之危的情形，借款条件完全由李某本人提出。此外，根据最高人民法院的相关司法解释，公民之间的生产经营性借贷的利率只要不高于同期银行利率4倍，均可得到支持，就此来讲，李某并未因其意思表示而蒙受重大不利（至少是人民法院可以认可的范围内）。因此，李某和姜某签订的借款合同并无乘人之危的情形，应属有效合同，法院应当支持姜某的诉讼请求。

4. 意思表示不自由的法律后果

对于上述意思表示不自由各种情形的构成要件，读者可进一步思考。因欺诈、胁迫而导致意思表示不自由时，意思表示的效力应如何认定，我国《民法通则》与《合同法》对此规定有所不同。《民法通则》第58条规定，欺诈、胁迫的法律效果为无效，而《合同法》第52条、第54条则区分欺诈、胁迫是否损害国家利益，损害国家利益者无效，未损害国家利益者，为可变更、可撤销。因乘人之危而导致意思表示不自由的，我国法律上的规定与欺诈、胁迫相同：即在《民法通则》第58条中，乘人之危是法律行为无效的原因；在《合同法》第54条第2款中，乘人之危是合同可撤销、可变更的原因。

四、意思表示的解释

意思表示的解释，是指依照法律规定的原则和方式，阐明并确定意思表示内容的活动。意思表示的内容是法律行为效力的依据，如果意思表示的内容不明确，则法律效力的内容就不明确，也就无法实现当事人通过意思表示所欲追求的法律效果。意思表示的解释以探求当事人的真实意思为目标，关于当事人的真实意思是什么、应采取什么样的方法探求其真意,是意思表示解释的两个核心问题。

(一) 意思表示解释的原则

关于意思表示解释所应该探求的当事人的真意是什么的问题,即意思表示解释的对象,理论上有三种不同的主张,即意思主义、表示主义和折中主义。

意思主义认为,意思表示的根本在于行为人的内心意思,意思表示是实现行为人意思自治的手段。自己决定原则要求行为人只根据自己的意思取得权利、负担义务,如果没有其自己内心的意思,不会有权利的得丧变更和义务的负担。基于这种对意思表示的认识,在对意思表示进行解释时,应贯彻探求行为人内心真意而不拘泥于其表达的原则。该原则在 19—20 世纪初被许多国家的民事立法所采纳,如法、日等国民法典。意思主义的优点在于反映了具体表意人的真实意图。但是,由于表意人的内心意思如何,局外人无从考察,如果行为人随时以意思表示不真实为由而主张行为无效,必将不利于维护交易的安全。

表示主义认为,内心的效果意思虽是意思表示的起源,但当事人表示于外部的意思却是意思表示的核心或根本。据此,在意思表示的解释中,应贯彻客观主义原则,在表示与意思不一致的情况下,应以外部的表示为准,对于有相对人的意思表示的解释应当以相对人足以合理客观了解的表示内容为准。表示主义的理论是随着商品流通日趋高度频繁化和大宗化而产生的,其目的在于保护交易的安全。由于表示主义完全不考虑当事人的主观效果意思,从而与通过意思表示、法律行为实现私法自治的目标背道而驰。

折中主义认为,当意思与表示不一致时,效力的重点既不绝对地放在意思上,亦不绝对地放在表示上,而根据具体情况或以意思主义为原则,表示主义为例外,或以表示主义为原则,意思主义为例外。折中主义全面平衡了当事人意思自治与交易安全之间的关系,吸取了意思主义与表示主义的合理成分,为大多数大陆法系国家或地区的民法及司法实践所采纳。

我国《民法通则》对意思表示解释的原则未作明确规定,在合同场合,当事人对合同条款的理解有争议的,应当按照合同所使用的词句、合同的有关条款、合同的目的、交易习惯以及诚实信用原则,确定该条款的真实意思(《合同法》第 125 条第 1 款)。通说认为我国法对于意思表示采取的是折中主义立场。

(二) 意思表示解释的方法

1. 依当事人目的解释

法律行为是当事人追求特定法律效果的手段,因此对于作为法律行为核心要素的意思表示之解释,首先应当依当事人目的进行。意思表示的内容不明、存在矛盾,应根据当事人的目的予以调和,尽可能排除其矛盾;意思表示所使用的文字与当事人追求的目的相悖时,不能简单拘泥于文字,而应当做合目的性解释。意思表示不明确且存在习惯的,通常依习惯或任意性法规进行解释。但如果当事人目的与习惯或任意性法规相冲突时,应当理解为当事人根本未想遵守习惯或任意性法规,而从事追求其目的之行为。

2. 依习惯解释

意思表示往往与当事人的语言环境和推定环境相联系，因而在解释意思表示的内容时，应考虑当事人所知悉或实践的惯行表意方式，包括语言习惯和诸如交易习惯、支付习惯等推定习惯。例如，当事人在合同生效后，就质量、价款或者报酬、履行地点等内容没有约定或者约定不明确，又不能达成补充协议的，除按照合同有关条款确定外，也可以按照交易习惯确定（《合同法》第 61 条）。交易习惯，可以是在交易行为当地或者某一领域、某一行业通常采用并为交易对方订立合同时所知道或者应当知道的做法；也可以是当事人双方经常使用的习惯做法。（《合同法解释（二）》第 7 条）当然，意思表示解释所依据的习惯不得违反法律、行政法规的强制性规范。

3. 依任意性规范解释

意思表示存在不完整、不明确的情形，当事人又无实际上采用的习惯，且未明确排斥法律任意性规范的适用时，即可以依任意性规范对意思表示进行解释。任意性规范可以分为解释规范和补充规范，在意思表示不明确又无相反证据时，即适用解释规范，例如当事人未采用书面形式订立租赁合同，又未明确作出约定的，视为不定期租赁（《合同法》第 215 条）。补充规范是在意思表示欠缺时，可以之填补的规范，例如买卖合同就标的物所有权移转时间未作约定时，标的物的所有权自标的物交付时起转移(《合同法》第 133 条）。

4. 依诚信原则解释

诚信原则是现代民法上当事人行使权利、履行义务的基本原则，也是意思表示解释的基本原则。当事人意思表示所采取的表述方式存在疑义时，应当依诚信原则确定其正确含义；意思表示内容有漏洞时，应依诚实信用原则填补其漏洞；意思表示存在不同解释可能时，应依诚实信用原则确定更为妥当的解释。此外，根据所有解释方法获得的解释，均不得违反诚实信用原则。

第五节　条件与期限

法律行为，是当事人对于未来法律生活规划的手段，而未来生活的发展往往出乎于当事人意料之外。面对未来不确定性风险，为顺应当事人需求，民法上创设两种制度，供当事人就未来生活发展的不确定性风险，预先作出安排，即条件与期限。

一、条件

（一）条件的概念及其意义

条件，是指对法律行为效力的发生或消灭，取决于将来成就与否的客观上不确定的事实。条件的根本特征在于，其是否成就具有不确定性，至于条件成就与否是否具有确定性，需根据到来的是否具有确定性加以判断，至于条件中的时期是否具有确定性，并不构成影响。例如，约定结婚之日赠送对联一副，但结婚之日是否到来不确定，因此为条件。

应当注意的是，条件同无偿给与法律行为所附的负担，在结构上较为相似，但在功能上却有所不同。条件虽有停止法律行为效力的作用，但无强制性；而负担虽有强制性，但无停止法律行为效力的作用。① 例如，甲与乙协议，如乙戒酒成功即赠送乙轿车一辆；据此在乙戒酒成功之前，赠与合同并不发生效力，条件对于法律行为的效力具有控制力，但如果乙戒酒不成功，甲并不能依据赠与合同要求乙戒酒。相反，如甲乙约定赠送乙轿车一辆，但乙必须戒酒；据此赠与合同成立生效，戒酒作为赠与的负担，并不影响赠与合同的生效，而乙如未能戒酒，甲可撤销赠与合同。

（二）条件分类

1. 生效条件与解除条件

根据条件的功能是使法律行为的效力发生或者消灭，可将条件区分为生效条件和解除条件。生效条件成就时，法律行为发生效力，此前法律行为的效力处于停止状态，理论上也称之为停止条件、延缓条件。解除条件成就时，已发生法律效力的法律行为失去效力，所以也称为失效条件。当事人约定解除条件与约定解除权有所不同，约定的解除条件成就时，法律行为当然失去效力；而约定解除权的，需要解除权人行使解除权，才发生解除效力。

至于实践中确定生效条件与解除条件时，需要根据具体情形进行判断。例如甲超市与乙面包厂约定，乙供给超市商品，每周末结账，本周未卖出的面包予以退货。理论上将此种情形解释为买卖合同附生效条件，即甲超市卖出面包时，买卖合同因条件成就而生效，甲向乙支付价款。

2. 肯定条件与否定条件

根据某种客观事实的发生或不发生为区别标准，可将条件分为肯定条件和否定条件。肯定条件，又称为积极条件，是指以发生某种客观事实为其内容的条件，例如以考上大学为条件。否定条件，又称为消极条件，是指以不发生某种客观事实为其内容的条件，例如以不下雨为条件。

3. 偶成条件、随意条件和混合条件

根据条件的内容是否与当事人意思相关，可以将条件区分为偶成条件、随意条件和混合条件。

偶成条件，指其条件能否成就与当事人意思无关，而完全取决于偶然事实，包括自然现象、政治、经济、社会事件、第三人的行为等。例如出生、成年、股市指

---

① 参见王泽鉴：《民法总则》，中国政法大学出版社 2001 年版，第 421 页。

数、主管机关的核准、某一法律的公布施行等。

随意条件，是指条件是否成就，可由当事人一方的意思决定。随意条件尚可进一步区分为纯粹随意条件和非纯粹随意条件，纯粹随意条件的成就与否完全取决于当事人的意思，例如约定赠与车辆，需要时可随时取回。纯粹随意条件中，如属于仅取决于债务人一方意思的生效条件，则其合同为无效。其原因在于，该表示毫无受拘束的意思，与合同本质相悖①。非纯粹随意条件的成就与否，除当事人的意思之外，还附加其他积极事实，例如约定月底不能交付一半款项，则合同解除。

混合条件，是指条件能否成就，取决于当事人及第三人的意思。例如甲乙约定如果甲与丙订立买卖合同的话，乙则愿为甲支付部分价金。

4. 真正条件与不真正条件

当事人约定的条件，有时徒具条件的外观，而不具有条件的实质，理论上称之为不真正条件，而将以客观上不确定的事实为内容的条件，称为真正条件。不真正条件又可分为法定条件、既成条件、不能条件、不法条件。

法定条件，是指以法律规定的对法律行为生效要件或消灭要件作为条件。例如，在需经上级机关批准才能生效的合同中约定，上级机关未批准前合同不发生效力。该约定仅在于重复法律的规定，当事人作此约定与否，对合同的效力均不发生任何影响。

既成条件，是指法律行为成立时，其成就与否已经确定的条件。例如，高考结束后当天，父子约定若儿子成绩超过 600 分，父亲即为儿子买一台笔记本电脑。事实上，儿子高考是否超过 600 分，已经是客观上可以确定的事实，即使当事人在作出约定时不知该条件成就与否，也不能称之为条件。既成条件确定成就的，如该条件约定为生效条件的，法律行为确定有效，约定为解除条件时，法律行为不发生法律效力；既成条件确定不成就的，作为生效条件的，法律行为确定不发生效力，约定为解除条件的，法律行为则为未附条件的法律行为。

不能条件，是指以客观上不能成就的事实为内容的条件。以不能条件为停止条件的，法律行为无效，例如约定太阳从西边出来甲则赠送乙一幅古画，该法律行为确定无效。如果以不能条件为解除条件，则视为无条件，例如甲乙约定黄河水倒流时，买卖合同解除，该买卖合同即如同未附条件一样。另外，不能条件也包括法律上不能，例如甲乙双方约定，甲若不起诉乙的女儿诈骗罪的话，乙即代其女儿偿还200 万元欠款。该约定中，诈骗罪并非当事人有权决定起诉与否的罪名，因此属于不能条件，以该不能条件作为法律行为生效条件的，法律行为不发生效力。因此，甲不得要求乙偿还 200 万元欠款。

---

① 《意大利民法典》第 1355 条规定 "附停止条件的权利转让或者义务承担，如专系取决于转让人或债务人的意思，则无效。"《日本民法典》第 134 条规定："附停止条件的法律行为，如其条件只系于债务人的意思时，为无效。"

　　不法条件,是指以违反法律或者有悖于公序良俗的事项为内容的条件。例如,甲在通奸期间赠与情人宝马一辆,并约定如情人提出分手时应将车辆返还。不法条件对法律行为效力的影响,应区分不同情形加以判断。如果法律行为所附之条件违反法律或公序良俗,导致整个法律行为本身亦违反公序良俗,该法律行为应归无效。① 不法条件如不足以导致法律行为本身违反法律及公序良俗的,则出于保护受不当限制的当事人利益,应认定所附条件无效,不影响法律行为本身的效力。例如,劳动合同约定若女性结婚,则劳动关系自动解除,该条件违反法律,但若因此使劳动合同全部无效,则不利于保护劳动者的权益,因此应当认为劳动合同不受条件无效的影响。

　　(三) 条件的效力

　　1. 条件的成就

　　条件成就,是指作为条件内容的事实已经实现。在积极条件中,条件的成就是内容事实确定地发生,例如考上大学是积极条件的成就;在消极条件中,条件的成就是指内容事实确定地不发生,例如未考上大学是消极条件的成就。条件的成就与否,应当取决于内容事实的正常发展,如果当事人为自己的利益不正当地阻止条件成就的,视为条件已成就(《合同法》第 45 条第 2 款),此即为条件成就的拟制。

　　生效条件的成就,法律行为自条件成就时生效;解除条件的成就,法律行为自条件成就时消灭。条件成就的效力,自条件成就时发生,并不溯及既往。值得注意的是,关于法律行为的其他内容,如当事人的行为能力、法定代理人的同意或善意等,以法律行为成立时为准,而不是以条件成就时为判断时点。例如,甲乙订立附条件买卖合同,条件成就时甲患精神病而为无行为能力人,该买卖合同亦应有效。

　　2. 条件的不成就

　　条件成就,是指作为条件内容的事实已经确定不能实现。与条件的成就相同,条件的不成就也应当是内容事实正常发展的结果,如果当事人为自己的利益不正当地促成条件成就的,视为条件不成就(《合同法》第 45 条第 2 款),此即为条件不成就的拟制。

　　条件不成就的效力,与条件成就的效力正好相反。生效条件不成就,法律行为确定不生效力;解除条件不成就,法律行为继续发生效力。

　　3. 条件成就与否未定的法律状态

　　附条件的法律行为,在条件成就与否前其效力处于未确定的状态。在附延缓条件的法律行为中,一方(或双方)有希望在条件成就时取得权利的权利(希望权);而在附解除条件的法律行为中,因为条件的成就使法律行为无效,权利将复归于原权利人(复归权)。这两种权利都是对将来的权利或利益的期待,学者将此

----

　　① 王泽鉴:《以同居为条件之赠与及不法原因给付》,载王泽鉴:《民法学说与判例研究》(第三册),中国政法大学出版社 2003 年版,第 153 页。

两种权利统称为"期待权"。① 附条件法律行为的当事人于条件成就与否未确定前，如果损害相对人因条件成就所应得的利益的，应当承担赔偿损害责任。

（四）不得附条件的法律行为

通常而言，根据私法自治原则，法律行为原则上均可附加条件，以期实现预先分配交易风险的目的，或者发挥引导相对人行为的功能。但法律出于公共利益及相关利益主体的保护，禁止某些法律行为附条件，理论上称为不得附条件的法律行为。根据禁止附条件的理由，可将其分为两种类型：

（1）公益上不得附条件的法律行为，如为了维护公序良俗，禁止对婚姻、收养、离婚、认领等身份行为附加条件。

（2）私益上不得附条件的法律行为，主要是行使形成权及类似权利的单独行为，这些权利的行使本就是相对人处于不确定的状态，如果允许其附加条件，将加剧法律关系的不确定性，对相对人的保护极为不利，因此原则上不得附加条件。但有两种情况例外，其一是相对人同意附加条件，其二为条件的成就与否完全取决于相对人的决定，即随意条件。例如，甲向乙购买房屋，乙在履行期过后迟迟不予办理房屋过户手续，甲向乙表示，2个月内不履行合同的话，合同自动解除。2个月后，乙依然未履行合同，甲遂主张请求返还价金。其中甲向乙所做的解除合同的意思表示负有停止条件，该条件即为随意条件，应认为具有法律效力。

【案例分析 7-6】

张某因病去世，生前留有遗嘱，在遗嘱中对其遗产作如下处分：（1）自行车1辆、电视机1台赠给王某；（2）电冰箱、洗衣机各1台赠给丁某；（3）其他家庭用具和银行存款2万元及现金1500元全部给其子张忠，但张忠必须与丁某结婚，并且必须在领到结婚证后，才交付财产，否则，不得交付。这些财产由李某掌管。现在丁某表示愿与张忠结婚，但张忠不同意，当张忠请求李某交付由他掌管的张某的遗产时，李某以不符遗嘱指示为由拒绝交付。张忠诉至法院。

本案中表面上是考察张某所立遗嘱第（3）项所附条件是否成就，但由于条件成就与否以条件是否有效为条件，如果条件违法即可能因此导致法律行为被视为未附条件或法律行为违法而无效，故此应先予判断。本案经法院审理后，认为该遗嘱第（3）项因所附条件乃干涉婚姻自由，因违法而导致无效；张某所立遗嘱中其他家庭用具和银行存款2万元及现金1500元等，按法定继承分割。

---

① 马俊驹、余延满：《民法原论》，法律出版社2007年版，第200页。

二、期限

期限，是指当事人约定的未来确定的事实，以该事实决定法律行为的效力发生或消灭。期限与条件在很多方面具有相同的特征，在法律适用上，期限也经常准用或类推适用条件的相关规范。二者之间主要的区别在于：条件是否能成就是不确定的，而期限则是将来确定发生的事实。

（一）期限的法律要求

期限可以是确定的期限，也可以是不确定的期限，但期限应当符合下列要求：

首先，期限应是当事人任意选定的，而非法律规定或者法院确定的期限，前者理论上称为法定期限，后者称为裁定期限。

其次，期限应符合法律的规定，凡基于公益或私益保护不得附条件的法律行为，也不得附期限，法律性质上不得附以期限的，附期限的法律行为原则上应为无效。如票据行为不得附不确定的期限，债务免除行为不得附以终期等。

最后，期限所针对的是法律行为效力的发生或终止。如果期限是为履行合同义务确定的，则并非此处所讲的期限。例如，在附始期的法律行为与未届清偿期的债权在效力上具有显著的不同，例如约定 5 月 1 日起租赁合同生效，在 5 月 1 日之前交付租金的，由于合同未生效，租赁人收取租金没有法律上的原因，承租人可以依不当得利要求返还；而如果约定 5 月 1 日交付租金，合同于之前已经生效，承租人于 5 月 1 日交付租金，视为其放弃期限利益，不得依不当得利要求返还。

（二）期限的种类

1. 始期与终期

始期，又称生效期限，是指所附期限届至，法律行为发生效力的期限。附始期的法律行为，如明年 5 月 1 日参加旅游团，于期限届至时发生效力，相当于停止条件。终期，又称失效期限，是指所附期限届满之时，其法律行为即行失效的期限。附终期的法律行为，如明年 12 月 31 日解除租赁合同，于期限届满时失其效力，与解除条件相当。在同一法律行为中，也经常同时附始期和终期，例如劳动合同约定有效期自某年某月某日开始，至某年某月某日终止。

2. 确定期限与不确定期限

确定期限，是指以一个确定的时期的到来为期限，例如 2012 年 12 月 21 日；不确定期限，是指以某一将来必定发生但其发生的时期尚不太确定的时间为期限，例如约定合同自甲死亡时生效。

3. 不能期限

不能期限，是指以极为久远的未来时期为期限，例如甲对乙表示，1000 万年以后赠与乙 1 万元。不能期限如为始期，应解释为法律行为无效，如为终期则应解释为法律行为未附期限。

（三）期限的效力

期限的效力，是指期限到来对于法律行为的影响，即使法律行为生效或消灭的效力。期限的到来，是指作为期限内容的事实已经发生。期限是未来确定发生、到来的客观事实，期限必定会到来，没有不会到来的期限，这也是期限与条件最大的区别。期限的到来中，通常将始期的到来称作"届至"，将终期的到来称作"届满"。①

期限届满的法律效力，在附始期的法律行为中，期限届至时发生法律效力，期限未届至时不发生法律效力，其效力与停止条件相似。附终期的法律行为，在期限尚未届至时，法律行为已发生效力，期限届满时失去效力，其效力与解除条件相似。由于期限必然到来，尤其在确定期限，当事人根本不可能对其到来施加任何影响，所以关于条件拟制成就或不成就的规定（《合同法》第 45 条第 2 款），通常情况下对期限并无准用的必要。但在不确定期限，仍存在以不当行为影响事实发生时的可能性。例如，以甲的死亡日作为法律行为的始期或终期时，具有利益的当事人为使期限提前到来竟将甲杀害，此时应认为可以类推适用条件拟制成就或不成就的规定，使其期限到来的法律效果不发生。②

与条件成就与否未定之前一样，期限尚未到来之前，法律行为当事人对于取得权利（始期）或回复权利（终期）享有期待权。同时，由于期限必然到来，所以附期限法律行为当事人的期待权较附条件法律行为当事人的期待权，更为确实、可靠，更有予以保护的必要。所以在期限届至时负有交付义务或者在终期届满前负有返还义务的当事人，在期限届至或届满前，不得为任何损害相对人因期限届至所应得到利益的行为，否则应负损害赔偿的责任。

侵害期待权的人既可以是法律关系的当事人，也可以是当事人以外的第三人。在当事人以外的第三人侵害期待权时，期待权亦可视为《侵权责任法》第 2 条所保护的"其他权利"，根据《侵权责任法》的相关规定处理。在法律关系当事人侵害期待权时，常发生请求权竞合，即基于期待权受侵害的损害赔偿请求权与基于违约责任的请求权或基于物权的请求权发生竞合。实践中，当事人可能更多地选择主张违约责任请求权或者物权请求权，而较少依据期待权受侵害提出请求。例如，订立附始期的赠与合同后，如赠与人自行毁损赠与物的，受赠人可依债务不履约提出请求，而不必依期待权受侵害而请求赔偿。又如附终期的租赁合同，于终期届满前承租人毁损租赁物，则出租人可依违约或直接依所有权请求赔偿，而不必依据期待权提出请求。③

---

① 梁慧星：《民法总论》，法律出版社 2007 年版，第 188 页。
② 黄立：《民法总则》，中国政法大学出版社 2002 年版，第 387～388 页。
③ 马俊驹、余延满：《民法原论》，法律出版社 2007 年版，第 202 页。

第六节　瑕疵法律行为的效力

通常情况下，法律行为具备了成立要件和生效要件，为有效的法律行为，发生行为人期望的法律效果，该法律行为就是完全的法律行为。如果法律行为不具备成立要件，则法律行为不成立。那么如果法律行为具备成立要件，但不具备生效要件时，法律行为处于何种效力状态？对此中生效要件存在瑕疵的法律行为，根据其所欠缺生效要件的性质及其严重性的程度，民法上将此法律行为分为以下三种：

一、无效的法律行为

（一）无效法律行为的概念

无效法律行为，是指已成立的法律行为，因欠缺公益要件，确定、当然、自始不发生法律效力的法律行为。所谓公益要件，即法律行为与公共利益有关的生效要件，具体是指法律、行政法规的强制性规定和社会公共利益。法律行为欠缺公益性要件，即违反法律、行政法规的强制性规定和社会公共利益，是法律行为无效的原因。

（二）无效法律行为的种类

1. 全部无效与部分无效

根据法律行为无效涉及的行为范围，可将无效分为全部无效与部分无效。全部无效，即无效原因存在于法律行为的全部内容；而无效原因仅存在于法律行为的部分内容的，则为部分无效。法律行为部分无效，不影响其他部分的效力的，其他部分仍然有效(《民法通则》第60条)。

法律行为部分无效，通常情况下，法律行为应全部无效，即部分无效具有无效扩张的效力。[1] 仅在"有效部分，不因无效部分而受影响"的条件下，才发生部分无效，其余部分仍然有效的情况。

2. 绝对无效与相对无效

根据法律行为无效所涉及主体的范围，可将无效区分为绝对无效和相对无效。绝对无效，即任何人均可主张，并可以针对任何人主张。相对无效，是指不得以法律行为的无效对抗善意第三人。无效的法律行为以绝对无效为原则，相对无效为例外。如通谋虚伪意思表示无效不得对抗善意第三人，如甲乙将租赁假作买卖，承租人乙将房屋出售给善意的丙，甲则不得对丙主张其买卖合同无效，而要求丙返还。再如因受欺诈而撤销意思表示，意思表示视为自始无效，但也不得以之对抗善意第三人。

3. 自始无效与嗣后无效

根据无效原因发生的时间，可以将无效区分为自始无效和嗣后无效。自始无

---

[1] 施启扬：《民法总则》(修订第八版)，中国法制出版社2010年版，第303页。

效，是指法律行为成立时，即存在无效原因而无效。例如，无行为能力人订立合同。嗣后无效，是指法律行为成立时并不存在无效原因，而在其生效前发生无效原因而无效，例如，标的物成为禁止流通物、停止条件不成就等。

（三）法律行为无效的原因

根据我国《民法通则》第58条的规定，下列法律行为无效：无民事行为能力人实施的；限制民事行为能力人依法不能独立实施的；一方以欺诈、胁迫的手段或者乘人之危，使对方在违背真实意思的情况下所为的；经济合同违反国家指令性计划的；以合法形式掩盖非法目的的。由于该规定过分扩大了无效法律行为的范围和事由，忽视了当事人的自由，与私法自治、鼓励交易的原则不符。因此，我国《合同法》将无效原因进行了适当缩小。《合同法》第52条规定，有下列情形之一的合同无效：（1）一方以欺诈、胁迫的手段订立合同，损害国家利益；（2）恶意串通，损害国家、集体或者第三人利益；（3）以合法形式掩盖非法目的；（4）损害社会公共利益；（5）违反法律、行政法规的强制性规定。

与《民法通则》相比较而言，《合同法》主要作了以下调整：（1）不再一概将欺诈、胁迫作为合同无效的原因，而仅规定一方以欺诈、胁迫的手段订立合同，损害国家利益的为无效；其他的为可撤销合同。（2）乘人之危不再为无效的原因，而只是可撤销的原因。（3）对于限制民事行为能力人超越其民事行为能力所订立的合同，不再为无效，而规定为效力未定。对于法人超越其目的事业范围所订立的合同，不得仅以此为由认定合同无效，但违反国家限制经营、特许经营以及法律、行政法规禁止经营规定的除外(《合同法解释（一）》第10条)。

（四）法律行为确定无效的后果

法律行为无效，意味着行为人通过法律行为所追求的法律效果落空，即法律行为不能产生当事人预期的法律效果。但是，由于法律行为的无效本身或者引起法律行为无效的原因，还是会引起其他法律后果。例如，由于恶意串通损害第三人利益的，就可能因为构成侵权行为，而需要承担赔偿责任；由于欺诈而占有他人财产的，应该返还他人财产，造成损失的还应该赔偿损失。

二、可撤销的法律行为

（一）可撤销的法律行为的概念

可撤销的法律行为，是指已成立的法律行为因欠缺生效要件，享有撤销权的一方当事人行使撤销权时，溯及自始归于无效的法律行为。

可撤销的法律行为，最主要的特征是其效力方面的特征。与有效的法律行为不同，当撤销权人主张撤销时，即自始无效；与无效法律行为也不同，撤销权人主张撤销之前，可撤销法律行为有效。但是，可撤销法律行为与有效法律行为和无效法律行为均有密切的关联，通过撤销权人放弃撤销权或者主张变更权，可撤销的法律行为即转变为有效的法律行为；通过撤销权人行使撤销权，法律行为即转变为无效法律行为。法律赋予可撤销的法律行为如此众多的可能性，将使撤销权人拥有决定是否让该法律行为继续保持其效力的法律力量①，其基础在于，在保护撤销权人的同时尊重当事人的意思自治。

（二）法律行为可撤销的原因

关于法律行为可撤销的原因，我国《民法通则》第59条仅规定了两项，即重大误解与显失公平。《合同法》对此做了改变，该法第54条规定，合同可撤销的原因为：（1）因重大误解订立的；（2）在订立合同时显失公平的；（3）一方以欺诈、胁迫的手段或者乘人之危，使对方在违背真实意思的情况下订立的。

【案例分析7-7】

　　李某的父亲生前是一个集邮爱好者，去世时还留有几本邮票集，李某则对邮票从不感兴趣。一日，李某的朋友集邮爱好者刘某来吃饭，无意间发现了这几本邮票集，刘某随即表示愿意全部购买，最后以5000元的价格将邮票全部买走，李某对这一价格也比较满意。事后，李某得知，他父亲所留的邮票中，有5张相当珍贵，每张都值5000元；同时另一同事告诉他，刘某正在寻找买主。李某立即找到刘某，要求退还刘某的5000元钱，取回邮票。但刘某坚决不同意。双方协商不成，李某诉至法院，要求撤销合同，返还邮票。李某与刘某间买卖邮票的行为的效力如何？法院应如何对待李某的请求？

　　民事活动应当遵循自愿、公平、等价有偿、诚实信用的原则。在这一交易过程中，虽然当事人双方是平等自愿的，但是因为李某缺乏对邮票相关知识以及市场行情的了解，导致他对买卖标的物的价值有严重的误解，而刘某应该知道此邮票的价值仍以较低价格换取，显然违背了我国民法的基本原则。《民法通则》第59条规定：行为人对行为内容有重大误解及行为显失公平的，当事人可以请求人民法院对已成立的民事行为予以变更或撤销。因此，刘某与李某之间的买卖行为属可变更、可撤销的民事行为，该行为的效力待定。

　　对于可变更、可撤销的民事行为，由享有撤销权或变更权的当事人决定是否变更或撤销。本案中如果李某行使撤销权，该行为无效；如果李某不撤销也不变更，则该行为有效；如果李某要求变更价金条款，法院也应给予支持。因此，权利人李某要求撤销合同行为，返还邮票，人民法院应当允许。

（三）撤销权及其行使

撤销权，是指权利人通过单方的意思表示溯及既往地消灭欠缺生效要件法律行为效力的权利。撤销权的效力在于消灭业已成立的法律行为。

撤销权的主体，是因为撤销原因而遭受不利益的一方当事人。因此，对我国

---

①　陈自强：《民法讲义Ｉ——契约之成立与生效》，法律出版社2002年版，第282页。

《民法通则》第 59 条、《合同法》第 54 条所规定的"民事行为一方"、"当事人一方"应当做当然解释,而不能根据文意解释,将其理解为"任何一方当事人",否则将会违背赋予当事人撤销权的立法宗旨。①

撤销权的行使,目前绝大多数国家、地区的民法采取以向相对人作出撤销的意思表示的方式,我国《民法通则》和《合同法》则规定,撤销权人"有权请求人民法院或者仲裁机构变更或者撤销"。对于"有权请求"的解释,主流观点认为,撤销权的行使应采取请求撤销之诉或申请仲裁的方式为之。形成权仅在出于保护公共利益、维持善良风俗的前提下,才有必要通过诉讼的方式对形成权的行使予以限制,例如离婚、父子关系确认等。而在基于意思表示瑕疵的撤销权中,不存在公共利益、善良风俗的考虑,因此本书认为,今后制定民法典时,应当将撤销权的行使方式调整为以意思表示为之,自撤销的意思表示到达对方时生效。

撤销的意思表示应向何人作出,我国法律未作出明确规定。从理论上讲,有瑕疵的意思表示的相对人,即为撤销权的相对人,相对人为无民事行为能力人或限制行为能力人时,应向其法定代理人为之。对于单方法律行为来讲,如果有相对人,依然向相对人为之;如果没有相对人,则可以任意撤销,例如遗嘱的撤销。对于双方或多方法律行为而言,其他当事人即为撤销权的相对人。

从理论上来讲,撤销权一经行使,法律行为应该溯及既往自始无效(《民法通则》第 59 条第 2 款、《合同法》第 56 条)。但由于我国法律在撤销权之外还规定,可撤销的法律行为也可以变更,撤销权人也可以不行使撤销权,而请求人民法院或者仲裁机构予以变更。当事人行使撤销权和变更权的决定,对于人民法院或者仲裁机构的约束力也有所不同。当事人请求变更的,人民法院或者仲裁机构不得撤销(《民通意见》第 73 条、《合同法》第 54 条第 3 款);在重大误解或者显失公平的情况下,当事人请求撤销的,人民法院可以酌情予以变更(《民通意见》第 73 条第 1 款后段)。

撤销权应当在法定的时间限制,即除斥期间内行使,该除斥期间为 1 年,除斥期间内未行使撤销权的,撤销权即消灭。除斥期间的起算点,对于合同的撤销,自撤销权人知道或者应当知道撤销事由之日起(《合同法》第 55 条第 1 项);对于其他民事行为,可以自民事行为成立时起算(《民通意见》第 73 条第 2 款)。另外,如果撤销权人知道撤销事由后,明确表示或者以自己的行为放弃撤销权的,撤销权消灭。

三、效力未定的法律行为

(一)效力未定的法律行为的概念

效力未定的法律行为,又称效力待定的法律行为,是指效力处于不确定状态的

---

① 马俊驹、余延满:《民法原论》,法律出版社 2007 年版,第 208 页。

法律行为。

在特定情形下，法律行为效力的发生应当取得他人同意，尚未取得他人同意前，法律行为即欠缺程序性的生效要件，法律行为的效力因此处于不确定状态。法律行为之所以需取得第三人的同意，或者因为其直接涉及第三人利益而需要第三人协助的，如无权代理、无权处分；也有赋予第三人对法律行为内容加以控制以保护行为人的，例如法定代理人对于限制行为能力人超越行为能力订立的合同的追认。

（二）效力未定的法律行为的种类

根据法律行为效力未定的原因，可以将效力未定的法律行为分为以下几类：一是行为能力欠缺行为，即限制民事行为能力人超越其民事行为能力而实施的法律行为；二是无权处分行为，即无处分权人处分他人财产的法律行为；三是无权代理行为，即无代理权人以被代理人名义对外与第三人所实施的法律行为。以下探讨前两种类型的效力未定的法律行为，无权代理行为的问题留在下一章"代理"中加以探讨。

（三）效力未定的法律行为的追认

1. 追认权

效力未定的法律行为，应事先获得第三人的同意（《民法通则》第 12 条），因未获得事前同意而欠缺程序性生效要件，其效力处于不确定状态。行为人如欲使该法律行为生效，必须补正其程序要件，即获得第三人事后的追认。例如，限制民事行为能力人超越其行为能力订立的合同，除使其纯获利益外，属于效力未定的法律行为，欲使该合同生效，即需要获得法定代理人的追认（《合同法》第 47 条）。第三人，事后追认效力未定法律行为的权利，称为追认权。

追认权人通常为法律行为之外的第三人，例如限制行为能力人的法定代理人、无权处分标的物的权利人等。但特殊情形下，也可以是法律行为的当事人，例如欠缺民事行为能力的人在追认期限内取得或恢复了民事行为能力时，也可以自行追认，其效力与其法定代理人追认具有同等的效力。

效力未定的法律行为一经追认，即溯及于成立之时发生效力；拒绝追认的，则溯及成立之日无效。为了维护交易安全，追认的意思表示一经到达则不得撤回。但意思表示有生效要件欠缺情形的，如违反法律强制性规定或者受欺诈、胁迫的，应按照无效、可撤销、效力待定等相关规定处理。

2. 催告权与撤销权

效力未定的法律行为，在追认权人决定是否追认之前，其效力处于不确定状态，但相对人却应当接受该行为的约束，为追认权人追认后履行义务做好准备。法律行为效力长期处于不确定状态，对相对人可能极为不利。为了排除这种不利于相对人的不确定状态，平衡双方当事人的利益，法律在规定有权人有追认权的同时，也相应地赋予相对人以催告权与撤销权。我国《合同法》第 47 条第 2 款就规定："相对人可以催告法定代理人在 1 个月内予以追认。法定代理人未作表示的，视为拒绝追认。合同被追认之前，善意相对人有撤销的权利。撤销应当以通知的方式作出。"

催告权的功能在于，为追认权人决定是否追认设定期限，排除法律行为效力未定的不确定状态。相对人未行使催告权时，追认权人可以无限期地考虑是否予以追认，法律行为的效力未定状态将无限期地存在下去；而一旦相对人行使催告权，追认权人则应在相对人确定的期限内予以追认，否则视为拒绝追认（《合同法》第 47 条第 2 款）。对催告权所设定的期限，我国法律采取"相对人可以催告……人在 1 个月内予以追认"的表述方式，对此"1 个月内"应理解为对催告权设定最低期限的限制，而非"1 个月内的任何期间"。否则，相对人催告在当天、当时予以追认均属有效，这显然与通过催告权平衡追认权之目的不合，有违比例原则。因此，如果催告人未定期间或所定期间不足 1 个月时，为使法律关系早日确定，应认定该期限为 1 个月①。

撤销权，是指善意相对人撤销其意思表示的权利。催告权是在相对人希望法律行为能够生效时可资利用的手段，而撤销权则是善意相对人在不希望法律行为生效时自行退出的方式。撤销权人应当是善意相对人，即在法律行为成立之时不知对方意思表示有欠缺生效要件的事实，例如缺乏相应的民事行为能力、无权代理、无权处分等。撤销权的行使，应在追认权的主体行使追认权之前。撤销的意思表示，通常应向法律行为的另一方当事人作出，限制行为能力人所为的效力未定的法律行为，既可以向限制民事行为能力人作出，也可向其法定代理人为之。但撤回的意思表示应当采取通知的方式，即以明示的方式作出。

（四）无权处分行为

1. 无权处分的概念、特征

无权处分，指无处分权人，以自己名义就权利标的物所为的处分行为。② 处分行为，要求处分人具有处分权，处分权既可以通过使行为人获得标的物权利，例如取得房屋的所有权，也可以通过取得权利人的授权、同意而获得。理论上认为，权利人的同意为处分行为的程序性生效要件，欠缺该程序性要件的处分行为，为效力未定的法律行为。

处分行为与负担行为相对，负担行为是以发生债权债务为其内容的法律行为，如保证、承揽等；处分行为则使特定权利直接发生得丧变更，理论上区分为物权行为与准物权行为。权利标的物的处分，权利人可以自行为之，也可以事先同意他人以自己名义进行处分，例如行纪合同。此种经授权以自己名义处分他人权利标的物的行为，为授权处分。③ 与授权处分相反，未获得权利人同意、授权，而以自己名

---

① 王泽鉴：《民法总则》，北京大学出版社 2009 年版，第 264 页。
② 陈自强：《民法讲义 I——契约之成立与生效》，法律出版社 2002 年版，第 294 页。
③ 王泽鉴：《民法总则》，北京大学出版社 2009 年版，第 264 页。

义处分他人权利标的物，构成无权处分。

无权处分的"处分"，传统民法理论认为仅指处分行为，即物权行为与准物权行为，而不包括负担行为，如买卖合同。我国当前民事立法不区分负担行为与处分行为，而将两种行为予以一体把握，例如买卖合同是出卖人转移标的物的所有权于买受人，买受人支付价款的合同（《合同法》第130条）。因此，我国法律上的无权处分应作广义理解，不仅包括直接发生财产权利变动的行为，而且也包括买卖合同等传统上的负担行为。但此种对传统理论的改造，在法律行为理论体系和司法实践中引起了一些不必要的争议。

无权处分人欠缺的是处分权，而非所有权、债权等其他权利。通常来讲，所有权人原则上有处分权，但在某种情形下并无处分权，例如破产企业对破产财产有所有权，但没有处分权。非所有权人有些情况下可以是处分权人，例如法定代理人并非无民事行为能力人财产的所有权人，但享有为无民事行为能力人的利益处分其财产的权利（《民法通则》第18条）。

2. 无权处分行为的效力

无权处分行为因欠缺程序性生效要件，其效力处于不确定状态，是效力未定的法律行为，适用前述效力未定的法律行为的效力规则。无权处分人欲使其有效，应补正其程序性生效要件，取得处分权。处分权取得的方式有二：其一，得到权利人的追认；其二，取得权利，例如处分标的物为他人的房屋，即可以通过买受取得房屋的所有权。

权利人行使追认权，既可以向相对人作出，也可以向无权处分人为之，无权处分行为一经追认，溯及既往自始发生效力。但是，权利人拒绝追认时，无权处分行为不一定无效，因为无权处分人还可以通过其他方式取得处分权，例如通过与权利人签订买卖合同取得标的物的所有权，进而取得处分权。

无权处分因处分人嗣后取得处分权，而自始有效，但原权利人或第三人已经取得的权益，不受该行为转变为自始有效行为的影响。例如，甲将其父乙放在家中的拖拉机卖给丙，约定以占有改定的方式使丙取得间接占有以代替交付。3个月后，甲从其父乙购买了该拖拉机，因其取得了处分权，所以甲与丙之间的买卖合同自始生效，即在3个月前丙就是该拖拉机的所有权人。但是，乙在这3个月期间占有、使用该机动车的权益，不因为无权处分行为溯及既往生效而受到影响，否则将造成原权利人在此期间为"无权"使用了。

无权处分行为，未得到权利人的追认，并且无权处分人嗣后也没有取得处分权，应溯及成立时无效。按照主流学者的解释，此种无效不仅仅是处分行为无效，而是负担行为与处分行为均无效，如买卖合同无效。① 但值得注意的是，在无权处分的典型情形一物数卖中，我国司法实践已经放弃了法律行为效力未定的理论主

---

① 梁慧星：《民法总论》，法律出版社2007年版，第204页脚注〔28〕。

张，而采取法律行为有效说。据此，出卖人就同一标的物订立多重买卖合同，已为第一买受人办理过户登记手续后，后续买卖合同有效，买受人因不能按照合同约定取得标的物所有权，可以依据买卖合同追究出卖人的违约责任（《合同法解释（二）》第15条）。

为了保护交易安全，以免善意受让人因无权处分行为无效而遭受损害，法律特别规定了善意取得制度，作为无权处分的例外规则。

【本章思考题】

1. 法律行为的概念和特征是什么？
2. 法律行为的成立要件和生效要件是什么？
3. 意思表示的构成要素是什么？
4. 无效法律行为与可撤销法律行为、效力待定行为的关系是什么？
5. 试述附条件、附期限法律行为的概念、体系与功能。

第八章 代 理

代理使代理人所为法律行为的法律效力直接归属于被代理人。代理形成三方面的关系：被代理人与代理人之间的代理权授予关系，代理人与第三人之间的代理行为关系，被代理人与第三人之间的法律效果归属关系。代理制度具有补充私法自治和扩张私法自治的功能。民法上代理制度仅适用于法律行为。无权代理行为是一种效力未定的法律行为，一旦经被代理人追认，就能产生有权代理的法律效果。表见代理属于广义的无权代理，为了保护善意第三人的利益，维护交易的安全，该法律行为的效力应当归属于被代理人。

第一节 代 理 概 述

一、代理的概念

代理，是指代理人在代理权限范围内，以被代理人的名义与第三人为法律行为，其法律效果直接归属于被代理人的行为。在代理关系中，实施法律行为的人称为代理人；由他人代为自己实施法律行为的人称为被代理人或本人；与代理人实施法律行为的人称为第三人或相对人。代理中的三个主体，形成三方面的关系：被代理人与代理人之间基于委托授权或法律规定的代理权授予关系，代理人与第三人之间的代理行为关系，被代理人与第三人之间的法律效果归属关系。

基于自己决定自己事务的原则，法律行为的效力原则上归属于行为人自己。代理制度的本质在于，使代理人所为法律行为的法律效力，直接归属于被代理人，即使代理人所为的行为在对外关系上，作为被代理人的法律行为，对被代理人发生法律效力。例如，甲与乙订立买卖合同，为使该买卖合同直接对乙、丙发生效力，甲和丙就可以利用代理制度来实现。

代理有广义与狭义之分。广义代理包括直接代理和间接代理。直接代理，又称显名代理，即以被代理人的名义所进行的代理行为。间接代理，又称隐名代理，是指代理人以自己的名义为法律行为，而使其法律效果间接地归属于本人，如行纪行为。狭义代理，仅指直接代理、显名代理。大陆法系的国家或地区对代理采取狭义的理解，英美法系国家则采取广义的理解。我国《合同法》借鉴了《国际商事代理公约》的规定，承认了间接代理（隐名代理）的存在。

二、代理制度的特点

（一）代理人必须以被代理人的名义进行活动

代理人只有以被代理人的名义进行活动，才能使法律行为的效力归属于被代理人。代理人以被代理人的名义进行活动的，称为显名主义原则，其目的在于保护相对人，使其知悉本人究竟为何人。代理的这一特征把代理与行纪区别开来。我国以前在实践中采用的所谓"外贸代理"，实质上是一种行纪行为。

（二）代理人必须在代理权限内进行活动

代理权是确定代理人代理行为的实施和代理行为法律效果归属的依据，表明了代理人得以被代理人的名义向第三人为意思表示或接受意思表示的资格。代理人必须在被代理人的授权范围内，或法律规定或指定的权限范围内进行民事活动，不得擅自变更或超越代理权限。

（三）代理实施法律行为

代理人在代理权限内所进行的活动，是为被代理人事实法律行为，并使该法律行为的效果归属于被代理人，对于事实行为，如拾得遗失物、侵权行为等，不适用代理规则。

代理的这一特征，使代理人与居间人、传达人、中介人区别开来，因为后者在从事居间、传达或中介活动时，都不得独立进行意思表示或接受意思表示。

（四）代理行为的法律效果归属于被代理人

代理行为的实施，是由代理人完成的，但代理人却是以被代理人的名义，并在被代理人授权或法定或指定权限范围内，因而导致的是被代理人与相对人之间民事法律关系的产生、变更或消灭，代理行为的法律效果归属于被代理人。即使因代理人过错而造成不利于被代理人的法律后果，被代理人也必须承担，代理人一般不对相对人承担代理行为产生的法律后果。

三、代理制度的功能与适用范围

（一）代理制度的功能

代理制度的功能主要体现为其与私法自治原则的关系上：一方面，代理具有补充私法自治的功能；另一方面，代理具有扩张私法自治的功能。

民法设有行为能力制度，以保护意思能力不足的民事主体，但同时也限制了无行为能力人、限制行为能力人实现私法自治的可能。为了使行为能力受限制主体参与社会生活，民法设定了法定代理制度，使其借助法定代理人从事法律行为，以补充其私法自治的能力的不足。

借助代理制度，民事主体可利用他人的时间、能力和知识从事民事活动，使他们能够超越时空限制，突破本身知识、才干、经验及时间、精力等方面的限制，更加广泛深入地参与民事活动，并提高其办事效率。代理制度的发达，与近代企业所有者与经营者分离、财产归属与财产管理的分化，具有密切的关联。在这个意义上，代理制度作为用于扩张个人的、私法自治的制度发挥着作用。

（二）代理制度的适用范围

民法上代理制度的使用，限于作出意思表示和受领意思表示，仅适用于法律行为。因此，准法律行为（例如催告、迟延通知）可以类推适用，对于事实行为，例如占有、拾得遗失物以及侵权行为，则不能适用代理制度，而应该分别适用占有辅助人、用人单位的侵权责任等制度。

就法律行为而言，并非一切法律行为均可适用代理，身份行为如结婚、离婚、遗嘱等，因须尊重本人意思，不许代理。

四、代理的种类

（一）意定代理、法定代理与指定代理

根据代理权产生的根据不同，可将代理分为意定代理、法定代理与指定代理。

意定代理，又称委托代理或授权代理，是指基于被代理人的授权而取得代理权的代理。通常情况下，意定代理权产生的根据是委托合同，但委托合同的成立和生效并不当然产生代理权，只有委托人作出委托授权的单方行为，代理权才发生。另外，劳动合同关系、合伙关系、职务关系等，也可以作为意定代理权授权的根据。

法定代理，是基于法律的直接规定而取得代理权的代理。法定代理主要是为无民事行为能力人或限制行为能力人设定代理人的方式。《民法通则》第14条规定："无民事行为能力人、限制民事行为能力人的监护人是他的法定代理人。"

指定代理，是指基于法院或有关机关的指定行为而取得代理权的代理。关于指定代理是否为一种独立的代理类型，理论上有争议。有学者对此持肯定态度[①]；也有学者认为，指定代理只是法定代理的一种特殊形式，不能与意定代理和法定代理相提并论。本书认为，法定代理人的代理权限依法确定，而指定代理中，存在着法院或有关机关限定代理权限范围的可能。因此，应当将指定代理作为独立的一种代理类型。

（二）内部授权与外部授权

根据代理权授予表示的对象不同，可将代理分为内部授权和外部授权。

内部授权，是指被代理人向代理人作出授权的意思表示所形成的代理；外部授权，是指被代理人向法律行为的相对人作出授权的意思表示所产生的代理。区分内部授权和外部授权的意义有三：其一，认定代理权的范围时，内部授权应以代理人了解的观点予以认定，外部授权应以相对人了解的观点予以认定；其二，代理权授

---

① 参见王利明：《民法总则研究》，中国人民大学出版社2003年版，第619页；魏振瀛主编：《民法》，北京大学出版社、高等教育出版社2000年版，第173页。

予行为有瑕疵需要撤销时，如发生重大误解、受欺诈或胁迫的，内部授权应以代理人为对象提出撤销，外部授权应以第三人为对象提出撤销；其三，外部授权后，被代理人向代理人表示限制代理权、撤回授权的，不得以之对抗善意的第三人，但第三人因过失而不知限制或撤回的除外。

（三）概括代理与限定代理

根据代理权限范围的不同，代理可分为概括代理与限定代理。

限定代理，又称总括代理、无限代理、全权代理或一般代理，是指代理权范围及于代理事项的全部的代理；限定代理，又称部分代理、特别代理或有限代理，是指代理权被限定在一定范围或一定事项的某些方面的代理。在实践中，如未指明为特别代理的则为概括代理。

（四）单独代理与共同代理

根据代理权是属于一人还是数人代理为标准，代理可分为单独代理与共同代理。

单独代理，是指代理权属于一人的代理。无论是意定代理，还是法定代理或指定代理，均可为单独代理。至于被代理人的人数在所不问，代理人既可以是一人，也可以是数人，但数人分别享有代理权、各自独立行使代理权，互不干涉。例如，甲为购买某绝版图书，分别授权乙、丙、丁代为购买，三个代理人虽从事同一事项，但分别享有代理权、独立行使代理权。

共同代理，是指两个或两个以上的代理人共同行使一个代理权的代理。所谓共同行使，是指代理权平等地归属于数个代理人，由数个代理人共同享有，只有经全体代理人的共同同意，才能行使代理权，所实施的行为是全体代理人的共同行为；如果因实施该代理行为而给被代理人或第三人造成了损失，应由全体代理人共同负责；如果其中一个或数个代理人未与其他代理人协商同意而行使代理权的，该代理行为无效，给被代理人造成损失的，由实施行为的代理人承担民事责任。共同代理与数人代理不同。数人代理，又称各自代理或集合代理，是指数个代理人可以单独行使代理权的代理①，本质上仍为单独代理。

（五）本代理与复代理

根据代理人的选任者的不同，代理可分为本代理与复代理。

本代理，是指代理人由被代理人选任或者依照法律规定而产生的代理。

复代理，又称再代理或多层次代理，是指代理人基于复任权而选任的代理人所实施的代理。复代理，作为多层次代理，必须以本代理的存在为基础。对于复代理人的选任，由代理人以自己的名义，而非以被代理人的名义选任或者被代理人自行选任，但选任的复代理人是被代理人的代理人，而不是本代理人的代理人。代理人为被代理人选任复代理人后，其代理权并不消灭，原代理关系仍然存在，有关权利义务仍应继续履行，并对复代理人的行为负有指导、监督的责任。由于复代理以本

---

① 参见郑玉波：《民法总则》，中国政法大学出版社 2003 年版，第 409 ~ 410 页。

代理为基础，因此复代理权的权限范围不得大于原代理权。

复代理人的选任，要求代理人享有复任权。就法定代理人而言，其代理权具有概括性，通常不得辞去代理职务，不能完成又不允许选任复代理人，于理不合。因此，法定代理人原则上具有复代理权。对于意定代理而言，因为意定代理发生的基础是特定当事人之间的信任关系，意定代理人原则上没有复任权。意定代理人选任复代理人，应当获得被代理人的授权，此种授权既可以是事前同意，也可以是事后追认。此外，在紧急情况下，为了保护被代理人利益，代理人享有复任权，可以转托他人代理。

【案例分析 8-1】

张甲所种的杏今年获得了大丰收，他每天都要摘一车杏拉到市里去卖。有天夜里，张甲的儿子突然生病，第二天早上，张甲找到本村的运输专业户王乙，二人商量，由王乙拉上张甲的五十箱杏，拉到市里随行就市卖掉，卖完抽5%给王乙做报酬。于是王乙把张甲的五十箱杏装上车，拉到市里去卖。不想，车行中途，天降大雨，道路泥泞不堪，王乙的车陷入一大坑中无法继续往前进。适逢同村的赵丙开车经过此地，王乙怕车在坑中一时半会出不来，担心杏卖不出去，于是赶紧拦住赵丙，请他帮忙把杏拉到市里卖掉。赵丙把杏拉到市里已是下午，批发高峰已过，赵丙看到杏是熟透的，担心捂的时间一长会烂掉，于是降价1/3出售。事后王乙把赵丙交的杏款扣除5%给了张甲，张甲一算自己损失几百元，便认为王乙擅自让赵丙卖杏，造成自己损失过多，因此王乙不该再拿5%的报酬，而且应赔偿自己的损失。王乙则称杏是赵丙降价处理的，只能怪赵丙，讲好给自己的5%报酬不能少。为此，张甲诉至法院。王乙委托赵丙卖杏的行为是否有效？张甲的损失由谁承担？

委托代理人为被代理人的利益需要转托他人代理的，应当事先征得被代理人的同意。事先没有取得被代理人同意的，应当在事后及时告诉被代理人，如果被代理人不同意，由代理人对自己转托人的行为负民事责任，但在紧急情况下，为了保护被代理人的利益而转托他人代理的除外（《民法通则》第68条）。所谓紧急情况，是指由于急病、通讯联络中断等特殊原因，委托代理人自己不能办理代理事项，又不能与被代理人及时取得联系，如不及时转托他人代理，会给被代理人的利益造成损失或者扩大损失的情况（《民通意见》第80条）。本案中，王乙作为张甲的委托代理人，本应亲自完成代理事务，但由于发生意外情况，使其无法及时履行代理职责，在这种情况下，王乙转托赵丙代卖杏，完全是为了张甲的利益，否则，熟透的杏很快就会捂烂，会给张甲造成更大的损失，而且，在当时的情况下，王乙根本无法及时和张甲取得联系，所以，即使张甲事前不知道，事后予以反对，但王乙转托赵丙的这一转托代理行为仍然有效，张甲的损失也应由张甲自己承担。

（六）积极代理与消极代理

以代理人是作出意思表示还是受领意思表示为标准，可将代理分为积极代理与消极代理。

积极代理，又称能动代理，是指代理人以被代理人的名义向相对人作出意思表示，例如向相对人作出出租房屋的意思表示。消极代理，又称被动代理或受动代理，是指代理人以被代理人的名义受领相对人意思表示的代理，例如，接受相对人作出的愿以承租房屋的意思表示。区分积极代理与消极代理的意义在于，代理人地位确定的标准不同。在积极代理中，代理人地位的确定取决于代理人自身，代理人应当以被代理人的名义作出意思表示，以使相对人明确该意思表示的法律效力归属于被代理人。在消极代理中，代理人地位的确定取决于相对人，相对人如果是针对其代理人身份而作出表示，则法律效果归属于被代理人；如果相对人并非针对其代理人身份而为意思表示，即不构成代理。例如，甲自行车行同时也承接了乙的代售业务，丙如果向甲表示要购买贴有代售标签的自行车，甲受领意思表示则属于消极代理；如果向甲表示要购买未贴有代售标签的自行车，甲受领意思表示则不属于代理行为，而属于自己行为。

第二节 代 理 权

一、代理权的概念及其本质

代理权，是指代理人基于被代理人的意思表示或法律的直接规定，能够以被代理人的名义为意思表示或者受领意思表示，而其法律效果直接归属于被代理人的法律资格。

代理权是代理制度的核心和基础，但关于代理权的本质，理论上存在着很大的争论，主要有以下主张：（1）否认说。该说为法国学者首先提出，其理由是，代理不过是特定法律关系如委托合同关系的外部效力，并非独立的制度，也不存在代理权。受此影响，《法国民法典》并未规定严格意义上的代理制度。由于这种学说未认识到代理和委托之间的区别，现在已无学者主张。（2）权利说，即认为代理权是一种民事权利。但属于何种权利，则又有争论，有的认为是形成权，有的认为是财产管理权，还有人认为是基于民事权利能力的特殊权利，也有人认为是一种非独立性的权利。该说在我国也很少有学者主张，理由主要在于，权利通常与利益相联系，而代理权并不包含任何利益。在无偿代理中，代理人行使代理权，并不获得任何物质的利益。在有偿代理中，代理人是依据委托合同而取得报酬的。（3）权力说，即认为代理权是一种权力—义务关系，代理人被授予改变被代理人与第三人之间法律关系的权力，被代理人承担接受这种被改变了的关系的相应义务。代理人的权力不是由被代理人授予的，而是由法律授予的，只是由于被代理人和代理人的行为使法律规则发生作用，其结果是代理人得到了这种权力①。民事主体之间的法律地位是平等的，当事人之间不可能存在任何权力关系，因此我国学者多不赞同这一学说。（4）资格说，该说为我国学界当前通说，认为代理权是一种从事代理行为的资格或地位。代理权从本质上看并非一种权利，因为代理人行使代理权不是为了自己的利益，而是为了被代理人的利益；代理权在内容上包含了一定的义务，但这种义务与纯粹的民事义务不完全相同，我们一般更多地称其为一种职责。

二、代理权的取得

（一）代理权取得的根据

代理权的取得，要基于一定的事实根据。法定代理人取得代理权的根据是法律的直接规定，例如《民法通则》第 12 条的规定；指定代理人取得代理权的根据是人民法院或有权机关的指定行为（《民法通则》第 21 条）；意定代理人取得代理权的根据是被代理人授权的单方法律行为，即授权行为。

（二）授权行为

授权行为，是以发生代理权为目的的单方法律行为。代理权因被代理人的单方意思表示即可发生，无须代理人或者第三人的承诺，也不必因此使代理人负担义务。

1. 授权行为与基础关系

授权行为作为单方法律行为，有单独作出的，也经常存在与其基础关系相结合的情形，例如在委托合同、合伙合同、劳动合同、承揽合同中直接载明代理权授予的内容。因此，授权行为与其基础关系之间的关系如何，是否以基础关系有效存在为前提，在理论上存在不同的观点：第一，无因说。该说认为，授权行为与其基础法律关系是代理人与被代理人之间的内部关系，第三人无法知晓，授权行为与基础关系相互独立，基础关系无效、撤销等，并不影响授权行为的效力，《德国民法典》基本上采纳了这一学说。第二，有因说。该说认为，授权行为基于基础法律关系，从属于基础关系，如基础关系无效或经撤销后，则授权行为亦因此而消灭②。

我国《民法通则》对此未作明确规定，本书认为，从平衡保护被代理人与第三人的利益出发，我国民事立法可采有因说，但涉及善意第三人利益的保护时，善意第三人可依表见代理规则主张权利。

2. 授权行为的形式

授权行为是非要式行为，既可采书面形式，亦可采口头形式，如果有法律规定必须用书面形式的，应当采用书面形式（《民法通则》第 65 条第 1 款）。授权行为可以采取明示的方式，也可以采取可推断的行为作为授权方式，如在某人受雇于从

---

① 参见梁慧星：《民法总论》，法律出版社 2007 年版，第 217 页。
② 参见郑玉波：《民法总则》，中国政法大学出版社 2003 年版，第 415 页。

事某项通常与代理权联系在一起的行为，而且没有特别排除其代理权时，即存在此种授权，如某人被聘为售货员。但是，对于委托授权是否可以通过默示（不作为）的方式作出，理论上存在争论。我国《民法通则》第66条第1款规定："本人知道他人以本人名义实施民事行为而不作否认表示的，视为同意。"这一规定是否承认了以默示方式作出的授权行为，有学者认为该规定构成了默示授权。绝大多数学者认为，此规定并不意味着沉默可作为授权的方式，只是表明在上述情况下可构成表见代理。

（三）授权不明的责任

授权不明，即授权的的意思表示不明确，包括是否授权不明确，授权的具体事项、范围和权限不明确以及授权期限不明确等各种情形。授权不明，既可能发生在书面授权行为中，也可能发生在口头授权行为中，我国《民法通则》第65条第3款仅对书面授权不明的问题作出了规定，而未对口头授权不明作出规定。

书面授权不明时，被代理人应当向第三人承担民事责任，代理人负连带责任（《民法通则》第65条第3款）。对此规则，理论上多认为不妥，理由在于，授权委托的行为是单方法律行为，授权委托不明实质上是委托人关于授权的意思表示存在某种缺陷，而这种缺陷是由于委托人单方面的过错所致，况且委托人在经济上往往处于优势，代理人进行代理活动是为了被代理人的利益，有时还是无偿代理。因此，一概规定此种情形下，代理人与被代理人对第三人负连带责任并不公平。本书认为，应该区分无偿代理和有偿代理，在无偿代理中，应当由被代理人对第三人承担责任；在有偿代理中，一般亦应由被代理人对第三人承担责任，如代理人有重大过失的，应负连带责任。

三、代理权的行使

（一）代理权行使的原则

1. 应在代理权限范围内行使代理权

代理权行使的法律效果归属于被代理人，而只有在代理权限范围内的行使，才符合代理权授予的目的。在法定代理中，代理权的范围应依照法律规定；在指定代理中，应依照指定行为及其目的确定；在意定代理中，应依授权行为予以确定。如果代理权的行使超出授权范围，要么违背被代理人利益保护的规范宗旨，要么违反被代理人的意思。因而，代理人只有在代理权限范围内进行的民事活动，其法律效果才直接归属于被代理人。代理人超越或变更代理权限所为的行为，非经被代理人追认，对被代理人不发生法律效力，而由此造成被代理人的经济损失，代理人还应承担赔偿责任。但是，被代理人委托事项违法时，代理人应拒绝代理，否则代理人和被代理人应负连带责任（《民法通则》第67条）。

2. 行使代理权应尽谨慎和勤勉义务

为实现和保护被代理人的利益，代理人在行使代理权时，应尽到职责所要求的谨慎和勤勉义务。首先,代理人必须认真工作,从被代理人的利益出发,尽相当的注意义务。在无偿代理中,代理人在行使代理权时,必须尽与处理自己事务同样的注意义务;在有偿代理中,代理人应尽善良管理人的注意义务。其次,代理人应当亲自行使代理权。在法定代理中,代理人为了被代理人的利益可转托他人代理;在指定代理中,除经指定机关同意,代理人应亲自行使代理权;在委托代理中,非经本人同意或有不得已的事由,代理人不得转委托第三人代替自己行使代理权。再次,代理人应尽报告与保密的义务。代理人行使代理权未尽到职责所要求的谨慎和勤勉,即不履行职责,给被代理人造成损害的,代理人应承担民事责任(《民法通则》第66条)。

3. 行使代理权应维护被代理人的利益

代理人应从维护被代理人的利益出发,争取在对被代理人最为有利的情况下完成代理行为。判断代理人行使代理权是否维护了被代理人利益的标准,因代理的种类不同而不同。对于委托代理,其标准为是否符合被代理人的主观利益,即是否尊重本人的意思;对于法定代理和指定代理,其标准为是否符合被代理人的客观利益,即是否客观上有利于本人。

(二)行使代理权的限制——禁止滥用代理权

代理人应在代理权限范围内,为了维护被代理人的合法权益行使代理权,同时法律禁止代理人滥用代理权。代理权的滥用,是指违背代理权的设定宗旨和代理行为的基本准则,有损被代理人利益而行使代理权的行为。构成代理权的滥用应具备以下四个要件:(1)代理人有代理权;(2)代理人实施行使代理权的行为;(3)代理人行使代理权的行为违背代理权的设定宗旨和基本行为准则;(4)代理人的代理行为有损被代理人的利益。常见的滥用代理权的行为主要有以下几种:

1. 自己代理

自己代理,这是指代理人以被代理人的名义与自己进行法律行为,包括以本人的名义对自己为意思表示,或以代理人身份受领自己本身的意思表示。例如,甲委托乙购买二手电脑,乙则以甲的名义与自己订立买卖合同,将自己的电脑卖于甲。自己代理中,代理人自身利益与被代理人利益必定发生冲突,为防范代理人厚己薄人,甚至损害被代理人利益,所以法律原则上禁止自己代理行为。但是,如果自己代理获得被代理人同意,或者仅为履行债务的行为,可以例外承认其有效。

2. 双方代理

这是指代理人一身而同时兼任双方当事人的代理人。例如,甲授权乙出售自己房屋,丙授权乙购买房屋,乙即以甲丙双方名义订立买卖合同。与自己代理相同,双方代理中也涉及不同主体之间的利益在代理人处发生冲突,代理人难以保证不会厚此薄彼,损害被代理人利益。所以,双方代理通常为法律所禁止。同样,征得了本人同意或专为履行债务的双方代理，可以例外承认。

3. 代理人与第三人恶意串通，损害被代理人利益

所谓恶意串通，是指代理人与第三人有共谋侵害被代理人合法权益的行为。这类行为因欠缺合法性而无效（《民法通则》第 58 条），同时也严重违背了代理制度的信任基础，属于滥用代理权的极端表现。为了保护被代理人的利益，代理人与第三人因此而给被代理人造成的损失应负连带责任（《民法通则》第 66 条）。

【案例分析 8-2】

王甲和刘乙系邻居，两家关系很好。因业务需要，王甲被单位派往设在海口的办事处工作，临走拜托刘乙照看自己的房屋及物品。夏天来临，王甲从海口给刘乙打电话，称其在海口买了一台分体式空调，家里原来的窗式空调不要了，请刘乙帮忙以合适的价格卖掉。刘乙的同事李丙听说此事后，表示想买下这台窗机，但他不愿多出钱，李丙就对刘乙说："你给王甲打个电话，就说空调的制冷机坏了，要想快点出手就得降低价格。"刘乙觉得自己和李丙是同事，不答应他会影响今后的关系，况且他有许多事要求着李丙，于是就按李丙的意思给王甲打了电话，王甲说既然制冷机坏了，降价就降价吧。于是，刘乙就以 500 元的价格把空调卖给了李丙。过了一阵，王甲从海口回来，听人说了卖掉窗式空调的真相，王甲非常生气，找到李丙，要求李丙返还空调。

王甲能否要求李丙返还空调，以空调的买卖行为效力为决定性前提：如果空调买卖行为合法有效，则王甲不得要求李丙返还空调；否则，如果空调买卖行为存在瑕疵而无效，则王甲可以据此要求返还。空调买卖行为中存在的瑕疵核心体现在刘乙的代理权行使存在瑕疵。本案中，刘乙为了和李丙搞好关系，就答应李丙的要求，谎称制冷机坏了，以过低的价格把空调卖给李丙，这实际上是刘乙和李丙恶意串通损害王甲利益的行为，属于代理权滥用的情形，根据《民法通则》第 58 条的规定，属于无效行为。因此，王甲可以据此要求李丙返还空调，如果王甲还有其他损失，刘乙、李丙应负责赔偿。

四、代理权的消灭

（一）代理权消灭的原因

1. 意定代理权消灭的原因

意定代理消灭的原因大致有以下几种：（1）代理期限届满或者代理事务完成。（2）被代理人撤回委托或者代理人辞去委托。（3）代理人死亡。（4）代理人丧失民事行为能力。（5）作为被代理人或者代理人的法人终止。（6）被代理人死亡。意定被代理人死亡，代理人失去被代理的对象，但是，存在下列情形的，代理权依然有效存在：①代理人不知道被代理人死亡的；②被代理人的继承

人均予以承认的；③被代理人与代理人约定到代理事项完成时代理权终止的；④在被代理人死亡前已经进行、而被代理人死亡后为了被代理人的继承人的利益继续完成的。此外，基于合伙、承揽、企业内部组织关系或劳动关系所产生的委托代理权，原则上随其基本法律关系的消灭而消灭，但合同另有约定或者法律另有规定者不在此限。

2. 法定代理权消灭的原因

法定代理权消灭的原因有：（1）被代理人取得或恢复民事行为能力；（2）被代理人或代理人死亡；（3）代理人丧失民事行为能力；（4）指定代理的人民法院或指定单位取消指定；（5）由其他原因引起的被代理人和代理人之间的监护关系消灭(《民法通则》第70条)。

（二）代理权消灭的效力

代理权的消灭，意味着代理人代理资格的丧失。在代理权消灭后，原代理人如果仍以本人名义所为的代理行为，为无权代理。但是，代理权的消灭，不得对抗善意第三人；如果第三人因过失而不知其事实者，不在此限。

在委托代理中，在代理权消灭或撤回时，代理人应将授权证书交还给授权者，不得留置。被代理人也有权要求原代理人交还授权证书。违反此项义务，致被代理人遭受损失的，代理人应负赔偿责任。代理人如果拒绝交还授权证书时，理论上认为，被代理人可以采取公告声明的方式宣告授权书无效。

第三节　无权代理与表见代理

一、无权代理的概念与特征

无权代理，是指没有代理权的人以代理人的名义实施的法律行为。无权代理有广义和狭义之分，广义的无权代理包括表见代理和狭义无权代理。表见代理，是指没有代理权，但具有代理权存在的外观，足以使相对人相信其具有代理权的无权代理，表见代理中，本人应承担授权责任。狭义无权代理，是指没有代理权，也没有使他人相信为有代理权的授权表征的无权代理。本节所称的无权代理，为狭义的无权代理。

无权代理具有以下特征：

（1）行为人以他人的名义实施法律行为，独立地对相对人作出或受领意思表示，并将其行为的法律效果归属于他人。无权代理中的以他人名义实施法律行为，应与冒名行为予以区别。假冒他人名义的，如相对人意在与被冒名的人发生法律关系时，原则上应类推适用无权代理，例如甲冒某明星乙之名向该明星的崇拜者丙订购某画，丙本不欲出售该画，但因慕乙之名而同意出售。如果相对人对交易对象并无特别要求，例如某知名作家为避免干扰，以其弟弟之名租赁房屋，则不适用无权代理，该法律行为仍然有效。①

（2）行为人就所实施的代理行为不具有代理权。无代理权包括未经授权、超越代理权和代理权已终止三种情况。对于代理权问题有争议时，行为人有义务证明其有代理权，但在本人或者相对人主张代理权已终止时，主张代理权终止者负举证责任。

（3）无权代理的行为属于效力未定的法律行为。由于无权代理的行为欠缺的要件为被代理人授权这一程序性要件，且该行为未必一定对本人或相对人不利，为了维护交易安全和保护善意第三人的利益，无权代理行为是效力未定的法律行为，在经过本人追认的情况下，无权代理就变成了有权代理，能产生代理的法律效果；表见代理也能发生代理的法律效力。

无权代理与滥用代理权不同，滥用代理权是以有代理权为前提，而无权代理是没有代理权。也有学者认为，自己代理、双方代理等滥用代理权的行为构成无权代理，理由是代理人根本就没有实施自己代理、双方代理的代理权。② 另外，滥用代理权的行为一般属于无效法律行为，而无权代理行为属于效力未定的法律行为。

【案例分析 8-3】

　　A 公司经销健身器材，规定每台售价为 2000 元，业务员按合同价 5% 提取奖金。业务员王某在与 B 公司洽谈时提出，合同定价按公司规定办，但自己按每台 50 元补贴 B 公司。B 公司表示同意，遂与王某签订了订货合同，并将获得的补贴款入账。后 A 公司发现王某的行为，认为王某扰乱了公司定价，向 B 公司主张王某属于无权代理，该买卖合同无效，要求 B 公司补足差价，B 公司不同意，双方发生纠纷。

　　本案的关键在于，业务员王某的行为是否构成无权代理，如果属于无权代理，则买卖合同为效力未定的法律行为；如果不属于无权代理，则买卖合同确定有效。就订货合同的签订而言，王某按照公司规定的售价出售健身器材，是基于劳动关系或者雇佣关系而取得的代理权，代理权不存在瑕疵。就业务员王某的补贴行为而言，在法律性质上属于对自己未来预期收入的事先处分，并未涉及 A 公司与 B 公司之间买卖合同中的权利义务，因此不构成无权代理。如果王某违反公司规定，每台降价 50 元，则本质上属于无权代理行为，如 B 公司有理由相信其有此权利或者 A 公司经理知晓而未表示反对的，则属于表见代理。

---

① 王泽鉴：《民法总则》，北京大学出版社 2009 年版，第 356 页。
② ［日］山本敬三：《民法讲义 1》，解亘译，北京大学出版社 2004 年版，第 237 页。

二、无权代理的效力

无权代理行为是一种效力未定的法律行为，一旦经被代理人追认，就能产生有权代理的法律效果。当然，为了及时解决悬而未决的权利义务关系，平等地保护被代理人和善意相对人的合法权益，相对人有催告权与撤回权。

（一）被代理人的追认权

被代理人的追认权，是指被代理人对无权代理行为事后承认其效力的权利。追认的意思表示，属于有相对人的意思表示，可以向无权代理人或相对人作出。追认的意思表示，可以明示也可以默示。如果被代理人已经开始履行合同义务的，视为对合同的追认（《合同法解释（二）》第12条）。相对人催告被代理人为追认的意思表示时，追认的意思表示只能对相对人为之。如果行为人实施了多项无权代理行为，被代理人可以追认其中的一项或数项，但对某一项无权代理行为的追认应当是概括的，不能只追认其利益的方面而不追认不利益的方面。行使追认权的法律后果是使无权代理的效力由不确定状态变为确定状态，追认的意思表示自到达相对人时生效，代理行为自立时起生效（《合同法解释（二）》第11条），发生与有权代理一样的效力。

（二）相对人的催告权与撤销权

为尽快确定无权代理行为的法律效力，避免长期处于效力悬而未决的状态，同时为了平衡被代理人与相对人的利益，相对人享有催告权和撤销权。

行使催告权的意思表示应当向被代理人作出，当被代理人为无民事行为能力人、限制民事行为能力人时，应当向其法定代理人为之。相对人可以催告被代理人在一个月内予以追认，被代理人未作表示的，视为拒绝追认。相对人行使撤销权的意思表示应当在被代理人追认之前作出，该意思表示可向本人或无权代理人为之。

（三）无权代理人的责任

无权代理的行为如果得不到被代理人的追认，无权代理行为的效力即不能归属于被代理人，由无权代理人对相对人负责（《民法通则》第66条第1款，《合同法》第48条）。

无权代理的行为如果给被代理人造成了损害的，无权代理人应对被代理人承担赔偿责任。

三、表见代理

（一）表见代理的概念与意义

表见代理，又称表现代理、表示代理，是指行为人虽无代理权，但由于被代理人的原因使善意相对人客观上有理由相信行为人具有代理权，而与其为法律行为，该法律行为的后果直接由被代理人承担。

表见代理属于广义的无权代理，但是相对人有足够的理由相信代理人有代理权，而且这种表面上存在代理权的现象是由于被代理人的原因，包括作为和不作为的原因导致的。为了保护善意第三人的利益，维护交易的安全，该法律行为的效力应当归属于被代理人。

（二）表见代理的构成要件

1. 行为人没有代理权

表见代理的基本属性，是无权代理，包括没有代理权、超越代理权或代理权已终止。如果代理人享有代理权，则为有权代理，不发生表见代理的问题。

2. 有使相对人相信行为人有代理权的事实和理由

相对人有理由相信行为人有代理权的事实，是表见代理成立的客观要件，即存在该无权代理人有被授予代理权的外表或假象。判断是否存在这种外表或假象，应考虑以下几个方面的因素，如特定的场所、无权代理人与本人的关系、无权代理人是否从事了与其职责相关的行为、本人对无权代理行为的发生所起的作用、无权代理人在与相对人实施法律行为时宣称其有代理权的根据。①

3. 相对人主观为善意且无过失

表见代理，以保护善意相对人为其宗旨，如果相对人并非善意，则与制度宗旨相背离，表见代理没有成立的必要。此外，相对人对其相信行为人有代理权不应存在过失，对于过失的判断，应当综合考察无权代理行为时的情况全面进行。在时间上，应以相对人与行为人从事法律行为时的主观状态为准，行为时为善意无过失即可满足该项要件。至于相对人于代理行为完成后，知道或应当知道代理人欠缺代理权，并不溯及既往地影响表见代理的成立。相对人知道行为人没有代理权、超越代理权或者代理权已终止，还与行为人实施民事行为的，不仅不构成表见代理，而且如果给他人造成损害的，还应与行为人负连带责任（《民法通则》第 66 条第 4 款）。

4. 相对人基于信赖与无权代理人成立法律行为

相对人即使信赖了代理人有代理权的表现，但未基于该信赖而与代理人成立法律行为，则不存在保护善意第三人的基础，也就不存在表见代理的问题。也有学者主张，相对人与无权代理人所成立的法律行为，应当具备法律行为的其他有效要件。② 本书认为，表见代理的效力在于被代理人不得以行为人无代理权对抗善意相对人，至于表见代理行为是否因重大误解、受欺诈与胁迫甚至违反法律强制性规定，而存在效力瑕疵，则不属于表见代理成立本身的问题，应适用法律行为效力瑕疵的相关规则。

（三）表见代理的类型

1. 授予代理权的表见代理

授予代理权的表见代理，也称为表见授权的表见代理，是指被代理人以其行为

---

① 参见王利明：《民法总则研究》，中国人民大学出版社 2003 年版，第 664～667 页。

② 魏振瀛主编：《民法》，北京大学出版社、高等教育出版社 2010 年版，第 188 页。

表示授予行为人代理权,但实际上并未授予代理权,相对人不知或非因过失而不知行为人无代理权。授予代理权的表见代理,可以是被代理人以意思表示向相对人表示授予行为人代理权,例如甲公司通知乙公司授权丙为甲公司的代理人,但事实上由于甲和丙之间的劳动合同未成立而未实际授予代理权。另外,授予代理权的表示也可以是通过行为推断的,例如在实践中主要表现为,无权代理人持有被代理人出具的授权委托书、单位印章、介绍信或者空白合同。但是,盗用或者伪造的上述证明材料,则不属于表见代理。

【案例分析8-4】

张某系甲商贸公司员工,曾长期代表甲商贸公司以采购员身份与乙家电生产厂家进行购销家电活动。1998年3月,张某因严重违反公司的规章制度被甲商贸公司开除。但是,甲商贸公司并未收回给张某开出的仍然有效的介绍信和授权委托书。张某凭此介绍信以甲公司的名义又与乙家电厂家签订了10万元的家电购买合同,并约定在交货后一个月内付款。乙家电厂家在与张某签订合同时,并未得知张某已被开除一事。乙家电厂家在向张某交货一个月后,张某仍未付款,也不知其下落。乙家电厂家于是向甲商贸公司要求支付10万元货款,甲商贸公司以张某已被开除与其无关为由拒绝支付,双方发生争执。张某的行为属于什么性质的行为?甲商贸公司是否应承担支付货款的责任?

张某的行为属于表见代理。《合同法》第49条规定:"行为人没有代理权、超越代理权或者代理权终止后以被代理人名义订立合同,相对人有理由相信行为人有代理权的,该代理行为有效。"本案中,张某被甲商贸公司开除后,实际上代理权已经终止,但甲商贸公司却并未收回介绍信和授权委托书,也未通知乙家电厂家。乙家电厂家在善意、无过失的情况下与张某签订了合同,符合表见代理的构成要件,属于表见代理。

甲商贸公司应承担支付货款的责任。依据《合同法》的有关规定,表见代理订立的合同有效,在本人与相对人之间产生法律效力,本人应受合同效力的约束。因此,甲商贸公司应承担向乙家电厂家支付10万元货款的责任。

2. 容忍授权的表见代理

无权代理人与相对人实施无权代理行为,被代理人知道,虽有机会干涉或阻止而不表示反对,依诚实信用原则或交易习惯,第三人从被代理人的不作为、容忍行为中,足以合理推出被代理人曾经授予代理权的,构成容忍授权的表见代理。

3. 代理权继续存在的表见代理

代理权继续存在的表见代理,是指代理人原来享有某种范围的代理权,之后因为本人限制代理权的范围、撤回代理权的授予等原因,使原有代理权全部或部分归于消灭，相对人非因过失而不知代理权消灭的表见代理。

由于代理权的授予与代理权的限制或撤回，不必以同一方式为之，即外部授权可以通过向代理人表示而限制、撤回，由此可能导致第三人误以为代理人仍有代理权。其中，本人嗣后限制代理人一部分代理权的，如原本授权购买房屋即配套家具，之后限制代理人仅能购买房屋的，此时如代理人行使购买家具的代理权，即构成表见代理，学理上也称作逾越代理权的表见代理。如果本人嗣后将全部代理权撤回，则代理人没有任何代理权，如果代理人行使已经消灭的代理权而构成表见代理，理论上称为撤回代理权的表见代理。

（四）表见代理的法律后果

表见代理的法律后果应归属于本人承受，其内容是对于善意且无过失的第三人履行代理行为所生的义务和享有代理行为所生的权利。当然，如果被代理人因此而蒙受损失的，他可根据无权代理人过错的大小请求其补救或追偿。

表见代理究其实质仍为无权代理，只是为保护善意第三人而将其拟制为有权代理，因此善意相对人当然可以放弃此种利益，而选择主张无权代理，要求代理人承担法律责任。据此，表见代理中善意相对人享有选择由代理人或者被代理人承担责任的选择权，法院不得依职权认定表见代理，否则无异于剥夺善意相对人的选择权。善意相对人选择主张无权代理，而由代理人承担责任的利益考量在于，代理人可能较之于被代理人有更强的支付能力，更有利于其权利的实现。

【本章思考题】

1. 试述代理的分类。
2. 试析代理权的性质。
3. 试述代理权行使的限制。
4. 试述复代理在代理制度中的体系地位。
5. 间接代理关系消灭的原因有哪些？

第九章　民法上的时间

☞ **本章导读**

　　民法对法律事实和法律关系的时间属性予以规范就是民法上的时间规范。民法上的时间规范包括两个方面，一方面表现为时间的直接形态，即期日与期间，另一方面表现是时间的经过与法律事实、法律关系相结合，发生特定的法律效力，即时效制度。

第一节　期日与期间

一、期日

（一）期日的概念

　　期日，是指民法上不可分或视为不可分的一定时点，是时间的静止状态。例如，5月1日下午3点、10月10日等。所谓不可分，并非属于意义上的不可分，应当根据交易习惯、生活观念予以确定，而不能理解为数学上的点，它可以有实际的长度，但在观念上被视为确定的时间点。例如，10月10日从零时起至24时终了，但当事人约定10月10日交付定金，则将其在交易观念上作为一个确定的时间点，而不考虑从零时至24时的时间经过。因此，期日不一定是日，可以是日、月、年，也可以是时、分、秒等。

　　期日有附属于期间的期日和独立期日之分。独立期日，与期间无关，这种情形的期日，本身具有独立的法律意义，例如出生时、成年时、死亡时等。很多情形，期日以附属于期间的形式而存在，具有确定期间的始点和终点的辅助意义。

（二）期日的确定

　　期日的确定，通常是指某一特定的时点，例如于8月15日13时为意思表示，或者在2月14日交付玫瑰花。以日为给付或意思表示的期日时，该日全天视为不可分割的期日，在该日通常营业时间或作息时间内，均可履行给付。当然，违反交易习惯，于凌晨或深夜为给付的，属于对诚实信用原则的违反。

　　以确定期日为意思表示或提出给付的，如果期日为星期日、纪念日或其他法定休假日的，以休假日的次日代替该期日，如果星期日或者其他法定休假日有变通的，以实际休假日的次日代替该期日。

期日也可以可推断的方式予以确定。例如，以月初、月中、月底约定期日的，理论上可以认定为1日、15日和末日。再如约定清明节交付，清明节在公历中每年日期点均不一致，但属于可确定的期日。另外，以周末确定期日的，应依解释方法确定当事人的真意，通常情况下应当依交易习惯确定。

二、期间

(一) 期间的概念

期间，是指期日与期日之间的区间。期间是时间的运动状态，有起始期日和终止期日，例如某年至某年、某月至某月、某日至某日，或某日起若干日、若干月、若干年。期间与期日之间的区别主要在于，在法律上期日被视为不可分割的时点，而期间则被视为一定范围的时段。因此，期间的计算，必然以期日的确定为前提，这也正是我国《民法通则》第154条第3款、第4款将期日的确定规定于期间计算之中的个中缘由。

(二) 期间的计算

1. 期间的计算单位

期间的计算单位，可以是时、分、秒等微小单位，也可以是日、星期、月、年等时间单位。以年、季度、半个月为单位时，我国民法未明确规定这些单位包含的长度。但是，对于当事人约定的期间不是以月、年第一天起算的，1个月为30日，1年为365日。至于其他计算单位，应按照日常生活习惯予以解释，例如，半年应理解为6个月，一季度应理解为3个月，半个月应理解为15日。

2. 期间的计算方法

关于期间的计算方法，在各国立法上有两种：一是自然计算法，即以实际的精确时间来计算，以时、分、秒起算，一日为24小时；二是历法计算法，即以日为单位，以日历所定的日、月、年计算。依我国《民法通则》第154条的规定，我国民法上的期间兼采自然计算法和历法计算法。

关于期间的起点。按小时计算的，从规定的时间开始计算；按日、月、年计算期间的，其开始的当天不计算在内，从下一天开始计算，即次日为期间的起点。

关于期间的终点。期间的最后一天的截止时间为24点；有业务时间的，到停止业务活动的时间截止；如果期间的最后一天是星期日或其他法定休假日的，以休假日的次日为期限的最后一天。

此外，民法中所称的"以上"、"以下"、"以内"、"届满"，均包括本数在内。民法中所称的"不满"、"以外"，则不包括本数在内。例如，16周岁以上，即包括16周岁；不满18周岁，则不包括18周岁。

第二节 时 效 制 度

一、时效的概念与种类

（一）时效的概念

时效，是指一定的事实状态持续地经过法定期间，即产生一定民事法律后果的民事法律制度。

时效的发生，应当具备以下两个方面的条件：（1）一定的事实状态的存在。事实状态，是法律规定的特定事实，而非任何事实状态，例如占有财产、不行使权利等客观情况。（2）该事实状态持续达法定的期间，即占有财产、不行使权利等客观情况不间断地在法定期间内持续存在。事实状态的存在与法定期间的经过二者相结合，即当然发生取得或丧失权利的法律效果，该法律效果因时间的经过而引起，所以称之为时间的法律效力，简称时效。

（二）时效的性质

（1）时效是法律事实。时效的法律效果在于引起权利取得或消灭，是法律关系发生、变更、消灭的法律根据，属于法律事实。

（2）时效是一种状态。时效法律后果的发生取决于一定的事实状态持续经过法定期间，是一定事实状态与一定时间的结合，不考虑当事人的意思，因而时效并非法律事实中的行为。同时，时效又非单纯的事件，如出生、死亡、地震、海啸等，而是行为（包括作为和不作为）与时间经过这一自然状态的结合，因而时效是一种多法律事实的结合，是一种特殊的法律事实构成。

（3）时效具有强制性。时效制度，属于民法上的强制性规定，当事人不得通过约定排除适用，也不得约定对时效期间予以延长或缩短；时效期间的利益，不得预先予以抛弃。当事人关于排除时效适用、变更时效期间或者预先抛弃时效利益的约定，依法当然无效（《最高人民法院关于审理民事案件适用诉讼时效制度若干问题的规定》，以下简称《审理民事案件适用诉讼时效制度若干问题的规定》，第2条）。

（三）时效的种类

依时效的成立要件和法律后果的不同，时效可分为取得时效和消灭时效。取得时效，是指占有他人财产，持续达到法定期间，即可依法取得该项财产权的法律制度。因取得时效成立前提条件的事实状态为占有他人财产，故其又称为占有时效；消灭时效，是指因不行使权利的事实状态经过法定期间，即依法发生权利消灭或权利不受法律保护的法律制度。由于前苏联民事立法规定消灭时效的效力为诉权的消灭，仅涉及诉讼法上的效力，故将其改称为诉讼时效，我国民事立法从之。

二、时效制度的功能

1. 维护社会经济秩序的稳定

时效制度的设置，宏观意义上的功能在于，尊重业已继续的事实状态，即在于社会经济秩序的稳定。民法奉行私法自治，民事权利行使与否取决于权利人的意愿，但是如果权利人可以行使权利而长期不行使，将使当事人之间的权利义务关系长期处于不确定的状态，由此引发事实状态与法律状态的不一致。例如，甲的自行车被同事乙强占，甲于 10 年间一直未向乙主张返还自行车，10 年期间乙一直占有、使用、出借自行车，事实上行使对该自行车的一切权利，甲乙二人在自行车所有权上的事实状态与法律状态完全不一致。在这种不确定的权利义务关系的基础上，又会发生其他权利义务关系。如果不对此种不一致状态予以消除，必然会影响正常的社会经济秩序和交易的安全。为此，法律应适应现实生活的需要，否认旧的关系、确认新的关系，时效制度的设置，就具有满足此种需求的目的。

2. 督促权利人行使权利

时效制度的设置，在微观意义上的作用首先在于促使权利人行使权利。法律不保护权利上的睡眠者，法律借义务人取得权利、权利人丧失权利或不受法律保护的手段，间接达到促使权利人及时行使权利，维护自己的利益，最终达到提高经济效益，推动社会经济发展的法治目的。

3. 避免诉讼上的困难

时效制度的设置，在微观意义上的作用还在于避免诉讼上的困难。一定事实状态的长期存续，随着时间流逝、物是人非，诉讼上查明法律关系的客观真实情况将变得非常困难，即使对于法律事实的证明，也会因为时间过长、证据湮灭，而难以形成新证。如果没有时效制度，不仅法院在处理案件时会陷入困境，当事人在举证方面也会存在巨大负担。时效制度的设置，以时效的法定效力替代证据证明上的困难，即可避免诉讼上的困难。

三、时效制度的立法模式

（一）时效制度的立法例

由于各国的社会政治经济条件、文化传统、立法的指导思想及对民事时效制度的认识等不同，民事时效制度所采取的立法体例也不完全一致。归纳起来，主要有以下几种立法例：

（1）将取得时效和诉讼时效视为一体，作为引起民事法律关系产生、变更或消灭的一个重要法律事实，统一于"时效"这一概念之下，在取得财产的各种方法编或者总则编中设专章加以规定。如法、奥、日等国民法采此立法例。

（2）将取得时效作为所有权及所有权以外的其他物权的取得方法之一，规定在物权编中；基于诉讼时效常发生请求权消灭的效果，而请求权问题又常牵涉民法各编及其他特别法，故在总则中设专章对其加以规定。如德、意等国民法采此立法例。

（3）将取得时效纳入物权编的有关章节中；而基于诉讼时效主要是针对债权而言，故在债法中对其加以规定。如瑞士民法采此立法例。

（4）由于认为长期占有他人财产就可以取得该项财产的所有权，即使这种占有是在公然、和平的方式下进行的，也认为是违反社会主义共同生活准则的，所以否认取得时效制度存在的合理性；又鉴于消灭时效主要是涉及诉权问题，故将消灭时效改称为诉讼时效，并在总则中加以规定。如前苏联民法即采此种立法例。

（5）在英美法系，有些国家通过制定民事单行法的方式对民事时效作专门规定。如英国于1939年就制定了《起诉期限法》，分别就单纯合同、盖印证书、经判决的权利及判决的金钱债权利息、侵权行为、名誉毁损等，规定了起诉期间，逾期不得起诉，然权利本身并不消灭。但土地及有体动产的回复请求权，如经过起诉期间，则权利本身并归于消灭。

（二）我国时效制度的立法

我国现行民事立法，采纳前苏联的立法例规定了诉讼时效制度，而未规定取得时效制度。在未来民法典的制定中是否规定取得时效制度这一问题上，学者间有不同的主张，主要有两种学说：（1）否定说。该说主张不必设立取得时效制度，其理由主要在于，由于财产关系和财产法的发展变化、土地法的独立，以及不动产登记制度、动产善意取得制度的建立，使得取得时效制度没有存在的必要。同时，完善的诉讼时效制度，也能够发挥取得时效制度相同的作用。（2）肯定说。该说主张应当规定取得时效制度。其主要理由是，取得时效制度与诉讼时效制度是完全不同的两种制度，而土地法独立、不动产登记和善意取得制度，均无法替代取得时效制度。

第三节　诉　讼　时　效

一、诉讼时效概述

（一）诉讼时效的概念

诉讼时效，又称消灭时效，是指权利人在法定期间内不行使权利，义务人可以拒绝履行义务的法律制度。

诉讼时效制度作为时效制度的重要组成部分，当然具有时效制度所具有的维护社会经济秩序的稳定、督促权利人行使权利、避免诉讼上的困难的功能。此外，诉讼时效制度设立的宗旨并不在于侵夺权利人的权利，而在于使当事人不要去纠缠于陈年旧账的请求权而给予义务人一种保护手段，使其获得一种对抗长期未行使的请求权的法律工具。换言之，诉讼时效制度是维持社会经济秩序稳定这一目的之手段，而非目的本身。如果权利人因为诉讼时效届满而丧失本无任何瑕疵的请求权，只能视为是权利人向公共利益付出的代价。

（二）诉讼时效与除斥期间

因时间的经过而影响权利的存续与行使，除诉讼时效之外，尚有除斥期间。所谓除斥期间，指权利预定的存续期间，因此又称作预定期间。诉讼时效与除斥期间虽然同属于特定期间内权利不行使而受影响的时效制度，但二者之间有着明显的区别：

1. 立法精神不同

诉讼时效与除斥期间，均旨在维护社会经济秩序，但除斥期间旨在维持继续存在的原秩序，诉讼时效旨在维持新建立的秩序。例如，甲赠与乙一栋房屋（原秩序），在知道乙严重侵害其近亲属时起 1 年内（除斥期间）本可以撤销赠与，使甲自己成为所有权人（新秩序），但其 1 年内未行使撤销权，导致撤销权消灭。该例中，除斥期间的经过，使得原有秩序得以维持。甲房屋所有权人与乙签订房屋买卖合同（旧秩序），甲办理完过户手续，乙取得房屋所有权而未支付价款（新秩序），诉讼时效期间届满后，甲请求乙支付价款，乙以诉讼时效期间届满为由拒绝支付。诉讼时效期间的届满，使得乙不支付价款而取得房屋所有权的新秩序得以维持。

2. 适用客体不同

诉讼时效的客体为请求权，如损害赔偿请求权等，但并非所有请求权均得以适用；除斥期间的客体，为形成权，如撤销权、解除权等，但也并非所有的形成权均设有除斥期间，例如效力未定的法律行为中相对人的催告权、共有物分割请求权等。

3. 期间计算不同

诉讼时效期间是可变期间，可以发生中止、中断、延长，时效期间较长，普通时效期间为 2 年，最长期间达 20 年，短期时效期间为 1 年。而除斥期间为不变期间，不发生中止、中断、延长，且通常较诉讼时效期间更短，多为 6 个月、1 年。

4. 法律效力不同

诉讼时效期间届满的法律效力在于，义务人可以主张诉讼时效抗辩权，但权利人的权利本身并不消灭，且其效力的发生，应由抗辩权人提出，抗辩权人未提出诉讼时效抗辩的，人民法院不应对诉讼时效问题进行释明，也不得主动适用诉讼时效的规定进行裁判（《审理民事案件适用诉讼时效制度若干问题的规定》第 3 条）。除斥期间经过后，权利本身当然消灭，当事人即使不提出主张，人民法院也应当依职权予以调查、适用。

二、诉讼时效的效力

诉讼时效的效力，是指诉讼时效期间届满所引发的法律效果。综观各国立法，主要有三种主张：（1）实体权利消灭说，此种立法将诉讼时效的效力规定为直接消灭实体权利,其代表为《日本民法典》。(2)诉权消灭说,此种立法规定,诉讼时效期间届满,并不影响权利人实体权利本身,仅消灭诉权。根据这种主张,诉讼时效期间届满后的权利,因诉权消灭而不能请求法院强制执行,属于自然债务。其典型代表为《法国民法典》。(3)抗辩权发生主义,这种主张认为,时效完成后,义务人取得拒绝履行的抗辩权,请求权的实体权利与诉权均不消灭。其典型代表为《德国民法典》。

我国《民法通则》就诉讼时效的效力,长期以来存在争议。有学者认为,《民法通则》采取了诉权消灭说,即时效届满,权利人即丧失请求人民法院予以保护的权利。① 也有学者主张,《民法通则》采取的是胜诉权消灭说,即时效届满,权利人丧失请求法院依诉讼程序强制义务人履行义务的权利,即胜诉权。② 胜诉权消灭说曾长期作为我国理论界的通说,但由于胜诉与否为审判活动的结果,而非民法上的固有权利;时效也并非审判程序所仅有,也存在于仲裁、执行及非讼程序中。因此,我国理论界与司法实务部门已经改采抗辩权发生说,这一转变以《审理民事案件适用诉讼时效制度若干问题的规定》的颁行为标志③。

【案例分析 9-1】

2007 年 12 月,胡某因办理出国手续遂向朋友张某借款 3 万元,并约定在出国前将钱还清。但胡某直到 2008 年 7 月 27 日出国,都一直没有还钱。此前张某虽然经常来看望胡某,但也未提还钱事宜。胡某在国外两年与张某也有过联系,但都没有说还钱的事。2010 年 8 月,胡某回国。2010 年 10 月张某因买房急需用钱,胡某当即表示,将全部钱款于月底还清,并在原来的字据上对此作了注明。11 月 5 日,当张某再次来找胡某要钱时,胡某却称,债务已超过两年的诉讼时效,拒绝偿还。张某遂向法院提起诉讼,要求胡某偿还 3 万元的本金和利息。

普通债权的诉讼时效期间为 2 年(《民法通则》第 135 条),根据该规定,民事权利一般在 2 年后法院不再予以保护,债务人可以拒绝履行。本案中,胡某于 2007 年 12 月向张某借的钱,其还款期限为 2008 年 7 月 27 日,此时张某即可行使其权利,诉讼时效已经开始起算,普通诉讼时效期间至 2010 年 7 月 26 日届满。然而,直到 2010 年 10 月张某才第一次向胡某要钱,此时诉讼时效期间实际上已届满。因此,胡某有权提出诉讼时效抗辩,拒绝偿还借款。然而,由于胡某于 2010 年 10 月向张某表示全部钱款将于月底还清,并在原来的

---

① 梁慧星:《民法总论》,法律出版社 2007 年版,第 241 页。
② 寇志新:《民法总论》,中国政法大学出版社 2000 年版,第 270 页。
③ 参见魏振瀛主编:《民法》,北京大学出版社、高等教育出版社 2010 年版,第 193 页;王利明:《民法总则研究》,中国人民大学出版社 2003 年版,第 744～745 页。

字据上对此作了注明，构成了对诉讼时效抗辩权的放弃，则不得再以诉讼时效期间届满为由，拒绝偿还借款(《审理民事案件适用诉讼时效制度若干问题的规定》第22条)。

三、诉讼时效的客体

诉讼时效的客体，即诉讼时效的适用范围，指诉讼时效制度适用于哪些权利。关于诉讼时效客体的立法例，也不尽一致。有的规定为债权，如瑞士民法(《瑞士债务法》第127条)；有的规定为债权及其他非所有权之财产权，如日本民法(《日本民法典》第167条)；有的规定为请求权，如德国民法(《德国民法典》第194条)和我国台湾地区"民法"(第125、126、127条)；有规定为诉权，如法国民法(《法国民法典》第2262条)和前苏俄民法(《苏俄民法典》第44条)。

我国《民法通则》对于诉讼时效的客体未作明确规定，理论上的认识也不并不统一，存在着请求权、财产请求权、债权、财产权等各种不同的主张。本书主张，我国诉讼时效的客体是请求权，但也并非所有的请求权均为诉讼时效的客体。

(一) 债权请求权

债权请求权作为诉讼时效的客体，理论与实践中基本已无争议。主要包括基于合同债权的请求权，基于侵权责任的请求权和基于无因管理、不当得利的请求权等。

但下列债权请求权，不适用诉讼时效的规定：(1) 支付存款本金及利息请求权。(2) 兑付国债、金融债券以及向不特定对象发行的企业债券本息请求权。(3) 基于投资关系产生的缴付出资请求权。(4) 其他依法不适用诉讼时效规定的债权请求权(《审理民事案件适用诉讼时效制度若干问题的规定》第1条第2款)。例如，未授权给公民、法人经营、管理的国家财产受到侵害的，不受诉讼时效期间的限制(《民通意见》第170条)。

(二) 人身权请求权

人身权包括人格权与身份权。因其权利多与公序良俗紧密相关，理论上认为，除财产权色彩较浓的请求权之外，其他均不因时效而消灭。

基于人格权的请求权，例如停止侵害、排除妨害、消除影响、恢复名誉的请求权，因这些基于人格权的请求权不具有财产利益内容，而是与人格权共存，关系到民事主体的人格存续、生存利益及伦理道德问题，如使其因诉讼时效而消灭，将导致某人享有身体健康权却无法排除他人侵害的矛盾现象。因此，理论上认为，停止侵害、排除妨害、消除影响、恢复名誉的请求权不适用诉讼时效制度。基于人格权的请求权中还包括损害赔偿请求权、赔礼道歉的请求权，因其仅涉及对遭受损害的填补，并不影响人格权行使的圆满状态，应属于诉讼时效制度的适用对象。

基于身份权的请求权，除财产权色彩较浓的继承回复请求权外，如父母要求他人交还未成年子女的请求权、夫妻同居请求权、扶养请求权等以完成将来相当关系的，均不因时效而消灭。

（三）物权请求权

物权请求权，包括停止侵害、排除妨碍、消除危险、返还财产的请求权，通说认为也适用于知识产权等绝对权，是否适用诉讼时效理论上存在争议。

物权请求权，以维护物权的圆满状态为目的。理论上有观点认为，物权必有物权的请求权，物权不消灭，物权所产生的请求权也不消灭；也有观点认为，物权请求权与债权请求权一样，均为要求特定人作为或不作为的权利，同为使财产上利益获得满足的请求权，应该与债权请求权一样适用诉讼时效。在我国未规定取得时效制度、诉讼时效期间较短的背景下，物权请求权适用诉讼时效，将会导致物权权利的空洞化，无法保护物权人对物的圆满支配状态，甚至有鼓励巧取豪夺、造成极大不公平的危险。本书认为，我国法律上停止侵害、排除妨碍、消除危险、返还财产等物权请求权不适用诉讼时效制度。

四、诉讼时效期间

（一）诉讼时效期间的概念与特征

诉讼时效期间，是指引起诉讼时效发生的事由应持续存在的法定期间。

诉讼时效期间是法定期间，与当事人之间的约定期间不同。关于诉讼时效期间的规定为强制性规定，除法律另有规定外，当事人不得通过协议加以缩短或延长。

诉讼时效期间是可变期间，与除斥期间不同。诉讼时效期间遇法定事由，一般可以中止、中断或延长。

（二）诉讼时效期间的类型

根据诉讼时效期间适用范围与时效期间长短的不同，可将诉讼时效分为一般诉讼时效和特别诉讼时效，相应的诉讼时效期间即为一般诉讼时效期间和特别诉讼时效期间。

1. 一般诉讼时效期间

一般诉讼时效，又称为普通诉讼时效，是指一般情况下普遍适用的诉讼时效。我国民法上的一般诉讼时效期间为 2 年(《民法通则》第 135 条)。诉讼时效期间的历史，整体观察之，实乃缩短时效期间的历史。[①] 例如，德国民法（第 195 条）原采罗马法规定诉讼时效为 30 年，2002 年债法现代化法施行之后改为 3 年。

2. 特别诉讼时效期间

特别诉讼时效期间，是指法律规定的仅适用于某些特殊民事法律关系的诉讼时效期间。特别诉讼时效期间属于普通诉讼时效期间的例外规定，应优先于一般诉讼

---

① Zimmermann, Die Verjaehrung, Jus 1984, S410；转引自王泽鉴：《民法总则》，北京大学出版社 2009 年版，第 417 页。

时效予以适用。我国法律上的特别诉讼时效期间可以分为短期诉讼时效期间、长期诉讼时效期间、最长诉讼时效期间。

（1）短期诉讼时效期间，是指特别诉讼时效所适用的不足 2 年的诉讼时效期间。我国法律上的短期诉讼时效期间主要为 1 年时效期间，主要适用于下列情形：①身体受到伤害要求赔偿的；②出售质量不合格的商品未声明的；③延付或者拒付租金的；④寄存财物被丢失或者损毁的（《民法通则》第 136 条）。另外，因食品卫生引起的损害赔偿请求权（《食品卫生法》第 40 条第 2 款）、海上货物运输承运人赔偿请求权、海上拖船合同请求权、共同海损分摊请求权、船舶碰撞致第三人伤亡负连带责任的请求权（《海商法》第 13 章）等均适用 1 年的短期诉讼时效期间。

（2）长期诉讼时效期间，是指特别诉讼时效适用的 2 年至 20 年（不包括 2 年和 20 年）之间的诉讼时效期间。

长期诉讼时效期间是介于短期时效期间和最长诉讼时效期间之间的一种诉讼时效期间，主要适用于一些调查取证费时耗力的疑难案件和涉外经济纠纷。例如，国际货物买卖合同、技术进出口合同中的请求权适用 4 年的时效期间（《合同法》第 129 条）、环境污染损害赔偿请求权（《环境保护法》第 42 条）、船舶油污损害赔偿请求权（《海商法》第 13 章）的时效期间为 3 年。

（3）最长诉讼时效期间，是指诉讼时效期间为 20 年的诉讼时效期间。我国法律上的最长诉讼时效期间是 20 年（《民法通则》第 137 条）。最长诉讼时效期间与其他诉讼时效期间的区别在于：第一，最长诉讼时效期间的起算点是自权利被侵害时开始计算，而其他诉讼时效期间是从权利人知道或者应该知道权利被侵害时起算；第二，最长诉讼时效期间不适用诉讼时效的中止、中断等规定，是不变期间，而其他诉讼时效则是可变期间，适用中止、中断的规则。

（三）诉讼时效期间的起算

诉讼时效期间的起算，即诉讼时效期间的开始。

我国民法上诉讼时效期间的起算，一般从权利人知道或者应当知道权利被侵害时起计算（《民法通则》第 137 条）。诉讼时效以权利人可行使权利而不行使权利的事实状态存续为前提，权利人可行使权利是以权利人知道或者应当知道其权利受到侵害为前提。所谓"应当知道"是法律上的推定，而不论权利人实际上是否知道其权利受到侵害，只要通常情况下存在知道的可能，即应当开始起算诉讼时效期间。该规定的目的在于，防止权利人以不知权利被侵害为由规避诉讼时效制度。

1. 不作为请求权的诉讼时效期间的起算

以不作为为目的之请求权，自请求权人知道或者应当知道义务人有违反行为时起算。例如甲与乙约定，不在同一地区为同种营业，或不在某地建筑停车场时，乙之不作为请求权，于知道或应当知道甲违约经营同种事业或建筑停车场时起算诉讼时效。

2. 基于合同的请求权

基于合同的请求权诉讼时效期间的计算，原则上自履行期限届满之日起计算，例如履行期限为 2010 年 8 月 4 日，则应从 2010 年 8 月 5 日起计算(《民法通则》第 154 条第 2 款)，至 2012 年 8 月 6 日 (注意，不是 2012 年 8 月 4 日，《民法通则》第 154 条第 3 款)。一般诉讼时效期间届满，债务人可基于诉讼时效主张抗辩权。由于基于合同的请求权诉讼时效期间的起算涉及履行期限的确定，应当区分不同情形予以处理。

当事人约定履行期限的，诉讼时效期间从履行期限届满之日起计算；当事人约定同一债务分期履行的，从最后一期履行期限届满之日起计算(《审理民事案件适用诉讼时效制度若干问题的规定》第 5 条)。

未约定履行期限的合同，依照《合同法》第 61 条、第 62 条的规定，可以确定履行期限的，从履行期限届满之日起计算。不能确定履行期限的，从债权人要求债务人履行义务的宽限期届满之日起计算，但债务人在债权人第一次向其主张权利之时明确表示不履行义务的，诉讼时效期间从债务人明确表示不履行义务之日起计算(《审理民事案件适用诉讼时效制度若干问题的规定》第 6 条)。

3. 不当得利请求权

返还不当得利请求权的诉讼时效期间，从当事人一方知道或者应当知道不当得利事实及对方当事人之日起计算(《审理民事案件适用诉讼时效制度若干问题的规定》第 8 条)。

4. 基于无因管理的请求权

管理人因无因管理行为产生的给付必要管理费用、赔偿损失请求权的诉讼时效期间，从无因管理行为结束并且管理人知道或者应当知道本人之日起计算。

本人因不当无因管理行为产生的赔偿损失请求权的诉讼时效期间，从其知道或者应当知道管理人及损害事实之日起计算(《审理民事案件适用诉讼时效制度若干问题的规定》第 9 条)。

5. 基于侵权行为发生的损害赔偿请求权

因侵权行为而发生的损害赔偿请求权，应当自权利人知道或者应当知道其权利被侵害时起算。人身损害赔偿的诉讼时效期间，伤害明显的，从受伤之日起算；伤害时未曾发现，后经检查确认并能证明是由侵害引起的，从伤势确诊之日起算(《民通意见》第 168 条)。

(四) 诉讼时效期间的中止

诉讼时效期间的中止，又称诉讼时效期间的不完成，是指在诉讼时效期间进行中，因发生一定的法定事由使权利人不能行使请求权，从而暂时停止计算诉讼时效期间。具体而言，在诉讼时效期间的最后 6 个月内，因不可抗力或者其他障碍不能行使请求权的，诉讼时效中止。从中止时效的原因消除之日起，诉讼时效期间继续计算(《民法通则》第 139 条)。

1. 存在法定的中止事由

诉讼时效期间中止的法定事由为不可抗力及其他障碍。不可抗力，是指不能预见、不能避免并不能克服的客观情况，例如战争、地震、海啸等。至于其他障碍，法律并无明文规定，综合司法实践中的认识，主要包括以下当事人无法控制的客观事由：（1）权利被侵害的无民事行为能力人、限制民事行为能力人没有法定代理人，或者法定代理人死亡、丧失代理权、丧失行为能力(《民通意见》第 172 条)。（2）继承开始后未确定继承人或者遗产管理人。（3）权利人被义务人或者其他人控制无法主张权利。(《审理民事案件适用诉讼时效制度若干问题的规定》第 20条)。（4）继承开始后尚未确定继承人或遗产管理人。（5）当事人双方有婚姻关系。婚姻关系存续期间行使权利并无权利人无法控制的因素，但为维护婚姻关系的和谐，基于伦理考虑多认为适用诉讼时效中止规则。（6）当事人之间有法定代理关系。法定代理人侵害被代理人权益的，被代理人通常无法通过法定代理人追究法定代理人自己的责任，因此通说主张属于可适用诉讼时效中止的其他障碍。[1]

2. 中止事由的发生时间

诉讼时效中止事由的发生时间，各国立法并不统一，主要有两种立法例：其一是时效进行中的任何时间均可发生，如《法国民法典》；其二是仅在时效完成前最后一定期限内才承认中止事由的效力，例如我国台湾地区"民法"。我国《民法通则》采用了第二种立法体例，规定仅在诉讼时效期间的最后 6 个月，发生法定事由的，才可以中止诉讼时效期间的计算。法定事由发生在最后 6 个月之前并一直持续到最后 6 个月之内的，诉讼时效期间的中止计算也从诉讼时效期间的最后 6 个月开始。

3. 诉讼时效期间中止的效力

诉讼时效期间中止的效力，有两种立法例：其一是中止期间，诉讼时效期间暂停计算，中止事由消除后再经过法定的期间完成诉讼时效，如《德国民法典》；其二是诉讼时效中止期间，诉讼时效期间暂停计算，待中止事由消除之日起，诉讼时效期间继续计算。我国民法采取了第二种立法例，即在诉讼时效期间的最后 6 个月内，因不可抗力或者其他障碍不能行使请求权的，诉讼时效中止。从中止时效的原因消除之日起，诉讼时效期间继续计算(《民法通则》第 139 条)。

（五）诉讼时效期间的中断

诉讼时效期间的中断，是指在诉讼时效期间进行中，因法定事由的发生致使已经进行的诉讼时效期间全部归于无效，诉讼时效期间重新计算。具体而言，诉讼时效因提起诉讼、当事人一方提出要求或者同意履行义务而中断。从中断时起，诉讼时效期间重新计算(《民法通则》第 140 条)。

---

① 参见魏振瀛主编：《民法》，北京大学出版社、高等教育出版社 2010 年版，第 200 页。

1. 诉讼时效的中断事由

诉讼时效期间的中断必须有法定中断事由的出现。中断事由包括：

（1）提起诉讼。提起诉讼，作为诉讼时效中断事由，包括民事诉讼、刑事附带民事诉讼、民事诉讼中的反诉及行政赔偿诉讼。民诉中无论是给付之诉、变更之诉，都能中断时效期间。至于单纯的确认之诉，理论上认为并非诉讼时效期间中断的法定事由，但我国司法实践中认为确认之诉的提起，表明权利人未怠于行使权利，具有诉讼时效中断的法律效力。① 应当注意的是，权利人提起的诉讼应当符合起诉要件（《民事诉讼法》第 108 条）或者特殊诉讼要件的要求，或者所具备的起诉要件足以证明权利人以提起诉讼的方式向义务主体主张了争议的权利，而不以法院是否实际受理为要件。至于起诉后又撤诉的，如果法院已经将起诉状副本送达义务人或告知义务人起诉事实的，应当认为足以发生诉讼时效中断的效力，日本、我国司法实务部门和我国台湾地区判例及理论采取此说。②

另外，当事人申请仲裁、申请支付令、申请破产、申报破产债权、为主张权利而申请宣告义务人失踪或死亡、申请诉前财产保全和诉前临时禁令等诉前措施、申请强制执行、申请追加当事人或者被通知参加诉讼、在诉讼中主张抵销的，应当认定与提起诉讼具有同等诉讼时效中断的效力。

权利人向人民调解委员会以及其他依法有权解决相关民事纠纷的国家机关、事业单位、社会团体等社会组织提出保护相应民事权利的请求；权利人向公安机关、人民检察院、人民法院报案或者控告，请求保护其民事权利的，与提起诉讼具有相同的法律性质，均属于权利人向权利救济部门提出权利救济请求的方式，同样具有中断诉讼时效期间的效力。

（2）当事人一方提出要求。当事人一方提出要求，是权利人积极主张权利的体现，诉讼时效制度督促权利人行使权利的目的已经实现，因而具有中断时效期间的效力。

当事人一方提出要求，即权利人积极行使权利，其方式和对象不限于直接向义务人本人提出，也可以向债务保证人、债务人的代理人或者财产代管人主张权利，同样可以发生诉讼时效中断的效力（《民通意见》第 173 条）。

权利人主张权利的意思表示，应于到达相对人时发生时效中断的效力。司法实践中，就如何判断主张权利的意思表示是否到达相对人，应当根据不同情况具体判断。以下情形，可以认定权利人主张权利的意思表示到达对方当事人，发生诉讼时效中断的效力（《审理民事案件适用诉讼时效制度若干问题的规定》第 10 条）：

第一，权利人直接向对方当事人送交主张权利文书，对方当事人在文书上签

---

① 奚晓明主编：《最高人民法院关于民事案件诉讼时效司法解释理解与适用》，人民法院出版社 2008 年版，第 241 页。

② 史尚宽：《民法总论》，中国政法大学出版社 2000 年版，第 657～658 页。

字、盖章或者虽未签字、盖章但能够以其他方式证明该文书到达对方当事人的；对方当事人为法人或者其他组织的，签收人可以是其法定代表人、主要负责人、负责收发信件的部门或者被授权主体。对方当事人为自然人的，签收人可以是自然人本人、同住的具有完全行为能力的亲属或者被授权主体。

第二，当事人一方以发送信件或者数据电文方式主张权利，信件或者数据电文到达或者应当到达对方当事人的。

第三，当事人一方为金融机构，依照法律规定或者当事人约定从对方当事人账户中扣收欠款本息的。

第四，当事人一方下落不明，对方当事人在国家级或者下落不明的当事人一方住所地的省级有影响的媒体上刊登具有主张权利内容的公告的。

第五，债权转让的，债权转让通知到达债务人的。

（3）义务人同意履行义务。义务人同意履行义务，又称承认，是指义务人对权利人表示愿意履行义务。义务人同意履行义务，足以表明权利人确有权利，明确推翻了事实上无权利的状态，结束了法律关系事实状态与法律状态的不一致，当然足以使已经过的诉讼时效期间归于消灭，发生诉讼时效中断的效力。另外，值得注意的是，义务人同意履行义务，不仅具有使诉讼时效中断的效力，而且在诉讼时效已经届满后，同意履行义务或者自愿履行义务，有排除诉讼时效抗辩权的效力。即同意履行义务或者自愿履行义务后，不得再以诉讼时效期间届满为由主张抗辩。

同意履行义务的方式是多种多样的，它不仅可以表现为直接同意履行义务等明示方式，也可以是其他可推断的方式，例如义务人作出分期履行、部分履行、提供担保、请求延期履行、制定清偿债务计划等承诺或者行为（《审理民事案件适用诉讼时效制度若干问题的规定》第16条）。另外，在债务承担情形下，原债务人债务承担意思表示到达债权人的，可以认定为原债务人对债务的承认（《审理民事案件适用诉讼时效制度若干问题的规定》第19条第2款）。

2. 诉讼时效期间中断的效力

（1）对期间计算的效力。诉讼时效期间中断，使中断事由发生前已经经过的时效期间归于无效，中断时效事由存续期间，时效不进行。自中断事由终止时起，时效重新计算。时效期间中断的时间，根据诉讼时效中断事由的不同而有所不同：在提起诉讼时，诉讼时效从提交起诉状或者口头起诉之日起中断；在向人民调解委员会等社会组织提出保护请求的，诉讼时效从提出请求之日起中断；在向公安机关等报案或者控告的，诉讼时效从其报案或者控告之日起中断；债权转让的，诉讼时效从债权转让通知到达债务人之日起中断；债务承担构成原债务人对债务承认的，诉讼时效从债务承担意思表示到达债权人之日起中断。

中断事由的终止，在因权利人提出要求和义务人同意履行的情况下，于意思表示到达相对人时即为终止，例如甲4月13日主张债权，意思表示于14日到达债务人乙，则甲的债权的诉讼时效自 4 月 14 日重新开始计算。诉讼时效因权利人向公安机关等报案或者控告的，该机关决定不立案、撤销案件、不起诉的，诉讼时效期间从权利人知道或者应当知道不立案、撤销案件或者不起诉之日起重新计算。刑事案件进入审理阶段，诉讼时效期间从刑事裁判文书生效之日起重新计算。

（2）对人的效力。诉讼时效中断原则上只在当事人之间发生效力，即仅具有相对的效力。例如，债权人或债务人一方为多人时，其中一人的诉讼时效中断，其效力并不影响其他债权人或债务人。但是，对于连带债权人或者连带债务人中的一人发生诉讼时效中断效力的事由，应当认定对其他连带债权人或连带债务人也发生诉讼时效中断的效力。在代位权诉讼中，债权人提起代位权诉讼的，对债权人的债权和债务人的债权均发生诉讼时效中断的效力。另外，在一般保证中，主债务诉讼时效中断，保证债务诉讼时效也发生中断（《最高人民法院关于适用〈中华人民共和国担保法〉若干问题的解释》，以下简称《担保法解释》，第 36 条）。

3. 诉讼时效期间的中止与中断的区别

诉讼时效期间的中止与中断的区别主要有：（1）事由不同。诉讼时效期间的中止是由于某种客观原因阻碍权利人及时主张权利，而诉讼时效期间的中断正是由于权利人主张权利或义务人承认权利的结果。（2）事由发生的时间要求不同。诉讼时效期间中止的事由必须发生于或存在于时效期间的最后 6 个月，而诉讼时效期间中断的事由只要发生于诉讼时效期间内即可。（3）法律后果不同。诉讼时效期间中止后待中止事由消除之日起继续计算，而诉讼时效期间中断后诉讼时效期间原则上自中断时起重新计算。

【案例分析 9-2】

2007 年 6 月 5 日，张甲约李乙到自家小酌。席间，张甲饲养的狗突然窜出，冲着李乙的腿咬了下去，李乙大惊，从椅子上跌翻过去，头被碰破，当场昏迷，张甲急忙把李乙送到医院。李乙被送进医院后，腿伤很快治好，但脑袋留下了头痛的后遗症。出院后，张甲主动为其支付了 2000 元的治疗费，并经常购买营养品看望李乙，碍于情面，李乙一直没提另外 3000 元医疗费的问题。2008 年 10 月 8 日，张甲又送来 1000 元治疗费。但在 2008 年 11 月 2 日李乙向张甲提出让其支付住院期间的另外 3000 元医疗费时，张甲称自己一直在为李乙支付一些营养费，不愿承担住院时 3000 元的医疗费。李乙遂于 2008 年 11 月 20 日起诉到人民法院，但张甲认为对李乙的损害已超过诉讼时效。

李乙身体受到伤害要求赔偿的诉讼时效期间为 1 年（《民法通则》第 136 条），李乙受伤的时间是 2007 年 6 月 5 日，一般情况下李乙的诉讼时效期间至 2008 年 6 月 5 日届满。但是，本案中，自 2008 年 11 月 2 日以前，也就是双方为医疗费发生争执之前，张甲一直在给李乙变相支付医疗费，而且在 2008 年

10 月 8 日又送给李乙治疗费 1000 元，应视为同意履行损害赔偿义务，导致诉讼时效期间中断（《民法通则》第 140 条）。所以，2008 年 10 月 8 日张甲送来治疗费的行为再次导致诉讼时效中断，即以前所经过的诉讼时效期间归于消灭，应从 2008 年 10 月 8 日开始重新计算。在 2008 年 11 月 2 日，李乙请求张甲支付 3000 元医疗费属于权利人行使权利，再次引起时效的中断，时效开始重新计算（《民法通则》第 140 条）。因此，本案中李乙损害赔偿请求权的诉讼时效期间再次从 2008 年 11 月 2 日重新起算，至 2009 年 11 月 2 日届满。至李乙于 2008 年 11 月 20 日提起诉讼时，诉讼时效期间并未届满，而且提起诉讼又再次导致诉讼时效的中断和重新起算。张甲不得以诉讼时效届满为由，提出抗辩。

（六）诉讼时效期间的延长

诉讼时效期间的延长，是指诉讼时效期间届满以后，有特殊情况的，人民法院将法定诉讼时效期间予以延长。诉讼时效期间的延长，是我国《民法通则》第 137 条授予人民法院的自由裁量权。

诉讼时效期间的延长与诉讼时效期间的中止和中断不同：（1）诉讼时效期间的延长发生在诉讼时效期间完成以后；而诉讼时效期间的中止和中断只能发生在诉讼时效期间进行之中，即开始之后完成之前。（2）诉讼时效期间延长的原因系有特殊情况，即权利人由于客观的障碍未能在法定的诉讼时效期间内行使请求权，是否构成特殊情况，由法院确定；而诉讼时效期间中止和中断的原因是法律直接规定的事由。（3）普通诉讼时效期间与特殊诉讼时效期间可以中止、中断或延长；而 20 年的诉讼时效期间只能延长，不能中止、中断（《民通意见》第 175 条）。

诉讼时效期间延长的条件为：（1）诉讼时效期间已届满。（2）权利人在时效期间内未行使权利确有正当理由，例如 1988 年最高人民法院《关于人民法院处理涉台民事案件的若干法律问题》规定，对涉及去台人员和台湾同胞民事案件的诉讼时效期间问题，根据《民法通则》第 137 条的规定，人民法院可以作为特殊情况予以适当延长。（3）是否延长诉讼时效期间由法院决定。

诉讼时效期间延长的法律后果，实质上就是法院视为诉讼时效期间尚未完成或者恢复，即权利人的权利仍受法律保护。由于诉讼时效期间的延长，完全由人民法院自由裁量，如果运用恰当，应该可以发挥对法定诉讼时效期间制度有益补充的功能。但是，在判断哪些情况属于人民法院可以延长诉讼时效期间的特殊情况时，应以是否涉及重大利益或者是否有重大影响为判断依据，综合考虑当事人是否有予以特殊保护的必要，平衡当事人保护与交易安全保护之间的关系。

【本章思考题】

1. 试述期间的计算。
2. 试析诉讼时效与除斥期间的区别。
3. 试述诉讼时效的法律效力。
4. 试述诉讼时效期间中止与中断的关系。

第二编

人身权法

第十章 人身权概述

☞ **本章导读**

    民法中的人身关系是指基于人格和身份所形成的关系。在人身法中，人格权与身份权是其基本内容。人格是一种资格，是在法律上被当作人对待的资格；自然人人格要素与人身不可分离，没有直接经济内容，包括生命、身体、健康等物质性要素和姓名、肖像、名誉、荣誉、隐私等精神性要素。身份也是一种资格，是在法律上被当作某种类别的人对待的资格。身份是指民事主体在结构性的社会关系中所处的位置以及相应的利益份额。民法中的身份关系主要存在于婚姻家庭领域，包括父母子女、兄弟姐妹、祖父母、外祖父母等亲属关系；还存在于社团内部、社区生活关系和市民社会生活基本关系之中。法律调整身份关系形成身份权体系。

第一节 人格平等与身份差异

一、人身关系的内容

    民法中的人身关系是指基于人格和身份所形成的关系。人格与身份是人身关系的基本构成要素，在现代民法中，自然人人人享有同质的平等人格，同时，人们之间也存在身份差异。在人身法中，人格权与身份权是其基本内容。

    人格是一种资格，是在法律上被当作人对待的资格；身份也是一种资格，是在法律上被当作某种类别的人对待的资格。如果人格这种资格一部分人拥有而另一部分人缺乏，那么，是否拥有人格本身也成为一种身份区分标准，据此，在法律上对人进行区别对待。例如，古罗马法上就存在完全人格者、不完全人格者、无人格者。反之，是否拥有特定的身份又可以成为确定是否享有人格的依据，学者普遍认为近代以前的人格为身份人格。近代以后才出现伦理人格，在伦理人格出现以后，人人在法律上都拥有人格，那么，人格就丧失身份区分标准的意义。

    人人平等在私法中的直接反映就是人人具有独立平等人格，所以，人格平等在近代以来一直被认为具有进步意义。过分强调身份固然会损害形式平等，给人造成寻找差别、固定差别、反对平等的意识；但是，身份差异并不能通过人格平等而消失，在人格平等的基础上，不同的人之间仍然要演化出不同的身份。然而，现代私法中，身份差异要兼容人人具有人格、人人具有平等人格的法律原则。

二、人格平等与身份差异的功能区分

法律中的人格与身份均发挥各自的特有功能，人格独立、平等回应每个人均为自然中的存在、社会中的成员、法律上的主体这些共同性诉求。身份差异反映了个体的特性以及在社会结构中的不同位置，满足了复杂社会关系的组织化需求。

（一）人格平等的基本功能

所有自然人的人格独立、平等为近代民法所确认。近代哲学中，康德提出："不能把自己仅仅成为供别人使用的手段，对他们来说，你自己同样是一个目的。"① 黑格尔指出"所以法的命令是：成为一个人，并尊重他人为人。"② 这些思想得到了《法国民法典》的回应，并为各国民法所采纳，人格平等成为人法的基本内容，在现代人格法中，我们获得了生下来就平等的承诺。

平等独立人格的主要功能体现在两个方面：第一，赋予人以人格，为个人在社会生活中提供一个支点，可以对抗强势的他人、团体和国家的不合理支配。第二，为社会的进一步组织活动提供基本单位。在独立平等人格的基础上保障自由意志，以通过契约纽带进行市场活动或者进出各种身份体。

（二）身份差异的基本功能

人类是高度社会化的物种，需要通过复杂的身份体系来协调社会秩序；身份以差别为前提，通过区别对待，形成差序格局，来调整人际关系，塑造人类行为，维持社会的存在与发展。私法身份是对人进行类别化调整的制度，对于每个个体而言，身份是最重要的综合形态的生存利益，获得一定的身份即意味着拥有一定的利益份额。有些身份是基于出生而获得，例如，自然人身份、公民身份、性别身份、亲子身份等。生来就具有这些身份意味着生来就被嵌入这些身份联系之中，受到这些身份制度规则约束，享有身份权益、履行身份义务和职责。有些身份是后天获得的，在先天秉赋的基础上，通过人们后天的努力结合生存境遇，进入不同的身份体系、获得不同的身份岗位、享受不同的身份权益并履行不同的身份义务与职责。现代社会具有私法意义上的身份主要体现在婚姻家庭身份、生产组织中的身份、生活社区中的身份、公民自然人等市民社会基本身份。

身份安排的首要功能是维持秩序，通过身份形成社会组织结构，增强可预期性，减少协商成本和社会冲突。在身份关系中，当事人之间存在管理与被管理、监督与被监督、扶养与被扶养等关系，特定身份者可能作为其他主体意志的作用对象，身份共同体、身份体内部成员、身份体外部关系人之间存在的联系既构造了身份体内部秩序也构造了身份体的外部秩序，外部人应该尊重身份体和身份者的身份

---

① 参见［德］康德：《法的形而上学》，沈叔平译，林荣远校，商务印书馆1991年版，第48页。

② ［德］黑格尔：《法哲学原理》，范扬、张企泰译，商务印书馆1961年版，第46页。

利益，在侵犯身份体或身份者的权利时，可能基于侵权产生侵权责任。

【案例分析 10-1】

作家岳某是岳飞后裔，出版《大卖国贼秦桧》一书。秦某是秦桧后裔，认为书中内容失实，秦桧是有才能的宰相，并没有做有损国家的事情，杀死岳飞是皇帝的事情。所以，秦某向法院起诉，要求法院判决岳某侵犯秦桧的名誉权，并要求精神损害赔偿。

本案中，既涉及人格关系问题又涉及身份关系问题。秦桧的名誉属于死者人格问题，古人的名誉虽然也要尊重，但是，我国民法对于死者人格利益实际提供的保护主要是指其人格利益仍然有延伸影响的近期死者，并非指历史上的死者。秦某具有秦桧后裔身份，但是，在法律上已经不是秦桧的近亲属，不享有诉讼权，原告不适格。所以，其诉讼请求不会得到法院的支持。

第二节 人身权的概念与特征

一、人身权的概念

人身权是指民事主体依法所享有的，与其人身不可分离而无直接财产内容的民事权利，是法律调整人身关系的结果。人身权是民事主体享有的最基本的民事权利，它与财产权一起共同构成民法中的基本民事权利。人身关系包括人格关系和身份关系，民法调整人身关系形成人格权和身份权。

人格是自然人主体性要素的总称，人格关系是基于民事主体的人格或者人格要素而形成的关系。自然人人格要素与人身不可分离，没有直接经济内容，包括生命、身体、健康等物质性要素和姓名、肖像、名誉、荣誉、隐私等精神性要素。

法律调整自然人的人格关系形成了人格权体系。法人也享有法律上的主体资格，依法享有名称权、名誉权、荣誉权等有限人格权。

身份是指民事主体在结构性的社会关系中所处的位置以及相应的利益份额。民法中的身份关系主要存在于婚姻家庭领域，包括父母子女、兄弟姐妹、祖父母、外祖父母等亲属关系；还存在于社团内部、社区生活关系和市民社会生活基本关系之中。法律调整身份关系形成身份权体系。

二、人身权法律特征

人身权作为与财产权相对应的民事权利，具有以下法律特征：

（1）人身权与民事主体的人身密不可分。人身权是保障人的精神利益得以实现的权利形式，与民事主体的人身密不可分，人身权通常依附于特定的民事主体，不能转让、赠与、继承；法人、个体工商户、个人合伙的名称可以依法转让，是人身权不可转让的例外。

（2）人身权不具有直接的财产内容。人身权不直接体现财产利益，不能用金钱进行衡量，也不能转让、许可使用。但是，人身权往往又是取得财产权利的前提。对人身权的侵害往往也会导致权利人的财产损害，并可以通过财产赔偿经济损失和精神利益损害。

（3）人身权主要是固有权利。民事主体的存在离不开人身权。生命权、健康权等人格权是民事主体生存的基础，也是民事主体从事社会活动和民事活动的前提。人身权中的身份权体现了人们的基本社会联系和利益关系，有些身份权基于先在事实关系，如亲子关系基础上形成的亲权和法定监护权，由法律直接赋予；有些身份基于后天因素取得，如配偶权、荣誉权等却必须具备一定的行为能力才能取得，可以因为法定和约定原因取得、变更或丧失。

（4）人身权主要是绝对权。人身权的主体是特定的人，义务主体是特定民事主体以外的任何人，因此，特定民事主体以外的任何人都负有不得侵害、干涉、妨碍人身权的义务。在身份权内部关系中，又具有相对权性质，例如，配偶权中夫妻双方以对方为义务人。

（5）人身权主要是支配权。人身权是民事主体对自己的人身、人格利益直接支配，排除他人干涉的权利，因此，人身权的实现无须请求他人的协助。在身份权内部关系中，又具有请求权性质，例如，婚姻家庭关系中获得赡养、抚养、扶助的权利。

【本章思考题】

1. 什么是人身关系？
2. 人身权有哪些法律特征？
3. 身份差异有哪些功能？

第十一章 人 格 权

☞ **本章导读**

　　人格权指存在于权利人自身人格上的权利。人格权以人格要素为客体，以享有人格利益为目的；人格权与民事主体同在，不得转让或抛弃。人格权有一般人格权与特别人格权之分。一般人格权指以人的独立、自由、尊严为内容的人格权利，其标的包括生命、健康、自由、名誉等全部人格利益，是一种总括性权利。具体人格权指就特定人格要素所享有的人格权。具体人格权的种类包括生命权、身体权、健康权、姓名权、肖像权、名誉权等传统种类；也包括人格商业化权、器官捐赠权、隐私权等新兴种类。

第一节　人格权概述

一、人格的意义

（一）人格的含义

　　人格是一个抽象法律概念，具有多种含义。第一种含义指具有独立法律地位的权利主体，包括自然人和法人。在这个意义上，人格与权利主体同义，可以进行互换，有人格即为权利主体。第二种含义指作为民事主体法律资格的民事权利能力。第三种含义指一种受法律保护的利益。①

（二）人格的权利化

　　近现代民法中，为了加强人格利益保护，对于人格进行权利化，规定了人格权行使和保护的基本原则，规定了人格权的效力和保护。随着法人制度的发展，逐步突破了人格权专属于自然人的限制，承认了法人和其他组织的人格权；确认了法人的一般人格权，法人的人格尊严和人格自由不受侵犯；逐步形成和完善了具体法人人格权类型，确认了法人的名称、名誉、荣誉、信用等具体人格权。

---

　　① 参见王利明主编：《人格权法新论》，吉林人民出版社 1994 年版，第 4~6 页。

二、人格权

（一）人格权的概念

人格权指存在于权利人自身人格上的权利。人格权以人格要素为客体，以享有人格利益为目的；人格权与民事主体同在，不得转让或抛弃；自然人与法人均享有人格权。

自然人人格权指自然人作为民事主体就其人格享有的不受侵犯的权利。自然人人格权因出生而取得，因死亡而消灭，不得转让或抛弃。自然人人格权包括以人格独立、人格平等、人格自由、人格尊严为内容的一般人格权；也包括生命权、健康权、身体权、自由权、姓名权、名誉权、肖像权、隐私权等具体人格权。

法人人格权是法人作为民事权利主体所享有的人格不受侵犯的民事权利。法人组织在市场经济社会中实际存在，人们经常需要与法人形成权利义务关系，法人享有法律人格，以法人人格利益为基础，形成法人人格权利。法人人格权的客体，是民法所保护的法人实体在社会关系中所享有的法人意志自由和精神利益完整性等人格利益，包括法人人格独立、人格平等、人格自由、人格尊严等一般人格权，也包括法人享有的名称权、名誉权、信用权、荣誉权等具体人格权。

（二）人格权的法律特征①

1. 人格权为非财产权

人格权本是自然人固有的权利，现代社会中，法人与其他组织也获得了人格权；它与民事主体的存在共始终，主要体现了人格利益，一般不以财产利益为内容。虽然在现代市场关系中，公众人物能够通过支配和利用自己的人格要素，获得重大的经济利益；但是，这只不过体现了以人格要素作为手段产生间接的经济利益，并不能改变人格权为非财产权的基本属性。

2. 人格权是支配权

所谓支配权是指在法律许可的范围内，直接对于权利的标的为法律行为的权利。人格权为支配权，是指权利人得对其人格要素为法律所允许而实施行为的权利。人格权的事实支配指权利人对于人格权的客体与权利人相结合的部分，通过"实施行为"加以处置，包括从事冒险活动、网络公开照片等自行利用，也包括自我禁闭、自伤、自残、自杀等自我抛弃行为。人格权的法律支配是指权利人可以通过法律行为，有偿或者无偿地处分自己所享有的某些人格权之客体要素，或者为自己享有的某些人格权设置暂时性的限制，体现在以交易形式对人格权进行支配的"商事人格权"或者"人格商化"上。

3. 人格权是专属权

一般认为人格权不得转让、抛弃、继承，也不受他人的非法限制，不可与民事

---

① 参见马俊驹：《人格和人格权理论讲稿》，法律出版社 2009 年版，第 104～114 页。

主体的人身相分离。在自然人的人格权方面，专属性还表现为自然人出生或者死亡之后的某些人格利益的专属保护。

（三）人格权的立法模式

各国和地区民法对于人格权的规定主要采取三种立法模式。一种模式是"权利设立+权利保护"的规范模式。这种模式先在主体制度中规范人格权的种类、内容，再在侵权行为法中规定侵害人格权的侵权责任。这种立法体例将人格权作为权利保护，瑞士、意大利、蒙古、越南、埃塞俄比亚和我国都采用这种模式对人格权作出规定。另一种模式是在侵权法中对人格权作出规范。民法主体法部分对于人格权不作出规定，只在侵权行为法中涉及人格权的相关内容，因为侵权行为法属于保护性规范而并非赋权性规范；即只有保护性规则，无赋权性规则。这种立法体例遵循将人格作为"人的本体"保护的思路，并认为人格权的确认并非仅仅属于民法的功能，更多意义上应该属于宪法上的问题，属于需要通过宪法进行规定的公民基本权利。以德国、法国为代表，包括日本和台湾地区民法典均采用这种模式对人格权作出规定。第三种模式是制定单独的"人格权法编"。中国 1986 年颁布的《中华人民共和国民法通则》中，第五章即民事权利一章是按照民法典分则的体例编制的，将人格权与物权、债权、知识产权并列，给予其相对独立的地位。其具体内容规定了生命健康权、姓名权、肖像权、名誉权和荣誉权。在其后制定民法典的时候，仍然坚持《民法通则》的立场，制定单独的"人格权法编"。于 1994 年 1 月 1 日生效的加拿大魁北克省的《魁北克民法典》中，魁北克人打破民法典的立法传统，设专章规定人格权的确认和保护，这一章的名字就叫做"部分人格权"。该章共分以下四个部分：尊重人格尊严；尊重儿童的健康；尊重隐私和名誉权及对死者遗体的保护。这种体例中，人格权独立成编，可以突破法律文本篇幅局限，以便容纳日益增加的人格权类型。

（四）人格权的保护与限制

侵害自然人、法人人格权的，应当承担停止侵害、恢复名誉、消除影响、赔礼道歉、赔偿损失、支付精神赔偿金等民事责任。自然人死亡的，其配偶、父母、子女有权保护其姓名、肖像、名誉、荣誉、隐私等权利。该自然人没有配偶、子女或者父母已经死亡的，其兄弟姐妹、祖父母、外祖父母、孙子女、外孙子女有权保护其姓名、肖像、名誉、荣誉、隐私等权利。其他法律对人格权的内容、保护等另有规定的，依照其规定。

人格权的保护方式包括：

1. 人格权请求权

人格权请求权是指民事主体在其人格权的圆满状态受到妨害或者有妨害之虞时，得向加害人或者人民法院请求加害人为一定行为或者不为一定行为，以恢复人格权的圆满状态或者防止妨害的权利。人格权请求权是一个独立的请求权体系，我国民法典应当规定人格权请求权。① 人格权遭受不法侵害时，受害人有权请求人民法院责令加害人停止侵害、消除影响、赔礼道歉，并赔偿所造成的财产损失和精神损害。

2. 侵权责任方式

侵权行为法中规定对人格权的侵害行为及其责任，规定对生命权、身体权、健康权、人身自由、名誉权、隐私权、姓名权、肖像权和其他人格权或人格尊严的侵害行为的责任及责任方式。

人格权并不享受绝对保护，需要受到公共利益的限制。例如，因新闻报道等，可以合理使用自然人的姓名、肖像或者法人的名称。

【案例分析 11-1】

　　　张三与李四系合法夫妻，刘某与李四关系暧昧，张三以博客形式在网上发文，痛批刘某当第三者的行为。刘某向法院起诉，要求法院认定张三侵害名誉权和隐私权，要求张三承担精神损害赔偿责任。张三认为情况属实，并无捏造情节，自己只是在捍卫自己的婚姻权益。

　　　本案中，刘某的行为不当，违反了有关法律；但是，刘某的合法权益仍然会得到保护。张三以网络博客形式揭批刘某的行为，侵害了刘某的名誉权和隐私权，应该承担精神损害赔偿责任。

第二节　一般人格权

一、一般人格权概述

(一) 一般人格权概念

人格权有一般人格权与特别人格权之分，一般人格权在人格权体系中具有统帅地位。② 一般人格权是德国司法实践援引《基本法》第 1 条和第 2 条，强调人的尊严和人性的发展是法律的最高价值而创制的一种"由宪法保障的基本权利"，是指受尊重的权利、直接言论不受侵犯的权利以及不容他人干预其私生活和隐私的权利，是一种总括性权利。一般人格权作为一项个人的基本权利，具有弹性和开放性，随着社会经济文化的发展而扩充其内容。一般人格权具有解释功能、创造功能和补充功能，在民法典人格权编中对一般人格权进行规制，从逻辑上更具有合理性，在功能上有助于完善对人权的保护，通过解释和创造功能的发挥可以弥补

---

① 杨立新、袁雪石：《论人格权请求权》，载《法学研究》2003 年第 6 期。

② 杨立新：《人身权法论》(修订版)，人民法院出版社 2002 年版，第 373～374 页。

对人格权立法规定的不足，通过解释和补充适用完善对人格权的司法活动。基于一般人格权与具体人格权的关系，在立法上应该是先规定一般人格权，概括性地确认人格平等、人格自由、人格尊严等内容；再规定具体人格权，规定每一项具体人格权的权能和保护方式。换言之，一般人格权是作为具体人格权补充的一般保护规定。①

在近代法律制度中，社会组织与自然人一样获得了主体资格，德国民法通过"权利能力制度"从技术上完成了这种整合。虽然有学者认为，法人与自然人的类比是有限制的，法人有某些人格权，如名称权、名誉权，但是自身没有人的尊严；同时，它不是伦理意义上的主体，从而也没有应受保护的私生活，没有"一般人格权"②。而法人是自然人在社会生活中的延伸，虽然法人并非"人之为人"意义上的道德伦理主体，但是，作为人类社会中具有生产生活功能的实体，至少具有商业伦理意义。有学者认为，"商号本身具有商业属性，很难像健康权等人格权一样直接反映道德伦理价值，其更多地要受制于经济伦理"③。法人的存在发展、平等参与、经营自由等伦理要求同样受到法律保障，并且其受保障程度成为衡量特定国家的法治化水平和文明程度的重要标准。所以，有学者指出，法人具有一个受法律保护的名称（如法人是商事公司，这个名称就是商号）。在其他方面，虽然法人不享有同自然人同样广泛的一般人格权，但是，法人的人格也受法律保护。④ 由此可见，法人同样享有自由、平等、依法经营、受法律保护等内容的一般人格权。

（二）一般人格权的法律特征

1. 主体的普遍性

人格权的主体范围广泛，所有民事主体均享有一般人格权，无论是自然人、法人还是作为特殊民事主体的国家，以及合伙、个体工商户、农村承包经营户。一般人格权与具体人格权构成人格权的基本内容，一般人格权从抽象层面上保障人格利益，对于某项特定的具体人格权，可能存在有的民事主体享有、有的民事主体不享有的情形；但是，只要是民事主体，其人格存在并受法律保护，即享有一般人格权。

2. 内容的广泛性

一般人格权的内容具有包容性，不但包括具体人格权所反映的内容，也包括具

---

① 李锡鹤：《民法原理论稿》，法律出版社 2009 年版，第 228 页。
② 参见［德］卡尔·拉伦茨：《德国民法通论》，王晓晔等译，法律出版社 2003 年版，第 182 页。
③ ［美］约翰·R. 康芒斯：《资本主义的法律基础》，寿勉成译，商务印书馆 2004 年版，第 218 页。
④ ［德］迪特尔·梅迪库斯：《德国民法总论》，邵建东译，法律出版社 2001 年版，第 822 页。

体人格权所不能包含的人格利益，其内容极为广泛，可以依据人格独立、人格平等、人格自由、人格尊严标准，依据具体情形进行解释，无法通过列举方式穷尽。需注意的是，如果将特别人格权定义为立法明文规定的人格权，则一般人格权就不仅仅是对特别人格权的概括，亦即一般人格权并非特别人格权的总和。根据一般人格权产生的原因来看，其最为重要的价值便在于将基于人格而发生的全部利益（人格利益）从整体上予以保护，以弥补特别人格权难以穷尽人格利益之不足。事实上，如同"财产"的观念和范围随社会发展而不断发展一样，"人格利益"也是一种处于运动发展状态的事物。一般人格权以其概括性、模糊性以及可直接适用性，令法官得依一般之社会价值观念对具体案件作出裁判，直接达到保护人格利益之目的。①

　　3. 客体的概括性

　　一般人格权的客体为一般人格利益，具有高度概括性。对于一般人格利益的解释，只能通过独立、人格平等、人格自由、人格尊严这几个方面予以解释，不能归结为各种具体人格权的总和。人格的这种概括性可以将每一项具体的人格权通过一般人格权进行解释，例如，可以认为姓名权、隐私权体现了人格独立、人格平等、人格自由、人格尊严。

　　（三）一般人格权的功能②

　　一般人格权所保护的人格利益具有抽象性和包容性，一般人格权具有一般条款的功能，可以产生、解释和补充具体人格权，从而发挥保护民事主体人格利益的功能。

　　1. 产生具体人格权

　　一般人格权是具体人格权的母权，孕育并产生具体人格权。社会生活中的具体人格权的保护要求随着社会生活关系的发展而逐步发展，某类人格利益的重要性凸显，需要确认专门的人格权类型进行确认，法律明文规定为人格权，那么，这类人格利益就通过具体人格权进行保护，无须再借助一般人格权进行保护。

　　2. 解释具体人格权

　　在具体人格权所保护的人格利益的内涵和外延不明确时，需要借助一般人格权加以解释，将某项特定的人格利益纳入或者排除出具体人格权保护的范围。例如，网络空间存在的个人信息是否可以纳入隐私权保护范围，就需要借助一般人格权所体现的精神予以解释。

　　3. 补充具体人格权体系漏洞

　　在司法实践中，有些人格利益需要保护，但是，并不能够通过具体的人格权类型进行保护；此时，也不能拒绝提供保护，可以通过一般人格权作为判决依据，提

---

① 尹田：《论一般人格权》，载《法律科学》2002 年第 1 期。
② 参见魏振瀛：《民法》，北京大学出版社、高等教育出版社 2006 年版，第 664 ~ 665 页。

供司法救济。

二、一般人格权的内容

一般人格权的内容具有包容性与不确定性，一些与人格相关的利益需要保护，又不能归结于特定人格权种类之中时，就通过一般人格权提供保护；所以，一般人格权不能通过列举的方式穷尽其内容。从理论上可以将一般人格权分为人格独立、人格平等、人格自由、人格尊严四个方面。

1. 人格独立

人格独立指民事主体相互独立，每个民事主体均拥有独立的人格，彼此之间不存在隶属关系，民事主体相互之间应该尊重对方的独立人格。人格独立包括意志独立、财产独立、名义独立以及责任独立。意志独立保证了行为人的自主决定权；财产独立是民事主体参与民事法律关系的信用基础和承担民事责任的物质基础；名义独立是人格独立的外在标志与符号，便于识别和权利义务归属；责任独立指民事主体一般为自己的行为承担责任，除法律另有规定之外，无须为他人行为承担责任，他人也无须为行为人的行为承担责任。民事主体以自己的财产对外承担无限责任。

2. 人格平等

人格平等指民事主体的法律地位平等，彼此之间不存在隶属关系，也不存在高下之分。人格平等规定了民事主体之间关系的基调，在民法上，不分性别、年龄、种族、民族、出身、宗教信仰、财产状况、受教育程度等，彼此之间地位平等。正是由于人格平等，民事主体之间的行为方式才不能采用"命令—服从"模式，而是采用平等协商模式。

3. 人格自由

人格自由指民事主体能够依据自己的自由意志自主实施民事行为，他人不得干涉，民事主体之间应该相互尊重人格自由，不得将自己的意愿强加于人。人格自由是人格独立、人格平等在逻辑上的必然推论。

4. 人格尊严

人格尊严指民事主体作为民事法律上人的地位与资格应该得到承认，人格尊严要求民事主体要被当作完整的民事主体看待，民事主体之间应当互相尊重。

【案例分析 11-2】

大学毕业生张某，报考某省机关公务员，在资格审查中，由于其身高未达到 1.60 米，所以，未通过资格审查。张某向法院起诉，要求恢复其报考资格，并要求精神损害赔偿。

本案中，张某因为身高被剥夺公务员报考资格，受到歧视性待遇，违背了人格平等的基本法律原则精神，在民法上属于对于一般人格权的侵害。张某的诉讼请求可以得到法院支持。

第三节 具体人格权

具体人格权指就特定人格要素所享有的人格权。具体人格权的种类包括：生命权、身体权、健康权、姓名权、肖像权、名誉权等传统种类；也包括人格商业化权、器官捐赠权、隐私权等新兴种类。法律对于具体人格权的规定，从逻辑上一般体现了从物质性人格权到精神性人格权依次规定的顺序。

一、生命权、健康权、身体权

（一）生命权

1. 生命权的概念

生命权指自然人作为生命体在社会中存在和发展的权利。自然人的生命是指人体所具有的活动能力，生命是自然人作为民事主体的物质基础，是最高的人格利益，自然人享有生命权，法律保证自然人的生命安全，禁止非法剥夺自然人的生命。

生命权本质上所体现的应当是自然人在不妨碍他人与社会的前提下对于自我生命的掌握与支配，它不仅要维护物理意义上的生命延续，更要追求生命的高质量；不仅意味着一个人在生命受到威胁时有权得到法律的保护，同样也意味着他在生命质量非常低下的时候，有权利按照自己的意愿选择有尊严地离开这个世界。[①]

2. 生命权的特征

（1）生命权的主体是自然人。法人和其他组织不是生命权的权利主体。

（2）生命权的内容包括生命的保有、生命安全的维护和生命的自我处分。

3. 生命权的内容

（1）生命安全的维护权。自然人有权维护生命安全，当生命安全受到不法侵害时，权利人可以采取一切必要手段进行正当防卫和紧急避险。

（2）生命安宁维护权。法律禁止将自然人的生命置于危险之中，自然人生命处于危险境地，有权采取措施排除危险或者脱离危险境地。例如，自然人所居住的处所受到高压、高速、易燃、易爆、放射性、腐蚀性、巨毒等危险侵害时，有权要求责任人采取措施保证其生命安全；自然人受到自然灾害、社会事件或个人行为的威胁时，有权采取避险措施。

（3）生命利益支配权。生命利益支配权主要涉及自然人是否有权支配自己的生命。具体包括两个方面，一方面是权利人能否主动将自己的生命置于危险境地。

---

① 马俊驹：《人格和人格权理论讲稿》，法律出版社 2009 年版，第 93 页。

人类社会的存在和发展需要一些冒险活动和牺牲行为，有些置生命于危险境地的行为为社会所提倡，所以，权利人有权主动将自己的生命置于危险境地。另一方面是权利人能否主动结束自己的生命。在诸多宗教伦理中，人的生命由神决定，受这些宗教价值影响的法律，一般禁止自杀和安乐死。我国法律对于自杀未作禁止性规定，但对于在公共场所以自杀相要挟，扰乱社会治安的行为一般进行处罚。对于安乐死也没有禁止性规定，但是，对于帮助别人进行安乐死的医疗人员，需要承担刑事责任。

（4）医疗机关的救济义务。自然人因灾害、事故等原因致使生命处于危险状态，急需抢救而不能立即支付医疗费用，有关医疗机构应当救助。

（二）健康权

1. 健康权的概念

健康权指自然人以维护生理健康、心理健康和社会机能完整为内容的人格权。自然人享有健康权，禁止侵害自然人的身体健康。自然人首先是作为生命体而存在，物质性的身体是其基础，所以首先需要维护身体组织器官的健全与机能完整；其次，人们的个人生活和社会活动均通过心理活动过程，维护心理活动的正常有序运行，是健康的重要内容；最后，人具有社会性，在社会中生存与发展，所以，能够与社会进行正常的交流互动，能够在社会中具备正常的生存发展机能也是健康的基本内容。

2. 健康权的特征

（1）健康权的主体是自然人。健康权的主体只能是自然人，法人和其他组织不是健康权的权利主体。

（2）健康权的内容包括生理健康、心理健康和社会机能完整。因为人不仅是物质实体，而且是精神存在和社会存在，所以，健康权包括生理、心理和社会机能方面的内容。

3. 健康权的内容

（1）生理机能健康维护权。生理机能是自然人健康的物质基础，在此基础上才能进行正常的个人生活和社会生活。因此自然人有权采取措施维护物质机体的组织器官完整和功能正常；当自然人的生理健康受到他人的非法侵害或者侵害威胁时，权利人有权采取救济措施。

（2）心理机能健康的维护权。心理机能健康是权利人享有正常的生活，进行正常的社会活动的基础，在现代社会中，由于社会关系复杂化，生活压力增大，心理健康成为突出的社会问题。针对侵害心理健康的行为，赋予权利人心理机能健康的维护权，当自然人的心理健康受到他人的非法侵害或者侵害威胁时，权利人有权采取救济措施。例如，性骚扰会导致受害人心理上产生不健康的后果。

（3）社会机能健康的维护权。人是社会存在物，自然人能够与社会进行交流互动，获得生存发展的条件是健康的要素。在网络盛行的时代，出现一批沉迷于虚拟世界，对于真实世界感到陌生并无所适从的人，其社会机能健康受到严重影响。赋予权利人社会机能健康的维护权，当自然人的社会机能健康受到他人的非法侵害或者侵害威胁时，权利人有权采取救济措施。

（4）健康利益的支配权。自然人对于自己的健康利益是否拥有支配权，这个问题涉及宗教、道德伦理、文化习惯、法律制度等方面，在学界存在争议。但是，自然人对于自己的健康利益进行支配一直处于事实状态。所以，从法律上应该赋予自然人对于自己健康利益的支配权。例如，有关科研机构开发新药或者新的治疗方法，需要在人体上进行试验的，经卫生等主管部门批准后，还应当向接受试验的本人告知可能产生的损害，并经其同意。

4. 医疗机关的救济义务

医疗机构是维护人们生命健康、提供专业服务的机构。一方面，医疗机构与服务对象之间是平等民事主体之间的合同关系，遵循意思自治；另一方面，人们的生命健康属于人们最基本的利益，从而也属于最基本的社会公共利益。所以，医疗机构的意思自治受到公序良俗的限制，承担法定的救助义务。自然人因灾害、事故等原因致使生命健康处于危险状态，急需抢救而不能立即支付医疗费用，有关医疗机构应当救助。

（三）身体权

1. 身体权的概念

身体权是自然人维护其身体组织完整并支配其身体的人格权。自然人享有身体权，法人和其他组织不是身体权的主体。身体权重在维护人身肉体组织的完整与支配利益，不同于生命健康权；身体权有不同于生命健康权的客体和内容，属于独立的人格权。在实务中，对于侵害身体权的行为，造成伤害后果的，依照侵害健康权的行为处理；造成死亡的，则属于侵害生命权的行为；如果既未造成伤害，又未导致死亡的，则属于侵害身体权的行为。《最高人民法院关于确定民事侵权精神损害赔偿责任若干问题的解释》第 1 条规定，自然人因身体权遭受非法侵害，向人民法院起诉请求赔偿精神损害的，人民法院应当依法予以受理。这是将身体权视为独立人格权予以保护。例如非法剪除他人毛发、医疗过程中误切病人器官组织等，就属于侵害身体权而非健康权。

2. 身体权的内容

（1）维护身体组织完整的权利。法律赋予自然人维护身体组织完整的权利，有权保护身体完整不受侵害。权利主体对于自己的身体或身体组织具有支配权，可以依据自己的意志进行支配。

（2）对于身体或身体组织的支配权。在社会生活中，身体的支配方式，包括手术治疗、医学试验、捐献、遗传鉴定、人体克隆等。自然人可以将身体的血液、骨髓、器官等捐助，也可以将遗体等捐助；自然人生前不反对前项捐助，死亡后，他的配偶、子女、父母可以将遗体或者遗体的一部分捐助。自然人的遗体、骨灰受法律保护，不得侮辱、损害遗体、骨灰。所以，法律在提倡善待自己身体的同时，也承认权利主体对于自己身体及其身体组成部分的支配权。

3. 身体权的行使限制

身体权的客体，即可供支配、处分的人体，因为对身体作出处分涉及社会伦理及公序良俗，因此，作为民事权利的身体权的行使和处分应受到一定限制。例如禁止买卖人体，违反法律和善良风俗的处分行为无效等；对身体作出处分的意思表示的形式，应当是书面形式。

（四）侵害物质性人格权的法律责任

生命权、健康权、身体权受法律保护，侵害生命权、健康权、身体权需要依法承担责任。一般情况下，侵害生命权后果最为严重，除民事责任之外，一般构成刑事责任；侵害健康权次之，除民事责任之外，也可能构成刑事责任；侵害身体权后果相对较轻，需要承担民事责任，一般不构成刑事责任。

依据《最高人民法院关于审理人身损害赔偿案件适用法律若干问题的解释》（以下简称《人身损害赔偿解释》），第 17 条规定，受害人遭受人身伤害，就医疗支出的各项费用和误工减少的收入，赔偿责任人应当赔偿。具体项目包括：医疗费、误工费、护理费、交通费、住宿费、住院伙食补贴费、必要的营养费。受害人因伤致残的，还应赔偿残疾赔偿金、残疾辅助器具费、被抚养人生活费、康复费、后续治疗费。受害人死亡的，还应当赔偿丧葬费、被抚养人生活费、死亡补偿费以及受害人亲属办理丧葬事宜支出的交通费、住宿费和误工损失等其他合理费用。

二、姓名权、名称权、肖像权、形象权、声音权

（一）姓名权

1. 姓名权的概念

姓名权指自然人对其姓名享有的决定、使用和依照规定改变并禁止他人干涉、盗用和假冒的权利。姓名是自然人的名称，属于标示型人格，其中，姓标示家族，名标示个人。因为通过姓名这个符号，将一个人与其他人区别开来，所以，姓名是自然人重要的人格利益。自然人享有姓名权，有权决定、使用和依照规定变更自己的姓名。除正式姓名外，自然人的笔名、艺名等，与姓名受同等保护。使用重名的自然人姓名时，应当采取适当方式，避免造成混淆、误导。

2. 姓名权的内容

（1）姓名决定权。具有完全民事行为能力的自然人有权决定自己的姓名，无民事行为能力人的姓名由其监护人决定，限制民事行为能力人决定自己的姓名应征得其监护人同意。

（2）姓名使用权。凡是具有法律意义的证件、文书以及向法庭作证等必须使

用正式姓名。

（3）姓名变更权。自然人有权变更自己的姓名，但应依规定申请户籍管理机关批准，并在户籍簿及身份证上作相应的变更。

（4）姓名维护权。自然人有权维护自己的姓名，禁止他人干涉、盗用、假冒或者以其他不正当方式侵害自然人的姓名权。例如，某校毕业生将原学校校长赵某以真名写进小说，充当反面人物，赵某以侵害姓名权向法院起诉并获得赔偿。

（二）名称权

1. 名称权的概念

名称权指法人或其他组织对于依法享有的决定、使用、改变、转让、保有自己取得的名称并排除他人非法干涉的权利。法人、个体工商户、个人合伙等依法成立的社会组织享有名称权，有权使用、变更或者许可他人使用自己的名称。禁止他人干涉、盗用、假冒或者以其他不正当方式侵害法人或其他组织的名称权。我国《企业名称登记管理规定》第7条规定，企业名称应当由以下部分依次组成：所在地、字号（或商号）、行业、组织形式。

2. 名称权的内容

（1）名称决定权。民事主体有权决定自己的名称。民事主体决定自己的名称以后，一般需要登记注册。我国《企业名称登记管理规定》第3条规定，企业应当依法选择自己的名称，并申请登记注册。企业自成立之日起享有名称权。但是，决定自己的名称也受到有关规定限制。我国《企业名称登记管理规定》第9条规定，企业名称不得含有下列内容和文字：①有损国家、社会公共利益的；②可能对公众造成欺骗或者误解的；③外国国家（地区）名称、国际组织名称；④政党名称、党政军机关名称、群众组织名称、社会团体名称及部队番号；⑤汉语拼音字母（外文名称中使用的除外）、数字；⑥其他法律、行政法规规定禁止的。

（2）名称使用权。民事主体应当依法使用自己的名称，在法律规定的范围内享有名称专用权。企业应当在住所处标明企业名称。企业的印章、银行账户、信笺、法律文书上所使用的企业名称应当与营业执照上使用的名称相同。

（3）名称变更权。民事主体有权变更自己的名称，我国《企业法人登记管理条例》第17条规定，企业法人改变名称，应当申请办理变更登记。我国《企业名称登记管理规定》第22条规定，企业名称经核准登记注册后，无特殊原因在1年内不得申请变更。

（4）名称转让权。名称上面可以负载商誉，成为一种无形资产，具有交换价值，民事主体有权转让自己的名称。我国《企业名称登记管理规定》第23条规定，企业名称可以随企业或者企业的一部分一并转让。企业名称只能转让给一户企业。企业名称转让须采用书面协议形式，并报原登记主管机关核准。企业名称转让后，转让方不得继续使用已转让的企业名称。

（三）肖像权

1. 肖像权的概念

肖像权指自然人享有的以自己的肖像所体现的利益为内容的人格权。肖像是以一定物质形式表现出的自然人形象。我国《民法通则》第 100 条对肖像权作了规定，但其以营利使用为侵害自然人肖像权的要件，这种规定存在局限。自然人享有肖像权，肖像权人对肖像利益有较为完整的支配权。自然人享有肖像权，有权保护自己的肖像不受歪曲、侮辱。自然人有权使用或者许可他人使用自己的肖像。未经许可，他人不得公开使用自然人的肖像，法律另有规定的除外。普通的自然人均具有肖像权，主要体现的是人格利益，未经本人同意，不得使用公民肖像权。名人的肖像权在人格利益之外，更多地包含了商业利益。例如，关于肖像的保护中发生争议较多的是模特肖像权、剧照肖像权、体育竞技肖像权等问题，其中所涉及的不仅仅是人格利益问题，非法使用其肖像进行广告宣传，更多地是造成商业利益损失而不是精神痛苦。所以，对于名人肖像的商业利用，应该规定未经本人同意，不得以营利为目的使用公民肖像权。

2. 肖像权的特征

（1）肖像权的主体是自然人。作为人格权意义上的肖像，仅仅指自然人的肖像；卡通人物、神话人物的形象通过财产保护规则调整；法人及其他组织也不具有肖像权。

（2）肖像权体现自然人的精神利益。肖像是自然人形象的再现，负载了人们的自我认同、自我欣赏、社会认同等精神利益，非法毁损、玷污他人肖像属于损害他人精神利益的行为；未经许可，擅自使用他人肖像，则同时侵害了他人的财产利益与精神利益。

（3）肖像权与物质利益具有关联性。肖像是自然人形象的再现，与自然人的内在属性和社会心理过程联系在一起。当一些名人的肖像与某些商品联系在一起，如体育、演艺明星代言产品，会给人带来健康、美丽、富有、幸运等方面的良性联想，从而产生追随模仿效应，从而诱导消费行为，给商家带来利益。

3. 肖像权的内容

（1）肖像制作权。权利人有权通过一定的物质手段将自己的形象表现出来，如通过绘画、摄影机、照相机、监视录像、网络视频等手段。同时，权利人有权排除他人非法制作其肖像。

（2）肖像使用权。权利人有权使用自己的肖像，也可以许可他人使用其肖像，并有权禁止他人非法使用其肖像。

4. 肖像权的保护

自然人有权保护肖像权不被侮辱、污损、丑化或者以营利为目的的商业使用。例如，某市某广告公司超越约定使用范围，在广场和人行街道地灯上以某男性模特形象代言西装广告，带来行人用脚踩踏其肖像头脸的效果，该模特向法院提起侵权之诉，要求赔偿，获得法院支持。

自然人死亡以后，肖像仍然可能存在和被利用，可能存在对于死者肖像的污损、丑化或者以营利为目的的商业使用。所以对于死者的肖像，需要延伸保护，死者肖像权的保护由其近亲属行使。

（四）形象权①

1. 形象权的概念

形象权指以自然人人体形象利益为内容的人格权。广义的形象权是指商品化权，狭义的形象权是一种具有独立地位的人格权，是指自然人对其姓名、声音、肖像等综合的人格要素并能获取经济利益的排他性支配权。形象权包含了人们的物质利益与精神利益。

2. 形象权的特征

（1）形象权以人体形象或者部分形象为客体。可以整体形象为客体或者除面部以外的部分为客体，例如，手形模特的形象就是以手的形象为客体。

（2）形象权包括自然人的动作形象或表演。形象可以是静态的，也可以是动态的；在自然人的动作形象或表演形象上可以成立形象权。

（3）形象权的行使既可以通过真人出场，也可以负载于载体。例如，餐馆的迎宾小姐、足球比赛的足球宝贝、车展活动中的车模等形象权负载于真人出场；而电影、电视剧、舞台演出的形象可以固定于特定载体。

3. 形象权的内容

（1）形象支配权。自然人对于自己的形象拥有支配权，可以依据自己的意志设计自己的形象，也有权决定将自己的形象体现于特定的场景或特定的载体。

（2）形象使用或使用许可权。自然人有权对于自己的形象进行使用收益，也可以许可他人进行商业或非商业使用。例如，产品的代言广告等。

（3）形象保护权。可能存在对于权利人形象的污损、丑化或者以营利为目的的商业使用，需要赋予形象保护权。自然人死亡以后，形象仍然可能存在和被利用，可能存在对于死者形象的污损、丑化或者以营利为目的的商业使用。所以对于死者的形象，需要延伸保护，死者形象权的保护由其近亲属行使。

（五）声音权

1. 声音权的概念

声音权指自然人对于自己声音所体现的人格价值进行支配和保护的权利。声音与姓名、肖像一样属于个人的重要特征，声音可以将一个人与其他人区别开来，所以，声音可以作为一个人格价值因素予以保护。例如，《秘鲁民法典》第 15 条规定了声音权。

---

① 参见马俊驹：《人格和人格权理论讲稿》，法律出版社 2009 年版，第 256～258 页。

2. 声音权的特征

（1）声音权的主体是自然人。自然人的声音属于人格权保护对象，自然界的声音和机器造成的声音不属于人格权保护对象。

（2）声音权保护的内容是声音的特质和技巧。声音所包含的内容属于隐私权保护的范围。

（3）具有艺术价值的声音权具有财产相关性。权利人可以通过商业性演出获得财产，他人未经许可不得模仿其声音进行营业性演出或制作商业性广告。

3. 声音权的内容

（1）声音支配权。自然人对于自己的声音享有专有权，他人未经权利人许可不得模仿。

（2）声音使用权。自然人有权自主使用自己的声音进行交往等社会活动，他人不得干涉。但是，职业需要的限制除外，例如，学校可以要求教师工作时使用普通话。

（3）声音许可权。声音权利人可以通过许可商业性地使用其声音获得报酬。

4. 声音权的保护

声音权受到法律保护，声音权受到侵害时权利人有权要求停止侵害、消除妨碍、消除影响、赔偿损失。但是，公众人物从事公共事务活动的声音保护应该受到限制。

声音权被侵害的形态包括：（1）他人未经许可对权利人的声音进行录音保存或使用。（2）他人未经许可对权利人具有艺术价值的声音进行商业性使用。（3）录音保存或使用。（4）他人未经许可对公众人物在私人场合的声音进行录音保存或使用。[①]（5）进行侮辱、丑化性的模仿。

三、名誉权、荣誉权、信用权

（一）名誉权

1. 名誉权的概念

名誉权指民事主体所享有的保护自己的名誉不受侵害的权利。我国《民法通则》第101条规定，自然人、法人享有名誉权，禁止用侮辱、诽谤等方式损害公民、法人的名誉。名誉是特定人所受到的有关其品行、才干、功绩、职业、资历和身份等方面的评价。名誉分为内部名誉和外部名誉。内部名誉指民事主体对于自己各方面的评价，属于内心的名誉感，内部名誉不受名誉权的保护。外部名誉指社会对于民事主体的评价，外部名誉受到名誉权的保护。

2. 名誉权的法律特征

（1）名誉权的主体包括所有的民事主体。自然人、法人均享有名誉权。

---

① 参见马俊驹：《人格和人格权理论讲稿》，法律出版社2009年版，第258页。

（2）名誉权与财产利益具有相关性。良好的名誉能够给民事主体带来良好的社会信用，增加商业交易的可能性。法人及其他组织的良好声誉会带来大量的财产利益。

（3）名誉权需要延伸保护。自然人死亡以后，名誉权仍然受到保护，其保护的权利由其近亲属行使。

3. 名誉权的内容

（1）名誉维护权。民事主体有权采取措施维护自己的名誉。这种维护包括两个方面，在内部方面，民事主体通过努力完善自己，维持良好的名誉感。在外部方面，民事主体有权通过采取合法的手段，阻止侵权行为，使受到损害的名誉得以恢复。

（2）名誉利益支配权。权利人可以利用自己的良好名誉从事社会活动，获得各项收益。尤其是在商业领域，企业可以利用商誉获得经济利益，也可以许可他人使用商誉，获得经济收益。

4. 名誉权的保护

禁止用侮辱、诽谤等方式损害自然人、法人的名誉。对于侵害名誉权可能造成重大恶劣影响的侵权行为应当承担民事责任和其他法律责任，例如利用严重失实的新闻报道损害他人名誉；利用内容不当的文学作品损害他人名誉；借检举、控告之名，侮辱、诽谤他人。名誉权的保护中应该区分公众人物与普通人，不能对两者实行同等保护，对公众人物的名誉权需要作出适当限制，协调新闻的报道权与公众人物的名誉权之间的冲突，否则会导致新闻监督力度的减弱。

（二）荣誉权

1. 荣誉权的概念

荣誉权是指民事主体对于所获得的荣誉及其利益所享有的保持、支配的人格权利。荣誉指权威组织对于特定民事主体因其突出表现所给予的积极的正式评价。荣誉权的基本性质是身份权，同时，荣誉权也具有一定的人格权的性质，因此，荣誉权具有人格权和身份权的双重属性。

2. 荣誉权的特征

（1）专属性。荣誉并非每个社会成员都能取得，只有某些作出了突出贡献或取得重大成果的人才会获得荣誉称号，因而具有专属性。

（2）依据特定程序取得。荣誉的取得必须经过特定的程序，由国家机关或社会组织给予表彰的方式授予。

（3）以褒奖为权利内容。荣誉是对作出突出贡献的公民、法人的一种褒扬和嘉奖。

（4）可以依法剥夺。荣誉权的丧失通常是由授予单位基于法定事由给予剥夺，如因弄虚作假骗取荣誉，因为触犯刑法等因素而被剥夺荣誉称号。

3. 荣誉权的内容

（1）荣誉保持权。荣誉保持权指对于荣誉本身的保有，例如，劳动模范、革命烈士、免检产品等；已经获得的荣誉非依法定的依据、法定的程序不得剥夺。

（2）精神利益支配权。权利人因获取荣誉而享有受人尊敬、自我满足等精神利益，权利人可以自主支配。

（3）物质利益支配权。因为拥有荣誉，权利人有权获得财产利益，并有权自主支配；也有权通过依法许可使用获得物质利益。

4. 荣誉权的保护

我国《民法通则》第 102 条规定：公民、法人享有荣誉权，禁止非法剥夺公民、法人的荣誉称号。

公民、法人或其他组织荣誉权受到侵害的，有权要求停止侵害、恢复名誉、消除影响、赔礼道歉。公民的荣誉权受到侵害的，还可以主张精神损害赔偿，但法人或其他组织不能以荣誉权等人格权受到侵害为由主张精神损害赔偿。

（三）信用权

1. 信用权的概念

信用权指民事主体对于其信用所享有的人格权。所谓信用指民事主体的偿债能力在社会中的评价。现代市场中的交易多为非及时履行的交易，需要依赖信用，否则无法进行交易；由于信用的重要性，所以将其作为一项独立的人格权。

2. 信用权的特征

（1）信用权的主体为所有民事主体。自然人和个体工商户、承包经营户、合伙、法人均享有信用权。

（2）信用权的利益包括人身利益与财产利益。信用是对于民事主体综合经济能力的社会评价，是个人人格要素的体现，属于人身利益；同时，信用可以直接转化为财产利益，在受到侵害时产生财产损失。

（3）信用权以信用为客体。信用是一种社会评价，信用权的存在是为维护偿债能力的正常社会评价。

3. 信用权的内容

（1）信用保有权。民事主体有权拥有信用，并可以通过提高自己的经济能力提高社会评价。

（2）信用维护权。民事主体有权维护自己的信用不受外来侵害。由于信用权是对世权和绝对权，其他民事主体均对权利人负有不侵害权利人信用的不作为义务。在信用权遭受外来侵害时，有权依法采取救济措施。

（3）信用利益支配权。权利人可以利用自己的良好信用，开展社会经济活动，获得经济利益；也可以利用自己的信用为他人提供担保；还可以经营信用业务，如担保公司的业务、银行的信用证业务。

4. 信用权的保护

信用权为独立的人格权，赋予民事主体信用权，有助于信用主体维护自己的信用，形成信用并转化为无形资产；保护信用不受非法侵犯，也有利于整个社会信用环境的改善。信用权的内容包括信用保有权、信用利益支配权和信用维护权。自然人、法人享有信用权。禁止用诋毁等方式侵害自然人、法人的信用。

5. 社会征信系统

社会信用关系一个国家的市场经济秩序，信用信息的流通性与真实性可以节约交易成本并保障交易安全，征信系统是对信用权保护的技术支持，征信机构必须依法进行信用信息的调查、收集、整理、提供，以及征信机构应当客观、公正地收集、记录、制作、保护自然人、法人的信用资料。

民事主体有权依据法定的渠道获取其他民事主体的基本信用信息，征信机构必须依法提供信用信息，无合法理由不得拒绝。

相关国家机关负有信用信息提供义务。法定的机构负有依法向征信机构提供信用信息的义务。人民法院根据当事人履行判决、裁定等法律文书的情况，可以建立执行法律文书档案。金融机构根据当事人借贷、还贷等情况，可以建立还贷记录等档案。工商行政管理部门根据当事人资信情况，可以建立资信档案。质量监督部门可以将检查、抽查的结果公布，并建立相应的质量档案。

征信机构应当公平授信，合理使用并依法公开信用资料。

信用信息主体异议权。自然人、法人有权查阅、抄录或者复制征信机构涉及自身的信用资料，有权要求修改与事实不符的信用资料。

四、人身自由权、婚姻自主权、性自主权

（一）人身自由权

1. 人身自由权的概念

人身自由权指自然人享有人身自由不受侵害的权利。人身自由权为独立的具体人格权，包括身体自由权（或称行为自由权）和精神自由权（或称意志自由权）。身体自由权指自然人按照自己的意志和利益，在空间上的身体运动不受限制的权利。精神自由指自然人按照自己的意志和利益从事精神活动、自主思维的权利，自然人的思想不得受到外来强制、误导。人身自由权的基本属性是具体人格权，不同于人格自由，人格自由是民法上的抽象的自由，是与人格尊严相并列的一般人格利益。

2. 人身自由权的特征

（1）人身自由权的主体为自然人。人身自由权以物质性的生命体存在为前提，法人等组织体不享有人身自由权。

（2）人身自由权以身体自由权和精神自由权为基本内容。人身自由权重在保障自然人的基本生命活动与社会活动，为身体运动与精神运动提供法律保障。

（3）人身自由权体现精神性人格利益。人身自由属于自然人的基本精神利益，本身不体现财产利益。

3. 人身自由权的内容

（1）人身自由保有权。人身自由权本来就属于一种自然权利，自然人保有人

身自由权，非依法定事由、法定程序不得限制、剥夺。

（2）人身自由支配权。自然人有权依据自己的自由意志独立支配自己的人身自由，自主进行身体运动和精神活动。

（3）人身自由处分权。自然人有权依据自己的自由意志独立处分自己的人身自由，自主限制和放弃进行身体运动和精神活动的自由。例如，自我禁闭、信仰某种主义。

4. 人身自由权的保护

自然人自由进行身体运动和精神活动是其生存发展、参加民事法律关系的前提条件，法律保护人身自由权。禁止对于人身自由的妨碍、限制和其他形式的侵害。

（二）婚姻自主权

1. 婚姻自主权的概念

婚姻自主权或称婚姻自由权，指自然人依据自主意志决定其婚姻状态的人格权。婚姻是两性关系的法律形式，婚姻关系是成年两性之间的基本关系，也是人们基本的生存形式和种类繁衍的社会形式，婚姻自主权是自然人的基本人格权。婚姻自主权属于独立的人格权，婚姻自主权并不等于人格自由。

2. 婚姻自主权的特征

（1）婚姻自主权的权利主体为已经达到法定婚龄的自然人。未达到法定婚龄的自然人不享有婚姻自主权，法人等社会组织不是婚姻自主权的权利主体。

（2）婚姻自主权的内容是婚姻自主决定权。对婚姻关系的产生、变更、消灭的决定权由当事人自行行使，否定了他人意志对于婚姻关系的决定作用。

（3）婚姻自主权属于人格权。婚姻自主权本身属于人格权，这种人格权行使的结果产生婚姻身份关系。

3. 婚姻自主权的内容

（1）婚姻形式选择权。在承认同性婚姻的国家，自然人有权选择婚姻形式，有权自主决定缔结同性婚姻或者异性婚姻。目前，大多数国家不承认同性婚姻，当事人没有缔结同性婚姻或者异性婚姻的选择权。

（2）婚姻缔结权。即结婚自主权，自然人有权依据自主意志决定是否结婚、与谁结婚、何时结婚，他人不得干涉。

（3）婚姻解除权。即离婚自主权，自然人有权依据自主意志决定解除已经存在的婚姻，他人不得干涉。

（4）婚姻自主维护权。权利人有权采取措施排除买卖、包办婚姻和其他干涉婚姻自由的行为的侵害。

4. 婚姻自主权的保护

法律保护自然人的婚姻自主权，禁止买卖、包办婚姻和其他干涉婚姻自由的行为。

（三）性自主权

1. 性自主权的概念

性自主权指自然人在法律和公序良俗的范围内，对于支配自己性利益的人格权。性是自然人生命活动和社会生活的重要组成部分，是自然人重要的人格利益，也是人类社会繁衍的基础。性利益是自然人的一个基本人格利益，性自主权就是自然人对自己的性利益自主进行支配的权利。

2. 性自主权的特征

（1）性自主权的权利主体是具有意思能力的自然人。不具有相应意思性能力的未成年人和不具有识别能力的精神病人，不享有性自主权，法人等组织不是性自主权的权利主体。

（2）性自主权以人的性所体现的利益为具体内容。它体现为保护权利人自主支配性利益获得满足，保护性器官不被他人非法接触，保护自然人不为违背自己意志的性行为，保持以性纯洁为内容的自我精神满足和社会良性评价。

（3）性自主权受到公序良俗的限制。性自主权受到伦理道德、法律的约束，不得违背公序良俗，已婚男女的性自主权还受到婚姻关系与配偶权的约束。

3. 性自主权的内容

（1）支配权。自然人有权通过自主意志支配自己的性利益。他人不得利用强迫、引诱、欺诈等手段侵犯自然人的性自主权。

（2）承诺权。自然人有权通过自主意志承诺性行为和性关系，获得性满足。

（3）反抗权。自然人的性自主权遭受侵害时，有采取私力救济手段进行反抗的权利，也有权采取公力手段进行救济。

4. 性自主权的保护

性自主权作为具体人格权受到法律保护，他人不得非法干涉、不得非法限制、不得非法干预。保护性自主权是人格尊严和人格自由的基本要求。同时，性又是关系社会基本秩序的重大问题，社会伦理和法律为个人的性行为与性关系设置了种种规范，属于应该受到公序良俗约束限制的范围。例如，法律禁止利用性利益从事色情业。

五、隐私权、法人秘密权

（一）隐私权

1. 隐私权的概念

隐私权指自然人享有的对于其与公共利益无关的个人信息、私人活动和私有领域进行支配的具体人格权。所谓隐私，首先是私事，包括私人信息、私人活动、私人空间，不是公共利益、公共事务、公共场合；其次是主观上有"隐"的意愿，不愿意为他人知悉、他人干预、他人侵入。违反社会公共利益、社会公德侵害他人隐私或者其他人格利益，受害人以侵权为由向人民法院起诉请求赔偿精神损害的，人民法院应当依法予以受理。

2. 隐私权的特征

（1）隐私权的主体只能是自然人。隐私权是自然人私的权利，法人等组织不是隐私权主体。

（2）隐私权客体包括私人信息、私人活动和私人空间。

（3）隐私权的保护范围受到公共利益的限制。当隐私权可能与公开权、知情权等相冲突时，应依据公共利益要求进行衡量，适当限制隐私权的保护范围。

3. 隐私权的内容

（1）隐私支配权。权利人对于私人信息、私人活动和私人空间有权按照自己的自主意志进行支配。权利人有权使隐私处于隐瞒状态，排除他人的知悉、干预和侵入；也可以进行公开，准许他人对于自己隐私的利用。

（2）隐私利用权。自然人有权对于自己的隐私进行利用，以获得精神满足和物质利益。

（3）隐私维护权。这是指自然人对于自己的隐私所享有的维护其不可侵犯的权利。在权利受到侵害时，权利人有权通过私力救济和获得司法保护。

4. 隐私权的保护

自然人享有隐私权。禁止以窥视、窃听、刺探、披露等方式侵害他人的隐私。

自然人的住宅不受侵扰。自然人的生活安宁受法律保护。自然人、法人的通讯秘密受法律保护，禁止以开拆他人信件等方式窃取自然人或法人的通讯秘密。收集、储存、公布涉及自然人的隐私资料，应当征得本人同意，但法律另有规定的除外。

（二）法人秘密权①

1. 法人秘密权的概念

法人秘密权指法人的某些信息不为他人知晓，某些场所不容许他人进入的权利。法人秘密权类似于自然人的隐私权，其功能在于维护法人正常的生产经营活动。法人秘密权属于法人的人格权。法人作为独立的民事主体，拥有自己的私人性的信息、行为、空间，不愿也不该为外人知悉、干预或侵入。

2. 法人秘密权的特征

（1）法人秘密权的主体为法人等组织，个体工商户、农村承包经营户、合伙企业参照适用。

（2）法人秘密权的内容包括业务秘密权、场所封闭权、决策保密权。

（3）法人秘密权受到国家管理规章和公众知情权限制。

3. 法人秘密权的内容

（1）业务秘密权。法人有权在一定范围内对于业务进行保密。如果是营利法

---

① 参见马俊驹：《人格和人格权理论讲稿》，法律出版社 2009 年版，第 304～306 页。

人，则拥有商业秘密，指不为公众所知悉、能为权利人带来经济利益、具有实用性并经权利人采取保密措施的技术信息和经营信息。

（2）场所封闭权。法人等组织机构对于自己的场所拥有独立的支配权，除公开的业务场所外，对于其他场所法人有权采取封闭措施，排斥他人进入。

（3）决策保密权。法人的业务决策，除依法要求公开的事项之外，有权采取保密措施。

4. 法人秘密权的保护

法人享有秘密权，其他民事主体不得以窃取秘密、侵入场所等方式侵害法人秘密权。但是，法人秘密权的保护受到国家管理规章和公众知情权限制。

六、特殊人格权

人格权附属于人格之上，人格以人的生命存在为前提，严格意义上的人格权的存续期间为自然人从出生到死亡，法人从成立到消灭。但是，人的生命既是一个自然过程，又是一个社会过程。作为自然过程，在人出生之前存在一个孕育过程，这个过程的延续就是其后的现实生活过程，所以，人格利益的保护会延伸到对胎儿利益的保护。同时，人的存在作为一个社会过程，自然人的生命结束以后，社会影响并未立即消失，人格利益的保护也会延伸到死者人格利益的保护。人格本来体现了人的法律地位，在现代高度发达的市场条件下，人格所包含的一些人格要素也可以商业化，成为需要法律保护的特殊利益。

（一）胎儿人格利益的保护

对于胎儿的人格利益保护已经有不少国家的民法典作出规定。胎儿在母体中受到损害，在其出生之后损害确定之时，产生损害赔偿请求权，可以行使；胎儿出生后死亡的，由其继承人取得损害赔偿请求权；出生时是死体的，损害的是母亲的身体或者健康，由母亲享有损害赔偿请求权。

（二）死者人格的保护

自然人死亡以后，民事主体资格消灭，保护死者人格利益的理论基础在于人身权的延伸保护。为了维护民事主体统一、完整的人身利益，在依法保护民事主体人身权的同时，对于其在死亡以后所依法享有的人身法益也提供保护。《最高人民法院关于确定民事侵权精神损害赔偿责任若干问题的解释》第3条规定，自然人死亡后，其近亲属因下列侵权行为遭受精神痛苦，向人民法院起诉请求赔偿精神损害的，人民法院应当依法予以受理：（1）以侮辱、诽谤、贬损、丑化或者违反社会公共利益、社会公德的其他方式，侵害死者姓名、肖像、名誉、荣誉；（2）非法披露、利用死者隐私，或者以违反社会公共利益、社会公德的其他方式侵害死者隐私；（3）非法利用、损害遗体、遗骨，或者以违反社会公共利益、社会公德的其他方式侵害遗体、遗骨。

对遗体的保护。对于遗体的法律性质有两种认识，一种认为是死者本人人格的残存；另一种认为遗体为物。本书同意遗体为物，但是，这是一种特殊的物，不能成为所有权的客体，也不适用于先占；只能供纪念、安葬等伦理性使用。自然人死亡以后，其遗体由其亲属负责火化、埋葬，但不得进行使用、收益或者其他处分。禁止对遗体、遗骨进行损害或者侮辱。对死者人格的保护，禁止以侮辱、诽谤、贬损、丑化等方式侵害死者的姓名、肖像和名誉。禁止非法窃取、披露、利用死者隐私或者以其他方式侵害死者隐私。

对死者人格利益的保护。对死者其他人格利益的保护主体、遗体的处分由近亲属进行。对死者人格利益保护的期限应该有特别规定。对死者肖像的保护期限应有特别的规定，不得遵照一般保护期限。对死者肖像延伸保护期限应当区分两种情况：如果是肖像作品的作者对肖像进行使用，死者肖像利益的延伸保护期限应以10年为宜，使肖像作品作者著作权的行使受到保护；如果是肖像作品作者以外的人使用死者肖像，延伸保护期限应以死者近亲属的自然存活期为限。

（二）人格商品化权

人格商品化权指民事主体对于其姓名、形象以及其他人格要素的商业应用相关经济利益或者价值的排他性支配权。人格商品化权本质上是人的人格要素在商品经济中的延伸，其内涵在于人运用自己的人格要素，使其人格权内容扩张。[①]

人格商品化权的内容包括：其一，人格商品化决定权。例如，有权决定是否出售血液、乳汁，有权决定是否代言广告。其二，收益权。有权获得商品化带来的经济利益。

随着市场运作技术的发展和科学技术的发展，人格要素向商业领域的延伸不断加强，将会出现更多的人格商品化的形式。

【案例分析 11-3】

某夫妇在儿子周岁时，到乙照相馆拍照，乙照相馆保留了该照片底片，随后将其翻拍卖给个体户丙制作挂历，随后，丙又将其卖给儿童护肤品生产商丁，用作广告宣传。哪些人构成侵权？侵害何种权利？

本案中，乙、丙、丁均构成了侵权。本案的情形属于人格标志的商品化问题，但是，在我国现有的民法中还没有单独列明，目前将这种情形纳入肖像权范畴进行保护。侵害肖像权的两个条件：一是未经肖像权人同意；二是以营利为目的。

【本章思考题】

1. 什么是人格权？

---

① 马俊驹：《人格和人格权理论讲稿》，法律出版社 2009 年版，第 310 页。

2. 什么是一般人格权？

3. 胎儿人格利益如何保护？

4. 什么是人格商品化权？

5. 某女甲自拍多张照片，并放入自己的博客之中。乙进入甲博客，浏览了甲的照片并将照片贴到自己的博客中。（1）乙的行为是否侵权？（2）如果侵权，侵犯了什么权利？

第十二章　身　份　权

　　私法中的身份是个人在市民社会关系中具有私法意义的定位与相应的利益份额，是身份关系为私法所规制的结果。身份权是民事主体基于某种特定的身份所享有的民事权利，是一种综合性的权利，是一种定型化权利。现代社会生活中存在四个层次的基本身份体，具体包括婚姻家庭中的身份权、生产性社团中的身份权、生活社区中的身份权和市民社会生活关系中的身份权。

第一节　身份权概述

一、身份与身份权

（一）身份

　　身份在《辞海》中表述为"人的出身、地位或资格"。"出身"指血缘联系，包括血缘体内部的结构与联系，以及血缘基础上的特定家族在社会中的位置；"地位"是纵向社会分层结构中的定位；资格具有两重含义：一是指以具备特定技能为确定条件的职业资格，二是指具备参与某种利益分配可能性的成员资格。私法中的身份是个人在市民社会关系中具有私法意义的定位与相应的利益份额，是身份关系为私法所规制的结果。

　　身份是一种社会组织技术，身份制度提供利益划分机制、行为规则体系、权利义务责任关系，为个人行为提供指引，形成社会秩序。身份调整稳定性的社会关系，身份联系是长期、稳定的联系；身份与当时社会的基本结构相适应，是社会安排的产物。身份调整差异化的社会关系，将其中的人进行类别化，通过赋予不同的角色以不同的权利、义务和责任，以区别对待为基本的调整方法。[①]

（二）身份权

1. 身份权的概念

　　身份权是民事主体基于某种特定的身份所享有的民事权利。它是民事主体在特定身份关系之中所享有的权利，只有当民事主体依据先在的事实或者后天的意愿处

[①] 参见马俊驹、童列春：《私法中身份的再发现》，载《法学研究》2008 年第 5 期。

于婚姻、家庭关系以及社团、社区或者市民社会共同体之中，取得某种成员资格，基于身份关系，相对于身份体本身或者其他成员所享有的权利。

2. 身份权特征

（1）身份权是基于特定身份关系所产生的权利。身份权的权利主体总是处于特定的身份体和特定的身份关系之中，例如，处于家庭关系、社团组织关系之中。在这个身份体中获得特定的身份位置，充当特定的身份角色，因此，享有相应的身份权利。身份权依据特定的身份关系而取得，身份位置丧失，则身份权利丧失。

（2）身份权是对于特定的义务人所享有的权利。身份权的义务人一般是特定的，指向身份体内部的特定成员，例如，未成年人的抚养请求权的义务人是其父母或者其他近亲属。身份体之外的其他人一般不承担基于身份的给附义务，但是，承担不侵害身份权利的不作为义务。

（3）身份权是一种综合性的权利。身份权并非单一内容的权利，身份权利所包含的利益是综合性的，为满足特定身份关系者的需要而存在，例如，亲权的内容就包括对于未成年子女的教育、抚养、事务代理等方面的内容。

（4）身份权是一种定型化权利。特定类型的身份权的内容是由社会习惯设定，并非依据当事人的自由意志设定，身份权利是一种定型化权利。当事人一般依据先在的身份关系享有身份权利，或者通过建立身份联系，享有相应的身份权利，对于具体身份所包含的权益内容，当事人一般无权设定。

二、身份权体系

现代社会生活中存在四个层次的基本身份体，在其中存在不同的身份关系，满足人们不同方面的生活需要，构成不同的身份权利领域，形成身份权利体系。

1. 婚姻家庭中的身份权

家庭是人们生活的共同体，也是农业社会中的生活共同体，婚姻家庭中的身份关系协调人们最基本的生存发展利益。婚姻家庭中的身份权包括配偶之间的身份权、亲属之间的身份权。

2. 生产性社团中的身份权

现代社会的生产活动在企业等生产性社团中组织，在生产性社团中，通过身份权力体系，协调生产活动，形成生产秩序。生产性社团中所设置的身份岗位，赋予从业者不同的身份，享有不同的身份权，这种身份权主要是一种身份职权。生产性社团中的身份权具体包括投资者身份权、经营管理者身份权、劳动者身份权。

3. 生活社区中的身份权

社区是家庭之外的生活空间，人们的日常生活在社区空间内展开，社区包括农村的村社和城市的居民区，人们通过获得社员身份，对于社区所拥有的公共资源、公共设施、环境利益、治理权益享有身份利益。生活社区中的身份权具体包括城市居民区中的成员权、专有权、共有权、治理权；农村村社中的社员权、集体财产的持份权和公共设施的共有权、治理权。

4. 市民社会生活关系中的身份权

为应对市民社会中的生存风险，现代国家发展了福利功能，通过提供福利，为市民提供生存生活利益。自然人、公民身份成为获得福利的依据；自然人、公民成为现代私法中两种基本的身份。市民社会生活关系中的身份权包括自然人身份权、公民身份权。

第二节　婚姻家庭中的身份权

一、亲权

亲权，是指父母基于其身份对未成年子女人身、财产方面的管理和保护的权利。大陆法系国家普遍没有亲权的规定，英美法系国家将亲权纳入监护中，在我国虽然没有直接的亲权规定，但《民法通则》规定的法定监护权带有亲权的性质。亲权的内容包括：

（一）对子女人身享有的权利

（1）保护权。父母对未成年子女的身心健康及生命安全负有保护的权利与义务。

（2）教育权。父母有对未成年子女身心健康和思想道德进行教育的权利，防止其接受不良诱导，沾染不良习气。《婚姻法》第23条规定父母有保护和教育未成年子女的义务，这同时也是父母享有对未成年子女进行教育权利的表现。

（3）法定代理权与同意权。父母是无行为能力的未成年子女的法定代理人，由其代表子女进行意思表示。限制民事行为能力的未成年子女从事与其年龄及智力因素不相符的民事活动，须经法定代理人的同意方可进行。因此，《民法通则》第12条规定：10周岁以上的未成年人是限制民事行为能力人，可以进行与他的年龄、智力相适应的民事活动；其他民事活动由他的法定代理人代理，或者征得他的法定代理人的同意；不满10周岁的未成年人是无民事行为能力人，由他的法定代理人代理民事活动。

（二）对子女财产享有的权利

（1）管理权。为维护未成年子女的权益，父母对未成年子女的财产享有保存与管理的权利。父母未尽职责，造成未成年子女财产损失的，应赔偿其损失。

（2）处分权。为了子女的利益与需要，父母对未成年子女的财产可以依法进行处分。

（3）使用收益权。在不毁损财物或无损财产权利的情况下，父母可以支配未成年子女的财产以获取收益。

若父母一方死亡或因对子女有虐待、遗弃行为而被剥夺亲权时，亲权一般由另一方行使。

与亲权相关的监护权也往往与家庭关系中的身份有关，因本书前文已有比较详细的介绍，此处不再赘述。

二、配偶权

配偶是依照法定程序而确立夫妻关系的双方。配偶权，是指婚姻关系存续期间，夫与妻作为配偶间的一种身份权。根据我国《婚姻法》的规定，配偶权的内容主要包括以下几个方面：

（1）姓名权。夫妻双方都有各用自己姓名的权利。夫妻作为平等的双方，有权决定自己的姓名使用。其中任何一方不得强迫另一方改变其姓名，也不得要求妻随夫姓。

（2）人身自由权。夫妻双方都有参加生产、工作、学习和社会活动的自由，一方不得对他方加以限制或干涉。

（3）协助权。在夫妻关系存续期间，夫妻双方应彼此相互协助、扶养。《婚姻法》第 20 条规定：夫妻有互相扶养的义务。一方不履行扶养义务时，需要扶养的一方，有要求对方付给扶养费的权利。

（4）忠实权。《婚姻法》第 4 条规定，夫妻应当互相忠实，互相尊重。

（5）离婚权。夫妻双方有解除婚姻关系的请求权。

三、亲属权

亲属是由婚姻、血缘和收养产生的人与人之间的社会关系。亲属权，是指父母与成年子女、祖父母与孙子女、外祖父母与外孙子女、兄弟姐妹间的身份权。其内容主要包括：

（一）父母与成年子女之间的权利

对于患有精神病，被宣告为无民事行为能力或限制行为能力的成年子女，父母对其有监护权，父母对患有精神病的成年子女有抚养教育权，父母不履行抚养义务时，患精神病不能独立生活的子女，有要求父母付给抚养费的权利。

成年子女对父母有赡养扶助权。成年子女不履行赡养义务时，无劳动能力的或生活困难的父母，有要求子女付给赡养费的权利。父母子女相互间有行为能力宣告、失踪宣告、死亡宣告申请权，以及一方失踪后的财产代管权。同时父母和子女有相互继承遗产的权利。

（二）祖父母与孙子女、外祖父母与外孙子女间的权利

有负担能力的祖父母、外祖父母，对于父母已经死亡的未成年的孙子女、外孙子女，有抚养权。有负担能力的孙子女、外孙子女，对于子女已经死亡的祖父母、外祖父母，有赡养权。他们相互间有继承权，而且孙子女、外孙子女在父母死亡的情况下，对祖父母、外祖父母的财产享有代位继承权。对于父母已经死亡或者没有

监护能力的未成年人的祖父母、外祖父母可以担任监护人，享有监护权。同时他们相互间也有行为能力宣告、失踪宣告、死亡宣告申请权，以及一方失踪后的财产代管权。

（三）兄弟姐妹间的权利

有负担能力的兄、姐，对于父母已经死亡或父母无力抚养的未成年的弟、妹，有抚养权。根据《继承法》的规定，他们相互间享有继承权。根据《民法通则》的规定，有进行行为能力宣告、失踪宣告、死亡宣告的申请权，以及在一方失踪后进行财产代管的权利。

家庭成员间的身份权受法律保护。根据《民法通则》第 18 条第 3 款的规定：监护人不履行监护职责或者侵害被监护人的合法权益的，应当承担责任；给被监护人造成财产损失的，应当赔偿损失。人民法院可以根据有关人员或者有关单位的申请，撤销监护人的资格。凡是虐待、遗弃家庭成员、拒绝履行抚养、扶养、赡养义务的，都应承担相应的法律责任；受害人有权要求停止侵害、履行义务、赔偿损失。

【案例分析 12-1】

张某与王某离婚，其子张甲随母王某生活。王某对于张甲看护严密，禁止张某探望张甲。

本案中，涉及离婚后父母与子女关系问题。离婚后，父母与子女之间的关系并未发生变化，不与子女共同生活的一方仍然是法定监护人，享有探望权。《婚姻法》第 38 条规定，离婚后，不直接抚养子女的父或者母，有探望子女的权利，另一方有协助的义务。行使探望权的方式、时间由当事人协议；协议不成时，由人民法院判决。

第三节 其他社会关系中的身份权

一、生产性社团中的身份权

（一）投资者身份权

投资者的身份权利包括：

（1）决策权。投资者依据出资比例对于企业重大事务行使表决权。包括公司的经营决策和重大人事任命。

（2）知情权。可以查阅企业章程、股东会会议纪要、会议记录和财务会计报告。

（3）监督权。有权监督企业的经营管理者，如公司的董事、监事、经理。

（4）利润分配权。按照出资比例，参与企业利润分配。

（5）剩余财产索取权。企业终止后，依法取得企业的剩余财产。

（6）诉讼权。包括以个人名义提起诉讼和以企业名义的代表诉讼。

（二）经营者身份权

经营者的身份职权表现为对内的经营管理权和对外的代表权。具体包括：

（1）经营决策权。对于企业生产经营的方向、战略、方针以及重大措施享有决定权。

（2）执行权。按照章程规定的宗旨，落实股东会决议，负责具体的业务管理。

（3）人事任免权。选任企业的高级职员。

（4）监督权。监督企业高级职员的活动。

（5）对外代表权。有权以企业名义对外从事活动。

（6）获取报酬权。有权依据聘任协议和经营业绩取得相应的报酬。

（三）劳动者身份权

劳动者依据劳动协议进入企业，在企业内部处于较低的身份位置，其身份权包括：

（1）获得报酬的权利。劳动者提供劳动，换取劳动报酬，这是其首要的权利。

（2）劳动福利享受权。依法享受医疗保险、失业保险、养老保险等劳动福利。

（3）劳动保护享受权。依法享受劳动保护，预防工作中存在的各种安全危险，保障生命、健康。

（4）结社权。依法参与工会等劳动组织，通过组织表达意愿并维护利益。

【案例分析 12-2】

张某原为甲公司的董事长兼总经理，行使法定代表人职责，掌握公司的印章。后张某被免除职务以后，拒绝交出公章，继任者无法行使权力，向法院起诉，无法提交盖有公章的合格起诉状。张某的行为在法律上是什么性质？甲公司应该如何救济？

本案中涉及职务身份权问题。张某担任法定代表人时，依法掌握公司的印章，被免除职务以后，再掌握印章丧失法律依据，属于非法占有公司财产。由于公司印章的特殊性，张某的行为属于妨害公司经营的行为，具有严重的社会危害性。从民法理论上而言，张某非法侵占公司财产、妨害公司经营、导致经济损失，应当承担返还印章、赔偿经济损失的责任。鉴于民事程序周期漫长、效率低下，公司可以采取自力救济，或者由公安机关作为治安事件处理效率更高。

二、生活社区中的身份权

（一）社区成员身份权

（1）财产专有权。居民社区依据房屋等财产的所有关系赋予社区成员身份，社区成员身份权的基础是享有房屋等财产的专有权。

（2）共有权。对于楼梯、共用墙壁、楼顶、地基、通道的共有权。

（3）社区治理权。对于选聘物业管理公司等公共事务享有参与权和表决权，实现社区治理活动。

（二）村民身份

（1）社员权。村民作为社员拥有成员资格，有资格作为农业村社成员分享该村社所拥有的生存发展的经济资源，并有权排除非社员的分享村社资源的可能性。

（2）平等的持份权。作为社员，对于村社所能够提供的基本利益，平等地享有份额。这种平等的持份权可以衍生出诸多权利，例如，承包土地的权利，享受村社福利的权利，使用村社公共资源的权利。

（3）治理权。对于村社公共事务享有参与权和表决权，实现社区治理活动。

三、市民社会生活关系中的其他身份权

（一）公民身份权

（1）公民资格的享有权。自然人因出生、加入等原因获得国籍，形成个人与国家之间的归属关系，从而享有公民资格。任何组织和个人不得非法限制、剥夺、转让。

（2）基本福利享有权。现代国家具有福利功能，为市民社会的生活提供基本保障，一个国家的公民有资格依法享受基本的社会福利，以维持符合文明性的生存状态。

（二）消费者身份权

消费者身份权是指在市场结构中，为满足个人生活需要而购买、使用产品和接受服务的居民依据其所处的市场地位而享有的身份权。消费者与经营者相对应，经营者在市场中处于强势地位，消费者在市场中处于弱势地位，消费者身份权的确认在于衡平经营者与消费者之间的利益冲突，保护消费者的基本利益。消费者身份权的具体内容包括：

（1）尊严维护权，是指消费者在购买、使用商品或接受服务时享有人格尊严、民族习惯受到尊重的权利。

（2）安全保障权，是指消费者在购买、使用商品或接受服务时所享有的保障其人身、财产安全不受损害的权利。

（3）知情权，是指消费者享有知悉其购买的产品、服务的真实情况的权利。包括价格、产地、生产者、用途、规格、等级、主要成分、生产日期、有效期限、检验合格证明、使用方法说明书、售后服务等相关信息。

（4）获取知识权，是指消费者享有获得有关消费和消费者权益保护方面知识的权利。其目的在于使消费者掌握和提高所需商品和服务的知识和相关技能。

（5）自主选择权，是指消费者享有自主选择商品或者服务的权利，其自由意志不受他方影响。

（6）结社权，是指消费者享有的依法成立维护自身合法权益的社会团体的权利。结社使消费者从分散、孤立状态走向组织状态，以便有能力与处于组织状态的经营者相抗衡。

（7）监督权，是指消费者对于商品和服务以及保护消费者权益的工作进行监督的权利。消费者有权检举、控告侵害消费者权益的行为和国家机关在保护消费者工作中的违法失职行为，有权对保护消费者权益工作提出批评、建议。

（8）依法求偿权，是指消费者在因购买使用或者接受服务时受到人身、财产侵害时，依法享有要求并获得赔偿的权利。《消费者权益保护法》第 49 条规定，经营者提供商品或者服务有欺诈行为的，应当按照消费者的要求增加赔偿其受到的损失，增加赔偿的金额为消费者购买商品的价款或接受服务的费用的 1 倍。

【本章思考题】

1. 什么是身份权？

2. 身份权有哪些法律特征？

3. 现代社会的身份权体系包括哪些内容？

4. 邓鸿与王婷均为 10 岁，课间休息，王婷扔石头打中邓鸿右眼致使其失明。王婷寄居在姑姑家，父母在外地打工。以下判断成立的是：（　　）

　　A. 王婷监护人为姑妈，因为寄居在姑妈家。

　　B. 对于王婷造成的损害由王婷姑妈和父母承担连带责任。

　　C. 学校也应当负担部分赔偿责任。

　　D. 对此赔偿，应由王婷父母与姑妈各分担一半。

第三编

物权法

第三版

物权法

第十三章 物权总论

☞ **本章导读**

　　物权是大陆法系国家的特有概念。作为调整财产归属和利用关系的法律制度，物权法与调整当事人之间债权债务关系的债法一起构成对财产关系进行调整的主要民事法律制度体系。在较长时期内，我国的物权法律制度建设相对落后，直到2007 年才颁布实施了对物权关系进行比较完整规范的《物权法》。本章以《物权法》总则的规定为依据，阐述和介绍了我国物权法的基本原则、物权的类型效力、物权变动及物权保护等物权法的基本理论和制度，使读者通过对本章的学习深入了解物权法的一般理论，为进一步学习和研究物权法律制度奠定基础。

第一节　物权与物权法

一、物权

（一）物权的概念

　　在将财产权作物权债权二元区分的法律体系中，物权当然属于财产权范畴。但是，财产在法律上是一个较为宽泛的概念，既包括动产、不动产等有体物外，还包括诸如知识产权等"无体物"。财产关系既包括财产的归属与利用关系，也包括财产的流转关系。财产法是对财产关系进行规范的法律制度的总称，物权法仅对有体物及某些特定权利（如权利质权）等的归属和利用关系进行规范。近代各国民法，除《奥地利民法典》外均不作定义性规定①，因而，对物权概念的认识，在理论上存有不同的主张。

　　从法律关系（或物权的本质）角度来阐释物权含义者，理论上有对物关系说、对人关系说及两方面关系说（折中说）三种学说。从物权的性质与内容方面给物权下定义者，因学者对物直接支配、享受物之利益与排他性三个方面的侧重点认识不同，亦存在不同的物权定义。实际上，对某项权利下定义关键是要揭示其本质，揭示该项权利本身的实质和内容。物权作为民事权利并不是人对物的权利义务关

---

　　① 《奥地利民法典》第307 条规定，"物权是属于个人的财产上的权利，可以对抗任何人"。

系，而是人与人之间的权利义务关系，进而言之，是人与人之间以特定物为媒介而产生的权利义务关系。这种权利义务关系表现为，物权人基于对特定物的支配而享有对抗其他一切人的权利，而物权人之外的人均对物权人负有不作为的义务。我国《物权法》第 2 条第 3 款规定："本法所称物权，是指权利人依法对特定的物享有直接支配和排他的权利，包括所有权、用益物权和担保物权。"

基于此，我们可将物权定义为：物权是权利人在法定范围内支配特定物并享有其利益的排他性权利。

（二）物权的特征

对物权的特征，学界大体将其概括为主体方面的对世性、内容方面的支配性、客体方面的特定性、保护方式方面的绝对性、效力方面的排他性五个方面：

1. 对世性

对世性，是对权利主体而言，指物权的权利主体特定，义务主体为权利主体之外的不特定的人，即物权人可以对抗所有"世人"，其他一切人均负有"消极"的不妨害物权的义务。

2. 支配性

支配性，是从权利内容而言，指物权人享有对物进行直接支配的权利。换言之，物权人得以自己的意思（志）对物实施各种行为以实现其利益，而无须他人的意思或行为介入，因此物权是支配权。如房屋所有权人可以自己占有居住其房屋，亦可出租房屋以收取租金，还可为买卖等处分，而无须与他人协商，更不需取得他人的同意。

3. 绝对性

绝对性，是就物权实现方式而言，指物权在其支配标的范围内，非经物权人同意任何人不得侵入或干涉，所有人均得尊重物权人对其物权标的的支配，任何人侵害物权，物权人均得请求恢复物权的圆满状态。易言之，此绝对性乃指物权人无须他人积极行为协助，在法定范围内可绝对无条件地实现其权利。

4. 排他性

排他性，是从物权效力而言，指物权在对外关系上可排除他人意思或行为介入的权利，即物权人享有排斥他人干涉的权利。此乃物权基于支配性而当然的效果，此为一个问题的两个方面，如果承认物权的支配性而物权人又不能排除他人干涉，显然是无法理解的。

5. 特定性

特定性，是就物权客体而言，指作为某一物权客体的物需与其他物相区别而特定化。由于物权是权利人对物进行支配的权利，如果作为物权客体的物没有特定化，权利人将无从支配。需特别强调的是，作为物权客体的物，是存在于人身之外能满足人们某种社会需要并能为人所控制或支配的物质客体。通说认为物权客体的物应区别于物理学上的物体和哲学上的物质的概念，是具有有体性、可支配性、有用性、稀缺性、独立性与特定性等特征的物质客体。其可支配性、有用性、稀缺性等的含意不言自明，而有体性与特定性，是物权客体所应具有的最为重要的特征，对其不能机械理解。这里的有体性，不限于"有形"，具有一定物质结构或形态且为人们所能支配者，均属有体物，如电、热、光、磁等能量以及依我国《物权法》第50条的规定，无线电频谱资源均属之；特别者，法律规定可作为物权客体的权利，亦纳入物权客体范畴。所谓"特定性"，通常指物权客体须为可特定化之物，但不同物权对其客体的特定性要求不尽一致，其表现形式也不尽相同，如所有权的客体与浮动抵押的客体的特定性应该有别，矿业权的客体与水权的客体的特定性也是不一样的，因此，界定物权客体的特定性，主要应从支配客体的要求与物权目的实现的需要两方面着眼，同时兼顾登记等公示的技术要求。① 但无论如何，特定性是物权客体不可或缺的最基本特性。

（三）物权与债权的区分

物权与债权有着密切联系，二者不仅作为 组刘应的民事权利，共同构成民法中最基本的财产权形式，而且，在很多场合，债权往往以实现物权为目的，物权本身也需依赖债权方能得以实现。但是，物权与债权存在重大差异，这些不同大致可以概括为如下几方面：

（1）在权利主体和效力上，物权存在于特定主体与不特定义务主体之间，具有支配力，其效力及于任何人，因而称其为对世权（绝对权）；而债权则仅存在于特定的权利义务主体之间，体现为有权请求和接受他人给付的权利，其效力原则上只及于特定的债务人，因而称其为对人权（相对权）。

（2）在权利性质和内容上，物权为物权人对物的支配权，债权为债权人对债务人的给付接受和请求的权利。

（3）在权利客体上，物权的客体是既存的、特定的、独立的、有形的动产或不动产（物），而债的客体是"给付"，至于给付行为之对象，则可以是物、劳务或智力成果等。

（4）在权利设定方式上，物权的设定实行法定主义且须公示，而债权的设定则实行任意主义且一般无须公示。

（5）在权利的存续期限上，物权中的所有权具有无期性、恒久性，而一切债权均有其存续期限而不可能永恒存续。

当然，在物权与债权的关系中，应特别注意其区分的相对性问题。正如学者指出，物权与债权的区分，不过是对事物进行特定角度的定向观察的结果，由于不同事物之间存在的连接点或"过渡区域"，以及不同事物之间的内在联系决定了事物之间相互渗透的可能性，因而，物权与债权之间的区分并不是绝对的。② 其最典型

---

① 崔建远：《准物权研究》，法律出版社2003年版，第260页。

② 尹田：《物权理论评析与思考》，中国人民大学出版社2004年版，第62页。

的表现为所谓的"物权的债权化"与"债权的物权化"现象以及物权与债权的相互渗透与融合问题。

"债权的物权化"的典型莫过于"买卖不破租赁"(《合同法》第229条）和经预告登记的债权(《物权法》第20条）两例。无论是"买卖不破租赁"使承租人可对买受人主张租赁的权利，还是预告登记后未经权利人同意再行处分标的物不发生物权效力，都使当事人之间的债权具有了某些物权的特征，极大强化了债权的效力。

"物权的债权化"则主要是由物权的"价值化"引起的，物权当然是对物的直接的支配权，表征为对物的占有、使用和收益等诸权。但随着所有权的中心由"所有"向"利用"的转变，物权人对物的支配权渐次转变为获取相应之利益价值，早期物权原来所强调的对物的现实的直接支配，已经演化为对物的观念性支配。按照我妻荣教授的说法，"在近代社会中拥有财产并非拥有物，而是拥有对他人的请求权"，这种现象即为财产的债权化。① 物权的债权化主要体现为不动产的债权化、动产的债权化和金钱的债权化。

物权与债权的区分不是绝对的，但这不足以构成反对区分物权债权的理由，物权与债权作为不同的权利形态已然成为一种牢固的"成见"，二者之间的相对独立性也是不争的事实。更重要的或许在于，物权与债权的区分，不仅对确立《德国民法典》五编制的体系起了极为重要的作用②，而且为裁判提供了依据和标准。因为在通常情况下，债权行为（或债权关系的成立）并不必然导致物权变动。因此，对物权与债权作为财产权两大支柱予以区分的根本意义，是使二者适用其本身的制度和规则体系，"物权的归物权，债权的归债权"。这不但有利于法律关系的清晰化，而且有利于司法判决的公正性，具有重要的方法论意义。譬如"一房二卖"即为典型例，房屋等不动产交易依法须经登记才发生物权变动，在当事人订立合同但未登记的场合，合同的效力如何？如果不对债权与物权作区分，很容易得出"合同无效"的结论。曾几何时，我们司法裁判中常有"房屋买卖不经登记（合同）无效"的判决，这不仅在逻辑上无法贯通，而且司法裁判亦难谓公平。因此，我国《物权法》第15条规定："当事人之间订立有关设立、变更、转让和消灭不动产物权的合同，除法律另有规定或者合同另有约定外，自合同成立时生效；未办理物权登记的，不影响合同效力。"依此规定，当事人之间关于不动产物权变动的合同以《合同法》的规则处理，"除法律另有规定或者合同另有约定外，自合同成

---

① ［日］我妻荣：《债权在近代法中的优越地位》，王书江、张雷译，中国大百科全书出版社1999年版，第117页。

② 学者认为，正是因物权与债权的区分，才使民法财产法体系分别为债法与物权法。"无债权与物权的区别，债法与物权法的建构，也就失去其基础。"参见陈自强《民法讲义Ⅱ·契约之内容与消灭》，法律出版社2004年版，第17～18页。

立时生效"，"未办理物权登记的"，仅不发生物权变动的效果，并"不影响合同效力"。该条规定的内容，被称为"区分原则"。

二、物权法

（一）物权法的意义

1. 物权法的定义

物权法，顾名思义，乃对物权关系进行规范的法律制度。通说认为，物权法有形式（狭义）和实质（广义）二义。形式（狭义）意义的物权法系指民法物权编（在我国大陆民法典尚未出台的情况下即为《物权法》），实质（广义）意义的物权法，乃泛指以物权关系为规范对象的法律，除民法物权编（或《物权法》）外，还包括关于物权的相关法令，诸如《海商法》、《土地管理法》以及相关登记的法律中等关于创设船舶抵押权、对土地权利的限制以及不动产登记规则等。

2. 物权法的特征

物权法的特征，有些著作又将其称为物权法的性质。概言之，其大体表现为如下几个方面：

（1）物权法是私法。作为民法之一部分，以当事人之间的法律关系为其调整对象，当属私法范畴。作为私法，物权法以规制物权为其出发点，平等地保障物权不受不法侵害。但因物权法与社会、经济有直接密切的联系，物权法广受公法规范入侵，不排除其有公法性规定。① 例如我国《物权法》第 42 条规定，为了公共利益的需要，对集体所有的土地和单位、个人的房屋及其他不动产的征收；第 44 条规定，因抢险、救灾等紧急需要，对单位、个人的不动产或者动产的征用。此等均属公法性规定。

（2）物权法是强行法。强行法是不容当事人以合意加以改变或排除其适用的法律规范的总称。物权因其排他性，涉及第三人利益和社会公共利益，因此物权法在物权类型、内容与公示方法等方面多为强制性规定。如《物权法》第 5 条规定，物权的种类和内容，由法律规定。第 9 条规定，不动产物权的设立、变更、转让和消灭，经依法登记，发生效力。但这并不意味着物权法不存在任意性规定，为顾及当事人契约自治，物权法亦有一些任意性规定，如《物权法》第 97 条规定处分共有的不动产或者动产以及对共有的不动产或者动产作重大修缮的，应当经占份额三分之二以上的按份共有人或者全体共同共有人同意，但共有人之间另有约定的除外。第 98 条规定，对共有物的管理费用以及其他负担，有约定的，按照约定；没有约定或者约定不明确的，按份共有人按照其份额负担，共同共有人共同负担。

---

① ［德］鲍尔·施蒂尔纳：《德国物权法》（上册），张双根译，法律出版社 2004 年版，第 14 页；王泽鉴：《民法物权 1 通则·所有权》，中国政法大学出版社 2001 年版，第 2 页。

（3）物权法是固有法。由于各国社会制度、民族习惯、历史传统等的差异，使物权立法呈现出较大的差异性，显现出其本土特色。随着社会生活的变迁，物权法的固有性开始有所削弱，但很难想象，物权法的固有性会因此而消除。

（二）我国现行物权法律体系

2007 年颁布实施的《物权法》无疑是我国最重要的物权基本法。除《物权法》以外，我国现行的物权法体系还包括与物权变动相关的法律法规（如《民法通则》、《土地管理法》、《房地产管理法》等法律，《土地登记办法》、《房屋登记办法》等法规以及相关司法解释）、与物权保护相关的法律法规（如《民事诉讼法》等法律、《土地权属争议调查处理办法》等法规与规章，以及相关司法解释）、与征收征用和补偿相关的法律法规（如《宪法》、《外资企业法》、《渔业法》、《森林法》等法律，《土地管理法实施条例》、《国有土地上房屋征收与补偿条例》等法规和规章）、与所有权和用益物权相关的法律法规（如《农业法》、《矿产资源法》、《渔业法》、《文物法》、《铁路法》、《公路法》、《煤炭法》、《电力法》、《野生动物保护法》、《农村土地承包经营法》等法律，《土地管理实施条例》等法规及相关司法解释）、与担保有关的法律法规（如《担保法》、《公司法》、《破产法》、《海商法》、《民用航空法》及相关法规与司法解释）等。这些相关的实质意义的物权法与形式意义的《物权法》一起构成我国的物权法律法规体系。

（三）物权法的基本原则

物权法的基本原则，系指贯穿于物权制度中关于物权立法和物权法律适用的基本准则。我国《物权法》虽第一章以"基本原则"为题，其实只有第 5、6 条涉及物权法的基本原则，其余条文要么是对立法指导思想或社会政治经济制度的表述（第 1、3、4 条），要么是对物权法调整对象、定义和客体的表述（第 2 条），或是对已有法律规定的重申与延展（第 7 条），难谓物权法的基本原则。学界基本一致地认为物权法的基本原则应当包括：

1. 物权法定原则

物权法定原则，或称物权法定主义是从物权类型和物权内容两方面相对于放任主义而言的物权原则。根据大陆法系各国的物权理论和立法，结合我国《物权法》规定，物权法定原则是指物权的种类和内容由法律规定，不允许当事人依其意思自由创设物权。

依照我国《物权法》第 5 条的规定，"物权的种类和内容，由法律规定"，物权法定原则的内容包括：

第一，物权的类型法定，是指当事人在创设法律关系时，只能在法律规定的范围内选择物权种类，不得通过合同任意设定权利为物权。例如，法律规定动产质权和权利质权，当事人不得设立不动产质权，否则，因其与法律规定不符，不能产生物权的效力，亦不能得到物权法的认可和保护。

第二，物权的内容由法律规定，当事人不能通过协议设定与法律规定物权内容不符的物权。具体来说又包含两方面内容①：一是物权的基本权能必须由法律规定，当事人不能自由创设，《物权法》第 39 条规定："所有权人对自己的不动产或者动产，依法享有占有、使用、收益和处分的权利。"当事人所设定的所有权均须以此规定的权能为准，不得自行约定或改变；二是对于法律规定或禁止的内容，当事人应予遵守，如《物权法》第 208 条规定，设定质权时"债务人或者第三人将其动产出质给债权人占有"，当事人若设定不移转标的物占有的质权，即违背法律规定将致其所设定的"质权"不发生质权的法律效力；再如《物权法》第 186 条规定，"抵押权人在债务履行期届满前，不得与抵押人约定债务人不履行到期债务时抵押财产归债权人所有"，当事人若不遵守此规定，约定"债务人不履行到期债务时抵押财产归债权人所有"的"流质契约"将为无效。

关于物权法定原则的依据，学者从以下几方面作了归纳：基于物权的绝对性与支配性，发挥物的经济效用，保障合同自由，保障交易的安全与便捷，整理旧物权等②。但有学者认为，不必如此广泛地寻找物权法定的理由，物权法定完全是基于物权本身的性质使然。物权为绝对权，意味着物权人无法与不特定的义务人约定权利义务，其内容只能法定，而物权种类法定不过是由其内容法定所派生。因此，物权法定其实就是物权内容的法定。③ 对此，我们认为颇有道理，读者不妨作进一步的深入思考。

违反物权法定原则的法律后果，依照法律规定和学界主流观点大体如下：

第一，违反法定的物权种类和内容而创设的权利，不是物权，不具有物权的效力。

第二，设定物权的内容一部分违反物权法定原则，除去该部分而不影响其他部分效力的，则违反禁止性规定部分无效，其他部分仍为有效。如上文所举违反《物权法》第 186 条对"流质契约"的禁止规定而设定的"流质契约"无效，但其抵押的设定若符合法律规定，仍为有效。

第三，物权设定虽归于无效，但该行为具备其他法律行为有效要件的，在当事人之间仍有该法律行为的效力。

2. 一物一权原则

一物一权原则的含义，学者的理解颇不一致。有侧重于"一物"的理解，一个物权客体仅以"一物"为原则；亦有着重"一权"的理解，认为一物之上仅能存在一个所有权；再则坚持既强调"物"又强调"权"的"综合论"观点，认为一个物权的客体原则上应为一物，在一物之上只能存在一个所有权，并不能设定两

① 梅夏英、高圣平：《物权法教程》，中国人民大学出版社 2007 年版，第 9~10 页。
② 参见梁慧星、陈华彬：《物权法》，法律出版社 2003 年版，第 39 页以下。
③ 李锡鹤：《民法原理论稿》，法律出版社 2009 年版，第 241 页。

个内容相互抵触的其他物权。① 以上观点其实只是各有侧重，均不否认物权客体为
"一物"，而一物之上只有"一权"，至于"不能设定两个内容相互抵触的其他物
权"，似乎是不言而喻的逻辑使然，甚或是权利的共性，并非物权所独有②，依此，
"一物一权"应具有以下内容：

(1) 一个所有权的客体仅为独立的特定的物。只有在作为所有权的客体的物
具有独立性和特定性的情况下才能明确所有权的支配范围，使所有权人能够在其客
体之上形成排他性的支配权。

(2) 一物之上只能有一个所有权。所有权是一种最终的支配权，从而决定了
所有权的规则只能是一物一权，即一物之上只能存在一个所有权，而不能是多重所
有。如果一物之上可以并存多项所有权，则难以确定物的归属，而且容易发生各种
产权纠纷。一个所有权的客体仅为一个特定物，并不是说一个特定物之上的所有人
不能为多人，事实上数人对一物享有所有权，并不指所有权也成为多重所有权，所
有权仍然是一个，只不过主体为多人而已。

(3) 一物的某一部分不能成立单个的所有权。这就是说，按照一物一权原则，
某一物只能在整体上成立一个所有权，而一物的某一部分如尚未与该物完全分离，
则不能成为单独所有权的客体，尤其是对于那些附属于主物的从物而言，只能是主
物的一部分，如房屋的墙壁和门窗等只能是房屋的一部分，不能与主物分离。在交
易上，主物的所有权发生移转，从物也随之移转。

需要说明的是，一物一权原则，并不排除同一物之上可以并存数个不相矛盾和
冲突的物权。一般认为，可以在一物之上同时并存的物权主要有以下情形：第一，
所有权与其他物权并存。如在土地所有权之上设定土地使用权、地上权、地役权
等。他物权的存在不仅符合所有权人的意志，而且有利于所有权的充分实现。第
二，在同一物之上设定数个担保物权。第三，用益物权与担保物权同时并存。例如
在不动产上设置抵押权后，仍可在同一标的物上设定地役权，该抵押权并不因此而
消灭。因此，我们认为，一物一权原则，主要是就所有权而论的，所表达的是所有
权与其客体之间的关系。之所以将一物一（所有）权作为物权法的原则，是因为
所有权居于物权体系的核心地位，展示了物权之最为原始的、基本的特性，即人对
物的排他的独占。③

我国《物权法》并无一物一权的规定，在立法过程中亦有不同观点④，但我
们认为，在无充分理由舍弃这一原则的情况下，将其作为物权法的基本原则仍是必

---

① 参见董学立：《物权法研究——以静态与动态的视角》，中国人民大学出版社 2007 年
版，第 135~136 页。
② 李锡鹤：《民法原理论稿》，法律出版社 2009 年版，第 241 页。
③ 尹田：《物权法理论评析与思考》，中国人民大学出版社 2004 年版，第 84 页以下。
④ 江平主编：《中国物权法教程》，知识产权出版社 2007 年版，第 120 页以下。

要的。

3. 公示、公信原则

公示、公信原则实为公示和公信两个原则，主要是针对物权变动而设定的原则。

(1) 公示原则。所谓公示，是指当事人必须将物权变动的事实通过一定方式向社会公开，否则，不发生物权变动的效力。物权的变动之所以要公示是由物权的性质所决定的，因为物权具有排他的、优先的效力。如果物权变动不采用一定的公示方法，则某人享有物权，在第三人不知道的情况下，该物权人向第三人主张优先权，必然对第三人不公。物权公示原则的确立不仅直接保护了物权当事人的利益，而且间接保护了处于交易过程中的第三人，从而极大地减少了产权变动中的纠纷，从而维护了交易的安全和秩序，具有极其重要的意义。

在传统物权理论中，不动产以登记为其公示方法，动产以占有或交付为公示方法。我国《物权法》第6条规定："不动产物权的设立、变更、转让和消灭，应当依照法律规定登记。动产物权的设立和转让，应当依照法律规定交付。"此即公示原则的立法表现。至于公示的效力，《物权法》第9条规定："不动产物权的设立、变更、转让和消灭，经依法登记，发生效力；未经登记，不发生效力，但法律另有规定的除外。"第23条规定："动产物权的设立和转让，自交付时发生效力，但法律另有规定的除外。"依此，基于法律行为发生的物权变动，须依法登记或为交付。非依法律行为发生的物权变动如《物权法》第28~30条规定，则依法律规定发生物权变动，但未经公示不得处分。

(2) 公信原则。所谓公信，是指当事人对物权变动时，依据法律的规定进行了公示，则依公示方法表现出来的物权无论是否存在瑕疵，对于信赖该物权的存在并已从事了物权交易的人，法律仍然承认其具有与真实的物权存在相同的法律效果。

依公信原则，动产占有人转让动产，受让人不知道且无义务知道占有人无处分权，则因善意取得制度取得该动产物权，原所有人只能就其损害请求无处分权人赔偿而无权要求受让人返还标的物；就经登记的不动产进行物权转让者，即使登记有瑕疵，如果受让人不知道且无义务知道其瑕疵，因不动产登记的公信力而取得该不动产物权，原物权人只能要求有过错的出让人或登记机关承担责任。由此可见，公信原则实际上是在原物权人和善意第三人之间就财产的静态安全和动态安全进行衡平，而侧重保护交易安全的结果，毕竟交易安全和财产静态安全之间，前者意味着交易秩序，后者仅表征个体的利益。换言之，即使公示的内容与物权的实际状态完全不同，只要交易活动是按照法定公示方式提供的信息进行的，那么，就应按公示的内容对交易相对人进行保护。①

---

① 参见马俊驹、余延满：《民法原论》，法律出版社2010年版，第280页以下。

虽动产和不动产均有其公示的具体方式，但相比较而言，动产占有的公信力较弱，因此，在传统民法中形成了动产的善意取得制度，而非仅依其公示的公信力为物权取得的依据；而不动产登记通常具有严格的程序和文字记载并向社会公开，因而其公信力较强，在采登记成立要件主义的国家和地区，公信力原则直接在立法中予以表征，如《德国民法典》第891条规定，在土地登记簿中某人登记了一项权利的，应推定此人享有该项权利；在土地登记簿中注销一项权利的，应推定该项权利不复存在。我国《物权法》是否规定了物权的公信力原则？这在学者之间有不同的认识。我们认为，《物权法》的确没有明文规定公示的公信力，但其第16条规定，"不动产登记簿是物权归属和内容的根据"。这明确赋予了登记以证据效力，即对权利人而言，不动产登记簿有效地表明其权利状态，而对第三人而言，不动产登记簿的相关记载具有公信力；[1] 而第17条规定："不动产权属证书是权利人享有该不动产物权的证明。不动产权属证书记载的事项，应当与不动产登记簿一致；记载不一致的，除有证据证明不动产登记簿确有错误外，以不动产登记簿为准。"其中"记载不一致的，除有证据证明不动产登记簿确有错误外，以不动产登记簿为准"同样赋予登记以"权利正确性推定"，[2] 此亦体现了登记的公信力。但需要指出的是，《物权法》第106条又将不动产与动产一并规定适用善意取得制度，似乎又使登记的公信力大打折扣。尽管善意取得和登记的公信效力在保护第三人上具有几乎相同的制度价值，但二者毕竟是两个不同的制度，在《物权法》中一并规定，是相得益彰还是叠床架屋，似乎是需要认真考虑的问题，我国《物权法》的这种立法安排值得推敲。

上述三原则为物权法的基本原则在学界已成共识。但是，前文所述物权变动与其原因行为的"区分原则"亦应引起我们注意。"区分原则"既是物权债权二元区分的结果，也是物权变动的公示原则与其基础原因关系的逻辑使然，因为物权变动需要以公示为前提，但未经公示或公示的欠缺不能反射到原因行为之上而使债权合同无效，反之，公示往往可依债权合同而予强制。[3] "区分原则"的基本内容可简单概括为两点：第一，物权变动的原因行为的成立应以该行为自身的要件予以判断，而不能以物权变动是否成立为判断标准；第二，物权变动得依物权变动本身的规则如交付或登记为要件，不能认为物权变动的基础原因成立就当然发生物权变动的效果。该区分原则与物权公示的效力具有内在一致性，具有重要的适用价值。[4]

---

① 马新彦主编：《中华人民共和国物权法法条精义与案例解析》，中国法制出版社2007年版，第51页。

② 参见梁慧星：《〈物权法〉基本条文讲解》，载《物权法名家讲座》，中国社会科学出版社2008年版，第21页以下。

③ 参见孙毅：《物权公示公信原则研究》，载梁慧星主编：《民商法论丛》（第7卷），法律出版社1997年版，第479页。

④ 江平主编：《民法学》，中国政法大学出版社2007年版，第305页。

当然，是否将其作为物权法的基本原则可能存疑，但理解其基本含义和内容的确是非常必要的。

【案例分析 13-1】

　　甲与乙是多年的朋友，2006 年甲建房时向乙借款若干，并约定在房建成后如果出售，乙有优先购买权。房屋建成后，甲因营业需要向丙银行贷款而将该房屋抵押，而后又以同一房屋再行抵押给丁。后因无偿贷能力被实行抵押，该房屋被卖与戊并办理了登记。乙知道后以有约在先应享有优先购买权为由提起诉讼，要求甲将该房屋收回卖给自己。

　　本案中，甲对其所建房屋享有所有权应无异议，甲在借款时约定乙对房屋可优先购买亦是其真实意思表示，也应有效。甲将房屋抵押是对自己财产的正常处置，亦无不妥。后在实现抵权押时，未按约将房屋优先出售与乙，而是将该房屋卖与戊并办理了登记，因有约在先，甲显然违反当初约定应对乙承担违约责任，但合同只具有相对性，乙对甲所享有的债权并无对抗第三人的效力，因此，其要求甲收回戊因买卖取得的房屋无法律依据，不能得到法院支持。

【案例分析 13-2】

　　2008 年 4 月，赵某因与昌厦建设公司、昌厦开发公司借款纠纷一案，申请财产保全。同年 6 月 12 日，南昌市中级人民法院查封了昌厦开发公司开发的位于南昌县向塘银河苑小区 9 套住宅和部分非住宅房产。后在法院主持下，赵某与昌厦建设公司、昌厦开发公司达成调解协议。因昌厦建设公司、昌厦开发公司未主动履行调解书，赵某申请对查封的房产依法强制执行。2010 年 6 月 10 日，邬某、王某以案外人身份向南昌中院提出执行异议，主张对查封房产的所有权。同年 7 月 8 日，南昌中院驳回其异议。7 月 23 日，邬某、王某向南昌中院提出执行异议诉讼，主张其是银河苑小区实际开发人，请求确认其对查封房产享有所有权，解除对该房产的查封。

　　南昌市中级人民法院经审理查明，2006 年 6 月 16 日，邬某、王某向南昌县国土资源局出具的申请报告和土地登记申请书，记载邬某、王某受昌厦开发公司委托于同年 3 月 15 日经江西产权交易所竞得向塘镇赣东路 15 号的土地，两人同意该土地登记在昌厦开发公司名下。昌厦开发公司据此以土地使用权者的身份向土地主管部门申请所有者权益登记，在申请登记的依据中明确"该宗土地是邬某、王某两人受昌厦开发公司的委托于 2006 年 3 月 15 日在江西省产权交易所竞得，土地来源合法"。南昌县人民政府依据该申请向昌厦开发公司颁发了南国用（2006）第 0449 号土地使用权证。因此，邬某、王某以内部承包关系主张对昌厦开发公司开发的银河苑小区房产享有物权没有事实与法律依据，即使将土地登记到昌厦开发公司名下挂靠昌厦开发公司开发属实，昌厦开发公司认可其对争议房产享有所有权的主张，也不能以此对抗昌厦开发公司的债权人，邬某、王某的执行异议之诉不能成立。法院判决：驳回邬某、王某的诉讼请求。

本案是一起执行异议诉讼而请求所有权确认的案例。此案涉及两个物权形态，一是讼争房屋的所有权，二是南国用（2006）第0449号土地使用权证载明土地的使用权。作为不动产物权除具有物权的共同特点以外，其权属以登记公示予以表征，不动产权属证书是权利人享有该不动产物权的证明。该宗土地是邬某、王某两人受昌厦开发公司的委托于2006年3月15日在江西省产权交易所竞得，并登记在昌厦开发公司名下，其使用权应属昌厦开发公司享有；昌厦开发公司在取得国有土地使用权后开发银河苑小区项目，该项目有关的规划、建设许可和商品房预售等均由昌厦开发公司办理，房屋所有权均登记在昌厦开发公司名下，两人以挂靠昌厦开发公司和系项目实际开发人为由主张对银河苑小区房产的所有权没有法律依据。不动产物权登记是法律规定的物权公示方法，具有法律赋予的公信力。银河苑小区的房产登记在昌厦开发公司名下，依法可以成为其对外承担偿还债务的责任财产，赵某作为昌厦开发公司债权人有权申请执行该财产。

关于邬某、王某主张其是银河苑小区实际开发人，请求确认其对查封房产享有所有权的问题，即便邬某、王某以内部承包关系借用昌厦开发公司名义挂靠进行开发的情况属实，昌厦开发公司认可其对争议房产享有所有权的主张，实际上，这也仅仅是邬某、王某与该公司之间的以合同确立的债权债务关系，债权不具有对抗效力，因此，不能以此对抗公司债权人；同时，个人采用借用企业资质挂靠等手段开发房地产也是法律、行政法规所禁止的行为，该债权是否受法律保护亦因此存疑。由此可见，法院判决并无不妥。①

第二节　物权的分类

因社会经济制度和历史传统的差异，各国民法上的物权种类不尽相同。依照不同的标准，可以对物权做不同的划分，兹结合我国法律和物权法理论对物权类型体系和我国法律所规定的物权体系略作介绍。

---

① 案例源自龚雪林：《个人挂靠房地产企业开发的房产所有权的认定——江西高院判决邬玉成、王小洪与赵汉斌等执行异议诉讼》，载《人民法院报》，2011年6月30日，略有改动。比较详细的判决请参见（2010）洪民二初字第55号，（2011）赣民一终字第7号。

一、物权的类型体系

（一）自物权和他物权

以权利人是对自己所有之物享有物权还是对他人所有之物享有物权为标准，可以将物权分为自物权和他物权。

自物权指权利人依法对自己所有之物享有的物权，自物权的唯一的类型就是所有权。他物权，是权利人根据法律的规定或合同的约定，对他人所有之物享有的物权。所有权之外的一切物权类型，均为权利人对他人之物享有的权利，因而都属他物权范畴。

自物权，亦即所有权是最全面的支配权，自物权人在合法范围内能够对其标的物为全面的、自主的支配，故自物权又被称为完全物权。这种全面支配的利益，可以表现为两种形态：一是实物的利用形态，即直接对物进行利用或介许他人利用而收取价金，二是价值的利用形态，即以标的物做担保而获取信用，或者将所有物进行处分以获取价值。①

他物权不具有所有权那样的全面支配力，只能在一定限度内，享有某些方面的、特定的支配权，他物权人还要受到设定他物权的合同以及具体法律规定的限制。故他物权也被称为定限物权、不完全物权。他物权往往是基于与所有权人的协议而成立于所有物上的，故有限制所有权的作用，且其效力亦常常强于所有权。比如设定在所有权之上的用益物权或者担保物权效力强于该物的所有权。

在法律上区分自物权与他物权的意义主要在于，确定不同物权的支配范围，并在权利行使过程中二者之间发生冲突时，确定他物权的优先性。

（二）动产物权、不动产物权和权利物权

这是以物权的客体为标准所作的区分。以动产为客体的物权，称为动产物权，如动产所有权、动产抵押权、动产质权和留置权等；以不动产为客体的物权，称为不动产物权，如不动产所有权、土地承包经营权、地役权、不动产抵押权等；以权利为客体的，则称为权利物权，如权利质权等。

这一物权类型划分的实益在于其物权变动的要件不同、公示方法的不同。一般来说，在权利设定上，动产原则上只能设定所有权和质权、留置权等担保物权，而不能设定用益物权；而在不动产上，既可设定所有权和抵押权等担保物权，亦可设定用益物权。在物权变动的公示方法上，动产物权的公示方法为动产的占有（交付），即以标的物的交付为物权变动的生效要件；而不动产物权变动的公示方法为登记，即以不动产登记为物权变动的生效要件。此外，在诉讼法上，对于动产物权发生的争议的管辖，一般采属人主义原则，而对不动产物权发生的争议通常奉行属

---

① 梁慧星、陈华彬：《物权法》，法律出版社 2003 年版，第 43 页。

人主义的原则。

（三）　主物权与从物权

这是以物权是否具有独立性或有无从属性为标准所作的区分。主物权是独立存在，不从属于其他权利的物权，如所有权、建设用地使用权等。从物权是从属于其他权利并为所从属的权利服务的物权，如抵押权、质权、留置权等。担保物权都属从物权，从属于其所担保的债权。用益物权中的地役权也属从物权，它须从属于需役地所有权。

区分二者的意义在于，主物权能够独立存在，从物权的存在则取决于其所从属的主权利的存在，主权利消灭时，从物权通常也随之消灭。

（四）　登记物权与非登记物权

这是以物权变动是否需经登记为标准而作的区分。登记物权是物权变动非经登记不生效力的物权，不动产物权多属登记物权。非登记物权是其变动无须登记即可发生法律效力的物权，一般动产物权通常均属不登记物权。

区分二者的意义在于，登记物权的变动依登记而生效力，非登记物权的变动依交付而生效力。

（五）　意定物权与法定物权

这是以物权发生是否依当事人的意思为标准而作的区分。如果物权是基于当事人的意思而发生，则称为意定物权，如抵押权、质权等；如果物权的发生非依当事人意思，而是基于法律的直接规定，则该物权称为法定物权，如留置权、优先权就属于法定物权。

二者区分的意义，在于其成立的要件及适用的法律不同。

（六）　有期限物权与无期限物权

这是以物权的存续有无期限为标准而作的区分。仅在一定期限内存续的物权，称为有期限物权，如抵押权、质权等。无存续期间限制且能永久存续的物权，称为无期限物权，如所有权。

区分二者的意义在于，有期限物权的存续期间届满时，该物权即当然归于消灭；而无期限物权除抛弃、标的物灭失或有其他原因外，则永续存在而不消灭。

（七）　可分物物权和不可分物物权

这以物权标的物是否可分为标准所作的物权类型划分。可分物指将物从整体上拆分后，整体的功能延续到拆分后的各个部分，各部分仍能发挥整体的经济效能，如一袋大米可拆分为若干小袋。不可分物是指将物拆分后部分不能继续运作之物，如一头牛则不可拆分。依此，以可分物为客体之物权即为可分物物权，而以不可分物为客体之物权即为不可分物物权。

按物之性能对物权作此种区分的意义，在于物权变动和分割的规则不同，对于可分物物权，因为可以分割而当事人可以就分割后的部分单独转让；不可分之物为了保证物的使用效能而不可分割，存在于其上之物权不可分割，不能分别进行处分。[①]

（八）用益物权和担保物权

这是以他物权设定的目的为标准所作的区分。用益物权是指以标的物的使用收益为目的而设立的他物权，如地役权、土地承包经营权等。担保物权是指以担保债务履行为目的而在债务人或第三人的物上设定他物权，如抵押权、质权、留置权等。就通常情况而言，因土地的价值较高，不容易获得土地所有权，用益物权中的土地使用权、土地承包经营权和宅基地使用权等都是对土地而发生的。因此，用益物权一般以不动产为客体，而担保物权的客体不仅包括动产也包括不动产。

对他物权进行这样的区分的意义在于，二者的设立目的和权利内容均不相同。用益物权的权利人可就标的物依其性质进行使用和收益，实现物的使用价值。担保物权的权利人在债务人不履行债务时，可变卖担保物而就所得价金优先受偿。

（九）普通物权与特别物权

按照物权所依据的法律依据不同，可将物权分为普通物权与特别物权。普通物权，即依据民事普通法所规定的物权，如《物权法》所规定的各种物权；特别物权，是由民事特别法规定的具有物权性质的财产权，如《矿产资源法》、《森林法》、《渔业法》等所规定的探矿权与采矿权、森林采伐权、渔业权等。

作此区分的意义在于，特别物权因受特别法规之，一般依特别法所规定的程序取得，且其行使往往受到较强的行政干预；在法律适用上，往往优先适用特别法。

（十）本物权与占有

这是以是否有权利的实质内容为标准而作的区分。占有仅是对标的物有事实上的管领力，占有不是权利，但因其基本适用物权的保护方法，因此也被称为类物权；本物权则是指具有物权实质内容的物权，所有权和各种他物权都属本物权。

这一区别的意义在于，只有确定有物本权存在，才可能进一步确定保护方法。

二、我国现行法中的物权体系

在《物权法》颁行之前，由《民法通则》、《土地管理法》、《城市房地产管理法》、《农村土地承包经营法》、《担保法》以及《渔业法》、《矿产资源法》等法律已就所有权、国有土地使用权、宅基地使用权、农村土地承包经营权、抵押权、质权、留置权以及采矿权、捕捞权、渔业权、水权等作了规定，其实就已经基本建立起了我国的物权体系。

我国《物权法》则在法典意义上建立起了较为完整的物权体系：所有权，包括国家所有权、集体所有权和私人所有权，业主的建筑物区分所有权等；用益物权，包括土地承包经营权、建设用地使用权、地役权和宅基地使用权，此外，还包

---

① 江平主编：《中国物权法教程》，知识产权出版社 2007 年版，第 72 页。

括一些特别法所规定的特别的用益物权，诸如"探矿权、采矿权、取水权和使用水域、滩涂从事养殖、捕捞的权利"亦受法律保护（《物权法》第 123 条）；担保物权，包括抵押权、质权和留置权；占有。

【案例分析 13-3】

甲公司在某市通过拍卖方式购入 A 块 78 亩的国有土地使用权，并在该土地上建起了一座集休闲娱乐住宿于一体的度假村，包括三座大楼和其他设施。后因业务发展需要甲公司又将该土地使用权抵押给银行贷款 3000 万元人民币，并办理了抵押登记。为了使游客在此观光时视野不受妨碍，甲公司与位于该土地南面的乙公司订立合同，约定乙公司在其享有使用权的 B 地上修建建筑物及其他设施不得高于 25 米，甲公司每年支付乙公司 300 万元作为补偿，并办理了地役权登记。

本例中与该 A 块土地有关的物权类型有若干，首先是国家的土地所有权，其次是甲公司的土地使用权（用益物权），再次是甲公司对该土地上所建房屋和其他设施的所有权，复次，银行享有以该土地使用权设定的抵押权（担保物权）。此外，甲公司作为需役地 A 块的权利人享有对乙公司供役地 B 地的眺望地役权（用益物权）。

第三节 物权的效力

物权的效力，概而言之，是指法律赋予物权的强制作用力和保障力。物权的效力反映了法律保障物权人能够对标的物进行支配、并排除他人干涉的程度和范围，是物权进一步发挥作用的结果。[1] 物权效力在理论上有二效力说，即物权的效力包括优先效力和物上请求效力；三效力说，此说又有不同概括，如物权的先效力、物上请求效力以及排他效力，或者排他效力、优先效力和追及效力；四效力说，即物权效力包括排他效力、优先效力、追及效力以及物上请求效力。[2] 其实，物权作为支配权，其排他效力近乎当然，而其支配权的特性与排他效力的合力作用，进而使得其优先效力、物权请求效力与追及效力得以形成。[3] 故本书采四效力说。

---

① 张俊浩主编：《民法学原理》，中国政法大学出版社 2000 年版，第 399 页。

② 参见董学立：《物权法研究——以静态与动态的视角》，中国人民大学出版社 2007 年版，第 37～38 页。

③ 陈华彬：《物权法原理》，国家行政学院出版社 1998 年版，第 91 页。

一、物权的排他效力

物权的排他效力，是指同一标的物上不能并存两个或两个以上所有权或者性质和内容不相容的物权。依通说，该效力发端于物权的直接支配性。倘若物权无排他效力，将妨害物权主体直接支配物并享有其利益，即妨害权利人对物的支配权的实现。

物权的排他效力主要表现在以下几个方面：

（1）所有权的排他性。同一标的物上只能有一个所有权，而不能同时存在两个或两个以上所有权，即一物不能二主。如果某物上已经有所有权存在，即使他人事实上已经占有该物，也不能享有所有权；如果某物因他人善意取得或时效取得所有权，则该物上先前的所有权因此而归于消灭。

（2）他物权的排他性。同一标的物上不得存在两个或两个以上以占有为内容或前提的他物权。如除地役权外的用益物权，担保物权中的留置权和质权等均属此情形。

此外，物权的排他性，学者认为，还应包括"排除他人干涉"的效力，即物权应具有不容他人侵犯或直接排除他人妨碍的效力，得"对抗一般人"，不但可以排除一般民事主体的干涉，更具有排斥国家公权力干涉的效力。[①] 我们认为，任何权利都应受到法律的保护，不受他人的非法干预，物权亦不例外，但此并非物权本身具有的特定的效力，因此，本书仅从权利之间的排斥角度来理解物权的排他性。

物权排他效力与物权的公示制度密切相关，在以公示为物权变动的生效要件时，所成立的物权具有排他效力；以公示为物权变动的对抗要件时，依当事人意思所设定的物权非经公示，不具排他效力。我国《物权法》对物权变动的规定，既采公示生效主义（如不动产所有权变动、建设用地使用权设定等），又采公示对抗主义或意思主义（动产抵押权的设定，地役权、土地承包经营权、宅基地使用权的设定等）。因此，依我国《物权法》的规定，非经登记的动产抵押权、地役权、土地承包经营权、宅基地使用权等他物权均不具有对抗第三人的效力。

二、物权的优先效力

物权的优先效力，在理论上有不同理解。有人认为，物权的优先效力是指物权之间效力的强弱，即同一标的物上有不同的物权并存时，具有较强效力的权利优先于具有较弱效力的权利而实现；亦有人认为，物权的优先权仅存在于物权与债权之间，即同一标的物上有物权和债权并存时，物权优先于债权；还有人认为，物权的优先效力既存在于物权与物权之间的优先效力，又存在于物权与债权之间的优先效

---

① 参见曹守晔：《物权效力研究》，法律出版社2010年版，第110页。

力。① 本书采第三种观点。

（一）物权之间的优先效力

物权之间的优先效力，即物权对内的优先效力。根据一物一权原则，在一物之上不可能存在两个所有权或两个性质上不能共存的物权。因此，物权之间的优先效力，是指在性质上可以相容和并存的物权之间的效力何者优先的问题，质言之，实际上是物权之间的效力顺位问题。具体体现为：

1. 所有权与他物权之间的优先效力

一般而言，在一物之上存在所有权和他物权时，他物权优先于所有权。此系因为他物权往往基于法律的特别规定或所有人的意愿而成立，他物权成立本身即是所有权的负担，也是对所有权的一种限制，当然得对抗所有权。

2. 他物权之间的优先效力

在同一物上存在多项他物权时，应根据这些他物权设立的时间之先后而确定其优先的效力，即"设立在先，权利在先"。《物权法》第 199 条为此规定，同一财产向两个以上债权人抵押的，拍卖、变卖抵押财产所得的价款依照下列规定清偿：抵押权已登记的，按照登记的先后顺序清偿；顺序相同的，按照债权比例清偿；抵押权已登记的先于未登记的受偿；抵押权未登记的，按照债权比例清偿。

需要指出的是，他物权之间因设定先后而呈现的优先效力状态是为一般情形，在某些情况下法律有特别规定时，亦可能发生某些后成立的物权优先于先设定的物权的状况，如《海商法》上的优先权优先于船舶抵押权等；《物权法》第 239 条规定，同一动产上已设立抵押权或者质权，该动产又被留置的，留置权人优先受偿。

（二）物权对于债权的优先效力

物权对于债权的优先效力，是指物权与债权存在于同一标的物时，不论物权与债权的种类为何，也不论其成立时间的先后，物权均具有优先于债权而实现的效力。物权优先于债权的效力是由于物权本身的支配性决定的，通常体现在以下几个方面：

（1）在某物上存在物权，而该标的物同时又为债权给付之标的物时，无论物权成立在先抑或在后，其均具有优先于债权的效力。这主要体现在"一物二（多）卖"情形，已受领动产标的物或已办理不动产标的物所有权移转登记后，已取得所有权的买受人的所有权优先于其他未取得所有权的买受人基于买卖合同而取得的债权。例如，某房地产商分别与甲，乙，丙先后签订了房屋买卖合同，但只有丙进行了登记。根据物权变动的原则，此时丙因登记取得了房屋的所有权，而甲和乙尽管与房地产商签订了合同，享有合同债权但并不享有该房屋之不动产物权，此时丙的所有权优先于甲、乙的债权。换言之，尽管甲、乙签订合同在先，但甲、乙只能向房地产商主张不能移转该房屋所有权的违约责任，而不得因其债权先发生而主张

---

① 参见江平主编：《中国物权法教程》，知识产权出版社 2007 年版，第 77 页。

丙不能取得所有权。

（2）在无担保之债的债权人依破产或强制程序行使债权执行债务人财产时，债务人财产上成立的物权依然具有优先效力。换言之，担保物权人对于标的物的价金或补偿金、赔偿金，有较其他债权人优先受偿的权利。而且，即便依破产程序进行破产清算时，非属于债务人所有之物，所有人有取回该物的权利，此即取回权。

物权具有优先于债权的效力，亦为一般规则。在立法因特定目的而否定物权优先效力时，物权则丧失对债权的优先效力。例如，不动产租赁在各国民法立法例上均属于债权，但大都规定承租使用权优先于租赁物受让人的所有权（此即"买卖不破租赁"）及在租赁物上后设定的他物权；经预告登记的请求权，亦具有优先权。

三、物权的追及效力

通说认为，物权的追及效力，是指物权成立后，其标的物不论辗转至何人之手，物权人得追及至物之所在，而行使对物的直接支配。

虽然对于物权的追及效力能否作为一项独立的效力在理论上有分歧①，但是，物权基于其本身的支配性而具有追及性，却是学者都认可的。如若从权利保护角度而言，将追及效力作为物权的一项独立的效力，使物权人基于其物权而追及物之所在行使权利，的确可以使物权人的权利得到更好的维护。因此，我们认为，物权当然具有追及效力，亦应赋予物权追及效力以独立效力的地位。

物权的追及效力，在所有权上表现明显，所有权人得对其标的物行使取回权就是所有权追及效力的集中体现。当然，若因所有物被他人善意取得或时效取得，则原所有权人权利消灭，因此，原物权的追及效力当然被消解而不复存在。这里需要指出的是，如果严格贯彻物权的追及效力，物权人当然包括担保物权人，即担保权亦应具有追及效力，依此，经登记的担保物权人亦得对已经发生所有权移转的标的物行使抵押权等担保物权。这是大陆法系国家和地区的普遍做法。然而，我国立法对担保物权尤其是抵押权的追及效力基本上持限制甚或否定态度，这种立法妥当与否值得思考。

四、物上请求权效力

物权人在其对标的物圆满的支配状态遇有妨害或有妨害之虞时，有权请求恢复对标的物的圆满支配状态的权利，称为物上请求权或物权请求权。

物权是对物的直接支配权，权利的实现无须他人行为的介入。如果有他人干涉的事实使物权受到妨害或有妨害的危险时，必然妨碍物权人对物的直接支配，法律

---

① 参见梁慧星、陈华彬：《物权法》，法律出版社 2003 年版，第 50 页。

就此赋予物权人请求除去此等妨害的权利。① 可见，物上请求权是基于物权的绝对权、对世权，可以对抗任何第三人的性质而发生的法律效力。物上请求权赋予物权人以请求权，以此排除对物权的享有与行使造成的各种妨害，从而恢复物权人对其标的物的原有的支配状态。

物上请求权派生于物权，其命运与物权相同，即其发生、转移与消灭均从属于物权。因而物上请求权不同于债权等请求权，它不能与物权分离而单独存在。

物上请求权的行使，不必非得依诉讼的方式进行，也可以依意思表示的方式为之，即物权人在其物权受到妨害后，可以直接请求侵害人为一定的行为或不为一定的行为，包括请求侵害人停止侵害、排除妨害、消除危险、返还财产等。这是保证物权人的物上请求权得以实现的有效途径。尤其是在情况紧急、来不及请求公力救济的情况下，在法律允许的范围内，物权人直接采取一定的自我保护措施，有利于避免或减轻自己财产遭受的损害。当然，物权人在其权利受到妨害时也可以直接向法院提出诉讼。

【案例分析 13-4】

甲是一个体经营户，因缺乏周转资金向朋友乙借款 5 万元，双方订了书面借款合同并约定甲将其所有的一辆奥迪牌轿车抵押给乙，但未办理登记。但借款期限届满甲无力归还借款，乙找到甲要求实现抵押权时，才发现甲已将该车出卖给丙。于是，乙诉至法院要求将该车拍卖实现抵押权。

本例中，甲乙双方以书面合同约定将汽车抵押，按《物权法》规定，动产抵押不以登记为成立要件，尽管未办理登记，甲乙之间得成立以该车为标的物的抵押权。但该抵押权未经公示不具有排他效力，因此，该抵押权不能对抗第三人。乙要求将该车再行拍卖的诉讼请求应依法予以驳回。

【案例分析 13-5】

2005 年 7 月，甲在某市购买商品房一套，居住三年后因工作变动搬到另一城市居住，于是 2008 年 8 月 7 日与同事乙协商以 50 万元价格成交并将房屋钥匙交给乙，双方约定两个星期以内乙付清房款后到登记机关办理登记。但是，就在甲乙订立合同的第二天，丙听说甲要卖房的消息后表示愿以 56 万元的价格购买，于是甲又与丙签订合同将该房卖于丙，并于次日即 8 月 9 日收到丙一次性付清的房款后办理了登记手续。乙得知此事后诉至法院，要求解除甲丙之间的买卖合同，将房屋收回交付与他并办理登记，丙反诉要求乙交房。

本案所涉是物权与债权的关系问题。当事人之间所订立的两份房屋买卖合同都是当事人的真实意思表示，无法定无效或可撤销的情形，应认定为有效合

---

① 钱明星：《物权法原理》，北京大学出版社 1994 年版，第 31 页。

同。但合同仅具有对相对人的效力，不具有对抗第三人的效力。在甲和乙之间因"交钥匙"而由乙占有了房屋，但乙之占有仅系依合同而取得；而甲和丙之间因办理房屋所有权登记，丙依法取得了该房屋所有权。在乙丙双方的权利冲突中，乙享有的债权不能对抗丙享有的所有权，根据物权的优先效力，法院应该判决乙搬离该房。当然，乙可以甲违约为由要求其承担因此而受到的损失。

第四节　物权变动

一、物权变动的概念与形态

我们可以从不同角度进行理解物权变动的概念。从物权本身而言，物权变动是指物权的设立、变更和消灭。若就物权主体角度而言，物权变动是对物权的取得、变更或丧失。我国《物权法》第二章"物权的设立、变更、转让和消灭"即为物权变动的规定。因此，物权变动的基本形态体现为以下几个方面：

（一）物权的取得

物权的取得是指物权的发生，即使物权与特定主体相结合。物权的取得包括物权的原始取得和继受取得。

1. 物权的原始取得

物权的原始取得，是指物权人取得的物权非以他人既存物权为前提，而是基于一定的法律事实或直接依据法律规定取得一个全新的物权。如甲通过合法建造而取得房屋的所有权，或通过先占、添附取得动产的所有权等。

这里所谓非以他人既存物权为前提，系指物权的绝对发生，即在物权人取得此物权之前，该物权客体从未成为他人权利的客体，或该物虽为他人权利的客体但此后因抛弃或其他原因而丧失其权利，或虽他人对该物权客体享有权利但物权人取得权利并非依据原权利人的意思而是基于法律的规定直接取得，后者如依法律规定和法院判决、裁定等取得物权即是其例。

原始取得所依据的法律事实一般都是事实行为，如生产劳动、收益、添附、没收等。

2. 物权的继受取得

物权的继受取得，又称传来取得，是指基于他人既存权利而取得的物权。通常而言，物权的继受取得不仅以原权利人既存权利为前提，而且往往是以法律行为作为物权取得所依据的法律事实。

物权的继受取得依取得方式为标准，可以分为移转的继受取得和创设的继受取得。前者系因对他人物权依其原状而取得，如基于买卖、赠与而取得物权；后者在他人所有的物上设定用益物权或担保物权而取得他物权。需注意的是，创设的继受取得仅指他物权而言，对所有权来说创设取得不得适用。

物权的继受取得依取得范围和形态不同为标准，可以分为特定的继受取得和概括的继受取得。前者系指对特定物的继受取得；后者是指就他人的权利义务予以全部继受的取得，如因继承而取得被继承人的权利和义务。对继受方式进行此类区分的意义在于，概括的继受取得中的取得人不但承继前手的权利，也要承担其义务；而特定的继受取得中的取得人则只继受前手的权利而不及于其个人义务，即便此义务因该物而生。①

（二）物权的变更

物权变更有广义和狭义之分。广义的物权变更包括物权主体、客体及内容等任一物权要素发生改变。狭义的物权的变更仅指物权的客体、内容等方面的变更。一般而言，物权法上的物权变更指狭义的物权变更，因为物权主体的变更或标的、内容的彻底改变，其结果是发生物权的取得或消灭，所以一般从物权的取得或终止的角度来表述，不作为物权变更来理解。

物权客体的变更，是指物权标的物在数量上的增减，如抵押权因抵押物部分毁损而减少；而物权内容的变更则主要是指物权在内容上的变化，如以同一标的物供作抵押时，各抵押权之间顺位的变更等。

（三）物权的消灭

物权的消灭，是从物权人角度而言，物权的不复存在。物权的消灭，分为绝对消灭和相对消灭。绝对消灭是指物权本身因客体灭失等原因归于消灭而不复存在，任何人均不可能再取得。物权的相对消灭，是指物权虽然与原主体分离，但又与新主体相结合，即在原物权主体的物权丧失的同时新的主体取得该物权。如房屋所有人甲转让房屋给乙，此时甲对该房屋的所有权丧失，而受让人乙取得了该房屋的所有权。

二、物权变动的原因

物权变动的原因是指引起物权发生、变更、消灭的法律事实。这些法律事实因不同的物权而有所区别，但总括来说，主要包括法律行为、非法律行为。

（一）法律行为

法律行为是引起物权变动最重要的法律事实。由于法律行为引起的物权变动，包括：（1）双方法律行为引起的物权变动，如因买卖合同、互易合同、赠与合同等行为取得所有权，或通过与他人订立设定他物权的合同而设定抵押权、地役权、质权等他物权。（2）单方法律行为引起的物权变动，如当事人对物权的抛弃即是其典型例。

---

① 参见梁慧星、陈华彬：《物权法》，法律出版社 2003 年版，第 56 页。

（二）非法律行为

除了民事法律行为以外，其他法律事实亦可能导致物权的变动。依非法律行为引起的物权变动，物权的变动不依当事人意思发生效力，而依法律规定或事实行为而生效。因取得时效取得物权、因征收或没收取得物权、因添附或继承取得物权等均为非法律行为引起的物权变动。①

对物权变动的原因进行区分的意义在于，明确法律行为是引起物权变动最为重要的原因，在社会生活中最为经常和普遍，也是各国物权法理论和立法研究和规范的重点对象，而且，物权的公示公信原则也是针对因法律行为而发生的物权变动。①

三、依法律行为发生的物权变动的立法模式

所谓物权变动的立法模式，或称物权变动模式，是指由立法确定的对基于法律行为发生的物权变动进行规范和调控的具体方式。因各国在法律观念和传统上的不同，其物权变动模式呈现出较大的差异。就当今各国立法例而言，大体可分为意思主义和形式主义两类②。

（一）意思主义的物权变动模式

意思主义的物权变动模式，是指仅依当事人的意思即发生物权变动的效力，不必再行订立以移转物权为目的的物权合意的立法形态。如《法国民法典》第711条规定，财产所有权，因继承、生前赠与、遗赠以及债权的效果而取得或转移。第1583条规定，即使标的物尚未交付、价金尚未支付，如果当事人就标的物与价金达成了合意，当事人的买卖即告成立，买受人对出卖人的关系而言即当然地取得所有权。由此立法例可见，当事人之间的物权变动依当事人之间的债权意思即可完成，不需物权行为，亦无须以经登记或交付为要件。日本民法与此大致相同，其典型立法例如《日本民法典》第176条之规定，物权的设定及其转移，因当事人的意思表示而产生效力。但其第177条和第178条规定，不动产物权变动不经登记或动产物权变动不交付，不产生对抗第三人的法律效力。虽然其第176条对当事人的意思表示未明确为物权的意思还是债权的意思，因而难免在学者之间产生歧见，但通说和判例都认为是债权的意思表示。③

意思主义的物权变动模式，不承认债权行为之外成立物权行为的可能，只须债权的意思表示即可完成物权的变动，不动产登记或动产的交付不是物权变动的必需要件，仅仅是对抗要件。这是意思主义物权变动模式的基本特征。

---

① 韩松等编著：《物权法》，法律出版社 2008 年版，第 42 页。
② 王泽鉴：《民法物权 1 通则·所有权》，中国政法大学出版社 2001 年版，第 71~72页。
③ 梁慧星、陈华彬：《物权法》，法律出版社 2003 年版，第 70 页。

（二）形式主义的物权变动模式

形式主义的物权变动模式，是指物权的变动除当事人之间的意思表示外，还需践行法定的公示方式才能生效的立法形式。形式主义物权变动模式的典型表现有债权形式主义和物权形式主义两种。

1. 债权形式主义

债权形式主义，又称为意思主义与登记或交付的结合，是指因法律行为发生的物权变动，在当事人之间除须有债权合意外，还需践行登记或交付的形式，才得以发生物权变动效力的立法模式。换言之，在此模式下，物权变动效果的发生，是以债权合同（如买卖合同）这一法律行为与登记或交付这一法定的公示方式相结合为根据的。奥地利、瑞士和韩国采此物权变动模式。

在债权形式主义的物权变动模式下，债权合意即包含了物权变动的合意，二者合一，因而，作为物权变动生效要件的登记或交付不是一个具有独立意思表示的法律行为，仅仅是践行债权合意的事实行为，在债权合意之外不存在独立的物权行为，进而物权变动的效果受债权行为的影响，自然就不存在物权变动的无因性问题。

2. 物权形式主义

物权形式主义的物权变动，是指物权变动在当事人之间除订立债权合同并为登记或交付之外，还需就物权变动达成一个独立于债权合意的以物权变动为内容的物权合意（或称物权行为）。德国和我国台湾地区物权变动均采此模式。

在物权形式主义的物权变动模式下，物权变动须以出让人有所有权或处分权为前提，物权变动非依债权合意而发生，是以独立的物权行为为依据，作为物权变动生效要件的登记或交付本身即为体现物权变动合意的法律行为，因此，即使债权合意无效亦不影响物权变动的效果，是所谓物权变动的无因性。

物权形式主义物权变动模式中之物权行为，简言之，是以物权变动为目的的法律行为；在物权债权二元财产权利体系下，它是与债权行为对应的概念。依19世纪德国法学家萨维尼的观点，交付不仅仅是履行买卖合同的事实行为，而是一个独立的合同，其不仅有交付的意思表示，还具有移转占有的外观，据此发生物权变动，因此，交付与作为原因的买卖合同根本就不是一个法律关系。买卖合同仅在当事人之间发生债权债务负担，交付的意思表示则发生物权的得丧变更，只有买卖合同没有交付，标的物的所有权并不发生移转。由于萨维尼的巨大影响，《德国民法典》吸收了物权行为理论，规定物权的变动必须有物权合意。[①]

（三）我国《物权法》对物权变动模式的立法选择

依我国《物权法》第9条规定："不动产物权的设立、变更、转让和消灭，经依法登记，发生效力；未经登记，不发生效力，但法律另有规定的除外。"第15

---

① 王卫国主编：《民法》，中国政法大学出版社2007年版，第212页。

条规定："当事人之间订立有关设立、变更、转让和消灭不动产物权的合同，除法律另有规定或者合同另有约定外，自合同成立时生效；未办理物权登记的，不影响合同效力。"第23条之规定："动产物权的设立和转让，自交付时发生效力，但法律另有规定的除外。"由于立法对物权行为的模糊态度，因此，很难说我国采纳了物权形式主义的立法模式，学者多认为我国物权立法以"债权合意+公示"的债权形式主义立法模式为原则，而在"法律另有规定"时，则采意思主义的物权变动①，此时公示仅为物权变动的对抗要件，而非其生效要件，如动产抵押权的设立，土地承包经营权、地役权的设定等均是其例。

四、物权变动的公示

（一）公示的意义

公示，即公开显示或揭示。物权变动的公示，是将物权变动以法定的方式对外宣示，使第三人了解物权发生变动的事实，以免其遭受损害并维护交易安全。

对物权变动的公示，不但使财产归属明确以定纷止争，有利于保护物权人利益稳定静态财产秩序，而且对于保护交易安全亦有重要意义。

（二）不动产物权变动的公示

不动产在社会经济中十分重要，加之在同一不动产上存在的权利关系的复杂性，其权利变动不仅对当事人利益影响巨大，而且动辄涉及国家、社会和第三人利益，因此，从明晰不动产物权、保障交易安全出发，各国对不动产普遍采取登记作为其公示方法。基于立法政策考虑，我国《物权法》第9条规定，"依法属于国家所有的自然资源，所有权可以不登记"，除此之外的不动产物权均须登记公示。在登记方法上，大陆法系各国大多将不动产物权状况登记于管理机关依法设定的可公开查询的登记簿上；英美法系的一些国家则将不动产权属状况记载于依法制成的地券上，该地券一式两份，一份由权利人保存，一份则由登记机关保存以备查阅，此登记模式被称为地券主义或托伦斯主义；我国则实行"登记发证"制度，一方面，将不动产物权的权属状态记载于登记簿上，另一方面，登记机关向权利人颁发定制格式的权利证书如房屋所有权证、土地使用权证等。各国受理登记的机构不尽相同，有的由司法机关（如德国在地方法院设有土地登记局）受理、有的由行政机关（如日本设有作为司法行政机关的法务局）受理，但大都以统一登记为基本特征。我国《物权法》第10条虽已规定"国家对不动产实行统一登记制度。统一登记的范围、登记机构和登记办法，由法律、行政法规规定"，但因种种原因，统一登记机制仍未确立，目前依然由不同机构根据其管理权限按标的物类型分别受理登记。

---

① 参见韩松等编著：《物权法》，法律出版社2008年版，第49页；梅夏英、高圣平：《物权法教程》，中国人民大学出版社2007年版，第52页；马俊驹、余延满：《民法原论》，法律出版社2010年版，第304页等。

　　根据登记的内容、作用等的不同，对不动产登记的类别大致可以分为如下几种：

　　1. 初始登记

　　所谓初始登记，亦称总登记，是指不动产所有人依法向登记机关申请对其不动产权利进行的首次登记。初次登记可能是基于新的登记法要求对全部不动产所有权进行清理性登记，或者是由于对新产生的不动产物权的登记。初次登记的权利对后续物权变动具有原始根据的意义，因此，相关登记法律法规应就初始登记所需遵循的条件、程序等作明确规定。

　　2. 变更登记

　　变更登记，是指对物权变动以及相关事项变更的登记。物权变动登记是指登记机关根据当事人申请对物权移转、分割、合并、设定和消灭等予以登记；相关事项的登记，是指在权利主体不变的情况下，对与权利相关的一些事项诸如物权人名称、住址、土地标识、土地的使用目的、权利范围的增减等变更所为的登记。变更登记的目的在于如实反映不动产物权的变化，以便第三人知悉权利的真实状况，以利交易的便捷和交易安全的保护。

　　3. 更正登记

　　更正登记，是指权利人、利害关系人认为不动产登记簿记载的事项与实际状况不一致（如错漏等）而申请登记机关予以订正或补充的登记。《物权法》第 19 条第 1 款规定："权利人、利害关系人认为不动产登记簿记载的事项错误的，可以申请更正登记。不动产登记簿记载的权利人书面同意更正或者有证据证明登记确有错误的，登记机构应当予以更正。"更正登记是对现有登记的更改实现对真正权利人的保护，因此，申请人应对登记簿的登记错误负担举证责任。

　　4. 异议登记

　　异议登记，又称异议抗辩登记，是指将事实上的权利人或利害关系人就不动产登记簿所记载的权利所提异议进行的登记。异议登记与更正登记相关联，一般只在更正登记无果时当事人方能申请异议登记，以此中止登记簿记载权利的正确性推定，从而阻却第三人的善意取得，是对真正权利人和利害关系人的临时性保护和救济措施。因异议登记限制了现时登记权利人的自由，且有可能异议登记本身的不正确而害及现时登记权利人的合法权利，因此对异议登记的存续时间应予严格限制。《物权法》第 19 条第 2 款规定："不动产登记簿记载的权利人不同意更正的，利害关系人可以申请异议登记。登记机构予以异议登记的，申请人在异议登记之日起 15 日内不起诉，异议登记失效。异议登记不当，造成权利人损害的，权利人可以向申请人请求损害赔偿。"

　　5. 预告登记

　　预告登记，是为保全将来发生不动产物权变动请求权而进行的登记。预告登记制度是德国法所创立的一项旨在保全请求权顺位的一项登记制度。在附条件或附期限的不动产物权转让中，当事人之间虽成立债权关系，但在为不动产物权变动登记之前，物权并未发生变动，可请求物权变动的权利人所享有的请求权并无对抗效力，因而在现实交易关系中面临巨大风险，为保全其请求权以实现取得物权的预期，德国民法规定可以将该请求权及其顺位在不动产登记簿上进行预告登记。预告登记之后，如该不动产发生被强制执行或者被纳入破产财产管理后，或被设置抵押权后，这些妨害被保全的请求权的行为均不能生效，但若未进行预告登记，则请求权人的权利将会落空。我国《物权法》第 20 条规定："当事人签订买卖房屋或者其他不动产物权的协议，为保障将来实现物权，按照约定可以向登记机构申请预告登记。预告登记后，未经预告登记的权利人同意，处分该不动产的，不发生物权效力。"因预告登记是对请求权效力的强化和扩张，其目的是为实现将来之物权，因此，其应有存续期限的限制，《物权法》第 20 条第 2 款为此规定："预告登记后，债权消灭或者自能够进行不动产登记之日起 3 个月内未申请登记的，预告登记失效。"

需要注意的是，结合前文我国物权变动的立法模式的选择，不动产登记一般情况下是不动产物权变动的生效要件，即非经登记不发生物权变动的效力，此即所谓物权变动的"登记生效要件主义"，但"法律另有规定的除外"，根据《物权法》第 24、129、158 条等规定，对所谓"准不动产"物权和土地承包经营权、地役权等他物权变动则不采"登记生效主义"，而采"登记对抗主义"，即此类物权变动不以登记为其生效要件，非经登记此类物权亦可依当事人之间的合意为成立，但不具有对抗第三人的效力；此外，根据《物权法》第 31 条的规定："依照本法第 28 条至第 30 条规定享有不动产物权的，处分该物权时，依照法律规定需要办理登记的，未经登记，不发生物权效力。"即因公权行为导致的不动产物权变动、因继承或受遗赠导致的不动产物权变动以及因事实行为导致的物权变动，此类非基于法律行为的物权变动，必须及时登记，非经登记权利人不得处分其物，即此类物权变动中，登记为其处分要件。

（三）动产物权变动的公示

因动产相对而言价值较小，加之其所设物权较为单一，为方便流转，动产物权变动除法律另有规定者外，均以占有和交付为其公示方法。占有与交付，事实上不过是一个问题的两个方面，占有是交付的前提和结果，交付不过为占有的移转。前者表征静态的动产物权，后者则是动产物权变动的动态表现，二者相辅相成。

1. 占有

作为物权的公示方法，占有是对物事实上支配的状态。而占有人事实上占有其物，是为直接占有；而本于一定法律关系对事实上占有其物的人有返还请求权者，是为间接占有。无论直接占有抑或间接占有，均为对享有动产之物权的公示手段。

2. 交付

动产的交付，即动产占有人将其占有的动产移转于他人占有的行为。我国《物权法》第 23 条规定："动产物权的设立和转让，自交付时发生效力，但法律另有规定的除外。"现代法上的交付有现实交付和观念交付两种类型。

（1）现实交付，是指将对动产的占有现实地移转于对方当事人，即对标的物本身交付。现实交付是一种最为传统亦较常见的交付方式。如在日常的买卖交易中，出卖人将所买卖标的物交给对方即构成现实交付。《物权法》第 23 条所规定的"交付"即为现实交付。当然，现代法律亦认可对现实交付的"拟制交付"。所谓拟制交付，即当事人并不移转动产标的物本身，而是将该动产的物权凭证（如提单、仓单等）移转于对方，以替代实物的交付，并发生与实物交付相同的法律效果。

（2）观念交付，即动产并不发生占有的现实移转，仅以某种变通方式代替实际的交付亦发生与现实交付相同的法律效果，换言之，交付虽未在事实上发生，但在观念上交付已为完成。依《物权法》第 25~27 条规定，观念交付包括以下三种具体形式：

①简易交付，是指交易标的物已为受让人所占有，当事人只需就物权变动形成合意，即视交付完成。在实际交易中，在受让人实际已经占有标的物的场合，要求当事人进行现实交付已经没有实际意义，认同当事人达成合意即完成交付实现物权变动，不但简化交易过程，而且与实际生活经验吻合。《物权法》第 25 条对此规定，"动产物权设立和转让前，权利人已经依法占有该动产的，物权自法律行为生效时发生效力"。

②指示交付，即动产由第三人占有时，物权让与人将其对于第三人的返还请求权让与受让人以替代交付。因此，指示交付又被称为返还请求权让与或返还请求权代位。《物权法》第 26 条规定，"动产物权设立和转让前，第三人依法占有该动产的，负有交付义务的人可以通过转让请求第三人返还原物的权利代替交付"。

③占有改定，是指在动产交易中，当事人就物权变动进行特别约定，在观念上将物权移转于受让人，而由让与人继续占有标的物以替代交付。换言之，当事人就动产交易达成合意并约定由出让人继续占有标的物时，则视交付于合意达成时完成，出让人的占有由原自主占有变为他主占有。如某企业为缓解资金压力，将自有设备出让给某租赁公司而后回租，该企业无须实际交付，只需约定将设备所有权让与租赁公司并以租赁方式继续占有设备，合同生效交付即告完成，设备的所有权也发生移转，该企业对设备的占有也因此而成为他主占有。《物权法》第 27 条规定："动产物权转让时，双方又约定由出让人继续占有该动产的，物权自该约定生效时发生效力。"占有改定虽在交易中避免了现实交付的不必要繁琐，但因其没有形成物权变动的外观，公示效果不佳，因此，在一些场合（如质权设立）其适用将受限制。

【案例分析 13-6】

2007 年 10 月 31 日，原告郑某、徐某与被告吴某、石某夫妇签订《房屋买卖合同》，约定被告出卖价格为 142 万元的房屋一套；签订合同时原告交购房款 120 万元，被告可在 6 个月内办理过户手续，逾期不办理，被告应无条件让原告搬入房屋居住，产权亦视为原告所有，在本合同签订前，被告所签该房屋有关的合同无效，其他债权债务与本合同无关。合同签订当日，原告依约支付 120 万元购房款，被告吴某写有收条一份，同时将房屋的钥匙及房屋产权证交给原告，并于半个月后将该屋腾空交给原告。而后，被告不按约定给原告办理房产过户手续，并于 2008 年 9 月下落不明，原告亦未付清购房余款 22 万元给被告。原告徐某在讼争屋门口张贴告示，声明该屋屋主吴某已卖屋给自己，房屋产权属自己所有，吴某所欠债务与自己无关等。

另查明，本案被告吴某因另案欠陈某等工程款，经一审法院审理于 2008 年 9 月 12 日作出缺席判决，吴某应返还陈某等工程款 65 万元及偿付利息 11 万元。判决生效后陈某等申请执行，由于吴某夫妇下落不明，无其他财产可供执行，一审法院遂裁定将该屋查封拍卖。原告提出异议，请求暂缓执行，待其起诉吴某房屋买卖一案审结后一并处理。一审法院于 2009 年 1 月 26 日以双方房屋买卖无效为由驳回异议，继续执行。案外人刘某于同年 3 月 28 日以 128 万元购买该房屋，一审法院裁定将该屋变卖给刘某，8 月 20 日已将该房屋的所有权登记到刘某名下。原告于 2009 年 1 月 24 日以房屋买卖合同有效向一审法院起诉（3 月 5 日正式受理），请求判令被告履行合同，该房屋产权归其所有，并由被告支付违约金 20 万元。

该案审理中，分歧较大。第一种意见认为，原、被告签订房屋买卖合同后，没有到房产管理部门办理房产过户手续，双方的房屋买卖行为违反了国家有关法律规定，所签订的房屋买卖合同无效，对此被告负主要过错责任，原告有一定责任，应判决被告返还原告购房款 120 万元并赔偿 70% 的利息损失。

第二种意见认为，原、被告之间房屋买卖行为意思表示真实，原告已支付绝大多数价款，被告已将房产证及钥匙交给原告；并腾空该屋让原告，虽未办理产权过户手续，但并不影响该房屋买卖合同的效力，合同应予履行。该房屋归原告所有，责令双方到房产部门办理登记过户手续。

第三种意见认为，该房屋买卖合同有效，但认为双方签订合同后，被告没有依约在 6 个月内到房产部门办理房屋过户手续，一审法院在执行陈某等与吴某返还工程定金一案时，案外人刘某以 128 万元价格购买并取得房屋产权证，因此，讼争房屋产权应归刘某所有；双方签订的房屋买卖合同已不可能继续履行，应予解除。所以，应判令由被告返还原告 120 万元购房款并支付违约金。①

---

① 案例源自洪祖：《略论物权变动与原因行为的区分原则——对一起房屋买卖合同纠纷案的评述》，载中国民商法网：http：//www.civillaw.com.cn/article/default.asp? id = 26517，2011 年 7 月 19 日访问，有较大改动。

　　本案所涉实际上是不动产买卖合同与物权变动的关系问题。《物权法》第9条规定，不动产物权的设立、变更、转让和消灭，经依法登记，发生效力；未经登记，不发生效力，但法律另有规定的除外。据此，我国不动产物权变动系采登记要件主义，即除法律另有规定外，不动产物权非经登记不发生物权变动的效果。而据《物权法》第15条规定，当事人之间订立有关设立、变更、转让和消灭不动产物权的合同，除法律另有规定或者合同另有约定外，自合同成立时生效；未办理物权登记的，不影响合同效力。据此区分原则，不动产买卖合同与不动产物权变动相区分，合同自其成立时生效，未办理登记仅不发生物权变动的效力，并不影响合同的效力。因此，本案当事人房屋买卖合同意思表示真实，不违反法律的效力性强制性规定，应为有效合同，不能因该房屋未办过户登记手续而否认合同的效力；但因当事人未进行登记，买方并未取得该讼争房屋的所有权。一审法院依法执行，将该屋查封拍卖，案外人刘某以128万元购买，并已办理该房屋所有权登记取得所有权证，该房屋应归刘某所有。因该房屋已归属刘某，被告实际上已无法再实际履行合同，原告以房屋买卖合同有效向一审法院起诉，请求判令被告履行合同该房屋产权归其所有的请求不能得到支持，第三种意见中"双方签订的房屋买卖合同已不可能继续履行，应予解除。由被告返还原告120万元购房款并支付违约金"的观点可资赞同，或向原告释明，变更诉讼请求追究被告违约责任亦可。

【案例分析 13-7】

　　2009年4月22日，张某与某房地产开发公司（下称开发公司）就其开发的某楼盘某房订立买卖合同，约定该房总价78万元，张某在合同签订以后三个工作日内交清房款的4成，余款通过抵押贷款方式向银行"按揭"；开发公司于同年9月底以前交房，在交房后三个月内将产权证书办妥。签订合同后，张某与开发公司到登记部门办理了该商品房预售的预告登记。嗣后，开发公司又将该房屋卖与另一购房人王某，同样约定于9月底以前交房。在交房时，王某发现自己所购房屋曾有人购买，于是要求开发公司交付房屋。开发公司承认一房二卖，但只答应退款。双方协商未果诉至法院。

　　本案涉及房屋买卖及其预告登记的问题。依《物权法》第20条的规定，当事人签订买卖房屋或者其他不动产物权的协议，为保障将来实现物权，按照约定可以向登记机构申请预告登记。预告登记后，未经预告登记的权利人同意，处分该不动产的，不发生物权效力。张某与开发公司订立买卖合同后进行了预告登记，因此，开发公司未经张某同意就该房屋再行买卖均不发生物权效力，换言之，经预告登记后的房屋买受人不仅获得了以合同取得房屋所有权的期待权，而且该期待权可对抗预告登记后的买卖行为。因此，本案只要张某坚持按约交房，不同意开发公司与王某之间的买卖，开发公司就应向其交付房屋并办理产权，而开发公司与王某之间的买卖就不能发生物权效力。

【案例分析13-8】

李某与余某系同事关系，因李某经常出差，其所购一辆私人轿车停于车库很少使用。2008年11月5日，余某与李某商量借其车使用一段时间，李某同意。在使用后，余某觉得这车质量不错就向李某提出购买，双方协商以11万元人民币成交，并于11月21日订立书面买卖合同，约定一周之内双方一起到车管所办理车籍过户，余某在同年12月底以前付清车款。11月26日正当两人准备去办理车籍过户的时候，发现车不知被何人损坏，车身被划了数道划痕，轮胎也被扎破。余某认为车籍尚未过户，损失应由李某负担，李某则认为，其早已把车交给余某，由其使用管理，损失当然应该由余某负担。双方争执不下诉至法院。

本案讼争涉及动产简易交付及其所有权移转问题。《物权法》第25条规定，动产物权设立和转让前，权利人已经依法占有该动产的，物权自法律行为生效时发生效力。余某在买卖合同订立前就因借用而占有该讼争车辆，因此，在二人订立买卖合同后该车的所有权就已发生变动，虽然车管部门对车辆实行登记管理，但该登记并非所有权变动的生效要件，对此，《物权法》第24条规定，船舶、航空器和机动车等物权的设立、变更、转让和消灭，未经登记，不得对抗善意第三人。动产所有权变动，其损毁灭失的风险亦随之转移，因此，本案车辆受损在不能确定侵权人的情况下，应由余某负担。

第五节　物权的保护

对物权的法律保护，是多法域的共同任务。公法从刑事制裁和行政处罚等措施，惩戒和遏制侵害物权的刑事犯罪和行政违法行为，从而间接实现对物权的保护。私法则以私权保护为其基本使命，物权作为私权当受私法的保护。《物权法》第38条规定，各种物权保护方式，既"可以单独适用，也可以根据权利被侵害的情形合并适用"，"侵害物权，除承担民事责任外，违反行政管理规定的，依法承担行政责任；构成犯罪的，依法追究刑事责任"。该规定体现了《物权法》试图对物权全方位保护的意旨。

一、物权的公法保护

我国《宪法》第12条、第13条分别对我国"社会主义的公共财产"和"公民的合法的私有财产"的保护提供了基本的宪法基础。相关立法亦为物权保护提供了基本法律依据。

因侵犯财产的犯罪行为造成物权损害的，《刑法》第五章作了专门规定，通过对行为人处以刑罚来实现对物权的保护；《国家赔偿法》第 4 条规定，行政机关及其工作人员在行使行政职权时，有下列侵犯财产权情形之一的，受害人可以要求国家赔偿：违法实施罚款、吊销许可证和执照、责令停产停业、没收财物等行政处罚的；违法对财产采取查封、扣押、冻结等行政强制措施的；违法征收、征用财产的；造成财产损害的其他违法行为。

此外，通过对征收、征用的限制保护物权。《宪法》第 13 条第 2 款规定，"国家为了公共利益的需要，可以依照法律规定对公民的私有财产实行征收或者征用并给予补偿"。《物权法》第 42 条和第 121 条对征收程序和补偿范围等作了原则性规定。

二、物权的私法保护

物权的私法保护则是通过民法的方法对物权加以保护，包括物权方法和债权方法的物权保护。所谓物权方法的保护，就是通过物权人行使物权请求权实现物权的圆满状态而实现对物权的保护；而所谓债权方法的保护，就是物权人通过行使债权的请求权对其物权遭受的损害进行赔偿而实现其利益的价值补偿。《物权法》第三章专章所规定的"物权的保护"，除第 38 条第 2 款有关行政和刑事责任的援引性规定外，都是从私法角度对物权保护所作的规定。联系《民法通则》、《合同法》等法律法规的相关规定，物权人通常可以通过损害赔偿请求权、不当得利请求权、合同上的请求权以及物权请求权等多种权利救济方式保护物权。

当然，物权方法和债权方法在物权保护中的地位和作用是不同的，前者是以物权存续为前提，旨在回复物权的圆满状态而实现对物权的救济和保护；而后者是以物权受到损害而产生的债权为基础，旨在实现对物权损害的价值弥补，实为通过债务的承担遏制和预防对物权的侵害，从而间接实现物权保护的目的。因为物权的物权法保护是通过物权请求权来实现的，所以，这里仅就物权请求权作简要阐释。

（一）物权请求权的性质

前文已经述及，物权请求权，是指物权人于其物权的完满状态受到妨害或者有妨害之虞时，为保护自己的物权而请求妨害人为一定行为或者不为一定行为的权利。

对于物权请求权的性质，学界有不同意见，大致有"物权作用说"、"纯粹债权说"、"准债权说"、"存在于物上之独立请求权说"等①。其实，人们对权利进行界定，都有具体的标准和目的，物权请求权如果离开物权本身将毫无意义。因

---

① 参见谢在全：《民法物权论》，中国政法大学出版社 1999 年版，第 39 页；郑玉波：《民法物权》，三民书局 1982 年版，第 23～25 页；马俊驹、余延满：《民法原论》，法律出版社 2010 年版，第 291 页；陈华彬：《物权法》，法律出版社 2004 年版，第 102～103 页；王利明：《物权法论》，中国政法大学出版社 2003 年版，第 99 页；尹田：《物权法理论评析与思考》，中国人民大学出版社 2004 年版，第 160 页。

此，物权请求权的最重要意义不过是作为请求权的技术（或手段），由此我们认为物权请求权具有下述特征：

第一，物权请求权是为保护物权的技术性之权利构造，其本身不是目的，保护物权为物权提供救济才是物权请求权的价值（功能）所在。这是我们分析研究物权请求权是必须明确的前提。在此意义上，称物权请求权为物权效力的体现也不无道理。但它本身不是物权。

第二，物权请求权属于请求权之一种，与债权请求权、人身权请求权等构成请求权这一权利类型，是为请求权得以抽象的基础。作为请求权，在物权遭受妨害或有受妨害之虞时，物权人得请求妨害人排除妨害或防止妨害。

第三，物权请求权是一项动态请求的权利形态。当物权未受妨害或根本无受妨害之虞时，物权请求权并不发挥作用的余地。

第四，物权请求权属于相对权，虽与债权规范具有相似之处，但其本身不是债权。物权请求权作为得请求他人为或不为某种行为的权利，属于相对权，尽管与债权具有相似性，但它与债权毕竟是不同视界和层面的权利界定，因此，不可将其与债权混淆，得与债权相区别而独立存在。

物权请求权呈现的多种特征，是由其与请求权本身特性相联系且与作为物权保护手段之存在目的决定的。由此，我们可将物权请求权的性质归结为：物权请求权乃为物权保护之目的而独立存在的救济性请求权。

（二）物权请求权的类型

就物权请求权的类型而言，学者大多对返还原物请求权、排除妨害请求权、妨害防止请求权确定为物权请求权没有异议。但恢复原状是否属于物权请求权则存在不同看法。恢复原状，学者认为有广狭二义，就狭义而言，指恢复权利的原来状态，如物的返还或毁坏物的修理；广义而言，则指包括狭义的恢复原状及用非货币等价物填补损害。① 其实，仅就狭义而言，物的返还物完全属于前述返还原物请求权，当然是物权请求权，但所谓毁坏物的修理，不管是物权人为之抑或相对人为之，对相对人而言和要求其支付费用并无二致，这实质上就是一种损害赔偿之债，至于用非货币等价物填补损害，亦不改其为债权的性质。因此，恢复原状理应属债权保护方法之一种而排除在物权请求权之外。当然，将恢复原状排除于物权请求权之列，并非否定将恢复原状作为一种请求权类型，因为在物权可通过恢复原状的各种方式——如修补、更换等实现物权的圆满而言，物权人是可得为此请求的，法律上没有理由禁止权利人主张此请求权。但问题是，该请求权对相对人而言，其实质内容仍为承受其不利益，就此而言，恢复原状与损害赔偿只有形式意义上的差异，

---

① ［日］四宫和夫：《不法行为》，青林书院 1985 年版，第 477 页；转引自傅穹、彭诚信：《物权法专题初论》，吉林大学出版社 2001 年版，第 37 页。

而并无实质的不同。①

同样存有争议的是，确认物权请求权是否应该纳入到物权请求权之中。本书认为，物权的确认请求权，不属于物权请求权，甚至其并非民事实体权利，而是诉讼法或行政法上的权利。因为，第一，它不是基于物权或其他民事实体权利而生的权利，而是在权属不清的情况下，争议各方均可享有的权利，确认物权请求权行使的结果方可明确物权的归属，而不是相反。第二，实体法上的请求权是权利的本身的救济方式，但确认物权请求权不属于此类之任何一种情形。第三，民法上的请求权均可直接针对相对人主张，而确认物权的请求权只能向司法机关或行政机关提出，实际上是一种裁判请求权。但这并不妨碍将其作为一种物权保护的方法加以规定，不过，这只是从实体法与诉讼法的衔接作出的考虑而已②。第四，任何确认物权之请求权，其最终目的均为恢复对物的圆满支配，无论是基于对物的归属抑或是对物的利用，现实生活中不会有谁会为确认而请求确认，确认请求权的行使必然伴随其他权利，换言之，确认请求权的目的乃是为实现物权的圆满状态之前奏。我国《物权法》第 33 条规定："因物权的归属、内容发生争议的，利害关系人可以请求确认权利。"这一规定似乎在不经意间，已然改变了将确认物权请求权作为物权请求权的规定。

此外，停止侵害和消除危险能否成为独立的物权请求权呢？实际上，停止侵害是对还在持续进行的侵害之制止，如果权利人对已经完成的妨害都得排除，那么，对于还在持续的妨害当然得要求其停止，因此，停止侵害之意完全可涵盖于排除妨害请求权之中；而消除危险，乃因当事人的行为或其设施可能于将来发生对物权的妨害，权利人当然得为阻却，完全可等同于妨害防止请求权。

综上所述，我国物权请求权的基本类型可归结为：返还请求权、排除妨害请求权、妨害防止请求权。《物权法》第 34 条规定："无权占有不动产或者动产的，权利人可以请求返还原物。"第 35 条规定："妨害物权或者可能妨害物权的，权利人可以请求排除妨害或者消除危险。"

（三）物权请求权的行使

1. 物权请求权的行使要件

（1）须有妨害物权圆满状态之事实。所谓妨害物权圆满之事实，是指物权人之物权所受来自他人之不利影响，且该不利之影响足以妨害物权人对其标的物之正常支配，而使其物权之圆满状态受到损害。其大体包含三层意思：第一，须有他人对物权的不利之影响即妨害存在，这些妨害之事实包括妨害物权人对其标的物支配现实或将来之所有情形，如对物权人物权标的物之侵夺而使权利人丧失占有，或侵

---

① 参见尹田：《物权法理论评析与思考》，中国人民大学出版社 2004 年版，第 166～167页。

② 参见段厚省：《民法请求权论》，人民法院出版社 2006 年版，第 241～242 页。

害占有之外的其他妨害；第二，这些妨害须超出物权人得容忍之程度害及物权人对其标的物的正常支配；第三，这些妨害须为缺乏合法依据之事实，若基于约定或法定之事由对物权人物权之限制，则不属妨害之事由范畴。此为物权请求权的实质要件。

（2）须由享有物权之权利人提出请求。基于物权请求权之基本内涵，此主体须为物权之享有者，因权利主体与其行为能力无关，也不论其是否实际占有，故无须考虑主体之行为能力与是否实际占有标的物。其所享有之物权包括自物权与他物权。当然，物权享有者须为现时的物权之享有人，不包括过去或将来的物权人。这是物权请求权之主体要件。

（3）须有物权请求权之相对人。若仅有物权受到妨害的事实，而无妨害物权之相对人或不知相对人为谁，则物权请求权失之请求对象而无法得以构成。这是物权请求权作为相对权所必须具有的对象要件（权利主体之相对人）。

2. 物权请求权的效力

物权请求权一旦成立，在其法律效力上即体现为物权人享有受法律保护并为其他主体尊重的请求相对人为或不为一定行为，以实现其物权之圆满状态的权利。换言之，因物权请求权行使要件成就，即产生物权人有为依法排除妨害物权圆满状态事由之效力。

物权请求权的行使，按请求权本身的固有性质，物权人得径直向相对人即妨害物权圆满之相对人为请求行为，从而消除对物权之妨害而恢复物权之圆满状态。若物权人之请求遭遇障碍，按权利救济之常规，物权人可得为私力救济，包括自卫与自助；亦可以公力方式予以救济，包括提起诉讼，申请强制执行，提起行政诉讼等。

【案例分析 13-9】

2009 年 11 月 7 日，江某将其位于市中心的一套两居室住房以每月 1800 元的租金租赁给在附近上班的公司白领吴某，租期 1 年。在租赁期限届满前的 2010 年 8 月 15 日，江某找到吴某，说其父母将于近期到他这里居住一段时间，因此，届期请搬走腾房不再续租，吴某表示同意。但租期届满时，吴某以不好另外租房为由不予搬走继续居住在此，致使 2010 年 11 月 30 日到来的江某父母无处居住，只好在江某单位招待所住下。2010 年 12 月 10 日江某很生气，趁吴某不在的时候将其物品搬出，吴某闻讯赶回阻止，双方发生争执诉至法院。江某要求法院判令吴某搬出腾房并赔偿其父母住招待所期间的费用、支付迟延搬迁应付的房租。吴某则反诉江某，以江某私闯民宅为由要求法院判令其赔偿损失。法院审理后判决：吴某应于判决生效后 10 日内搬离现住的江某房屋，并按原合同约定租金支付迟延搬离期间给江某造成的损失；江某赔偿因擅自搬动吴某物品造成的损失。

　　《物权法》第34条规定："无权占有不动产或者动产的，权利人可以请求返还原物。"租赁合同期满当事人不再续租，租赁合同关系即告终止，对租赁物的占有亦因欠缺本权而成为无权占有，出租人有权行使返还原物的物权请求权。本案江某提前告知不再续租且吴某同意，因此租期届满其租赁合同关系消灭，吴某应及时搬走腾房，当然，江某给其必要的准备时间亦为必要。而吴某无正当理由而拒不搬出，妨害了江某的所有权的实现，在行使请求权而未达预期效果时采取自力救济并无不可，但其行使方式不当造成吴某损失应予赔偿，因不腾房造成的损失应由吴某赔偿。①

【本章思考题】

1. 物权的内涵是什么？
2. 物权法的基本原则有哪些？
3. 如何理解物权与债权区分的意义？
4. 如何认识物权的优先效力？
5. 如何理解我国的物权变动模式？
6. 何为预告登记制度？
7. 动产交付的类型有哪些？
8. 我国《物权法》确立的物权保护方式有哪些？

---

　　① 根据马新彦主编：《中华人民共和国物权法法条精义与案例解析》，中国法制出版社2007年版，第97~98页，有改动。

第十四章 所 有 权

☞ **本章导读**

　　所有权不仅具有悠久的历史，而且因为是最完整、最充分的物权形态，在物权体系中居于核心地位。在当今社会所有权依然是现代私法秩序的根本，整个物权乃至财产权制度都是以所有权为基础展开的。因此，理解和掌握所有权的基本理论和制度具有重要的意义。

第一节　所有权概述

一、所有权的概念与特征

　　所有权是指所有人在法律规定的范围内，对自己的财产以占有、使用、收益、处分等方式进行全面支配，并排除他人干涉的权利。① 我国《物权法》第39条规定："所有权人对自己的不动产或者动产，依法享有占有、使用、收益和处分的权利。"作为一项基本的民事权利，所有权具有如下法律特征：

　　(1) 所有权是自物权。所有权是所有人对自己的动产或不动产进行支配的权利，具有物权的一切特征，而且更因其首先明确其客体是归属于所有人自己的物，区别于在他人之物上所设定的其他物权，如用益物权和担保物权。

　　(2) 所有权是完全物权。所谓完全物权，是指所有人在法律允许的范围内对自己的动产或不动产享有占有、使用、收益和处分的全面支配权，具有权能的完全性。而其他物权则仅具有所有权的部分权能，作为非所有人的权利人仅能在一定范围内对他人的动产或不动产进行支配，而不是全面支配。相对于所有权的完全性，他物权则具有限性，故理论上将他物权称为限制物权或有限物权。

　　(3) 所有权是整体性的物权。所谓所有权的整体性，是指所有权并非仅指占有、使用、收益和处分等权能的集合或简单相加，而是一个浑然不可分的有机的整体。因所有权的整体性，所以"不能在内容和时间上加以分割。在所有物上设定用益物权或担保物权，不是让与所有权的一部，而是创设一个新的、独立的

---

　　① 　王泽鉴：《民法物权1　通则·所有权》，中国政法大学出版社2001年版，第150页。

物权"。①

（4）所有权是有弹力性的物权。所有权弹力性，是指所有权的权能具有伸展回复的特点。换言之，所有权的权能可因某种原因分离而后又回复于所有人。常见的情况是，所有人将所有权的某些权能委诸他人行使（如设定他物权），由此而限缩了所有人的支配权，使其对所有物的全面支配受到限制，但当该限制去除（如他物权消灭）时，所有权即恢复其原有的完满状态。

（5）所有权是永久性的物权。所谓所有权的永久性是指，所有权没有预定的存续期间的限制，可以永久无限制的存续，只要标的物存在，其所有人的所有权就存在。而其他物权都具有一定存续期间，期限届满即归于消灭。

二、所有权的权能

所谓权能，系指权利的要素，抑或是权利的具体内容，或表征权利的作用或实现的方式，即权利人为实现其权利可得依法采取的手段。所有权的权能，亦即所有权的内容，是指所有权人为了实现其对所有物的独占性支配以满足其利益，在法律允许的范围内可得采取的措施和手段。依学界通说，所有权的权能可分为积极权能和消极权能两类。

（一）所有权的积极权能

1. 占有权能

占有权能，指所有人对其所有物实际掌控的权利。占有权能是所有权支配性的直观体现，是所有权人就其所有物享有利益的前提，各国法律普遍承认所有人对所有物的占有是所有权的应有之义。

作为所有权内容的占有权能，因所有权的合法存在而具有对所有物占有的合法权源，与占有制度中的占有不是同一个概念，后者表征为主体对物的事实上的控制状态，即可能是有权占有，亦可能是无权占有，并依占有事实之得丧而得丧。

通常情况下，占有权能可表现为如下样态：一是所有权人在事实上掌控所有物；二是所有权人依其意志允许他人对物为事实上的占有，而自己保有对所有物的返还请求权对物进行间接占有，并以返还请求权的实现回复对物事实上的占有；三是所有权人的占有权能受到侵害，导致其对物的事实占有丧失的，所有权人可以依物权保护规则向无权占有人请求返还原物，以恢复其占有。②

2. 使用权能

所谓使用，是指人们在不损毁物之本体或改变其性质的条件下，按照物的性质和用途加以利用以满足某种需求。所有权的使用权能，系指所有权人在不损毁其所有物之本体或改变其性质的条件下，依照物的性能和用途而对其加以利用的权利。

---

① 王泽鉴：《民法物权 1　通则·所有权》，中国政法大学出版社 2001 年版，第 151 页。

② 参见韩松等编著：《物权法》，法律出版社 2008 年版，第 120～121 页。

所有权的使用权能是其能够对物实际利用的权利依据，即使其在事实上不对物加以利用，也不意味着其使用权能丧失。因此，所有人当然对所有物进行使用的权利，但所有人可将其使用权能让渡他人，此时使用权能与所有人分离而为非所有人享有。

对物的使用须以占有为前提，但占有不一定能为使用。例如作为非所有人的保管人虽能占有他人委托保管之物，但并不能对保管物进行使用。非所有人只有取得对他人之物的使用权能方同时取得对物的占有权能。可见，非所有人是否取得对他人之物的使用权，得依其所享有的物权或债权性质而定，而所有人一旦将使用权能让渡他人，就意味着其本身的所有权受到一定的限制。

3. 收益权能

所谓收益，指对物取得某种利益。所有权的收益权能，系指所有权人能依法收取由所有物而生的利益的权能。所有物所生的利益包括孳息和利润，孳息分为法定孳息和天然孳息，前者是指根据法律的规定，由法律关系所产生的收益如租金、利息；后者是指原物因自然规律而产生的物，如树的果实等。利润则指对原物加以利用所获取的收益，此收益一般而言主要是财产性收益，广义的收益还应包含精神利益。

所有权人当然对其所有物享有收益权，但在当事人有约定或有法律规定时，非所有人亦得享有对他人之物享有收益的权利。依《物权法》第116条规定："天然孳息，由所有权人取得；既有所有权人又有用益物权人的，由用益物权人取得。当事人另有约定的，按照约定。法定孳息，当事人有约定的，按照约定取得；没有约定或者约定不明确的，按照交易习惯取得。"

4. 处分权能

所有权的处分权能，指所有权人依法对其所有物进行处置的权能。处分包括事实上的处分和法律上的处分。事实上的处分，指通过事实行为对物进行的处置，如消费、改造、加工甚或毁损等。法律上的处分，指通过法律行为改变物的法律（权利）状态，如以所有物设定抵押权、质权，将所有物出租、转让等。

处分权能的行使往往影响着所有权其他权能的实现，甚或直接决定所有物的命运，因此，该权能是所有人对物支配的最直接体现，是所有权内容的核心。通常情况下，非经当事人授权或法律的特别规定，处分权能应由所有权人行使。

（二）所有权的消极权能

所有权的消极权能，是指排除他人干涉的权能。排除他人干涉，意味着所有人得排斥并除去他人对所有物的不法侵夺、干扰或妨害。排除他人的干涉主要是通过物权请求权实现的。

所有权应受到法律的保护和他人的尊重，但对他人干涉的排除须以他人干涉为前提，因此，该权能并非所有人对于所有物可以积极实施的行为，当且仅当在所有权受到他人干涉时才能体现，故谓之"消极"。

三、所有权的取得与消灭

（一）所有权的取得方式

所有权的取得，是指民事主体依一定的法律事实获得对某物的所有权。同前文所述物权取得方式一样，所有权的取得方式不外乎原始取得与继受取得、基于法律行为的取得与基于事实行为的取得等。

1. 原始取得与继受取得

此系基于是否依原所有人的所有权以及原所有人的意志进行的所有权取得方式的划分。

（1）原始取得。所有权的原始取得，系直接依据法律规定取得所有权，其主要包括以下几种方式：

①先占取得，即对于无主物任何人均得依先占取得所有权。先占一般要求占有人须以所有的意思占有无主之物，至于占有人有无行为能力在所不问。

②因生产、建造等创建出新物，该创建人应当取得该物的所有权。

③添附，是指把不同所有人的所有物结合而形成新的物，此时原物的所有权消灭，新物由法律规定的主体取得所有权。添附主要有附合、混合与加工三方式。

附合，是指不同所有人的财产密切结合在一起而形成难以分割的新的物，虽原物仍能识别但非经拆毁不能达到原来的状态。动产与动产的附合，若能区分主物和从物，则附合物归该主物的所有人所有；若不能区分，则原则上由原动产所有人共有。动产与不动产附合时，由不动产所有人取得附合物所有权，动产所有权因此而消灭。

混合，是指不同所有人的动产混杂或交融难以识别和分离，甚或在某些情况形成下并形成新物的情形。若能区分主物与从物，则混合物归该主物的所有人所有；若不能区分主从物，原则上由各动产所有人共有该混合物。

加工，是指一方使用他人之物加工改造为具有更高价值的新的物。关于加工的物权效果，存在"材料主义"和"加工主义"之争。对此，我国法律无明确规定，理论上认为宜采材料所有人主义为原则，加工人所有主义为例外的规则，即加工物所有权原则上归材料所有人所有，但若加工所增加的价值明显超过原材料的价值时，加工人取得加工物的所有权，当然，加工人为恶意的除外。① 此外，对遗失物、发现物所有权的取得，善意取得等均为原始取得，本书将于后文讲述。

（2）继受取得。所有权的继受取得，系新的所有权人继受原所有权人的所有权。买卖、赠与、互易、继承遗产和接受遗赠等所取得的所有权均为继受取得。

2. 基于法律行为的取得与基于事实行为的取得

此为基于法律事实的不同进行的所有权取得的方式划分。

---

① 马俊驹、余延满：《物权法原论》，法律出版社 2010 年版，第 340～341 页。

所谓基于法律行为的取得，是指当事人通过法律行为而取得所有权。现实生活中所有权的取得多属于此，如当事人依买卖行为取得所有权即是其典型。

所谓基于事实行为的取得，是指当事人通过事实行为或法律事件而取得所有权。依此类方式取得所有权大都属于原始取得，因生产、添附等取得所有权均属于此。

（二）所有权的消灭

所有权的消灭，大体可分两种情况：一是所有权的绝对消灭，二是所有权的相对消灭。前者是指所有权因作为其客体的物的灭失而消灭，此时因无客体存在，所有权对任何人而言均不存在；后者是指所有权在不同主体之间移转，例如因买卖而致原所有人的所有权移转于买受人，此时出卖人的所有权归于消灭，但该所有权就其本身不过是移转于买受人而已，并非绝对不存在，因此属于相对消灭。

四、所有权的限制

作为物权最重要和最高级的形态，所有权是对物的最完全的支配权，是不同于作为相对权的债权的绝对权，但即便是绝对权也并不意味着其不受任何约束和限制。任何物权的行使都要受到一定限制，所有权当然不会例外，实际上，所有权自古以来就受有限制。对所有权的限制既有私法上的限制，又有公法上的限制。

（一）私法对所有权的限制

私法对所有权的限制主要体现在以下几个方面：

1. 权利滥用之禁止

按照现代民法思想，一切私权皆有社会性，其行使不得违反公共利益或以损害他人为目的，否则将构成权利滥用而被禁止。① 所有权作为一种重要的私权，其行使权利当然得依法行使，不得滥用其权。

2. 诚实信用原则之贯彻

诚实信用原则要求人们在市场活动中讲究信用，信守诺言，诚实不欺，以实现当事人之间以及当事人与社会之间的利益平衡。所有权人当然必须在不损害他人利益和社会利益的前提下追求和实现自己的利益。

3. 自力救济行为的实施

当事人为切实保护民事主体的私权，可实施以私力救济，包括正当防卫、紧急避险、自助行为等，此时同样有对所有权的限制。如实施正当防卫时对行为人所有而用于侵权之物品的夺取、紧急避险时对他人住宅的侵入、自主行为对他人物品的扣押等均为所有权限制的表现。

4. 私法的其他限制

除上述对所有权的各种限制外，尚有一些其他限制，如在相邻关系中，不动产所有人得容忍其他不动产所有人或使用人的某些行为（得为提供通行、排水、铺

---

① 汪渊智：《论禁止权利滥用原则》，载《法学研究》1995 年第 5 期。

设电缆等的方便），并得受某些不作为义务限制（不得妨害邻人的通风、透光日照等权利）；对于某些专属于国家所有的动产和不动产所有权取得的限制或禁止；所有权还受所有物上所谓"第三人物权"的限制，如在所有物上设定他物权时，所有权得受其限制。

（二）公法对所有权的限制

公法对所有权的限制，大多数以保障国家的公共利益和社会的共同生活利益为目的。限制所有权的法令，"多属行政法规，日益增加，范围广泛，种类甚多"，就所限制内容而言，包括所有权的取得以及对所有物的使用、收益与处分等方面内容的限制，而对所有权的剥夺（如征收）系对所有权的最大限制。[1]

我国《宪法》第 10 条 2 款对征收作了原则规定："国家为了公共利益的需要，可以依照法律规定对土地实行征收或者征用并给予补偿。"《物权法》第 42 条亦规定："为了公共利益的需要，依照法律规定的权限和程序可以征收集体所有的土地和单位、个人的房屋及其他不动产。征收集体所有的土地，应当依法足额支付土地补偿费、安置补助费、地上附着物和青苗的补偿费等费用，安排被征地农民的社会保障费用，保障被征地农民的生活，维护被征地农民的合法权益。征收单位、个人的房屋及其他不动产，应当依法给予拆迁补偿，维护被征收人的合法权益；征收个人住宅的，还应当保障被征收人的居住条件。任何单位和个人不得贪污、挪用、私分、截留、拖欠征收补偿费等费用。"可见，征收是依照法律规定的权限和程序将集体所有的土地和单位、个人的房屋及其他不动产收归国有，是对集体所有的土地和单位、个人的房屋及其他不动产的剥夺，对集体和个人利益的影响甚大，因此，征收不仅须以公共利益需要为前提，且遵守其严格的限定性，即应严格依照法律规定的权限和程序进行，并予以足额补偿。必须指出的是，在我国现阶段经济高速发展，城市化进程不断加快的现实情况下，在征收以及相关补偿问题上可能出现诸多的问题甚或纠纷，因而建立相关的配套制度和纠纷解决机制至关重要。

【案例分析 14-1】

甲于 2004 年购得商品房一套，2007 年 3 月，因工作调动新单位离该住房较远，于是将该房出租给乙，甲全家搬到离单位较近的 B 小区租赁他人房屋居住。2007 年 8 月，甲在其租住的 B 小区购得二手房一套，为支付房款，甲以其在 A 小区的自有房屋向银行抵押贷款 40 万元。甲与乙之间的租赁合同于 2008 年 9 月到期之后，甲收回 A 小区的住房。为增加收入，甲将在 A 小区的住房改为休闲活动茶室，并委托其表弟丙帮助经营，一时间生意兴隆，人声鼎沸，附近住户意见很大，纷纷要求其停止营业。虽经小区物管和业主委员会劝解，但甲仍不为所动，照常经营，于是引发纠纷被诉至法院。

---

[1] 王泽鉴：《民法物权 1 通则·所有权》，中国政法大学出版社 2001 年版，第 159 页。

本案涉及所有权的内容以及所有权限制问题。甲购买了位于 A 小区的商品房，作为所有权人其尽可以对该住房享有占有、使用、收益和处分的权利，因此，不管其自住抑或出租，甚或将其向银行抵押贷款均无不可，他人无权干预。但所有权行使也得受到一定限制，这种限制既有私法上的限制，也有公法上的限制。本案当事人甲擅自将住房改为营业性活动场所，影响其他业主的安宁甚为不妥。对于将住房改为商业用房的问题，《物权法》第 77 条规定，业主不得违反法律、法规以及管理规约，将住宅改变为经营性用房。业主将住宅改变为经营性用房的，除遵守法律、法规以及管理规约外，应当经有利害关系的业主同意。作为业主，甲应当遵守该规定，停止营业并恢复其住房的本来用途。

【案例分析 14-2】

李家屯的李某（女）1992 年与邻村村民小丁结婚，但其户籍一直未迁出，1993 年农村统一调整土地时，村委会分给她 2 亩承包地。1998 年李家屯所在地因国家自然保护区面积扩大，需征收包括李某承包地在内的该村 700 余亩土地。村委会在分发补偿款时，以李某已经结婚应在其夫所在地分地为由，拒绝发给其土地补偿费、安置补助费，仅发给其青苗补偿费 500 余元。李某多次找村委会协商未果，于是诉至法院。

本案涉及土地征收和补偿等问题。在我国土地由集体和国家所有，根据现行法律规定，建设用地和公益用地应由国家所有。因此，《宪法》和《物权法》均规定，国家为了公共利益的需要，可以依法对农村集体所有的土地实行征收。《物权法》第 42 条规定，征收集体所有的土地，应当依法足额支付土地补偿费、安置补助费、地上附着物和青苗补偿费等费用，安排被征地农民的社会保障费用，保障被征地农民的生活，维护被征地农民的合法权益。任何单位和个人不得贪污、挪用、私分、截留、拖欠征收补偿费等费用。因此，李某应得到土地补偿费、安置补助费，相应的社会保障费用亦应得到合理安排，村委会拒绝发给其土地补偿费、安置补助费等于法无据。

第二节 所有权的种类

对所有权的类型划分，可以采取多种标准，但是，是否应按照主体类型化思路设立国家所有权、集体所有权和个人所有权，在物权立法过程中有完全相左的意见。"肯定说"认为，相对于社会经济生活而言，作为"第二性"的法律毕竟应该对社会现实予以反映和关照，我国的基本国情决定我们必须妥善解决国家所有权问题；作为"全民所有"的国家所有权具有特殊性，但就其本质仍是民事权利；国家所有权的实现亦须法典的特别规定；国外亦不乏对国家所有权的立法例。而

"否定说"则认为，不能片面地把所有制看成所有权的依据，将所有权按国家、集体和个人所有权三分是前苏联的物权理论，过多地考虑了意识形态问题，而且，这种三分法的物权类型划分易于形成对国家所有权的特别保护而忽视私权；现实中的国家所有权和集体所有权主要存在于土地上，没有特别规定的理由；在市场经济条件下，对于一切合法财产都应平等对待，一体保护，应放弃按照所有制性质对所有权进行划分的作法；在国内法上国家并不是一个具体的民事主体，国家所有权不符合民法上的所有权理论；在市场经济国家，立法并不按照主体区分所有权类型；现实生活中各种法人所有权的兴起，应该是我国集体所有权的类型选择。① 从学术角度而言，两种观点都不无道理。但在立法选择上，《物权法》选择了前者，即明确规定了国家所有权、集体所有权和私人所有权。当然，这并不妨碍我们在理论和实务上按照所有权客体的不同将所有权划分为动产所有权与不动产所有权，依据主体和权利构成的不同将所有权划分为单独所有权、共同所有权与区分所有权，前者的意义在于对动产与不动产所有权在权利公示方式、权利行使及他物权设定上的区别对待，而后者的意义在于，明确权利构成和主体的权利义务关系。

一、国家所有权

（一）国家所有权的概念和特征

国家所有权，是指国家作为民事主体对特定物依法享有的占有、使用、收益和处分的权利。我国《宪法》、《民法通则》和《物权法》都规定，国家所有即全民所有。《物权法》第45条规定："法律规定属于国家所有的财产，属于国家所有即全民所有。国有财产由国务院代表国家行使所有权；法律另有规定的，依照其规定。"作为物权类型，国家所有权具有以下特征：

（1）主体的唯一性。因为国家的统一性和整体性，国家所有权的主体是唯一的，即是国家也只有国家才是国家所有权的主体，国家机关不是国家所有权的主体，它只能根据授权行使国家所有权。

（2）客体的广泛性。任何类型的财产都可能成为国家所有权的客体，并且《物权法》第41条规定："法律规定专属于国家所有的不动产和动产，任何单位和个人不能取得所有权。"换言之，某些特定类型的财产只能专属于国家所有。如按《物权法》第46、47、49、50、51条所规定，矿藏、水流、海域、城市的土地、法律规定属于国家所有的野生动植物资源、无线电频谱资源、法律规定属于国家所有的文物等均属国家所有。

（3）取得方式的多样性。国家所有权根据法律规定而取得，故很多财产只能依法由国家享有所有权，此外，国家还可以通过税收、征收和罚没等方式取得所有权，此类方式是其他民事主体所不可能采取的。

---

① 参见梅夏英：《物权法·所有权》，中国法制出版社2005年版，第97～104页。

（4）目的的多元性。作为全民所有的财产权利形式，国家所有权不仅仅具有经济效益目标，还承载着其他诸多的社会公共目的，如国家安全、社会经济秩序、公共福祉等。

应当予以说明的是，对于国家所有权的法律属性理论上存在不同的理解。我们认为，虽然我国《物权法》将国家所有权作为一种所有权类型加以规定，但是根据其客体和具体目标的不同，其性质和定位其实是有差异的。不少国家将其分为私法上的财产权利和公法上的财产权力（管理权），并为此设置了国家私物制度和国家公物制度。在市场经济条件下，国家通过其行政机关既可以运用那些经营性财产从事工商业活动而获取收益，更要从国家承担的维护社会公共利益的职责出发，管理资源性和公共性财产，而且原则上不能从中获取收益或其财产权利受到严格的限制。在前一情形，国家所有权与其他民事法律上的所有权无异，国家亦应定位于私权主体，而在后种情形，国家理当为行政主体，其所享有的财产权利应属公权。从这个意义上说，我国《物权法》规定的国家所有权，似乎包含了以上两种情形，即国家既是民事主体，也是行政主体，其权利的性质既有私权，也有公权。① 这种立法的合理性值得研究，我们学习和把握国家所有权时应对此作深入的思考。

（二）国家所有权的行使和保护

1. 国家所有权的行使

《物权法》第45条第2款规定，"国有财产由国务院代表国家行使所有权；法律另有规定的，依照其规定"。可见，国家作为一个抽象的政权组织，不可能直接行使所有权，所有权的行使应由国家机关——国务院来具体实现。这里所谓由国务院行使国家所有权，不意味着由国务院具体实现所有权的各项权能，而是由国务院统一管理国家所有权的行使，即国务院通过制定相关管理法规、设置管理机构、授权有关职能机构或地方政府管理国有资产、对国有资产处置的审批等来行使国家所有权。②

国家所有权的行使应依其客体性质的不同而体现出不同的形式。一般而言，由国家所有、政府使用向公众提供公共服务的物即公有物，应由国家机关或相关机构直接支配，《物权法》第53条规定，"国家机关对其直接支配的不动产和动产，享有占有、使用以及依照法律和国务院的有关规定处分的权利"；第54条规定，"国家举办的事业单位对其直接支配的不动产和动产，享有占有、使用以及依照法律和国务院的有关规定收益、处分的权利"；虽由国家所有但提供给公众使用的物即公用物，如公共绿地、图书馆、公共道路等，应由社会公众使用且通常无须付费；而对于用于营利性活动的财产即经营性资产，应通过投资行为，按市场规则，实现其保值增值，并保障社会经济的协调发展，既按市场规则，就应正确处理政府与企业

---

① 马俊驹：《国家所有权的基本理论和立法结构探讨》，载《中国法学》2011年第5期。

② 韩松等编著：《物权法》，法律出版社2008年版，第139页。

的关系，保障企业的市场主体地位，为此《物权法》第55条规定，"国家出资的企业，由国务院、地方人民政府依照法律、行政法规规定分别代表国家履行出资人职责，享有出资人权益"；第67条规定，"国家、集体和私人依法可以出资设立有限责任公司、股份有限公司或者其他企业。国家、集体和私人所有的不动产或者动产，投到企业的，由出资人按照约定或者出资比例享有资产收益、重大决策以及选择经营管理者等权利并履行义务"；第68条规定，"企业法人对其不动产和动产依照法律、行政法规以及章程享有占有、使用、收益和处分的权利"。①

2. 国家所有权的保护

《物权法》第4条规定："国家、集体、私人的物权和其他权利人的物权受法律保护，任何单位和个人不得侵犯。"该条被认为是所有权平等保护的典型立法例，即凡所有权都应得到法律的保护。因此，国家所有权受到法律保护当无疑议，物权保护的所有方法均得适用于国家所有权保护。

当然，国家所有权由于其主体的统一性与抽象性，因此，往往比一般的个人财产更易受到损害和忽视。为此，《物权法》专门作出相关规定予以关注。如第56条规定，"国家所有的财产受法律保护，禁止任何单位和个人侵占、哄抢、私分、截留、破坏"；第57条规定："履行国有财产管理、监督职责的机构及其工作人员，应当依法加强对国有财产的管理、监督，促进国有财产保值增值，防止国有财产损失；滥用职权、玩忽职守，造成国有财产损失的，应当依法承担法律责任。违反国有财产管理规定，在企业改制、合并分立、关联交易等过程中，低价转让、合谋私分、擅自担保或者以其他方式造成国有财产损失的，应当依法承担法律责任。"

二、集体所有权

（一）集体所有权的概念和特征

所谓集体所有权，是指集体组织对其财产依法享有的占有、使用、收益、处分的权利。《物权法》所规定的集体所有权，既包括农民集体的所有权，又包括城镇的集体所有权。集体所有权通常具有以下特征：

（1）主体的种类和数量具有广泛性和多样性。我国集体所有权的主体，通说认为是指"劳动群众集体"，包括农民劳动群众集体和城镇劳动群众集体。对于集体的组织形式法律并无强行规定，当然亦未排除集体经济组织采用法人形式，如果农民集体经济组织或城镇集体经济组织组建成法人型的团体，那么，集体所有权即应属法人所有权。但按照现行法规定，农民集体所有权的主体是"本集体成员集体"而非各成员，此"成员集体"的组织形式各地并不一致，虽然并一定有法人地位，但其作为法定所有权享有者，无疑应具有权利能力；在经营活动中农民自愿结合形成的农民专业合作社等经济组织亦应认其为集体经济的重要形式，除不享有

---

① 温世扬：《物权法要义》，法律出版社2007年版，第67、71~72页。

集体土地所有权外，并不妨害其享有其他财产的所有权。城镇集体所有权的主体是
"本集体"，有别于农民集体所有权主体"本集体成员集体"。①

（2）客体是集体经济组织依法支配的动产和不动产。从法律规定而言，除专
属于国家所有权的客体之外的各种动产或不动产，按《物权法》第58条的列举，
包括法律规定属于集体所有的土地和森林、山岭、草原、荒地、滩涂，集体所有的
建筑物、生产设施、农田水利设施，集体所有的教育、科学、文化、卫生、体育等
设施，集体所有的其他不动产和动产。

（3）由集体组织行使。集体所有权的行使不可能由其成员分别行使，而是由
集体经济组织代表全体成员行使。农民集体所有权由"本集体成员集体"行使，
或由其代表或代理人行使。需注意的是，农民集体所有权的行使应坚持成员自治原
则，相关重要事项应由成员决定，对此，《物权法》第59条第2款规定，下列事
项应当依照法定程序经本集体成员决定：土地承包方案以及将土地发包给本集体以
外的单位或者个人承包；个别土地承包经营权人之间承包地的调整；土地补偿费等
费用的使用、分配办法；集体出资的企业的所有权变动等事项；法律规定的其他事
项。城镇集体所有权由"本集体"，或由其代表或代理人行使。

（一）集体所有权的限制和保护

对于集体所有权尤其是农民集体所有权，法律规定有若干限制。如集体所有权
中最为重要的土地所有权的行使就受有严格的限制。根据我国现行《土地管理法》
的规定，土地一级市场由国家垄断，因此，依该法第43条的规定，"任何单位和
个人进行建设，需要使用土地的，必须依法申请使用国有土地"；即便是兴办乡镇
企业和村民建设住宅，或者乡（镇）村公共设施和公益事业建设也需经依法批准
方能使用本集体经济组织农民集体所有的土地。可见，农民集体虽然在法律上享有
土地所有权，但该所有权与国家土地所有权在权利行使上是有很大差别的，通常不
能用于建设目的。从土地本身具有公共性来说，目前的规定有一定道理，但由此产
生了国家土地所有权与农民集体土地所有权的不平等性，尤其是对农民集体土地所
有权通过征收变为国家所有权而再行出让，使这种不平等和国家（实际上是地方
政府）获得垄断利益更加明显。

集体所有权当受法律保护。《物权法》第63条规定，集体所有的财产受法律
保护，禁止任何单位和个人侵占、哄抢、私分、破坏。集体经济组织、村民委员会
或者其负责人作出的决定侵害集体成员合法权益的，受侵害的集体成员可以请求人
民法院予以撤销。

三、私人所有权

（一）私人所有权的概念和特征

私人所有权，即由私人享有的所有权。此私人所指为何？《物权法》并未明确

---

① 江平主编：《中国物权法教程》，知识产权出版社2007年版，第208~209页。

规定。从广义来说，凡属私法意义上的主体均为私人，但《物权法》既然规定国家所有权、集体所有权，因此，此私人应理解为除国家、集体之外的主体。从狭义上讲，私人仅指自然人个人。但私人所有权不同于个人所有权，随着个体经济、私营经济、外资经济等非公有制经济的发展，"私人所有权"应该作为国家所有权和集体所有权的对应概念理解，因此，这里的"私人"应包括自然人、个体经营者、个人独资企业。① 由此可见，私人所有权具有以下特征：

（1）主体具有多样性和广大性。公民个人是生活资料和其他合法财产的所有者，而个体经营者、个人独资企业等还是生产资料的所有者，其人数之众，所涉利益之广大不言而喻。

（2）客体的有限性。土地、矿藏等资源不能成为私人所有权的客体，根据《物权法》第 64~65 条规定，私人所有权主要是对其合法的收入、房屋、生活用品、生产工具、原材料等不动产和动产享有所有权；私人合法的储蓄、投资及其收益以及私人的继承权和合法权益应依法受到保护。

（二）私人所有权的保护

私人所有权作为一项重要的财产权利应受到与国家所有权、集体所有权同等的法律保护。一方面，要保障私人所有权的自由行使，排除非法干涉；另一方面，要保护私人所有权免受侵害，对此，《物权法》第 66 条规定，私人的合法财产受法律保护，禁止任何单位和个人侵占、哄抢、破坏。

【案例分析 14-3】

　　稻香湖公司受稻香湖村委托，与京北公司于××××年 6 月 1 日签订一份《合作合同》。合同规定稻香湖公司在以某幅土地作价投入后只获取利润，但不承担任何投资风险及亏损。该合同第 4 条规定："合作的性质：甲方投资，拥有该物业的产权，分享合作项目所获得的利润及分担风险和亏损，乙方以土地作价，分享合作项目所获得的利润，不承担风险及亏损。"该合同第 12 条确认："乙方分享合作项目的 30% 的利润，但不拥有合作项目的产权。"合同第 11 条规定了"投入偿还"问题。其中规定乙方土地作价 600 万元，在经营中分 6 期逐步返还。但 4 个月后，该幅争议土地经某市国土局征收转化为国有土地。京北公司在稻香湖公司的协助下，于次年 9 月与某市国土局签订了《国有土地使用权出让合同书》，取得了该幅土地的合法使用权，该土地的出让金为 700 万元。京北公司向被用地单位稻香湖村委员会支付土地补偿费 50 万元，由稻香湖公司从京北公司交付的首期土地"投入偿还"费用 50 万元中支付。京北公司在取得土地使用权证以后，便正式通知稻香湖村，其已取得了土地使用权证，原投资合同宣告作废。稻香湖村认为京北公司的行为出尔反

---

① 　温世扬：《物权法要义》，法律出版社 2007 年版，第 67、91~92 页。

尔，因此以违约为由在法院提起诉讼。①

本案已有较大的时间跨度，但在今天仍有标本意义。该案例涉及两个问题，一是集体土地所有权与使用权的流转问题；二是国有土地的开发利用问题。

首先，关于农村集体土地所有权与使用权的流转问题。我国实行土地公有制，农村土地属于农民集体所有，《土地管理法》和《物权法》均规定，属于村农民集体所有的（土地），由村集体经济组织或者村民委员会代表集体行使所有权（或经营、管理）。但是，集体土地所有权与国家土地所有权在权利内容上有很大不同，除了依法进行承包经营外，其他非农用途受到严格限制，其所有权和使用权流转均受到严格限制，根据《城市房地产管理法》第9条规定，城市规划区内的集体所有的土地，经依法征用转为国有土地后，该幅国有土地的使用权方可有偿出让。因此，本案中稻香湖公司受稻香湖村委托，与京北公司签订《合作合同》，以某幅作价600万元土地投入，分享合作项目的30%的利润，但不拥有合作项目的产权。该合同实际上是以合作为名对集体土地使用权的转让。依现行法律规定，该合作合同是违法的无效合同。因此，在后来京北公司取得该土地的"国有土地使用权"以后，通知稻香湖村废止原投资合同时，稻香湖村以京北公司违约为由的诉讼请求不能得到法院支持。

其次，国有土地的开发利用问题。农村集体所有的土地被征收也只有被征收才能发生所有权的变动，即转化为国家所有。国有土地可以依法确定给单位和个人使用。按照《土地管理法》第43条的规定，除农民的宅基地和少量的农村建设用地外，"任何单位和个人进行建设，需要使用土地的，必须依法申请使用国有土地"。也就是说，只有国有的土地使用权可以通过有偿出让的方式，交由建设单位开发利用。因此，本案京北公司在稻香湖公司的协助下，与某市国土局签订了《国有土地使用权出让合同书》，取得了该幅土地的合法使用权，此土地使用权已非原来稻香湖村的土地使用权，而是国有土地使用权，亦即，土地使用权的合同主体发生了变化，出让方是代表国家行使权利的某市国土局而非稻香湖村，主体的变化意味着京北公司与稻香湖村不再存在权利义务关系，因此，稻香湖村以无效的合同要求对方支付"投入偿还"的诉讼请求亦不能得到法院支持。

通过本案的分析，我们认为，现行法对农村集体土地流转实行严格限制有其历史的和现实的原因，从集约化和合理化用地的角度而言有其必要性，但对集体土地的法律规制也需要进一步完善，如国家对集体土地征收的具体条件和定价机制，农民利益的统筹和保护问题等都需要进一步理顺并逐步完善。

---

① 案例源自王利明：《关于集体土地所有权的处分问题》，载中国民商法网：http://www.civillaw.com.cn/article/default.asp?id=19145，有改动。

第三节　建筑物区分所有权

一、建筑物区分所有权的概念和特征

（一）建筑物区分所有权的概念

对于建筑物区分所有权的界定，学界存在狭义说、广义说和最广义说等观点。狭义说，即专有权说，认为建筑物区分所有权是指区分所有人对建筑物的专有部分所享有的单独的所有权；广义说，即专有权与共有权结合说，该说认为，建筑物区分所有权是指区分所有人对建筑物的专有部分和共有部分所享有的专有权和共有权的结合；最广义说，即专有权、共有权和成员权结合说，认为建筑物区分所有权是指区分所有人对建筑物的专有部分和共有部分所享有的专有权和共同部分的持份权以及基于共同关系所生的成员权的总称。如上学说中，前两种学说虽抓住了建筑物区分所有权的关键问题，但不能反映其全貌；最广义说基本反映了建筑物区分所有权的本质，《物权法》第70条实际上即采此观点，该条规定，"业主对建筑物内的住宅、经营性用房等专有部分享有所有权，对专有部分以外的共有部分享有共有和共同管理的权利"。据此我们认为，建筑物区分所有权，是指在建筑物被分成若干单元由不同所有者分别享有时，各所有人对其建筑物的专有部分的所有权、对共同部分享有的持份权以及因共同关系所产生的成员权所构成的不动产特别形态的所有权。

在该概念中，享有建筑物区分所有权的人称为建筑物区分所有权人，《物权法》上称其为业主。根据最高人民法院的解释，依法登记取得或者已取得建筑物专有部分所有权的人，应当认定为业主；基于与建设单位之间的商品房买卖民事法律行为，已经合法占有建筑物专有部分，但尚未依法办理所有权登记的人，亦可以认定为业主。①

（二）建筑物区分所有权的特征

与其他不动产所有权相比，通说认为，建筑物区分所有权具有如下基本特征：

1. 复合型

建筑物区分所有权由专有所有权、共同部分的持份权三方面的权利构成，而非一般所有权的单一权利结构，具有权利内容上的复合性。

2. 专有所有权的基础性和主导性

建筑物区分所有权虽然其权利构成体现为三个方面，但其中专有部分的所有权居于基础和主导的地位，因为只有取得专有所有权，才能取得对共有部分享有持份

---

① 《最高人民法院关于审理建筑物区分所有权纠纷案件具体应用法律若干问题的解释》（法释〔2009〕7号）第1条。

权以及成员权；专有所有权的大小决定着区分所有权人所享有的共同持分权和成员权的大小；在进行权利登记时只需对专有所有权登记，而其持份权和成员权则无须登记。

3. 一体性

建筑物区分所有权各方面的内容是不可分离的统一整体。如对建筑物区分所有权为转让、抵押等处分时，应将三者一体处分，不得保留其中某项权利。《物权法》第72条规定，"业主转让建筑物内的住宅、经营性用房，其对共有部分享有的共有和共同管理的权利一并转让"。

二、专有所有权

（一）专有所有权的含义

专有所有权，亦称专有权或特别所有权，是指建筑物区分所有权人对于专属于自己的建筑物的专有部分所享有的得为自由使用和收益的排他性权利。这里所谓专有部分，是指在结构和利用上具有独立性，能够成为建筑物专有权客体的那一部分。

（二）专有所有权的客体范围

作为专有所有权客体的专有部分，其实是在结构、利用和登记上具有独立性建筑空间，因此，专有所有权在性质上应属空间权。关于专有所有的客体范围，最高人民法院司法解释规定，建筑区划内符合下列条件的房屋，以及车位、摊位等特定空间，应当认定为《物权法》第六章所称的专有部分：具有构造上的独立性，能够明确区分；具有利用上的独立性，可以排他使用；能够登记成为特定业主所有权的客体。规划上专属于特定房屋，且建设单位销售时已经根据规划列入该特定房屋买卖合同中的露台等，应当认定为《物权法》第六章所称专有部分的组成部分。①可见，结构、利用上的独立性以及能为独立登记是构成专有部分的基本条件。对专有部分的范围，学说上有如下观点："中心说"、"空间说"、"最后粉刷表层说"和"壁心与最后粉刷表层说"。②

中心说，又称"壁心说"，认为建筑物区分所有权的专有部分的范围应达墙壁、柱、地板、天花板等境界部分厚度之中心。此说虽不乏理想色彩，但实际情况比较复杂，中心殊难界定，且若中心线内即可由专有权人自由支配对建筑物的安全、维护与管理亦存在诸多困难。可见此说不足采。

空间说，又称"全部属于公用部分说"，该说认为，专有部分的范围仅限于由墙壁、地板、天花板所围成的空间部分，而界分部分如墙壁、地板、天花板则为全

---

① 《最高人民法院关于审理建筑物区分所有权纠纷案件具体应用法律若干问题的解释》（法释〔2009〕7号）第2条。
② 参见梁慧星、陈华彬：《物权法》，法律出版社2003年版，第162～163页。

体或部分区分所有人所共有。该说显然与生活实际不符，如所有人对房屋进行装修显然不构成对共有部分的侵害。

最后粉刷表层说，该说认为，专有部分包括壁、柱等境界部分表层所粉刷的部分，即壁、柱等境界的本体属于共用部分，但其最后粉刷的表层应属专有。该说似有违以壁心为界分的交易习惯。

壁心与最后粉刷表层说，该说实际上是以上学说的折中观点。该说认为，对于专有部分应区分内部与外部关系而定，在区分所有人之间专有部分可限于壁、柱等境界部分表层所粉刷的部分，但在对外关系上，专有部分的范围应界定为壁、柱等境界部分厚度之中心线。该说既顾及区分所有人的权利行使的自由与界限，又对建筑物管理与安全等考虑周全，是有力之通说，为多数学者认同。

（三）专有权的内容及其限制

区分所有权人对于专有部分得享有如其他所有权类似的权利，即在法定范围内可得为占有、使用、收益和处分，并排除他人之干涉。《物权法》第 71 条规定，"业主对其建筑物专有部分享有占有、使用、收益和处分的权利"。

由于区分所有权本身的特殊性，区分所有权人行使专有所有权时，得受一定限制。具体来说，此限制体现在以下几方面：

第一，依《物权法》第 71 条规定，"业主行使权利不得危及建筑物的安全，不得损害其他业主的合法权益"。第 83 条规定，"业主应当遵守法律、法规以及管理规约"。

第二，建筑物区分所有权人行使权利时，得依建筑物本身用途合理使用，"不得违反法律、法规以及管理规约，将住宅改变为经营性用房。业主将住宅改变为经营性用房的，除遵守法律、法规以及管理规约外，应当经有利害关系的业主同意"。

第三，负有容忍义务。即区分所有权人对于其他业主合理利用其专有部分所造成的一些可容忍的影响和不便应予容忍。依前项司法解释规定，业主基于对住宅、经营性用房等专有部分特定使用功能的合理需要，无偿利用屋顶以及与其专有部分相对应的外墙面等共有部分的，不应认定为侵权。

三、共有所有权

（一）共有所有权的概念

建筑物区分所有权人的共有所有权，也称共用部分持分权，是指建筑物区分所有权人对建筑物共用部分所享有的占有、使用和收益的权利。此共有所有与一般共有权相比，具有以下特点：

（1）享有共有所有权的主体人数众多。在特定建筑区划内，业主人数因建筑区划规模扩大而愈益增多，所有业主都是共有所有权主体，因此，其主体人数显然非一般共有权主体人数所能比。

（2）共有所有权的客体并非一项独立的标的物，而是建筑物及其附属设施中除专有所有客体之外的全部共用部分。

（3）共有所有权从属于专有所有权而存在。共有所有权与专有所有权密切联系，其存续是由专有所有权决定的，不得单独设立、移转和消灭。

（4）共有所有权的所涉客体为全体区分所有权人共有，不得请求分割。

（二）共有所有权的客体范围

共同共有权的客体，即指建筑物及其附属设施的共用部分。通常包括专有部分以外的部分及不属于专有部分的附属物或附属设施。具体而言，其客体范围包括：

（1）不属于专有部分的建筑物的其他部分。这些部分虽作为建筑物的本体存在，但并不属于专有所有权的客体范围，如电梯、走廊、屋顶等。

（2）不属于专有部分的建筑物的附属物或附属设施，是指虽为建筑物的附属物或附属设施，但其与专有部分相分离，不为专有所有的那些共有部分，如供排水设施、运动设施、消防设施等。

根据我国现行法和相关司法解释规定，共有所有权的客体应包括：①建筑物的共有部位，如建筑物的基础、承重结构、户外墙面、门厅、通道、楼梯、大堂等公共通行部分、走廊、设备层或者设备间、避难层等；②建筑物的共用设施和设备，如上下水道、水箱、电梯、锅炉、煤气管道、消防设施、公共照明等附属设施设备、道路绿地、公共文体设施等。对此，《物权法》第73条、第74条规定，建筑区划内的道路，除属于城镇公共道路外，属于业主共有；建筑区划内的绿地，除属于城镇公共绿地或者明示属于个人的外，属于业主共有；建筑区划内的其他公共场所、公用设施和物业服务用房，属于业主共有。占用业主共有的道路或者其他场地用于停放汽车的车位，属于业主共有。

此外，按照《物权法》第79条的规定："建筑物及其附属设施的维修资金，属于业主共有。"该条虽然规定了对维修基金的共有，但这不是建筑物区分所有权人对于建筑区划内的"物"的共有关系，而是在此基础之上形成的对公用部分维护资金的新的共有关系。

（三）共有所有权的内容

共有所有权的内容实际上是指作为共有人的区分所有权人所享有的权利和其应承担的义务，以此明确区分所有权人之间的关系。依通说，共有所有权人享有如下权利：

（1）使用权。区分所有权人得对共用部分加以利用，这是区分所有人作为共有人最基本的权利。这种对于共用部分的使用权不具有排他性，凡区分所有人原则上均得使用。

（2）受益权。各共有人可依管理规约或其共有持份取得因共用部分所生之收益，如共用物业租赁或供作营业所生之收益，业主均可分配而受利益。

（3）修缮改良权。共有人可在不改变或损害共用部分固有性质的前提下，进行必要的修缮和改良。

（4）管理权。各共有人有权参与对共用部分的管理事务，如制定规约、选任或解聘相关管理机构或管理人员等。

共有人在享有权利的同时得承担相应义务，区分所有人作为共有人所负义务大体如次：

（1）按共用部分本来的用途加以合理使用。建筑物公用部分均有其功能定位，权利人对其加以利用得依其本身性质和用途，不得改变用途为不合理利用，更不得擅自侵占共用部分或改变共用设备或设施用途、位置或数量等。

（2）分担共同费用和负担。对于共用部分的维护、改良与管理均会产生相应费用或相应负担，共有人得依法律规定或管理规约予以分担。对此，《物权法》第80条规定："建筑物及其附属设施的费用分摊、收益分配等事项，有约定的，按照约定；没有约定或者约定不明确的，按照业主专有部分占建筑物总面积的比例确定。"

（3）维护和保存共用部分，不得单独处分或请求分割共有部分。作为共有人的业主应维护公用部分的正常状态，不得擅自改变或破坏共用部分的原有功能，更不得单独处分或请求分割共有部分。

四、成员权

（一）成员权的概念

所谓成员权，是指业主基于建筑物构造、权利归属以及使用上的密切联系等因素而作为建筑物管理团体的成员而享有的权利和承担的义务的总和。

如前文所述，成员权虽与专有所有权、共有所有权密不可分，共同构成区分所有权，但它是基于区分所有人之间的共同关系而形成的独立于专有所有权和共有所有权之外的权利，不单纯是一种财产关系，更多涉及对一定建筑区划内物业的管理关系，更具"人法性"，只要区分所有人之间的共同关系存在，此权利即将永续存在。①

（二）成员权的内容

成员权在其权利方面体现为作为一定建筑区划内的成员或业主参与共同事务的管理。如参加业主大会等业主团体、在业主大会决议事项的表决权、参与规约制定、选人或者管理者等。

成员权的义务主要表现在，作为一定建筑区划内的业主应遵守法律法规和管理规约，遵守业主大会的决定。对此，《物权法》第78条规定，"业主大会或者业主委员会的决定，对业主具有约束力"；第83条规定"业主应当遵守法律、法规以及管理规约"，"业主大会和业主委员会，对任意弃置垃圾、排放污染物或者噪声、违反规定饲养动物、违章搭建、侵占通道、拒付物业费等损害他人合法权益的行为，有权依照法律、法规以及管理规约，要求行为人停止侵害、消除危险、排除妨

---

① 参见梁慧星、陈华彬：《物权法》，法律出版社2003年版，第167页。

害、赔偿损失。业主对侵害自己合法权益的行为，可以依法向人民法院提起诉讼"。

（三）共同事务的处理

这里所谓共同事务，是指在建筑区划内基于对共用部分管理产生的涉及业主共同利益需由业主共同决定的事务。依《物权法》第76条第1款规定，这些事务包括制定和修改业主大会议事规则，制定和修改建筑物及其附属设施的管理规约，选举业主委员会或者更换业主委员会成员，选聘和解聘物业服务企业或者其他管理人，筹集和使用建筑物及其附属设施的维修资金，改建、重建建筑物及其附属设施，有关共有和共同管理权利的其他重大事项。

对于共同事务通常由业主进行票决，在进行票决时，《物权法》关注了业主的专有部分面积和业主人数两个因素。根据《物权法》第76条第2款规定，对共同事务区分一般事务和特别事务而分别处理，即涉及筹集和使用建筑物及其附属设施的维修资金、改建重建建筑物及其附属设施的事项属于特别事务，应当经专有部分占建筑物总面积2/3以上的业主且占总人数2/3以上的业主同意；除此之外属一般事务，应当经专有部分占建筑物总面积过半数的业主且占总人数过半数的业主同意。

对《物权法》第76条第2款规定的专有部分面积和建筑物总面积、业主人数和总人数的认定，最高人民法院司法解释认为，前者可以按照下列方法认定：（1）专有部分面积，按照不动产登记簿记载的面积计算；尚未进行物权登记的，暂按测绘机构的实测面积计算；尚未进行实测的，暂按房屋买卖合同记载的面积计算；（2）建筑物总面积，按照前项的统计总和计算。后者可以按照下列方法认定：（1）业主人数，按照专有部分的数量计算，一个专有部分按一人计算。但建设单位尚未出售和虽已出售但尚未交付的部分，以及同一买受人拥有一个以上专有部分的，按一人计算；（2）总人数，按照前项的统计总和计算。①

（四）业主大会、业主委员会

区分所有权的行使以及业主参与管理往往需要各方协作，因此，业主大会和业主委员会的作用不可忽视。

1. 业主大会

业主大会，是指建筑区划内全体业主组成的业主自治组织。《物权法》第75条规定，"业主可以设立业主大会，选举业主委员会"。《物业管理条例》第9条规定，一个物业管理区域成立一个业主大会。第10条规定，同一个物业管理区域内的业主，应当在物业所在地的区、县人民政府房地产行政主管部门或者街道办事处、乡镇人民政府的指导下成立业主大会，并选举产生业主委员会。但是，只有一个业主的，或者业主人数较少且经全体业主一致同意，决定不成立业主大会的，由业主共同履行业主大会、业主委员会职责。实际上，在一个物业区划内业主众多，

---

① 《最高人民法院关于审理建筑物区分所有权纠纷案件具体应用法律若干问题的解释》（法释〔2009〕7号）第8条、第9条。

其关系日渐复杂的情况下，没有一个能够形成共同意思的机构来实现物业的良好管理是不可想象的。因此，业主大会是全体业主管理共同事务的意思机关，通过会议协商形成业主的共同意志，从而实现良好的管理秩序。前述共同事务的管理都应该通过业主大会来实现。

可见，业主大会是业主进行物业管理的自治组织，是业主实现成员权的具体形式，其职权应由法律法规和业主规约确定。当然，对于我国立法上业主大会是何种性质的组织，目前尚有不同意见。作为非法人组织，其所实施的行为由业主承受其后果应该是没有异议的。当然，随着社会生活和人们居住方式的变化，根据情况决定一个社区的业主委员会是否取得法人资格的确十分必要。

2. 业主委员会

业主委员会是业主大会的执行机构和常设机构，是基于业主大会选举和授权执行业主大会决议的机构。根据《物业管理条例》第15条规定，业主委员会主要有以下职责：召集业主大会会议，报告物业管理的实施情况；代表业主与业主大会选聘的物业服务企业签订物业服务合同；及时了解业主、物业使用人的意见和建议，监督和协助物业服务企业履行物业服务合同；监督管理规约的实施；业主大会赋予的其他职责。业主委员会为实施业主大会决议或根据业主大会授权管理社区物业而作出的决定，对业主有约束力。

（五）物业服务机构

业主对社区物业的管理可以有不同的方式，《物权法》第81条规定："业主可以自行管理建筑物及其附属设施，也可以委托物业服务企业或者其他管理人管理。"换言之，业主基于成员权对社区物业进行管理，可以自行管理，亦可委托物业服务企业或者其他管理人管理。所谓自行管理，是指业主不聘用物业服务企业或其他管理人，而自行对社区安全、清洁等共同事务进行管理。这主要是对一些规模不大、人数较少的社区适用。而对于一些规模较大，人口较多的社区来讲，自行管理恐力有不逮，因此，专业化的管理机构就显得非常必要，物业管理或服务企业就应运而生。

物业服务机构，主要是指受业主委托管理业主共同事务的企业。根据《物权法》的规定，业主对于物业服务企业享有自主聘任和解聘权和监督权。

【案例分析 14-4】

原告甲与被告乙是居住于同一小区的业主，也是同一单元上下楼的邻居。甲在入住后发现其卧室上方有渗水现象，经查原系楼上住户乙在装修时将卫生间的洁具移到了卫生间旁的卧室内，因防水做得不好产生渗漏。另外，甲还发现乙将阳台改建成观赏鱼养鱼池，该池面积超过7平方米，注水深度达90厘米，构成严重安全隐患。经多次交涉未果，甲遂以房间漏水和鱼池构成安全隐患为由诉至法院，请求判令乙将卫生间恢复原状，解决漏水问题，并拆除阳台的鱼池，消除危险。被告乙辩称，自己所购的商品房为全产权，对该房享有完全的所有权，因此，有对房屋进行自由处分的权利，别人无权干预，虽对卫生间等做了一些改动，但仍用于居住并未改变房屋性质。

本案涉及业主的建筑物区分所有权的行使和限制问题。《物权法》规定，业主对建筑物内的住宅、经营性用房等专有部分享有所有权，对专有部分以外的共有部分享有共有和共同管理的权利。对建筑物专有部分业主享有占有、使用、收益和处分的权利。但是，建筑物区分所有权与传统的独立物的所有权的不同在于，各所有权的客体并非完全独立，而是上下相连，左右相接。因此，业主的建筑物区分所有权的行使应受一定限制。《物权法》第71条规定，"业主行使权利不得危及建筑物的安全，不得损害其他业主的合法权益"。第83条规定，业主大会和业主委员会，对……损害他人合法权益的行为，有权依照法律、法规以及管理规约，要求行为人停止侵害、消除危险、排除妨害、赔偿损失。业主对侵害自己合法权益的行为，可以依法向人民法院提起诉讼。最高人民法院的司法解释①亦规定，"违反规定进行房屋装饰装修"为《物权法》第83条第2款所称的其他"损害他人合法权益的行为"。本案被告改变房间布局虽未改变房屋性质和用途，但因装修造成漏水对楼下居住的甲造成了直接的侵害，超出了专有所有权的合理行使范围，应予修复，如果造成其他损失，甲还可请求赔偿；在阳台建大型观赏鱼池会造成严重的安全隐患，应予拆除以消除危险。

【案例分析14-5】

陕西名苑物业管理有限公司（简称名苑公司）受开发商西安乾潮物业开发有限公司（简称乾潮公司）委托，对"都市名苑"小区进行前期物业管理，并取得相关审批机关的许可，实际对该小区提供物业管理服务。2002年11月14日，杨雷倩与乾潮公司签订两份商品房买卖合同，约定购买乾潮公司开发的住宅添福阁C单元1层101号、102号房屋两套。杨雷倩于11月29日办理入住手续时预交了6个月物业管理费用，并交纳装修押金后开始进行装修。装修中，杨雷倩将两间房屋后阳台沿防水渠装置整面防护网，并在防护网中间安装两扇大门。该防护网覆盖了两间房屋阳台之间的公共空间。杨雷倩在该空间上搭设顶棚，形成独立区域。

名苑公司作为原告诉至法院，要求被告杨雷倩拆除违章设置的防护网和违章搭建的附属物，封闭私自开设的后门，恢复建筑物原状。

陕西省西安市莲湖区人民法院一审认为：被告杨雷倩在装修时所设置的房

---

① 《最高人民法院关于审理建筑物区分所有权纠纷案件具体应用法律若干问题的解释》（法释〔2009〕7号），2009年3月23日最高人民法院审判委员会第1464次会议通过。

屋后面阳台外的防护网，不仅改变了房屋外墙外观，且已侵占了小区公共空间。原告作为小区物业公司，有对小区公共房屋部位的维护权利，其要求被告拆除所设立的防护网及附属搭建物，并恢复原状理由正当，本院依法予以支持。遂依据我国《民法通则》第106条，《物业管理条例》第2条、第7条第2项之规定，判决被告将其设置的添福阁C座101、102号房屋后面的防护网及其搭建的附属物拆除，并恢复房屋外观原状。

宣判后，被告杨雷倩不服上诉。

西安中级法院二审查明，杨雷倩在添福阁C座101房以东沿防水渠搭建防护网，而在101、102号房屋内紧贴窗户安装防护网，认为杨雷倩作为该小区房屋业主，为居住安全，贴窗安装防护网并不影响小区的管理和其他住户正常生活。但其在两房屋南阳台之间沿防水渠安置防护网和在101号房屋以东沿防水渠搭建防护网，占用了公共区域，给小区管理造成妨碍，该防护网应予拆除。改判杨雷倩将其居住的添福阁C座1层101、102号房屋南阳台之间及101号房屋以东沿防水渠搭建的防护网予以拆除，并恢复房屋外观原状。①

本案涉及业主擅自在建筑区划的公共区域搭建附属设施的行为，是否侵占其他业主的共有所有权的问题。在建筑物区分所有的情况下，业主不仅可以享有对专有部分的专有所有权，还可以对共有部分享有共有所有权，依据法律、合同或区分所有人之间规约对其行使相应的占有、使用、收益的权利，但是对共有所有权的行使不得损害其他业主的合法权益。

本案系以物业管理公司为原告提起的诉讼，对建筑区划内的物业的管理属于业主的成员权范畴，《物权法》规定，业主可以自行管理建筑物及其附属设施，也可以委托物业服务企业或者其他管理人管理。业主可以通过合同委托或授权物业管理企业对相关物业进行管理和服务，换言之，物业管理企业是受业主委托处理物业管理事务，其权利源于业主的授权。本案中名苑公司是基于乾潮公司委托对"都市名苑"小区进行前期物业管理，因此，才获得了相应的诉讼地位。

第四节 相 邻 关 系

一、相邻关系的概念和特征

所谓相邻关系，亦称相邻权，是指相邻不动产的权利人或使用人在行使不动产

---

① 案例源自易少波、郭照花：《区分所有权人不能擅自行使共有权利——西安中院判决名苑公司诉杨雷倩物业管理合同纠纷案》，载中国民商法网：http://www.civillaw.com.cn/article/default.asp? id=36621。

权利时，相互之间应当给予便利或接受限制的权利义务关系。实际上，相邻关系并不是一项独立的权利，而是不动产权利人或使用人在行使不动产权利时可能出现利益冲突和发生相互影响时的一种协调机制。就通常情况而言，相邻关系具有如下特征：

（1）相邻关系仅针对不动产发生，动产之间不发生相邻关系。我国《物权法》上的相邻关系包括土地和建筑物之间的相邻关系。

（2）相邻关系发生在两宗或两宗以上的不动产权利人或使用人之间。只有不同权利人或使用人之间才可能发生利益冲突和矛盾，也才需要以此进行协调；所谓相邻是指不同不动产相互毗邻和邻接。

（3）相邻关系的内容体现为不动产权利人或使用人行使不动产权利的必要限制或扩张。通常在不损害对方合法利益的前提下，相邻各方有权要求对方提供必要的便利或接受对方行使权利时必要的限制。要求对方提供必要的便利即为其权利的扩张，相反则是接受限制。而这种扩张和限制往往是相互的。

（4）相邻关系的内容是法定的，无须当事人之间约定，因而也是无偿的。

二、相邻关系的处理原则

《物权法》第84条规定："不动产的相邻权利人应当按照有利生产、方便生活、团结互助、公平合理的原则，正确处理相邻关系。"《民法通则》第83条已作了类似规定。据此，我们认为，处理相邻关系应遵照以下原则：

1. 有利生产、方便生活原则

人群共处，相邻各方难免因生产、生活等缘由产生矛盾和纠纷，只有从有利生产方便生活出发，才能达到相邻关系所欲实现的社会目的。

2. 团结互助、公平合理原则

物业相邻，交往密切，只有遵循团结互助、公平合理的原则，方能达到化解矛盾、和睦相处。当然，因相邻关系复杂繁琐，《物权法》第85条规定，"法律、法规没有规定的，可以按照当地习惯"处理。

三、相邻关系的种类

（一）相邻用水、排水关系

《物权法》第86条规定："不动产权利人应当为相邻权利人用水、排水提供必要的便利。对自然流水的利用，应当在不动产的相邻权利人之间合理分配。对自然流水的排放，应当尊重自然流向。"水有利害，合理处理用水、排水对相邻各方关系甚大。

1. 相邻用水关系

对于自然流水的利用，应遵从自然流向，按由近及远、由高至低的原则依次使用。任何一方不得擅改水路，截阻水流，若因堵截或独占自然流水而影响他方正常生产生活的，他方有权请求排除妨害；造成他方损害的，应负赔偿责任。

2. 相邻排水关系

相邻一方因排放生产生活废水或因水成患需用他方土地排泄时，他方应予应允，但应在适当限度内使用他方土地并采取适当保护措施。如为自然排水，应按水流之自然流向，低地权利人有承水义务，但无疏导义务；若为人工排水，应尽量不使用邻人土地，非用不可时应尽量选择对邻地损害较小之处排放并适当支付赔偿金。

（二）邻地通行关系

《物权法》第87条规定，"不动产权利人对相邻权利人因通行等必须利用其土地的，应当提供必要的便利"。此类似于台湾地区所谓"袋地通行权"，是指与公用道路隔离的土地权利人或使用人，有权从邻人土地通行，邻人有容忍义务。但享有通行权一方应选择对相邻方损害较小的线路通行，并应对相邻方所受损害给予适当补偿。

（三）相邻不动产利用与管线设置关系

《物权法》第88条规定："不动产权利人因建造、修缮建筑物以及铺设电线、电缆、水管、暖气和燃气管线等必须利用相邻土地、建筑物的，该土地、建筑物的权利人应当提供必要的便利。"此规定表明，相邻方因施工需要临时使用他方土地或建筑物时，他方有容忍义务，使用方应在约定范围和期限内合理使用，使用完毕应及时恢复原状，若有损害应予赔偿；相邻方非使用他方土地或建筑物不能铺设电线、电缆、水管、暖气和燃气管线等设施的，有权通过他方土地或建筑物的上空或地下，该他方有承受义务，应当允许，但本着诚实信用原则，管线设置应尽量选取对邻人损害较小的方法和路线进行，倘因管线设置造成邻人损害应予赔偿并有义务恢复原状。

（四）相邻通风、采光、日照关系

《物权法》第89条规定："建造建筑物，不得违反国家有关工程建设标准，妨碍相邻建筑物的通风、采光和日照。"通风、采光和日照是人们生活所必需，也是建筑物实现其功能的必要条件，建造建筑物应充分考虑对相邻建筑物通风、采光和日照的影响，不得妨害邻人通风、采光和日照的权利。若建造建筑物时违反相关法律法规，影响他人通风、采光和日照的，受害人有权请求停止侵害、恢复原状或赔偿损失；若在当事人建造建筑物时未提异议，在建筑完工之后提出的，受害人只能请求损害赔偿。

（五）相邻环保关系

《物权法》第90条规定："不动产权利人不得违反国家规定弃置固体废物，排放大气污染物、水污染物、噪声、光、电磁波辐射等有害物质。"不动产权利人或使用人有权利用不动产进行生产或生活，但须遵守环境保护的法律法规和社会公德，不得违规排放废气、废水、固体废物及噪声、光、电磁波辐射等有害物质。若违规排放此等"不可量物"，邻人有权请求停止侵害、赔偿损失。但需注意的是，邻人之间因生产生活，有时难免有诸如油烟、粉尘等物释放，若非持续、大量的侵害，在能容忍范围之内，相邻方应当容忍。

（六）相邻防险关系

《物权法》第 91 条规定："不动产权利人挖掘土地、建造建筑物、铺设管线以及安装设备等，不得危及相邻不动产的安全。"此规定表明，不动产权利人为生产生活便利，当然可以在自己的土地上挖掘土地、建造建筑物、铺设管线以及安装设备等，但须注意不得危及相邻不动产的安全，应尽力避免邻人的人身或财产损害。不动产权利人若从事某些危险作业（如高空、高压、易燃、易爆、剧毒或放射性）时，应依法采取防范措施，并保持安全距离。无论不动产权利人挖掘土地、建造建筑物、铺设管线以及安装设备，还是从事危险作业，如果可能危及邻人安全的，相邻方有权请求排除危险、恢复原状，如已造成损失的，应承担赔偿责任。

（七）其他相邻关系

除上述相邻关系外，还有诸如相邻疆界关系、越界的相邻关系等其他相邻关系，虽《物权法》对此未作具体规定，除依相邻关系处理的一般原则外，最高人民法院《民通意见》第 103 条规定，"相邻一方在自己使用的土地上挖水沟、水池、地窖等或者种植的竹木根枝伸延危及另一方建筑物的安全和正常使用的，应当分别情况，责令其消除危险，恢复原状，赔偿损失"。此规定可资参考。

【案例分析 14-6】

原告新华日报社因与被告南京华厦实业有限公司（简称"华厦公司"）相邻关系侵权损害赔偿纠纷一案，向江苏省高级人民法院提起诉讼。

原告新华日报社诉称，被告在建设与原告相距 20 米的华荣大厦而进行的基础工程期间，因施工大量抽排地下水，使原告印刷厂地面下沉，厂房墙体多处开裂，厂内 3 台进口印刷机和 4 台国产印刷机的基础移位，并受到严重损伤，造成经济损失 1399 万元，请求法院判令被告赔偿并承担有关诉讼费用。

江苏省高级人民法院经审理查明，被告华厦公司投资建设的华荣大厦与原告新华日报社相邻。1991 年 4 月，华荣大厦的基础工程根据被告及有关单位论证通过的施工方案开始施工，一个月后发现施工现场附近地面下沉即停止施工。同年 6 月 15 日，被告及有关单位又论证通过了施工修改方案后，基础工程继续施工。10 月中旬，新华日报社发现其印刷厂厂房墙壁、地面开裂、3 台德国进口的胶印机出现异常，报纸印刷质量明显下降，印刷机严重受损，厂房墙体损害并危及人员安全。对此，南京市人民政府派员召集有关单位、专家商讨，采取补救措施后，新华日报社印刷厂地面沉降才得到有效控制，但厂房、印刷机受损方面的处理并未涉及。经新华日报社委托的南京土木建筑学会、国家印刷机械质量监督检查中心及江苏省地震局等单位鉴定认为，新华日报社印刷厂厂房和厂内印刷机受损的直接原因是华荣大厦基础工程施工大量抽排地下水造成。1992 年 7 月 10 日，新华日报社向南京市人民政府报告要求华厦公司赔偿损失，但未得到解决，遂直接向华厦公司索赔，经交涉未果。1994 年 6 月 30 日，新华日报社向法院起诉，要求华厦公司赔偿财物损失。

经查，原告已损失和即将损失总计人民币 13883580.28 元。

以上事实，有双方当事人陈述、有关证人证言、鉴定结论、工程预算书票据等证据证实。经当庭质证，被告对原告委托的有关部门作出的鉴定结论和评估预算等亦未要求重新鉴定。

江苏省高级人民法院认为，华荣大厦与原告印刷厂厂房相邻。华厦公司在建设华荣大厦时，未充分考虑邻里建筑物的安全，于施工期间大量抽排地下水，并于初期发现问题后又未能及时采取必要的防护措施，使印刷厂地面发生沉降，损坏了印刷厂房屋基础，致该厂房及屋内印刷机械受损。事实清楚，证据充分，足以认定。华厦公司违背《中华人民共和国民法通则》第 83 条关于"不动产的相邻各方，应当按照有利生产、方便生活、团结互助、公平合理的精神，正确处理截水、排水、通行、通风、采光等方面的相邻关系"的规定建设房屋，给新华日报社造成了巨大损失，应负全部赔偿责任。所建华荣大厦系华厦公司的所有权，新华日报社的印刷厂房和印刷机的损害，系华厦公司基础工程施工抽排地下水造成；至于华厦公司与施工单位还有纠纷，系另一法律关系，本案不予审理。因此，其主张"应由施工单位赔偿"的理由不予采纳。据此，该院于 1994 年 11 月 28 日判决：华厦公司于本判决生效后 30 日内，赔偿新华日报社各项损失计人民币 13883580.28 元。

华厦公司不服一审判决，向最高人民法院提出上诉。最高人民法院审理后，认为原审法院认定事实清楚，适用法律正确，其上诉理由不能成立，据此，最高人民法院于 1996 年 5 月 13 日判决，驳回上诉，维持原判。①

第五节　共　　有

一、共有的概念和特征

（一）共有的概念

根据一物一权原则，一物之上只有一个所有权，但一个所有权同时为多人享有并不违反法律规定，亦是生活中的常态。此种由多数人共享一物的所有权的现

---

① 案例源自《新华日报社诉南京华厦实业有限公司相邻关系侵权损害赔偿纠纷案》，载中国民商法网：http://www.civillaw.com.cn/article/default.asp? id=33968，略有改动。

象，物权法上称其为共有。可见，共有是指两个或两个以上主体对某一物共享所有权。

《物权法》第93条规定："不动产或者动产可以由两个以上单位、个人共有。共有包括按份共有和共同共有。"除对物的共有外，通常还有诸如共享他物权、债权、知识产权等情况，此被称为"准共有"。德国、日本等国立法明确所有权以外的共有准用所有权共有的相关规定。我国《物权法》第105条规定，"两个以上单位、个人共同享有用益物权、担保物权的，参照本章规定"，从而使公有的规定准用于他物权。

（二）共有的特征

与单独所有权相比较，共有具有如下特征：

（1）权利主体的多元性。共有的主体为两个或两个以上的自然人或者法人，这是共有区别于单独所有的一项重要特征。

（?）权利客体的统一性或特定性。共有的客体是一项特定的财产，不管客体是单一物（如一辆汽车、一块土地），还是集合物（图书馆里的书、仓库里的货物），在共有关系存续期间，共有物不得分割，各权利人的权利和行使及于整个共有物全部。

（3）权利内容的平行性。共有人对共有物或按份额或平等地享有权利承担义务：对内，各权利人相互独立，按约定或法律规定分享权利分担义务；对外，共有人作为物之权利主体，行使权利承担义务。总体而言，权利主体之间的权利义务指向是平行而非对应的。

（4）权利性质的单一性。在共有关系中，共有人享有的是一个所有权，而非多个所有权，各共有人享有的权利构成一个单一的所有权。简言之，共有是所有权的联合，而不是一个新的所有权类型。

依《民法通则》第78条和《物权法》第93条的规定，共有分为（包括）按份共有和共同共有。由此可见，我国立法将共有在类型上划分为按份共有和共同共有两种形态。

二、按份共有

（一）按份共有的概念和特征

按份共有，是两个或两个以上共有人按一定份额对共有物享有所有权。按份共有源于罗马法，近代各国民法都予以承认，我国《民法通则》第78条规定，"按份共有人按照各自的份额，对共有财产分享权利，分担义务"。《物权法》第94条规定，"按份共有人对共有的不动产或者动产按照其份额享有所有权"。按份共有具有下列特征：

（1）按份共有人依据确定的份额享有所有权。按份共有产生时即明确各共有人应享有的份额，此份额被称为应有份。依《物权法》第104条的规定："按份共有人对共有的不动产或者动产享有的份额，没有约定或者约定不明确的，按照出资额确定；不能确定出资额的，视为等额享有。"

（2）按份共有通常是基于合同关系而产生。按份共有不必存在某种共同关系，除少数情况基于法律规定产生外，通常是基于当事人之间的约定而生。

（3）按份共有人的权利、义务及于共有物的全部。按份共有人虽然按份额享有权利承担义务，但并不意味着其只对共有物的某一部分享有权利承担义务，其应有份及于共有物的全部。

（二）按份共有的内部关系

1. 共有物的管理和费用负担

所谓对共有物的管理，是指对共有物的保存、改良和利用等。对于共有物的管理各共有人均有权参与。《物权法》第96条规定："共有人按照约定管理共有的不动产或者动产；没有约定或者约定不明确的，各共有人都有管理的权利和义务。"一般来说，对共有物的保存各共有人得单独为之，而对共有物改良通常应协商一致或取得占份额2/3以上的按份共有人同意。

对于共有物的管理费用及其他负担，《物权法》第98条规定："有约定的，按照约定；没有约定或者约定不明确的，按份共有人按照其份额负担"。

2. 共有物的使用收益

按份共有人得依其份额对共有物享有使用、收益的权利。对共有物的使用通常由全体共有人协商一致，不得未经其他共有人同意擅自占有使用共有物，没有约定或约定不明的，各共有人在不损害其他共有人利益的前提下得为使用。对共有物收益的分配一般按约定，没有约定或约定不明的，应按份额比例进行分配。

3. 共有物的处分

共有物可为法律上处分和事实上处分。对共有物的处分得依共有人的共同意愿，而不能由个别共有人单独为之。在德国和我国台湾地区法律明确规定，共有物转让和设定负担须经全体共有人同意，我国《物权法》第97条规定，除非共有人之间另有约定，处分共有的不动产或者动产以及对共有的不动产或者动产作重大修缮的，应当经占份额2/3以上的按份共有人同意。

4. 应有份的处分

在共有关系存续期间，共有人可以自由处分其应有份，包括应有份的分出、转让、设定负担甚或抛弃。

（1）按份共有人共有物应有份的分出。《物权法》第99条规定，"共有人约定不得分割共有的不动产或者动产，以维持共有关系的，应当按照约定，但共有人有重大理由需要分割的，可以请求分割；没有约定或者约定不明确的，按份共有人可以随时请求分割……因分割对其他共有人造成损害的，应当给予赔偿"。可见，按份共有是作为基于当事人意愿结合而成的法律关系，承认按份共有人对共有物的分出（割）请求权，即共有人在共有关系存续期间，有权请求将自己的份额从共有财产中分割出来,当然,共有人的分出(割)请求权不是没有限制的,为维持共有关系约定不分割共有财产的,除有重大理由需要分割者外,共有人不得提出分出请求。这里所谓"重大理由",应理解为共有人有分割共有物从而解除共有关系的客观事由,并应由主张分出其应有分的共有人提出。此外,按份共有人请求分出(割)应有分的权利,通说认为是形成权而非请求权,至于其行使方式,《物权法》未作明文规定,径直行使抑或诉讼均可。

(2)按份共有人对应有份的转让。《物权法》第101条:"按份共有人可以转让其享有的共有的不动产或者动产份额。其他共有人在同等条件下享有优先购买的权利。"即当事人转让其应有份,无须其他共有人同意,但其他共有人在同等条件下享有优先购买权。此优先购买权应理解为共有人的一项重要权利,通常情况下,优先购买权的成立需满足共有人转让其应有份并具"同等条件"两个基本要件。这里需注意的问题:第一,所谓转让是指共有人出卖其应有份,若为赠与不发生"优先"的问题;第二,所谓"同等条件",是指其他共有人和欲接受让与的第三人对该转让出具"同等"的受让条件。在对"同等条件"作具体判断时,既要考虑价格因素,还要考虑诸如支付方式、付款期限等可能对出卖人产生利害关系的因素,综合考量。

(3)按份共有人应有份设定负担。共有人对其应有份既然可转让,那么本着"举重明轻"的原则,设定负担当为共有人的基本自由。需明确的是,此负担若为质权,因质权人得占有质物,应将共有物置于质权人与其他共有人共同占有。①

(4)按份共有人应有份的抛弃。按份共有人的应有份作为财产权利,在不危害社会公共利益和他人利益的前提下,权利人当然可以抛弃。至于其抛弃的份额由谁享有的问题,法无明文规定,虽学界存在不同看法,但从稳定共有关系和发挥共有物效用等角度考量,由其他共有人取得是最为妥善的处理方式。

(三)按份共有的外部关系

按份共有关系,除所有人之间的"内部"关系外,还存在按份共有人与第三人之间的"外部"关系。一方面,按份共有人作为所有权人,在其所有权受到妨害或有妨害之虞时,得向第三人主张物权请求权。另一方面,基于共有物产生的债权债务,各共有人均得连带地享有或负担。对此,《物权法》第102条规定:"因共有的不动产或者动产产生的债权债务,在对外关系上,共有人享有连带债权、承担连带债务,但法律另有规定或者第三人知道共有人不具有连带债权债务关系的除外;在共有人内部关系上,除共有人另有约定外,按份共有人按照份额享有债权、承担债务,共同共有人共同享有债权、承担债务。偿还债务超过自己应当承担份额的按份共有人,有权向其他共有人追偿。"

①　梁慧星、陈华彬:《物权法》,法律出版社2003年版,第251页。

三、共同共有

(一) 共同共有的概念、特征和类型

所谓共同共有，是指基于共同关系发生的、各共有人不分份额地对共有财产共同享有所有权。《物权法》第 95 条规定，"共同共有人对共有的不动产或者动产共同享有所有权"。共同共有具有以下特征：

1. 共同共有须以共同关系的存在为前提

所谓共同关系，是指两个或两个以上的人因共同目的结合所形成的作为共同共有基础的法律关系，如夫妻关系、家庭关系。因共同关系而形成共有，共同关系消灭，共同共有随之消灭。此系与按份共有的最明显的区别。

2. 在共同共有关系中，共有人所享有的权利不分份额

即在共同共有关系中，只要共有关系存续各共有人即共享所有权，只有在共同关系消灭须对共有物分割时，才确定各自的所有权份额。

3. 共同共有人平等地对共有物享有权利承担义务

在共同关系存续期间各共有人均对全部共有财产平等地享有占有、使用、收益和处分的权利，因共有物产生的债务连带地承担责任。由此使得共同共有比按份共有具有更为紧密的利害关系。

按照现行法规定与学界通说，我国共同共有存在以下类型：

1. 夫妻共同共有

夫妻关系是一种典型的共同关系，因此，夫妻共同共有也是我国共同共有财产的典型形态。我国现行法对夫妻财产实行法定与约定两种形式，除当事人约定外，根据《婚姻法》第 17 条的规定，以下财产应为夫妻共同财产：工资、奖金；生产、经营的收益；知识产权的收益；继承或赠与所得的财产，但遗嘱或赠与合同中确定只归夫或妻一方的财产的除外；其他应当归共同所有的财产。另外，夫妻一方个人财产在婚后产生的收益，除孳息和自然增值外，应认定为夫妻共同财产，但是，婚后由一方父母出资为子女购买的不动产，产权登记在出资人子女名下的，可按照《婚姻法》第 18 条第 (3) 项的规定，视为只对自己子女一方的赠与，该不动产应认定为夫妻一方的个人财产；由双方父母出资购买的不动产，产权登记在一方子女名下的，该不动产可认定为双方按照各自父母的出资份额按份共有，但当事人另有约定的除外。①

夫妻对共同所有的财产，有平等的处理权。因日常生活需要处理共同财产的，任何一方均有决定权；但非因日常生活需要对共同财产作出重大处理的应当协商一致，但他人有理由相信其为夫妻双方共同意思表示的，另一方不得以不同意或不知

---

① 《最高人民法院关于适用〈中华人民共和国婚姻法〉若干问题的解释（三）》（法释〔2011〕18 号），第 5 条、第 7 条。

道为由对抗善意第三人。

2. 家庭共同共有

家庭共同共有是与夫妻共同财产不同的共同共有财产形态，此家庭是与夫妻二人组成的简单家庭以外的其他类型的家庭，如传统的数世同堂的"大家庭"。因此，家庭共有财产，系指家庭成员在家庭生活的共同关系存续期间共同创造或共同获得的财产。凡家庭关系存续，家庭成员对家庭共有财产均享有平等权利，承担平等义务。

3. 继承人共同共有

按照《继承法》的规定，继承开始时，继承人即取得遗产的所有权，在遗产分割之前，在继承人之间形成共同共有关系。

（二）共同共有的内部关系

共同共有对共有物没有份额之分，各共有人对于共有物的全部享有平等的权利，对于共有物的管理、收益、处分或重大修缮等应除另有约定的以外，应经全体共有人一致同意。对于管理费用以及其他负担，如无特别约定，应由共同共有人共同负担（《物权法》第97条、第98条）。另依《物权法》第99条规定，共同共有人在共有关系存续期间不得要求分割共有物，除非共有的基础丧失或者有重大理由需要分割。

（三）共同共有的外部关系

共同共有人在共有物有被第三人妨害或有妨害之虞，得行使物权请求权以恢复所有权的圆满状态；此外，根据《物权法》第102条规定，在对外关系上，除法律另有规定或者第三人知道共有人不具有连带债权债务关系的以外，共有人享有连带债权、承担连带债务。

（四）共同共有的消灭与共有物的分割

因共同关系的存续是共同共有存在的基础和前提，因此，共同共有可能因共同关系消灭（诸如分家析产、夫妻关系终止或遗产分割完毕）而归于消灭。当然，共有物作为共同共有的客体若因故丧失，共同共有关系亦归于消亡，因此，当共有物让与或灭失（诸如将共有物出售抑或赠与他人，或因意外事故毁灭），共同共有亦不复存在。

因共同关系消灭，各共有人得请求分割共有物。对共有物的分割，除法律另有规定外，应按照平等协商、团结和睦的原则处理。具体分割方法可采实物分割、变价分割和作价补偿的方法进行。依《物权法》第100条规定："共有人可以协商确定分割方式。达不成协议，共有的不动产或者动产可以分割并且不会因分割减损价值的，应当对实物予以分割；难以分割或者因分割会减损价值的，应当对折价或者拍卖、变卖取得的价款予以分割。""共有人分割所得的不动产或者动产有瑕疵的，其他共有人应当分担损失。"

【案例分析 14-7】

　　红光、金辉、绿叶和彩虹公司分别出资 50 万元、20 万元、20 万元、10 万元建造一栋楼房，约定建成后按投资比例使用，但对楼房管理和所有权归属未作约定。① 在建成投入使用的过程中发生纠纷而诉至法院，要求明确他们之间的权属。

　　此例涉及共有类型及共有人权利义务的确定问题。所谓共有是指两个或两个以上主体对某一物共享所有权，包括共同共有和按份共有。按份共有，是两个或两个以上共有人按一定份额对共有物享有所有权；共同共有，是指基于共同关系发生的、各共有人不分份额对共有财产共同享有所有权。一般来说，按份共有应明确各共有人的份额，如果未明确份额，又无共同关系存在，那么，根据《物权法》第 103 条的规定："共有人对共有的不动产或者动产没有约定为按份共有或者共同共有，或者约定不明确的，除共有人具有家庭关系等外，视为按份共有。"由此可以确定本案讼争房屋为按份共有，按照《物权法》第 104 条规定，按份共有人对共有的不动产或者动产享有的份额，没有约定或者约定不明确的，按照出资额确定；不能确定出资额的，视为等额享有。红光、金辉、绿叶和彩虹公司根据其出资确定其所有权份额分别为 5：2：2：1，对该房屋的处分和重大维修如果不能达成专门协议的，应当经占份额 2/3 以上的按份共有人同意；对因该房屋产生的管理费用或其他负担如果不能达成协议仍以此比例负担。

第六节　所有权取得的特别规定

　　所有权除依通常方法取得外，《物权法》还规定了一些特别情形如善意取得、拾得遗失物等，本节对此作简要分析和介绍。

一、善意取得

（一）善意取得制度概说

　　所谓善意取得，又称即时取得，是指无权处分权人将其不享有处分权的物让与善意第三人时，该第三人取得该物之物权。如甲委托乙为其保管一幅某著名书画家的字画，而乙未经某甲同意即将此画出售与不知情的丙，丙依法取得该字画的所有权。

　　通说认为，善意取得制度源于日耳曼法上的"以手护手"规则。按此规则，所有人将自己之物交由他人占有，仅得向该占有人请求返还，如该占有人已将该物向第三人转让，则原权利人不得向第三人追夺，只能要求转让人赔偿损害。该原则

---

　　① 该案例源于 2010 年国家司法考试第 3 卷单项选择题第 7 题。

实际上是对物权追及效力的阻却，从而使第三人取得权利成为可能，其目的和价值则在于对物的占有秩序进行最直观的维护。随着社会发展和法律的逐步完善，基于权利外观理论，善意取得成为各国保障交易安全的重要制度，并在立法中予以规制。我国《物权法》在第 9 章"所有权取得的特别规定"将其作为所有权取得的一种特别方式进行规定，即该法第 106 条规定："无处分权人将不动产或者动产转让给受让人的，所有权人有权追回；除法律另有规定外，符合下列情形的，受让人取得该不动产或者动产的所有权：（1）受让人受让该不动产或者动产时是善意的；（2）以合理的价格转让；（3）转让的不动产或者动产依照法律规定应当登记的已经登记，不需要登记的已经交付给受让人。""受让人依照前款规定取得不动产或者动产的所有权的，原所有权人有权向无处分权人请求赔偿损失。""当事人善意取得其他物权的，参照前两款规定。"

（二）善意取得的构成要件

善意取得作为《物权法》规定的一项物权取得的特别规定，其构成要件须由法律规定。依通说，善意取得的构成要件包括：

1. 让与人须为无处分权人

让与人无处分权是善意取得制度的适用前提，如果让与人有处分权，那么，受让人即可根据一般交易规则取得所有权而自无善意取得制度适用的必要。让与人无处分权的情形主要包括：（1）让与人对其让与物无所有权且未取得所有权人授权。不享有所有权一般也不享有处分权，但取得所有权人授权者当享有处分权。既无所有权，又未取得所有权人的授权而对物进行处分，此为典型的无权处分行为。对合法占有物的非法处分，如对他人寄存或委托保管的财物进行处分者即是其例。（2）处分权受到限制而擅自为处分行为。如共有人擅自向第三人处分共有物，企业法人对破产财产的擅自处分等均为其例。

2. 无处分权人是动产占有人或不动产上登记的权利人

善意取得制度旨在保护善意第三人，若无权利外观即公示为前提，第三人的善意即无从谈起，因此，为处分行为者占有动产或为不动产登记人是构成第三人确信其有处分权的前提。

传统民法将善意取得的标的物限于动产，其根本原因在于前述动产和不动产公示方法的不同，动产的占有很容易使人误认占有人为有处分权人，而不动产以登记为公示方法，因而在"交易上不至于误认为占有人为所有权人"。[1] 而我国《物权法》第 106 条规定善意取得时其标的物却包含了动产和不动产，与传统民法有较大差异。这里存在两个问题需说明：一是前文提及关于公示的公信力与善意取得的关系问题，如果第三人的善意以公示形成的权利外观为基础，那么，公信原则与善意取得制度具有相同的制度价值，二者没有实质性冲突；二是占有在交易上易让人

---

[1] 谢在全：《民法物权论》，中国政法大学出版社 1999 年版，第 221～222 页。

误解占有人为有处分权人，是因为占有与所有之间的或然关系，因此，需对信赖占有人为权利人的第三人予以保护，而在不动产交易的情形，虽因不动产登记而不至于误认占有人为不动产所有人，但登记本身亦有可能因错漏而出现登记权利人与实际权利人不一致的情形，在对物权行为特别是其无因性颇有争议的制度环境下，以善意取得制度实现对善意第三人的保护有其合理性。基于此，《物权法》将动产和不动产一并规定，均适用于善意取得制度。

此外，脱离物是否适用善意取得在我国是一个存有争议的问题。所谓脱离物是指非基于所有人的意思而脱离所有人占有之动产，如遗失物、盗窃物。因所有人对脱离物占有的丧失并非基于其自身的意思，而第三人受让该物又是基于善意，二者之间衡平的结果即对于脱离物不适用善意取得制度。《物权法》第107条确立了我国法律关于遗失物不适用善意取得的特殊规则："所有权人或者其他权利人有权追回遗失物。该遗失物通过转让被他人占有的，权利人有权向无处分权人请求损害赔偿，或者自知道或者应当知道受让人之日起二年内向受让人请求返还原物，但受让人通过拍卖或者向具有经营资格的经营者购得该遗失物的，权利人请求返还原物时应当支付受让人所付的费用。权利人向受让人支付所付费用后，有权向无处分权人追偿。"但对于盗窃物是否依此规则，由于立法中的争论而未作规定，留下了盗窃物是否适用善意取得的立法漏洞。① 倘依当事人之间利益衡平和"举轻明重"的解释规则，盗窃物应该不适用善意取得制度，但得与遗失物一并适用脱离物回复请求规则。

3. 无处分权人与受让人之间所为法律行为须符合其他生效要件

无处分权人将不动产或者动产转让给受让人的法律行为，除行为人没有处分权之外，应符合法律行为的其他生效要件。换言之，对善意第三人而言，这个行为应该符合正常的交易关系，否则，对其保护即缺乏正当性。

4. 第三人须为善意

所谓善意，即不知情，是指第三人在受让标的物所有权时不知道处分人为无处分权人。此为善意取得制度的最核心的构成要件，无善意即无善意取得制度之构成基础。至于此所谓"不知情"是否以当事人过错为前提，不同立法例规定不尽一致：有善意且无过失之规定者（如《日本民法典》第192条）；有善意且无重大过失之规定者（如《德国民法典》第932条）；有仅规定善意，而对有无过失概不过问之规定者（如我国台湾地区"民法"第948条）。我们认为，该制度是在第三人和权利人之间进行利益衡平的结果，为保护善意第三人亦即保护交易安全，往往以权利人的一定损害为代价，因此，应以要求第三人善意且无过失为妥。

对于受让人善意的判断应以"受让时"为时点，即对动产应以标的物交付之

---

① 梁慧星：《〈物权法〉基本条文讲解》，载《物权法名家讲座》，中国社会科学出版社2008年版，第42页。

时，而对不动产应以申请登记之时为准。在具体判断受让人是否为善意时还应注意：（1）处分人是否为动产占有人或不动产登记人，只有占有或登记才可能形成权利外观；（2）受让人是否不知情，如果受让人对出让人无处分权知情，即便处分人实际占有或为登记对受让人也不具有通常"权利外观"的意义；（3）受让人信赖因占有或登记形成的权利外观时，是否有过错，即是否尽到了相应的注意义务，如果按照一般交易经验或社会经验即可判断处分人无处分权却未予注意，应认定其有过错。如以不当之低廉价格受让其物、让与人属可疑身份之人、授受行为行于近亲之间或受让人对于何人受让与何种情形受让等应有记忆之事项拒绝陈述、取得人确知让与人非为物所有权人等均应推定其为恶意。当然，在无证据确定第三人为恶意时得推定其为善意。①

5. 受让人须为有偿受让

善意取得以保护交易安全为主旨，当然要求取得财产的原因行为为法律行为。同时基于利益平衡考量，如果受让人以无偿方式取得财产，即便法律不对其保护，也不会导致当事人之间的利益失衡。因此，受让人为有偿取得受让财产甚为必要。至于是否以"合理的价格"转让，有学者认为，按照善意取得制度的目的，是特殊保护市场交易中的善意受让人并维护市场交易安全所针对的当为正常的市场交易，至于价格是否合理、是否涉及侵害国有资产等均不是善意取得制度所要解决的问题。要求法院审查当事人的转让价格是否合理，不仅偏离了善意取得制度的政策目标，而且增加了裁判的难度和不确定性，因此，只需规定"有偿转让"即可。②该观点值得重视。

6. 已为交付或完成登记

善意取得制度的根基在于公示的公信力，如果善意是为该制度前提，那么，完成交付或登记则意味着其取得所有权的实现。倘交付或登记尚未完成，则实际上第三人并未"取得"所有权，纵为善意，也无保护之可能和必要。

（三）善意取得的效力

1. 受让人取得所有权

在受让人与原所有人之间，因善意取得的要件具备，受让人取得其受让财产的所有权。关于善意取得为继受取得抑或原始取得的问题，理论上看法不一，通说认为，受让人取得权利非基于让与人的权利，而是因法律的特别规定而发生，故为原始取得。

2. 受让动产上的原有权利归于消灭

因受让人取得权利非由原所有人的意思所致，因此，受让人无继续原物上负担

---

① 韩松等编著：《物权法》，法律出版社 2008 年版，第 246～247 页。

② 梁慧星：《〈物权法〉基本条文讲解》，载《物权法名家讲座》，中国社会科学出版社 2008 年版，第 41～42 页。

的义务，因此，受让人取得标的物所有权后，该物原有负担或基于其上之权利原则上应归于消灭，但按照《物权法》第108条后半句但书的规定，"但善意受让人在受让时知道或者应当知道该权利的除外"。即受让人在受让该物时，"知道或者应当知道"该物上存在其他权利的，该物的其他权利不消灭。

3. 无处分权人对原所有权人承担损害赔偿的责任

原所有人乃因无处分权人的处分行为使善意第三人取得所有权而遭受损失的，当然应对其规定救济途径，即"所有权人有权向无处分权人请求赔偿损失"。此赔偿责任可基于不同事由请求违约的损害赔偿责任、侵权的损害赔偿责任、不当得利返还责任等。如果上述权利发生竞合时，原所有人可选择行使其中一项权利以弥补其所受损害。

4. 无处分权人与受让人之间依法律关系而确定其权利义务

无处分权人与受让人之间所为交易关系，乃财产让与的法律关系，得依买卖关系加以确定，即双方均得为给付义务，并不因善意取得而特殊化。如在善意取得条件成就时，善意受让人取得所有权后不能以当事人无处分权为由拒绝履行价金支付义务，亦不得将已取得所有权的标的物返还原所有人，而追究处分人的权利瑕疵担保责任。

二、拾得遗失物

（一）拾得遗失物概说

1. 遗失物的概念

物品遗失和拾得是生活中的常见现象。如何处理失主和拾得人之间的权利义务关系遂成民法上"拾得遗失物"制度。我国《物权法》第109条规定："拾得遗失物，应当返还权利人。拾得人应当及时通知权利人领取，或者送交公安等有关部门。"

遗失物，顾名思义，是指因所有人遗失而脱离占有之物。遗失物的构成应具备如下条件：

（1）遗失物须是丧失占有之物。所有人因遗失而丧失物之占有。对丧失占有的判断要立足于一般社会观念，一般而言，放置于房间和自己汽车之内的物品不丧失占有。

（2）所有人丧失占有非基于自己的意思。遗失与抛弃截然不同，非基于所有人的意思，或基于所有人疏忽或其他原因，但排除所有人有意为之。

（3）遗失物须为动产。因财产性质决定，只有动产才可能遗失，不动产无遗失之可能。

2. 遗失物的拾得

遗失物的拾得，是指发现他人遗失之物而予以占有的事实。通常而言拾得遗失物应满足以下条件：

（1）标的物须为遗失物。即此标的物是因他人因遗失而丧失占有的有主物，而非如他人抛弃的无主物，亦非他人盗窃之赃物。

（2）须有拾得行为。即须发现并加以占有，发现是拾得的前提，但仅有发现而未实施占有不构成拾得，须发现并占有才构成拾得。

通说认为，拾得遗失物是事实行为而非法律行为，因此，拾得人有无行为能力或行为能力是否完全，在所不问。

（二）拾得遗失物的法律效果

1. 拾得人的义务

（1）通知、返还与交存的义务。根据《物权法》第 109 条的规定，拾得人在拾得遗失物后，应通知失主领取其遗失物，此通知主要是指失主在明确的情况下对失主的通知，在失主不明情况下应将拾得的遗失物"送交公安等有关部门"。"有关部门收到遗失物，知道权利人的，应当及时通知其领取；不知道的，应当及时发布招领公告。"（《物权法》第 110 条）可见，拾得人有通知、返还和交存遗失物的义务，并无公告招领义务，公告招领应为"有关部门"的义务。

（2）妥善保管的义务。依《物权法》第 111 条的规定，拾得人在拾得遗失物并返还失主或送交有关部门前，应尽妥善保管的义务。即要求拾得人尽善良管理人的注意义务，"因故意或者重大过失致使遗失物毁损、灭失的，应当承担民事责任"。

2. 拾得人的权利

（1）费用偿还请求权。就通常情形而言，拾得人对于保管遗失物、通知失主等所支付的费用，有权请求失主偿还。《物权法》第 112 条规定，"权利人领取遗失物时，应当向拾得人或者有关部门支付保管遗失物等支出的必要费用"。可见，拾得人请求的范围应限于"必要费用"，而对"必要费用"的判断应依一般社会观念作出。对于超出"必要费用"的"不必要"费用，拾得人无权请求偿还；若"拾得人侵占遗失物的，无权请求保管遗失物等支出的费用"。

（2）赏金请求权。在失主以悬赏方式寻物等情况下，拾得人除请求费用返还外，还有赏金返还请求权。此赏金应以失主悬赏范围为限。当悬赏文书用语模糊如以"重金酬谢"等字眼描述而无具体金额时，应酌情处理。

此外，在失主不设悬赏的情况下，拾得人是否享有报酬请求权，在立法过程中争议较大而未规定。换言之，现行法实际上不支持拾得人的报酬请求权。

3. "有关部门"的义务和权利

此所谓"有关部门"，系指依法负有接受拾得人遗失物送交、寻找失主并返还遗失物等职责的机构，如公安机关等。根据《物权法》规定，"有关部门"的义务主要有：妥善保管遗失物，及时通知、公告以及返还遗失物等。

"有关部门"除履行相应义务外，得享有一定权利。依《物权法》规定，"有关部门"的权利仅限于费用偿还请求权，此费用与上述拾得人所请求的必要费用为限，而寻找失主并返还遗失物是其职责所在，因此，其无赏金请求权。

4. 无人认领的遗失物的处理

无人认领的遗失物，是指有关部门发布招领公告后在一定期限内无人认领的遗失物。对此，不少大陆法系的国家立法规定由拾得人取得所有权。我国《物权法》第113条规定："遗失物自发布招领公告之日起6个月内无人认领的，归国家所有。"

三、拾得漂流物、发现埋藏物

（一）拾得漂流物的法律适用

所谓漂流物，是指所有人不明而漂流于江、河、湖、海等水体之上的物品。漂流物与遗失物在法律性质上几乎一样，原本为有主物，因故落入水中随波逐流而与所有人分离而丧失占有，若为他人拾得，依《物权法》第114条规定，"参照拾得遗失物的有关规定"。依此，拾得人同样负有通知、返还和交存义务，同时亦享有必要费用及赏金请求权。

（二）发现埋藏物或隐藏物的法律适用

1. 发现埋藏物概说

所谓埋藏物或隐藏物（简称埋藏物），是指埋藏或隐藏于他物之中且所有人不明的物品。由此可见，第一，埋藏物须为动产，金银财宝或古玩字画均适其例，不动产不可能成为埋藏物；第二，须埋藏于他物之中，此他物亦称包藏物，动产或不动产均可成为包藏物；第三，埋藏物为所有人不明之物，埋藏物虽非无主物，但其所有人不明。

埋藏物的发现，是指从包藏物中发现埋藏物并予占有的事实。发现埋藏物须满足两个要件，即发现和占有。发现埋藏物与拾得遗失物一样属事实行为，与行为人行为能力无关。

2. 发现埋藏物的法律效果

根据《物权法》关于发现埋藏物"参照拾得遗失物的有关规定"，发现埋藏物的法律效果体现在以下几个方面：

（1）发现人的权利义务。发现人同遗失物拾得人一样得履行通知、返还与交存的义务，并得尽妥善保管义务，同时享有必要费用返还请求权。当然，如果埋藏物为文物的，根据我国《文物保护法》第27条的规定，"任何单位或者个人都不得私自发掘"。因此，如果因探测、发掘文物的，属违法行为，不得要求费用返还，但因正常生产生活而发现文物的，发现人得向有关部门请求返还费用。

（2）有关部门的权利义务。因发现的埋藏物所有人不明，故发现人得向有关机关交存发现的埋藏物，因此，有关机关或部门负有妥善保管、及时公告等义务，当然，也同时享有必要费用返还请求权。

（3）无人认领的埋藏物的归属。比照我国《物权法》关于遗失物的相关规定，无人认领的埋藏物"归国家所有"。

四、从物与孳息

(一)从物

关于主物与从物的划分,前文已经述及。自从罗马法以来,"主物之处分及于从物"就是一条物权法的重要规则。它意味着,就主物设立买卖、赠与、租赁等契约时,除当事人另有约定者外,其效力及于从物;在主物上设定抵押权,也当然及于从物。我国《物权法》第 115 条规定,"主物转让的,从物随主物转让,但当事人另有约定的除外",从而确立了"从物随主"的规则。[①]

(二)孳息

所谓孳息是由原物所孳生的物,往往相对于原物而言。对于孳息的归属,《物权法》第 116 条规定:"天然孳息,由所有权人取得;既有所有权人又有用益物权人的,由用益物权人取得。当事人另有约定的,按照约定。法定孳息,当事人有约定的,按照约定取得;没有约定或者约定不明确的,按照交易习惯取得。"据此,对于天然孳息,若原物之上设有用益物权者,当事人之间有约定的从约定,当事人之间无约定者归用益物权人;原物未设定用益物权者,孳息归属于原物所有人。对于法定孳息,首先由当事人之间的约定或法律规定确定其归属,如合法转租时对租金的约定,善意占有人对占有物孳息的收取等均适其例;倘若没有约定或者约定不明确时,孳息则按照交易习惯取得。

五、先占

(一)先占概说

先占,是指以所有的意思占有无主财产从而取得其所有权的事实。作为一种古老的所有权取得方式,随着社会财产权利所覆盖的领域日益广泛,其存在的范围愈益受到到限缩。甚至我国《物权法》对此未作规定。然而,现实生活中先占并非不存在,如对他人抛弃物可基于先占而取得所有权,等等。

(二)先占的构成要件

1. 先占的对象须为无主物

以先占的含义即可明了,只有无主物才可能成为先占的对象,其权利归属已经明确的财产无先占之可能。对于无主物的判断既可依一般社会观念从物的存在状态加以判断,如置于人行道上的钱包、以陶罐盛装埋于地下的金银,以常识和社会观念可判断此均非无主物,前者系遗失物,而后者为埋藏物,均不得适用先占规则;也可根据抛弃行为来做判断,如将易拉罐抛入垃圾桶是为抛弃所有权,此易拉罐为无主物可先占取得所有权,但倘若某人声称抛弃皮夹子,却将其放入贴身口袋,显

---

① 温世扬:《物权法要义》,法律出版社 2007 年版,第 145 页。

然该皮夹子的所有权并不因其明示抛弃而消灭，亦即其并非无主物。①

2. 先占的对象须为动产

纵然罗马法采先占自由主义，对不动产亦可先占取得所有权，但现代各国几乎都将先占适用于动产，一般不允许不动产依先占取得所有权。因此，我们亦应将先占的对象限于不动产为妥。

3. 须以所有的意思占有

先占自主观方面考量须以将占有的动产归于自己支配，即以"所有的意思"占有无主物，以为他人的利益管领无主物仅能构成一般意义的占有，而不能成立先占。

4. 不违背法律的强制性规定

先占取得所有权应在法令允许的范围，即不得违背国家法令的强制性规定，如国家禁止捕杀的野生动物、他人丢弃的枪支等均不适用先占规则。

（三）先占的法律效果

先占的法律后果是，先占人取得无主物的所有权。因先占而取得所有权为原始取得。

六、取得时效

（一）取得时效概说

本书前文已经述及，时效制度包括取得时效与消灭时效（我国法上规定为诉讼时效）。消灭时效是权利消灭或抗辩权产生的原因之一，取得时效是指当事人以行使所有权或其他物权的意思占有他人财产达到法定期限，依法取得该财产所有权或他物权的制度。大陆法系国家大多把该制度作为物权取得的重要制度加以规定，其作用在于维持因一定事实状态持续达到一定期间而形成的财产新秩序，从而迅速确定当事人之间的关系，保障交易安全和社会秩序稳定。我国《物权法》对此未作规定，但不少学者建言，我国应该确立取得时效制度。

（二）取得时效的构成要件

对于取得时效的构成要件，各国法规定未尽一致。总体而言取得时效的构成要件为：

1. 须对标的物占有

依大陆法系各国民法，取得时效制度须以对他人之动产或不动产（即有主物）的占有为前提，对无主物的占有适用于先占而非时效取得；同时，此占有状态须为自主占有、和平占有、公然占有。至于占有是否须为善意，立法上有差异，虽基于不同立法，善意与否即便不影响取得时效的构成，也往往对时效期间长短有很大的影响。

---

① 韩松等编著：《物权法》，法律出版社 2008 年版，第 246～247 页。

2. 占有须达法定期间

只有占有达到较长期间才能形成一定的财产秩序，因此，占有达法定期间是取得时效制度的另一重要构成要件。对此期间规定长短不一，德国法上规定动产的取得时效期间为 10 年，不动产的取得时效期间为 30 年；日本民法规定，以所有的意思平稳、公然占有他人之物达 20 年的，取得该物的所有权，但占有之始为善意无过失者，则达 10 年期间时占有人取得该不动产的所有权；我国台湾地区"民法"规定，动产的取得时效期间为 5 年，不动产的取得时效期间因占有的善意或恶意而不同，分别为 10 年（善意且无过失）和 20 年（恶意）。

（三）取得时效的法律效果

作为所有权取得的一种方式，取得时效的法律效果即发生物权变动的法律效果，取得时效期间届满，物上存在的原所有权归于消灭，动产占有人径直取得所有权，不动产占有人则可请求为所有权登记，登记完成则所有权即归于占有人。

【案例分析 14-8】

　　甲有一块手表不慎遗失，被路人乙拾得交公安机关，公安机关发布招领启事 6 个月无人认领，遂与其他无人认领物统一组织出售，并将所得价款纳入国库。丙从这次统一出售中购得该表，并将表赠与其女朋友丁。丁的朋友戊看到该表认为其款式不错想借用几天，戊使用时不慎遗失，被己拾得，己将其卖与不知情的庚。庚使用中将表损坏交与钟表工辛修理。甲与辛是朋友，到其钟表店玩时偶然看到辛正在维修的表正是其遗失的，要求取回。辛认为我们虽是朋友，但该表毕竟是顾客送来维修的，于是，甲找到送表维修的庚要求取回自己遗失的表。庚认为表是自己所买的，不同意返还，于是产生纠纷诉至法院。

　　本例涉及遗失物权利及善意取得等诸多问题。关于遗失物的拾得及遗失物的所有权归属，《物权法》规定，拾得遗失物，应当返还权利人。拾得人应当及时通知权利人领取，或者送交公安等有关部门。有关部门收到遗失物，知道权利人的，应当及时通知其领取；不知道的，应当及时发布招领公告。遗失物自发布招领公告之日起 6 个月内无人认领的，归国家所有。据此本例中，甲的手表遗失，被路人乙拾得交公安机关，公安机关发布招领启事 6 个月无人认领，该表归国家所有。同时，丙是在公安机关统一组织的遗失物品出售现场购得该表，因此，丙取得该表的所有权无疑。丙将表赠与丁，丁取得表的所有权。丁的朋友戊借用时不慎遗失，被己拾得，己应予返还，但未返还却将表卖与不知情的庚，虽系无权处分，但根据《物权法》规定，遗失物不适用善意取得制度，该表的所有人丁在两年内有权向庚追回此表。钟表工辛无权处分该表，当甲发现表在辛处要求取走，辛不同意其取走是正确的。当甲找到庚要求取回自己遗失的表，庚认为表是自己所买不同意返还虽非完全妥当，但甲已非所有权人，不具有返还请求权。基于此，法院应当驳回甲的诉讼请求。

【本章思考题】

1. 如何理解所有权是对特定财产的全面支配？
2. 所有权原始取得、继受取得与物权变动制度之间的关系是什么？
3. 如何认识国家所有权？
4. 什么是建筑物区分所有权？
5. 如何认识业主大会和业主委员会的法律地位？
6. 按份共有和共同共有有何不同？
7. 善意取得制度与公信原则有何关系？
8. 相邻关系的内容有哪些？

第十五章 用益物权

☞ **本章导读**

　　用益物权是以物的利用为要旨而进行的制度安排，其目的在于实现对物的使用和收益。用益物权制度深受各国历史传统和习惯的影响，具有很强的本土特色。随着改革开放和经济社会的发展，我国已经建立起了颇具中国特色的用益物权法律制度体系。我国《物权法》第三编规定了土地承包经营权、建设用地使用权、宅基地使用权、地役权等用益物权。通过本章的学习，读者不仅要把握用益物权的基本知识，还应思考用益物权与债权性不动产使用权区分的意义，体会我国用益物权的体系与特色。

第一节　用益物权概述

一、用益物权的定义和特征

　　通说认为，用益物权是指以使用、收益为目的而在他人之物上设定的定限物权。《物权法》第117条规定："用益物权人对他人所有的不动产或者动产，依法享有占有、使用和收益的权利。"由此可见，用益物权具有以下特征：

　　1. 用益物权是他物权

　　用益物权是基于法律规定或合同约定从所有权派生的物权，享有用益物权的主体并非物之所有人，而是对他人所有之物享有占有、使用和收益权的人，相对于作为自物权的所有权而言，用益物权是一项他物权。

　　2. 用益物权是限制物权

　　相对于所有权的完全性，用益物权仅限于对物一定范围的支配，即用益物权人仅能对物行使占有、使用、收益的权利，通常而言，除法律另有规定或当事人另有约定外，物之处分由所有权人保留，用益物权人不享有处分权。因此，用益物权在内容上具有限定性。

　　3. 用益物权是有期物权

　　用益物权是为发挥物的效用将所有权部分权能分离而产生的，因此，相对于所有权的永久性而言，用益物权仅能在一定期限内存续，期限届满用益物权归于消灭。

4. 用益物权的成立和实现以占有他人之物为前提

由以他人之物使用、收益的目的决定了用益物权须以占有他人之物为条件，只有占有标的物，使用收益才有实现的可能。

5. 用益物权的客体一般以不动产为限

虽然对于用益物权的客体各国法律规定有所不同，不动产、动产甚至权利都均无不可，但多以不动产为主要客体。我国《物权法》规定的土地承包经营权、建设用地使用权、地役权和宅基地使用权等用益物权均以土地为客体。虽然《物权法》第 117 条将动产列为用益物权的客体，主要是为将来物权的发展留下余地。①在法律未对动产可设定的用益物权类型作出规定之前，按照物权法定原则，亦不宜以动产作为用益物权的客体。

二、用益物权的种类

由于对物利用方式的多样性，用益物权当然得有不同类型。罗马法上，用益物权包括了地役权、人役权、地上权、永佃权等。大陆法系诸国基于不同国情，用益物权类型不尽相同。《法国民法典》在"所有权的派生权利"下规定了用益权、使用权、居住权、地役权和地上权；《德国民法典》在"不动产用益物权"下规定了地上权、役权（包括地役权、限制的人役权、用益权及居住权）和土地负担；《日本民法典》则规定了用益物权，包括地上权、永佃权、地役权、人会权。

我国《物权法》第三编重点规定了四类用益物权类型：土地承包经营权、建设用地使用权、宅基地使用权和地役权。另外，根据《物权法》第 118 条的规定："国家所有或者国家所有由集体使用以及法律规定属于集体所有的自然资源，单位、个人依法可以占有、使用和收益。"因此，在自然资源使用方面，《物权法》第 122~123 条还规定了海域使用权、探矿权、采矿权、取水权、养殖权、捕捞权等准用益物权。根据《物权法》第 136 条的规定，"建设用地使用权可以在土地的地表、地上或者地下分别设立。新设立的建设用地使用权，不得损害已设立的用益物权"，似乎还确立起了"空间权"的雏形。

可见，我国《物权法》所确立的用益物权类型，不同于大陆法系诸国，具有极强的中国特色，尤其是在改革中逐步完善起来的土地承包经营权更是典型地体现了中国元素。当然，我国传统的典权虽然在司法实践中均加以确认，但由于立法中意见不一，未能够在《物权法》中规定，使当事人利用财产少了一种选择，颇为遗憾。

---

① 韩松等编著：《物权法》，法律出版社 2008 年版，第 270 页。

三、用益物权与相关权利比较①

作为他物权的重要形态，用益物权的主要作用在于促进资源的有效和有序利用。因此，通过与其他权利形态的比较可以较好地展现用益物权的法律地位。

（一）用益物权与所有权的关系

虽然所有权与用益物权之间在权利性质、权利的主体、客体、内容和权利的存续期限等方面均有较大差异，但二者之间存在着极为密切的关联：

1. 用益物权是以所有权为基础而产生的权利

用益物权是以他人所有的财产的使用收益的物权形式本身即表明其离不开所有权，没有所有权的存在用益物权就丧失了存在的基础。

2. 用益物权是所有权行使的一种形式

所有权人有权选择其所有权的实现形式，可以自己行使，亦可由他人行使。用益物权就是由非所有人行使所有权部分权能从而更好发挥物之效用的重要形式。

3. 用益物权是对所有权的一种限制

作为所有权行使方式的一种，当用益物权人得到所有人的应允而对物加以利用时，实际上是对所有权设定负担，因此，所有权受用益物权的限制是为理所当然。这种限制主要体现在：（1）用益物权依法成立后，所有权人不能随意取消，只有在具备法定事由时，所有人才能终止用益物权；（2）所有人在行使所有权时，不得妨碍用益物权人行使权利，甚至不得随意增加用益物权人负担；（3）用益物权具有优先于所有权的效力。

（二）用益物权与担保物权的关系

用益物权和担保物权既存在着区别，又有着密切的联系。正确认识二者的关系，有助于明确用益物权的法律地位。

1. 用益物权和担保物权的区别

（1）二者的目的和内容不同。用益物权以对物的实体利用为目的，以对物的使用、收益为内容，通常表现为权利人得对物占有、使用和收益；而担保物权则是以物的价值保障债权实现，因而在权利内容上体现为对物的价值的利用，在债务人不履行到期债务时，权利人可对标的物做变现处分以保障债权实现。

（2）二者的客体范围不同。与用益物权的客体主要以不动产为限不同，凡具价值并可流通的财产均可作为担保的标的物，包括不动产、动产及财产权利等。

（3）二者实现的方式不同。用益物权通常以权利人直接占有标的物来实现权利，而担保物权除个别情况（如动产质权）外，权利人无须占有标的物，仅对标的物变现的价金优先受偿即可实现权利。

---

① 参见房绍坤：《用益物权基本问题研究》，北京大学出版社2006年版，第二章；韩松等编著：《物权法》，法律出版社2008年版，第275页以下。

（4）二者实现的条件不同。用益物权人一旦取得用益物权即可以在一定期间持续地行使权利以实现其利益；而担保物权人仅能在具备法定或约定条件（在债务人不履行到期债务或者发生当事人约定的实现担保物权的情形）才可以实现担保物权，而且担保物权一旦实现即告消灭。

（5）二者存续的期限不同。二者虽然都是有期限的物权，但是用益物权为实现对物的利用，其存续的期限一般较长，而担保物权则与所担保的债务相联系，其存续期限一般较短。

（6）二者的排他效力不同。用益物权以对物的实体支配为其实现条件，通常（除地役权外）对同一标的物不能设立两个以上用益物权；而担保物权为对标的物支配之必要，通常（除以占有为成立条件的动产质权外）可在同一标的物上设立两个以上担保物权。

2. 用益物权和担保物权的联系

（1）用益物权可以成为担保物权的客体。因担保物权是以利用物的价值为内容的定限物权，凡具价值并可流通的财产均可设定担保物权。用益物权是财产权，只要可流通即可设定担保，如建设用地使用权抵押即为法律明确规定。当然，用益物权设定担保需遵守法律规定，通常需注意两个问题：一是所设定的担保权类型须符合法律规定，就现行法规定，以用益物权设定担保仅限于抵押，排除质权与留置权的适用；二是依现行法规定，以用益物权为客体设定担保除建设用地使用权可自由设定外，其他用益物权多少都受有限制如土地承包经营权抵押仅限于"四荒地"的承包经营权，而宅基地使用权则不得抵押（《物权法》第184条）。

（2）用益物权和担保物权可以并存于同一客体之上。因用益物权与担保物权在内容和实现方式上的不同，二者多不存在冲突，可存于一物之上。

（三）用益物权和不动产债权利用权的关系

在物权与债权二元体系的财产权利构造中，对他人不动产利用可采取设定用益物权的方法，抑或通过订立租用或借用合同等债权的方式。两种方式既有相似之处，又有其不同。如何认识二者的关系，是确定对物利用方式的前提。

1. 用益物权和不动产债权利用权相似之处

（1）二者均以不动产使用为目的。无论设定用益物权，还是以债权形式利用不动产，都具有相同的对不动产利用的目的。就土地而言，如果不是法律特别限定，那么，当事人既可设定建设用地使用权、土地承包经营权、地役权等用益物权，也可设立土地租赁权、土地借用权等债权利用权。

（2）二者具有相似的效力。由于所谓债权物权化现象，因而使得物权化的债权利用权具有了类似用益物权的对抗效力。

（3）二者具有相似的内容。因其目的的相似性，在内容上亦有诸多相同点，如二者都是有期限的权利，能在约定期限内存续；在对不动产利用期间均有维持不动产的义务；在权利消灭时，均得返还土地等。

2. 用益物权和不动产债权利用权之间的差别

（1）二者的性质不同。用益物权是物权，而不动产债权利用权是债权，虽然有债权物权化的现象，但其作为债权的本质并没有改变。

（2）二者的客体不同。用益物权的客体是物——不动产，表现的是人对物的占有、使用、收益关系；不动产债权利用权的客体并非不动产本身，而是债务人的特定给付行为，换言之，作为权利人的不动产利用人仅享有请求债务人交付不动产，并进而加以利用的权利。

（3）二者的成立条件不同。用益物权的成立须按物权变动规则，法律要求以登记为生效要件者，须经登记方可成立；而不动产债权利用权仅依当事人协议，无须以登记等公示为要件。

（4）二者的效力和内容不同。用益物权作为物权，具有排他性、优先性、物权请求权等效力，而不动产债权利用权通常不具有这些效力。因用益物权以占有为前提，如果在一宗土地上设定两个以上的用益物权，则基于"设定在先权利在先"的规则，在先权利具有排除在后的权利的效力，因此，只能实现在先设定的用益物权，对设定在后者土地所有人仅对其承担违约责任；而若两个不动产债权利用权同时在一宗土地上设定，两个债权都可有效成立，债务人向其中一人履行义务而向另一权利人承担违约责任，不存在权利的先后而排他存续的问题。优先性亦复不同，用益物权的优先性是指其有优先于债权的效力，而作为债权利用人的优先购买权等仅相对于其他购买人而言在同等条件下的优先，此"优先"在含义与效力上均不同于物权的"优先"。在权利内容上亦存在较大差异，一般而言用益物权的存续的期限一般长于不动产债权利用权；在使用费用方面，用益物权所支付费用一般高于不动产债权利用权；在对权利处分上用益物权也比不动产债权利用权有更多的自由，债权利用权则受到比较严格的限制。

【案例分析 15-1】

某退休职工林某，其丈夫 10 年前因病去世。为资助孩子出国留学她将其唯一的住房出售，现以退休金租房居住。去年经人介绍认识了比她年长 10 岁的退休干部李某，李某老伴过世 3 年，有一男一女两个孩子，均已成年在本市工作，各自都有自己的住房。两位老人经过一段时间接触，准备谈婚论嫁，为避免"百年"之后因财产等原因引起纷争，李某提出把自己的住房等不动产做处理，他打算把房子赠与女儿，但条件是两老人享有居住权，如果他先于林某去世，林某仍享有此房的居住权，女儿不得以享有所有权为由拒绝林某居住。两位老人与李某儿女协商一致，订立了赠与合同并办理了房屋的过户手续，将房屋所有权登记在女儿名下。但当他们提出居住权登记时，登记机关予以拒绝，于是他们向律师咨询该如何处理。

本例涉及居住权问题。所谓居住权，是指居住权人对他人的住房所享有的占有、使用的权利。在设有居住权的国家，居住权可以通过遗嘱设立，亦可通过合同约定。居住权是一种用益物权。在《物权法》立法过程中对是否设立居住权曾经有过不同意见，后因种种原因没有规定。基于物权法定的原则，物权的种类和内容都由法律规定，因我国《物权法》没有规定居住权这一物权形态，因此，李某和林某希望设立居住权的想法不能得到支持，所以，登记机关不予登记是正确的。当然，李某和林某可以通过合同的形式约定其有生之年在原住房居住，通过设定违约责任对可能出现的风险予以防范。

第二节　土地承包经营权

一、土地承包经营权的概念和特征

从《民法通则》到《农村土地承包法》，"土地承包经营权"在法律上得到确立，《物权法》明确将其纳入用益物权体系。结合《物权法》第124条和第125条的规定，我们认为，土地承包经营权是承包经营权人依法享有的对其承包的耕地、林地、草地以及其他依法用于农业的土地所享有的占有、使用和收益的权利。土地承包经营权具有如下特征：

1. 土地承包经营权的主体具有普遍性

《物权法》未对土地承包经营权的主体作特别规定，根据《土地承包法》的规定，土地承包经营关系的主体包括发包人和承包人。发包人为农村集体经济组织、村民委员会或者村民小组；而享有土地承包经营权的承包人因《土地承包法》中规定了家庭承包和招标、拍卖、公开协商等承包方式，因而承包主体分为两类：一是"家庭承包的承包方是本集体经济组织的农户"，这类主体有权和集体签订合同取得承包经营权，是法定的也是实际上最为广泛的主体；二是对不宜采取家庭承包方式的荒山、荒沟、荒丘、荒滩等"四荒"土地依招标、拍卖、公开协商等承包方式设立的承包经营权主体，这类主体可以是本集体经济组织及其以外的单位、农户和个人。前者具有明显的地域性和成员性，而后者则突破了严格的地域和身份限制。不仅如此，《土地承包法》和《物权法》均允许承包经营权流转，更加扩大了农村土地承包经营权的主体范围，从而使其主体更具广泛性。基于农地的特殊使用性，未经批准不得用于非农建设，因此，其主体必须是农业生产或经营者，而且在事实上以土地所属之集体经济组织的成员为主。

2. 土地承包经营权的客体具有特定性

土地承包经营权的客体是土地，建筑物上不能成立此权利。作为土地承包经营权客体的土地具有限定性，首先必须是农用地，即直接用于农业生产的土地，如耕地、林地、草地；其次，应该是农村集体所有的土地，虽《物权法》第134条规定，"国家所有的农用地实行承包经营的，参照本法的有关规定"，似乎从土地所有人角度而言，集体所有或者国家所有由集体使用的土地包括耕地、林地、草地、荒地以及其他用于农业用途的土地都可成为土地承包经营权的客体，但"参照"表明，承包人对国有土地的承包经营权与《物权法》规定的承包经营权类似，可以适用有关规定，但二者并不具有同质性，因此，土地承包经营权的客体应以农村集体所有的土地为限。

3. 土地承包经营权的内容是以农业生产为目的对土地加以利用

按照《物权法》第 125 条的规定，作为用益物权的承包经营权是对承包的土地"占有、使用和收益的权利"，但须"从事种植业、林业、畜牧业等农业生产"，可见，土地承包经营权创设目的即进行农业生产，其权利行使具有限定性。

二、土地承包经营权的变动

(一) 土地承包经营权的设定

土地承包经营权取得的基本途径即基于法律行为取得，土地承包经营权的设定是最主要的法律事实。《物权法》第 127 条规定："土地承包经营权自土地承包经营权合同生效时设立。"可见，当事人得以订立书面合同而创设土地承包经营权。

1. 依土地承包经营权合同设定土地承包经营权

无论是农村集体经济组织内部的家庭承包的土地承包经营权，还是以招标、拍卖、公开协商等承包方式设立的承包经营权，作为当事人的发包方和承包方都得以合同予以设定。按照《土地承包经营法》第 18 条、第 19 条的规定，土地承包应当遵循以下原则：按照规定统一组织承包时，本集体经济组织成员依法平等地行使承包土地的权利，也可以自愿放弃承包土地的权利；民主协商，公平合理；承包方案应当按照本法第 12 条的规定，依法经本集体经济组织成员的村民会议 2/3 以上成员或者 2/3 以上村民代表的同意；承包程序合法。土地承包应当按照以下程序进行：本集体经济组织成员的村民会议选举产生承包工作小组；承包工作小组依照法律、法规的规定拟订并公布承包方案；依法召开本集体经济组织成员的村民会议，讨论通过承包方案；公开组织实施承包方案；签订承包合同。"土地承包经营权自土地承包经营权合同生效时设立"(《物权法》第 127 条)，无须办理登记等公示手续。

因土地承包经营权合同对当事人利益影响较大，存续时间较长，内容复杂，因此，发包方应当与承包方签订书面承包合同。合同应包括以下内容：发包方、承包方的名称，发包方负责人和承包方代表的姓名、住所；承包土地的名称、坐落、面积、质量等级；承包期限和起止日期；承包土地的用途；发包方和承包方的权利和义务；违约责任。

2. 土地承包经营权的确认

《物权法》第 127 条规定，县级以上地方人民政府应当向土地承包经营权人发放土地承包经营权证、林权证、草原使用权证，并登记造册，确认土地承包经营权。一般而言，使用权登记分为：设定登记、确权登记、变更登记、涂销登记等。因土地承包经营权的设定不以登记为要件，此登记并非承包合同的生效要件，亦非承包经营权的成立要件，而仅仅起确定和证明作用，因此，在性质上一般认为是确权登记，即由县级以上地方人民政府向土地承包经营权人发放土地承包经营权证、林权证、草原使用权证，并登记造册，对业已设立的土地承包经营权予以确认和证明。

为避免增加农民负担，防止相关机关借机收费，《土地承包经营法》第 23 条第 2 款特别规定，颁发土地承包经营权证或者林权证等证书，除按规定收取证书工本费外，不得收取其他费用。

(二) 土地承包经营权的流转

土地承包经营权作为用益物权，权利人有权对其进行处分。因此，土地承包经营权的流转是承包经营权人的一项重要权利。所谓土地承包经营权的流转，是指承包经营权人将其承包经营权或其部分权能移转他人的行为。对此，《物权法》第 128 条规定，土地承包经营权人依照《农村土地承包法》的规定，有权将土地承包经营权采取转包、互换、转让等方式流转。

土地承包经营权流转的主体是承包方。承包方有权依法自主决定土地承包经营权是否流转和流转的方式。依《物权法》规定，土地承包经营权流转主要包括转包、互换、转让等方式，而《土地承包经营法》还规定了出租的流转方式，尤其对依招标、拍卖、公开协商等承包方式设立的"四荒"的承包经营权，更"可以依法采取转让、出租、入股、抵押或者其他方式流转"。

所谓转包，是指承包方将土地承包经营权在一定期限内转给他人从事农业生产经营。转包后接包的第三人按转包合同约定享有对该土地的用益权并对承包方履行义务，但原承包权继续存在。

所谓互换，是指承包经营权人之间为方便耕种、管理或各自的其他需要，将其属于同一集体经济组织的土地承包经营权互相交换。从法律上讲，互换是承包经营权的相互转让，涉及原承包经营关系的变更。

所谓转让是指承包经营权人将其承包经营权部分或全部依法有偿让与他人经营，该他人取得土地承包经营权，原承包经营关系部分或全部终止。

所谓出租是指承包经营权人将其承包经营权依法有偿租赁给他人，他人一次性或分期支付租金并有权在不改变土地所有权性质及其农业用途的条件下进行经营，原承包经营合同关系不发生改变。

按照《土地承包经营法》第 37 条规定，承包经营权流转，当事人双方应当签订书面合同。采取转让方式流转的，应当经发包方同意；采取转包、出租、互换或者其他方式流转的，应当报发包方备案。土地承包经营权流转合同一般包括以下条款：双方当事人的姓名、住所；流转土地的名称、坐落、面积、质量等级；流转的期限和起止日期；流转土地的用途；双方当事人的权利和义务；流转价款及支付方式；违约责任。

（三）土地承包经营权的消灭

土地承包经营权的消灭，是指因发生某种法定事由而使土地承包经营权人丧失土地承包经营权，发包人将承包地收回。土地承包经营权消灭的原因主要有：

1. 承包期限届满

土地承包经营权作为一种有期限的用益物权，只能在法律规定的期限存续。《物权法》第126条规定，耕地的承包期为30年。草地的承包期为30～50年。林地的承包期为30～70年；特殊林木的林地承包期，经国务院林业行政主管部门批准可以延长。承包期届满，由土地承包经营权人按照国家有关规定继续承包。如果承包期限届满而又未继续承包，承包经营权当归于消灭。

2. 发包人在承包期内依法收回土地

在承包经营期内发包方一般不能收回土地，但若出现法定收回土地的事山，如依《土地承包经营法》第26条的规定，承包期内，承包方全家迁入设区的市，转为非农业户口的，应当将承包的耕地和草地交回发包方。承包方不交回的，发包方可以收回承包的耕地和草地。《土地管理法》第37条规定，承包经营耕地的单位或者个人连续两年弃耕抛荒的，原发包单位应当终止承包合同，收回发包的耕地。如发包人依法收回土地，土地承包经营权归于消灭。

3. 承包人在承包期内交回承包土地

除承包方全家迁入设区的市，转为非农业户口应当依法将承包的耕地和草地交回发包方外，按照《土地承包经营法》第29条的规定，承包期内，承包方可以自愿将承包地交回发包方。承包方自愿交回承包地的，应当提前半年以书面形式通知发包方。承包方在承包期内交回承包地的，在承包期内不得再要求承包土地。这实际上是对土地承包经营权的抛弃。承包方依法或自愿将承包土地交回发包方，承包经营权均归于消灭。

4. 承包地被征收

国家基于社会公共利益需要，可依法征收集体所有的土地，设定其上的土地承包经营权归于消灭。

5. 承包地灭失

在承包经营权存续期间，土地因自然灾害而毁损灭失，则承包经营权归于消灭。

三、土地承包经营权的效力

（一）土地承包经营权人的权利义务

1. 土地承包经营权人的权利

（1）占有、使用、收益权。承包人取得土地承包经营权的目的在于从事农业生产，因此必以对土地的占有为前提，并对土地加以利用以取得收益。只要不改变土地的农业用地的性质，不影响邻人的种植经营，承包人有权自主经营，任何人不得干涉。

（2）有限制的处分权。土地承包经营权人的处分权，是指承包经营权人在法令限度内可依法处分其承包经营权，主要体现为承包经营权流转。但是，我国承包经营权的处分除受承包期限的限制外，还受土地用途的限制，未经依法批准，不得将承包地用于非农建设。相对而言，"四荒"的承包经营权流转有更大的自由。

（3）征地补偿请求权。承包人所承包的土地被依法征收的，承包人有权请求获得相应补偿。

（4）相邻权和物权请求权。作为不动产物权人，承包经营权人基于不动产相邻关系，当然得享有相邻权，同时，基于对承包经营权的圆满状态的保障，承包经营权人亦享有物权请求权。

（5）优先承包权。从鼓励土地承包经营权人对所承包的土地积极投入，保持其地力，有效发挥土地效用出发，应给予承包经营权人对其承包的土地享有优先承包权。当然，这里所谓优先承包权是指在土地承包期限届满时，发包方重新发包土地时，原承包权人在同等条件下，所享有的优先于其他人承包的权利。

2. 土地承包经营权人的义务

（1）维持土地的农业用途。基于承包经营权的目的性和对土地用途的限制，承包经营权人有正常利用土地的义务，未经批准不得将承包地用于非农建设。

（2）保护和合理利用土地。土地为不可再生的资源，承包经营权人有义务保护土地，尤其是弥足珍贵的耕地，应依法做好水土保持，防止水土流失，保护生态环境。同时承包经营权人还应依法律规定或者合同的约定的方法合理利用土地，不得撂荒或弃耕；也不能进行掠夺性经营，承包经营权人有义务维持土地的生产力，不得对土地造成永久性损害。承包经营权人给承包地造成永久性损害的，发包方有权制止并要求承包方赔偿由此造成的损失。

（二）发包方的权利义务

1. 发包方的权利

（1）发包权和监督、制止权。《土地承包经营法》第13条规定，发包方享有下列权利：发包本集体所有的或者国家所有依法由本集体使用的农村土地；监督承包方依照承包合同约定的用途合理利用和保护土地；制止承包方损害承包地和农业资源的行为。

（2）转让同意权。按照《土地承包经营法》第41条规定，经发包人同意，承包方可将全部或者部分土地承包经营权转让给其他农户经营，受让方与发包方确立新的承包关系，原承包关系即行终止。

（3）承包地的收回与调整权。如前文所述，发包方依法享有对承包地的收回权。同时，按照《土地承包法》第27条和《物权法》第130条的规定，承包期内因自然灾害严重毁损承包地等特殊情形，需要适当调整承包的耕地和草地的，经本集体经济组织成员的村民会议2/3以上成员或者2/3以上村民代表的同意，并报乡（镇）人民政府和县级人民政府农业等行政主管部门批准，可以进行适当调整。

2. 发包方的义务

（1）维护承包人土地承包经营权的义务。《物权法》第130条和第131条的规定，发包方负有维护承包经营权人承包经营权的义务，除法律另有规定外，承包期内发包人不得调整承包地，不得收回承包地。

（2）尊重承包方的生产经营自主权，不得干涉承包方依法进行正常的生产经营活动。

（3）依照承包合同约定为承包方提供生产、技术、信息等服务。

（4）执行县、乡（镇）土地利用总体规划，组织本集体经济组织内的农业基础设施建设。

【案例分析15-2】

1996年4月1日某村村民彭某与村委会签订了承包鱼塘的协议，期限15年。2004年彭某将自己承包的鱼塘转让给董某经营，双方订立了转让协议，约定：转让期限从2004年3月16日至2010年12月底，转让费40000元，鱼塘现有设备归董某所有。协议签订后董某即给彭某10000元。2004年8月18日，包括董某经营的鱼塘在内的土地被征收，村委会与董某达成解除承包合同的协议，履行协议时董某按约从村委会领取了基建投资8500元，果树补偿款2500元，设备投资款6214元，合计17214元。同时村委会还应按约定向董某提供23813斤稻谷或折算现金13097元，但发款时，由于工作人员失误将此款发给了原承包人彭某，致董某没领到此款。董某要求彭某归还此款遭拒，村委会也不履行其在解除承包合同协议中对董某的给付义务。于是，董某于2005年7月21日以村委会为被告，要求其给付经济补偿款13097元。村委会辩称，原告与彭某转包鱼塘未经村委会同意，村委会不予承认，此款本该补偿给彭某而不是董某。第三人彭某辩称，在解除承包合同时曾与原告达成口头协议，原来谁的设备就归谁，经济补偿款对分，另外，原约定转包费40000元，董某只给了10000元，还差30000元，董某还用了其一部分饲料，所以领走了那13097元补偿款。

此案涉及承包经营权流转的问题。依《物权法》规定，土地承包经营权人依照《农村土地承包法》的规定，有权将土地承包经营权采取转包、互换、转让等方式流转。本案彭某与董某就鱼塘达成的转让协议（而非转包协议），依法应经村委会（发包方）同意，从这个意义上讲，此转让协议存有瑕疵。但原告与彭某达成转让协议并按约进行养殖经营，村委会应该知情而且未作反对表示，更为重要的是，在2004年8月土地征收时，村委会主动与董某达成解除鱼塘承包经营合同的协议，这说明村委会对于原转让协议是认可的，否则，既无合同何来解除合同之说呢？因此，应推定鱼塘转让协议有效。基于此，村委会当将补偿款发给董某而非其辩称的应给彭某。由于工作人员失误将13097元补偿款错发给了彭某，彭某构成不当得利，应予退还，被告村委会应对此给付承担连带责任。①

【案例分析 15-3】

1994年农村集体土地调整，江苏省徐州市贾汪区农民闫某某分得4.5亩承包田。因耕种困难，1996年，闫某某将4.28亩承包田交给村委会，要求村委会临时转给他人，由他人代为耕种和交纳承包田相关费用。村委会将该块地一分为二承包给孟某某和黄某某，2000年，贾汪区政府统一换发《农村集体土地承包经营权证书》（下称《证书》），新集村委会则按照1994年调整承包地的实际情况为人民政府填写《农村集体土地承包经营登记清册》（下称《清册》），后按《清册》代人民政府为各承包方填写《证书》，填写人陈某某把孟某某和黄某某的《清册》内容和《证书》内容作了修改，添加了代闫某某耕种的地。2005年，原告要求返还承包田，新集村委会则采取消极态度予以回避，孟某某和黄某某拒绝返还。

闫某某即向贾汪区人民法院提起诉讼，要求判决返还由孟某某和黄某某代为耕种的承包田。

贾汪区法院2006年3月14日判决：被告徐州市贾汪区汴塘镇新集村村民委员会、被告孟某某、被告黄某某于2006年麦收后将家前地（二期地）3.15亩、桑地1.13亩，合计4.28亩返还给原告闫某某，由原告闫某某耕种。②

本案系土地承包经营权确权案。依《物权法》第127条的规定，土地承包经营权自土地承包经营权合同生效时设立。县级以上地方人民政府应当向土地承包经营权人发放土地承包经营权证、林权证、草原使用权证，并登记造册，确认土地承包经营权。据此，土地承包经营权系依土地承包合同而确定，发证和登记造册仅是对承包经营权的确认。本案原告闫某某因耕种困难，1996年，闫某某将4.28亩承包田交给村委会，要求村委会临时转给他人，由他人代为耕种，显然，闫某某并无不愿耕种交回土地或放弃承包经营权的意思，其承包经营权并不消灭。而在填写《证书》时，填写人陈某某把孟某某和黄某

---

① 根据马新彦主编：《中华人民共和国物权法法条精义与案例解析》，中国法制出版社2007年版，第279～281页，略有改动。

② 案例源自张向东、王道强：《法院有权确定土地承包经营权——闫文付诉孟令金等土地承包经营权纠纷案》，载《人民法院报》2006年7月17日；讨论案例案号：[2005]贾民一初字第817号。

某的《清册》内容和《证书》内容作了修改，添加了代闫某某耕种的地，并无法律和事实依据。因此，人民法院有权根据承包经营合同对承包经营权予以确认。

第三节 建设用地使用权

一、建设用地使用权的概念和特征

建设用地使用权，是在他人土地上建造建筑物、构筑物及其附属物的权利。《物权法》第 135 条规定，建设用地使用权人依法对国家所有的土地享有占有、使用和收益的权利，有权利用该土地建造建筑物、构筑物及其附属设施。第 151 条规定，集体所有的土地作为建设用地的，应当依照《土地管理法》等法律规定办理。《土地管理法》第 43 条、第 59～61 条规定，任何单位和个人进行建设，需要使用土地的，必须依法申请使用国有土地；但是，兴办乡镇企业、或者乡（镇）村公共设施和公益事业经依法批准使用农民集体所有的土地的除外。可见，如果从广义上说，建设用地使用权，应该包括集体土地建设用地使用权、国有土地建设用地使用权；但是，因兴办乡镇企业或公益设施需要而取得集体土地建地使用权仅为"必须依法申请使用国有土地"的例外情形，因此，狭义的建设用地使用权仅指国有土地建设用地使用权。在我国土地所有权二元结构下，如何使集体土地和国有土地得到更充分、合理、公平、有效的利用，是我国土地制度改革和完善需要进一步解决的问题，也是需要《土地管理法》尽快解决的问题。由此以观，我国《物权法》所规定的建设用地使用权仅为狭义的国有土地建设用地使用权，而不将集体土地建设用地使用权一并规定是有道理。

基于此，我们认为，所谓建设用地使用权，是指建设用地使用权人在国有土地上建造建筑物、构筑物及其附属物的用益物权。

建设用地使用权具有以下特征：

1. 建设用地使用权的主体具有广泛性

与农村宅基地使用权不同，建设用地使用权主体没有身份的限制，除法律另有规定的以外，任何公司、企业、其他组织和个人都可依法取得建设用地使用权（《城镇国有土地使用权出让和转让暂行条例》第 3 条）。而且，依法取得建设用地使用权者，在其使用权年限内可以转让、出租、抵押或者用于其他经济活动，因此，建设用地使用权存在由国家出让形成的一级市场和使用权人转让其使用权而形成的二级市场，两级市场取得的建设用地使用权均受法律保护。即便消费者购买商品房，不仅购买了商品房的所有权，而且购买了商品房基地的使用权，因此，建设用地使用权主体极具广泛性。

2. 建设用地使用权的客体是国有土地

《物权法》规定的建设用地使用权是狭义上的国有土地建设用地使用权,因此,其客体以国有土地为限。需注意的是,"建设用地使用权可以在土地的地表、地上或者地下分别设立。新设立的建设用地使用权,不得损害已设立的用益物权"(《物权法》第 136 条)。换言之,建设用地使用权客体不限于地表,还扩及地上或地下空间。

3. 建设用地使用权的内容是建造建筑物、构筑物及其附属物

与土地承包经营权不同,建设用地使用权人取得建设用地使用权即为建造建筑物、构筑物及其附属物。所谓建筑物是指建造于土地上的房屋等供人们居住或生产、生活的建造物;构筑物则指人们不能在其中生产、生活的设施,如道路、桥梁、隧道、沟渠等;附属物则是只对建筑物和构筑物起辅助作用的相关设施。

4. 建设用地使用权为有期限物权

作为以国有土地占有、使用和收益为内容的用益物权,具有期限的限制。但因建筑物、构筑物的存续本身具有长期性,而在客观上要求建设用地使用权的期限应具有长期性。以划拨方式取得的建设用地使用权无期限限制,而以出让方式取得的建设用地使用权的期限,我国现行法律规定建设用地使用权因用途不同其最高年限为:居住用地 70 年,工业用地 50 年,教育、科技、文化、卫生、体育用地 50 年,商业、旅游、娱乐用地 40 年,综合或者其他用地 50 年。期满后还可依法续期,对于住宅建设用地法律特别规定,在使用期满后自动续期。

二、建设用地使用权的取得

我国《土地管理法》第 2 条规定,国家依法实行国有土地有偿使用制度。但是,国家在法律规定的范围内划拨国有土地使用权的除外。因而设立建设用地使用权,可以采取出让或者划拨等方式(《物权法》第 137 条)。

(一)建设用地使用权出让

建设用地使用权出让是指国家以土地所有人身份将建设用地使用权在一定期限内让与土地使用者,并由土地使用者向国家支付建设用地使用权出让金的行为。同时,土地使用权出让应当签订出让合同。可见,建设用地使用权的出让是一种有偿、有期限的要式行为。

1. 市、县人民政府土地管理部门代表国家作为出让人

国家所有权须授权由相关部门具体行使。根据法律规定,国有建设用地使用权出让依法由市、县人民政府土地管理部门代表国家作为出让人出让建设用地。

2. 建设用地使用权出让方式

依现行法律规定,建设用地使用权出让有以下形式:协议、招标、拍卖和挂牌出让。实际上,从其价格形成机制角度看,建设用地使用权出让无非有协议出让和

竞价出让两大类。协议出让具有简便、灵活、交易成本低等优点，但其缺陷也是显而易见的，如缺乏竞争，易"暗箱操作"而滋生腐败等。因此，原则上采取公开竞价即以所谓"招"、"拍"、"挂"等方式出让建设用地使用权。工业、商业、旅游、娱乐和商品住宅等经营性用地以及同一土地有两个以上意向用地者的，应当采取招标、拍卖等公开竞价的方式出让(《物权法》第 137 条)。

3. 建设用地使用权出让合同

建设用地使用权出让须订立书面合同。建设用地使用权出让合同一般包括下列条款：当事人的名称和住所；土地界址、面积等；建筑物、构筑物及其附属设施占用的空间；土地用途；使用期限；出让金等费用及其支付方式；解决争议的方法。

4. 建设用地使用权登记

与承包经营权自合同生效时成立不同，现行法明确规定，设立建设用地使用权的，应当向登记机构申请建设用地使用权登记，建设用地使用权自登记时设立。登记机构应当向建设用地使用权人发放建设用地使用权证书。换言之，建设用地使用权的设定采严格的登记要件主义，建设用地使用权出让合同生效，并不直接创设建设用地使用权，须经登记完成，建设用地使用权方告成立。

(二) 建设用地使用权划拨

1. 划拨的含义

所谓建设用地使用权划拨，是指县级以上人民政府依法批准，在建设用地使用者缴纳补偿、安置等费用后将该幅土地交付其使用，或者将建设用地使用权无偿交付给建设用地使用者使用的行为。

在较长一段时间里，我国都是以划拨方式将建设用地使用权无偿交付给相关当事人使用，但是，随着改革的进行，对国有土地有偿使用已经成为一项基本的法律政策，因此，必须严格限制以划拨方式设立建设用地使用权。采取划拨方式的，应当遵守法律、行政法规关于土地用途的规定。

2. 划拨取得建设用地使用权的特点

(1) 无偿性。划拨设立建设用地使用权主要是对具有国家利益和社会公共利益的项目的扶持，使用人无须支付土地出让金。当然，这里的无偿是指对于国家而言无须支付出让金，倘若涉及集体土地征收时，建设用地使用权人应当支付相应的补偿、安置等费用。

(2) 无期限性。对于建设用地使用权一般有使用期限，但是，以划拨方式取得土地使用权的，除法律、行政法规另有规定外，没有使用期限的限制。

(3) 限制流通性。以出让方式取得的建设用地使用权，权利人可自由处分，包括转让、互换、赠与、抵押等，但是，因划拨土地本身具有公益目的且往往与使用人身份密切联系，因此，其流通受到法律的限制。如果要进行交易，必须履行相应手续和义务。对此，《城市房地产管理法》第 40 条规定，以划拨方式取得土地使用权的，转让房地产时，应当按照国务院规定，报有批准权的人民政府审批。有批准权的人民政府准予转让的，应当由受让方办理土地使用权出让手续，并依照国家有关规定缴纳土地使用权出让金。以划拨方式取得土地使用权的，转让房地产报批时，有批准权的人民政府按照国务院规定决定可以不办理土地使用权出让手续的，转让方应当按照国务院规定将转让房地产所获收益中的土地收益上缴国家或者作其他处理。

3. 划拨的适用范围

以划拨方式设立建设用地使用权存在的弊端是显而易见的，如造成土地的浪费和不合理使用，滋生腐败等，因此对于划拨必须依法严格控制其适用范围。《城市房地产管理法》第 24 条规定，下列建设用地的土地使用权，确属必需的，可以由县级以上人民政府依法批准划拨：国家机关用地和军事用地；城市基础设施用地和公益事业用地；国家重点扶持的能源、交通、水利等项目用地；法律、行政法规规定的其他用地。

三、建设用地使用权的效力

建设用地使用权作为用益物权，权利人当然得享有对依法取得的国家所有的土地的占有、使用和收益的权利，有权利用该土地建造建筑物、构筑物及其附属设施。同时，依法承担相应义务。

（一）建设用地使用权人的权利

1. 占有、使用土地的权利

建设用地使用权就是为保存建筑物或其他工作物而使用土地的权利，因此，使用土地是土地使用权人的最主要权利。建设用地使用权人对土地的使用权，应当在设定建设用地使用权的行为所限定的范围内进行。例如，限定房屋的高度、限制房屋的用途，建设用地使用权人使用土地时不得超出该项范围。

2. 权利处分权

除法律另有规定的以外，建设用地使用权人有权将建设用地使用权转让、互换、出资、赠与或者抵押。既然建设用地使用权是以保存建筑物或其他工作物为目的，则其必须与建筑物共命运，建设用地使用权转让、互换、出资或者赠与的，附着于该土地上的建筑物、构筑物及其附属设施一并处分。建筑物、构筑物及其附属设施转让、互换、出资或者赠与的，该建筑物、构筑物及其附属设施占用范围内的建设用地使用权一并处分。

3. 建筑物或其他工作物的补偿请求权

建设用地使用权人在使用期间内有权在土地上建造建筑物或其他工作物以及其他附着物。若建设用地使用权期间届满前，因公共利益需要提前收回该土地的，建设用地使用权人依法享有对该土地上的房屋及其他不动产的补偿请求权，并有权请求退还相应的土地出让金。

（二）建设用地使用权人的义务

1. 支付出让金等费用

除划拨而无偿取得建设用地使用权外，"建设用地使用权人应当依照法律规定以及合同约定支付出让金等费用"。这是建设用地使用权人应承担的主要义务。出让金的支付方式由合同约定，可以一次性支付，也可以分期支付。

2. 合理利用土地

土地是人类弥足珍贵的资源，建设用地使用权人负有合理开发、利用土地的法定义务。一方面，建设用地使用权人应当合理利用土地，不得改变土地用途；需要改变土地用途的，应当依法经有关行政主管部门批准（《物权法》第140条）。另一方面，建设用地使用权人应当及时合理开发土地，除因不可抗力或者政府、政府有关部门的行为或者动工开发必需的前期工作造成动工开发迟延的以外，超过出让合同约定的动工开发日期满1年未动工开发的，可以征收相当于土地使用权出让金20%以下的土地闲置费；满2年未动工开发的，可以无偿收回土地使用权（《城市房地产管理法》第26条）。此外，建设用地使用权人在对土地开发利用的过程中，还负有生态和环境保护的义务。

四、建设用地使用权的消灭

（一）建设用地使用权消灭的事由

建设用地使用权因一定的法律事实出现而归于消灭。概括地说，建设用地使用权消灭的事由主要包括：

1. 使用期限届满

建设用地使用权作为有期限的权利，当然受其存续期限的限制。因此，建设用地使用期限届满是其权利消灭的重要原因。这里需要说明的是，非住宅建设用地如果权利人按时提出续期申请并办理相关手续的，其建设用地使用权继续存在，否则，其建设用地使用权于期满时消灭；住宅性建设用地使用权到期依法自动续期，换言之，住宅建设用地到期只要住宅尚未灭失，无须权利人办理续期手续，建设用地使用权继续存续。

2. 提前收回土地

建设用地使用权因土地管理部门基于法定事由提前收回土地而归于消灭。提前收回土地的事由通常有两种：一是基于公共利益需要土地出让方可提前收回土地，此为土地的征收；二是因行政处理或行政处罚收回土地，此为土地使用权的撤销。根据《土地管理法》和《城市房地产管理法》规定，建设用地使用权撤销的具体情形有：使用人迁移、解散、破产或其他原因而停止使用划拨土地；公路、铁路、机场、矿场等用地经核准报废；超过合同约定动工开发期限满两年未动工开发；已经办理审批手续的非农建设占用耕地，连续两年未使用。

3. 权利人抛弃权利

作为财产权利，建设用地使用权人原则上有抛弃其权利的自由，建设用地使用权因权利人抛弃而归于消灭。但建设用地使用权作为不动产权利，抛弃行为应采明示方式，办理土地返还等手续，同时，抛弃不得损害社会公共利益和第三人利益，如已经设定抵押的建设用地使用权，非经抵押权人同意不得抛弃。

4. 土地灭失

因地震等自然灾害导致土地灭失或不能作为建设用地使用的，建设用地使用权归于消灭。

（二）建设用地使用权消灭的法律效果

建设用地使用权消灭后，当事人通常应当返还土地，办理注销登记，发证机构收回权利证书。此外，如果是因使用期限届满前征收土地的，县、市人民政府应当根据具体情况对地上建筑物、附着物给予适当补偿，并退还相应的出让金（《物权法》第 148 条）；如果因使用期限届满使用权消灭后，地上建筑物的归属由当事人约定，当事人没有约定或约定不明的，依《城镇国有土地使用权出让和转让暂行条例》规定，"地上建筑物、其他附着物所有权由国家无偿取得"。

【案例分析 15-4】

2007 年 1 月 11 日，某房地产开发公司通过拍卖竞价夺得一块位于市中心的 128 亩土地的建设用地使用权，并与国土局签订了建设用地使用权出让合同，根据合同约定，在该房地产开发公司付清全部土地使用权出让金后 10 个工作日内，国土局将依法办理建设用地使用权登记手续并核发建设用地使用权证。但后该公司因资金不到位，虽国土部门一再催促但一直未缴清出让金，因此并未办理建设用地使用权登记，也未取得权利证书。后该公司经营不善面临破产，债权人申请将该土地使用权拍卖变现并从中受偿，待委托拍卖时发现其尚未取得土地使用权，不具备拍卖条件。

本例涉及建设用地使用权的设定和转让等相关问题。所谓建设用地使用权，是在他人土地上假造建筑物、构筑物及其附属设施的权利。建设用地使用权须由当事人订立书面形式的建设用地使用权出让合同，并经登记后方可设定。换言之，登记是建设用地使用权的成立要件，非经登记建设用地使用权不成立。因此，本案所涉地块虽经拍卖并签订了建设用地使用权出让合同，但因房地产开发公司未缴清出让金，未办理建设用地使用权登记，该公司并未取得建设用地使用权。申言之，该地块的使用权根本就不是该公司的财产，所以不能也无法再行拍卖。

【案例分析 15-5】

　　某县居民吴某依法拥有在该县城西大街一侧区的一块 163 平米的建设用地使用权，吴某拟在此处修建一栋三层小楼的申请得到城建部门批准，并取得了建设许可证。但由于资金不足，吴某的小楼盖到二楼就封顶了，他准备来年积累资金以后再续盖三楼。但因吴某做生意需要资金，因此将建好的该房第一层卖与周某，但未提及更未在合同中明确约定以后要加盖第三楼的事情。后来吴某有了资金打算加盖第三层时，周某明确表示反对。于是，双方产生纠纷诉至法院。

　　本案涉及建设用地使用权的内容和区分所有权等问题。本来吴某作为建设用地使用人在规划许可范围内，经城建部门审批在此建三层小楼是其正当权利，至于一次性修建还是分期分批修建，只要不违背相关管理规定和审批要求均无不可。但是，当吴某将小楼第一层卖与周某以后，原来单独的所有权就变化为了建筑物的区分所有权，因此，该建设用地使用权即由二人共同享有，依区分所有权原理该屋房顶亦属共有部分。基于此，吴某要加盖第三层须取得周某同意。否则，构成对周某权利的侵害。①

第四节　宅基地使用权

一、宅基地使用权的定义和特征

　　宅基地使用权，是指宅基地使用权人依法占有、使用集体所有的土地，利用该土地建造住宅及其附属设施，并排除他人干涉的权利。

　　宅基地使用权是我国特有的为解决农民居住问题而设立的一项用益物权制度。宅基地使用权具有如下特征：

　　1. 宅基地使用权的主体限于农村集体经济组织的农户

　　在现行法律框架下，宅基地的存在目的即为解决农民的居住问题，因此，宅基地使用权的主体仅限于农村集体经济组织的成员，而且因农村居住传统是以户为单位，所以，并非每个成员均可申请取得宅基地，而是坚持"一户一宅"原则，只有农户方能作为宅基地使用权的主体，本集体经济组织外的农户或城镇居民都不能取得宅基地。

　　2. 宅基地使用权的客体是集体所有的土地

　　对宅基地使用权不能仅从字面理解，在我国现行法律制度下，城镇居民除因历史原因对原有私有房屋可继续享有宅基地使用权以外，其余只能通过建设用地使用

---

　　①　温世扬：《物权法要义》，法律出版社 2007 年版，第 199 页。

权解决居住问题。换言之，《物权法》所指宅基地使用权实际上是"农村宅基地使用权"，其客体只能是集体所有的土地。

3. 宅基地使用权的内容是建造住宅及其附属设施

宅基地使用权是为农民提供居住条件的特定目的，决定其权利内容只限于建造住宅及其附属设施，不能用作其他用途，兴办乡镇企业、学校等用途使用土地应属于农村建设用地范畴，而非宅基地使用权范畴。

4. 宅基地的取得具有无偿性

因宅基地本身具有保障性和福利性功能，其权利以农户申请并经所在乡批准而取得，无须支付使用费或租金。

二、宅基地使用权的取得

宅基地使用权的取得，是指宅基地使用权人通过法律规定的方式获得宅基地并在其上建造住宅及其附属设施的权利。《物权法》规定，宅基地使用权的取得适用《土地管理法》等法律和国家有关规定。据此，宅基地使用权的取得方式大致有：

1. 审批取得

《土地管理法》第62条规定："农村村民一户只能拥有一处宅基地，其宅基地的面积不得超过省、自治区、直辖市规定的标准。农村村民建住宅，应当符合乡（镇）土地利用总体规划，并尽量使用原有的宅基地和村内空闲地。农村村民住宅用地，经乡（镇）人民政府审核，由县级人民政府批准；其中，涉及占用农用地的，依照本法第44条的规定办理审批手续。农村村民出卖、出租住房后，再申请宅基地的，不予批准。"

（1）农户申请。凡符合申请条件的农户均可提出申请，具体申请条件由各地人民政府根据实际情况决定。

（2）集体土地所有人同意。农户申请宅基地使用权，"应向本集体经济组织提出申请，并在本集体经济组织或村民小组张榜公布。公布期满无异议的，报经乡（镇）审核后，报县（市）审批"（国土资源部2004年《关于加强农村宅基地管理的意见》第6条）。

（3）乡（镇）人民政府审核。乡（镇）人民政府应对农户的申请依法进行审核，就其是否符合申请条件和土地利用规划等提出审核意见，并报送县级人民政府批准。

（4）县级人民政府批准。县级人民政府对报送的宅基地使用权申请符合条件的，应予批准。

2. 附随取得

除以审批方式取得宅基地使用权外，根据"地随房走"的原则，因房屋转让受让人在取得房屋所有权的同时，取得该房屋宅基地使用权。

同时，因房屋所有人死亡，其继承人或受遗赠人在继承或接受遗赠房屋所有权，并附随取得该房屋的宅基地使用权。

三、宅基地使用权的效力

1. 宅基地使用权人的权利

宅基地使用权人以对宅基地占有为前提，对宅基地进行使用、收益。

（1）占有权。宅基地使用权人有权占有宅基地，并排除他人的干涉。

（2）使用、收益权。宅基地使用权人有权在宅基地上建造住宅以及与居住生活相关的附属设施，并有权获得使用宅基地产生的收益，如在宅基地空闲处栽种花木产生的孳息。

（3）处分权。宅基地使用权不得单独流转，但权利人有权依法对房屋所有权进行处分，倘若该房屋流转，则其宅基地使用权一并附随流转。对此，《物权法》尚未具体规定，理论和实务界争议较大，需要进一步研究和规范。

2. 宅基地使用权人的义务

宅基地使用权人应按规定的用途合理使用宅基地，不得将宅基地改作他用，如建厂房、旅店等。

四、宅基地使用权的消灭

宅基地因下列事由归于消灭：

1. 宅基地被收回

因宅基地使用权人未按批准用途使用宅基地而致宅基地长期闲置等原因，经县级人民政府土地管理部门批准，所有权人有权收回宅基地。宅基地被收回的，宅基地使用权消灭。

2. 宅基地被征收

因公共利益需要，国家可以对宅基地实行征收。宅基地被征收的，宅基地使用权消灭，原宅基地使用权人有权获得补偿，并申请重新分配宅基地。

3. 宅基地灭失

宅基地因自然灾害等原因灭失的，宅基地使用权消灭。对失去宅基地的村民，应当重新分配宅基地。

4. 宅基地使用权人抛弃使用权

宅基地使用权与其他财产权利一样，权利人可得抛弃。权利人抛弃宅基地使用权的，宅基地使用权消灭，原宅基地使用权人不得申请重新分配宅基地。

【案例分析 15-6】

村民王某于 2008 年 2 月 23 日与邻村村民张某签订《房屋转让合同书》，约定王某购买张某在宅基地上自建的住房一处，房价总计人民币 18 万元。签约当日，王某支付给张某人民币 1 万元整。2008 年 3 月 17 日，王某因种种原因不想再购买此处房产，希望能与张某解除《房屋转让合同书》，由张某返还其已支付的购房定金。张某以王某单方面解除合同构成违约为由，拒不返还定金。协商不成遂生纠纷，王某诉至法院。

本案所涉乃农民宅基地及其房屋的流转问题。根据《物权法》的现有规定来看，宅基地使用权是为解决农民的居住问题而设置的用益物权。对于其得否流转的问题，《物权法》没有明确规定，而是在第153条规定，宅基地使用权的取得、行使和转让，适用《土地管理法》等法律和国家有关规定。根据我国《土地管理法》、《城市房地产管理法》与《城市房地产开发经营管理条例》等相关法律规定，农民的宅基地不能单独转让，在本集体经济组织内部因住房转让的，宅基地一并转让。换言之，按照现行法规定，本案中张某在自家宅基地上自建的住宅，只能转让给该村镇的村民，而不能向村镇以外的购房者出售。就目前的立法政策看，禁止对外转让村镇产权房屋，其实质是禁止转让房产占用的宅基地。因此，依据《合同法》第52条关于"有违反法律、行政法规的强制性规定情形的，合同无效"的规定，王某与张某签订的《房屋转让合同书》无效。

第五节　地　役　权

一、地役权概述

（一）地役权的概念和特征

所谓地役权，是指为了自己不动产使用的便利和效益，而按照合同约定利用他人不动产的权利。其中，他人的不动产称为"供役地"，享有方便和利益的不动产，称为"需役地"，需役地和供役地须同时存在，但不以二者比邻为必要。《物权法》第156条规定："地役权人有权按照合同约定，利用他人的不动产，以提高自己的不动产的效益。"

地役权是传统民法上的用益物权，被大陆法系各国普遍采用。在《物权法》规定地役权之前，我国立法中没有对其进行规定，因此，是一种相对较"新"的用益物权。地役权具有如下法律特征：

1. 地役权存在于权属不同的两项不动产之间

传统民法中，地役权的客体仅以土地为限，因现实生活中有为自己建筑物等土地外的其他不动产的便利而利用他人土地或建筑物的客观需要，因此，《物权法》将地役权客体范围从土地扩及"不动产"。但作为需役地和供役地的两项不动产须为不同权利归属，即非属一人所有或享有其用益权。传统地役权的权利主体是需役地的所有人，但是，基于我国的所有制尤其是土地所有制状况，结合地役权本身的制度价值，地役权人不限于不动产所有人之间，在不动产使用人与不动产所有人之间、在不动产所有人与不动产使用人之间、在不动产使用人与使用人之间均可设定地役权。①

2. 地役权是以他人不动产供自己不动产便利之用的权利

地役权人使用他人不动产的目的不在于使用本身及其收益，而在于更好地利用自己的不动产，以增进其价值或提高其效益。通常所谓便利，即指方便利用之利，包括精神上和物质上的利益，前者如眺望地役权，后者如通行地役权。只要不违反法律强制性规定和公序良俗，当事人为自己不动产便利计，可自由设定地役权。

3. 地役权具有从属性

作为用益物权，地役权的成立必须以需役地为基础，无需役地即无地役权，即地役权从属于需役地而存在；同时，地役权必须与需役地使用权一同移转，不得与需役地分离而单独让与。对此，《物权法》第 164 条和第 165 条规定，"地役权不得单独转让。土地承包经营权、建设用地使用权等转让的，地役权一并转让，但合同另有约定的除外"；"地役权不得单独抵押。土地承包经营权、建设用地使用权等抵押的，在实现抵押权时，地役权一并转让。"例如，甲为了自己房屋观景方便，同乙协商将其房屋设定了眺望地役权，约定乙的房屋不得修建二层以上建筑，并办理了登记。基于地役权的从属性，甲不得将地役权与自己的房屋所有权分别转让他人。

4. 地役权具有不可分性

地役权是以需役地的便利而设定在供役地上的权利，因此，其效力及于需役地和供役地全部，不能分割为数部分或仅为需役地的一部分而存在。换言之，地役权不能分割为两个以上的权利，也不得使其部分消灭或存续。需役地或供役地为共有时，地役权为各共有人共享或共同负担；需役地被分割后，各分割的部分仍享有原地役权；供役地被分割时，各部分仍承担原地役权。对此，《物权法》第 166 条规定，需役地以及需役地上的土地承包经营权、建设用地使用权部分转让时，转让部分涉及地役权的，受让人同时享有地役权。第 167 条规定，供役地以及供役地上的土地承包经营权、建设用地使用权部分转让时，转让部分涉及地役权的，地役权对受让人具有约束力。

（二）地役权与相邻关系的区别

对相邻关系，我国法律早有规定，地役权则在《物权法》才做规定。虽然二者在利用他人不动产而发挥自己动产的效益等方面颇为相似，但毕竟是不同的制度设计，有必要对其进行区分。地役权和相邻关系主要有以下几点区别：

（1）二者的设立方式不同。相邻关系是不动产所有权或使用权的必要扩张或

---

① 马新彦主编：《中华人民共和国物权法法条精义与案例解析》，中国法制出版社 2007 年版，第 332 页。

限制，直接由法律规定，不需登记；而地役权则是相邻不动产权利人通过合同约定而设立的，不经登记不具有对抗效力。

（2）二者对当事人利益调节的程度不同。相邻关系是权利人之间对不动产利用所做的最低限度的调节，为当事人行使权利提供基本的保障；而地役权的设立则是逾越了相邻关系的限度，对当事人权利行使在相当大程度上进行限制或扩张。

（3）二者的法律性质不同。相邻关系仅仅是对当事人权利的限制或扩张，它本身不是一种民事权利，也不是一种独立的物权类型；地役权则是一项独立的民事权利，属于用益物权。

（4）二者在有偿或无偿上的关系不同。相邻关系是一种法定利益调节关系，享有相关利益只要不造成对方损失就无须向对方支付费用，通常是无偿的；而地役权则是由合同约定的，除合同约定无偿的以外，通常是有偿的。

（5）二者的救济依据不同。相邻关系受到侵害后，不能直接以相邻关系为基础提起损害赔偿诉讼，而应该提起所有权的行使受妨害之诉；地役权受到损害之后，受害人可以直接提起地役权受损害的请求之诉。

（6）二者的发生前提不同。相邻关系发生在相互毗邻的不动产当事人之间，须以不动产毗邻为前提；而地役权则只要在不动产之间形成供役与需役关系，即便相隔较远的不动产之间都可以通过协议成立地役权，无须不动产之间相互毗邻。

（三）地役权的种类

地役权的分类在不同立法中不尽一致，通常而言，按照标准的不同可将地役权分为不同类别。以地役权的内容为标准可将地役权分为通行地役权、建筑地役权、引水地役权、排水地役权、汲水地役权、铺设管线地役权、眺望地役权等；以地役权的客体为标准可将地役权分为地表地役权和空间地役权、土地地役权和建筑物地役权；一般所说的地役权是指地表地役权或土地地役权，而空间地役权是指以他人之地上或地下特定空间供自己土地的上下空便利之用的地役权①，建筑物地役权是以建筑物为供役地的地役权，如限制建筑物高度的地役权，实际上也是空间权的一种；以地役权行使的状态是积极或消极为标准，可将地役权分为积极地役权和消极地役权；以地役权的行使方法为标准可将地役权分为继续地役权和非继续地役权等。

我们仅根据地役权的内容，对地役权类型简略介绍如下：

（1）通行地役权，是指地役权人在供役地上通行的地役权，至于通行是人行抑或车行，应由当事人约定。

（2）引水／排水地役权，是指地役权人在供役地上设置水道或开挖沟渠将水引入／排出需役地的地役权。

（3）汲水地役权，是指地役权人在供役地上打井或设置抽水设施等从供役地

---

① 梁慧星、陈华彬：《物权法》，法律出版社2003年版，第292页。

水源汲水的地役权。与引水/排水地役权的不同在于，汲水地役权是从供役地取得水，而引水/排水地役权仅仅是指引入或排出的水经过供役地而已。

（4）铺设管线地役权，是指地役权人在供役地的地表、地上或地下铺设自来水、煤气、电缆等管线的地役权。

（5）采光/通风地役权，是指供役地人在一定范围内不得修建地上建筑物或工作物，以保障需役地采光/通风的地役权。

（6）眺望地役权，是指地役权人通过供役地眺望的地役权，其表现为禁止在供役地上建造工作物或建筑物超过一定高度，保障需役地的视野，以免妨碍眺望。

（7）禁止竞业地役权，是指地役权人禁止他人利用供役地从事某种与自己有竞争关系的营业活动的地役权。

二、地役权的效力

（一）地役权人的权利义务

1. 地役权人的权利

（1）使用权供役地。地役权的存在目的，即在于以供役地供需役地的便利之用。地役权人当然得享使用供役地的权利，这是地役权人的基本权利。

（2）为必要的附随行为和设置并保有必要附属设施的权利。为实现地役权的目的，地役权人不仅可以使用供役地，而且有权从事必要的附随行为或设置必要的附属设施。附随行为，是指为实现地役权而不得不为的为地役权提供准备和便利的相关行为，如为实现排水地役权而开挖沟渠；附属设施则是指为实现地役权而建造的建筑物和构筑物，比如地役权人为了行使取水地役权，在供役地上设置水井等。当然，附随行为和附属设施需以实现地役权之必要为限，超过必要限度甚或单纯为了建造并保有建筑物和构筑物而进行建造，则为法不允。

（3）工作物取回权。地役权人为实现地役权所设置的附属设施和工作物属于地役权人所有，当地役权消灭时，原地役权人有取回的权利。但倘若共役地权利人愿以适当价格购买时，原地役权人原则上不得拒绝。[①]

（4）物权请求权。作为用益物权，当地役权受到妨害或有受妨害之虞时，地役权人可以行使停止侵害、排除妨害等物权请求权。

2. 地役权人的义务

（1）按合同约定支付费用的义务。地役权设定可按合同约定为有偿或无偿。若地役权依约为有偿时，地役权人应当依约支付费用。

（2）保全供役地人利益的义务。基于诚实信用和禁止滥用权利的原则，地役权人须按约定行使地役权，并应尽量照顾和保护供役地人的利益。《物权法》第160条规定："地役权人应当按照合同约定的利用目的和方法利用供役地，尽量减

---

① 江平主编：《民法》，中国政法大学出版社 2007 年版，第 391 页。

少对供役地权利人物权的限制。"

（3）维护工作物的义务。除合同另有约定外，地役权人对为行使地役权所设置的附属设施负有维护的义务，若因地役权人没有尽到维护义务造成供役地人损害的应承担赔偿责任。

（二）供役地人的权利义务

1. 供役地人的权利

（1）费用请求权。地役权设定为有偿时，供役地人有权依约请求支付费用。

（2）对供役地的使用收益权。虽供役地上设定了地役权，但在不妨害地役权行使的范围内，供役地人有权对供役地行使权利，得为使用和收益。

（3）对地役权附属设施的使用权。在不妨害地役权行使的范围内，供役地人有权使用地役权人在供役地上设置的附属设施。

2. 供役地人的义务

（1）容忍与不作为义务。地役权设定后，供役地人应容忍地役权人在供役地上为一定行为或不为一定行为。对此，《物权法》第159条规定："供役地权利人应当按照合同约定，允许地役权人利用其土地，不得妨害地役权人行使权利。"

（2）分担附属设施的维护费用。供役地人使用相关附属设施的，应按其受益程度分担设施维护费用。

三、地役权的取得

地役权可因法律行为取得，也可因法律行为以外的法律事实而取得。基于法律行为取得地役权又可分为设定取得和让与取得；基于法律行为以外的法律事实而取得，主要是基于时效取得和基于继承取得。

（一）基于法律行为而取得

1. 因地役权合同而取得

《物权法》第157条规定："设立地役权，当事人应当采取书面形式订立地役权合同。"这意味着，需役地人和供役地人之间可通过书面合同设定地役权。在我国，地役权合同的当事人可以是土地所有人，也可以是土地的使用人包括建设用地使用权人、宅基地使用权人、土地承包经营权人等。地役权合同一般包括以下内容：当事人的姓名或者名称和住所；供役地和需役地的位置；利用目的和方法；利用期限；费用及其支付方式；解决争议的方法。

依《物权法》第158条的规定："地役权自地役权合同生效时设立。当事人要求登记的，可以向登记机构申请地役权登记；未经登记，不得对抗善意第三人。"可见，依合同设定地役权时，合同生效时地役权即告成立，登记仅是其对抗要件而非成立要件。

2. 因受让而取得

地役权作为一种独立的用益物权，可以自由转让，但由于其从属性质，不得与需役地分离而单独转让。当地役权与需役地一并转让，受让人在取得需役地时亦取得其地役权。

（二）基于法律行为以外的法律事实而取得

1. 因继承而取得

作为用益权，地役权可因继承而取得。与前述地役权转让取得一样，地役权也可因作为需役地的不动产的继承而一并继承，但非经登记不得对抗第三人。

2. 因时效而取得地役权

同前述所有权取得一样，理论上讲，地役权亦可因时效而取得。但我国法律上尚无取得时效之规定，地役权是否可得因时效而取得尚值探究。

四、地役权的消灭

通常情况下，地役权可因一般物权消灭的原因归于消灭，如约定存续期限届满、权利人抛弃权利、标的物灭失、混同等。此外，《物权法》第168条规定，地役权人有下列情形之一的，供役地权利人有权解除地役权合同，地役权消灭：违反法律规定或者合同约定，滥用地役权；有偿利用供役地，约定的付款期间届满后在合理期限内经两次催告未支付费用。据此，在地役权人滥用权利、迟延履行等违反法律或合同时，供役地权利人有解除地役权合同的权利，因合同解除地役权归于消灭。

因地役权消灭，当事人之间因地役权产生的权利义务归于消灭。具体而言，原供役地人所负负担解除；地役权人修建了附属设施或工作物的除不可取回的（如建设的道路）以外，地役权人有权取回；地役权人行使地役权时占用需役地的应恢复原状；如果地役权已经登记的，应及时办理地役权涂销登记。

【案例分析15-7】

甲房地产开发公司拍得某市区河畔一块土地，准备以"观景"为理念设计并建造一所高层观景商品住宅楼。但该地前面有一座休闲度假村，为了该住宅楼业主能在房间里欣赏河畔风景，双方约定：度假村在30年内不得在该土地上兴建二层高以上建筑；作为补偿，甲每年向度假村支付20万元。三年后，度假村将该土地使用权转让给从事酒店经营的乙公司，乙公司在该土地上动工修建高层观光旅行套房。甲公司得知后，便要求乙公司立即停止兴建，但遭到拒绝，甲房地产开发公司于是向法院提起诉讼，请求法院判决乙公司停止施工并同时要求度假村承担违约责任。

地役权设定的根本目的在于增进需役地的效益。本案甲房地产开发公司设定地役权正是为了打造观景理念而提升拟开发的楼盘的价值。根据《物权法》第158条规定，地役权以当事人之间订立的地役权合同生效时设立，是否登记不影响地役权的设立，但未登记不能对抗善意第三人。因当事人之间成立地役权，作为用益物权的双方享有相应的权利并承担相应义务。《物权法》第156条规定："地役权人有权按照合同约定，利用他人的不动产，以提高自己的不动产的效益。"第159条规定："供役地权利人应当按照合同约定，允许地役权人利用其土地，不得妨害地役权人行使权利。"所以，甲房地产开发公司与度假村之间设立了地役权，如果度假村违反约定，妨害地役权人权利行使，作为地役权人的甲房产地开发公司可要求其排除妨害。

值得注意的是，地役权作为一种从物权，从属于需役地的所有权或使用权，与其共命运。对此，《物权法》第164条规定，"地役权不得单独转让。土地承包经营权、建设用地使用权等转让的，地役权一并转让，但合同另有约定的除外"。因此，本案需根据实际情况确定谁是地役权人，如果甲房地产开发公司项目已经开发完毕，楼已售罄并已将该土地使用权移转给业主，那么，甲房地产开发公司就不再是地役权人，反之，如果该项目仍在建设之中，该土地使用权尚属于甲房地产开发公司，那么甲房地产开发公司即是地役权人。地役权人可主张其地役权。但问题是，甲房地产开发公司与度假村之间的地役权合同没有到登记机构登记，不能对抗善意的第三人乙公司，因此，作为受让供役地人的乙公司如受让该地时属善意，就没有义务负担原来的地役权合约，换言之，乙公司可以在不妨碍相邻权人的相邻权的情况下任意使用该土地。所以，即便甲房地产开发公司尚属本案地役权人，亦不能要求乙公司停止施工，而只能要求度假村承担违约责任。

【本章思考题】

1. 何谓用益物权？简述我国的用益物权体系。
2. 土地承包经营权的取得方式有哪些？
3. 建设用地使用权和宅基地使用权有哪些不同？
4. 试述建设用地使用权的效力。
5. 地役权和相邻关系有何区别？
6. 简述地役权的效力。

第十六章　担保物权

☞ **本章导读**

　　担保是促进资金融通和商品流通，保障债权实现的重要法律制度；担保物权则是以特定物的价值保障债权实现的物权制度。担保物权作为一种"价值权"与以特定物的使用收益为目的的用益物权共同构成我国物权法的他物权体系。本章在介绍担保物权基本知识的基础上，以我国《物权法》为依据，对抵押权、质权、留置权制度分别进行讨论，使读者对我国担保物权有一个比较完整的理解和把握。

第一节　担保物权概述

一、担保物权的概念和特征

（一）担保物权的概念

　　担保物权，是以确保债务清偿为目的，在债务人或第三人所有的特定物或者权利上设定，以取得担保作用的定限物权。《物权法》设专编对担保物权作了规定，并在第 170 条明确规定其含义，"担保物权人在债务人不履行到期债务或者发生当事人约定的实现担保物权的情形，依法享有就担保财产优先受偿的权利，但法律另有规定的除外"。担保物权概念包含以下几个方面的含义：

　　（1）担保物权是以确保债权实现为目的。设定担保物权的直接目的就在于保障债权得到清偿，以债权人优先受偿加强和补充债权的效力，以此构成对以利用和收益为目的的用益物权的重大区别。

　　（2）担保物权是在他人的物或者权利上成立的权利。担保的目的决定了如果在债权人自己的财产或权利上设定担保一般是没有什么意义的，因此，担保物权须在债权人以外的他人所有的财产和权利上设定。

　　（3）担保物权是一种定限物权。担保物权并不是对标的物的全面支配，仅限于对标的物价值的优先受偿权，虽然对担保物所有权有一定限制，但并不构成对担保物的直接支配，因此，与所有权相比担保物权不是一种完全的物权，仅是一种定限物权而已。

（二）担保物权的特征

1. 从属性

担保物权的存在目的即为实现债权，对权利人而言担保物权只是为实现债权服务，并不存在独立的价值，因此，担保物权具有典型的从属性，即担保物权是债权的从权利，其产生和存续均以债权的存在为前提，并随债权的移转而移转，随其担保的债权的消灭而归于消灭。例如，当事人为担保某一债权而设定抵押权，如果债权人转移其债权当然得将其抵押权一并移转；抵押权人不能只转移债权而保留抵押权，也不能只转移抵押权而保留债权，更不能将抵押权和债权向不同的人分别转让；倘主债权因债务人清偿而消灭，抵押权也随之消灭。

2. 不可分性

担保物权的不可分性是指，担保物权以其整体担保一定债务的履行，换言之，担保物权人在其债权未得到完全受偿之前，可就担保标的物的全部行使权利。担保物价值变化及债权的变化不影响担保物权的整体性。详言之，一方面，担保物权的标的物即便被分割或部分消灭，各个部分担保物或现存的担保物仍为全部债权作担保；另一方面，即便受担保的债权被分割、部分转让、部分清偿或消灭，担保物权仍为各部分债权或剩余的债权的担保。

3. 物上代位性

担保物权是以实现对债权担保为目的而非以对标的物的支配为目的的权利，其关注重点不在其物本身，而在物之价值。换言之，当标的物发生形态变化时，其效力得及于标的物的转化物或价值。因此，担保物权的物上代位性指的是，当担保物损毁、灭失或被征收而得到赔偿时，担保物权的效力及于担保物的代位物（赔偿金），担保物权人可就该代位物行使权利。对此，《物权法》第174条规定，"担保期间，担保财产毁损、灭失或者被征收等，担保物权人可以就获得的保险金、赔偿金或者补偿金等优先受偿"。

二、担保物权的分类

作为类物权，担保物权可依不同标准分为若干具体类型。

（一）法定担保物权与约定担保物权

以担保物权的发生原因为标准，可将担保物权分为法定担保物权与约定担保物权。法定担保物权是指依法律规定，在法定条件成就时当然产生的担保物权，如留置权等；约定担保物权是指依当事人的意思自由设定的担保物权，如抵押权、质权均属此类。

（二）动产担保物权与不动产担保物权

依标的物为动产抑或不动产为标准，可将担保物权分为动产担保物权和不动产担保物权。动产担保物权是指以动产为标的物的担保物权，如动产抵押权、留置权、动产质权等；不动产担保物权是指以不动产为标的物的担保物权，如不动产抵押权。

（三）占有性担保与非占有性担保

以担保物权的存续是否已转标的物占有为标准，可将担保物权分为占有性担保和非占有型担保。占有性担保物权是指以标的物移转占有为其存续要件的担保物权，如质权等；非占有性担保物权是指不以标的物占有之移转为要件而存续的担保物权，抵押权为其典型。

（四）登记担保物权与非登记担保物权

以担保物权效力的发生是否以登记为要件，可将担保物权分为登记担保物权和非登记担保物权。登记担保物权是指以登记作为担保物权生效要件或对抗要件的担保物权，如抵押权、知识产权质押权等，不动产抵押未经登记抵押权不成立，动产抵押未经登记不具有对抗效力，知识产权押质权未经登记不成立；非登记担保物权是指不以登记与否作为担保物权效力发生要件的担保物权，如动产质权、留置权等。

（五）典型担保物权和非典型担保物权

以担保物权是否为民法明文规定为标准，可将担保物权分为典型担保物权和非典型担保物权。典型担保物权是指以民法将其作为担保物权明文规定者，如抵押权、质权、留置权等均属此类；非典型担保物权则指民法中未明文规定但在交易中生成并为判例与学说所认可的担保物权，如所有权保留、让与担保等适其例。

对担保物权所作的上述类别划分是相当粗略的，实际上，如果我们按照一定标准对其作进一步区分也不是不可以。如以客体为有体物或权利，可将担保物权分为有体物担保物权、权利担保物权等。但在各国法上都将担保物权作分类规制，实务中对物权的设定应以法律规定为准。我国《物权法》规定的担保物权有抵押权、质权和留置权。此外，在一些特别法中还规定了一些其他担保物权，如《海商法》规定的船舶优先权等。

三、担保合同与担保物权

（一）担保合同与担保物权的设定

为保障债权而成立的担保不仅仅只有担保物权，根据信用基础的不同，将担保可分为人的担保和物的担保，前者即保证（本书将在后文介绍），后者即担保物权。担保物权因类型不同其成立条件迥异。意定担保物权须以当事人订立合同为基础，非经协商一致不成立。担保物权人与担保人就担保物权设立达成的协议，称为担保协议（合同）。《物权法》第172条第1款第1句规定，"设立担保物权，应当依照本法和其他法律的规定订立担保合同"。因担保合同旨在设定担保物权以担保主债权实现，因此，《物权法》第172条第1款第2句规定，"担保合同是主债权债务合同的从合同。主债权债务合同无效，担保合同无效，但法律另有规定的除外"。

担保合同虽为设立担保物权而成就，但并非担保合同成立和生效，担保物权就当然设定。根据《物权法》规定，依法须经登记或完成交付方能设定的担保物权，除当事之间依法订立合同外，经登记或交付完成该物权成立；法律对其成立没有特别要求者如动产抵押，当事人之间设定的担保合同生效该担保物权即告成立。换言之，担保物权须以担保合同为其成立之基础，如果法律没有特别规定，那么，当事人之间订立担保合同，担保物权即告成立；但若法律另有规定条件者，需满足其他法定成立条件，担保物权方告成立。

（二）担保合同无效的法律后果

担保合同既为担保物权存续的基础，那么，如果担保合同无效，担保物权自无成就之理由，除法律另有规定外担保人将不再承担担保责任。这里需明确的是，担保人不承担担保责任，并不意味着担保人不承担任何责任。《物权法》第 172 条第 2 款规定："担保合同被确认无效后，债务人、担保人、债权人有过错的，应当根据其过错各自承担相应的民事责任。"亦即，当担保人有过错时仍需承担责任。具体而言，可以分为以下几种情况：

1. 主合同无效而导致担保合同无效

由于主合同无效而导致担保合同无效的，根据《最高人民法院关于适用〈中华人民共和国担保法〉若干问题的解释》（以下简称《担保法解释》）第 8 条规定，担保人无过错的，担保人不承担民事责任；担保人有过错的，担保人承担民事责任的部分，不应超过债务人不能清偿部分的三分之一。这里所称担保人的过错，主要是指明知主合同无效仍提供担保，或者通过提供担保诱使无效的主合同成立，进而使债权人遭受损失。之所以限定其责任不超过债务人不能清偿部分的三分之一是因为主合同的无效，债权人、债务人原则上可能也有过错，即便债权人或债务人一方可能没有过错，担保人有过错，由于担保合同是因主合同无效所致，担保人的责任亦不应超过主合同当事人的责任。因此，对债权人损失按照均分计算，担保人承担的责任份额定为三分之一。①

2. 主合同有效，担保合同因其本身原因而无效

根据《担保法解释》第 7 条规定，主合同有效而担保合同无效，债权人无过错的，担保人与债务人对主合同债权人的经济损失，承担连带赔偿责任；债权人、担保人有过错的，担保人承担民事责任的部分，不应超过债务人不能清偿部分的二分之一。

3. 主合同无效，担保合同本身也无效

主合同和担保合同均因无效原因而无效时，担保人的责任应视情况而定。如果担保人没有过错的，不承担责任；如果主合同无效，债权人没有过错的，按上述《担保法解释》第 7 条的思路，应由担保人与债务人对主合同债权人的经济损失承担连带赔偿责任；如果主合同和担保合同无效，债权人、债务人、担保人均有过错

---

① 曹士兵：《中国担保诸问题的解决与展望》，中国法制出版社 2001 年版，第 34 页。

的，担保人对债权人的损失应承担责任，其份额由法官根据情况裁量。①

四、担保物权的效力

作为担保主债权实现的担保物权，其效力的集中体现即为实现债权提供保障，这里，我们主要就担保物权的效力涉及担保范围、担保物权竞存以及担保物权与人的担保竞存时的效力状态等内容，作简要介绍。

（一）担保物权的担保范围

担保物权的担保范围，是指担保物权在其所担保的债权期限届满未获清偿或者发生当事人约定的实现担保物权的情形时，可以从担保财产变现的价金中优先受偿的债权的范围。因抵押权等意定担保得由当事人合同协议而成立，因此，其担保范围可以由当事人合同约定，若当事人没有约定或约定不明时，则依法律规定；而法定担保物权的担保范围由法律直接规定。我国《物权法》第173条规定："担保物权的担保范围包括主债权及其利息、违约金、损害赔偿金、保管担保财产和实现担保物权的费用。当事人另有约定的，按照约定。"简言之，我国担保物权的法定担保范围如下：

1. 主债权

主债权又称原债权，是主债权人与主债务人之间因一定法律关系而发生的，在担保设定之时就已特定化的并由担保物权保障实现的债权。主债权是担保物权存在的前提，也是担保的直接对象，在债权内容上不以金钱债权为限，包括金钱债权、劳务债权等。当事人应就担保物权所担保的份额进行约定，如果没有约定应推定对全部债权作担保。

2. 利息

利息即主债权的孳息，依其产生标准不同区分为法定利息和约定利息。所谓法定利息，是指依国家相关法律法规所确定的标准计算的利息，而约定利息是指依当事人约定的标准计算的利息，当事人约定利息须符合法律法规和相关政策，不得违反法律规定的上限标准和方式计息。依利息产生的时间标准还可以把利息分为普通利息和迟延利息，普通利息是指通常情况下由主债权派生的金钱给付，如存款、借款合同中储蓄机构或借款人所支付的利息；而迟延利息则是指债务履行迟延所生的利息，如借款合同延期归还时的"罚息"，实际上是金钱债务履行迟延的违约金。按照我国法律规定，除非当事人另有约定，利息属于担保物权担保的范围。

3. 违约金

违约金是当事人违约时向对方当事人所支付的损害赔偿金，是对违约方所设定的不利益和违约的代价，其目的是为弥补守约方因对方违约所造成的损害。违约金从属于主债权，是担保物权的担保范围。

---

① 梅夏英、高圣平：《物权法教程》，中国人民大学出版社2007年版，第326页。

4. 损害赔偿金

损害赔偿金是指当事人违反约定给对方造成的损害赔偿。损害赔偿金与违约金的区别在于，违约金是由当事人事先在合同中约定的，而损害赔偿金则是事后根据实际损失来确定的。损害赔偿金是否列入担保范围，各国法规定不尽一致，亦有学者认为，损害赔偿若未在合同中约定，具有明显的不确定性，将其列入担保范围不但有违担保物权的特定性要求，也有损后顺序的担保物权人和一般债权人，未尽合理。① 我国法律将损害赔偿金作为主债权的衍生债权列入担保物权的担保范围。

5. 保管担保财产

在动产质押和留置权等由债权人占有担保物的担保物权中，债权人有妥善保管担保物的义务，同时有权要求对方支付保管费用，因而担保财产的保管费用实际上是基于主债权而发生的新的债权，因其与担保物具有牵连关系，因而应列入担保物权的担保范围。

6. 实现担保物权的费用

实现担保物权的费用是指担保物权人行使担保物权所支付的费用，如评估费用、拍卖变卖的费用、诉讼费用等，此费用是由债务不履行而引起，且具有可预见性，当然应列入担保物权的担保范围。

（二）人的担保与物的担保并存时的责任承担

在实践中，债权人为了强化对债务的保护，可能在同一债权既设定物的担保，又设置人的担保。人的担保与物的担保并存时，如何确定担保责任？《物权法》第176条规定："被担保的债权既有物的担保又有人的担保的，债务人不履行到期债务或者发生当事人约定的实现担保物权的情形，债权人应当按照约定实现债权；没有约定或者约定不明确，债务人自己提供物的担保的，债权人应当先就该物的担保实现债权；第三人提供物的担保的，债权人可以就物的担保实现债权，也可以要求保证人承担保证责任。提供担保的第三人承担担保责任后，有权向债务人追偿。"

1. 人的担保与物的担保并存时担保责任顺位的确定

人的担保与物的担保并存的，担保责任人的顺位按以下标准确定：

（1）当事人之间有约定的，应当按照约定确定责任承担顺序。被担保的债权既有物的担保又有人的担保的，当事人之间的关系完全是私的利益关系，不涉及公共利益或交易安全，得依私法自治原则，由当事人自由决定。

（2）当事人之间没有约定或者约定不明确时，要区分情况处理。首先，被担保的债权既有物的担保又有人的担保的，如果是债务人自己提供物的担保的，那么，应按物的担保先于人的担保的原则处理，即"债权人应当先就该物的担保实现债权"。主要原因在于债务人是本位意义上的债务承担者，其承担债务责任实属当然，而保证人仅是替代债务人承担责任，其承担保证责任后享有向债务人追偿的

---

① 孙鹏等：《担保物权法原理》，中国人民大学出版社2009年版，第38页。

权利，在债务人自己提供物的担保的情况下，将担保物变现清偿债务，可避免日后追偿的麻烦。其次，被担保的债权既有物的担保又有人的担保的，如果是第三人提供物的担保的，那么，物的担保与人的担保处于同一顺序，即"债权人可以就物的担保实现债权，也可以要求保证人承担保证责任"。因为此时保证人和物的担保人均非本位意义上的债物承担者，无论谁承担清偿责任后均存在向债务人追偿的问题，为保障债的充分实现，应当尊重债权人的选择，允许其选择担保责任承担者。

2. 人的担保与物的担保并存时的追偿问题

对同一债权既有物的担保，又有人的担保的，如果是债务人本人提供物的担保，基于其本身的本位意义债务承担者角色，自无追偿的意义；如果由第三人提供物的担保时，我国法规定物的担保与人的担保对债权人承担担保责任的顺位相同，由债权人选择具体的责任承担者，无论由谁承担担保责任后均可向债务人追偿。请读者留意，如果我们作进一步的讨论，那么，物的担保或人的担保对债权人承担担保责任后能否向其他的担保人追偿呢？请你对此进行思考。

五、担保和反担保

根据担保所保障的对象，两个相互联系的担保可分为（本）担保和反担保。

反担保是指第三人为债务人向债权人提供担保时，为保障该第三人将来承担担保责任后实现对债务人的追偿权而设定的担保。《物权法》第 171 条第 2 款规定："第三人为债务人向债权人提供担保的，可以要求债务人提供反担保。反担保适用本法和其他法律的规定。"提供本担保的第三人称为主债权担保人，提供反担保的人（债务人或债务人以外的其他人）称为反担保人。

反担保在性质上与本担保相同，区别在于本担保所担保的对象为主债权，而反担保所担保的对象为本担保中担保人对债务人的追偿权。为了规避追偿权不能实现的风险，担保人可以要求债务人提供反担保。

六、担保物权的消灭

担保物权是为保障债权实现的定限物权，基于一定事由担保物权将丧失其存在的依据而归于消灭。《物权法》第 177 条规定："有下列情形之一的，担保物权消灭：（1）主债权消灭；（2）担保物权实现；（3）债权人放弃担保物权；（4）法律规定担保物权消灭的其他情形。"据此，担保物权消灭的事由主要有：

（一）主债权消灭

主债权的存在是担保物权存续的前提，因主债权消灭，担保物权也就失去其存在的基本条件也随之而归于消灭。当然，基于担保物权的不可分性，债权消灭应指其全部消灭，如果债权部分履行，担保物权并不消灭，仍及于全部担保物存在。

（二）担保物权实现

若因出现债务人不履行到期债务或者发生当事人约定的实现担保物权的情形，

债权人可就担保物变现的价金优先受偿。无论主债权是否获得全部清偿，担保物权都已实现其制度价值而归于消灭。

（三）债权人放弃担保物权

担保物权作为财产权利，债权人当然可明示或以其行为放弃，只要放弃担保物权无损于第三人利益，法律就无须干涉。权利人放弃担保物权，该担保物权归于消灭实属当然。

（四）法律规定担保物权消灭的其他情形

除以上情形外，法律还规定了担保物权消灭的其他情形，若该情形出现担保物权亦归于消灭。如质权因质权人丧失对质物的占有而归于消灭；留置权人对留置财产占有的丧失或留置权人接受债务人提供的其他担保而归于消灭等情形均属"担保物权消灭的其他情形"。

【案例分析 16-1】

甲公司向某银行贷款 100 万元，乙公司以其所有的一栋房屋作抵押担保，并完成了抵押登记。为避免担保的风险，乙公司要求甲公司也向其提供担保，在甲公司的要求下，丙公司以自己 120 万元的应收账款向乙公司提供质押，并在征信机构办理了登记。现乙公司拟将房屋出售给丁公司，通知了银行并向丁公司告知了该房屋已经抵押的事实。乙、丁之间订立书面买卖合同后，拟到房屋管理部门办理过户手续。

此例涉及担保的基本法律关系。乙公司以其所有的一栋房屋对甲公司债务向银行提供抵押并完成了抵押登记，在乙公司和银行之间形成抵押权关系，乙公司是抵押人，银行是抵押权人；丙公司应甲公司的要求以自己 120 万元的应收账款向乙公司提供质押并办理了登记，成立应收账款质权，乙公司是质权人，丙公司是出质人，该质权作为担保相对于乙公司向银行提供的担保应为反担保，而乙公司向银行提供的担保则为本担保。至于乙公司拟将房屋出售给丁公司系对抵押物的处分，根据《物权法》第 191 条的规定，如该买卖经抵押权人银行同意，乙公司将转让所得的价款向抵押权人提前清偿债务或者提存，那么，该房屋买卖应该允许；倘未经抵押权人同意，抵押人不得转让抵该房屋，当然，如丁公司愿代为清偿甲公司的银行债务，则不论银行是否同意转让，房屋管理部门均应当准予过户。此外，如果甲公司已经清偿了银行债务，则抵押权因债权消灭而归于消灭，该被抵押的房屋不再有抵押的负担，其买卖不受限制。

第二节 抵 押 权

抵押权是自罗马法以来各国民法上最为重要的担保物权，有"担保之王"的美誉，在社会经济生活中发挥着极其重要的作用。我国《物权法》第 16 章专门就"抵押权"进行了较为详细的规定。

一、抵押权的概念

《物权法》第 179 条规定，为担保债务的履行，债务人或者第三人不转移财产的占有，将该财产抵押给债权人的，债务人不履行到期债务或者发生当事人约定的实现抵押权的情形，债权人有权就该财产优先受偿。换言之，抵押权是债权人对于债务人或第三人提供的、作为债务履行担保的财产，于债务人不履行到期债务或者发生当事人约定的实现抵押权的情形时，得就其卖得价金优先受偿的权利。

在抵押权关系中，提供担保财产的债务人或第三人称为抵押人，接受担保的债权人称为抵押权人，被提供为担保的财产称为抵押物。对抵押权概念可以分为如下四个方面把握：

（1）抵押权是担保物权。抵押权是抵押权人直接对物享有的权利，可以对抗物的所有人和第三人。

（2）抵押权的标的物是供作抵押的特定财产。抵押权的标的物可由债务人或第三人提供，包括不动产、动产和法律规定的权利。

（3）抵押权是不需移转标的物占有的物权。抵押权的成立不以对标的物的占有为要件，抵押人自己继续对抵押物进行占有、使用、收益、处分等。因此，抵押权一方面满足对债权的担保作用，另一方面又不妨害对物的利用，可谓"两全其美"而备受青睐成为最重要的担保手段。

（4）抵押权是优先受偿的权利。抵押权人在债务人不履行债务或者发生当事人约定的实现抵押权的情形时，有权依法律以抵押物变现的价金中优先得到清偿。

二、抵押权的取得

抵押权可依法律行为而取得，亦可依法律行为以外的原因如法律规定和继承而取得。

（一）依法律行为取得抵押权

1. 因设定取得抵押权

因当事人设定取得抵押权是取得抵押权最常见的方式，抵押权的设定，通常由当事人达成合意，订立书面合同，甚或办理登记后，发生效力。

（1）抵押合同。抵押合同是由债权人和债务人或第三人就设定抵押权达成的协议。根据《担保法》第 38 条和《物权法》第 185 条规定，抵押人和抵押权人应当以书面形式订立抵押合同，可见，抵押合同应为要式合同。

抵押合同的当事人。抵押合同的主体是抵押人和抵押权人。抵押权人即债权人，在法律和实务中均无疑义。抵押人可能是债务人本人，亦可能是债务人以外的第三人，既可以是自然人，也可能是法人甚或其他组织。尤需注意的是作为法人的公司设定抵押时应受《公司法》等相关法律法规的限制。根据《公司法》第16条规定，公司为他人提供担保，依照公司章程的规定，由董事会或者股东会、股东大会决议，公司章程对担保总额或单项担保数额有限额规定的，不得超过规定的限额。公司为公司股东及实际控制人提供担保的，必须经股东大会或者股东会决议，而且被担保的股东以及被担保的实际控制人支配的股东不能参加表决，表决由出席会议的其他股东所持表决权的过半数通过。另外，证监会、银监会《关于规范上市公司对外担保行为的通知》（证监发［2005］120号）还对上市公司对外担保的决议、审批与信息公布等提出了具体要求，从而建立了较为合理的公司对外担保机制，相对于修订前的《公司法》禁止公司对外担保而言，是一种制度性进步。

抵押合同的标的物。抵押合同的标的物即抵押权的客体（抵押物）应当是抵押人享有处分权的财产。《物权法》第180条规定，债务人或者第三人有权处分的下列财产可以抵押：建筑物和其他土地附着物；建设用地使用权；以招标、拍卖、公开协商等方式取得的荒地等土地承包经营权；生产设备、原材料、半成品、产品；正在建造的建筑物、船舶、航空器；交通运输工具；法律、行政法规未禁止抵押的其他财产。抵押人可以将前列财产一并抵押。根据《物权法》第184条规定，下列财产不得抵押：土地所有权；耕地、宅基地、自留地、自留山等集体所有的土地使用权，但法律有特别规定的除外；学校、幼儿园、医院等以公益为目的的事业单位、社会团体的教育设施、医疗卫生设施和其他社会公益设施；所有权、使用权不明或有争议的财产；依法被查封、扣押、监管的财产；依法不能抵押的其他财产。此外，《物权法》第183条规定，乡镇、村企业的建设用地使用权不得单独抵押。以乡镇、村企业的厂房等建筑物抵押的，其占用范围内的建设用地使用权一并抵押。

抵押合同的内容。根据《物权法》规定，抵押合同的内容主要体现在下列条款：被担保债权的种类和数额；债务人履行债务的期限；抵押财产的名称、数量、质量、状况、所在地、所有权归属或者使用权归属；担保的范围。

（2）抵押登记与抵押权的成立。抵押合同成立是抵押权设定的前提，基于区分原则，抵押合同成立和生效并不意味着抵押权当然成立。《物权法》第187条规定："以本法第180条第1款第1项至第3项规定的财产或者第5项规定的正在建造的建筑物抵押的，应当办理抵押登记。抵押权自登记时设立。"这些财产包括建筑物和其他土地附着物，建设用地使用权，以招标、拍卖、公开协商等方式取得的荒地等土地承包经营权，正在建造的建筑物等。实际上，以这些须经登记才能成立抵押权的财产抵押的，从物权变动角度来说系采取"形式主义的物权变动模式"，须登记后抵押权才能成立。换言之，登记是抵押权的成立要件。

根据《物权法》第188条规定，对于以生产设备、原材料、半成品、产品、交通运输工具和正在建造的船舶、航空器抵押的，则采"意思主义的物权变动模式"，抵押权自抵押合同生效时设立，登记仅为此类财产抵押权的对抗要件，即以此类财产设定抵押未经登记，不得对抗善意第三人。

由此可见，我国法上抵押权成立分两种情形：一是以不动产（权利）设立抵押权，除须订立抵押合同外，还需办理登记，抵押权自登记时设立；二是以动产设立抵押权，抵押权自抵押合同生效时设立，未经登记，不得对抗善意第三人。

2. 因转让而取得抵押权

抵押权可以连同债权一并转让，受让人可因此而取得抵押权。《物权法》第192 条规定，抵押权不得与债权分离而单独转让或者作为其他债权的担保。债权转让的，担保该债权的抵押权一并转让，但法律另有规定或者当事人另有约定的除外。

（二）依法律规定取得抵押权

依法律规定而取得的抵押权，称为法定抵押权。我国《合同法》第286 条规定，"发包人未按照约定支付价款的，承包人可以催告发包人在合理期限内支付价款。发包人逾期不支付的，除按照建设工程的性质不宜折价、拍卖的以外，承包人可以与发包人协议将该工程折价，也可以申请人民法院将该工程依法拍卖。建设工程的价款就该工程折价或者拍卖的价款优先受偿"。该条规定，学者认为应理解为法定抵押权。[①]

（三）因继承取得抵押权

抵押权并非专属性财产，可因继承而取得。在被继承人死亡时，抵押权可以连同债权一并由继承人继承，继承人因此而取得抵押权。

三、抵押权的效力

抵押权的效力具体包括抵押权担保的债权的范围、抵押物的范围、抵押人的权利与抵押权人的权利以及抵押权与其他担保物权竞合的效力等。

（一）抵押权所担保的债权的范围

抵押权所担保的债权的范围是抵押权人实现抵押权时，可优先受偿的范围，根据《物权法》第173 条规定，抵押权的担保范围包括主债权及其利息、违约金、损害赔偿金、保管担保财产和实现担保物权的费用。当事人另有约定的，按照约定。

（二）抵押权的效力所及的标的物

抵押权的效力所及的标的物，即抵押权人实行抵押权时可依法予以变现的标的物的范围。简而言之，抵押权的效力及于抵押物的全部。具体来说，除当事人约定的抵押物外，还包括抵押物的从物、从权利、附合物、孳息等。

---

① 梁慧星、陈华彬：《物权法》，法律出版社 2003 年版，第 316 页。需要指出的是，对《合同法》第 286 条的解释，学术界存在不同观点，有人认为应理解为优先权。参见马俊驹、余延满：《民法原论》，法律出版社 2005 年版，第 401 页。

1. 从物

从物是与主物相对而言的。所谓主物是指能独立发挥其效用的物；所谓从物，是指虽独立存在，但在与他物结合使用过程中起辅助作用，居于从属地位并配合它物发挥作用的物。《物权法》虽未明确规定抵押权的效力是否及于从物，但依"主物的处分及于从物"的原则，除当事人有特别约定外，设立于主物之上的抵押权其效力应及于从物。

2. 从权利

从权利即辅助与配合主权利发挥作用的权利。与从物地位相似，从权利应同主权利一并处分，因此，抵押权的效力应及于抵押物（权利）的从权利。

3. 附合物

作为添附的一种，附合使得附合物与抵押物结为一体，成为抵押物的一部分，从而在事实上使抵押物得到扩充。由于抵押权的效力得及于抵押物之全部，因此，当然得及于附合物。

4. 孳息

因抵押权的设定并不移转抵押物的占有，抵押人得以抵押物为使用收益，因此，抵押权的效力一般不及于抵押物的孳息。但抵押物被扣押后抵押人不能再为使用收益，因此，各国立法一般均例外规定抵押权的效力及于抵押物扣押后所生孳息。[1]《物权法》第 197 条规定："债务人不履行到期债务或者发生当事人约定的实现抵押权的情形，致使抵押财产被人民法院依法扣押的，自扣押之日起抵押权人有权收取该抵押财产的天然孳息或者法定孳息，但抵押权人未通知应当清偿法定孳息的义务人的除外。前款规定的孳息应当先充抵收取孳息的费用。"

（三）抵押人的权利

1. 在抵押物上再为他人设定抵押权

抵押权不以占有抵押物为必要，为促进资金融通，同一抵押物设定数个抵押权不仅必要而且可能，只是同一抵押物有数个抵押权的，如果抵押合同已登记生效的，则按抵押物登记的先后顺序清偿；顺序相同的，按照债权比例清偿。需强调的是，对于数个抵押权的设定，《物权法》剔除了《担保法》第 35 条第 2 款规定的"财产抵押后，该财产的价值大于所担保债权的余额部分，可以再次抵押，但不得超出其余额部分"的限制，换言之，再行抵押不限于在抵押物"价值大于所担保债权的余额部分"，只要当事人达成合意，可设若干抵押权。实际上，是对《担保法》第 35 条第 1 款规定的"抵押人所担保的债权不得超出其抵押物的价值"即所谓重复抵押禁止规则的突破，扩展了抵押人设置抵押的权限。

2. 转让抵押物

抵押人虽以其财产设定抵押权，但并不因此丧失所有权，从而抵押人对于抵押

---

[1] 韩松等编著：《物权法》，法律出版社 2008 年版，第 379 页。

财产享有法律上的处分权。但因抵押权设置本身即是对抵押人设定了限制，因此，抵押物转让得受到一定限制。对此，《物权法》第191条规定，抵押期间，抵押人经抵押权人同意转让抵押财产的，应当将转让所得的价款向抵押权人提前清偿债务或者提存。转让的价款超过债权数额的部分归抵押人所有，不足部分由债务人清偿。抵押期间，抵押人未经抵押权人同意，不得转让抵押财产，但受让人代为清偿债务消灭抵押权的除外。

3. 设定用益物权或出租抵押物

抵押权设定后，抵押人可以将同一标的物再行设定用益物权或租赁。通常情况抵押人可设定的用益物权主要是地役权。对于租赁，我国《物权法》第190条设有明文，"订立抵押合同前抵押财产已出租的，原租赁关系不受该抵押权的影响。抵押权设立后抵押财产出租的，该租赁关系不得对抗已登记的抵押权"。对此应该注意，尽管租赁权是债权，抵押权是物权，但不能简单地理解物权优于债权的规定。"订立抵押合同前抵押财产已出租的，原租赁关系不受该抵押权的影响"，意味着在抵押权设定之前既有的租赁关系不因抵押权设定而受不利影响，简言之，若行使抵押权而转让抵押物时，在同等条件下，承租人享有优先购买权；若行使抵押权而致抵押物易主时，租赁关系依然存续，对变更后的权利人仍然有效。而"抵押权设立后抵押财产出租的，该租赁关系不得对抗已登记的抵押权"的规定，则意味着，抵押权先于租赁而设定时，已经登记的抵押权不受租赁关系的影响，"买卖不破租赁"的规则在此没有适用余地，如实现已经登记的抵押权，则租赁合同对通过买卖实现抵押权后获得抵押物的受让人不发生效力。①

4. 对抵押物的收益权

在抵押权存续期间，抵押人享有抵押物的收益权，有权收取抵押物天然孳息和法定孳息的权利。

5. 追偿权

此追偿权系指为债务人的债务设定抵押担保的第三人对债务人的追偿权，即第三人以自己的财产为债务人提供抵押担保的，在债务到期未获清偿或发生当事人约定的实现抵押权的情形而致抵押权人实现抵押权后，享有向债务人追偿的权利。此追偿权机理前文已作介绍，不再赘述。

（四）抵押权人的权利

1. 优先受偿权

抵押权人的优先受偿权，是指债务人不履行到期债务或者发生当事人约定的实现抵押权的情形，债权人就该财产变现后的价金所享有的优先受偿的权利。优先受偿权是抵押权人最基本的权利，也是抵押权人设定抵押权的目的所在。抵押权人不仅相对于一般债权人享有优先受偿权，而且在抵押人破产时，抵押权人得就抵押财

---

① 江平主编：《中国物权法教程》，知识产权出版社2007年版，第453页。

产享有别除权而优先于其他债务人受偿。

2. 抵押物的保全权

抵押物的保全权，是指抵押权人有保全抵押物价值的权利。因抵押权设定并不移转抵押物的占有，若抵押人的行为已经或可能导致抵押物价值减少，将危及抵押权人的优先受偿权的实现，法律赋予抵押权人保全抵押物价值的权利。《物权法》第193条规定，抵押人的行为足以使抵押财产价值减少的，抵押权人有权要求抵押人停止其行为。抵押财产价值减少的，抵押权人有权要求恢复抵押财产的价值，或者提供与减少的价值相应的担保。抵押人不恢复抵押财产的价值也不提供担保的，抵押权人有权要求债务人提前清偿债务。由此可见，抵押权人的保全权主要体现在：抵押财产价值减少的防止权；恢复抵押财产价值或增加担保的请求权等。

3. 抵押权的处分

抵押权为财产权，抵押权人当然可以进行处分。抵押权人的处分权体现在，抵押权人可以让与其抵押权，或就其抵押权为他人提供担保。由于抵押权的从属性，抵押权不得与债权分离而单独转让或作为其他债权的担保。此外，作为财产权利，抵押权当可由抵押权人抛弃。

4. 抵押权人的实行权

在债务人不履行债务时，抵押权人可以与抵押人协议以抵押物折价、拍卖或变卖后的价款优先受偿；协议不成的，抵押权人可以向人民法院提起诉讼。

5. 次序权

抵押权的顺位或次序，直接关乎各抵押权人的利益，因而抵押权的次序也是一种权利。抵押权的次序的确定，应依《物权法》第199条之规定确定，同一财产向两个以上债权人抵押的，拍卖、变卖抵押财产所得的价款依照下列规定清偿：(1) 抵押权已登记的，按照登记的先后顺序清偿；顺序相同的，按照债权比例清偿；(2) 抵押权已登记的先于未登记的受偿；(3) 抵押权未登记的，按照债权比例清偿。

四、抵押权的实现

抵押权的实现，是指在债权已届清偿期而未获清偿或者发生当事人约定的实现抵押权的情形时，抵押权人就抵押物变现而优先受偿的行为。抵押权的作用就在于担保债权受偿，因此，抵押权的实现是发挥抵押权的作用的方式和途径。

（一）抵押权的实现条件

抵押权的实现通常应具有以下条件：一是须有抵押权存在。这是抵押权实现的先决条件，如果没有设定抵押权或抵押权已经消灭，断无实现抵押的可能。这里所谓"有抵押权存在"，是指无论依法律行为还是依法律行为以外原因取得抵押权的，抵押权都应满足其成就要件，已然合法有效的存在。二是债务人不履行到期债务或者发生当事人约定的实现抵押权的情形。这是实现抵押权的核心要件。"债务人不履行到期债务"通常需满足下列条件：（1）债权已届清偿期；（2）抵押担保的债权未得到清偿；（3）债权未获清偿非因债权人的过错。① 三是抵押权未超过法律规定的期间。《物权法》第 202 条规定："抵押权人应当在主债权诉讼时效期间行使抵押权；未行使的，人民法院不予保护。"该规定将抵押权实现的期限与诉讼时效结合起来，即抵押权人须在主债权诉讼时效期间内行使抵押权，超过此期间而未行使的，人民法院将不予保护。

（二）抵押权的实现方式

《物权法》第 195 条规定："债务人不履行到期债务或者发生当事人约定的实现抵押权的情形，抵押权人可以与抵押人协议以抵押财产折价或者以拍卖、变卖该抵押财产所得的价款优先受偿。协议损害其他债权人利益的，其他债权人可以在知道或者应当知道撤销事由之日起一年内请求人民法院撤销该协议。抵押权人与抵押人未就抵押权实现方式达成协议的，抵押权人可以请求人民法院拍卖、变卖抵押财产。抵押财产折价或者变卖的，应当参照市场价格。"由此规定可见，实现抵押权的途径无非两条：协议和诉讼。抵押权人既可与抵押权人协商将抵押物变现而优先受偿，也可径行请求法院裁判，二者之间不存在依存关系。从抵押权实现的具体方法而言，可采取折价或者以拍卖、变卖诸种方式。

1. 以抵押财产折价

以抵押财产折价，即抵押权人与抵押人协商折算抵押物的价值，以该价款偿还债务，而后由抵押权人取得该抵押财产所有权。若抵押物所折合价值超过其所担保的债权数额的，超过的部分归抵押人所有；若抵押物所折合价值不足以清偿其所担保的债权的，不足部分由债务人清偿。

以抵押物折价的方式实现抵押权简便、省时，但由于其公开性不足，可能害及抵押人和其他债权人利益，因此法律规定了诸多限制。第一，折价须在满足实现抵押权条件时由抵押权人和抵押人达成协议，不得事先在抵押合同中约定"债务人不履行到期债务时抵押财产归债权人所有"。当事人事先所作的这种约定，被称为"流质契约"，为我国现行法律所不允。这主要是基于当事人双方的利益考量，防止损害一方当事人利益所做的规定。《物权法》第 186 条和第 211 条分别就抵押合同和质押合同作出了这样的禁止性规定：抵押权人/质权人在债务履行期届满前，不得与抵押人/出质人约定债务人不履行到期债务时抵押/质押财产归债权人所有。第二，折价应当参考市场价格，公平定价，不得损害其他债权人利益。如果协议损害其他债权人利益的，其他债权人可以在知道或者应当知道撤销事由之日起 1 年内请求人民法院撤销该协议。

2. 拍卖抵押财产

抵押财产拍卖是以公开竞价方式将抵押物出售给应价最高的买受人。拍卖因其

---

① 马俊驹、余延满：《民法原论》，法律出版社 2010 年版，第 427~428 页。

特定程序能最大限度保障利害关系人利益，因而成为抵押权实现的重要方式。拍卖可以分为强制拍卖和任意拍卖、法定拍卖与意定拍卖等多种形式，《物权法》没有就抵押物拍卖的具体方式作限定，因此，当事人自由选择拍卖方式，但无论哪种拍卖方式均应遵守《拍卖法》的规定。

3. 变卖抵押财产

变卖抵押财产，即以公开拍卖之外的手段将抵押物向第三人转让。因变卖抵押财产与抵押财产折价一样具有其在公开性上的不足，因而也应当参考市场价格公平定价。抵押财产变卖后，债权人从其价金中优先受偿；如果变卖的价款超过债权数额的部分归抵押人所有，不足部分由债务人清偿。

4. 其他方式处分抵押财产

一般来说，当事人应当采用折价、拍卖、变卖等方式将抵押物变现而实现抵押权。但法律并不排除以其他方式处分抵押物以实现抵押权，例如，抵押权人和抵押人约定将抵押财产出租，债权人从抵押物租金中优先受偿；或协议将抵押物交债权人使用，以租金抵还债务等。①

五、抵押权的消灭

作为物权的一种，抵押权可因一定事由取得，亦可因一定事由而归于消灭。抵押权消灭的事由主要有：

（1）主债权消灭。抵押权为担保主债权而存在，具有从属性，如果主债权因清偿、抵销、免除等原因消灭时，抵押权也随之消灭。

（2）抵押权实现。抵押权人行使抵押权，将抵押物变现并从其价金优先受偿后，无论其债权是否得到全部清偿，抵押权都归于消灭。

（3）抵押物灭失。抵押权因抵押物灭失而消灭，但因抵押物灭失得有赔偿金时，抵押权应及于该赔偿金。

（4）抵押权人抛弃抵押权。权利可因抛弃而消灭，抵押权作为财产权概莫能外。当然抵押权若已为登记者，抛弃抵押权应为涂销登记。

（5）债权人擅自允许债务人转移债务。依《物权法》第175条规定，第三人提供担保，未经其书面同意，债权人允许债务人转移全部或者部分债务的，担保人不再承担相应的担保责任。此规定当然适用于抵押权。

六、特殊抵押权

（一）最高额抵押

1. 最高额抵押的意义

最高额抵押，是指抵押人与抵押权人协议，在预定的最高限额内以抵押财产为

---

① 参见江平主编：《民法学》，中国政法大学出版社2007年版，第413页。

将来一定时期发生的债权提供担保的抵押。一般抵押权是先有债权，然后再设定抵押权，而最高额抵押是为将来的债权而设定抵押，且其债权额现在尚未确定。因此，最高额抵押有区别于一般抵押的特点：

（1）最高额抵押担保的是将来发生的不特定债权。在最高额抵押设定时其债权尚未成就，这是最高额抵押不同于一般抵押权的显著特点。

（2）最高额抵押担保的债权具有不确定性。最高额抵押担保的并非已然存在的债权，不仅因系将来发生的债权，而且其数量也未确定，因而具有不确定性。

（3）最高额抵押担保的债权数额有预定的最高限额。此所谓最高限额，系指抵押权人可得优先受偿的最高限度。即无论发生的债权额度是多少，最高额抵押权人只能在约定的限度范围内就抵押物变现后的价金优先受偿，超过最高额限度的债权不属于最高额抵押担保的债权范围。

（4）最高额抵押具有相对独立性。相对于一般抵押权而言，最高额抵押的从属性较低，不仅因为其先于债权存在，而且除当事人另有约定外，部分债权转让时，最高额抵押并不随之转让。

2. 最高额抵押的设定

最高额抵押权系意定抵押权而非法定抵押权，依《物权法》第 207 条规定，其设定得依一般抵押权的规定，因此，亦应由当事人订立抵押合同并办理登记，始得设定。需注意的是，因最高额抵押适用于将来一定期间内连续发生的债权，因此，最高额抵押应对其适用的债权范围、最高限额和担保的债权确定日期等都应在最高额抵押合同中予以明确。由此可见，最高额抵押合同除应具有一般抵押合同的内容外，还应具有其担保的债权范围条款、债权的最高限额条款以及确定最高额抵押权所担保的债权实际数额的日期即决算期条款等内容。

3. 最高额抵押的实现

最高额抵押的实现方式与一般抵押权的实现方式大致相同。所不同的在于因最高额抵押所担保的是将来一定时期内连续发生的债权，因而必须在某个时点确定担保的实际债权，是为"债权确定"。最高额抵押所担保的债权依《物权法》第 206条规定，有下列情形之一的，抵押权人的债权确定：约定的债权确定期间届满；没有约定债权确定期间或者约定不明确，抵押权人或者抵押人自最高额抵押权设立之日起满 2 年后请求确定债权；新的债权不可能发生；抵押财产被查封、扣押；债务人、抵押人被宣告破产或者被撤销；法律规定债权确定的其他情形。

债权确定时，如果债权额超过最高额时，以该最高额为抵押权所担保的数额为限；如果债权额比最高额低时，就以实际发生的债权额为抵押权所担保的数额。被担保的债权确定后，最高额抵押发生与普通抵押权同样的效力。

（二）共同抵押

1. 共同抵押的意义

共同抵押，又称总括抵押权，是指为担保同一债权而于多个不同财产上设定抵押权的情形。

共同抵押的实质是数个分别独立的抵押权为担保同一债务而承担连带责任，因此又称为连带抵押，或物上连带责任。在共同抵押中，抵押权及于供作抵押的数个抵押物，这数个财产应各自独立不是集合在一起视为一物的情形。这是其与一般抵押的重要区别。

共同抵押既可同时设定，亦可先后追加设定。

2. 共同抵押的效力

共同抵押的效力所要解决的主要问题是，抵押权人如何就数个抵押财产受偿。

（1）如果当事人在设定共同抵押时明确约定各项抵押财产担保的债权限额，则依约由各项财产负担约定的份额。

（2）如果当事人未就各项担保财产担保的债权份额进行约定，抵押权人有权就各项担保财产变现后的价金全部或部分优先受偿以实现其债权。

（三）财团抵押

1. 财团抵押的意义

财团抵押是将企业现有的财产，包括动产、不动产及其他权利视为一个整体（财团），于其上成立抵押权。财团抵押的标的不是某一个物，也不同于共同抵押的数个财产，而是将企业可供抵押的财产结合为一体形成一项集合财产。如企业将其建筑物、土地使用权、生产设备、工业产权等一起作为一项集合财产设定抵押。可见财团抵押具有以下特点①：

（1）财团抵押的财产限于企业的现有财产，那些随着企业经营而居于变动的财产不属于抵押的财团范围。

（2）财团抵押的设定需将作为抵押标的物的财团作成目录，使之特定化。

（3）财团抵押权一经设定，企业对其财产的处分将受到限制，构成财团的各项财产不得与财团任意分离。

财团抵押的意义在于充分利用企业财产结合体所具有的价值，便于企业融通更多资金，节省交易成本，促进企业生产经营。

2. 财团抵押与浮动抵押

浮动抵押原是英美法上的概念，后为一些大陆法系国家借鉴，又称为企业担保，是以企业的全部资产包括现在的财产和将来的财产为标的设定的抵押。虽与财团抵押形似，但也有不同：一是其效力及于现在和将来的财产，因此其供作担保的财产居于变动之中，具有浮动性；二是企业以正常营业为限，可以自由处分其财产；三是浮动抵押因特定事由发生而将其标的物特定化，而变为特定之担保。②

《物权法》第 181 条规定，"经当事人书面协议，企业、个体工商户、农业生

---

① 江平主编：《民法学》，中国政法大学出版社 2007 年版，第 418 页。
② 申卫星：《物权法原理》，中国人民大学出版社 2008 年版，第 359～360 页。

产经营者可以将现有的以及将有的生产设备、原材料、半成品、产品抵押，债务人不履行到期债务或者发生当事人约定的实现抵押权的情形，债权人有权就实现抵押权时的动产优先受偿"，此为学者认为的我国法上的浮动抵押。依《物权法》第189条规定，此"浮动抵押"的客体仅限于动产，且应当向抵押人住所地的工商行政管理部门办理登记。抵押权自抵押合同生效时设立；未经登记，不得对抗善意第三人；即便已经办理登记，也不得对抗正常经营活动中已支付合理价款并取得抵押财产的买受人。

但是，对《物权法》第181条所规定的抵押形式，亦有学者认为其并非浮动抵押。因为浮动抵押不仅要借助法院之公权力确定抵押标的物，而且其实现须采清产还债程序或企业破产程序，实行浮动抵押的结果是消灭抵押人主体资格，不能采用普通抵押权实现方式予以实现。《物权法》第181条所规定的抵押不仅可以采用普通抵押权实现的方式予以实现，也无须适用清产还债程序或企业破产程序，因此，二者存在根本区别。基于此，《物权法》第181条之规定应属企业财产集合抵押的特别类型，可称为"特别动产集合抵押"。①

《物权法》第196条规定，依照本法第181条规定设定抵押的，抵押财产自下列情形之一发生时确定：债务履行期届满，债权未实现；抵押人被宣告破产或者被撤销；当事人约定的实现抵押权的情形；严重影响债权实现的其他情形。据此，凡出现上列情形之一，抵押权人得依普通抵押权实现方式实现抵押权，使债权得以优先受偿。

【案例分析 16-2】

　　甲公司向乙借了20万元用于公司流动资金，借款期限从2007年3月1日到2008年2月28日，以位于A市某区的房屋作抵押担保，双方签订了书面抵押合同并到A市房管局办理了抵押登记手续。其后，甲公司欠另一家公司丙35万元货款，丙通过在某市某区法院诉讼，得到了法院的支持。乙本与甲公司老板是朋友，但考虑到资金安全问题，向法院申请执行甲抵押给他的位于A市某区的房产以清偿其债权。2008年5月7日，A市某区法院查封了甲公司在A市某区的房产，拍卖得款35万元。但在如何支付欠款的问题上发生了争议，乙认为其享有抵押权应优先受偿，但其不能提供抵押权证书，据查登记部门作了登记，当事人有抵押合同、借款收据、房产证备查，根据甲乙双方的回忆，当时他们双方没有到房管局领取他项权利证书；法院和丙公司认为抵押手续没有办理完结，因此抵押未生效，虽然甲乙都不认同此观点，但法院最后将该房屋进行了拍卖，所得的价款在扣除手续费后将余款支付给了丙公司，乙的

---

① 梁慧星：《〈物权法〉基本条文讲解》，载《物权法名家讲座》，中国社会科学出版社2008年版，第45~46页。

抵押担保没有确认，其债权亦未得到清偿。

　　本案涉及抵押权成立及其效力的问题。首先，关于抵押权的成立问题。依《担保法》和《物权法》的规定，不动产抵押不仅应订立书面抵押合同，而且应办理登记手续，抵押权方得成立。根据我国法律规定，不动产采登记发证制度，即登记机关在不动产登记簿上进行登记并向权利人颁发权利证书，作为享有该不动产物权的证明。本案抵押权是否成立呢？《物权法》第16条规定，不动产登记簿是物权归属和内容的根据。不动产登记簿由登记机构管理。可见，抵押权是否成立应以登记机关是否登记为准，进而言之，应看登记机关管理的登记簿上是否记载了抵押权。至于是否办理和领取权利证书，仅仅是其权利的证明文件是否取得的问题。亦即，本案当事人虽然没有办理他项权利证书，但由于在登记机关的登记簿上有相应的登记，因此，乙以甲公司的房产进行抵押，抵押权成立。其次，关于抵押权的效力问题。抵押权的最重要的效力即保障其所担保的债权得到优先受偿。本案乙的借款受抵押权担保，而丙公司的债权没有以该房屋设定抵押担保，因此，对该房屋变现的价款，得由乙优先受偿，余款再清偿丙公司债权。

【案例分析16-3】

　　2005年4月7日被告李丁与被告某银行A支行签订房地产抵押合同一份，将位于某市淮河路某小区的42号楼东1单元东门的房产抵押给被告某银行A支行，担保其向该行的80万元贷款。原告张甲认为其与被告李丁系夫妻关系，该房产系夫妻共同财产，被告李丁在未经原告同意的情况下，私自处分共同财产，而被告某银行A支行明知其行为侵犯他人合法权利而为之，两被告的行为违反法律规定，侵犯了原告的合法权利，请求法院确认两被告签订的房地产抵押合同无效。被告某银行A支行辩称，本案争议房屋的房产权证上载明房屋所有人系李丁，共有人栏中并没有显示原告，我行有理由相信李丁对该房屋有处分权，并且双方依法签订了抵押合同，依法定程序办理了抵押登记，同时我行向李丁发放了80万元贷款。这些事实表明，我行在办理抵押时是善意有偿的，因此房地产抵押合同合法有效，请求法院依法驳回原告的诉讼请求。

　　本案所涉夫妻一方以共同财产设定抵押系日常生活中常见的纠纷。以不动产设定抵押权除当事人应订立书面合同外，还需进行抵押登记抵押权方能成立，本案中抵押权从形式上看已经满足其成立要件：当事人签订了房地产抵押合同，A支行依法办理了房屋抵押登记。关键问题是被告李丁是否对该抵押标的有处分权，以及被告某银行A支行是否明知其行为侵犯原告的合法权利。按照《婚姻法》规定，夫妻财产有两种具体形式，即法定财产制和约定财产制，换言之，不是有夫妻关系存在就一定表明其财产系共同财产；更重要的是，根据《物权法》第17条规定，"不动产权属证书是权利人享有该不动产物权的证明"。被告李丁在申请抵押贷款时提供的房屋的所有权证上记载的房屋所有权人是李丁，该证书以及李丁填写的房地产抵押登记表的"共有人"栏内均未显示原告，虽然张甲与李丁系夫妻关系，但某银行 A 支行有理由相信李丁是该房屋的唯一所有权人，对该房屋享有处分权，因而与其签订了抵押合同并依法办理了抵押登记，某银行 A 支行在与李丁签订抵押合同时尽到了注意义务，没有过错；另外，某银行 A 支行依约向李丁发放了 80 万元贷款，设定抵押权担保债权是银行业务的经常做法，并无不妥。因此，该抵押权合法有效，原告的诉讼请求于法无据，应予驳回。

第三节 质　　权

一、质权的概念

质权，是指为了担保债权的实现，债务人或第三人将其动产或权利移交债权人占有，当债务人不履行债务或者发生当事人约定的实现质权的情形时，债权人可就其占有的财产优先受偿的担保物权。在质权法律关系中，享有质权的债权人称为质权人，将财产移转给质权人供作担保的债务人或第三人称为出质人，出质人移转给质权人供作担保的财产，称为质物。对质权可以从以下几方面理解：

（1）质权是一种担保物权。质权设定的目的即为了担保债权的实现，因此，同抵押权有同样的担保功能，为担保物权之一种。

（2）质权的标的物是债务人或第三人提供担保的动产或其他可以设质的财产权利。

（3）质权是须移转标的物占有的物权。即质权以占有标的物为成立要件，在设立质权时，出质人（债务人或第三人）应当将质物的占有移交给债权人。

（4）质权是优先受偿的权利。作为担保物权，质权人仅能就质物的价金优先受偿，而不能取得质物的所有权。

依我国《物权法》的规定，质权的标的物可以是动产或权利，不动产不允许设立质权。

二、动产质权

动产质权，是以动产为标的物所设定的质权。动产质权的标的物，应当是可让与的动产，法律、行政法规禁止转让的动产不得出质（《物权法》第 209 条）。

（一）动产质权的取得

动产质权系属意定担保，可依法律行为取得，亦可因法律行为以外的事由而取得。

1. 基于法律行为取得

（1）动产质权的设定取得。

①动产质权合同。质权的设立，通常都是以合同的方式进行的。动产质权合同，是由债务人或第三人与债权人签订的，约定债务人或第三人将其动产或权利移交债权人占有，将该财产作为债权的担保，当债务人不履行债务或者发生当事人约定的实现质权的情形时，债权人可就该财产变现的价款优先受偿的协议。设定质权，当事人应采用书面形式设定质权合同。质权关系的当事人是质权人和出质人。根据《物权法》第210条规定，质权合同一般包括下列条款：被担保债权的种类和数额；债务人履行债务的期限；质押财产的名称、数量、质量、状况；担保的范围；质押财产交付的时间。

②交付质物。质权合同是质权设定的前提，但质权的设定须以质物移交于质权人占有为要件。因此，动产质权须于出质人向质权人移转质押财产之占有时方为设定。需注意的是，出质人向质权人移转质押财产之占有的行为，就是交付行为。依《物权法》规定，交付既有现实交付，亦有观念交付，后者又包括指示交付、简易交付、占有改定。出质人移转质押财产，不以现实交付为必要，但是如前文所述占有改定为其例外，因为占有改定外观并无改变，无法对质权进行公示可能害及交易安全，且在出质人直接占有质押财产事实上使质权人无法对质押财产进行留置。换言之，设定质权不得以占有改定方式交付质物。

（2）动产质权的受让取得。

动产质权为主债权的从权利，可因主债权的移转而随之移转，因此，动产质权可与主债权一并受让取得。

2. 基于法律行为以外的事由取得质权

法律行为以外事由取得动产质权的情形，一般包括时效取得、继承取得、善意取得等，因时效取得在我国法上并未规定，因此，基于法律行为以外的事由取得质权的情形实际上就是继承取得和善意取得。

动产质权继承取得，即质权人死亡时，其继承人在继承债权的同时继承动产质权。

《担保法解释》第84条规定，出质人以其不具有所有权但合法占有的动产出质的，不知出质人无处分权的质权人行使质权后，因此给动产所有人造成损失的，由出质人承担赔偿责任。这是司法实践对善意取得动产质权的确认。结合《物权法》第106条规定，与动产所有权善意取得相同的机理，动产质权可善意取得。

（二）动产质权当事人的权利和义务

1. 质权人的权利

（1）占有质物和留置质物。对质物的占有，既是质权的成立要件，也是质权的存续要件，质权人有权在债权受清偿前占有质物，并以质物的全部行使其权利。质权人将质物返还给出质人后，即不可以其质权对抗第三人。但是，因不可以归责于质权人的事由而丧失对质物的占有的，质权人可以向不当占有人请求停止侵害、恢复原状、返还质物。在债权人债权未获清偿以前，对其占有的质物享有留置的权利，即便质权人已经将质物出让与第三人，质权人留置质物的权利亦不受影响。

（2）收取质押财产孳息。《物权法》第213条规定："质权人有权收取质押财产的孳息，但合同另有约定的除外。前款规定的孳息应当先充抵收取孳息的费用。"在充抵收取孳息的费用后，通常可充抵主债权的利息，最后充抵主债权。

（3）质权的保全。质物有损坏或价值明显减少的可能，从而足以危害质权人权利的，质权人可以要求出质人提供相应的担保。《物权法》第216条规定："因不能归责于质权人的事由可能使质押财产毁损或者价值明显减少，足以危害质权人权利的，质权人有权要求出质人提供相应的担保；出质人不提供的，质权人可以拍卖、变卖质押财产，并与出质人通过协议将拍卖、变卖所得的价款提前清偿债务或者提存。"

（4）优先受偿。债务履行期届满，债权人未受清偿的，可以与出质人协议以质物折价，也可以依法拍卖、变卖质物，以所得价款优先受偿。

（5）进行转质的权利。转质，指质权人在质权存续时，为了担保自己或他人的债务，将质物移转占有于第三人，于质物上设定新质权的行为。经出质人同意而转质的称为承诺转质，未经出质人同意进行的转质称为责任转质。对前者不仅《担保法解释》予以确认，而且符合法理，当无疑义；而对后者《担保法解释》则予以否定，但是《物权法》第217条规定，"质权人在质权存续期间，未经出质人同意转质，造成质押财产毁损、灭失的，应当向出质人承担赔偿责任"，该规定虽未明确责任转质为质权人的权利，但也未否定责任转质，因此，债权人可将质物责任转质，只是"造成质押财产毁损、灭失的，应当向出质人承担赔偿责任"。

当然，质权人在享有如此权利的同时，亦负有在占有质物期间对质物妥善保管、在债务届期履行等情形质权消灭后返还质物等义务。

2. 出质人的权利

（1）质物的收益权。在设定质权后，出质人当然不能对质物进行使用，但若质物在此期间有收益产生，其收益虽由质权人收取，但仍归属于出质人。

（2）质物的处分权。在质权设定后，出质人虽不占有质物，但并不丧失对质物的处分权，只不过此时的处分不能采现实交付，而只能采指示交付和简易交付方式实现所有权移转。

（3）质物返还请求权。债务履行期届满，债务人履行债务的，或者出质人提前清偿所担保的债权的，出质人有权要求质权人返还质物。

（4）物上保证人的追偿权。出质人如果是债务人以外的第三人，该第三人代为清偿债权或因质权实现丧失质物的所有权时，有权向债务人追偿。

（5）请求及时行使质权的权利。《物权法》第220条规定，出质人可以请求质权人在债务履行期届满后及时行使质权；质权人不行使的，出质人可以请求人民法院拍卖、变卖质押财产。

（6）质物损害的救济权。因质权人未妥善保管而侵害或可能妨害质物时，出质人有权请求除去妨害或请求将质物提存以排除妨害；因质权人保管不善而使质物损毁灭失时，出质人有权请求赔偿。

当然，出质人亦应承担诸如因质物隐蔽瑕疵给债权人造成损害的赔偿等相关义务。

（三）动产质权的消灭

动产质权可因下列原因归于消灭：

（1）因主债权消灭而消灭。基于动产质权本身的从属性，主债权因清偿、抵销、混同等原因而消灭，动产质权亦归于消灭。

（2）因实行而消灭。当债务人不履行债务或者发生当事人约定的实现质权的情形时，质权人实现质权将质物变现优先受偿后，无论其担保的债权是否得到清偿，质权都归于消灭。

（3）质权人丧失对质物的占有。质权的存续以质权人对质物的占有为必要，质权人丧失占有，则质权消灭。但是，倘占有得以恢复时，质权亦得恢复而不消灭。

（4）因抛弃而消灭。质权为财产权，权利人当然可抛弃。《物权法》第218条规定，质权人可以放弃质权。债务人以自己的财产出质，质权人放弃该质权的，其他担保人在质权人丧失优先受偿权益的范围内免除担保责任，但其他担保人承诺仍然提供担保的除外。

（5）因质物灭失而消灭。质物灭失使质权无客体归于消灭，但倘因质物灭失而得有赔偿金、保险金等代位物时，质权人得就其受偿。

三、权利质权

（一）权利质权的意义

权利质权是为了担保债权清偿，以债务人或第三人所享有的所有权以外的可转让的财产性权利为标的设定的质权。

权利质权与动产质权相比较来说，权利质权的客体（标的）是可让与的财产性权利。权利非有体物，以其为标的设定质权当异于动产，其公示就非占有而为权利凭证之交付或为登记；同时非任何权利均可质押，能质押者须为可转让并适于设质的财产性权利。此外，权利质权的标的还必须是不违背质权性质的财产权，我国法禁止在不动产上设定质权，因此，不动产物权如典权、地上权等，亦不能设定权利质权。

权利质权以其本身的价值性不仅没有动产质押权的缺点，而且符合担保物权对价值支配的本质，具有实现便捷的优点，在现代社会中发挥着积极的作用，尤其是主要财产有日渐证券化趋势，以证券为权利质权之标的，无论就其设定抑或实行，

"均颇能符合社会投资担保手段之需求，在现代金融界足与抵押权媲美"①。

（二）权利质权的标的物

权利质权的标的是权利，依《物权法》第223条规定，债务人或者第三人有权处分的下列权利可以出质：汇票、支票、本票；债券、存款单；仓单、提单；可以转让的基金份额、股权；可以转让的注册商标专用权、专利权、著作权等知识产权中的财产权；应收账款；法律、行政法规规定可以出质的其他财产权利。

（三）权利质权的设定

权利质权的设定须由当事人订立质权合同而创设。权利质权客体涉及不同类别权利，因其各具特点，质权设定要求也不尽相同。

1. 有价证券质权的设定

《物权法》第224条规定，以汇票、支票、本票、债券、存款单、仓单、提单出质的，当事人应当订立书面合同。质权自权利凭证交付质权人时设立；没有权利凭证的，质权自有关部门办理出质登记时设立。可见，订立书面合同，交付权利凭证或办理出质登记是有价证券质权设定的基本要求。但基于不同情况，有些问题还需特别注意：

（1）以汇票、支票、本票出质的，除须遵照一般规则外，是否需要背书甚或背书"质押"字样，留有疑义。如果从票据行为的角度而言，应当背书；若从担保民事行为角度而言，背书并非其成立要件，《担保法解释》第98条规定，没有背书记载质押字样，以票据出质对抗善意第三人的，人民法院不予支持，此解释规定的背书质押字样为票据出质的对抗要件。因此，从规范票据质押行为并避免纠纷角度而言，在设定票据质权时，应背书记载质押字样。

（2）以公司债券出质的，《担保法解释》第99条规定，没有背书记载质押字样，以债券出质对抗公司和善意第三人的，人民法院不予支持。

（3）以存款单出质的，未经签发银行核押，出质人挂失支取造成质权无法实现的，银行不承担责任；但根据《担保法解释》第100条规定，签发银行核押后又受理挂失造成存款流失的，应承担民事责任。

（4）《担保法解释》第101条规定，有价证券出质后，质权人再转计和质押的无效。此外，《物权法》第225条规定，汇票、支票、本票、债券、存款单、仓单、提单的兑现日期或者提货日期先于主债权到期的，质权人可以兑现或者提货，并与出质人协议将兑现的价款或者提取的货物提前清偿债务或者提存。

2. 基金份额与股权质权的设定

以基金份额和股权出质除须订立书面合同外，还应办理相应登记手续。依《物权法》第226条规定，以基金份额、证券登记结算机构登记的股权出质的，质权自证券登记结算机构办理出质登记时设立；以其他股权出质的，质权自工商行政

---

① 谢在全：《民法物权论》（下册），中国政法大学出版社1999年版，第803~804页。

管理部门办理出质登记时设立。

3. 知识产权质权的设定

《物权法》第 227 条规定，以注册商标专用权、专利权、著作权等知识产权中的财产权出质的，当事人应当订立书面合同。质权自有关主管部门办理出质登记时设立。知识产权中的财产权出质后，出质人不得转让或者许可他人使用，但经出质人与质权人协商同意的除外。出质人转让或者许可他人使用出质的知识产权中的财产权所得的价款，应当向质权人提前清偿债务或者提存。

4. 应收账款质权的设定

应收账款作为债权，是指权利人因提供一定货物、服务或者设施而获得要求义务人付款的权利，包括已经发生和尚未发生的将来的金钱债权①。依《物权法》第 228 条规定，应收账款出质的，当事人应当订立书面合同。质权自信贷征信机构办理出质登记时设立。应收账款出质后，不得转让，但经出质人与质权人协商同意的除外。出质人转让应收账款所得的价款，应当向质权人提前清偿债务或者提存。

根据《物权法》第 229 条规定，权利质权除适用对其所作的专门规定外，其他事项适用动产质权的规定。因此，关于权利质权的效力、实现与消灭等问题，我们不再一一赘述。

【案例分析 16-4】

2008 年 5 月 27 日，李某向徐某借款 15000 元。此后，徐某还为其垫付修车费、罚款、餐费及其他款项等共计 8500 元。6 月 2 日上午，李某为徐某出具 23500 元欠条 1 张。同日下午，双方又签订 1 份有关车辆管理的协议，约定李某的车辆由徐某保管，直至还清欠款为止。如果 1 年之后还没有能力偿还，此车归徐某所有。现原告李某以徐某要将车辆典当卖钱为由提起诉讼，要求撤销签订的车辆管理协议，返还车辆并赔偿经济损失 2 万元。

在诉讼中，原告向法院提供的证据有购车发票、车辆保管协议各 1 份，证实该车系其花 33700 元所购买及双方只是保管车辆而非质押；证人证言 1 份，证实被告曾向证人出售的意思表示。被告提供的证据有欠条及车辆保管协议各 1 份，证实双方是质押合同，自己不存在违约的事实，并对证人证言予以否认。

本案争议的焦点，主要是该合同的效力问题及原告所提交的证据证明效力问题。首先，该合同的性质是质押合同而非保管合同，因为从合同主要内容来看，双方是为了使债务能得到有效履行而签订的合同，并非为了车辆保管；从其诉请要求损失赔偿来看，将车辆交由徐某保管对其并无好处，如果是保管协议的话，应该是李某向徐某支付保管费而不是要求徐某负担可能存在的损失。

① 参见申卫星：《物权法原理》，中国人民大学出版社 2008 年版，第 381 页。

其次，该合同的效力是部分有效。从合同的具体内容分析，虽然双方约定了担保期间是直至还清债务为止，但是根据债权的诉讼时效期间和司法解释的精神，担保期间应从债权期限届满起2年。而后来双方约定原告如果1年之后无力还款，车辆归被告所有，这是《担保法》和《物权法》规定禁止约定的"流质条款"应为无效。最后，从证据情况看，在原告提交的3份证据中，有1份是有关被告的违约问题，但仅是单个的证人证言，且被告予以否认，没有相关的证据相佐证，不能形成有效的证据链，因此，无法证实被告存在违约或预期违约问题。即使有证据证实被告有想卖的意思表示，但是被告并未出售，又未形成合同，原告的证据仍然无法得到支持。因此，本案合同应认定为质押合同，除流质条款无效外，其余部分应为有效，质权成立。法院应作出驳回原告的诉讼请求的裁判。①

第四节 留 置 权

一、留置权的概念和特征

（一）留置权的概念

留置权是债务人不履行到期债务，债权人可以留置已经合法占有的债务人的动产，并就该动产优先受偿的担保物权。其中，债权人为留置权人，债权人所占有的动产为留置财产。

（二）留置权的特征

（1）留置权是一种法定担保物权。留置权是以担保债权为目的依法成立的物权，当然属于担保物权；而且，留置权是基于法律的规定产生，符合法定条件时即为成就，而不需依当事人之间的协议设定。

（2）留置权为占有性担保物权。留置权以占有留置物为必要，没有债权人对债务人财产的占有不得成立留置权。这里需要指出的是，按照《民法通则》、《担保法》、《合同法》规定，留置权仅得因合同关系方可成就，且只能因保管合同、运输合同、加工承揽合同、行纪合同发生的债权，债务人不履行债务的，债权人有留置权，其他合同关系不能行使留置权②。可见，其适用范围较为狭窄。《物权法》第230条规定，"债务人不履行到期债务，债权人可以留置已经合法占有的债

---

① 《本案质权合同是否有效》，载找法网：http://china.findlaw.cn/info/wuquanfa/zhiquan/zhiquanhetong/105737.html，有改动。

② 曹士兵：《担保法诸问题的解决与展望——基于担保法及其司法解释》，中国法制出版社2001年版，第327~328页。

务人的动产，并有权就该动产优先受偿"，不再将债权人占有债务人财产限定于合同关系，极大地扩展了留置权的适用范围，使因不当得利、无因管理、侵权行为适用留置权成为可能。

（3）留置权的标的物为债权人所占有的债务人的动产。留置权的标的物仅以动产为限，不动产和权利不适用于留置权。

（4）留置权所担保的债权与留置物之间应具有牵连关系。留置权担保的债权与留置物之间若无关联，一般不得留置。此"牵连关系"可从几个角度关注，一是债权系由占有物而生，二是债权与占有物返还义务由同一法律关系而生，三是债权与占有物返还系由同一事实关系而生。需指出的是，这里所谓的牵连关系是针对民事上一般留置权而言的，对于商人之间因营业关系而占有动产及其所生债权，无论有无以上牵连关系，均视其具有牵连关系。① 《物权法》第 231 条规定，"债权人留置的动产，应当与债权属于同一法律关系，但企业之间留置的除外。"

（5）留置权是具有二次效力的担保物权。即第一次效力为留置占有物，债权人在债务人清偿债务前有权就其占有的留置物继续占有，并可对抗债务人的返还请求权；第二次效力为优先受偿二次效力，即在债务人不履行到期债务，经催告后仍不履行的，留置权人有权就留置物变现并优先受偿。

二、留置权的成立

作为法定担保物权，留置权的取得是基于法律规定，因此无须当事人协商一致。一般认为，留置权的成立条件可以分为积极要件和消极要件。

1. 留置权取得的积极要件

（1）须债权人占有债务人的动产。留置权的取得，债权人须合法占有债务人的财产，其占有无论是直接占有还是间接占有均可。但单纯的持有，例如雇佣人在工作中使用家中的器具，是持有而不是占有，不能成立留置权。

（2）须债权已届清偿期。债权人虽占有债务人的动产，但在债权尚未届清偿期时，因为不发生债务人不履行债务的问题，所以不发生留置权。只有在债权已届清偿期而债务人仍不履行债务时，债权人才可以留置债务人的动产。

（3）须债权的发生与所占有的该动产有牵连关系。债权人所占有的债务人的动产必须与其债权的发生有牵连关系，才可产生留置权。

2. 留置权取得的消极条件

（1）对债务人的动产的占有必须是合法占有。因不合法行为占有他人的动产，不发生留置权。例如窃贼即使对赃物支出必要费用，也不享有留置权。

（2）对动产的留置不违反公共利益或善良风俗，如不能留置他人的居民身份证、不能因抢救费用未清偿而留置他人尸体等。

---

① 谢在全：《民法物权论》（下册），中国政法大学出版社 2009 年版，第 861～864 页。

（3）对动产的留置不得与债权人的义务相抵触。《担保法解释》第111条规定，债权人行使留置权与其承担的义务或者合同的特殊约定相抵触的，人民法院不予支持。此债权人"承担的义务"是指债权人占有该动产时所负担的义务。例如承运人有将货物运送到指定地点的义务，在运送途中，不得以未付运费留置货物。

三、留置权的效力

（一）留置权担保的债权范围

留置权作为法定担保，其担保范围由法律规定，根据《担保法》第83条并结合《物权法》第173条规定，留置权担保的债权范围包括：主债权及利息、违约金、损害赔偿金、留置物保管费用和实现留置权的费用等。

（二）留置权标的物的范围

根据担保物权法基本理论并结合《担保法解释》第114条的精神，留置权的标的物除留置的动产本身外，还包括留置物的从物、孳息和代位物。《物权法》第233条规定，留置财产为可分物的，留置财产的价值应当相当于债务的金额。《担保法解释》第110条规定，留置物为不可分物的，留置权人可以就其留置物的全部行使留置权。

（三）留置权人的权利义务

1. 留置权人的权利

（1）留置占有的标的物。在债务人不履行债务时，债权人便可以留置标的物，拒绝债务人交付标的物的请求；留置物为不可分物的，留置权人可以就留置物的全部行使留置权。

（2）留置物孳息的收取权。留置权人虽不具有用益权，但《物权法》第235条规定，留置权人有权收取留置财产的孳息。所收取的孳息应当先充抵收取孳息的费用。

（3）必要费用求偿权。债权人因保管留置物所支出的必要费用，有权向债务人请求返还，包括保管费、必要的维修保养费、动物的饲养费、治疗费等。

（4）留置的实行权，包括变价权和优先受偿权。与其他担保物权一样，这是留置权人最重要的权利。

2. 留置权人的义务

（1）妥善保管留置物。依《物权法》第234条规定，留置权人负有妥善保管留置财产的义务；因保管不善致使留置财产毁损、灭失的，应当承担赔偿责任。

（2）不得对留置物擅自使用或为其他处分行为。

（3）返还留置物。在留置权所担保的债权消灭，或者债权虽未消灭，债务人另行提供担保时，债权人应当将留置物返还债务人。

3. 留置权与其他担保物权效力之间的关系

留置权可能与其他担保物权并存于一物之上，此时涉及与其他担保物权之间的关系问题。《物权法》第 239 条规定，同一动产上已设立抵押权或者质权，该动产又被留置的，留置权人优先受偿。这意味着留置权与抵押权、质权相比具有"绝对"的优先效力，须注意的是根据《海商法》第 25 条规定，船舶优先权先于船舶留置权受偿。

四、留置权的实现

留置权的实现方式与其他担保物权并无二致，且因留置权的标的物是债务人的财产，因此，在留置权实现后不存在诸如其他担保中担保人向债务人追偿的问题。唯需注意的是留置权实现中宽限期的意义。

《物权法》第 236 条规定，留置权人与债务人应当约定留置财产后的债务履行期间；没有约定或者约定不明确的，留置权人应当给债务人两个月以上履行债务的期间，但鲜活易腐等不易保管的动产除外。债务人逾期未履行的，留置权人可以与债务人协议以留置财产折价，也可以就拍卖、变卖留置财产所得的价款优先受偿。详言之，留置权是二次效力的担保物权，债务人不履行到期债务只产生债权人留置其所占有的债务人动产的直接效果，债权人并不能就留置物变现受偿，需宽限期限届满，债权人方可就留置物变现受偿。宽限期届满之前，留置权人无权将留置物变现受偿，倘其擅自处分留置物将承担相应的民事责任。

宽限期由留置权人与债务人约定，没有约定或者约定不明确的，依《物权法》前述规定，除鲜活易腐等不易保管的动产外，留置权人应当给债务人两个月以上履行债务的期间。

五、留置权的消灭

担保物权消灭的一般原因，如主债权消灭、混同、担保物权实现、担保物灭失以及债权人放弃担保物权等均适用于留置权。需特别注意的是，《物权法》第 240 条规定："留置权人对留置财产丧失占有或者留置权人接受债务人另行提供担保的，留置权消灭。"

1. 留置权人丧失对留置财产的占有

如前文所述，留置权系占有性担保物权，对留置物的占有是其存续的基本条件，丧失对留置物的占有即丧失留置权的存续基础，留置权当然归于消灭。

2. 留置权人接受债务人另行提供的担保

在债权人接受债务人另行提供的担保后，债权人就无不能受偿之忧，因而使作为担保物权的留置权即丧失其存续的理由。实际上，债权人接受债务人另行提供的担保在很大程度上是当事人以意定担保取代法定担保。当然，该项留置权消灭的原因，应包含两方面的条件：一是债务人须另行提供有效的担保；二是债权人接受该担保。对于第二个条件，有学者认为是将留置权消灭的最终决定权交给了留置权人，为防止留置权人滥用权利，可以认为只要债务人另行提供的担保足以确保债权人债权的实现，留置权人就应接受该担保从而消灭留置权。①

3. 债权清偿期之延期

学者认为，留置权成立以债权已届清偿其而未获清偿为要件，故若债权人同意延缓债权之清偿期时，留置权即无存在之余地，因而消灭②。

【案例分析 16-5】

　　甲系一高校教师，因获得国外某大学邀请要出国访问和讲学近一年时间，于是将其 1 辆轿车和一些其他物品交由其邻居乙帮助保管，保管期限 1 年，期限届满时，甲支付给乙保管费 1200 元。双方还在合同中约定，乙不得留置甲所委托保存的物品。1 年的保管期限到期，甲因故未能按时回国，便委托其父前来领取交给乙保管的东西，甲父手头没钱只交给乙 400 元钱。乙于是拒绝返还部分物品，并告诉甲父，若甲不在 1 个月内支付剩余的保管费，乙将拍卖或变卖留置的物品，以获得的价款优先受偿。

　　本例所涉系留置权的有关问题。根据《物权法》第 230 条规定，留置非依合同约定而成立，而是基于法律规定而成立，因此成为法定担保。但是，留置既为权利，那么权利行使就不得违反法律规定和社会公序良俗。因此，《物权法》第 232 条规定，法律规定或者当事人约定不得留置的动产，不得留置。本例当事人事先约定不得留置甲所委托保存的物品，乙当然不得留置。如果当事人没有事先约定不得留置，乙可行使留置权。《物权法》第 233 条规定留置财产为可分物的，留置财产的价值应当相当于债务的金额。换言之，即便乙可得行使留置权，因乙替甲保管的物是可分物，乙也无权留置甲交给其保管的全部物品。

【本章思考题】

1. 简述担保物权的基本特征。
2. 简要分析抵押权和质权的区别。
3. 简述抵押合同、抵押登记与抵押权成立的关系。
4. 何谓权利质权？可设定权利质权的标的物有哪些？
5. 试述最高额抵押。
6. 简述留置权的实现条件。

---

① 温世扬：《物权法要义》，法律出版社 2007 年版，第 67、352 页。
② 谢在全：《民法物权论》（下册），中国政法大学出版社 2009 年版，第 891 页。

第十七章 占 有

☞ **本章导读**

作为民法上一项重要的制度，占有滥觞于罗马法，经由中世纪日耳曼法的发展，至近现代各国法律均予确认，我国《物权法》对其单列一编进行规范。占有具有保护现实存在的状态不受第三人侵害，从而保护物权以维护社会财产秩序稳定的作用。

第一节 占有概述

一、占有的概念与特征

（一）占有的概念

占有是占有人对物在事实上的管领和控制状态。被管领和控制的物，称为占有物；管领和控制该物的人称为占有人。

占有的构成通常需要具备一定的客观要件，即占有人对占有物具有事实上管领、控制的外观，没有形成占有人对占有物控制的表现不成立占有，此被称为占有的体素；同时，占有的成立还需有占有人对占有物实施管理、控制的主观意思，此称占有的心素，如果对物仅有体素之外表，而无心素之内在，即无意于对物之管领与支配，那么人与物仅有纯粹外在性联系，不构成占有而称其为"持有"，如顾客之于正在使用的自动售货机①。

在现代民法上的占有是一项独立于所有权及他物权的制度，表征人对物在客观上的一种掌控关系，无论是所有权人的占有，还是非所有权人合法的占有，均受到占有制度的保护。

（二）占有的特征

1. 占有以物为客体

作为一种人对物的掌控管领关系，占有的客体仅限于有体物，包括动产和不动产。作为占有客体的物不以独立物为限，甚或物的构成部分均可成为占有的客体，因此，占有关系不适用于"一物一权"原则。一般认为权利不能成为占有的客体，

---

① 韩松等：《物权法》，法律出版社 2008 年版，第 457 页。

但有些国家立法承认财产权利可以作为占有的客体，称为准占有，甚至认为对身份关系亦可占有，称为身份占有。我国法上未规定准占有和身份占有。

2. 占有是一种事实关系

占有表征人对某物的管领与控制关系，至于这种掌控是否具有正当性则在所不问。因此，权利人可以占有其物，非权利人亦可占有某物。占有所表征的事实使其区别于本权。

3. 占有具有可辨识的外观性

占有的事实关系需通过一定外观为第三人察知。就通常情形而言，"……其物在于一定场所，合于其经济的用途者，可认为在于其人之占有"①。也就是说，我们可以结合空间位置等多种表象对占有关系进行观察和判断。

4. 占有具有持续性

占有不仅具有空间上的可观察性，还应具有时间上的稳定和持续性，那种仅有短暂的接触，依一般社会观念不构成占有，譬如在公园长凳上小憩不构成对该长凳的占有等。

二、占有的性质

自罗马法以来，对于占有的法律性质，即占有究竟是一种事实还是一种权利，一直存有不同的看法，有事实说、权利说、折中说。在理论上关于占有的性质的争论，也影响到立法。如德国、瑞士等国民法规定占有为一种事实，而日本民法则规定占有为一种权利即占有权。

我们认为，作为一种对物的实际掌控状态，占有人不一定是本权人，占有与本权应当区分；同时，占有即形成一定的社会财产秩序状态，在没有充分证据的前提下，对占有维护即是对社会秩序的维护并能使物的效用得以充分发挥；再则，即便占有本身缺乏正当性，本权利人亦可通过适当程序得以回复其权利，从这个意义上说对占有的维护也是对本权人利益的维护。因此，占有本身并不具有权利的属性，而仅仅是一种实然的对物的管领和控制。因此，占有是一种事实或状态。

三、占有的类型

(一) 自主占有与他主占有

依占有人是否以所有的意思占有标的物为标准，可将占有分为自主占有和他主占有。

自主占有，是指以所有的意思而为的占有，如所有人对自己财产的占有、误信自己为所有人的占有；他主占有，是指非依所有的意思而为的占有，如承租人对租赁物的占有、保管人对他人委托的保管物的占有。

① 史尚宽：《物权法论》，中国政法大学出版社 2000 年版，第 532 页。

区别自主占有与他主占有的主要意义在于，作为所有权取得时效要件和先占要件的占有，应当是自主占有。因此，对自主占有与他主占有的区分，是时效取得和先占制度能否适用的前提。

（二）直接占有与间接占有

依占有人是否在事实上对特定物直接占领和控制为标准，可将占有分为直接占有和间接占有。

直接占有，是指占有人在事实上直接对物的占领和控制，如承租人占有租赁物、质权人对质物的占有；间接占有，是指占有人虽未在事实上直接占有标的物，但基于一定的法律关系，对于直接占有人有返还请求权，即对物有间接的管领与控制，如出质人、出租人对质物或租赁物的占有为间接占有。

直接占有与间接占有的区分，扩大了占有的概念，使占有趋于观念化，从而在事实层面肯认了财产流转关系，为动产交付的形式多样化奠定了基础，对当事人权利保护和维护社会秩序具有实益。

（三）有权占有与无权占有

依占有人是否具有法律上的原因或依据为标准可将占有分为有权占有与无权占有。

有权占有亦称为正权源占有，是指有法律上原因的占有，该法律上的原因，学说上又称为本权包括物权、债权等，如地上权人依地上权对土地的占有；无权占有，是指无本权的占有，如拾得人对遗失物的占有、盗贼对赃物的占有。

有权占有与无权占有的区分，揭示了占有与本权的关系，为占有的进一步细分奠定了基础，对明确当事人之间的权利义务关系颇为有利。一方面，有权占有受占有制度和权利制度的双重保护，无权占有虽受占有制度保护，但占有人不得以占有的事实对抗本权人。

（四）善意占有与恶意占有

依占有人是否明知其占有具有本权的主观状态为标准对无权占有可划分为善意占有和恶意占有。

善意占有，是指占有人不知道或不应知道其无占有权而为的占有，如误信他人之物为自己所有而为的占有。恶意占有，是指占有人明知或应当知道其无占有权利而为的占有，如盗贼对偷窃之物的占有等。善意占有还可以占有人有无过失为标准将其分为无过失占有与有过失占有，但严格来说，只有不知自己无占有之权且无重大过失者，方构成善意占有。①

善意占有与恶意占有的划分，对于善意取得及时效制度的适用具有重要作用，同时，占有人对回复请求权人的权利义务亦因善意或恶意而不同。

---

① 江平主编：《民法学》，中国政法大学出版社 2007 年版，第 329 页。

（五）自己占有与辅助占有

依占有人对标的物是否亲自占有为标准可将占有分为自己占有与辅助占有。

所谓自己占有，是指占有人亲自对标的物而为的占有，如质权人对质物的占有、用益物权人对标的物的占有；占有辅助，是指基于特定从属关系受占有人指示，而对标的物进行的占有，如雇员对其使用的设备的占有、营业员对商店货物的占有。

自己占有与辅助占有区分的实益在于，确定谁为占有人，并为进一步确定其权利义务奠定基础。

（六）有瑕疵占有和无瑕疵占有

以占有的取得与维持是否有瑕疵可将占有分为有瑕疵占有和无瑕疵占有。

有瑕疵占有，是指占有人以暴力手段取得或以隐秘方式维持的占有，如对抢夺或抢劫财产的占有，或对占有物秘不示人的占有均是；无瑕疵占有，是指占有人以和平方式取得并公开维持的占有，如对以买卖或先占方式取得财产公然使用收益的占有即是其例。

对有瑕疵占有和无瑕疵占有划分的意义在于，确定是否适用取得时效。因为取得时效的适用以占有的无瑕疵为必要。

（七）单独占有与共同占有

以占有人数为标准可将占有划分为单独占有与共同占有。

单独占有，是指占有人为单个人的占有，如甲对其手机的占有；共同占有，是指占有人为二人以上的占有，如共有人对共有财产的占有等。

对单独占有和共同占有进行划分的实益在于，在共同占有的场合，各占有人之间不存在就其占有物的使用范围单独请求占有保护的问题。

【案例分析 17-1】

甲遗失一部相机，乙拾得后放在办公桌抽屉内，并张贴了招领启事。丙盗走该相机，送给了不知情的丁，丁出质于戊。①

占有，是指占有人对物在事实上的管领和控制状态。被管领和控制的物，称为占有物；管领和控制该物的人称为占有人。根据占有物是否具有法律的原因，占有可分为有权占有和无权占有等类别。本例中，乙对拾得的相机的占有并无正当权原，是无权占有；丙盗走该相机也属于无权占有。根据占有是否以所有的意思占有，占有可分为自主占有和他主占有等。丁对相机的占有属于自主占有；戊对相机的占有属于他主占有。根据占有人是否对标的物有直接管领事实，占有可分为直接占有和间接占有，戊对相机的占有属于直接占有。

---

① 本例源自 2005 年国家司法考试第 3 卷单项选择题第 7 题。

第二节　占有的取得、变更与消灭

一、占有的取得

占有的取得或占有的发生，得须依一定的法律事实。因此，占有的取得分为原始取得与继受取得。

（一）占有的原始取得

所谓占有的原始取得，是指不以他人既存的占有为根据而取得的占有。对无主物的先占、对抢劫财产的占有均构成占有的原始取得。

占有的原始取得不以占有人的意思表示为要素，因此，是事实行为而非法律行为，故不要求占有人取得占有时具有民事行为。因占有仅表征一种事实状态，占有亦不以合法为必要。原始取得占有的标的物既可以是动产亦可以是不动产，占有的类型也不以直接占有和自己占有为限。

（二）占有的继受取得

占有的继受取得，顾名思义，即基于他人既存的占有而取得占有。占有的继受取得通常有以下几种方式：

（1）占有的让与。占有让与是占有人通过法律行为将占有物移转与受让人，受让人因此而取得占有。与其他物权的移转类似，占有的移转通常需具备两个条件：一是当事人须有让与占有的意思表示；二是须将占有物交付受让人占有。

（2）占有的继承。对于占有能否继承，在理论和立法例上均有不同见解，但多数国家和地区立法肯认占有可以继承。我国《物权法》未对此作规定，但应采肯定说为宜。

二、占有的变更

占有的变更，是指在占有存续期间占有的状态或类型发生变更。占有变更的情形大致体现如下：

（一）他主占有与自主占有的转化

他主占有与自主占有的区别在于是否以所有的意思实施占有。因所有的意思表示或权原的变化，他主占有可能变化为自主占有。

（1）所有意思的表示。他主占有人对使其成立占有之人为以所有的意思占有标的物时，他主占有遂成自主占有。如此要求的理由不仅在于内在意思只有通过外部表示才具有法律意义，更在于避免他主占有人因取得时效而致他人所有权受到损害。[1]

---

[1]　韩松等：《物权法》，法律出版社 2008 年版，第 459 页。

（2）权原的变更。因新的法律事实而导致占有权原发生变化，从而使他主占有变化为自主占有。如承租人占有租赁物本为他主占有，现因购买租赁物这一法律事实而使占有成为了自主占有。

（二）善意占有与恶意占有的转化

善意占有系因占有人不知或不应知道其占有为无权占有，倘善意占有人得知其为无权占有时，则善意占有转化为恶意占有。如《日本民法典》第189条第2款规定，善意占有人于本权之诉中败诉时，自提起公诉之时起，即视为恶意占有人。

（三）直接占有与间接占有之转化

直接占有人若将其占有物通过他人媒介的占有时，直接占有转化为间接占有，例如某人将其占有物委托他人保管，原直接占有即转化为间接占有；反之，间接占有亦可转化为直接占有。

（四）有权占有与无权占有之转化

凶占有是合基于本权，有权占有与无权占有之间可相互转化。一方面，有权占有因本权消灭而转化为无权占有，如承租人于租期届满而拒不归还租赁物即属此类；另一方面，无权占有因取得本权而变为有权占有，如承租人于租期届满而拒不归还租赁物本属无权占有，但因后与承租人重新达成租赁协议即属此类。

此外，瑕疵占有与无瑕疵占有、单独占有与共同占有、自己占有与辅助占有等均可因条件的改变或一定法律事实发生而相互转化，不一一介绍。

三、占有的消灭

占有的消灭，是指占有人对占有物管领、支配事实的丧失。占有的消灭大致有以下情形：

1. 占有的确定消灭

占有因占有物灭失、或约定占有因期限届满等原因使占有人确定地、永久地丧失对占有物的管理、支配力而归于确定的消灭。

2. 占有的推定消灭

占有因占有人不行使占有如放弃占有，或凶占有人不能行使占有如占有人死亡等，均推定占有消灭。

当然，无论占有是确定地消灭抑或推定消灭，均排除"其管领力仅一时不能实现者"，如某人将其所有物遗忘于朋友家中，虽一时有事实上管领力行使的妨碍，但并不丧失其占有，倘若其不知将物遗忘于何处，再想获得几无可能时，则可认为其占有之消灭。①

---

① 江平主编：《中国物权法教程》，知识产权出版社2007年版，第45页。

【案例分析 17-2】

　　甲公司因经营不善濒临倒闭，即将原来集散原料的场地 A 出租给乙在甲有效使用期限内作为停车之用。后因甲的土地使用期限届满，包括 A 地块在内的整块地 B 由国家收回，出让给丙公司，丙取得该 B 块地的使用权，并在该地上兴建地上多层停车场。该停车场经营数年后由个体老板丁买下继续经营，丁 2 年后因病去世，该停车场由丁的儿子小丁继承。

　　此例涉及我国土地使用与占有问题。甲公司合法取得土地使用权，对其使用的包括 A 块地在内的土地基于国家出让而继受取得占有，此占有系合法、有权占有；乙基于租赁合同而取得对 A 地的占有。后因甲土地使用期限届满国家收回土地，甲、乙对该地的占有归于消灭。其后，丙公司基于出让合同取得对 B 地的使用权，合法占有该土地，对该地上所建停车场基于建造而原始取得其所有权，当然有权对其占有；而后丙将该地上所建停车场转让给丁，丁在取得停车场所有权的同时亦取得对该地的使用权，因而继受取得对该土地的占有；丁去世后小丁基于继承而取得对该地的占有。

第三节　占有的效力

　　占有的效力，是指占有事实所具有的法律上的效果。占有的效力反映了占有在社会生活中的地位和作用，体现了法律对占有人的保护，并兼及权利人和社会整体利益，是占有制度的核心内容。

一、占有的推定效力

　　占有具有推定的效力。占有的推定效力包括占有的状态（事实）推定与占有的权利推定。

　　（一）占有的状态推定

　　占有的状态推定，是指为了保护占有人的利益，实现占有制度本身的价值，在无相反证据的情况下，推定占有人之占有为自主占有、善意占有和无瑕疵占有。

　　占有的状态的推定，亦称占有的事实推定，以此区别于占有的权利推定。既为推定，当可推翻，即如有相反的证据时，推定事实将被推翻。此举证责任当由意图推翻占有推定之人负担。大陆法系各国民法大多设有关于占有推定的规定，为占有人利益保护提供了制度保障。遗憾的是，我国《物权法》对此未作规定。

　　值得注意的是，自主占有的推定有其特别之处，如果占有人与他人之间具有占有之媒介如租赁、质押等关系时，则应推定其为他主占有。

　　（二）占有的权利推定

　　占有的权利推定，是指基于占有人享有权利的高度盖然性，为保护占有人利益，实现占有的制度价值，推定占有人于占有物上行使的权利合法。大陆法系各国民法普遍设有关于占有推定的规定，我国《物权法》对此亦未规定。

占有的权利推定的效力是消极的，占有人不得利用其作为行使权利的积极证明。同时需注意的是，占有的权利推定力不限于对占有人有利时适用，对其为不利益或负担时亦得适用；占有的权利推定不独为物权，也包括债权，即应推定为占有所表征的一切权利；占有的权利推定效力不仅占有人可以主张，第三人亦可主张，如债权人对于债务人所占有的动产，可推定为债务人所有而对其行使权利。

二、占有的权利取得效力

依各国家或地区法律立法通例，占有人可得基于占有而取得的权利有依时效取得和善意取得两种情形：

1. 依取得时效取得占有物所有权

对此各国或地区大都持肯定态度，我国《物权法》对此未作规定。

2. 依善意取得占有物所有权或其他权利

我国《物权法》在所有权编第106条对此进行了规定。

三、占有人的权利义务

占有人若为有权占有，得依其本权享有相应权利义务，无须借助占有制度对其利益进行保护。因此，通常讲占有人的权利义务主要是针对无权占有而言的。无权占有人的权利义务主要表现在两个方面：一是基于占有物而生的权利义务；二是无权占有人对权利人之间的权利义务。

1. 善意占有人的使用收益权

为加强对善意占有人的保护，在权利推定的范围内，占有人得享有对占有物的使用和收益的权利。各国立法大多规定，善意占有人在占有期间因使用占有物所获的利益不必返还回复请求权人（权利人）。值得注意的是，德国民法规定，在善意占有人无偿取得占有时，得依不当得利返还其收益。对恶意占有人各国或地区法律大多规定，应赔偿孳息被消费或因重大过失而损失或因当收取而未收取而造成的损失。我国《物权法》第243条前半句规定，"不动产或者动产被占有人占有的，权利人可以请求返还原物及其孳息"，该规定未明确对善意或恶意占有的区别，意味着即便善意占有人也不享有对占有物的使用收益权。

2. 占有人的费用返还请求权

因无权占有而被权利人请求返还占有物时，在权利人与无权占有人之间得发生费用返还的问题。此费用大体可分为必要费用与有益费用，必要费用即指为保存、管理占有物所必需的费用，如修缮费用、维护费用等，有益费用是指为改良占有物所支出的费用。从各国立法例考察，费用返还请求权因占有为善意与恶意有很大差别。善意占有人一般可对必要费用和有益费用在占有物现存价值限度内求偿，而恶意占有人仅可就必要费用求偿。我国《物权法》第243条规定，"应当支付善意占有人因维护该不动产或者动产支出的必要费用"。从文义解释，善意占有人具有必要费用求偿权，而恶意占有人无任何费用求偿权，即便善意占有人也不能就有益费用求偿。

3. 占有物返还义务

无权占有人无论善意或恶意对占有物的占有无本权基础，因此，对权利人的返还请求权均无对抗的权利。换言之，占有人对权利人均负有返还其占有物的义务。我国《物权法》第243条对此亦作了明文规定。

4. 占有物损毁灭失的赔偿义务

对可归责于占有人的原因而致占有物损毁灭失的，占有人负有赔偿责任。但因善意占有与恶意占有而有所区别。一般来说，善意占有仅在其所受利益范围内负担赔偿责任；恶意占有人则应按侵权规则负担全部损害赔偿责任。

我国《物权法》第242条规定："占有人因使用占有的不动产或者动产，致使该不动产或者动产受到损害的，恶意占有人应当承担赔偿责任。"该规定对恶意占有人的责任非常明确，而对善意占有人未予明确，结合物权保护的规定，我们认为善意占有人亦应承担责任，不过在过错认定上应充分考虑其应负担的注意义务，尤其是善意的自主占有，如其已尽到管理自己事务的注意义务，则仅能在其受益范围内对权利人承担赔偿责任。秉承前条的规定，《物权法》第244条规定，"占有的不动产或者动产毁损、灭失，该不动产或者动产的权利人请求赔偿的，占有人应当将因毁损、灭失取得的保险金、赔偿金或者补偿金等返还给权利人；权利人的损害未得到足够弥补的，恶意占有人还应当赔偿损失"。该规定区分善意占有与恶意占有承担不同责任，因毁损、灭失取得的保险金、赔偿金或者补偿金等实际上是占有物本身的价金，善意占有和恶意占有人均应返还；而对因毁损、灭失取得的保险金、赔偿金或者补偿金等返还给权利人还不足够弥补其损失的，恶意占有人还应当赔偿损失，善意占有人如无过错则可免除赔偿责任。

【案例分析17-3】

2010年10月2日甲从商场购得某款平板电脑，在乘坐地铁时不慎被小偷乙盗走。乙将该电脑送给在大学读书的女友丙作为生日礼物。丙使用半年后，由于其功能不能满足其专业学习的需要，于是以500元价格卖给了一位路人。后因乙再次行窃被抓，于是追查到丙。丙详说电脑早已卖掉的情况，甲要求丙赔偿。

此例中甲无疑是受害人，但其能否要求丙赔偿呢？应结合丙对电脑占有的具体情况分析。首先，依《物权法》的规定，该电脑是赃物，且丙又为无偿受赠所得，因而不能依善意取得制度取得电脑的所有权，因而丙对电脑的占有为无权占有；其次，丙占有该电脑是接受其男友乙作为生日礼物的赠与，显系自主占有；最后，由于丙对乙盗窃电脑并不知情，因而其占有电脑应为善意占有。根据《物权法》第243条的规定："不动产或者动产被占有人占有的，权利人可以请求返还原物及其孳息，但应当支付善意占有人因维护该不动产或者动产支出的必要费用。"由此可见，丙对该电脑的占有为自主占有和善意占有，尽管其低价将电脑卖掉，但依常理作为电子产品"二手货"不可能卖到较高的价位，因此，丙作为无权占有人应将其卖电脑所得返还失主，基于对善意占有人利益的保护，不能要求丙赔偿甲的其他损失。

第四节 占有的保护

为维护社会的稳定、安全和秩序，自罗马法以来，占有的保护就成为民法的一项重要制度。对占有的保护一般是通过占有人的自力救济、占有人的物上请求权、债法不当得利与损害赔偿请求权等方式予以实现。

一、占有人的自力救济权

占有人的自力救济权，是指占有人对侵夺或妨害占有的行为，得以自我力量予以保护。依各国或地区的民法规定，占有人的自力救济权主要包括自力防御权和自力取回权。自力防御权，是指占有人对于侵夺或妨害其占有的行为，可以通过自身力量进行阻止他人的侵夺或妨害的权利。该权利的行使以他人的侵夺或妨害现实存在且尚未完成为前提。自力取回权，是指占有人在占有物被侵夺后，对于不动产可即时排除加害人的侵夺予以取回，或对于动产就地或追踪向加害人取回的权利。

对于占有人的自力救济问题，我国《物权法》未作规定，但基于民法的基本原理及各国法通例，其合理性当无疑义。

二、占有保护请求权

占有保护请求权，亦称占有的物上请求权，即占有人在占有被侵害时，可以请求侵害人回复其圆满状态的权利。根据我国《物权法》第245条的规定："占有的不动产或者动产被侵占的，占有人有权请求返还原物；对妨害占有的行为，占有人有权请求排除妨害或者消除危险；因侵占或者妨害造成损害的，占有人有权请求损害赔偿。"换言之，占有保护请求权包括占有物返还请求权、占有妨害排除请求权和占有妨害防止请求权。

1. 占有物返还请求权

占有物返还请求权，是指占有的不动产或者动产被侵夺的，占有人有权请求侵占人或者其继受人返还占有物。

占有物返还请求权的成立，通常应满足下列条件：一是，须有占有物被侵占的事实。所谓侵占，是指占有人对占有物的管领控制被他人非法夺取，从而部分或全部丧失占有。二是，享有占有物返还请求权的主体是被侵占占有物的占有人，包括直接占有人和间接占有人，至于其为有权占有抑或无权占有，在所不问。三是，须有侵占占有物的相对人存在，此相对人包括实施侵占的行为人和其占有继受人。

因占有被侵夺后，将会形成新的占有关系，为避免因前手占有人随时援用占有保护请求权而导致财产关系可能处于的不稳定状态而影响社会的安定，根据我国《物权法》第 245 条第 2 款的规定，"占有人返还原物的请求权，自侵占发生之日起 1 年内未行使的，该请求权消灭"。该 1 年的期间，可理解为占有物返还请求权的除斥期间。

2. 占有妨害排除请求权

占有妨害排除请求权，是指对以侵占以外的妨害占有的行为，占有人有权请求妨害人以其自己的费用排除妨害。所谓妨害，是指行为人采用侵占以外方法或行为对占有构成阻碍或侵害。比如，在占有人占有的土地上堆放垃圾、停放车辆等妨害占有人对土地的占有。

占有妨害排除请求权的构成要件包括：占有妨害排除请求权的主体是占有人；须有以侵占以外的方法与行为妨害占有的事实已经发生或者正在发生；妨害须具有违法性；占有妨害排除请求权的相对人是造成占有妨害事实的行为人。

因妨害占有的事实已然发生或者正在发生，因此，该请求权的行使无诉讼时效的限制。

3. 占有妨害防止请求权

占有妨害防止请求权，是指对可能发生的妨害占有的行为，占有人有权请求消除危险。所谓妨害防止，意味着妨害尚未现实的发生，但是现实地存在妨害发生的可能。至于发生妨害的可能性，不能以占有人的主观臆测为依据，而应以一般社会观念予以评判。

占有妨害防止请求权的行使要件一般包括：占有妨害防止请求权的主体是占有有受到妨害之虞的占有人；占有妨害防止请求权的相对人为对可能引发妨害有去除力的人；须有对占有妨害发生之虞。

三、占有的债权法保护

上述占有人的自力救济权、占有保护请求权是为占有的物权法保护，同时，占有还可获得债法的保护。其主要方式有不当得利返还请求权与损害赔偿请求权。前者系指他人因为侵害占有而取得利益，构成不当得利，占有人有权请求其返还。而后者即损害赔偿请求权，因占有属于法律所保护的财产利益，不受他人任意侵害，故侵占占有物或者妨害占有造成损害的，占有人有权请求损害赔偿。

【案例分析 17-4】

　　某公司职工张某在 2007 年 3 月初进公司之时，公司为他提供一套一居室过渡房暂住，公司与其书面约定 1 年后应返还公司以便安置其他新进员工。1 年后张某已另买住房，但一直占用该房，经公司资产管理部门一再催促，张某答应尽快搬出。直到 2008 年 8 月，张某虽不在该房居住，但其相关物品仍放在房内。2008 年 10 月 1 日国庆休假时，张某回到该房取东西，发现该房已被公司员工刘某占用，并正在进行清扫准备装修。张某便与刘某交涉，要求刘某搬出并恢复原状。但刘某则认为，他是新近员工，他已打听过该房作为过渡房张某早就根据约定丧失了使用的权利，应该交还公司，正是由于张某迟迟不交房才导致他一直无房居住，因此拒绝将房还给张某，于是双方发生纠纷。

　　本案讼争的关键在于张某对该房有无权利，其占有应否受到保护。张某 2007 年 3 月进公司时公司将该过渡房提供给他暂住，其依约占有使用该房有合理权源，1 年后依照当初约定他应将该房退还公司，但因种种原因一直未交还，因此，张某为该房的实际占有人，因缺乏正当权利来源，因此为无权占有。对此无权占有，张某所在公司可基于所有物返还向其提出请求，要其归还房屋；但刘某无权私自进入该房，刘某的行为是对张某对该房占有的侵害。因此，张某可依《物权法》第 245 条规定，请求刘某返还被占房屋。

【本章思考题】

1. 简述占有制度的意义。
2. 区分恶意占有和善意占有的意义何在？
3. 如何理解占有的推定效力？
4. 试述占有人和回复请求权人之间的权利义务关系。
5. 试述占有的物权法保护。

第四编

合同法

第十八章 债与合同概述

☞ **本章导读**

自罗马法以来，大陆法系传统上以法律效果的相同性为着眼点，将合同、单方允诺、无因管理、侵权行为以及不当得利等法律事实引起的后果称为债权债务关系。合同关系为债的一个类型。债务关系的核心是给付，给付可分为不同的种类，其各自的功能也不相同。除给付义务之外，债务关系上尚有先合同义务与后合同义务，保护义务与不真正义务，这些义务构成了所谓的债务关系上的义务群。在我国，合同是指平等主体的自然人、法人、其他组织之间设立、变更、终止民事权利义务关系的协议。合同可以分为有名合同与无名合同、一时的合同与继续性合同、有偿合同与无偿合同等类型。

第一节 债权债务关系

一、债的概念与特征

（一）债的概念

罗马法中的债（Obligatio），其字根为动词捆绑（ligare），可引申出约束与纽带的意思，在法律层面上，即是指具有法律强制性的约束和纽带。现代民法上的债或者债务关系被认为是特定当事人之间请求为特定行为的一种法律关系。比如，《德国民法典》第241条第1款规定："根据债务关系，债权人有向债务人请求给付的权利。给付也可以是不作为。"

（二）债的特征

1. 债为特定当事人之间的民事法律关系

与物权、人格权、知识产权等法律关系不同，债是特定主体亦即债权人与债务人之间的关系。就物权等绝对权的法律关系来说，权利主体是特定的，而义务人是不特定的，是权利人之外的一切其他人。而在债务关系中，权利人与义务人都是特定的。由于债务关系仅存在于当事人之间，它也被称为法律上的特别联系或曰特别约束。

特定当事人之间的关系，法律上也不局限于债务关系，如税务机关要求纳税义务人交税也是特定当事人之间请求为特定行为的关系，但是这种关系非处于平等地位的当事人之间,所以当事人之间并不是民事法律关系的权利义务而是公法上的权力义务。

2. 债为当事人之间的特别结合关系

特别结合关系是指特定当事人间的关系是较为密切的,具体可从两方面看:首先,当事人之间之所以建立这种特别结合关系主要是基于彼此间的信赖;其次,在这类关系中,当事人双方之间的结合是密切的,任何一方的疏忽或不注意都易于给他方造成损害。因此,法律对当事人提出了较物权关系、人身权关系等关系中的当事人程度要高的要求。当事人仅处于不作为状态尚不足够,只有尽了协助、照顾、保护、互通情况等义务,方能达到要求。

3. 债为当事人实现其特定利益的法律手段

债法的基本功能是为当事人实现其特定利益提供法律路径。法律之所以维护债的关系正常地发生与消灭,当然有其促进财产流通、充分利用资源、保护公民不受非法侵害、维持良好的社会秩序和道德风尚等社会政策方面考虑,但其保护债的关系的根本目的,在于使当事人的利益得到满足,或者使当事人受到的损害得到补偿。正如拉德布鲁赫所说,债权自身孕育了它消亡的萌芽,当债权在履行目的得以实现的时候,它也就消亡了。①

二、债的要素

债的要素是指为了构成债而需要具备的因素,包括债的主体、债的内容和债的标的。债的要素即为民事法律关系的要素在债权债务关系中的体现。

(一)债的主体

债的主体是指参加债的关系的当事人,其中享有债权的主体为债权人,负有债务的主体为债务人。在某些债权债务关系中,债权人仅享有债权而不负有债务,债务人仅负担债务而不享有债权。而在多数债权债务关系中,债权人既享有债权又负有债务,债务人亦然。债权人和债务人相互对立、相互依存,缺少任何一方,债权债务关系就不可能成立和存续。

(二)债的标的

债的标的又称债的客体,是指债权债务所指向的事物。从债权人的角度看,债权是一种能够请求债务人为一定给付的权利,从债务人的角度看,债务是应债权人请求而为一定给付的义务。可见,债权债务指向的是债务人的给付。

给付既可以是作为,也可以是不作为。作为可以是交付财物、支付金钱、移转权利、提供劳务、提交成果、处理事务。不作为可分为单纯的不作为与容忍。二者的区别在于是否有债权人行使权利的行为。其有之者,则债务人的不作为即为容忍。比如,承租人容忍出租人的修缮租赁物,贷与人容忍借用人使用借用物。反

---

① [德]拉德布鲁赫:《法哲学》,王朴译,法律出版社 2005 年版,第 145 页。

之，未伴随债权人行使权利的债务人的不作为是单纯的不作为。① 比如，禁业竞止、与邻居约定晚上九点之后不得弹琴等。作为与不作为也可以结合在一起共同成为给付的内容，构成混合给付。比如，演员与电视台签订演出合同，同时约定不得在其他电视台演出。

应予注意，债的标的不同于标的物。债的标的是就债务关系的构成要素而言的，指给付本身。而标的物是指债务人的行为所及于的物，即给付的对象。因此，就单纯提供劳务的债来说，其本身即足以完成给付，不必再有标的物。而就交付财物、交付金钱的债来说，则有标的物的存在。

（三）债权

债权是指债权人享有的请求债务人为特定行为的权利。

1. 债权的特征

债权通常具有经济价值，从而也属于财产权。另外，与所有权相比，债权是有期限的权利，在债权发生后，总是有特定的履行期限，到期后如果债务人履行了债务，债权即告消灭。此外，债权尚有如下特征：

（1）债权为相对权。债权债务关系是特定的债权人与债务人之间的权利义务关系。债权的相对性可以从三个角度加以理解：除了债权人之外，其他人不享有这一权利；除了债务人之外，其他人不对债权人负有义务；在债务违反时，只有债务人承担责任。但是在例外的情况下，债权人的相对性可得突破。

（2）债权为请求权。就债权的作用力而言，债权人得请求相对人为特定行为的权利。因此，债权是典型的请求权。但是债权与请求权并非等同的概念。一方面，债权除了具有请求权这一效力（权能）外，债权还可以具有代位权、对抗权（买卖不破租赁）、形成权（解除、终止）、抗辩权（同时履行抗辩权、不安抗辩权）、处分权（转让、设定负担）等多种权能。另一方面，其他权利也可以具有请求权的权能。人格权、物权等绝对权除了支配的权能外，在面临侵害的时候，也可产生返还请求权、妨害排除请求权、妨害预防请求权。

（3）债权具有相容性。相容性是指同一个标的物上可以同时成立两个或两个以上内容相同的权利，这些权利相互包容而不相互排斥。

（4）债权具有平等性。债权的最终实现以债务人的全部财产作为保障，从而债务人的财产被称为责任财产。在债务人的责任财产不足以清偿全部债权的情况下，在债务人的责任财产上不享有担保物权的普通债权人只能按各自债权的比例平等受偿，而不存在以债权发生的时间先后或者其他因素为依据确定债权的优先劣后顺序的问题。此与在一物之上存有多个物权时物权之间有顺位关系的情况有所不同。应当注意的是债权的平等性并非强制性的，如果某个债权人出于某种考虑愿意充当顺序劣后的债权人，法律也并不禁止。

---

① 邱聪智：《新订民法债编通则》（上），中国人民大学出版社2003年版，第194页。

2. 债权的效力

（1）债权的诸权能。债权按其作用力来说是请求权，但是在债权债务关系的框架内，在不同的情况下，法律也赋予债权人以其他的权能。这些权能包括：①给付请求权；②形成权，债权人可能享有多种形成权，如解除或终止合同的权利、抵销权；③抗辩权，如在双务之债关系中，当事人享有同时履行抗辩权与不安抗辩权；④处分权能，债权是具有财产价值的权利，其权利人通常可以自由地转让其债权，并且可以在债权上设定负担。

（2）债权在实现中的效力：

①请求力。债发生之后，债权人与债务人即为法律纽带所约束。债务人应向债权人提供给付。自债权人的角度看，如果债务人如约履行了义务，就没有必要再向其提出主张。如果债务人不为给付或者提供的给付与约定不符，债权人可以要求债务人提供给付或者提供与约定相符的给付。债权人的请求既可以是诉讼外的请求，也可以是诉讼上的请求。

②强制实现力。仅通过请求，债权的实现仍然没有充分的保障。在获得执行名义并且条件具备之时，债权人可以请求强制执行。

③受领保持力。既然享有债权，在债务人自愿或者被强制提供给付之后，债权人就可以保持其所受领的给付。

（3）不完全债权的效力。具备上述的请求力、保持力、强制执行力的债权，被称为效力完备的债权或者完全债权。如果欠缺某项效力，则该债权沦为不完全债权。比如，就罹于时效的债权而言，如果债权人请求债务人履行债务，后者可加以拒绝。

（四）债务

债务是指债务人依约定或法定负担的提供给付的义务，可以是作为或不作为。债务履行之后，一方面债权人的利益得以实现，另一方面债务人失去其既有利益，处于不利益的状态。债务关系的核心在于给付。除给付义务之外，债务关系上还有保护义务与不真正义务。

1. 给付义务

（1）主给付义务与从给付义务。主给付义务是指债务关系上固有、必备，并用以决定债务关系类型的基本义务。如买卖合同中，卖方交付买卖物并转让其所有权的义务以及买方支付价金的义务为主给付义务。这两个义务确定了买卖合同债务关系的特性。主给付义务是合同的要素，一般应由当事人自己在缔约时加以确定。在双务合同中，给付义务之间是交换关系。

从给付义务与给付义务相关，支持并促进给付义务的履行。其缺乏独立目的，仅具有服务功能，旨在确保债权人的利益能够最大程度地得到满足。以其产生根据为标准，从给付义务可分为三种：

首先，法律规定的从给付义务。《合同法》第401条规定，受托人应当按照委托人的要求，报告委托事务的处理情况。委托合同终止时，受托人应当报告委托事务的结果。报告义务即为受托人的从给付义务。

其次，当事人约定的从给付义务。基于合同自由原则，当事人可以自由约定在主给付义务之外债务人尚须履行哪些从给付义务，以使债权人的利益最大化。比如，在签订买卖合同的场合，买卖双方可以约定卖方为货物办理保险。

再次，基于诚实信用原则以及合同的补充解释而确定的从给付义务。

（2）原给付义务与次给付义务。给付义务可以分为原给付义务（第一次给付义务）与次给付义务（第二次给付义务）。债务关系的本来（自始）目标是履行原给付义务。在原给付义务的履行发生障碍时才产生次给付义务。次给付义务是指原给付义务在履行的过程中因为特定事由而演变成的义务。其包括两种形态：一种是违约损害赔偿，一种是合同解除后的回复关系。

2. 保护义务

债务人的保护义务即旨在保护对方完整利益的义务。之所以承认债务关系当事人间的保护义务，是因为在特别结合关系的框架内，当事人有更多的机会对他方的完整利益施加影响。应当注意的是，在某些场合，有些义务兼具保护义务与给付义务的性质。比如，电器制造商在包装箱内附上使用说明，既有助于买方使用电器，也可使其免于因操作失误而遭受伤害。

学界的主流观点认为，债务关系中的保护义务在广度与强度上均高于侵权法上的交往安全义务。不过，有学者认为，保护义务与交往安全义务性质相同，并无质的差异。在债务人违反保护义务致债权人遭受损害之时，债权人可以要求其承担违约责任，也可以要求其承担侵权责任。

3. 先合同义务与后合同义务

（1）先合同义务。在合同当事人为了缔结合同而接触、准备或者磋商时，由双方的关系状态所决定，也应发生相应的说明、告知、保护等义务。违反先合同义务时，会成立缔约过失责任，也称为先合同责任。

（2）后合同义务。后合同义务是指合同关系消灭后，当事人依诚实信用原则负有的某种作为或者不作为义务，以维护给付效果，或者协助对方处理合同终了的善后事宜。《合同法》第92条规定，合同的权利义务终止后，当事人应当遵循诚实信用原则，根据交易习惯履行通知、协助、保密等义务。一般认为，对于后合同义务，债权人也可以请求履行，比如要求发给服务证书、病历摘要，悬挂迁移启事等。债务人违反后合同义务时，与违反一般合同义务相同，应依债务不履行的规定负责任。[①]

4. 不真正义务

不真正义务是一种强度较弱的义务，其特征在于，相对人通常不得请求履行，

---

① 王泽鉴：《债法原理》（一），法律出版社2001年版，第46页。

而其违反并不引发损害赔偿责任，只是使负担这一义务的人遭受权利减损或者丧失的不利益而已。

不真正义务的典型是债务人违约后债权人的减轻损失义务，亦即债务人违约后，债权人应采取必要和合理的措施减少因对方的违约而给自己造成的损失。如果债权人没有采取合理措施减少自己的损失，并不会使得债权人承担违约责任，只是就扩大的损失部分，债权人不得请求赔偿。债务人也不得请求债权人采取相应的措施以减少损失。

除减损义务外，《合同法》还规定了其他不真正义务。《合同法》第370条规定："寄存人交付的保管物有瑕疵或者按照保管物的性质需要采取特殊保管措施的，寄存人应当将有关情况告知保管人。寄存人未告知，致使保管物受损失的，保管人不承担损害赔偿责任；保管人因此受损失的，除保管人知道或者应当知道并且未采取补救措施的以外，寄存人应当承担损害赔偿责任。"

三、债的基本类型及整理

大陆法系国家自法律效果的相同性出发，将合同、单方允诺、无因管理、侵权行为与不当得利等法律事实引起的法律后果均称为债权债务关系，简称为债。相应地，规制这些债权债务关系的法律也均为债法的组成部分。

（一）债的基本类型

1. 合同之债

合同制度的目的在于实践意思自治理念，其所保护的是当事人之间的信赖和期待。

2. 单方允诺之债

合同是民事主体自主安排其权利义务关系的最为主要的法律工具。另外，法律也允许民事主体以单方允诺的方式为自己设定义务。比如，借助悬赏广告，广告人可以促成自己所期望的目标的实现，如找回失物，获得自己所需要的信息等。

3. 无因管理之债

就没有约定或者法定的义务而管理他人的事务来说，其本身具有侵害他人权益的属性。但是人在社会中生活，彼此提供一定程度的帮助有助于受帮助者利益的实现与维护，如果不分具体情形一概禁止管理他人的事务，也与社会道德观念相悖。因此，为了适当界定禁止干预他人事务与奖励互助义行两项原则的边界，法律规定了无因管理制度，使得没有法定或约定的义务而为他人管理事务之人以及事务主人在一定要件下享有权利、承担义务。

4. 不当得利之债

在当事人间没有法定或约定的权利义务关系的情况下，由于人的行为、自由事件等因素，可能会出现一方获得利益而他方遭受损失的情况。为了矫正欠缺正当原因的财产利益变动，法律遂有不当得利制度之设，以使受益人向受害人返还其所取得的利益。

5. 侵权行为之债

人们享有的民事权利会遭受他人不法行为的侵害。在侵害发生之后，倘受害人得不到补偿，即与基本的公正观念有违，并且不足以阻止侵害人或他人再去从事其他侵害行为。有鉴于此，法律规定了侵权行为制度。该制度以补偿受害人遭受的损失为依归，并以兼顾加害人的行为自由与受害人的正当权益为出发点。

（二）类型的整理

按照引起债的发生的法律事实的性质，上述几种债可分为意定之债与法定之债。意定之债即法律行为引起的债权债务关系，包括合同与单方允诺。法定之债是因法律行为之外的其他法律事实而发生的债权债务关系。此类事实可以是人的行为，如无因管理行为（适法行为）、侵权行为（不适法行为）、引起不当得利的行为，也可以是自然事件，如引起不当得利的自然事件。

【案例分析 18-1】

1999 年 12 月 12 日，东港市发生了一起特大持枪杀人案。为尽快破案，市公安局在经被害人家属同意后，于 1999 年 12 月 13 日通过东港市电视台发布了悬赏通告，其主要内容是：一、凡是提供线索直接破案的，被害人家属奖励人民币 50 万元人民币；二、凡是提供线索公安机关通过侦查破获此案的，公安机关给予重奖；三、凡是提供有关枪支线索侦破此案的，公安机关给予重奖；四、凡是能提供线索破案的，即使与犯罪团伙有牵连也可以从轻或免予刑事责任；五、对提供线索者，公安机关一律严格保密。鲁某看到通告后提供了线索，公安机关根据该线索迅速侦破了案件。此后，公安机关确认，鲁某提供的线索确与案件有关，并决定按照悬赏通告的第二条奖励鲁某 10 万元人民币。鲁某后来起诉公安局，称被告一直未按照悬赏通告履行自己的义务，给付其被害人家属奖励的 50 万元人民币，请求法院判令被告给付该笔款项。

悬赏通告为债的发生原因之一，在相对人完成了通告指定的行为后，通告人即应履行其自己允诺的义务。因此，鲁某可以请求通告人支付其先前允诺的报酬。关于悬赏通告，《合同法解释（二）》第 3 条亦规定："悬赏人以公开方式声明对完成一定行为的人支付报酬，完成特定行为的人请求悬赏人支付报酬的，人民法院依法予以支持。但悬赏有合同法第 52 条规定情形的除外。"

第二节　合同的概念与种类

一、合同概述

《合同法》第 2 条规定，合同是指平等主体的自然人、法人、其他组织之间设立、变更、终止民事权利义务关系的协议。婚姻、收养、监护等有关身份关系的协议，适用其他法律的规定。

（一）合同的特征

1. 合同为法律行为的一种

具有法律意义、能够引起民事法律后果的事实有多种，大体上可分为自然事件与人的行为。合同属于人的行为中的适法行为的一种。

2. 合同是两方以上当事人意思表示一致的法律行为

与单方行为、决议相比，合同的特征是，当事人为两个以上，其意思表示是交互性的而非指向同一方向。

3. 合同是以设立、变更、终止民事权利义务关系为目的的法律行为

（1）涉及民事权利的变动。合同是设立、变更、终止民事权利义务关系的法律行为。如果一个协议本身不具有法律意义，或者虽然有法律意义，但与民事权利义务关系无关，即不是民法上所说的合同。

（2）身份协议除外。对于婚姻、收养、监护等方面的事务，当事人也可通过协议的方式加以安排，但是根据《合同法》的规定，这些有关身份关系的协议被排除在合同的范畴之外。有关身份关系的协议由其涉及身份利益的特征所决定，它们在很多方面不适用以交易关系为规制对象的《合同法》的有关规则，而是适用《婚姻法》、《收养法》等法律规定。此类规定多系强制性规定，当事人不得加以变更。

（二）相关概念

与合同较为近似的概念是协议与契约。协议是指当事人通过协商达成了一致。人们通常在较为宽泛的意义上使用协议一词。从而该词既包括不具有法律意义的合意，也包括具有法律意义的协议。在狭义上，协议与合同可谓同义词。

对我国大陆地区来说，契约是合同的"曾用名"。在现今的我国港澳台地区，契约则与大陆地区所称的合同同义。中华人民共和国成立之后，一些法律文件间或使用契约一词。20世纪70年代之后，合同一词逐渐得到广泛的适用，成为规范的法律术语，而契约在正式的法律文件中不再使用。不过，缔约、违约、解约等词汇也可以说保留了契约一词的痕迹。

二、合同的种类

法律行为的分类多可适用于合同，在此主要是论及对于合同有意义的分类。

（一）典型合同与非典型合同

以法律是否对某种合同做了明确规定为标准可将合同分为典型合同与非典型合同。

1. 典型合同

典型合同也称有名合同，是指法律设有规范并赋予一定名称的合同。《合同法》及其他法律规定了数量众多的典型合同。单就《合同法》而论，其规定了买

卖合同、租赁合同、保管合同、委任合同等十五种有名合同。《物权法》也规定了抵押合同、质押合同等设定物权的合同。在法律上得到规定的典型合同是生活中常见的法律行为，如非常见法律行为，立法者就没有必要浪费立法资源去做专门规定。此外，在法律中对某一种合同进行规定还有以下两方面意义：

（1）弥补当事人约定的不足。由于缺乏交易经验等原因，当事人签订合同时可能仅对合同中最为重要的内容做了约定，尤其是会就双方当事人的主要权利义务进行约定，但不可能面面俱到地约定合同内容的各个事项，有必要借助法律关于有名合同的任意性规定对当事人未作约定的事项进行填补。发生纠纷时，借助该规定予以处理即可。

（2）借助强行性规定保护弱势方的利益。法律对于典型合同的规定有些具有强制性，不允许当事人自己作出不同的约定。此类规定使得弱势方不至于在签订合同的过程中因受制于对方而不得不接受于己不利的条款。比如，《合同法》第234条规定，承租人在房屋租赁期间死亡的，与其生前共同居住的人可以按照原租赁合同租赁该房屋。此规定旨在保护与承租人共同居住的人。如果在租赁合同期限届满前承租人死亡，按理说租赁合同应当终止，但与承租人共同居住的人可能会因此而仓促迁出，承受很大的不便。而有了第234条的规定，与承租人共同居住之人，其利益就有了充分的法律保障。

2. 非典型合同

非典型合同是指法律未作明确规定并赋予一定名称的合同。法律对于典型合同的规定本来就是有限的，不可能包罗无遗地规定一切合同类型。因此，社会生活中存在着大量的非典型合同。另外，基于合同自由原则，当事人可以自由约定合同的内容。以其与既有的典型合同有无相近关系为标准，非典型合同可以分为两种①：

（1）纯粹非典型合同，是指以法律全无规定的事项为内容的合同。比如，使用他人的姓名、肖像等人格要素做广告即属此类合同。纯粹非典型合同与现行法律规定的典型合同均不相符，其法律关系应根据合同的约定、诚实信用原则以及相关交易惯例加以确定。

（2）混合合同，是指几种典型合同或者非典型合同的部分内容结合起来而构成的合同。比如，高校学生甲在校外租乙的房屋居住，乙除了将房屋交给甲居住之外，尚承担了打扫房间、提供三餐、洗涤衣物等义务，而甲只须支付双方约定的金钱。此合同即结合了租赁、劳务、买卖等合同的内容，属于混合合同。

3. 区分的意义

区分典型合同与非典型合同的意义在于：倘系典型合同，在发生了纠纷之后，

---

① 一般还将合同联立当作非典型合同的一种。但合同联立是指数个合同具有结合关系，与单一的非典型合同不同。

由于法律上存在相应的任意性规定或强制性规定，案件的处理有明文可循。如果非典型合同的当事人，尤其是纯粹非典型合同的当事人发生纠纷，由于无明确的法律条文可资遵循，案件的处理相应难度较大，往往需要类推适用法律关于与系争合同较为相似的典型合同的规定，或者借助法律原则、交易习惯加以处理。

（二）一时的合同与继续性合同

1. 一时的合同

一时的合同是指合同的内容因一次给付即可实现的合同。买卖、赠与、互易、承揽等合同均为一时的合同。交易中时常出现分期分批给付的合同。以买卖合同而论，既可以分期支付价款，也可以分批交付买卖标的物。分期交付合同仍为一时性合同，因其为单一的合同，总给付自始确定，时间因素对于给付的内容与范围并无影响。

2. 继续性合同

继续性合同是指合同的内容不因一次给付而告完结，而是继续实现。其特点在于时间因素在债的履行方面居于重要地位，总给付的内容取决于应为给付时间的长度。随着履行时间的推移，当事人间不断地产生新的权利义务。常见的继续性合同有雇佣、合伙、借贷、租赁、保管等合同类型。

3. 区分的意义

（1）合同的履行。原则上，债务一经履行，一时的合同的全部债权债务关系即告消灭。在其约束期间内，继续性合同的履行呈持续状态，债权债务关系不会因提供一次履行而消灭。另外，就继续性合同来说，由于将一种期间的状态的持续或维持当作目的，当事人之间的信赖关系是否存在对于合同而言至关重要。

（2）解除权的发生。一方当事人凭其意思解除合同是对合同约束力的否定，因而在解除权的发生事由方面法律有明确、严格的规定。此于一时的合同是成立的，但是继续性合同有所不同。一方面，如果继续性合同一直存续下去，将会对当事人构成过度的约束。因此，对于继续性合同，应承认当事人有较大的解除合同的自由。另一方面，继续性合同均重视当事人之间的信赖。信赖基础一旦丧失，合同关系的维持即不再有实际意义。从这个角度出发，也应给当事人以较为宽松的解除合同之权。

（3）合同解除的后果。一时的合同解除后，可以恢复原状，从而一时的合同的解除会发生溯及既往的结果。继续性合同被解除后，或者无法恢复原状，或者不宜恢复原状。因此，继续性合同的解除仅向将来发生效力。有鉴于此，传统民法上的解除（Rücktritt）仅指一时的合同的解除，继续性合同的解除则被称为终止（Kündigung）。

（三）有偿合同与无偿合同

1. 有偿合同

有偿合同指一方当事人为享有合同规定的权益须向对方当事人偿付相应代价的

合同。合同的代价不限于财产的给付，也包括劳务的提供、事务的提供等。即使是进行财产性质的给付，也不限于金钱给付，尚包括物的交付并移转权利等情况。合同以有偿合同为常态，而以买卖、互易、租赁、雇佣、承揽等合同为典型。

2. 无偿合同

无偿合同是指一方当事人享有合同规定的权益，不必向对方当事人偿付相应对价的合同。赠与合同、借用合同为典型的无偿合同。至于委托合同、保管合同等合同类型，如果当事人未约定报酬或费用即为无偿合同，反之则为有偿合同。

3. 区分意义

（1）责任的轻重不同。在无偿合同中，债务人所负的注意义务标准较低，有偿合同的债务人则适用通常的注意标准。比如，《合同法》第374条规定："保管期间，因保管人保管不善造成保管物毁损、灭失的，保管人应当承担损害赔偿责任，但保管是无偿的，保管人证明自己没有重大过失的，不承担损害赔偿责任。"

（2）对主体的要求不同。如果是有偿合同，并且与其年龄或者精神状况不相适应，限制行为能力人不能单独订立，否则即为效力待定的合同。如果是无偿合同，并且受益的一方为限制行为能力人。由于该合同对于限制行为能力而言属于纯获法律上利益的合同，其为有效合同，而不必经过追认。

（3）善意取得方面的差异。物权法中的善意取得制度以取得人支付了相当的对价为前提。如果受让人是通过赠与合同而无偿地受领了物，而赠与人的行为又实属无权处分，则不发生善意取得。

除以上几方面外，合同是有偿的还是无偿的对于债权人撤销权的构成要件也有影响。

【案例分析 18-2】

原告王某与被告胡某系朋友。王某因需在医院做手术，即请胡某到医院帮忙照顾。王某在做手术之前，将其随身佩戴的项链一条、戒指一个、手机一部和钱包交给胡某保管，胡某即将王某的上述物品与自己的物品一起放到其背包中。王某做完手术从手术室出来，胡某又陪其在病房输液，将背包放在其身旁。但等王某清醒过来时，发现胡某正在睡觉，并发现胡某的背包不见了，随即叫醒正在打瞌睡的胡某，并询问背包的去向。胡某急忙寻找，才发现背包丢失。王某诉请胡某赔偿经济损失6000元。

在本案中，王某与胡某间形成了无偿保管合同关系。根据《合同法》第374条的规定，无偿保管人仅在有故意或重大过失时方承担责任。就本案来看，胡某明知医院为公共场所，人员情况复杂，却将贵重物品放于背包内，不但未妥为保管，反而昏昏入睡，成立重大过失，因此应赔偿王某遭受的损失。

【本章思考题】

1. 债有哪些基本类型？债权有哪些特征？
2. 如何理解债的要素？
3. 合同有哪些特征？
4. 区分一时的合同与继续性合同有什么意义？

第十九章　合同的订立

☞ **本章导读**

　　合同的订立是指两个或两个以上的当事人为意思表示并达成合意的状态和过程。其描述的是缔约各方自接触、洽谈直至达成合意的过程，是动态行为与静态协议的统一。在现代经济生活中，借助格式条款订立合同的情况大量出现。由于提供格式条款的一方往往占有强势地位，而相对人只能选择接受或不接受，格式条款相对人的保护成为至关重要的法律问题。为保护格式条款相对人的利益，法律可从格式条款订入合同、内容控制、格式条款的解释几个方面予以规制。

第一节　合同的订立与合同成立

一、合同订立的概念

　　合同的订立是指两个或两个以上的当事人为意思表示并达成合意的状态和过程。其描述的是缔约各方自接触、洽谈直至达成合意的过程，是动态行为与静态协议的统一。这种动态行为包括缔约当事人的接触和洽谈，以及达成协议之前的阶段的各种磋商行为。静态协议是指经过磋商达成协议，合同的条款至少是主要条款已经确定下来，各方当事人享有的权利和义务已经得到明确。

　　合同的成立在字面上与合同的订立相近，但二者含义不同。合同的成立是指当事人经过磋商后达成合意这样一种结果。可见，合同的成立是合同的订立这样一个过程的终点，本身是合同订立的一个部分，标志着合同已经存在。

二、合同订立的基本模式

　　1. 要约承诺模式

　　要约承诺模式是最为重要、最为常见的合同订立模式。此种模式是指一方向另外一方发出要求订立合同的意思表示，另外一方表示同意后合同成立。

　　2. 交叉要约

　　交叉要约是指合同的订立没有经过要约承诺在时间上有先后顺序的两个意思表示达成一致的过程，而是双方当事人都发出了内容相同的要约。不过，关于能否以交叉要约的模式订立合同，有些学者持不同看法。

三、要约

（一）要约的概念与特征

要约是一方当事人以缔结合同为目的，向对方当事人提出合同条件，希望对方当事人接受的意思表示。

要约具有如下特征：

1. 要约是具有法律约束力的表示

要约是表示人愿意受法律约束的表示。一个表示是不是要约，关键的一点在于表示人有没有受法律约束的意思。如果没有受法律约束的意思，一个表示就不可能构成要约，而是要约邀请。

2. 要约的内容应当具体确定

要约的内容应当是具体而确定的，否则对方就无法进行承诺进而成立合同。要约的内容具体确定并不意味着要求合同的所有内容都在要约中得到了体现，而是要求对于某一类合同来说基本的要点应当具备，比如合同的价格、合同的标的一般来说应当是清楚确定的。不属于必要之点的内容可以参考法律的任意性规定加以填补。有的时候，合同的某些内容并没有清楚地表达出来，而是明确了确定的方法，这样能满足内容应当具体确定的要求。比如，要约可以含有标的的价格将参考交付时的市场价格加以确定之类的内容。

3. 要约是特定人所做的表示

要约是经过承诺后能够成立合同的意思表示，它必定是特定的人发出的。特定人是指能够客观确定的人，至于是自然人还是法人，是本人还是代理人都在所不问。

4. 要约须向特定人发出

要约需要经过相对人的承诺才能成立合同，因此，要约原则上必须是向相对人发出的意思表示。相对人一般都是特定的人，而不可能是社会公众。

就以上特征而言，要约是特定人所做的表示以及要约须向特定人发出揭示了要约的当事人方面的特征，更为重要的是要约是具有法律约束力的表示与要约的内容应当具体确定体现了意思表示的主观要素，即表示意思与效果意思。

（二）要约与要约邀请

要约与要约邀请（要约引诱）在外观上有一定的相似之处，但是法律意义相差很大，因此有必要予以区分。

1. 要约邀请的概念

要约邀请是希望他人向自己发出要约的表示。要约邀请的特征如下：

（1）要约邀请是希望他人向自己发出要约的表示。要约与要约邀请的根本区别在于，要约是具有法律约束力的意思，经过对方的承诺合同即告成立，而要约邀请并没有这样的法律约束力，对方不能对此作出承诺。如果对方作出了意思表示，该意思表示是向发出要约邀请的人所做的要约，而不可能构成承诺。只有在经过了要约邀请人的承诺后合同才能成立。

（2）要约邀请的内容在确定性程度上较要约要低。要约是订立合同的意思表示，其内容具体明确，而要约邀请的确定性程度要低一些，一般仅包含了将来可能订立的合同内容的某一方面，如标的特点、品质、价格的大致情况等。

（3）要约邀请针对的对象通常较为广泛。要约在得到对方的承诺后即引起合同的成立，因此其指向的对象一般来说是特定的，而要约邀请是希望他人在得知情况后向自己发出订立合同的表示，因此通常都是针对不特定的多数人的，并且可以商业广告的形式提出要约邀请。

2. 要约邀请的判断

由于要约与要约邀请有重要差异并且彼此间有一定的相似性，在实践中，当事人有时会就一方表达的性质为何发生争议。为有助于区分要约与要约邀请，法律针对某些情况专门做了规定。另外，在法律未做规定的情况下则应在综合考虑表示的内容是否明确等因素的基础上加以判断。

（1）《合同法》的规定。《合同法》第 15 条规定：寄送的价目表、拍卖公告、招标公告、招股说明书、商业广告等为要约邀请。商业广告的内容符合要约规定的，视为要约。

（2）法律未做规定时的判断。对于法律未做规定的情形，比如不属于商业广告、招标公告等的情形，在判断一个表达是要约还是要约邀请应主要考虑以下因素：

首先，依行为人自己的表示确定。有时行为人具备一定的法律知识，为了促使合同尽早订立可能会明确地说明自己所做的表达为要约。有时行为人为避免发生纠纷则会明确地排除其所做的表示具有约束力。在此类情况下，一项表达究竟是要约还是要约邀请判断起来较为容易。

其次，根据要约邀请的一般特点加以判断。在判断一项表达为要约抑或要约邀请时，应重点考虑要约邀请与要约的差异。比如，要约邀请一般是针对不特定的多数人的，而要约通常是针对特定的单个人或者多数人的。另就内容来说，要约邀请的内容不够清晰明确，而要约的内容具体而确定。在进行判断时，即可以根据表达的指向对象是否确定、内容是否具体明确得出结论。

再次，按照交易惯例加以判断。实践中存在交易惯例可以被当作判断一项表达为要约邀请抑或要约的依据。如出租车司机将出租车停在路边招揽顾客，如果根据当地的规定和习惯，出租车司机可以拒载，则此种招揽是要约邀请，如果不能拒载，则应认定其要约。①

① 王利明：《合同法研究》（一），中国人民大学出版社 2002 年版，第 216 页。

（3）其他典型情形。除上述情形外，对于自动售货机摆设的性质，有不同见解。有人认为应构成要约，但是也做了一定的限制，即以机器能够正常运转并且有存货作为条件。如果这个条件不具备，要约失去效力，合同无法成立。另一种观点将自动售货机的摆设解释为要约邀请，往里面投入金钱的行为是要约。比较而言，应以后说为是。

此外，自选买卖多受关注。日常生活中，许多购买日用品的交易是在自选商店里进行的。自选商店将其货物加以陈列，顾客自己挑选商品，之后到柜台结账。对于此种情形，一般将自选商店陈列商品的行为解释为要约邀请，而把顾客挑选好商品并到收款台出示物品并交款的行为解释为顾客提出了要约。

【案例分析 19-1】

2008 年 11 月，李某向长盛公司购买了季华五路季华新景园住宅区 1 座 20 楼 01 房，在双方所签订的商品房买卖合同附件 3 中注明："沿季华路一侧窗采用中空隔音玻璃"；另长盛公司在售楼宣传材料上注明"主人房、卧室窗采用双层中空隔音玻璃"。01 房的北侧是餐厅、两间卧室、卫生间，紧沿着季华五路，西侧包括观景阳台、多功能房、主人房沿着华远西路，南侧阳台、厨房、客厅及与客厅相连的观景台等面对居住的小区及编号为 04 的房屋，东侧为共用墙体。2009 年 12 月交付使用时，双方因安装中空隔音玻璃协商未果，李某遂起诉请求法院判令长盛公司将讼争房屋北边的餐厅窗口弧形的玻璃、洗手间的玻璃窗口、西边的主人房的观景阳台弧形玻璃、南边的客厅窗口圆形玻璃及与客厅相连的观景台玻璃门的玻璃全部换用中空隔音玻璃。诉讼中，长盛公司对讼争房屋北边的餐厅窗口弧形的玻璃、洗手间的玻璃窗口应安装中空隔音玻璃无异议，但认为中空隔音玻璃的安装范围不应包括主人房的观景阳台。

本案中的争议焦点是长盛公司售楼宣传材料上所写的"主人房、卧室窗采用双层中空隔音玻璃"是否为合同的内容。在我国，这个问题基本上是自商业广告能否是要约的角度加以分析的。《合同法》第 15 条规定："要约邀请是希望他人向自己发出要约的意思表示。寄送的价目表、拍卖公告、招标公告、招股说明书、商业广告等为要约邀请。商业广告的内容符合要约规定的，视为要约。"此规定为将商业广告确认为要约提供了依据。另外，《最高人民法院关于审理商品房买卖合同纠纷案件适用法律若干问题的解释》第 3 条规定，"商品房的销售广告和宣传资料为要约邀请，但是出卖人就商品房开发规划范围内的房屋及相关设施所作的说明和允诺具体确定，并对商品房买卖合同的订立以及房屋价格的确定有重大影响的，应当视为要约。该说明和允诺即使未载入商品房买卖合同，亦应当视为合同内容，当事人违反的，应当承担违约责任。"不过，依本书的见解，此类案件所涉问题实为商业广告中的内容能否经由意思表示解释被确认为合同的内容，而不宜自商业广告能否是要约的角度加以解决。

（三）要约的法律效力

1. 要约生效的时间

在要约于何时发生效力方面，立法例外上有不同的做法。依《合同法》第16条的规定，要约到达受要约人时生效。到达是指要约被送达受要约人能够控制的地方。要约的送达方式不同，到达的判断也不相同。采用直接送达的方式发出要约的，记载要约的文件交给受要约人时即为到达；采用普通邮寄送达要约方式的，以受要约人收到要约文件或者要约送达到受要约人的信箱的时间为到达时间；采用数据电文形式（包括电报、电传、传真、电子邮件等）发出要约的，电文进入收件人的指定的系统的时间或者在未指定接收信息系统的情况下，电文进入收件人的任何系统的首次时间作为要约的到达时间，这里的系统一般是指计算机系统。① 需要注意的是到达并不是指受要约人实际理解了要约，要约到达受要约人可以支配的领域，受要约人有知悉要约内容的可能性即为已足。

2. 要约的存续时间

要约到达之后就发生效力，受要约人从而享有决定是否进行承诺以订立合同的权利。在受要约人为承诺之前，要约人会处于不确定的法律地位，此种局面对其不利，而对受要约人有利。因此，为了对要约人进行一定的保护，需要限制要约的存续时间。

（1）要约人在作出要约时自己决定要约的存续时间。要约人为了保护自己的利益，避免要约到达对方发生效力后而对方在较长的时间内不进行承诺而处于不确定的状态，可以在作出要约时明确要约在多长的时间内存续。比如，要约人可以在要约中表明，受要约人必须在某月某日前进行承诺，或者说明本要约在两星期内有效等。

（2）没有规定存续时间。如果要约没有明确存续的时间，应当根据不同的情况加以判断。如果是在场的人之间进行的意思表示，在一方作出要约后，对方应当立即加以承诺，如不立即承诺，要约即告失效。如果是非在场者订立合同，在要约作出后，应当在合理的期间内承诺。至于何为合理的期间，一般认为应根据三点因素加以确定：要约到达受要约人的时间；受要约人考虑承诺的期间；承诺到达要约人的期间。② 如果不在合理的期间内承诺，要约即告失效。

（四）要约的撤回与撤销

1. 要约的撤回

要约的撤回是指要约人在要约生效之前采取措施使要约不发生法律效力。《合

---

① 江平主编：《中华人民共和国合同法精解》，中国政法大学出版社1999年版，第16页。

② 陈自强：《契约之成立与生效》，法律出版社2002年版，第67页。

同法》第 17 条规定，要约可以撤回。撤回要约的通知应当在要约到达受要约人之前或者与要约同时到达受要约人。可见，能否撤回要约关键在于要约是否已经发生效力，在要约发生效力后就不能再撤回要约。而要约发生效力是以到达作为判断标准的，因此，要约人是否能撤回要约不能迟于要约的到达。

2. 要约的撤销

要约的撤销是指在要约生效之后，受要约人发出承诺的通知之前，要约人将该项要约取消，使要约的法律效力归于消灭的行为。在此涉及一个敏感的利益平衡问题。与要约的撤回不同，要约撤销发生的场合是要约已经到达对方从而发生效力，而根据《合同法》第 18 条规定，撤销要约的通知应在受要约人发出承诺通知之前到达受要约人。在此期间内，受要约人通常均已经知悉要约的内容，正在考虑究竟是否与要约人缔约。如果要约人可以不加限制地撤销其要约，则要约实际已不再具备法律约束力，这不利于法律秩序的稳定。因此，《合同法》对要约的撤销进行了限制，对要约的撤销施加的限制主要是以下两个方面：

第一，要约人确定了承诺期限或者以其他形式表明要约不可撤销。

要约人如果在要约中明确了承诺的期限，无疑将强化对方的信赖，同时也表明他放弃了在此期间撤销要约的利益。因此在这种情况下，要约不能再撤销。至于何为以其他形式表明要约不可撤销，一般认为，这是指要约人以明确要约期限的语言之外的形式使受要约人确信要约人没有撤销要约的打算。此类情形如：要约人在作出要约时向对方表示此为确定的要约；要约人明确地表示自己将不撤销要约；要约人表示其坚持要约直到受要约人的答复等。

第二，受要约人有理由认为要约是不可撤销，并已经为履行合同作了准备工作。

一般认为，此种情形是指受要约人对于要约人不撤销要约有合理的信赖并且已经做了一定的履约准备工作。

（五）要约的消灭

要约的消灭也称要约的失效是指要约丧失了法律效力。要约失效后，要约人不再受其约束，而受要约人则丧失了通过进行承诺而成立合同的机会。要约消灭的原因主要有：

（1）受要约人拒绝要约。受要约人拒绝要约一般是指受要约人明示地拒绝要约。拒绝要约的表示在到达要约人时生效。

（2）要约人依法撤销要约。倘要约人在符合《合同法》规定的要求时撤销了要约，要约自然不复存在。

（3）承诺期间届满而受要约人未作出承诺。要约规定了承诺期间的，倘在此期间内受要约人未作出承诺，要约即告失效。如果没有明确承诺期间，则可以当事人间的交流是否为对话人间的意思表示为依据判断合理的期间为何，在此期间经过而受要约人未作出承诺的情况下，要约也丧失其效力。

（4）受要约人对要约的内容作出了实质性变更。

四、承诺

（一）承诺的概念与特征

承诺是受要约人同意要约的意思表示。承诺的法律效力在于，承诺一经作出并到达要约人，合同即告成立。承诺的特征如下：

1. 承诺应当由受要约人作出

根据要约人的意思，只有受要约人才有承诺资格。如果受要约人为特定的人，承诺应当由该特定的人作出，其他人没有资格作出承诺。受要约人为不特定的人时，承诺可由该不特定的人中的任何人作出。当然，受要约人作出承诺，既可以由其本人作出，也可以由其代理人作出。除此之外，其他第三人不得向要约人作出承诺，如果第三人作出了相应的表示，只能理解为其对要约人作出了要约。

2. 承诺应当向要约人作出

承诺是对要约的同意，据此成立的合同以要约人为一方当事人。因此，承诺应当向要约人作出，才能达到缔约目的。不向要约人作出同意表示不构成承诺。

3. 承诺的内容应当与要约的内容一致

受要约人作出的承诺到达要约人后合同成立，要约人即受合同的约束，负有合同义务。因此，承诺应当是对要约的未变形的回复，其内容与要约的内容应当一致，否则就违反了意思自治原则，对要约人构成了他治，使其遭受不利。20 世纪之前，各国法律均严格地坚持承诺应与要约一致的要求，承诺不得与要约有任何不一致的内容，否则就不成其为承诺。此种做法在英美法中被称为镜像规则（mirror image rule）。

镜像规则较好地保护了要约人的利益，但是如果在实践中严格加以贯彻，将对交易造成负面的影响。进入 20 世纪以后，有些国家的法律不再要求承诺必须与要约全然相同，毫无二致，而是采取了较为灵活的态度，亦即承诺可以在非实质性内容上与要约不一致。《合同法》也采纳了这种立场。其第 30 条规定，承诺的内容应当与要约的内容一致。受要约人对要约的内容作出实质性变更的，为新要约。有关合同标的、数量、质量、价款或者报酬、履行期限、履行地点和方式、违约责任和解决争议方法等的变更，是对要约内容的实质性变更。至于何为非实质性变更，一般认为应包括此类情形：（1）受要约人在表示中增加了一些法律本来就规定了的义务，因此实际上只是对要约的内容进行了明确而已；（2）受要约人在表示中增加了一些说明性的条款。①

此外，为了保护要约人，《合同法》也针对例外情况规定，即使受要约人对于

---

① 江平主编：《中华人民共和国合同法精解》，中国政法大学出版社 1999 年版，第 25 页。

要约所做的变更是非实质性的，也不构成承诺，合同不成立。（1）要约人及时表示反对。如果受要约人对于要约做了非实质性的变更，其意思表示原则上可以构成承诺，合同成立。为免自己遭受不利，在受要约人的意思表示到达后，要约人可以及时表示反对。此时，承诺无效，合同不成立。（2）要约人已经在要约中表明不得对要约的内容做任何变更。为免对方作出内容与要约有所变更的承诺，要约人还可以提前防范，在要约里明确表示对方不能对要约的内容做任何变更。倘要约中有此种说明，即应注重要约人利益的保护。受要约人所做意思表示即使仅对要约进行了非实质性变更，也不构成承诺。

4. 承诺应当在承诺期限内到达要约人

（1）到达主义。承诺发生效力后会导致合同的成立。而对于承诺发生效力，大陆法系的传统立场是，承诺应于承诺期限内作出并到达要约人。我国亦系如此。承诺期限实际上也是要约的有效期间，因此承诺期限的判断与要约有效期间的判断一致。

（2）承诺期限的起算。依意思表示的学理，除非要约人在要约中明确了另外的起算点，承诺期限应自要约到达受要约人时起算。不过，《合同法》的做法有所不同。其第 24 条规定："要约以信件或者电报作出的，承诺期限自信件载明的日期或者电报交发之日开始计算。信件未载明日期的，自投寄该信件的邮戳日期开始计算。要约以电话、传真等快速通讯方式作出的，承诺期限自要约到达受要约人时开始计算。"

（3）迟延到达的处理。要约人对于对方在一定时间内进行答复有正当利益，如果对方不在此期限内进行答复，要约人通常会考虑再向别人发出要约。因此，倘承诺迟延到达，对于要约人应无约束力，合同不成立。不过，承诺迟延到达的原因有所不同，一概认为迟延到达时合同不成立对于受要约人来说也不一定总是与其利益要求相一致，因此需要根据具体情形做适当的调整。

首先，对于必然的迟到的承诺。如果受要约人在承诺期限届满之后方发出承诺，承诺必然会迟到。在此情况下，受要约人所做的表示不被认为是承诺，而是新要约。另一种必然迟到的情形是，受要约人在承诺期限内作出了表示，但是根据其作出表示的通常情况，该表示只能在承诺期限届满后才能到达要约人。对于自己所做的承诺将迟延到达这一事实，受要约人应当是清楚的，至少其有一定的心理准备。故对于此种情形，法律应侧重保护要约人，而非保护受要约人，这种迟到的表示亦为新要约。

其次，对于偶然的（意外的）迟到的承诺。偶然的迟到亦称意外的迟到，它是指，受要约人在承诺期限内所作出的承诺，按照通常情形能够及时到达要约人，但是因为其他原因承诺到达要约人时已经超出了承诺期限。在这种情况下，受要约人对于其表示将迟延到达并无心理准备，而是相信将会按期到达，进而合同成立。

如果出现了此种情形，对于受要约人应进行一定的保护。《合同法》也采取了这一立场。其第 29 条针对偶然的迟到规定，要约人应当及时通知受要约人因承诺超过期限不再接受该承诺。倘要约人不进行通知，承诺有效，合同成立。

（二）承诺的方式

《合同法》第 22 条规定，承诺应当以通知的方式作出，但根据交易习惯或者要约表明可以通过行为作出承诺的除外。由此可见，承诺一般应以明示的意思表示的方式作出。另外，考虑到交易习惯或者要约的内容，受要约人也可以行为的方式进行承诺。具体而言，可将承诺分为以下几种情形：

1. 明示的承诺

以通知的方式或者以明示的方式作出承诺是最为常见的情况。此种承诺方式易于使要约人知道受要约人的态度，从而有利于交易的正常进行。

2. 默示的承诺

默示的承诺是指受要约人收到要约后不是以通知要约人的方式进行承诺，而是以其行为表示自己承诺了要约。此种行为通常是履行合同的行为。比如，甲向乙发出要约，表示愿意将一台笔记本电脑以 3000 元的价格出售，乙收到要约后直接将 3000 元钱汇给甲。就此例来说，乙通过其行为表明了承诺的意思。

3. 单纯的沉默

单纯的沉默是指受要约人没有作任何表示，既不表示反对，也不表示同意。在通常情况下，单纯的沉默没有法律意义，不构成承诺。否则受要约人的利益将大受影响。不过，在例外情况下，单纯的沉默也可构成承诺。首先，倘法律有特殊规定，一方当事人的沉默可构成承诺。比如，《合同法》第 171 条规定，试用买卖的买受人在试用期内可以购买标的物，也可以拒绝购买。试用期间届满，买受人对是否购买标的物未作表示的，视为购买。其次，当事人可以事先约定，如果一方在收到要约后不做任何表示就构成承诺。对于当事人所做的这种约定，法律没有必要进行干预，从而单纯的沉默也可构成承诺。

4. 意思实现

在例外情况下，依交易惯例或要约人的事先声明，仅有实现承诺意思的事实，合同即可成立。比如，根据德国的交易习惯，对于短期预订旅馆房间的要约，旅馆经营者将客人预订的房间准备好，合同即告成立。①

五、合同成立的时间与地点

（一）合同成立的时间

通常的缔约过程是一方发出要约，另外一方作出承诺，承诺生效时合同成立。

---

① 陈卫佐：《德国民法总论》，法律出版社 2007 年版，第 221 页。

由于承诺的生效以承诺的意思表示到达要约人为原则，因此，一般来说，承诺到达要约人时合同成立。不过，在当事人采取书面形式订立合同时，不能再简单地认为承诺到达要约人时合同成立。这是因为，采取书面形式订立合同与一方要约、另外一方进行承诺的情况有所不同。在前者，双方当事人通常已进行了多次磋商，嗣后达成合意，而将经由谈判确定下来的内容写进书面合同。此时很难再说哪一个行为是要约，哪一个行为是承诺。对于此种情形，《合同法》第 32 条规定，当事人采用合同书形式订立合同的，自双方当事人签字或者盖章时合同成立。其第 33 条并针对以信件、数据电文等形式订立合同的情形规定，"当事人采用信件、数据电文等形式订立合同的，可以在合同成立之前要求签订确认书。签订确认书时合同成立"。

（二）合同成立的地点

通常情况下，承诺生效的地点为合同成立的地点。由于承诺在承诺通知到达要约人时生效，从而要约人所在地即为合同成立的地点。另外，《合同法》第 34 条规定，采用数据电文形式订立合同的，收件人的主营业地为合同成立的地点。没有主营业地的，其经常居住地为合同成立的地点。当事人另有约定的，按照其约定。第 35 条规定，当事人采用合同书形式订立合同的，双方当事人签字或者盖章的地点为合同成立的地点。倘当事人签字、盖章的时间不一致并且当事人对合同成立的地点未作特别约定，解释论上认为，最后签字或盖章的地点为合同成立的地点。

第二节　格式条款

在现代经济生活中，借助格式条款订立合同的情况大量出现，并且引发了新的法律问题。提供格式条款的一方往往占有强势地位，其在格式条款中将自己的意愿全面清楚地表达出来。反之，相对人只能在接受与不接受之间进行"选择"。有鉴于此，为维护相对人的利益，法律对于借助格式条款订立合同的情形进行了多方面的规制。

一、格式条款的概述与特征

格式条款是当事人为了重复使用而预先拟订，并在订立合同时未与对方协商的条款。其具有以下特征：

1. 格式条款是一方当事人预先拟订的

预先拟订是指在订立合同之前，格式条款已经被拟订了出来。拟订格式条款的人有时是提出条款的一方本人。比如，从事商业经营者可能以在营业场所张贴告示的形式将其拟订的格式条款予以展示并当作合同的内容。有些时候，格式条款并非是合同当事人拟订的，而是由某个行业的行业协会、社会团体甚至是政府有关机构拟订的。倘非预先拟订的，一方当事人提出的合同条款一般不是格式条款，因为双方有进行讨价还价的余地。

2. 拟订条款的目的是为了重复使用

重复使用是指格式条款的适用对象是广泛的，适用时间是持久的。适用对象是广泛的是指格式条款适用于不特定的多数缔约相对人。就使用时间来看，格式条款在拟订出来以后总是会使用较长的一个时期。正是因为使用对象是广泛的，使用时间是持续的，才会有人去制订格式条款，否则反而会不经济。

3. 订立合同时未与对方进行个别协商

以格式条款的形式订立合同，自然也需要相对人的同意。因此，订立合同时未与对方进行个别协商并不是说相对人根本不同意订立合同，而是说相对人实际上不可能改变格式条款的内容。

4. 表现形式具有多样性

格式条款既可以是一方提出来的全部合同内容，也可以是一部分合同内容。在前者，提供格式条款的一方提供了完全的合同文本，相对人签字接受即可。在后者，提供格式条款的一方仅就合同的部分内容提供了格式条款。

5. 双方当事人的经济力量不对等

格式条款的使用者多系经济上的强势方，而相对人无论在社会中处于什么地位，扮演何种角色，从事何种职业，在面对格式条款时均为弱势的一方，并且通常就是消费者，因此，双方的经济力量不对等。倘双方经济力量对等，即便一方出于便利的考虑事先拟订了合同条款，对方也可能经由磋商改变该条款，以维护自己的利益。

二、格式条款订入合同

对于格式条款来说，如果事后发生了争议，首先的问题是判断格式条款有没有订入合同。而格式条款是否订入合同的判断主要有三项标准可供参考。

1. 提请注意义务

《合同法》第 39 条规定，提供格式条款的一方应当采取合理的方式提请对方注意免除或限制其责任的条款。此条规定的是格式条款使用人的提请注意义务。如果格式条款使用人未尽提请注意义务，格式条款应视为未订入合同，不构成合同的组成部分。在判断格式条款使用人是否采取了合理方式提请对方注意格式条款的存在及其内容时，通常须结合个案的情况具体地予以判断，比如刊载格式条款的文件的外形、提请注意的方式、清晰明白的程度、提请注意的时间、提请注意的程度等。有时尚须将这些因素综合起来加以考虑。①

（1）文件的外形。判断提请注意是否充分的因素之一是刊载格式条款的文件的外形。文件的外形须给人以其为合同文书而非收据的感觉，让相对人能够认识到

---

① 韩世远：《合同法总论》，法律出版社 2004 年版，第 846 页。

该文件载有足以影响当事人权益的条款。否则，相对人收到刊载格式条款的文件后可能根本不会阅读。倘如此，可以说格式条款使用人未尽提请注意义务或者通知、公告义务。《合同法解释（二）》第6条规定，提供格式条款的一方对格式条款中免除或者限制其责任的内容，在合同订立时采用足以引起对方注意的文字、符号、字体等特别标识。

（2）提请注意的方法。根据从事交易的具体情况，提请相对人注意可以采取个别提请注意或者公开张贴公告的方法。个别提请注意是原则性的要求，而以公开张贴公告为例外。只有在个别提请注意存有事实上的困难时，方可以公开张贴公告的方法取代之。

（3）清晰明白的程度。提请注意所使用的语言文字应当是清晰明白的。如果文件表面上没有让人注意免责条款的文句，或者上面的文句被日期戳盖而难以辨认，或者免责条款被大片的广告所遮盖，通常应认为该免责条款没有订入合同。

（4）提请注意的时间。时间因素对于判断格式条款是否被订入了合同也具有意义。一般来说，只有提请注意发生在合同签订之前，格式条款才能被认为订入了合同。如果是在合同签订了之后使用人才提请对方注意的，实际上表明其想将合同中本不存在的内容再纳入进去。

（5）提请注意的程度。原则上，提请注意应当达到足以使相对人注意免责条款的程度。特定的格式条款越是不同寻常或者出乎意料，为了将其订入合同所需要的提请注意的程度也就越高。倘某个格式条款就其性质来看是相对人难以预料的，使用人仅仅通过交付或者展示带有该条款的文件还不足以使其被订入合同。他应当进一步突出该条款，或者采取其他的特别步骤让相对人注意到该条款。就提请注意所应达到的程度的确定，有两种不同观点。客观说认为提请注意是否具有合理性是客观问题，应当以格式条款适用的一般相对人为参照对象。凡其提请注意足以提请一般的相对人注意的，其提请注意就是合理的。另外一种观点对此进行了修正。其认为，原则上提请注意的程度以提起作为该格式条款适用对象的一般相对人的注意为已足，个别相对人客观上存在的缺陷，如生理或者文化程度上的缺陷，应不在考虑之列。但是如果这种缺陷是格式条款使用人所知道的，应当做不同处理。后说更加强调了对相对人的保护，可资赞同。

2. 说明义务

《合同法》第39条规定，格式条款的使用人应当按照对方的要求对该条款予以说明。据其规定，说明义务的发生以相对人提出要求为前提，倘对方未作要求，一般就不会引发说明义务。如果相对人要求使用人对格式条款予以说明而使用人未作说明或者进行了说明但阐释得不清楚，其后果是格式条款被订入了合同，但是在解释时可能使使用人面临不利的结果。其所以如此是因为，相对人要求使用人加以说明表明其已经注意到了格式条款，并且未采取措施将有关条款排除在合同之外。

3. 签字视为已经同意

在某些国家，如果合同文件被签了字，倘不存在欺诈或者错误陈述等情况，签字人应受其签署的文件约束，即使他并未阅读文件的内容，或者在签字后根本未在意合同文件上列有哪些条款。此种做法即为签字视为已经同意规则。我国学者对此也多采肯定态度。签字视为已经同意规则对相对人而言是不利的。不过，采肯定立场者提出了两点理由：首先，相对人应当在签字之前阅读文件的内容。在阅读之后，应就其不同意的内容与对方磋商。如果相对人签了字，则确认该条款订入了合同即为当然的结果，不存在其他可行的替代措施。其次，采取这种做法并不意味着忽视相对人的利益。除了在格式条款订入合同的环节进行控制外，还可通过内容控制以及格式条款的解释保护相对人的利益。

三、格式条款的内容控制

格式条款的内容控制是指在格式条款订入合同以后，进一步判断其中哪些具有效力。《合同法》在内容控制方面规定得较为简单，主要涉及以下内容：

（一）免除人身伤害责任的条款无效

禁止免除人身伤害责任是内容控制的基本要求。早在 1988 年的"张连起、张国莉诉张学珍损害赔偿"案中，法院即指出：我国宪法明文规定，对劳动者实行劳动保护。这是劳动者所享有的权利，受国家法律保护，任何个人和组织都不得任意侵犯。被告张学珍身为雇主，对雇员理应依法给予劳动保护。但她却在招工登记表中注明："工伤概不负责。"这是违反宪法和有关劳动法规的，也严重违反了社会主义公德，属无效民事行为。对于这一判决，学界给予了高度评价，免除人身伤害责任的条款无效渐成共识。《合同法》第 53 条第 1 项规定，造成对方人身伤害时，免责条款无效。

（二）免除因故意或者重大过失给对方造成财产损失的责任的条款无效

对于造成财产损失时的责任，内容控制的程度较人身伤害责任低。《合同法》第 53 条第 2 项规定，因故意或者重大过失造成对方财产损失的，免责条款无效。

（三）其他条款

除免除造成对方人身伤害及故意或重大过失造成对方财产损失的责任的条款无效外，《合同法》第 40 条尚规定："格式条款具有本法第 52 条和第 53 条规定情形的，或者提供格式条款一方免除其责任、加重对方责任、排除对方主要权利的，该条款无效。"此条规定得较为宽泛，从而给了法院以较大的自由裁量余地。

四、格式条款的解释

在格式条款订入合同以后，除内容控制外，尚可在解释格式条款时采取相应措施保护相对人的利益。

（一）个别约定优先原则

个别约定优先原则是指在一方提出格式条款订立合同的场合，如果当事人在格式条款之外另行作了约定，并且该约定的内容与格式条款不一致，应当以约定的内容优先。原因在于，提出格式条款的一方是在未与对方进行协商的情况下单方面拟定格式条款的，其通常会过于强调己方的利益而忽略对方的利益。如果当事人在格式条款之外还约定了其他条款，表明双方当事人就该当事项进行了磋商，提出格式条款的一方有作出退让的可能。因此，应当优先考虑当事人的个别约定。

（二）客观解释原则

《合同法》第41条规定，对格式条款的理解发生争议的，应当按照通常理解予以解释。通常理解是指参与同类交易、理智并且诚实的人对条款的理解。之所以作客观解释而不应以格式条款的提出者或某个相对人的理解为准，是因为格式条款一般是适用于众多交易对象的，这些人可能拥有完全不同的知识背景与生活经验。倘不作客观解释，即可能产生因人而异的局面，案件的处理缺乏确定性。

（三）不利于格式条款使用人原则

不利于格式条款使用人的原则适用于对格式条款的含义发生疑义的情形。此解释原则的意义在于：第一，格式条款的使用人本来应当用清楚而无疑义的文字表述合同内容。既然其使用的文字含混不清或者具有歧义，即应由其遭受不利，而不能把不利后果转嫁给对方。第二，格式条款在许多情况下对于相对人而言均是不利的，起码不会对使用人有何种不利益。因此，作不利于格式条款使用人的解释能够在一定程度上对双方当事人间的利益状态进行适当的调整。第三，即使其内容尚属公允，未给相对人带来不利，格式条款的使用也使其使用人取得了交易上的便利。

第三节　缔约过失责任

一、缔约过失责任的概念和构成要件

（一）缔约过失责任的概念

缔约过失责任，是指在缔约过程中，各缔约方均应依照诚实信用原则，负有尽力避免在订立合同过程中给对方带来不测损失的义务，如果一方当事人因过错违背其诚实信用义务而致合同不成立、被确认无效或被撤销，由此造成对方损失而应承担的损害赔偿责任。

缔约过失责任是由德国法儒耶林所创，由此在合同法和侵权责任法之间建立起了另一种责任根据，被称为"法学上的发现"。

（二）缔约过失责任的构成要件

缔约过失责任以当事人违背其诚实信用义务并致对方损失为要件。具体而言，缔约过失责任的构成要件为：

1. 缔约一方违反先合同义务

当事人为缔约而接触磋商，就在当事人之间建立了比陌生人之间更为密切的联系，此时要求当事人本着诚实信用原则而负有协助、保护、通知、保密等义务，此系在合同成立之前而在当事人之间所负的义务，即前文已经提及的先合同义务。违反先合同义务的形态依《合同法》规定主要有：（1）假借订立合同，恶意进行磋商；（2）故意隐瞒与订立合同有关的重要事实或者提供虚假情况；（3）未尽通知、协助义务；（4）未尽提示、告知义务；（5）未尽照顾、保护义务；（6）泄露或者不正当地使用对方的商业秘密。

2. 相对方受有损失

损失者，财产利益减少也。有损失方有赔偿，无损失当无赔偿之必要。此损失原则上限于相对方信任合同能有效成立所产生的损失，即所谓信赖利益损失。

3. 违反先合同义务与损失之间有因果关系

违反先合同义务与损失之间存在因果关系是缔约过失责任的合理性基础，当事人所受损失若非一方违反先合同义务所致，即不承担缔约过失责任。

4. 违反先合同义务一方有过错

此过错即对责任人的主观违法性要求，换言之，须因行为人的故意或过失而致合同不成立、被确认无效或被撤销，违反先合同义务才承担缔约过失责任。

二、缔约过失责任与违约责任的主要区别

缔约过失责任与违约责任的主要区别体现在：

（1）缔约过失责任以当事人的过错为前提，而违约责任一般不考虑过错，只要有违约行为即承担违约责任。

（2）缔约过失责任在性质上乃基于法律规定，具有法定性，而违约责任则通常由当事人约定，具有约定性。

（3）缔约过失责任在责任形式上体现为损害赔偿，而违约责任则既可能赔偿损失，还可能以支付违约金、强制履行等方式承担。

（4）缔约过失责任的赔偿范围通常体现为对信赖利益损失的赔偿，而违约责任的赔偿范围则是履行利益。

三、缔约过失责任的赔偿范围

如前述，缔约过失责任的赔偿范围通常限于信赖利益。问题是该信赖利益的范围是什么。一般而言，信赖利益大体包含以下内容：

（1）缔约费用，包括邮电费用、差旅交通费用及为缔约而勘验标的物等合理费用。

（2）履约费用，包括已经实际支付的履约费用和准备履约而支付的费用。

（3）受害人支付的前述缔约费用、履约费用的利息。

（4）因当事人未尽照顾、保护义务所遭受的人身和财产损害。

（5）合理的间接费用，如丧失与他人订立合同机会所遭受的损失。

【案例分析 19-2】

　　水果批发商甲在水果即将成熟的时节，对乙村果农 A、B、C 的桃园查看后，对他们允诺，如果他们不将今年产的水蜜桃卖与他人，那么，他将以不低于 2 元的价格收购，而且以后同他们长期合作。后有丙、丁等人欲与果农订立水果收购协议，果农 A、B、C 等考虑到已经同甲有接触并得到甲不低于 2 元的价格收购和长期合作等原因而未与其订约。但当水果采收时，果农 A、B、C 等通知甲签约收购，甲以资金不足为由拒绝签约，造成果农水果无人收购，只好贱价处理。于是，果农 A、B、C 等要求甲承担他们的损失。因双方协商不成而诉至法院。

　　本案中甲与果农进行了接触并就水果销售事宜对果农们做了允诺，果农信赖合同成立而未与他人订立合同，但后甲却不与之订约，而不订约不是因其他事由而是因其自身原因，此原因是其作为商人理应预见的，不论是其未能预见抑或以此为借口不订立合同，皆因其过错而致果农损失，此为典型的缔约过失，因此，甲应对果农的信赖利益承担赔偿责任。

【本章思考题】

1. 怎样区分要约与要约邀请？

2. 导致要约丧失效力的情形有哪些？

3. 承诺有哪些特征？

4. 用于保护格式条款相对人的制度有哪些？

第二十章　合同的履行

☞ **本章导读**

合同的履行是指债务人或者第三人提供作为债务内容的给付，从而使债权目的达到而归于消灭。对于合同的履行，可以从履行主体、给付、履行模态（时间与地点）等方面加以理解。就双务合同来说，鉴于双方当事人合同义务的牵连性，法律上有同时履行抗辩权与不安抗辩权制度的设计。

第一节　合同履行及其要素

一、合同履行的概念

合同的履行是指债务人或者第三人提供作为债务内容的给付，从而使债权目的达到而归于消灭。合同的履行必然需要有履行行为，履行行为通常是积极的作为，也可以是不作为。我国法律在理论上区分给付、履行、清偿几个术语。一般认为，给付是指履行的手段，而履行重结果，必须发生债权人实际获得给付的结果，才能称为履行。清偿与履行基本上是同义词，但是两者的关注点不同。清偿侧重的是给付结果的发生，履行侧重的是债务内容的实现过程和行为。[①] 不过，在某些立法例上，如德国，"给付与履行"二词的使用并无严格的区分。

二、合同履行的要素：履行主体

履行主体可以从履行人与受领履行人两方面来理解，在此仅述及履行人。

（一）债务人

作为履行人的首先是债务人，除了债务人本人之外，债务人的履行辅助人也可以进行履行，而履行的效果直接归属于债务人。

（二）第三人

履行本应当由债务人作出，债权人也只能向债务人请求履行，此为债务关系相对性的体现。但是，在现代民法上，除了债权目的的实现取决于特定债务人自己提供履行的场合之外，就债权人而言，其所关心的不过是债权的满足，至于由谁履行

---

① 韩世远：《合同法总论》，法律出版社 2004 年版，第 266 页。

并不重要。因此，没必要一概禁止第三人提供履行，但第三人履行有几点须注意：

1. 第三人不得履行的场合

（1）当事人约定不得由第三人履行。

（2）根据合同的性质不得由第三人履行。合同的性质是除债务人之外的其他人履行都不能达到效果时，不能允许第三人履行。这些情况主要有：①不作为债务。不作为债务专指债务人不作为，他人无法取代债务人进行不作为。②债务注重债务人本人的特性、技能、技术等与人身不可分离的要素。从债的标的来看，这种债务又分为绝对一身专属给付与相对一身专属给付。前者如著名艺人的表演等，根本不存在由第三人加以履行的可能。后者如律师受委托代理案件，某人受他人雇用从事家庭劳务活动等，在没有取得债权人的同意时，原则上不得由第三人履行。

（3）无利害关系人的履行，债务人提出异议并经债权人拒绝的。根据与债务的履行有无利害关系，可以把第三人的履行分为无利害关系人的履行与有利害关系人的履行。有利害关系的第三人进行履行在法律上是可行的。在无利害关系人能否提供履行方面有不同的做法。一是，无利害关系的第三人，不得违反债务人的意思提供履行。违反债务人的意思是指债务人明确表示反对第三人履行，而第三人仍然加以履行。二是，无利害关系人向债权人提供履行时，如果债务人提出异议，则债权人可以拒绝。相反，如果债务人没有加以反对，则债权人不能拒绝。相比较而言，后一种做法较为可取。

2. 有利害关系人的代位清偿

与无利害关系人的情况不同，各国法律一般都承认有利害关系的第三人可以代债务人进行清偿，而债务人与债权人均不得加以拒绝。此种清偿也称作代位清偿。有利害关系的第三人在进行清偿之后，应当发生法定债权转移。当然，债务人与第三人另有约定的应当从其约定。

三、履行要素：给付

（一）部分履行

部分履行也称一部清偿或者一部给付。部分履行发生的前提是给付是可分的。

1. 部分履行的要件

《合同法》第72条规定，债权人可以拒绝债务人部分履行债务，但是部分履行不损害债权人利益的除外。至于何为损害债权人的利益，应当理解为部分履行给债权人造成了很大的不便，或者将使债权人的利益不能实现。

2. 部分履行的后果

在债务人提供部分履行的情况下，合同的履行方式与期限均将随之而出现变化。提供了部分履行之后，伴随而来的问题是，余下的部分应当在何时履行。对此，《合同法》未作规定。一般认为，余下的部分应当尽快履行，同时应根据债权人的利益要求加以确定。

（二）代物清偿

债务人清偿债务之时可能会遇到无法按照债权原本的内容予以清偿的情况，此时，债务人通常会向债权人提出以他种物、对第三人的债权或者其他权利代替履行的要求，债权人同意后，其一经受领他种给付以代替履行，债务关系归于消灭。此种情形即为代物清偿。

1. 代物清偿的要件

代物清偿的成立需要具备以下几个要件：须有债务存在；须以他种给付代替原定给付，两种给付在价值上可以有差额，但应经双方当事人约定；须有双方当事人关于代物清偿的合意；须债权人等有受领权的人现实地受领给付。

2. 代物清偿的法律后果

代物清偿具有消灭合同关系的效力，其效力与清偿相同。在代物清偿之后，债权人原有的权利与从属权利均随之消灭。

四、履行要素：地点、期限与费用

（一）履行地点

1. 概念与意义

履行地点简称履行地，也称为清偿地、给付地，是指债务人应当进行给付的场所。履行地的确定在以下诸方面对于双方当事人的利益影响甚大：

（1）履行费用。在履行费用分配方面，原则上当事人应承担其前往履行地点的费用与其他不便利。

（2）风险分配。如果履行地是债权人的住所地，债务人要承担在前往债权人所在地履行的途中标的物灭失的风险。

（3）价款或报酬的确定。如果当事人对合同的价款或者报酬未作约定或者约定不明，根据《合同法》第62条第2项的规定，应当以合同订立时履行地的市场价格加以确定。

（4）诉讼管辖。在诉讼方面，合同履行地也具有重要意义。《民事诉讼法》第24条规定，因合同纠纷提起的诉讼，由被告住所地或者合同履行地人民法院管辖。第25条并规定，合同的双方当事人可以在书面合同中协议选择被告住所地、合同履行地、合同签订地、原告住所地、标的物所在地人民法院管辖，但不得违反本法对级别管辖和专属管辖的规定。

2. 履行地的确定

（1）根据当事人的约定或合同的性质确定履行地。基于私法自治原则，当事人可以在合同中自己约定履行地。另外，在某些场合，也可以根据合同的性质判断合同的履行地。比如，就雇用合同来说，雇员履行义务的地点通常都是雇主的工作、生活场所或者雇主指定的其他场所。

（2）依交易习惯确定履行地。如果当事人没有约定，并且在订立合同后未作

397

补充，在存在有关的交易习惯时，可以按交易习惯的做法确定合同履行地。

（3）根据法律的任意性规定确定履行地。如果当事人既无约定，也不存在相应交易习惯，则应适用《合同法》关于合同履行地的任意性规定。该法第62条第3项规定，履行地点不明确的，给付货币的，在接受货币一方所在地履行；交付不动产的，在不动产所在地履行；其他标的，在履行义务一方所在地履行。

（二）履行期限

1. 履行期限的概念

履行期限也称履行期，是指债务人应当进行履行的时间。履行期限的确定在合同法中具有重要意义。比如，债务是否到期是判断违约成立与否的重要根据，另外同时履行抗辩权与不安抗辩权制度的设计在某种程度上也是以履行期限的差异为出发点的。履行期限可以是期日，即具体的某一天；也可以是期间，即某一时间段。比如，当事人约定债务人应当于9月1日至10月30日之间履行债务。

2. 履行期限的确定

（1）根据当事人的约定或交易的性质确定。毫无疑问，当事人可以自己约定履行期限，并且在许多交易中，当事人都会自己约定期限。如果当事人未作约定，有时可以根据交易习惯确定履行期限。此种交易习惯可以是某个行业内的习惯，也可以是当事人自己在系列交易中形成的习惯。

（2）根据《合同法》的任意性规定确定。如果当事人没有约定履行期限，并且无法根据交易习惯确定履行期限，即应适用《合同法》的任意性规定。据《合同法》第62条第4项的规定，履行期限不明确的，债务人可以随时履行，债权人也可以随时要求履行，但应当给对方必要的准备时间。

（3）根据法律上的特别规定确定。除第62条第4项的任意性规定外，《合同法》还为借款合同、租赁合同、承揽合同等有名合同规定了履行期限，这些规定在当事人未作约定或约定不明时可得适用。比如，《合同法》第263条规定，定作人应当按照约定的期限支付报酬。对支付报酬的期限没有约定或者约定不明确，依照本法第61条的规定仍不能确定的，定作人应当在承揽人交付工作成果时支付；工作成果部分交付的，定作人应当相应支付。

3. 期限利益与提前履行

一般来说，倘系有明确的履行期限的债务，在到期之前债权人不得请求履行。因此，传统上认为履行期限对于债务人来说是有利的，这种利益即为所谓期限利益。既然说期限利益原则上指的是债务人对于履行期限享有的利益，就会涉及倘债务人放弃期限利益而提前履行，债权人能否加以拒绝的问题。对此，《合同法》第71条规定，债权人可以拒绝债务人提前履行债务，但是提前履行不损害债权人利益的除外。该规定未单纯将期限利益当作是债务人的利益，而是认为债权人对于履行期限也可能享有正当的利益，可资赞同。

（三）履行费用

履行费用是指为履行债务所必需的支付，如包装费、运送费、汇费等。

1. 固有的履行费用

固有的履行费用是指一般情况下履行债务所必要的费用。对于这种费用，《合同法》第 62 条第 6 项规定，履行费用的负担不明确的，由履行义务的一方负担。

2. 增加的履行费用

增加的履行费用是指在固有的履行费用之外，由于特别的事由而增加的履行费用，具体可分为因债权人方面的事由而增加的费用与因债务人方面的事由而增加的费用。

（1）因债权人的事由而增加的费用。在某些场合，会由于债权人方面的原因导致增加履行费用。比如，在签订合同之后，债权人变更了住所。另外，如果债权人受领迟延也会导致履行费用增加。其他类似的事由还有因债权人要求对买卖标的物进行特别包装而增加了费用，债权人请求将物品送到履行地之外的地方导致履行费用增加，因债权移转导致履行费用增加等。因债权人方面的事由导致履行费用增加应当由债权人负责。

（2）因债务人的事由导致履行费用增加。倘因债务人方面的事由导致履行费用增加，自应由其对增加的履行费用负责。比如，因债务人提前履行债务而给债权人增加的费用，由债务人负担。因债务人部分履行债务而给债权人增加的费用，也应由债务人负担。

第二节　双务合同履行中的抗辩权

一、概述

（一）确立双务合同履行中的抗辩权的原因

双务合同履行中的抗辩权是指在符合法定条件时，当事人一方对抗相对人的履行请求权，暂时拒绝履行其债务的权利。在我国法上，这种抗辩权有三种，即同时履行抗辩权、先履行抗辩权与不安抗辩权。

法律上确立双务合同履行中的抗辩权的原因在于，维护抗辩权人的利益，消除抗辩权人在履行后不能得到对方的履行的风险。债务的履行只要不是同时进行的，而是存在时间差，就存在着一方当事人授予对方当事人以信用的问题。在进行授信的情况下，授信人就面临着对方失信的风险。为了消除这种风险，一种可行的做法是让对方提供担保，另外法律上也规定了债权人代位权、债权人撤销权之类的保全措施。另外一种做法是授予一方当事人以抗辩权。这种抗辩权可以是负有先履行义务的一方发现对方财产状况恶化，有可能将来不履行义务，从而拒绝先为履行，直到对方提出担保，先履行抗辩权即是如此。另外就同时履行抗辩权来说，双方并未约定履行顺序的先后，一方当事人在对方当事人未作履行时可以拒绝对方提出的要求自己履行的请求。

（二）抗辩权的特征

1. 防御性

双务合同履行中的抗辩权的本质是对抗债权人行使请求权的权利，属于防御性的权利。这意味着抗辩权的行使通常以对方提出抗辩权人履行债务的要求为前提。不过，不安抗辩权的情况有所差异。

2. 暂时性

抗辩权可以分为永久的抗辩与一时的抗辩。双务合同履行中的抗辩权属于一时的抗辩。行使抗辩权的效果是暂时阻止他方请求权的实现。在行使抗辩权之后，双方当事人之间的合同关系并不因此而消灭而是继续存在。最终的后果是，在因为行使抗辩权而引发诉讼后法院判决双方同时履行，对方提出了担保导致行使不安抗辩权的人抗辩权消灭，进而履行自己的债务，或者是行使不安抗辩权的一方在条件具备的时候解除合同，使合同关系转入返还关系。

3. 私力救济性

抗辩权与导致合同消灭的抵销权都具有私力救济的性质。行使抗辩权的人可以借此保护自己的利益，使自己不至于在提出了给付之后无法获得对方的给付。

4. 阻却违法性

一方当事人行使抗辩权，即意味着其不再按照原来的约定履行自己的义务。由于此时的不履行是以抗辩权为后盾的，该不履行行为不具有违约法，违约责任不成立，从而行使抗辩权的一方无承担责任之虞。

二、同时履行抗辩权

（一）概念

同时履行抗辩权是指在没有约定先后履行顺序的双务合同中，当事人一方在对方未为履行或者履行不符合约定时，拒绝履行其债务的权利。同时履行抗辩权实际上包括了两种情形：第一，当事人一方在他方未为对待给付前，拒绝履行自己所负给付义务的权利；第二，当事人一方在他方的履行不适当时，拒绝履行自己给付义务的权利。同时履行抗辩权体现了双务合同功能上的牵连性，亦即在没有约定履行的先后顺序时，迫使任何一方先为履行都有失公允。因此，为了使双方当事人的利益都能实现而不遭受损失，其应同时履行。

（二）同时履行抗辩权的成立要件

1. 双方因双务合同互负债务

（1）双务合同与牵连关系。《合同法》第 66 条关于同时履行抗辩权的规定未直接表明同时履行抗辩权应适用于双务合同，但是进行文义解释可以得出这样的结论。常见的双务合同包括买卖、互易、赠与、租赁、承揽、建设工程、雇佣、有偿委托等。

双务合同的特点在于给付与对待给付之间存在牵连关系。传统民法把双务合同中的牵连关系分为发生上的牵连关系、功能上的牵连关系与回复上的牵连关系。

双务合同中给付与对待给付间的相互依存关系以当事人的约定为基础，为私法自治原则的体现。牵连性的承认，在于实现合同的交换目的。在牵连性的诸表现形式中，以合同有效存在为前提的功能上的牵连性最为重要。而双务合同履行中的抗辩权即为功能上的牵连性的制度表现。

（2）适用范围的扩张。严格而言，同时履行抗辩权仅适用于双务合同中一方当事人未履行或者未如约定履行的情况。但在实践中，同时履行抗辩权的适用范围在以下几方面得到了扩展：

首先，基于双务合同本来的债务变更的场合。基于双务合同本来的债务变更的情形主要是指在双务合同有效成立后，因一方违反了合同义务，对方主张违约损害赔偿。违约损害赔偿是合同义务的变形，与对方的义务间具有牵连性，抗辩权也能够发生。

其次，在没有双务合同的对待给付性却有对价的场合。①双务合同无效、被撤销或解除时的双方清理关系。如果双务合同无效，之后应进行回复，回复关系中双方的义务严格来说已非双务合同的对待给付义务，但它们仍有牵连性，可以引发同时履行抗辩权。在合同被解除的情况下，双方当事人之间的回复关系也可引发同时履行抗辩权。②附义务赠与中的负担义务与赠与义务。赠与中包括了附负担赠与的情形，即受赠人负担一定的义务，在某些立法例上，受赠人负担的义务与赠与人的赠与义务之间可成立牵连关系，因此可引发同时履行抗辩权。③从给付义务与对方的主给付义务。从给付义务的发生或系基于法律的直接规定，或系基于交易习惯以及合同的补充解释。从给付义务的目的在于保障债权人的给付利益，如果债务人不履行从给付义务，债权人可以向其提出主张。如果从给付义务的履行对于债权人合同目的的实现具有重要意义，应认为债权人可针对债务人的从给付义务行使同时履行抗辩权。

2. 互负的债务未分先后履行顺序并且均已到期

互负债务而无先后履行顺序包括两种情形：双方当事人约定同时履行；当事人未约定履行期限或者约定不明，并且不存在依法律的规定或者交易习惯一方应先为履行的问题。另外，由于抗辩权的宗旨在于对抗他方的请求权，因此互负的债务应当已经到期。否则，债务人可以直接以债务未到期进行抗辩。互负的债务已经到期也可分为两种情况：一是双方当事人没有约定履行期限。根据《合同法》的规定，债务人可以随时履行，债权人也可以随时要求履行，但应当给对方必要的准备时间，从而宽限期届满时，应视为合同已到期；二是当事人明确约定了履行的期限，而此期限已经届至。

3. 请求履行的一方未履行债务或者履行债务不符合约定

如果请求履行的一方已经依债务的本旨履行了其债务，其债务因而消灭，如此即不会再发生同时履行抗辩权的问题。因此，同时履行抗辩权只能适用于请求履行的一方未履行债务或者履行债务不符合约定的情况。

（三）同时履行抗辩权的行使与效力

1. 同时履行抗辩权的行使

民法上的抗辩权分为需要主张的抗辩与无须主张的抗辩。同时履行抗辩权属于需要主张的抗辩。在审理案件的过程中，权利人应自行加以主张，不主张的话，法官将不予考虑，从而会作出不利于权利人的判决。

2. 同时履行抗辩权的效力

（1）被同时履行抗辩权对抗的债权不得作为主动债权用于抵销。《德国民法典》第390条规定，附抗辩权的债权不得以之供抵销，从而被同时履行抗辩权对抗的债权不得作为主动债权用于抵销。我国法律无类似的明文规定，但在学理上也多加以认可。

（2）享有同时履行抗辩权的债权人不构成违约。在同时履行抗辩权的要件成立的情况下，因为债权人可以拒绝给付，违约责任不成立。此为同时履行抗辩权排斥不履行的违法性的结果。

（3）法院的判决。在同时履行抗辩权成立的前提下，如果抗辩权人不行使该项权利，法院应判决其履行债务。如果抗辩权人主张同时履行抗辩权，法院应当如何判决，《合同法》未作规定。在我国的法律实务中，如果被告主张的同时履行抗辩权实际上是成立的，有些法院会驳回原告的诉讼请求，即相当于原告败诉，并负担诉讼费用。① 此种做法不甚妥当。德国等国家的法律则规定在这种情况下，法院应作出同时履行判决。此种规定有助于避免浪费司法资源，促使双方当事人履行合同，可资赞同。

【案例分析 20-1】

甲厂与乙公司签订了一份买卖合同，约定甲厂向乙公司出售价值20万元的日用化工产品。合同签订后至起诉前，甲厂分三次向乙公司交付了价值15万元的货物，还有5万元的货物没有交付。乙公司接受了甲厂交付的货物，但没有支付货款。甲厂起诉要求乙公司立即支付15万元的货款。乙公司认为，双方并未变更合同内容，合同约定原告应当交付20万元的货物，而不是只交付15万元的货物。合同对双方履行义务的先后顺序没有约定，故其享有同时履行抗辩权，在甲公司交付剩下的5万元货物之前，其有权拒绝支付货款。

在本案中，双方未约定履行的先后顺序，甲厂进行了部分履行，乙公司已

---

① 韩世远：《合同法总论》，法律出版社2004年版，第341页。

经接受，如果该部分履行对于乙公司有意义，不影响其合同目的的实现，乙公司仅能就甲厂未履行的部分行使同时履行抗辩权。

三、不安抗辩权

不安抗辩权是指双务合同中应当先履行债务的一方，在有确切证据证明后履行一方有丧失或者可能丧失履行债务能力的事由时享有的中止履行其债务的权利。按照信守合同的要求，先履行的一方应当按照约定履行自己的义务，没有理由中止履行。但是，先履行的一方实际上授予了对方以信用，而对方的给付有可能将不会提供，这提供既可能是履约意愿出现了变化，也可能是履约能力出现了变化。基于双务合同功能上的牵连性的考虑，为了保护先履行方的利益，法律规定了不安抗辩权制度。

（一）不安抗辩权的要件

1. 双方当事人因同一双务合同而互负债务

不安抗辩权的发生前提是双方当事人因为双务合同而互负债务。就单务合同来说不存在不安抗辩权问题。另外，双方当事人虽然互负债务，但是债务并非基于同一合同而生的，也不发生不安抗辩权。

2. 后履行方将来可能不履行合同

（1）后履行方可能丧失履行债务的能力。《合同法》对于后履行方可能丧失履行债务能力的情形做了列举加兜底式的规定，其列举的情形有三种：

第一，经营状况严重恶化。传统民法上的不安抗辩权制度将债务人财产状况恶化当作不安抗辩权发生的前提，《合同法》未明确提及财产状况恶化，但是经营状况严重恶化实际上会导致财产状况恶化。

第二，转移财产、抽逃资金，以逃避债务。《合同法》将此类情形当作引发不安抗辩权的事由，原因在于，在《合同法》制定的过程中，那时信用机制尚不健全。在签订合同之后，一方当事人进行转移财产、抽逃资金的情况时有发生，致使对方的债权受到威胁。这种情况与经营状况严重恶化有所不同，它更多地是表明了债务人履行债务的意愿已经发生动摇，从而对债权人的权利将来能否实现即产生了疑问。

第三，丧失商业信誉。商业信誉是指他人或社会公众基于企业的经营活动、履行债务的表现等多方面因素对企业所作的正面评价。如果债务人丧失了商业信誉，负有先履行义务的一方即有理由认为对方的履行能力或履行意愿发生了不利于自己的变化，债权可能无法实现，从而可以主张不安抗辩权。

第四，其他情形。《合同法》列举的以上几种情形只是债务人丧失履行能力或欠缺履行意愿的典型情况。在这些情形之外，如果有证据表明债务人因欠缺履行能力或履行意愿等方面的原因将来可能不履行债务，也应承认不安抗辩权成立。比如：债务人的某些人身状况（身体出现疾病或者其他原因）致使将来可能无法提供劳务；就承揽合同来说，如果承揽人必须自己完成工作而不能由他人代替，在承揽人出现特殊的人身状况而无法完成工作时；特定物买卖场合，如果特定物被他人取得，或者下落不明，使得债务人将来可能不履行债务时；后履行方进入破产程序。

（2）可能丧失履行债务能力的原因不以后履行方自身的原因为限。对于不安抗辩权的发生来说，后履行方可能丧失履行债务的能力并不要求是其自己导致的。如果履行能力的欠缺是由自然原因、第三人的原因或者政府的管制行为等原因造成的，对于不安抗辩权的发生并无影响。

（3）可能丧失履行债务能力的时间。在某些立法例上，不安抗辩权的成立以不安情事发生于合同订立之后为前提。

我国《合同法》在解释上不应将不安抗辩权的适用范围局限于缔约后债务人方欠缺履行能力的情形。倘缔约时尽了一定注意义务的先给付方并不知道对方欠缺给付能力，在缔约之后方才知晓，也应成立不安抗辩权。

3. 不安事由危及先履行方债权的实现

不安事由的出现应当达到危及先履行方债权实现的程度。对此可结合以下两种情况加以理解：

（1）先履行方享有充分的担保。如果先履行方享有充分的担保，无论这一担保是人的担保还是物的担保，并且担保的存在使得先履行方并没有面临将不能获偿的威胁，则不享有不安抗辩权。

（2）担保不充分或者不享有担保。如果先履行方虽然享有担保，但担保是不充分的，或者先履行方为无担保的普通债权人，不享有任何种类的担保，即使后履行方的财产状况发生恶化，也只有在切实地威胁先履行方债权的实现时才应成立不安抗辩权，否则后履行方将受到较大的不利影响。另外，危及先履行方债权的实现并不要求危及整个债权的实现，危及部分债权的实现即为已足。

4. 先履行方对于不安事由有充分证据

在主张不安抗辩权的情况下，由于先履行方拒绝履行自己的义务，必然会给后履行方造成负面影响。为免交易秩序受到冲击，一方当事人动辄行使不安抗辩权，《合同法》要求，为成立不安抗辩权，先履行方应有确切的证据证明后履行方发生了经营状况严重恶化等情事。倘无确切的证据加以证明，即不应支持主张不安抗辩权者的要求，其拒绝履行的行为无法被正当化，从而违约责任成立。《合同法》的这一规定旨在维护正常的交易秩序，但是并无多少实际意义。主张不安抗辩权者应举出充分的证据以证明不安抗辩权的要件具备是不言自明的。

（二）不安抗辩权的行使

1. 中止履行

中止履行是指中止履行债务，但某些立法例也将中止履行准备行为活动包括在内。对于《合同法》规定的中止履行应如何解释，学者看法不同。有人认为应当仅限于中止履行债务，有人则认为应当也包括中止履行准备行为。其理由是《合同法》的这一规定借鉴自《联合国国际货物销售合同公约》，而公约为先履行方规定了中止履行准备行为的权利。比较而言，应以后说为妥。比如，在承揽等合同中，承揽人制作工作物需要耗费一定的时间，在定作人有不履行债务的可能时，如果不允许承揽人中止准备行为而只是允许其拒绝履行债务，将不会产生减少损失、保护先履行方的效果。

中止履行的时间点。履行期限制度蕴含了先履行义务方的债务到期之前可以主张债务未到期的抗辩权，但在履行期限到来之前先履行方应当先做一定的履行准备工作，倘其鉴于后履行方可能丧失了履行能力而中止履行准备活动，此种情形于履行期限到来之前即可行使不安抗辩权。

2. 通知义务

《合同法》第69条规定，当事人依照本法第68条的规定中止履行的，应当及时通知对方。据此规定，在不安抗辩权的要件具备之后，倘先履行方中止履行，应及时将中止履行的事实、理由以及恢复履行的条件告诉对方。

3. 恢复履行或解除合同

在先履行方中止履行并且通知对方后，由此产生的悬而未决状态不应无限期地拖延下去，而是应有其他清理合同关系的办法。

(1) 恢复履行。在先履行方中止履行并且通知对方后，如果对方提供了适当的担保，不安抗辩权即归于消灭，先履行方应当恢复履行。

(2) 解除合同。如果先履行方解除了合同，行使不安抗辩权后出现的不确定状态将会终结。解除权的发生有两个前提：一是中止履行后经过了一个合理的期限；二是，在此期间内，后履行方既未恢复履行能力也没有提供适当的履行担保。

从不安抗辩权的适用条件可以看出，在行使不安抗辩权的情况下，双方当事人通常均未履行其合同义务，不存在已提供的给付加以返还的问题。因此在合同解除后，合同关系即归于消灭。

【案例分析 20-2】

演员甲与文化公司乙签订了一份演出合同，约定甲在乙主办的某个演出活动中演唱歌曲两首，由乙预先支付演出费6万元。其后，在合同约定的支付演出费的期限到来之前，甲因遭遇车祸而受伤住院。乙向医疗机构咨询后得知，在演出日之前，甲的身体有康复的可能，但也不排除其伤情会恶化，以至于不能参加演出。有鉴于此，乙向甲发出通知，称自己将暂不支付合同约定的6万元演出费。

在本案中，甲并非确定于演出日到来之际无法登台演出，因此无法适用预期违约制度，不过，根据医疗机构的权威意见，甲可能届时无法履行合同义务，不安事由成立。因此，负有先履行义务的乙可以行使不安抗辩权。

【本章思考题】

1. 同时履行抗辩权的要件有哪些？
2. 如何理解同时履行抗辩权的效力？
3. 如何理解不安抗辩权制度中的不安事由？

第二十一章　合同的保全与担保

☞ **本章导读**

　　债权人的权利能否实现在很大程度取决于债务人责任财产的多寡。债务人责任财产的减少，对于债权人的利益具有直接的利害关系。如果债务人的行为将导致责任财产发生贬损，就不能听凭其为所欲为，而是要进行一定的控制。债权保全制度即为控制性的举措。其具体又分为债权人代位权制度与债权人撤销权制度。合同的担保是指促使债务人履行债务，以保障债权人的权利能够得到实现的措施。本章仅就除担保物权以外的担保即保证与定金等进行介绍，使读者对担保有比较全面的理解和把握。

第一节　合同的保全与担保概述

一、合同保全的意义

　　按照合同的相对性原则，合同效力仅及于合同关系当事人，即债权人只能向债务人请求为一定给付，若债务人不履行到期债务，债权人可诉请法院以国家公权强制债务人履行债务，从而实现债权人利益。但这是以债务人财产足以实现债权人利益为前提的。如果债务人有足够的财产，其可以自由地加以处分，不会给债权人造成损害。如果债务人的行为将导致责任财产发生贬损，就不能听任债务人为所欲为，而是要进行一定的控制。为了对债务人的行为进行一定的限制，法律上遂有债权保全制度之设。

　　合同保全也称责任财产的保全，是指法律为防止债务人的财产不当减少或者应当增加而未增加，并因此给债权人的债权造成损害，允许债权人代债务人之位向第三人行使债务人的权利，或者请求法院撤销债务人与第三人所为的法律行为的制度。

　　合同保全制度依权利内容的不同，可以分为债权人代位权与债权人撤销权。债权人的代位权着眼于债务人的消极行为，当债务人有权利行使而不行使，以致影响债权人权利的实现时，法律允许债权人代债务人之位，以自己的名义向第三人行使债务人的权利；而债权人的撤销权则着眼于债务人的积极行为，当债务人在不履行其债务的情况下，实施减少其财产而损害债权人债权实现的行为时，法律赋予债权人有诉请法院撤销债务人所为的行为的权利。债权人有了代位权和撤销权这两项权利，就可以用来保全债务人的总财产，增强债务人履行债务的能力，以达到实现其合同债权的目的。我国《合同法》第 73 条、第 74 条分别规定了债权人代位权制度和债权人撤销权制度。

合同保全制度是对合同相对性原则的突破，被称为债权的对外效力。其根本价值在于，为合同责任的实行提供了物质基础，保全了作为承担合同责任基础的责任财产，为将来的强制执行做好了准备。合同保全如同债权所具有的请求权、执行权、保有权、处分权等权能一样，应为债权固有的权能。债权保全制度与一般担保、特别担保相互为用，共同担保债权的实现，体现了现代民法对债权人保护制度的周密细致化发展趋向，具有重要的现实意义。①

二、合同担保概说

合同的担保是指促使债务人履行债务，以保障债权人的权利能够得到实现的措施。合同的担保可分为一般担保与特别担保。债务人以其全部财产承担责任，系债权债务关系的当然内容，无须当事人专门以法律行为设定，甚至无须法律为此专门规定具体制度。基于此，通常所说的担保是指特别担保，即用于保障债权实现的特殊规则。

根据担保内容的不同，可将特别担保分为人的担保、物的担保和金钱担保三类。所谓人的担保，是指由当事人以外的第三人以其一般财产和信誉为债务人的债务提供担保，其典型形态为保证；所谓物的担保，是指以当事人或第三人的特定财产为债务人的债务提供担保，主要方式有抵押、质押、留置等；所谓金钱担保，指通过一定金钱的得失来督促当事人积极地、适当地履行自己的债务，保障债权实现，主要用定金方式。相对于担保物权而言，保证和定金都以合同设定，因此，又被称为债权性担保。由于担保物权制度在物权法部分加以阐述，本章仅论及保证与定金。

第二节　合同保全

一、债权人代位权

（一）债权人代位权的概念与特征

债权人代位权是指在债务人怠于行使其对第三人享有的权利而害及债权人的债权时，债权人为保全其债权，可以自己的名义代位行使债务人对第三人的权利的权利。

《合同法》第 73 条规定："因债务人怠于行使其到期债权，对债权人造成损害

---

① 申卫星：《合同保全制度三论》，载《中国法学》2000 年第 2 期。

的，债权人可以向人民法院请求以自己的名义代位行使债务人的债权，但该债权专属于债务人自身的除外。代位权的行使范围以债权人的债权为限。债权人行使代位权的必要费用，由债务人负担。"

债权人代位权具有如下特征：

（1）代位权是债权突破相对性原则使其效力扩张至第三人的结果，是债权的效力应有的内容，不是从属于债权的一项从权利。因此，无论当事人是否约定，债权一旦发生，就当然包括代位权。

（2）代位权虽然也被称为代位诉权或间接诉权，但并非诉讼法上的权利，而是实体法上的权利。

（3）代位权属于广义上的管理权。广义上的管理权是与狭义上的管理权相对的概念，是指以事实上或法律上的行为管理财产的权利义务，并且不单是为保存行为的权能，也包括为处分行为的权能。

（二）代位权的成立要件

根据《合同法》与《合同法解释（一）》的规定，代位权的成立需要满足以下要件：

1. 债权人对债务人享有合法债权

债权人对债务人享有合法的债权是代位权产生的前提性条件。代位权是为了保障债权人的债权能够实现而设计的恢复债务人的责任财产的制度，自然以债权人对债务人享有合法债权为前提。在合同无效，或者因为被撤销、未被追认而归于无效的情况下应否定债权人享有代位权。

就债权的类别来说，应当包括金钱之债与非金钱之债。就金钱之债来说，债权人无疑可以从责任财产中获得满足，就非金钱之债来说，如果按其本来的目的履行可能难以直接从责任财产中受偿，但是也不排除种类之债可以通过行使代位权得到保障。另外，非金钱的种类之债在对方违约的情况下也可以转化为损害赔偿之债，从而也没有必要将代位权的发生限于债权人对债务人享有金钱债权的场合。

2. 债务人怠于行使对第三人的权利

代位权的宗旨在于保障债务人的责任财产的应有状态，以免债权人遭受不利影响。而具体的保护办法是在债务人怠于行使对第三人的权利时，通过债权人代位行使债务人对第三人的权利来增加债务人的责任财产。

（1）债务人对第三人的权利。对于债权人可以行使债务人的哪些权利，《合同法》规定得较为狭隘，仅规定因债务人怠于行使其到期债权，对债权人造成损害的，债权人可以向人民法院请求以自己的名义代位行使债务人的债权。《合同法解释（一）》第13条第1款则作了进一步的限制，其规定，《合同法》第73条规定的"债务人怠于行使其到期债权，对债权人造成损害的"，是指债务人不履行其对债权人的到期债务，又不以诉讼方式或者仲裁方式向其债务人主张其享有的具有金钱给付内容的到期债权，致使债权人的到期债权未能实现。依《合同法》与《合同法解释（一）》的规定，得成立代位权的情况很有限。此种做法受到了广泛的批评。

①得代位行使的权利。

代位权旨在增加债务人的担保财产，因此，只要有利于这一目的，债务人的相应权利均可由债权人代位行使。

A. 实体上的权利①，包括债权、物权（包括物权请求权）。此处所说的债权不限于合同债权，也包括基于不当得利、无因管理、侵权行为之债的债权。除债权与物权外，可以代位行使的实体上的权利还有与财产利益相关的形成权，比如在订立了合同之后债务人作为债权人所享有的撤销权、抵销权、解除权、选择权等。可以行使的还有受领权，以及债务人作为债权人可以行使的债权人代位权与债权人撤销权。

B. 诉讼上的权利。为了增加债务人的责任财产或者维护债务人的财产状态，债权人可以行使相应的诉讼上的权利。比如，债权人可以为了行使代位权而提起诉讼，也可以申请强制执行。

需要注意的是，代位权制度也应平衡债权人的利益与债务人的自由，因此，债权人可以代位行使的权利应以现实存在的为限。单纯的权能或者某种机会，债权人不得代位行使。比如，不得代债务人对要约进行承诺，不得代债务人就其财产的利用以获得更大的利益做决定。

②不得代位行使的权利：

A. 非财产性质的权利。不得代位行使的非财产性质的权利是指人格权与身份权。亲权、惩戒权之类的身份权，不具有财产性质，因此不得代位行使。另外一些身份权，比如离婚请求权、非婚生子女的认领请求权或者否认权，对于财产状况可能会产生间接的影响，也不得代位行使。

B. 专属于债务人的权利。有些财产性质的权利是以人格权或者身份关系为基础的，这些权利一般被认为是专属于债务人的权利，不得加以代位。就基于人格权而发生的权利来说，因为生命、身体、健康、自由、名誉等权利的侵害而发生的损害赔偿请求权不能被代位行使。继承或者遗赠的承认与抛弃，多与身份关系相连，也不能被代位行使。

C. 禁止扣押的权利。禁止扣押的权利是指不得进行强制执行的权利。法律之所以规定债务人的某些财产是不可强制执行的，主要是为了给债务人保存基本的生活条件。基于此种考虑，不得扣押的权利主要是指养老金、退休金、抚养费等请求权。另外就保险金来说，凡属于社会保险的，以不得成为代位权的客体为宜。如与社会保险无涉，保险金请求权实质上只是普通债权，可由债权人代位行使。

《合同法解释（一）》第12条规定，合同法第73条第1款规定的专属于债务

---

① 孙森焱：《民法债编总论》（下册），法律出版社2006年版，第513页。

人自身的债权，是指基于扶养关系、抚养关系、赡养关系、继承关系产生的给付请求权和劳动报酬、退休金、养老金、抚恤金、安置费、人寿保险、人身伤害赔偿请求权等权利。其所界定的专属于债务人自身的债权包括了传统上认为的专属于债务人的权利以及禁止扣押的权利。

（2）债务人怠于行使其权利。债务人怠于行使其权利，是指债务人应行使、能行使而不行使其权利。其中应行使是指如果不及时行使，权利将有消灭或者丧失的可能。比如，如果债务人不主张其对于第三人的债权，债权将罹于时效。能行使权利是指权利在行使上并不存在障碍。不行使是指消极地不作为，至于不作为是否出于债务人的过错对于代位权的发生没有影响。

如果债务人自己行使了权利，不论其行使的方法是否妥当，结果是否有利，债权人都没有权利过问。

3. 有保全债权的必要

有保全债权人的必要是指如果债权人不代位行使债务人的权利，就会有害于债权人受清偿的权利。在什么情况下才构成有保全债权的必要，因债权性质的不同而有差异。

（1）保全金钱债权与种类债权。如果债权人的债权是金钱债权，在债务人的责任财产充足的情况下没有必要行使代位权就可以得到满足，只是在责任财产不充足之时才有必要行使代位权。因此，对于金钱债权来说，有保全债权的必要是指债务人无资力，这一要件也被称为债务人无资力要件。无资力是指债务人欠缺支付能力，或者说债务人的负债超过了资产，不能清偿。

（2）保全特定物债权。以债务人没有资力作为判断是否具备代位权的标准对于金钱债权与种类来说是合适的，但是并不适用于特定物债权（特定之债）。对于特定物债权，现在学界多认为代位权发生的条件不是债务人无资力，只要特定物债权的实现发生了障碍，就有保全债权的必要。

4. 债务人已经陷于迟延

代位权的成立以债权有不能受清偿的危险为要件，没有到期的债权，债权人本来就不能受领清偿，因此原则上不享有代位权，否则会过于限制债务人的自由。如此一来，债务人已经陷于迟延也是代位权的要件。在债务人已经陷于迟延的情况下，仍然怠于行使自己的权利，则债权人的债权不能实现就面临着现实的危险，有保全债权的必要。

（三）代位权的行使

1. 行使的名义

代位权是债权固有的权能，是在符合法定要件的情况下产生的对于债务人权利的"财产管理权"，因此债权人应当以自己的名义行使债务人的权利。债权人在行使代位权的过程中应当尽善良管理人的注意，以免给债务人造成损害，如果造成了损害则应加以赔偿。

2. 行使的途径

依《合同法》的规定，代位权行使的途径是债权人向人民法院请求以自己的名义代位行使债务人的债权。

《合同法解释（一）》对于代位权行使中的诉讼问题做了较为全面的规定。

（1）诉讼当事人。在以诉讼的方式行使代位权时，原告为债权人，被告是次债务人。另外，《合同法解释（一）》第16条第1款规定，债权人以次债务人为被告向人民法院提起代位权诉讼，未将债务人列为第三人的，人民法院可以追加债务人为第三人。

（2）管辖。《合同法解释（一）》第14条规定，债权人依照《合同法》第73条的规定提起代位权诉讼的，由被告住所地人民法院管辖。债权人提起代位权诉讼的，由被告住所地人民法院管辖。

（3）合并审理。由于代位权的发生旨在保护债务人的责任财产，在条件具备时，可以行使代位权的债权人可能不止一个。对此，《合同法解释（一）》第14条第2款规定，两个或者两个以上债权人以同一次债务人为被告提起代位权诉讼的，人民法院可以合并审理。

3. 行使的方法

债权人行使代位权的方法因权利的性质而有所差异，大致包括：保存权利的行为，即通过申报债权、采取导致时效中断的措施来维护债务人的权利；实行权利的行为，如请求、起诉等；实现权利的行为，如受领次债务人的清偿，实行担保物权，申请强制执行等。

4. 行使的范围

《合同法》第73条第2款规定，代位权行使的范围以债权人的债权为限。这是指债权人代位行使债务人的权利所获得的价值应与所需要保全的债权的价值相当。如果超出保全债权的范围，应当分割债务人的权利行使。不能分割行使的，才可以行使全部权利。如果债权人行使债务人的一项权利足以保全自己的债权，即不应就债务人的其他权利行使代位权，如果债权人行使债务人的部分债权，足以保全自己的债权，不应就债务人的全部债权行使代位权。①

（四）行使代位权的效力

1. 对债权人的效力

行使代位权对于债权人的效力，关键问题是行使代位权后所发生的后果是不是应归于债权人。对此问题有不同认识。一种观点认为，行使代位权的后果应当归属于债务人。在行使代位权之后，如果债务人怠于受领，债权人可以代为受领。②

另一种观点认为，行使代位权的后果应当归属于债权人。如果行使代位权的债

---

① 江平主编：《中华人民共和国合同法精解》，中国政法大学出版社1999年版，第62页。

② 韩世远：《合同法总论》，法律出版社2004年版，第388页。

权人与其他一般债权人处于同等地位，很可能造成没有债权人愿意再行使代位权，因为自己可能从中并不能取得现实的利益。

《合同法解释（一）》采取了后一种观点。其第 20 条规定，债权人向次债务人提起的代位权诉讼经人民法院审理后认定代位权成立的，由次债务人向债权人履行清偿义务，债权人与债务人、债务人与次债务人之间相应的债权债务关系即予消灭。

2. 对债务人的效力

（1）是否限制债务人的处分权。在行使代位权之后，是否应限制债务人处分被代位行使了的权利具有一定的实际意义。在此问题上有不同看法①：一种观点认为，在债权人代位行使债务人的权利后，债务人对该权利的处分权应当受到限制，不得对该权利进行抛弃、免除或让与等处分行为，否则，代位权将失去其功效。另外一种观点认为，代位权的行使并不是强制执行，在法律没有作明文规定的情况下，不应片面地考虑债权人的利益，剥夺债务人对财产的处分权。如果债务人在债权人行使代位权后，将其债权出让或者和解的，债权人可以依据撤销权，撤销债务人的行为。国内学者多持肯定意见，认为应当限制债务人的处分权。

（2）债务人承担行使代位权的费用。《合同法》规定，债权人行使代位权的必要费用由债务人承担。此类必要费用包括律师代理费、差旅费等。之所以这样规定的原因在于：首先，代位权的行使是由债务人引起的，自然由债务人承担必要费用比较合适。另外，在采纳入库规则的前提下，代位权的行使也是为了全体债权人的利益，行使代位权的必要费用具有共益费用的性质，由债务人承担并且就债务人的财产优先受偿也是当然之理。

3. 对次债务人的效力

由于债权人是代债务人向第三人行使权利的，因此，第三人不能比债务人自己行使权利处于更为不利的地位。次债务人对债务人享有的各种抗辩权，仍然可以对抗债权人。向债权人履行债务，如果增加了次债务人的负担，多出的费用由债务人负担。

【案例分析 21-1】

2006 年 5 月 18 日，甲商贸公司与乙电气集团公司签订变压器买卖合同，购买两台变压器，总价款 22 万元，甲商贸公司收到乙电气集团公司两台变压器后未付货款。此后不久，甲商贸公司以 29 万元的价格将变压器转卖给当地的丙大学。丙大学付现款 12 万元，尚欠 17 万元。2007 年 8 月，由于甲商贸公司处于停业状态，并且不向丙大学主张其到期债权，乙电气集团公司向人民法院提起诉讼，主张行使代位权，要求某大学支付欠款 17 万元，剩余欠款 5 万

---

① 朱广新：《合同法总则》，中国人民大学出版社 2008 年版，第 298 页。

元，由债务人甲商贸公司偿付。

　　本案案情简单，法律关系清楚。债务人甲商贸公司怠于行使其对丙大学的到期债权，并且由于该公司已经停业，有保全债权的必要，故乙电气集团公司可行使代位权。另根据《合同法解释（一）》，在我国，代位权的行使不采入库规则，因此，乙电气集团公司的请求应得到支持。

二、债权人撤销权

（一）债权人撤销权的概念

　　债权人撤销权是指债权人对于债务人所为的危害债权的行为（诈害行为、有害行为）可以请求法院予以撤销以维持债务人的责任财产的权利。对于债权人撤销权的性质有形成权说、请求权说、折中说等不同观点，读者可对此作进一步思考。

（二）债权人撤销权的成立要件

　　1. 客观要件：债务人从事了有害债权的行为（诈害行为）

　　（1）须有债权存在。债权人撤销权的宗旨在保全债权，毫无疑问，撤销权的发生以债权的存在为前提。对于债权需要从以下几方面加以明确：

　　第一，债权的性质。撤销权是为了保障债务人的责任财产，因此债权人享有的债权应当是金钱债权或者可以转换为金钱债权的债权。

　　第二，债权的发生时间。可以享有撤销权的债权人其债权应当发生在债务人从事诈害行为之前，如果债权发生在债务人的有害行为之后，不能享有撤销权。这是因为对债务人责任财产状况的判断，应当以债权发生时的情况为准。

　　（2）须有债务人的行为。《合同法》第74条规定的得撤销的债务人的行为有三种，即放弃其到期债权、无偿转让财产以及以明显不合理的低价转让财产。该条列举的情形过于有限，在适用中应作目的性扩张。

　　（3）债务人的行为须以财产为标的。债务人的行为须以财产为标的是指债务人的行为应当是财产上直接受影响的行为，即财产行为。债务人的行为如果不以财产为标的，其责任财产一般来说就不会受到影响，应当不是撤销权的客体。非以财产为标的的行为不得撤销：

　　①身份行为。债务人的行为如果是身份行为，比如结婚、离婚、收养、非婚生女子的认领，即不得撤销。当然这些行为也可能对债务人的财产状况产生不利的影响，引起支出的增加或者收入的减少。但是基于对身份利益与债权人的经济性利益的衡量，仍然不允许予以撤销。

　　对于与身份有关的行为，存有争议的是能否撤销抛弃继承的行为。肯定的意见认为，债务人因为继承的开始而当然承受被继承人财产上的一切利益，因此继承人抛弃继承是处分他已经取得的权利，而不是拒绝取得利益，从而债权人可以加以撤销。反对观点则认为，继承的抛弃是指继承人否认自己开始继承效力的意思表示，即否认因继承开始而当然为继承人的全部继承效力的意思表示，与抛弃因继承而取得的财产性质不同，因此，抛弃继承不能撤销。① 另有持否认说的学者认为，继承权是身份权（一种专属的权利），而抛弃继承是身份行为，为了对人格自由加以保障，并且抛弃继承效力溯及至继承开始时，因此债务人自始并没有取得财产，并没有抛弃自己财产的行为，因此否定说见长。②

除上述与身份有关的行为，不得作为撤销权对象的尚有债务人的不作为，以及以债务人的劳务为目的的法律行为。另外，须委诸债务人的自由意思的行为（如赠与或者遗赠的拒绝）也不得为撤销的对象。这是因为撤销的目的仅在于保持债务人原有的资力，而不在于增加债务人的资力。③

②仅有害于特定物债权的行为不得撤销。依我国台湾地区"民法"的相关规定，债务人的行为仅有害于以给付特定物为标的的债权的，不得申请撤销。此种规定的原因在于，债务人的全部财产是总债权人的共同担保，债权人应于债务的共同担保减少致害及全体债权人的利益时，方得行使撤销权。换言之，撤销权的规定，系以保障全体债权人的利益为目的，非为确保特定债权而设。④ 不过，特定物债权在对方违约的情况下也可以转换为金钱之债，此时适用金钱之债债权人行使撤销权的一般要件来判断要件是否成立。

（4）债务人的行为有害债权。依《合同法》的规定，债权人撤销权的发生以债务人的行为对债权人造成损害为前提。在传统民法上，通常称债务人的行为有害（害及）债权。

就诈害行为来说，不仅要求行为时债务人诈害了债权人，还要求债权人行使撤销权（严格来说是二审口头辩论终结时）时诈害行为仍然是成立的。因此，债务人的行为有害债权的时间标准是双重的，即行为时与权利行使时。

2. 主观要件

如果债务人的行为是无偿行为，撤销权的成立只有客观要件，对债务人或受益人并无主观方面的要求。这是因为，对于债务人所为的无偿行为，如果债权人加以撤销，仅使受益人失去无偿取得的利益，并没有损害其固有利益，比较而言，债权人利益的保护应当优先考虑。如果债务人所为的是有偿行为，即使这一行为有害债权，也不能仅在客观要件具备之时就赋予债权人以撤销权。原因在于，在有偿行为的情况下，受益人取得利益毕竟支付了一定的对价，如果一概认为撤销权成立，对于受益人保护不周，并且有影响交易秩序之虞。因此，对于有偿行为，撤销权的发

① 黄立：《民法债编总论》，中国政法大学出版社 2002 年版，第 487 页。
② 黄立：《民法债编总论》，中国政法大学出版社 2002 年版，第 487 页。
③ 郑玉波：《民法债编总论》，中国政法大学出版社 2004 年版，第 300 页。
④ 黄立：《民法债编总论》，中国政法大学出版社 2002 年版，第 487 页。

生以债权人是恶意的，并且受益人与转得人也是恶意的为前提。就我国的情况来看，《合同法》规定，债务人以明显不合理的低价转让财产并给债权人造成损害时，为使撤销权成立，受让人应当知道该情形，因此也体现了有偿行为中的主观要件要求。不过，《合同法》的规定仅明确要求有偿行为中的受益人应当是恶意的，而未明确债务人是否应当为恶意的。但是解释论上，学者均承认债务人方面也应当是恶意的。

（三）债权人撤销权的行使

1. 行使的途径

大陆法系传统上就要求债权人撤销权的行使应由债权人以自己的名义向法院提出撤销申请的方式进行，即必须以诉讼的方式行使撤销权。因此，债权人撤销权亦被称作撤销诉权。之所以要求债权人以诉讼的形式行使撤销权，是因为债权人撤销权不仅影响了债务人自由行为的空间，在一定程度上构成了对债务人的自由的限制，更为重要的是，债权人撤销权的行使会涉及第三人的利益，可能给第三人造成不利后果。因此，以诉讼的途径行使债权人撤销权，会使法院介入进来，由其判断债权人撤销权的要件究竟是否齐备，在此基础上作出的裁判也易于为各方当事人所接受。

2. 撤销权诉讼

（1）撤销之诉的性质。撤销之诉的性质为何，因对撤销权性质认识的不同而有不同的见解，如形成之诉说、给付之诉说、兼具形成之诉与给付之诉特征的诉讼说。

（2）诉讼当事人。撤销之诉的原告是债权人，债权人是以自己的债权为根基而行使撤销权的，因此诉讼应当以自己的名义提起。在撤销之诉应以何者为被告方面，论者意见不一，此与对撤销权性质认识上的差异有关。如果认为撤销权系形成权，则撤销之诉的被告应当是从事了诈害债权行为之人。倘诈害行为是单方行为，被告即为债务人。倘诈害行为是双方行为，被告应当是债务人及受益人。诈害行为被撤销之后，利益返还请求权归于债务人，而债权人仅能在行使撤销权并获得胜诉的确定判决后代债务人之位行使其权利。如果认为撤销权为请求权，则撤销诉讼以回复债务人的责任财产为目的。如此一来，撤销之诉的被告以取得利益的受益人或者转得人为适格。倘采折中说，则应当结合个案中债务人从事的行为的性质以及利益是否已发生转移确认应以何者为被告。

《合同法解释（一）》第24条规定，债权人依照《合同法》第74条的规定提起撤销权诉讼时只以债务人为被告，未将受益人或者受让人列为第三人的，人民法院可以追加该受益人或者受让人为第三人。该规定采取了简单的处理办法，即不论个案的具体情况如何，均以债务人为被告。

3. 行使的范围

对于撤销权行使的范围为何有不同的看法。有观点认为，债权人撤销权行使的目的在于保全所有的债权，因而其行使范围不以保全行使撤销权的一般债权人享有的债权额为限，而应以保全全体一般债权人的全部债权为限度。① 但是《合同法》规定，撤销权的行使范围以债权人的债权为限。这一规定的目的在于尽量减少对债务人行为的干预，同时也旨在尽量少影响第三人的利益。尽管如此，《合同法》的这一举措不甚妥当，因为一方面在行使撤销权时以行使权利的债权人的债权为限，另一方面，行使权利的债权人并无优先于其他债权人受偿之权，倘其行使权利后有其他债权人提出主张，则因为撤销而返还的利益将不能满足多个债权人的需要。

4. 行使的期限

在撤销权的要件成立的情况下，债权人行使撤销权能够改变债务人与第三人的利益状态，因此权利的行使应有一定的时间限制。对此，《合同法》第 75 条规定，撤销权自债权人知道或者应当知道撤销事由之日起 1 年内行使。自债务人的行为发生之日起 5 年内没有行使撤销权的，该撤销权消灭。该规定确定了两个期间，一为通常情况下的 1 年期间，起算点为债权人的知情之日。另外一个是 5 年的长期期间，起算点为债务人的行为发生之日。

5. 费用的分担

债权人行使撤销权往往会伴随有费用的支出。在此方面，《合同法》第 74 条规定，债权人行使撤销权的必要费用，由债务人负担。《合同法解释（一）》第 26 条作了进一步的明确。该条规定，债权人行使撤销权所支付的律师代理费、差旅费等必要费用，由债务人负担；第三人有过错的，应当适当分担。

（四）撤销权行使的效力

1. 对于债务人与受益人的效力

在债权人行使撤销权之后，债务人的行为自始无效。就债务人与受益人之间的关系来说，如果仅有债权行为，债权行为被撤销之后就归于消灭，没有回复原状的问题。如果债务人与第三人从事了债权行为后，尚进行了动产交付或不动产登记，致使物权发生变动，在债权人撤销债权行为的情况下，债务人对于受益人享有物权返还请求权。另外，实务上存有一个争议问题，即在债权人行使撤销权之后，倘债务人仍从事同样的有害行为，致使债权人的利益再度遭受不利影响，应如何处理。我国台湾地区修改"债法"时曾有人建议在债权人行使撤销权后，债务人即丧失处分权，但是该建议未获认可。另有人主张，为了杜绝这一弊端，在实务上，债权人通常在行使撤销权时进行代位受领。

2. 对于转得人的效力

受益人与转得人之间的行为，或者转得人与次转得人之间的行为是否能够成为债权人行使撤销权的客体，在理论上存在一定的争议。一般认为，如果转得人也是无偿地获得利益的，或者虽然是有偿地获得利益但却是恶意的，撤销的效力应当及

---

① 王家福主编：《中国民法学·民法债权》，法律出版社 1991 年版，第 186 页。

于转得人，使受益人与转得人之间的行为也归于无效。

3. 对于债权人的效力

撤销权的行使是为了全体债权人的利益而发生效力，因此，债权人因行使撤销权而取回的财产或者代替原来利益的损害赔偿，都归属于债务人的责任财产，属于全体债权人的共同担保，应当按债权数额的比例分受清偿，行使撤销权的债权人对于行使权利后所追加的债务人的财产并未优先受偿的权利。

第三节　合同的担保

一、保证

（一）保证与保证合同

1. 保证

保证是指保证人与债权人约定，在债权人的主债务人不履行债务时，由保证人按照约定代债务人履行债务或者承担民事责任。

作为债的担保方式的一种，保证是为人的担保。人的担保实际上在债务人的责任财产之外，又增加了其他人的责任财产以担保债权的实现。

2. 保证合同

保证是当事人通过订立保证合同设立的。保证合同的签订使得保证人负担了保证债务。保证合同是指保证人与债权人订立的在主债务人不履行其债务时，由保证人承担保证债务的协议。保证合同的特征如下：

（1）保证合同的当事人为保证人与债权人。保证合同的当事人仅是债权人与保证人，主债务人并非保证合同的当事人。至于主债务人与保证人，他们之间通常是委托合同关系，也可能是无因管理，还可能是赠与（无偿提供担保，而非无偿转让物的所有权意义上的赠与）。

我国法律对于哪些人可以充当保证人进行了规制。《担保法》及《担保法解释》均规定了某些主体不得充当保证人，另外对于保证人的代偿能力也有要求。

根据现行法规定，下列机构的保证人资格应予格外关注：

①国家机关。《担保法》第 8 条规定，国家机关不得为保证人，但经国务院批准为使用外国政府或者国际经济组织贷款进行转贷的除外。

②以公益为目的的事业单位、社会团体。《担保法》第 9 条规定，学校、幼儿园、医院等以公益为目的的事业单位、社会团体不得为保证人。事业单位、社会团体充当保证人也与其职能不符。

③企业法人的分支机构、职能部门。《担保法》第 10 条规定："企业法人的分支机构、职能部门不得为保证人。企业法人的分支机构有法人书面授权的，可以在授权范围内提供保证。"

④公司对外担保问题。原《公司法》第 60 条规定，董事、经理不得以公司资产为本公司的股东或者其他个人债务提供担保。2005 年修改后的《公司法》第 16 条规定，"公司向其他企业投资或者为他人提供担保，依照公司章程的规定，由董事会或者股东会、股东大会决议；公司章程对投资或者担保的总额及单项投资或者担保的数额有限额规定的，不得超过规定的限额。公司为公司股东或者实际控制人提供担保的，必须经股东会或者股东大会决议。前款规定的股东或者受前款规定的实际控制人支配的股东，不得参加前款规定事项的表决。该项表决由出席会议的其他股东所持表决权的过半数通过。"对此，可从以下几方面理解：

第一，公司可以进行担保行为。从经济往来、拓展业务等方面看，公司法人为他人提供担保并无禁止的必要。因此，《公司法》并没有禁止公司可以对外提供担保。

第二，对于公司提供担保的行为应当施加一定的限制。提供担保是具有较高风险的行为，如果对公司提供担保不施加任何限制对股东和公司的债权人会造成保护不力的局面。为此，《公司法》对于公司提供担保的行为由股东会（股东大会）决定或者由董事会决定。

第三，数额限制。在数额限制方面，《公司法》还规定，公司章程对投资或者担保的总额及单项投资或者担保的数额有限额规定的，不得超过规定的限额。

另外，《担保法》第 7 条规定，具有代为清偿债务能力的法人、其他组织或者公民，可以作保证人。此规定体现了立法者致力于确保债权人的债权得到实现的态度。但实际上保证人在订立保证合同时是否有代偿能力并不容易认定，以保证人不具有代偿能力为由否定保证合同的效力反而更不利于保护债权人。因此，不宜将保证人具有代偿能力当作订立保证合同的前提。有鉴于此，《担保法解释》第 14 条规定，不具有完全代偿能力的法人、其他组织或者自然人，以保证人身份订立保证合同后，又以自己没有代偿能力要求免除保证责任的，人民法院不予支持。

（2）保证合同的内容是保证人代主债务人履行合同义务或承担违约责任。毫无疑问，保证合同可以担保现在已经存在的，具有效力并且效力完备的债权。至于尚不存在的债务、尚未发生效力的债务以及效力不完全的债务，情况则较为复杂。

保证合同是以主合同之债的保障为内容，因而，主合同的变更对保证责任产生重要的影响；《担保法》第 24 条规定："债权人与债务人协议变更主合同的，应当取得保证人书面同意，未经保证人书面同意的，保证人不再承担保证责任。保证合同另有约定的，按照约定。"这一规定赋予了保证人以过大的权利，使其对于主合同的变更能够施加影响，不甚合理。有鉴于此，《担保法解释》第 30 条规定："保证期间，债权人与债务人对主合同数量、价款、币种、利率等内容作了变动，未经保证人同意的，如果减轻债务人的债务的，保证人仍应当对变更后的合同承担保证责任；如果加重债务人的债务的，保证人对加重的部分不承担保证责任。债权人与债务人对主合同履行期限作了变动，未经保证人书面同意的，保证期间为原合同约定的或者法律规定的期间。债权人与债务人协议变动主合同内容，但并未实际履行的，保证人仍应当承担保证责任。"此一规定的基本思想是，在其负担未被加重的范围内，保证人对于变更后的合同仍应承担保护责任。

（3）保证合同具有从属性。

第一，发生上的从属性。一方面，保证合同的订立通常以主债务的有效存在为前提，另一方面主合同无效致使保证合同无效，《担保法解释》第 8 条也规定，"主合同无效而导致担保合同无效，担保人无过错的，担保人不承担民事责任；担保人有过错的，担保人承担民事责任的部分，不应超过债务人不能清偿部分的三分之一"。

第二，移转上的从属性。首先，主债权转让。债的关系包括债权债务两个方面。从债权方面来看，被保证的债权是主债权，保证债权为从债权。如果债权人将其享有的对主债务人的主债权转让给第三人，根据保证合同的从属性，保证债权也随之移转。受让人在取得主债权的同时，也取得了保证债权，保证人应当对受让人负保证责任。保证人对受让人承担的保证的范围，以其原保证担保的范围为限。当然，保证人可以在签订保证合同时与债权人明确约定，主债权转让时，自己不再承担保证责任。《担保法解释》第 28 条规定，保证人与债权人事先约定仅对特定的债权人承担责任，或者禁止债权转让，主债权移转后，保证人不再承担责任。其次，主债务转让。自债务的角度理解债权债务关系，被担保的为主债务，保证债务为从债务。在主债务转让的情况下，担保债务通常并不随之移转。这是因为，与债权让与不同，主债务的转让对保证人的利益影响很大。债务的承担者如果信用、资力不如原债务人，保证人履行保证债务的机会将会增加，并且在履行了保证债务后追偿的难度也会有所增加。因此，对于主债务的转让不能简单地适用从属性原则。《担保法》第 23 条规定，保证期间，债权人许可债务人转让债务的，应当取得保证人书面同意，保证人对未经其同意转让的债务，不再承担保证责任。《担保法解释》第 29 条也规定，保证期间，债权人许可债务人转让部分债务未经保证人书面同意的，保证人对未经其同意转让部分的债务，不再承担保证责任。但是，保证人仍应当对未转让部分的债务承担保证责任。

第三，消灭上的从属性。主债务因为清偿、抵销等原因而消灭时，保证合同也告消灭。

（4）保证合同为要式合同。《担保法》第 13 条规定，保证人与债权人应当以书面形式订立保证合同。除保证合同外，我国法律规定其他的担保合同亦为要式合同。订立保证合同的具体形式：签订单独的保证合同书；在主合同中订立保证条款；保证人以保证人的身份在没有保证条款的主合同上签章；保证人单方面出具担保书。

除以上特征外，保证合同还具有无偿性、单务性等特征。

（二）保证的种类

1. 一般保证与连带责任保证

（1）一般保证的含义。一般保证，是指在债务人不能履行债务时保证人才承担保证责任。一般保证的发生是当事人自己约定的结果（因为《担保法》的任意性规定将未作约定或约定不明时的保证定性为连带责任保护）。保证人如果仅愿意充当一般保证人，应与对方就此事项进行约定。约定的内容是表明保证人为一般保证人。从实践的情况看，除了当事人明确约定保证人承担一般保证责任外，其他能够被确定为一般保证的情况还有：约定保证人承担补充赔偿责任；约定保证人为第二顺序债务人或承担第二顺序清偿责任；约定保证人享有先诉抗辩权等。①

（2）先诉抗辩权。一般保证的最大特点是保证人享有先诉抗辩权，在债权人对主债务人的财产进行强制执行而无结果之前可以拒绝承担保证责任。

①先诉抗辩权的含义。先诉抗辩权是抗辩权的一种，是指保证人在债权人未就主债务人的财产依法强制执行并无效果时，可以拒绝债权人的履行义务的要求。《担保法》第 17 条规定，在一般保证的情况下，保证人在主合同纠纷未经审判或者仲裁，并就债务人财产依法强制执行仍不能履行债务前，对债权人可以拒绝承担保证责任。

②先诉抗辩权的行使条件与方式。先诉抗辩权的行使条件：首先，先诉抗辩权仅存在于一般保证中，连带责任保证的保证人不享有先诉抗辩权。其次，主合同纠纷未经审判或者仲裁，并且就债务人的财产依法强制执行仍不能履行债务。更进一步的条件是，债权人已经取得了执行根据并且进行强制执行而没有效果。比如对主债务人的财产予以拍卖而无人应拍；在执行的过程中发现，主债务人实际上并无财产可以用于清偿债务；或者经过强制执行也只能部分地满足债权人的债权。

行使先诉抗辩权的途径可以是诉讼上行使，也可以是诉讼外行使。

③行使的效果。先诉抗辩权为延期的抗辩权，行使的结果是保证人可以拒绝履行保证债务，债权人的债权并未消灭。在行使抗辩权之后，如果债权人就主债务人的财产强制执行而无效果，再为要求保证人履行保证债务，保证人不能再行使先诉抗辩权。

另外，先诉抗辩权为需要主张的抗辩。在先诉抗辩权的要件具备的情况下，在债权人向一般保证的保证人要求履行保证债务时，如果保证人不主张先诉抗辩权，自应履行债务，法院不得依职权主动干预。

④先诉抗辩权的消灭。为平衡债权人与保证人的利益，在先诉抗辩权本来已经具备的情况下，如果出现了其他相关的情况，表明保证人不愿意享有先诉抗辩权，或者债权人对主债务人进行追诉难度加大，或者进行追诉并进入强制执行程序也不会有实际效果，先诉抗辩权即告消灭。《担保法》第 17 条规定了三种：债务人住

---

① 曹士兵：《中国担保制度与担保方法》，中国法制出版社 2008 年版，第 136 页。

所变更，致使债权人要求其履行债务发生重大困难的；人民法院受理债务人破产案件，中止执行程序的；保证人以书面形式放弃前款规定的权利的。

《担保法》对于先诉抗辩权消灭的事项规定得不是很全面。有些立法例规定，在有理由认为主债务人的财产经过强制执行也不能使债权人得到满足时，先诉抗辩权也消灭。

2. 连带责任保证

（1）含义。连带责任保证是指保证人对于主债务人的债务承担连带责任。其根本特征在于保证人不享有先诉抗辩权。在主债务到期后，债权人可以直接要求保证人履行保证债务而保证人不得拒绝。

连带责任保证对债权人有利，而对保证人不利。因此，对于当事人在订立保证合同时未明确保证是一般保证还是连带责任保证时如何确定保证的性质，法律应有任意性规定以为补充。《担保法》第 19 条规定，当事人对保证方式没有约定或者约定不明确的，按照连带责任保证承担保证责任。这一规定偏重保护债权人的利益，而加重了保证人的负担，是否妥适，不无疑问。

（2）保证方式约定的具体认定。由于保证究系一般保证还是连带责任保证对于保证人、债权人双方的利益影响甚巨，对当事人所做的约定如何加以解释即为具有重要意义的问题。就我国的法律实务来看，较为常见而应予明辨的有如下情况①：

①约定债务人届期"无法"或"不能"履行债务时保证人方承担保证责任。对此情形，实务界与理论界一致认为，应确认保证人承担的是一般保证。虽然保证人由于法律知识的欠缺并不清楚，一般保证是指经强制执行而无结果方承担保证责任，但倘若其与债权人约定在债务人届期无法或不能履行时承担责任，已经体现了他愿意居于次要地位的态度，表明了在债务人客观上没有履行债务的能力时方承担保证责任之意。

②约定债务人届期不履行债务时由保证人代为履行。如有此约定，宜认定保证人承担的为连带责任保证。这是因为，不履行只是指债务人届期不为履行而言，债务人不履行债权人即可要求保证人代为履行并未表明保证人的次要地位，反而赋予了债权人以一种积极的地位，即只要债务人不为履行，就可以要求保证人履行。

③约定如果债务人届期不履行债务则保证人在接到债权人通知后即于一定期间内付款。此约定应认定为保证人承担的为连带责任保证。因为此种约定表明债务人届期不履行债权人即可以向保证人提出请求，一定期间则是对债务人提供履行的时间所作的要求。

④约定在债务人届期不履行债务时保证人无条件承担付款义务。此情形宜认定

---

① 程啸：《保证合同研究》，法律出版社 2006 年版，第 54 页。

为保证人承担了连带责任保证。因其已明确了保证人无条件承担付款义务，故先诉抗辩权不能成立。

⑤约定债务人届期不履行债务，保证人直接向债权人承担责任。此约定已经表明倘债务人届期不履行债务则保证人即无任何屏障，而是直接处于一线，因此宜认定为连带责任保证。

3. 单独保证与共同保证

对于同一主债务，既可以由一个保证人加以保证，也可以由两个或两个以上的保证人进行保证。一人提供保证的情况即为单独保证，两个或两个以上的人提供保证则为共同保证。对于共同保证，根据提供保证的人之间对于主债务承担的是按份负责还是连带负责，可将其分为按份共同保证与连带共同保证。

（1）按份共同保证。按份共同保证是指两个以上的保证人与债权人约定按照各自确定的份额承担保证责任的保证形式。如果是按份共同保证，各个保证人间彼此没有关系，在承担了保证责任后只能向债务人进行追究，无法追究的部分由保证人自行承担。

按份共同保证的成立，要求各保证人与债权人明确约定自己保证的份额。比如，就一宗债权，保证人甲乙二人与债权人约定各自承担的保证份额为二分之一，倘债权数额为 10 万元，则甲乙二人所承担的各为 5 万元的保证份额，彼此间没有连带关系。如果各个保证人约定的是数额而非份额，或者部分保证人约定的是数额而非份额，则保证人间应当发生连带共同保证。①

（2）连带共同保证。连带共同保证是指两个以上人保证人之间存在着连带关系，此连带关系不同于保证人与主债务人间可能存在的连带关系。就连带共同保证来说，债权人既可以要求某一保证人就保证承担责任，也可以要求另一保证人承担责任，而连带共同保证人均不得尚有其他保证人而加以推诿。

①连带共同保证的成立。《担保法》第 12 条规定，同一债务有两个以上保证人的，保证人应当按照保证合同约定的保证份额，承担保证责任，没有约定保证份额的，保证人承担连带责任，债权人可以要求任何一个保证人承担全部保证责任，保证人都负有担保全部债权实现的义务。《担保法解释》第 19 条进一步明确规定，两个以上保证人对同一债务同时或者分别提供保证时，各保证人与债权人没有约定保证份额的，应当认定为连带共同保证。

②连带共同保证中保证人的追偿权。连带共同保证中保证人的追偿权涉及两个方面的追偿问题，即一方面，连带共同保证人向债权人承担了保证责任后，自然可以向债务人进行追偿；另一方面，承担保证责任的保证人可以向其他连带共同保证人进行追偿。《担保法》第 12 条规定，已经承担保证责任的保证人，有权向债务人追偿，或者要求承担连带责任的其他保证人清偿其应当承担的份额。据此，承担

---

①　参见程啸：《保证合同研究》，法律出版社 2006 年版，第 559 页。

了保证责任的保证人可以在债务人或其他连带共同保证人间加以选择。但是,《担保法解释》第20条第1款规定,连带共同保证的保证人承担保证责任后,向债务人不能追偿的部分,由各连带保证人按其内部约定的比例分担。没有约定的,平均分担。根据这一规定,保证人应当先向债务人进行追偿,就不能追偿的部分,方可要求其他连带共同保证人分担。对于《担保法解释》的举措,学界有不同意见,认为在追偿方面,并无以向债务人追偿为前置步骤的必要。否则,承担了保证责任的共同保证人将会处于过于不利的境地。

在进行追偿的时候有可能出现一个或多个被追偿的保证人不能偿还其应当承担的数额的情况。此时会出现该数额由谁负责的问题。可能的选择是,要么由追偿权人承担该不利后果,要么将该不利后果在保证人之间按照比例进行分摊。按照连带责任制度的法理,应当由连带责任人分摊不利后果,而不能由向债权人承担责任者独自负责。此即所谓的追偿权的扩大。比如,甲乙丙丁四人连带承担了12万元的保证责任而未约定比例关系。设甲首先承担了全部12元的保证责任,之后可就超出3万元部分进行追偿,即就9万元要求其他三个保证人偿还。如果乙无法偿还,则就乙的3万元,甲丙丁三人按照各自三分之一的比例予以分摊,即甲可以分别向丙丁各追偿4万元。

(三)保证人的权利

1. 对债权人的权利

保证人对于债权人的权利包括三个方面:

(1)基于保证合同的从合同性质而主张主债务人的权利的权利。保证人可以主张的主债务人的权利主要包括主债务人自己的抗辩权、主债务人享有的抵销权以及主债务人的撤销权。即使主债务人本人已经抛弃了此种权利,保证人也可以加以主张。

(2)一般保证的保证人基于其保证人的地位特有的先诉抗辩权。

(3)基于一般债务人的地位而享有的权利。保证人本身也是债务人,因此他享有债务人通常所能享有的权利。比如,保证合同无效、被撤销,保证人可以拒绝履行保证债务。保证债务罹于时效,保证人也可以拒绝履行。

2. 保证人对于主债务人的权利

保证人对于主债务人的权利实际上已经超出了保证合同权利义务关系的范畴,而是在三方关系的意义上加以讨论。保证人对于主债务人的权利主要是履行保证债务后对主债务人有追偿权与代位权。

(1)保证人的追偿权(求偿权)。保证人的追偿权是指保证人在履行保证债务后,享有的向主债务人请求返还的权利。就其性质来看,追偿权也是一种请求权。追偿权的发生需要具有以下要件:①保证人履行了保证债务;②保证人的履行行为使得主债务人部分或全部免除债务;③保证人无赠与意思。

(2)保证人的代位权。

①保证人代位权的范围。保证人代位权是指在履行了保证债务后，保证人得代债权人之位向债务人主张权利。就其性质来看，保证人代位实际上是法定债权转移。在保证人履行保证债务并向债务人享有追偿权的范围内，债权人的债权移转给债务人。

保证人代位权的范围包括：第一，债权人针对主债务人的债权在保证人享有的追偿权的范围内转移给保证人。这是代位权的基本内容，如无此种内涵，则保证人代位权也就失去了基础。第二，从属于该债权的担保权也在追偿权的范围内转移给保证人。具体来说，此类担保权有抵押权等担保物权、保证等。第三，基于债权而发生的其他权利，比如违约金债权，以及作为债的保全方式的债权人代位权与撤销权。

但是，债权人享有的某些法律地位是不宜被代位的，比如，债权人基于某种事由而对债务人享有解除权或撤销权，应当认为解除权或撤销权仍由债权人享有。否则，保证人将因为承担了保证责任而可以代债权人之位而对债权人与债务人间的法律关系加以调整，对当事人原本的利益安排冲击过大。

②保证人代位权与追偿权的区别。保证人的代位权与追偿权关系密切，二者均是为了使保证人的利益得到满足而确认的，并且代位权的发生以保证人享有追偿权为前提，代位权的范围并且以追偿权的大小为限度。另外，二者的目的相同，因此是并存的，但是只能择一行使的权利。

但是二者有如下差异应当注意：第一，产生的原因不同。追偿权的发生是基于保证人与债务人间的基础关系，如果基础关系为赠与，则不产生追偿权，如果追偿关系是无因管理或委任，则发生追偿权。就代位权的发生来说，其为法定债权移转的一种，而法定债权移转均是出于特定的政策考虑以加强某些人的法律地位，如第三人为清偿、连带责任、保证人与债务人的关系等。第二，产生的时间不同。追偿权为保证人履行保证责任后新发生的一项权利，而代位权既然是债权人的权利转让给了保证，该权利并非新产生的权利。第三，诉讼时效的起算点不同。保证人追偿权属于新产生的权利，其诉讼时效的起算应从保证人向债权人承担了保证责任之日起算。而代位权仍系原有的权利，因此，诉讼时效的起算依债权人的情况而定。第四，抗辩事由不同。

（四）保证期间

保证期间是指当事人约定的或者法律规定的保证人承担保证责任的期间。在该期间内如果债权人不依法定方式行为，则保证人在期间届满后就免除保证责任。依照法定方式行为，对于一般保证来说是指债权人针对主债务人提起诉讼或者申请仲裁，就连带责任保证来说是指债权人要求保证人承担保证责任。①

对于保证期间的性质，一直有不同认识。有人认为保证期间属于诉讼时效期

---

① 程啸：《保证合同研究》，法律出版社 2006 年版，第 497 页。

间。有人认为保证期间性质上属于除斥期间。《担保法解释》采纳了这种后者。但是学者多认为，保证期间属于一种特殊的期间（有学者称之为失权期间）①，既不属于诉讼时效，也不是除斥期间。

1. 种类：约定保证期间与法定保证期间

（1）约定保证期间，是指保证人与债权人自行约定的保证人承担保证责任的期间。约定的保证期间是期间的一种。当事人对保证期间进行约定，既可以明确地约定起讫日期，也可以单纯确定终了日期。对于约定保证期间，需要明确以下问题：

①约定的保证期间的长短。因《担保法》规定了法定保证期间为主债务履行期届满起6个月。因此，约定保证期间能否短于6个月？另外，主债务的诉讼时效一般是主债务履行期届满起2年，保证人与债权人能否约定长于2年的保证期间？国内的通说认为，当事人约定的保证期间既可以短于6个月，也可以长于2年。如欲对当事人的约定进行限制，可以诚实信用原则为依据。在特定的情况下，如果当事人约定的保证期间过短或者过长，如几天或者几十年，对债权人或者保证人极不公正，法律不予保护。② 当然，如果约定的时间过长，可能会超出主债权的诉讼时效。在主债权罹于诉讼时效后，由于保证合同的从属性，保证人也不再负担义务。

②约定的保证期间早于或者等于主债务的履行期限。在主债务人的履行期限到来之前，主债务人并无提供给付的义务，相应地也无从论及债权人要求保证人履行保证债务。因此，如果当事人约定的保证期间早于或者等于主债务的履行期限，亦即约定的保证期间的终止日早于或者等于主债务人的履行期限，这种约定没有实际意义。因此，《担保法解释》第32条第1款规定，保证合同约定的保证期间早于或者等于主债务履行期限的，视为没有约定，保证期间为主债务履行期届满之日起6个月。

③当事人约定承担保证责任直至主债务本息还清时为止等内容。当事人约定的保证期间应当是明确的，以起讫日等方式加以表示。但是，在实践中，许多当事人约定得并不清楚，而是约定了诸如"保证期限为主合同生效开始至主合同项下贷款本息全部清偿完毕时止"之类的内容。③ 对于这种情况应当如何处理，曾有不同认识。《担保法解释》第32条第2款规定，保证合同约定保证人承担保证责任直至主债务本息还清时为止等类似内容的，视为约定不明，保证期间为主债务履行期届满之日起2年。

（2）法定保证期间。当事人未作约定的情况下，保证责任是否有期间的限制，

---

① 崔建远主编：《合同法》，法律出版社2007年版，第183页。
② 曹士兵：《中国担保制度与担保方法》，中国法制出版社2008年版，第147页。
③ 参见程啸：《保证合同研究》，法律出版社2006年版，第510页。

各国立法例有所不同。德国等国家仅承认约定保证期间，并无法定保证期间。如果当事人未作约定，保证债务随主债权的消灭而消灭，另外在主债权的诉讼时效届满时，保证人也取得了抗辩权。另有立法例规定，在当事人未作约定的情况下，保证人享有催告权，可以对债权人发出催告，要求该债权人在一定的时间内对主债务人主张权利，否则保证人将免除保证责任。在《担保法》制定之前，最高人民法院在《关于审理经济合同纠纷案件有关保证的若干问题的规定》中采纳了对于未约定保证期间的保证，经催告而不请求导致保证债务消灭的做法。[1] 至《担保法》，明确了未作约定时即适用法定保证期间的立场。其第 25 条规定，一般保证的保证人与债权人未约定保证期间的，保证期间为主债务履行期届满之日起 6 个月。另外，第 26 条规定，连带责任保证的保证人与债权人未约定保证期间的，债权人有权自主债务履行期届满之日起 6 个月内要求保证人承担保证责任。

2. 保证期间的起算

通常情况下，如果当事人约定了保证期间，基于私法自治原则，可由双方自行决定如何起算。如果未就保证期间的起算进行约定，则应适用法律关于保证期间起算的规定。就《担保法》第 25 条及第 26 条的规定来看，无论是一般保证还是连带责任保证，均自主债务履行期限届满之日起算。不过，有学者认为，从立法论的层面讲，一般保证期间的起算点应当是强制执行主债务人的财产无效果之时。[2]

在某些情况下如何确定保证期间的起算点可能存有争议。因此，《担保法解释》进行了明确：

（1）未约定主债务的履行期限或者约定不明。在实践中，有可能主合同的双方当事人未约定履行期限或者约定得不明确。在这种情况下首先要确定主债务的履行期限，之后以确定下来的履行期限为准确定保证期间的起算点。《合同法》第 62条规定，履行期限不明确的，债务人可以随时履行，债权人也可以随时要求履行，但应当给对方必要的准备时间。因此，如果未约定主债务的履行期限或者约定不明，并且存在着保证债务，保证期间的起算就从宽限期届满之日起算。在此方面，《担保法解释》第 33 条也规定，主合同对主债务履行期限没有约定或者约定不明的，保证期间自债权人要求债务人履行义务的宽限期届满之日起计算。

（2）主债务分期履行。对于主债务分期履行之时保证期间从何时起算，《担保法》与《担保法解释》均未做规定。有观点认为，应当自最后一笔债务履行期届满之日起算。司法实践中经常采用这种方法确定保证期间的起算点，另外最高人民法院也多次在批复中表明这种立场。[3] 另外有学者针对分期履行的债务的诉讼时效的起算指出，分期履行的债务实际上将整体的债务分割成了若干数额、履行期限甚

---

[1] 程啸：《保证合同研究》，法律出版社 2006 年版，第 517 页。

[2] 崔建远主编：《合同法》，法律出版社 2007 年版，第 171 页。

[3] 曹士兵：《中国担保诸问题的解决与展望》，法律出版社 2001 年版，第 137 页。

至是法律后果互不相同的、独立的数个债务，由于每个"个别债权"具有某种程度的经济上和法律上的独立性，因此无论总的债务是否存在一个履行期限，只要债务人在每期债务履行期届满前没有履行债务都构成对权利的侵害，故此每一期的债务应当独立计算诉讼时效。受这一观点的影响，最高人民法院也曾在批复中指出，在主债务分期履行的情况下，应当分别自每一期的履行期限届满起算保证期间。现今许多学者均主张对于主债务分期履行的情况来说，保证期间应当自每期履行期限届满时起算。还有学者从随着经济的快速发展，广泛出现了超长期限的分期履行合同的事实出发，认为对于分期履行的债务，保证期间的起算应当允许当事人通过合同进行约定，如果当事人没有约定，保证期间应自该分期债务到期之日起算。①

3. 债权人在保证期间内主张权利的方式与后果

（1）主张权利的方式。债权人应当如何主张权利则因保证是一般保证还是连带责任保证而有不同。对于一般保证，《担保法》第25条规定，债权人应当在保证期间内对主债务人提起诉讼或者申请仲裁。至于连带责任保证，《担保法》第26条规定，债权人应当在保证期间内要求保证人承担保证责任。关于如何要求保证人承担保证责任，该条并未规定。因此，在确定债权人是否曾经要求保证人承担保证责任时较为灵活。通常认为，债权人提起诉讼，或者以其他方式向保证人要求履行债务均无不可。

（2）主张权利的法律后果。如果债权人在保证期间内主张了权利，无论是一般保证还是连带责任保证，在行使权利之后，保证期间的使命即告完成，保证债务的诉讼时效开始发挥作用。在此方面，《担保法解释》第34条明确规定："一般保证的债权人在保证期间届满前对债务人提起诉讼或者申请仲裁的，从判决或者仲裁裁决生效之日起，开始计算保证合同的诉讼时效。连带责任保证的债权人在保证期间届满前要求保证人承担保证责任的，从债权人要求保证人承担保证责任之日起，开始计算保证合同的诉讼时效。"

4. 保证期间届满的法律后果

保证期间届满是指保证期间经过而债权人没有主张权利。关于保证期间届满的法律后果，《担保法》第25条及第26条规定，保证人免除保证责任。

对于保证期间届满的法律后果属于何种性质存在不同看法。有人认为，保证人免除保证责任是指保证债务归于消灭。有人则认为，在保证期间届满后，保证人取得免责抗辩权。② 考虑到保证期间的性质（《担保法解释》采纳的除斥期间立场以及某些学者采纳的权利消灭立场），应当理解为保证期间届满后保证债务即告消灭。

5. 保证人重新提供保证问题

保证期间经过后保证债务宣告消灭，但是保证人可能出于某种考虑愿意继续承

---

① 曹士兵：《中国担保制度与担保方法》，中国法制出版社2008年版，第145页。

② 曹士兵：《中国担保制度与担保方法》，中国法制出版社2008年版，第149页。

担保证责任。因此，实务中的关键问题在于如何认定保证人重新提供了保证。鉴于保证期间的性质，应当要求保证人明确地表明自己继续承担保证责任。如果保证人单纯地未对债权人要求自己债务提出反对，或者仅仅是在债权人发出的催款通知书、对账单、确认书等文件上签章，不能确认保证人继续承担保证责任或者重新提供了担保。①

【案例分析 21-2】

甲软件公司向乙银行借款 100 万元，双方签订了借款协议，约定利率为年利率 15%。应甲软件公司的请求，丙建筑集团公司为其提供担保，向乙银行出具了"不可撤销贷款保证书"，其中写明，"贷款到期，如借款人未还清上列款项，保证人无条件还清借款人所欠款项。保证期限至借款人还清所欠乙银行上列贷款本息为止"。还款期届满后，甲软件公司无力还款，乙银行多次催讨未果。1 年后，乙银行请求丙建筑集团公司承担保证责任。丙建筑集团公司认为，保证书对于保证期间约定不明，乙银行在还款期限届满后超过 6 个月才向其提出请求，自己不应再负保证义务。乙银行遂将丙建筑集团公司诉至法院。

在我国的保证合同实务中，约定保证期间为主债务本息还清为止的情况时有发生。对于此类案件，根据《担保法解释》第 32 条第 2 款的规定，保证期间为主债务履行期届满之日起 2 年。因此，丙建筑集团公司的主张不应得到支持，法院应判令其履行债务。

二、定金

（一）定金的概念与特征

定金是指为确保合同的履行等目的，当事人约定的由一方向另一方预先给付的一定数额的金钱或其他替代物。定金的特征如下：

1. 定金的性质主要是债权的金钱担保

定金的种类繁多，各种不同的定金旨在实现个同的目的。在各类定金中，使用得最多的定金是违约定金。《担保法》规定的定金也主要是指违约定金，既然是规定在《担保法》中，将定金作为一种担保手段，这种定金旨在防止违约行为的发生是显然的，即致力于借助定金罚则促使双方当事人履行合同。在债权的担保手段中，与物的担保、人的担保不同，违约定金属于金钱担保。至于其他的定金种类，其目的不在于担保债权的实现，性质亦非债权的金钱担保。这些定金与违约定金的共同之处在于一方当事人向另外一方当事人给付金钱，在某种事件发生后，定金罚

---

① 参见程啸：《保证合同研究》，法律出版社 2006 年版，第 542 页。

则发生作用。

2. 定金的标的是金钱或者其他替代物

定金的标的通常是金钱，但不限于金钱，其他替代物，如家用电器、洗涤用品等日用化工产品也可以作为定金被交付。对于不可替代物能否作为定金，一般持否定态度。原因在于，定金功能的发挥依赖于定金罚则的作用。由于定金罚则的表现是收受定金的一方不履行合同时应双倍返还定金。如果以不可替代物作为定金加以交付，收受定金方不履行合同时无法双倍返还，从而对于该方而言缺乏施加压力的手段。因此，不可替代物不宜作为定金的标的。

3. 定金具有预先交付的性质

当事人就定金达成合意后，一方应当向另外一方支付定金。定金的支付通常是在主合同履行之前，因此相对于主合同的履行来说，定金具有预先交付的性质。就实际情况来看，交付定金的一方多是支付金钱义务的一方，收受定金的一方则是交付物品、完成工作的一方。

4. 定金具有比例性

《担保法》第 91 条规定，定金的数额由当事人约定，但不得超过主合同标的额的 20%。之所以作出额度的限制，是因为定金功能的发挥在很大程度上依赖于定金罚则，如果没有比例上的限制，容易把定金变成一种赌博手段，产生对一方当事人不公平的结果。

（二）定金的种类

《担保法》规定的定金只有违约定金。但是从域外立法例来看，定金的种类较多，各自有其适用空间。因此，《担保法解释》又规定了立约定金、成约定金、解约定金。另外，证约定金虽未在《担保法解释》中得到规定，但在实务与理论上一直是认可的。因此，我国的定金计有五个类别。

1. 立约定金

立约定金亦称订约定金，是指当事人为确保今后正式订立合同而交付的定金。《担保法解释》第 115 条规定，当事人约定以交付定金作为订立主合同的担保的，给付定金的一方拒绝订立主合同的，无权要求返还定金，收受定金的一方拒绝订立合同的，应当双倍返还定金。

当事人关于立约定金的约定，本身具有预约的性质。在实践中，意向书、预约合同等协议中设定的定金一般属于立约定金，以担保当事人将来正式缔约。就立约定金的功能来说，一方面在于促使当事人签订合同（本约），如果不签订合同的话，对于不签订合同负有责任的一方将遭受定金罚则带来的不利后果。另一方面，立约定金也给愿意受定金罚则制裁一方以不签订合同的权利，该方可能以定金罚则为代价不签订合同。

2. 成约定金

成约定金是指作为合同成立要件的定金。在定金交付之后，合同才成立。《担保法解释》第116条规定，当事人约定以交付定金作为主合同成立或者生效要件的，给付定金的一方未支付定金，但主合同已经履行或者已经履行主要部分的，不影响主合同的成立或者生效。该规定的特点是将成约定金当作合同生效的要件，而传统民法上的定金仅为合同成立的要件。另外，该规定还对未交付定金时合同的成立与生效做了变通规定，其类似于《合同法》对于欠缺法定形式法律行为的效力的规定。

3. 证约定金

证约定金是为证明合同的成立而设立的定金，是指当事人在订立合同时为证明合同已经成立而就定金的交付达成协议并予以交付。关于何以当事人会以交付证约定金的方式证明合同的成立，将定金当作合同成立的标志，有学者认为证约定金大多适用于口头合同关系，如果当事人以书面形式订立合同，没有必要利用证约定金来证明合同的成立。原因在于，既然证约定金的目的在于证明当事人间存在合同关系，如果以书面形式签订了合同，就已经能够充分地证明合同的成立，就不必再借助证约定金来达到这一目的。①

4. 解约定金

解约定金是指为使一方合同当事人享有解除权而交付的定金。在设定解约定金的场合，支付定金的一方可以不要求返还定金、丧失定金为代价解除合同，收受定金的一方可以双倍返还定金为代价解除合同。可见，解约定金的宗旨在于使一方当事人享有单方解除合同的权利，只不过以定金的交付或双倍返还为代价而已。由于解约定金使得合同关系不太稳定，法律一般对解除定金施加限制。《担保法解释》第117条规定："定金交付后，交付定金的一方可以按照合同的约定以丧失定金为代价而解除主合同，收受定金的一方可以双倍返还定金为代价而解除主合同。对解除主合同后责任的处理，适用《中华人民共和国合同法》的规定。"

5. 违约定金

人们通常在债权担保的意义上谈及定金，实际上是指违约定金。违约定金是指在一方合同当事人违约的情况下运用定金罚则使违约方遭受不利的定金。适用定金罚则的不利结果对于非违约方来说具有一定的担保作用，因为非违约方或者保留了定金，或者收受了对方双倍返还的定金，使自己的债权（原债权或转化后的债权）在一定程度上得到了满足，因此具有一定的担保作用。另外，由于可能不愿遭受定金罚则带来的不利后果，当事人也会被激励如约履行其合同义务，在这种意义上，定金的交付也有一定的积极作用。

（三）定金的设立

依我国的法律规定，定金的设立有两个条件，一是双方当事人就设立定金达成合意，二是交付定金。

---

① 王利明：《合同法研究（二）》，中国人民大学出版社2003年版，第714页。

1. 定金合同

定金合同是当事人就设立定金达成的合意，设立定金的目的可以不同，无论是为了担保债权的履行，还是促使订立主合同，都可以是定金合同的内容。当事人进行的约定，即使没有采纳定金这一名称，如果通过解释可以确定其内容符合某一种定金，也可认定定金合同的成立。

（1）定金合同为从合同。违约定金、解约定金具有从属为毫无疑义。但是立约定金、成约定金、证约定金或者旨在促使将来订约，或者定金的交付使得合同成立，或者起着证明合同已经订立的作用，即使称这些定金合同也是从合同，其与通常意义上的从合同仍有差异。

（2）定金合同为要式合同。《担保法》第90条规定，定金应当以书面形式约定。因此，定金合同为要式合同。

（3）定金合同为要物合同。《担保法》第90条在规定定金合同为要式合同的同时，又规定定金合同从实际交付定金之日起生效，从而定金合同也是要物合同。

2. 定金的交付

定金的交付不但是交付方依定金合同所负的义务，还使定金合同具有了效力。如果当事人交付的定金与约定的定金数额一致，并且约定的定金未超过《担保法》规定的比例，定金的交付就导致定金设立了。倘当事人未按约定的数额交付定金或者当事人约定的定金数额高于法定比例，即应明确如何加以处理。

（1）少交或多交定金。《担保法解释》第119条规定，实际交付的定金数额多于或者少于约定数额，视为变更定金合同。收受定金一方提出异议并拒绝接受定金的，定金合同不生效。

（2）约定的定金超过比例。《担保法》规定的上限是主合同标的额的20%，依《担保法解释》第120条规定，当事人约定的定金数额超过主合同标的额20%的，超过的部分，人民法院不予支持。

（四）定金的效力

定金的效力是指在定金设立后，定金将具有什么样的法律意义，给当事人带来什么样的法律后果。由于定金的类别不同，定金的效力也不尽相同。立约定金等四种定金效力较为单一，违约定金则较为复杂，其适用条件、效力类别、与其他违约责任形式的关系等问题均具重要的实践意义。

1. 立约定金等

立约定金的效力是在设定了定金后，如果当事人一方不订立合同就会使定金罚则发生作用。如果收受定金的一方不订立合同，应双倍返还定金，如果支付定金的一方不订立合同，将丧失定金。需注意的是，如果有正当理由而不缔约，不应适用定金罚则。

如果设立的是成约定金，交付定金致使合同成立，不交付定金合同不成立。定金罚则没有适用的余地。就证约定金来说，其单纯地起证明合同成立的作用，在发挥着证据性质的功能，定金罚则也无适用余地。

解约定金使当事人以遭受定金罚则的不利后果为代价享有解除合同的权利。定金罚则的适用不以当事人是可以归责的为前提。需要注意的是，根据《担保法解释》的规定，在以适用定金罚则为代价解除合同的场合，还可能发生违约责任问题。此种见解是不妥当的。原因在于，当事人约定解约定金不过是为了给双方以不再束缚于合同的机会而已。解除合同的一方享有约定的解除权，其解除合同后不再履行自己的义务无违约可言，进而也无从论及违约责任。

2. 违约定金

（1）未发生违约时的处理。违约定金的宗旨在于通过定金的交付一方面促使债务人不违约，或者在违约后能够从定金中得到一定的补偿，从而担保债权的实现。在很多情况下，当事人约定了违约定金并且进行了交付，嗣后双方均如约履行了自己的义务。此时无违约行为可言，定金罚则派不上用场。在这种情况下，如果支付定金的一方负担的为金钱之债，在履行义务时将定金予以扣除即可，只需要向收受定金的一方支付债务总额与定金数额的差额。如果交付定金方所负担的债务并非金钱之债的性质，无法与所支付的定金进行折扣，在交付定金的一方履行了债务后，收受定金的一方应将定金予以返还。

（2）违约定金罚则的适用条件。

①违约责任的成立。违约定金罚则的适用以一方当事人不履行并且成立违约责任为前提。不履行是指债务人未为任何履行或者提供的履行不符合当事人的约定或法律的规定。成立违约责任是指应根据《合同法》的相关规定确定不履行方应承担责任。《合同法》对于违约责任以严格责任为一般，即使债务人无过错，在不存在不可抗力的情况下，违约责任也应成立，从而定金罚则可得适用。在根据《合同法》的规定例外地适用过错责任的场合，定金罚则的适用也以当事人有过错为前提。关于定金罚则的适用，《担保法解释》第 122 条规定，因不可抗力、意外事件致使主合同不能履行的，不适用定金罚则。此一规定的问题在于，因意外事件致使主合同不能履行时，也排除定金罚则的适用，与严格责任的性质不符。

②不同违约行为形态下的差异。《担保法解释》第 120 条规定："因当事人一方迟延履行或者其他违约行为，致使合同目的不能实现，可以适用定金罚则。但法律另有规定或者当事人另有约定的除外。当事人一方不完全履行合同的，应当按照未履行部分所占合同约定内容的比例，适用定金罚则。"依此规定，在迟延履行等场合，正常适用定金罚则。倘系部分履行，则定金罚则的适用应当按照未履行部分占整体的比例进行，而不应判定交付方丧失全部定金或者收受方双倍返还。

③与其他违约责任的关系。在设立违约定金后，如果一方当事人到期不履行，并且承担违约责任，可能会涉及定金与违约金以及违约损害赔偿的关系。《合同法》第 116 条规定，当事人既约定违约金，又约定定金的，一方违约时，对方可以选择适用违约金或者定金条款。从而，定金与违约金是相互排斥的。违约损害赔

偿与定金之间则不存在排斥关系。在适用定金罚则后，如果非违约方的损失未被全部填补，还能另外请求损害赔偿。

【案例分析 21-3】

  2008 年 10 月 21 日，甲公司与乙公司签订了海上货物运输合同。合同规定，乙公司于同年 11 月 1 日将派海轮为甲公司由山东某港口运袋装水泥 1 万吨至广州某港口，运费为每吨 150 元，甲公司付给乙公司定金 15 万元、船舶滞期费预付金 15 万元。合同签订当日，甲公司即向乙公司支付定金和船舶滞期费预付金各 15 万元。但乙公司未在合同约定的期间内派船到装货港受载。同年 11 月 15 日，乙公司向甲公司提出解除合同，并将收取的定金及船舶滞期费预付金退还给甲公司。甲公司不同意解除合同，多次催乙公司继续履行合同。但乙公司不派船运输。2009 年 1 月 18 日，甲公司向海事法院提起诉讼，主张乙公司应承担违约责任，除已退还给甲公司的 15 万元定金外，应另行交付定金 15 万元。

  本案中，甲、乙二公司就定金达成了协议，且已实际交付，定金合同有效成立，且未超出《担保法》规定的比例上限。乙公司嗣后不履行合同义务，且不存在阻却违约责任成立的事由，因此，定金罚则可得适用。甲公司的诉讼请求应予支持。

【本章思考题】

1. 债权人代位权的成立要件有哪些？
2. 怎样理解债权人代位权行使的效力？
3. 对于债权人撤销权的性质有哪些不同看法？
4. 如何理解债权人撤销权成立要件中的主观要件？
5. 保证合同有哪些特征？
6. 如何理解先诉抗辩权？
7. 保证人有哪些权利？
8. 试述定金罚则及其适用。

第二十二章 合同权利义务的变更、转让与终止

☞ **本章导读**

合同的变更有广义、狭义之分。广义的合同变更包括合同内容的变更与合同主体的变更。通常所说的合同变更指合同内容的变更，亦即狭义的合同变更。在某些情况下，合同一方当事人的权利义务可以一并转移给第三人，由该第三人概括地予以承受，此即合同权利义务的概括移转。作为债的重要体现形式，合同得依一定法律事实而归于消灭，合同解除、清偿、抵销、提存、免除、混同等事由，都可能导致合同关系会归于消灭。

第一节 合同权利义务的变更

一、合同权利义务的变更概述

合同的变更有广义、狭义之分。广义的合同变更包括合同内容的变更与合同主体的变更。合同内容的变更是指合同当事人不变，仅改变合同的内容。合同主体的变更是指合同的内容保持同一性，仅改变债权人或债务人的情况。合同主体的变更实涉债权的让与与债务的承担，因此，合同权利义务的变更，通常指合同内容的变更，亦即狭义的合同变更。

合同变更的类型有：（1）基于法律的规定变更合同。比如，债务人违约致合同不能履行时，履行义务转换为损害赔偿义务。（2）倘合同因重大误解而成立或合同显失公平，或者合同因欺诈、胁迫而成立但不损害国家利益，或者一方乘人之危使对方在违背真实意思的情况下订立的合同，遭受不利的一方当事人可请求法院或仲裁机构予以变更。（3）当事人合意变更合同。（4）若承认情事变更制度，情事变更亦可引起合同的变更。情事变更的效果之一是根据变化后的情事对合同的内容进行调整。

二、合同变更的条件

（一）原本存在合同关系

合同的变更是改变原本已经存在的合同的内容。如果尚不存在合同关系，合同的变更自无从谈起。

（二）合同的内容发生变化

狭义的合同变更是指合同的内容变更，而合同内容的变更包括以下情形：

（1）合同性质的变更，如租赁合同变为买卖合同。

（2）合同标的物变更，包括标的物种类的更换、数量的增减、品质的调整、规格的变化等。

（3）合同履行要素的变更，如履行地点、履行时间、履行方式等的变更。

（4）合同价金的变更，即合同价款或者酬金的增减，以及利息的变更等。

（5）合同所附条件或期限的变更，如所附期限的长短有所变化。

（6）合同担保的变更，比如根据当事人的意思由无担保债权变为有担保债权。

（7）其他内容的变更，比如当事人协商变更违约金的数额或者变更诉讼管辖方面的约定。

（三）合同的变更有特定的事由引起

合同的变更有其特定的原因。有时基于法律的规定可发生合同变更，有时则是出于当事人的合意而发生合同变更。

三、合同变更的效力

除法律另有规定或当事人另有约定，合同变更原则上仅对合同未履行的部分发生效力，对已经履行的部分没有溯及力。因此，已经履行的债务不因合同变更而丧失法律上依据。另外，《民法通则》第115条规定："合同的变更或者解除，不影响当事人要求赔偿损失的权利。"不过，有观点认为，何种类型的合同变更可与损害赔偿并存应视具体情况而定。比如，基于情事变更原则而变更合同，并不存在损害赔偿问题。对基于重大误解而成立的合同予以变更，在相对人遭受损失的情况下，误解人应赔偿相对人的损失。当事人协议变更合同的，双方如就损失的赔偿有约定，依其约定，如无约定，则无赔偿责任。因债务人违约而变更合同的，不影响违约损害赔偿。①

第二节　合同权利义务的转让

一、债权让与

（一）债权让与概述

1. 债权让与的含义

债权让与是指在不改变内容的情况下债权由原权利人转让给第三人的法律现象。债权人称为让与人，第三人称为受让人。

---

① 韩世远：《合同法总论》，法律出版社2004年版，第537页。

2. 债权让与的发生原因

（1）法定让与。在某些情况下，不需当事人的协商，法律会规定条件具备之后即在特定的当事人间发生债权让与，以满足受让人的利益，此即法定让与。法定债权让与的事由：连带之债的债务人履行的债务超出了其份额、保证人承担了保证责任、债权人就物上保证人的担保物行使了担保物权。另外，在继承、法定的合同权利义务概括承受的情况下，相应的债权移转亦系法定让与。

（2）意定让与。意定让与是指基于当事人的意思而发生的债权让与。使债权移转的可以是单方行为，如遗嘱，但更为常见的是双方行为，即债权人与第三人以合意的方式转让债权。

（3）基于裁判命令而发生的债权让与。有学者认为，除了法定让与及意定让与外，尚有基于裁判命令而发生的债权让与。其指出，根据《最高人民法院关于适用〈中华人民共和国民事诉讼法〉若干问题的意见》第300条，被执行人不能清偿债务，但对第三人享有到期债权的，人民法院可依申请执行人的申请，通知该第三人向申请执行人履行债务。该第三人对债务没有异议但又在通知指定的期限内不履行的，人民法院可以强制执行。该规定被称为转付命令，为基于法院裁判命令而发生的债权移转。①

以上三者，以通过双方行为转让债权最为常见，故对于债权让与的探讨通常围绕着合意让与而展开。

3. 债权让与的性质

关于债权让与的性质，日本及我国台湾地区学者多认其为准物权契约。比如，有学者认为，作为准物权契约，债权让与的规范意义与"民法"其他章节所称的契约殆有重大不同。盖以债权让与系就权利移转（即处分）之意义而言，一般所称契约，则指以发生债权债务关系为目的者而言；基此观之，债权让与定义上所称的契约，乃指处分债权之合意而言，尚非固有意义上的契约。惟因债权非如物权之直接以物为权利标的，尚不适用物权法规定，故称之为准物权契约。② 此种观点实际上将债权让与界定为合意转让债权过程中的使债权发生变动的那一部分，即处分行为部分，至于债权让与的原因行为（负担行为）即债权让与合同则被置于债权让与之外。在将债权让与界定为处分行为的一种后，这些学者进而往往又会承认债权让与的独立性与无因性。

在我国大陆，学者们使用的债权让与一词，通常是指使债权人负担转让债权义务以及在有偿转让时使受让人负担支付对价义务的那一部分，即负担行为部分或者说原因行为部分。至于应否承认处分行为，学界尚有不同认识。

① 韩世远：《合同法总论》，法律出版社2004年版，第539页。
② 邱聪智：《新订民法债编通则》（下），中国人民大学出版社2004年版，第420页。

（二）债权的可让与性及其限制

债权以权利人得自由让与为原则，但是鉴于某些特殊情况，对于债权的让与也应作一定的限制。此类限制可分为三个类型：

1. 因合同的性质不得让与的债权

（1）债权人变更则给付内容完全变更的债权。比如，为特定的某人画像的合同一旦进行债权让与，合同的给付内容即会发生变化，合同的同一性也随之丧失。因此，此类债权不得让与。有观点认为，倘债务人同意，则这类债权也得让与。不过，此时以确认为债的更改为宜。

（2）债权人变更则债权行为会产生显著差异的债权。比如，雇佣、委托、租赁、借用等合同，均以特定当事人之间的信赖关系为基础，债务人仅愿意对该债权人承担给付义务。如果债权人变更，债权的行使方法必然也随之发生变更。因此，此类债权不得让与。

（3）属于从权利的债权。从权利无独立存在的余地，其应当伴随着主权利的让与而让与，原则上不得与主权利分离而单独让与。比如，保证债权为担保主债权的实现而存在，倘脱离了主债权，保证债权无任何价值，因此不得将其单独让与他人。不过，如果从权利可与主权利分离而单独存在，则可以单独转让。比如，已届清偿期的利息债权可以单独让与，盈余分配请求也可以单独让与。①

（4）不作为债权。不作为债权通常是为了特定债权人的利益而存在的，如果允许债权人让与债权，相当于为债务人新设了义务。因此，不作为债权原则上不得让与。在例外情况下，不作为债权可随同其他权利一同移转。比如，营业转让时，竞业禁止债权可以一同让与。

2. 因当事人的约定不得让与的债权

原则上，当事人可以自由约定债权人不得将债权让与给他人，约定的时间可以是缔约之时，也可以是缔约之后。

3. 因法律的规定不得让与的债权

除因合同的性质与当事人的约定不得让与的债权外，法律有时也会规定某些债权不得让与。在大陆法系的立法例上，禁止扣押的债权是典型的法定不得让与的债权。依我国台湾地区的相关规定，禁止扣押的债权包括：债务人其本人及其家属生活所必需的债权、公务员请领退休金的债权或公务员遗属的抚恤金债权。

（三）债权让与的效力

1. 对内效力

债权让与的对内效力是指债权让与在让与合同当事人间的效力。

（1）法律地位的更迭。债权让与合同生效后，如果该合同规定债权于将来某个时点移转，则让与人仍享有债权，尚未摆脱债权债务关系，不过其债权受到限

---

① 崔建远：《合同法》，法律出版社 2007 年版，第 207 页。

制，未经受让人授权不得行使债权。受让人则未取得被让与的债权，只是约定的时点到来后方成为债权人。倘当事人对债权让与的时点未作约定，在债权让与合同生效之时债权即发生移转，受让人取代让与的法律地位成为新的债权人。

（2）从权利的移转。从权利随同主权利而移转是民法中的一项基本原理，债权让与时债权的从权利也随之让与，亦不例外。《合同法》第81条规定："债权人转让权利的，受让人取得与债权有关的从权利，但该从权利专属于债权人自身的除外。"随同债权让与的权利首先是指担保权，包括保证债权、担保物权与定金债权。保证债权与定金债权的随同让与较为简单，问题在于如系担保物权随同让与，则让与与公示的问题如何处理颇为关键。通说认为，质权、留置权随着被担保债权的让与而移转，只是因其以占有为本质要件，需要向受让人移转标的物的占有。抵押权随着被担保债权的让与而移转，有最高人民法院《关于审理涉及金融资产管理公司收购、管理、处置国有银行不良贷款形成的资产的案件适用法律若干问题的规定》第9条为依据。该条规定，"金融资产管理公司受让有抵押权担保的债权后，可以依法取得对债权的抵押权，原抵押权登记继续有效。"论者指出，因为此类抵押权不是初始产生的，对于受让人而言是继受取得，放弃登记为生效要件的物权变动模式，若采取债权意思主义，在让与人和受让人之间的关系方面没有问题，在不强调体系化的背景下，可以接受。但考虑到交易安全，应当奉行不办理移转登记不得对抗善意第三人的原则。在解释论的层面，认定该项规定的文义涵盖过宽，不符合法律保护交易安全的目的，存在着法律漏洞，应当限缩其适用范围，设置但书，即不办理抵押权移转登记的，不得对抗善意第三人。① 概括而言，依此见解，动产质权、留置权的随同让与以交付为前提，因公示而发生担保物权的变动。至于抵押权，由相关司法解释的规定，债权移转的当时抵押权即发生移转，公示仅为对抗要件。另有观点认为，可将担保物权的随同让与理解为法定让与，亦即无论债权让与的原因为何，是法定的还是约定的，作为从权利的担保物权的让与不取决于当事人的意思。依此，不必经过公示，担保物权即随同债权而被让与，公示仅具宣示效力。

除担保权外，利息债权、违约金债权、损害赔偿债权等从权利亦随同让与。但在债权让与之前已经发生的违约金债权或利息债权，均为具有独立性的债权，并不随同移转。②

较为特殊的问题是形成权的移转。一般认为，形成权是否随债权让与一同移转，应依其与请求权或与债的关系结合而有不同。其与请求权结合，在于债权的实现时，例如选择债权的选择权及催告权，与请求权一同移转。其与债的关系结合，毁灭债的关系的全部或一部属于当事人的权利的，不随同移转。其所以如此，在法

---

① 崔建远：《合同法》，法律出版社2007年版，第211页。
② 林诚二：《民法债编总论》，中国人民大学出版社2003年版，第497页。

政策上的考虑是多方面的，其中很重要的一点是，许多场合让与人所让与者系基于合同所生的债权，且让与人并未因让与其债权而丧失其为合同当事人的地位。① 不过，较为妥适的解释是，债权让与旨在令新的债权人享有债权实现的利益，而并无消灭债的关系的考虑，因此，解除权、撤销权并不随同移转。

（3）已发生而尚未支付的利息推定随同移转。未届期的利息债权为从权利，自应随同原本债权一同移转。但是已届期而未支付的利息，因为与原本债权分离而具有独立地位，与从权利并不相同，此利息债权是否随同移转于受让人？我国台湾地区"民法"第 295 条第 2 项规定，未支付之利息，推定其随同原本移转于受让人。该项规定旨在转换举证责任，当事人得以反证予以推翻。②

（4）债权证明文件交付以及主张债权必要情形的告知。债权既已移转，让与人即无再保留债权证明文件的必要，并且让与人对于受让人负有使其得完全行使债权之义务，让与人所有足以证明债权的一切文件，自应交付受让人。所谓证明债权之文件，例如债权证书、契约、账簿、信函或其他有关文件，如果有保证人者，亦应交付其保证书；如果占有担保者，例如质物或留置物，亦应将占有移转于新债权人。所谓关于主张该债权所必要的一切情形，是指清偿地、履行地以及所可主张的担保、抗辩等。文件的交付以及必要情形的告知，是债权让与的附随义务，并非债权让与的生效要件。让与人纵令有违反之情形，亦不影响债权让与之效力。但受让人因此受有损害时，让与人应负附随义务违反的损害赔偿责任。③

2. 对外效力

（1）对债务人的效力。

①债权让与通知。

A. 折中主义立场。债权让与合同生效后，即在让与人和受让人间发生债权让与的效果。由于债权让与合同不具公示性，债权人可能不知道债权让与的事实，从而仍向原债权人履行债务。如果认可债权让与发生的同时对于债务人也有效力，则债务人在不知情的情况下向原债权人的履行不发生清偿效果，另外对新债权人则负债务不履行之责。这对债务人是不公平的。因此，《合同法》采纳了折中主义的立场。在第 80 条第 1 款规定，"债权人转让权利的，应当通知债务人。未经通知，该转让对债务人不发生效力"。

B. 让与通知的性质。债权让与通知旨在将让与的事实告知债权人，性质为观念通知，准用意思表示的规定，以到达债务人或为债务人所了解时发生效力，而且不必得债务人的承诺。④

---

① 韩世远：《合同法总论》，法律出版社 2004 年版，第 557 页。
② 林诚二：《民法债编总论》，中国人民大学出版社 2003 年版，第 498 页。
③ 林诚二：《民法债编总论》，中国人民大学出版社 2003 年版，第 498 页。
④ 林诚二：《民法债编总论》，中国人民大学出版社 2003 年版，第 499 页。

C. 债权让与通知的主体。债权让与通知的主体分为让与通知的主体与受让与通知的主体。关于为让与通知的主体，有三种立法例外。其一，由受让人通知，法国及意大利采取了这种做法。其二，由让与人通知，日本民法采此立场。其三，由让与人或受让人通知。瑞士及我国台湾地区采此做法。《合同法》第80条第1款使用的措辞是，"债权人转让权利的，应当通知债务人"，依文义解释，通知的主体应为债权人。学者认为，将债权让与通知的主体限于债权人过于狭隘，因此应作目的性扩张，允许受让人成为让与通知的主体。不过，为保护债务人的履行安全计，受让人为让与通知时，必须提出取得债权的证据。例如，债权让与的基础合同（买卖合同、赠与合同等）、让与公证书等，否则债务人可以拒绝履行。[①]

受让与通知的主体为债务人。对于债务人究系何指，应根据不同场合具体法律关系的性质加以判断。其一，不可分债务场合，须向不可分债务人全体进行通知。其二，连带债务场合，亦须向全体债务人通知。其三，（一般）保证债务场合，向主债务人作了通知，即可以此对抗保证人（保证债务的附从性）。

D. 债权让与通知的方法。关于债权让与通知的方法，有的立法例规定须具备有形式之通知，某些立法例则未作形式要求。《合同法》未就让与通知的形式进行规定，解释上认为可由让与的当事人自由选择。在让与人进行通知之时，其通知既可以采取口头形式，也可以采取书面形式。在受让人通知场合，要求应当严格一些，一般应当要求出示书面的证明，比如让与人让与其债权所立字据等。[②]

②债权让与通知对于债务人的效力。

A. 让与通知生效，债权让与对债务人发生效力。

B. 抗辩权的援用。《合同法》第82条规定："债务人接到债权转让通知后，债务人对让与人的抗辩，可以向受让人主张。"此条规定的是让与通知后债务人对于抗辩权的援用。

C. 抵销的主张。《合同法》第83条规定："债务人接到债权转让通知时，债务人对让与人享有债权，并且债务人的债权先于转让的债权到期或者同时到期的，债务人可以向受让人主张抵销。"

（2）对其他第三人的效力。

债务人自己为清偿时，债务人的债务消灭。就此情形来说，如果是就债的履行有利害关系的第三人（如保证人）为清偿，也应受同样的保护。另外，在债务人收到债权让与通知前，上述第三人已经向原债权人为清偿的，其清偿有效，债务人、该第三人的债务消灭。[③]

---

①　韩世远：《合同法总论》，法律出版社2004年版，第561页。

②　韩世远：《合同法总论》，法律出版社2004年版，第561页。

③　崔建远：《合同法》，法律出版社2007年版，第220页。

【案例分析 22-1】

2008 年 9 月 10 日，被告滕州市某水泥有限公司因经营需要向原告蒋某借款 20 万元，约定借款期限为 1 年，利息按银行同期贷款利率计算。原告蒋某因与马某、刘某有经济往来，2009 年 9 月 16 日马某、刘某将其对被告享有的到期债权 10 万元转让给了蒋某，双方签订了债权转让协议。原告蒋某遂将马某、刘某转让债权之事书面通知了被告。借款逾期后，原告蒋某持债权转让协议一并向被告催要欠款，被告未予偿还。原告遂向法院起诉，请求判令被告偿还借款 30 万元，并支付相应利息。

本案的关键是马某、刘某与原告蒋某进行的债权让与是否对被告发生效力。债权让与对债务人发生效力以进行了让与通知为前提。在我国，一般认为，受让人可以为通知。本案中的原告即受让人蒋某将债权让与一事已经书面通知了被告，因此，债权让与对被告发生效力。原告的主张应予支持。

二、债权承担

（一）债务承担概述

1. 债务承担的含义

债权承担是指不变更债务关系的同一性，由第三人承受债务的法律现象。债务承担通常以合同的方式为之。在理论上，虽然以单方行为为之亦可，比如债务遗赠也属可能，具体来说，附负担的遗赠而以清偿某项债务为其负担即属以单方行为进行债务承担。不过，毕竟以合同进行债权承担的较为常见。

2. 债务承担与履行承担

履行承担是指第三人与债务人约定，由第三人负担对债权人为给付的契约。由于债权人并非履行承担契约的当事人，因无从直接请求第三人清偿债务，且因非债务承担契约，债权人亦无从对第三人主张债权。其特点是第三人与债务人间的内部关系，以第三人负担债务人对债权人所负债务为契约的标的。第三人仅处于债权人与债务人间债务关系以外的地位，对于债务人负有履行债务人债务的义务。第三人并非债权人的债务人，是履行承担与债务承担的主要差异。①

（二）免责的债务承担

免责的债务承担是指承担人取代原债务人的地位，原债务人脱离债权债务关系。免责的债务承担的条件有：

（1）通常条件。

①须存在有效的债务。存在有效的债务是债务承担的前提，如不存在有效的债务，则债务承担即失去其对象。不过，对于此一要求有时也可作适当的放松。

---

① 孙森焱：《民法债编总论》（下册），法律出版社 2006 年版，第 802 页。

比如，就将来发生的债务可以进行承担，惟在该债务成立时方发生移转效果而已。

②债务具有可移转性。债务承担应以其具有可移转性为前提。欠缺可移转性的债务（如因其性质不得移转的债务、因当事人的约定不得移转的债务）不发生债务承担。

（2）债务承担的具体途径。

①债务人与承担人订立债务承担合同。债务人与承担人订立债务承担合同是债务承担的一般途径。

因债权的实现依赖于债务人的履行能力与履行意愿，故导致债务人更换的免责的债务承担对于债权人影响甚巨，从而债务承担对于债权人发生效力须经债权人的承认。债权人的承认可以明示，也可以默示，比如，债权人在得知债务人与承担人就债务移转达成合意的事实后，向承担人要求履行。债务人与承担人之间的债务移转合同在债权人承认之前，债务人与承担人得定相当期限，催告债权人于该期限内回答是否承认，如逾期不为回答，则视为拒绝承认。

倘债权人予以承认，则债务承担合同的效力完备，原债务人从而脱离债务关系，承担人成为新债务人，此后债权人仅能向新债务人请求履行。如果债权人拒绝追认，则承担合同对于债权人不发生效力。倘债务人意欲承担人向债权人履行，则应当与承担人再行订立履行承担合同，该合同的效力并受债务性质（能否由债务人之外的他人履行）的影响。

②债权人与承担人订立债务承担合同。《合同法》关于债务承担的规定，多称"债务人将合同的义务全部或者部分转移给第三人的"或"债务人转移义务的，新债务人可以主张原债务人对债权人的抗辩"。就其文义来看，仅指债务人与承担人订立债务承担合同。不过，大陆法系传统上承认债权人可与承担人订立债务承担合同。

在债权人与承担人订立债务承担合同是否须经债务人同意方面，我国台湾地区的立场是，第三人与债权人订立承担契约的，于契约成立时，债务即行移转，该第三人即变更为债务人，原债务人亦因而免其债务，既不必得原债务人之同意，亦不必通知之。

3. 免责的债务承担的效力

（1）法律地位的更迭。在发生免责的债务承担之后，债务不改变其同一性的，按债务承担时的状态由债务人移转于承担人，原债务人从而免于债务，而由承担人承担债务。

（2）原债务人抗辩权的援用。免责的债务承担发生后，债务人因其法律关系所得对抗债权人的事由，承担人亦得以之对抗债权人。承担人所得援用的抗辩权，包括债务成立的抗辩（如债的关系无效）、债务存续的抗辩（如同时履行之抗辩）

以及债权已罹诉讼时效的抗辩。①

（3）从权利的处理。债务的承担不影响其同一性，自债权人的角度而言，除债务由债务人移转于承担人外，其债权不能因此而蒙受不利。故此，从属于债权的权利不因债务承担而妨碍其存在。但是，与债务人有不可分离关系的从权利不因债务的承担而随同移转。比如，债务人应为债权人服劳务以充利息者，如其债务由第三人承担，则原债务人的债务已移转于第三人，即不再负担利息债务，自无继续服劳务的必要。至于第三人承担债务，并不当然承担其服务的义务，因为原债务人服劳务有其专属性。②

另外，担保也是一种从属权利，原则上本应存续，不过倘担保系由第三人提供，无论其为人的担保抑或物的担保，因第三人提供担保系以债务人的信用为基础，在债务已经移转的情况下，不能强迫其对于毫无信用关系的承担人亦负担保责任。因此，除经第三人承认的以外，其担保即应债务的承担而消灭。倘系债务人自己提供的担保，仍继续存在。③

（三）并存的债务承担

1. 并存的债务承担的发生

并存的债务承担，是指由第三人加入既存的债务关系而成为新债务人，原债务人仍与债权人继续维持原有债务关系的情况，又称债务加入、附加的债务承担、重叠的债务承担。

并存的债务承担须签订债务承担合同，以原有债务关系的存在为前提。就其具体途径而言，既可以是债务人与承担人订立债务承担合同，也可以是债权人与承担人订立债务承担合同。在并存的债务承担的情况下，由于债务人与债权人间维持原有的债务关系，承担人承担债务后与债务人负担同一内容的债务，使债权担保的责任财产因此扩张，对债权人有利，且未变更债权人与债务人间原有的债务关系，故无须债权人的承认即得有效成立。④ 如果是债权人与承担人订立合同进行并存的债务承担，因为对债务人有利，亦无须经原债务人同意的问题。

2. 并存的债务承担的效力

（1）债的承担。并存的债务承担发生后，承担人即成为债务人，与原债务人负担同一内容的债务，原债务人并不从债务关系中脱离，而是仍向债权人负担债务。

（2）承担人、原债务人向债权人负担不真正连带债务。我国台湾地区实务上认为，承担人、原债务人向债权人负担连带之债，但是学界的主流观点认为二者向

① 邱聪智：《新订民法债编通则》（下），中国人民大学出版社2004年版，第433页。
② 孙森焱：《民法债编总论》（下册），法律出版社2006年版，第810页。
③ 郑玉波：《民法债编总论》，中国政法大学出版社2004年版，第453页。
④ 林诚二：《民法债编总论》，中国人民大学出版社2003年版，第513页。

债权人负担不真正连带债务。

（3）承担人对于债权人的抗辩权。并存的债务承担人对于债权人的抗辩事由，应类推适用免责债务承担的有关规定。因此，原债务人对债权人的抗辩权，承担人仍得援用，但承担人因承担债务的法律关系所得对抗债务人的事由，不得以之对抗债权人。

（4）第三人的担保不消灭。第三人就债权所为的担保，无论人的担保抑或物的担保，因并存的债务承担后，原债务人并未脱离债务关系，并不受影响。因此，债权人在并存的债务承担发生后，仍然可以向保证人或物上保证人行使权利。但是第三人担保的存续仅对原债务人有效，但是非经第三人的承认，对于承担人的债务不生担保效力。[1]

三、合同权利义务的概括移转

（一）合同权利义务的概括移转的含义

合同权利义务的概括移转，是指合同一方当事人的权利义务一并转移给第三人，由该第三人概括地承受这些权利义务的现象，亦称合同地位的移转。合同权利义务的概括移转，其特征在于使合同当事人所有的权利义务一并移转，与仅移转单个债权或单个债务的债权让与与债务承担有别。就后者来说，只能由合同当事人享有的撤销权、解除权等权利并不移转于受让人或承担人。而就合同权利义务的概括移转来说，承受人取代了原当事人的地位，成为合同关系的当事人。因此，原当事人的全部权利义务均移转于承受人。[2]

（二）概括移转的类型

1. 约定的概括移转

约定的概括承受即通常所说的合同承受或合同承担，是指合同的原一方当事人将其合同权利义务全部移转给第三人，由其在移转范围内承受合同上的地位，享有合同权利并承担合同义务。关于约定的概括承受，《合同法》第88条规定："当事人一方经对方同意，可以将自己在合同中的权利和义务一并转让给第三人。"

2. 法定的概括移转

（1）企业的合并与分立。企业合并是指两个或两个以上的企业合并成一个企业。企业分立则是指一个企业分立为两个或两个以上的企业。在企业发生合并或分立时，为了保证相对人和合并、分立企业的利益，根据主体的承继性原则，企业合并或分立之前的合同债权和债务应由合并或分立后的企业承担。[3] 有鉴于此，《民法通则》第44条第2款规定："企业法人分立、合并，它的权利和义务由变更后

---

① 林诚二：《民法债编总论》，中国人民大学出版社2003年版，第515页。
② 韩世远：《合同法总论》，法律出版社2004年版，第583页。
③ 崔建远：《合同法》，法律出版社2007年版，第229页。

的法人享有和承担。"另外,《合同法》第 90 条规定:"当事人订立合同后合并的,由合并后的法人或者其他组织行使合同权利,履行合同义务。当事人订立合同后分立的,除债权人和债务人另有约定的以外,由分立的法人或者其他组织对合同的权利和义务享有连带债权,承担连带债务。"

(2)其他。除企业的合并与分立会导致合同权利义务的概括移转外,在其他情况下,法律也会规定合同的权利义务在特定当事人间移转。比如,《合同法》第 229 条规定:"租赁物在租赁期间发生所有权变动的,不影响租赁合同的效力。"据此规定,一旦租赁物的所有权发生变动,新的所有权人就取代原所有权人,成为租赁合同的当事人。

第三节　合同权利义务的终止

一、合同权利义务终止概述

合同权利义务终止,又称合同消灭,是指由于一定法律事由的发生使合同设定的权利义务关系归于消灭而不复存在。同权利义务终止不同于合同权利义务变更所发生的合同内容的变化,亦不同于合同权利义务转让而使合同主体关系发生变化,是从根本上消灭合同债权债务关系。

根据《合同法》第 91 条的规定,合同的权利义务有下列情形之一即为终止:债务已经按照约定履行;合同解除;债务相互抵销;债务人依法将标的物提存;债权人免除债务;债权债务同归于一人;法律规定或者当事人约定终止的其他情形。

合同的权利义务终止后,当事人之间原有权利义务虽不复存在,但本于诚实信用原则,当事人应当根据交易习惯履行通知、协助、保密等义务,以妥当处理善后事宜。

二、合同解除

（一）合同解除概述

1. 合同解除的概念

合同解除是指合同成立后,在解除的条件具备时,因一方或双方当事人的意思表示,使合同丧失本来的拘束力的法律制度。

2. 合同解除的类型

(1)合意（协议）解除、行使解除权的解除。

①合意解除,是指合同双方就解除合同达成合意从而使合同丧失本来的拘束力。解除合同的合意也是一个合同,一般称此合同为反对契约（合同）、废止合同、解除合同等。双方合意解除合同的,可以就解除后的法律后果进行约定,未作约定的,可适用法律关于行使解除权的解除的法律后果的规定。

②行使解除权的解除，是指在法律规定的解除条件或当事人约定的解除条件具备时，享有解除权者通过行使解除权而使合同丧失本来的拘束力的解除。

行使解除权的解除可以再根据解除权发生原因的不同分为约定解除与法定解除。

A. 约定解除。行使约定解除权的解除简称约定解除，是指合同当事人在订立合同时或订立合同后约定在某种情况下，一方或双方当事人取得解除合同的权利。行使约定解除权的解除的前提是，在合同订立的同时或之后，当事人约定在某种情况下发生解除权。合意解除发生的情形是，合同订立后双方当事人出于某种考虑决定使合同丧失本来的拘束力。一旦达成合意，合同即告解除。

B. 法定解除。法定解除是因行使法律规定的解除权而发生的解除。法定解除事由通常是一方的违约行为，另外也可以是不可抗力或情事变更。

法定解除与约定解除权的解除虽然都是因单方行使解除权而发生的解除，但其事由是由法律规定的，较为明确，而约定解除事由则是当事人自己约定的，较为灵活，当事人可以约定宽松的解除事由，比如一方到期未为履行对方即享有解除权，甚或可以约定与法定解除事由没有关联的解除事由，比如只要付出一定的代价即可解除合同，解约定金即是如此。

（2）任意解除与非任意解除。

根据法律规定，在少数情况下，当事人解除合同并不需要特别的理由。此时的解除即为任意解除。任意解除也可以说是法定解除的特殊情形，而通常意义上的法定解除是非任意的，以法定解除事由的发生为前提。如《合同法》第 232 条规定："当事人对租赁期限没有约定或者约定不明确，依照本法第 61 条的规定仍不能确定的，视为不定期租赁。当事人可以随时解除合同，但出租人解除合同应当在合理期限之前通知承租人。"第 268 条规定："定作人可以随时解除承揽合同，造成承揽人损失的，应当赔偿损失。"诸如此类，均适其例。

在适用的场合、解除权的发生原因、解除权人是否负有赔偿义务等方面，任意解除与非任意解除存有差异。

（二）解除权的发生

由于约定解除中的解除权是当事人自行约定的，是对法定解除权的补充、细化或者扩张，以下仅涉及法定解除权的发生。按照解除权的发生是否因一方的违约行为（指是否成立违约责任而言）所致，可将其分为两种：非违约引发的解除权与违约引发的解除权。这两种解除权功能不同：非违约引发的解除权旨在合同的履行已经不可能或者负担过于沉重的情况下（情事变更）使当事人可以不再受合同的束缚。而违约引发的解除权旨在一方违约之时为对方提供救济，同时使违约方丧失合同利益。

1. 非违约引发的解除权

非违约引发的解除权包括因不可抗力而发生的解除权与因情事变更而发生的解

除权。根据《合同法解释（二）》第 26 条规定，合同成立以后客观情况发生了当事人在订立合同时无法预见的、非不可抗力造成的不属于商业风险的重大变化，继续履行合同对于一方当事人明显不公平或者不能实现合同目的，当事人请求人民法院变更或者解除合同的，人民法院应当根据公平原则，并结合案件的实际情况确定是否变更或者解除。此规定是对《合同法》未规定的情事变更的补充，即因情事变更而发生合同解除。

基于不可抗力的解除权，即因不可抗力的出现并不当然使合同丧失拘束力，而只是引发解除权，当事人得依此解除合同。《合同法》第 94 条规定，"因不可抗力致使不能实现合同目的"的，"当事人可以解除合同"。关于"致使不能实现合同目的"应如何理解，有不同看法。比较而言，应以从不可抗力所造成的是一时不能还是永久不能、全部不能还是部分不能的角度理解为宜。具体来说，如果不可抗力使得合同的履行永久不能，可成立解除权。如果不可抗力只是使合同在一段时间内不能履行，不宜发生解除权。不过，即使是一时不能，如果履行期限对于当事人来说非常重要，在不可抗力消失，可以提供履行之时，履行也不再有意义，仍然可以引发解除权。如果合同的标的是可分给付，则不可抗力的影响可能会导致一部不能履行或全部不能履行。倘为全部不能，可解除整个合同。倘为部分不能，只能针对不能的部分解除合同。不过，如果能够履行的部分对于合同目的的实现已无意义，也可解除整个合同。

2. 违约引发的解除权

（1）预期违约。

在履行期限届满之前，当事人一方明确表示或者以自己的行为表明不履行主要债务的，对方可以解除合同（第 94 条第 2 项）。《合同法》的这一规定借鉴了英美法系的预期违约制度。在履行期限到来之前，债务人无须进行给付。因此，在期限到来（届满）之前，债务人拒绝履行等情形似乎难以被评价为违约行为，进而引发解除权，甚至违约责任。但是，基于"不可避免的违约说"，将其确认为一种违约行为并无障碍。

依《合同法》的规定，预期违约包括明确表示不履行主要债务以及以自己的行为表明不履行主要债务，这两种情况均属于拒绝履行。但是预期违约并非仅指预期拒绝履行，还包括预期不能履行、将发生无法排除的瑕疵履行、发生不安事由时拒绝提供适当履行的充分保障等情形。单就拒绝履行来说，其有两项要点：

第一，一般来说，履行仍然是可能的。此为拒绝履行与履行不能的差异。如果债务人以自己的行为导致履行不能同时表明了其不愿履行的态度，则称其为拒绝履行与履行不能均无不可。

第二，债务人拒绝履行缺乏正当理由。如果债务人之所以拒绝履行是因为其享有抗辩权，则抗辩权的存在使其拒绝行为被正当化了，预期违约即不成立，解除权无从发生。

（2）履行期限到来后的违约。

①履行期限到来后，债务人以其言语或行为拒绝履行的，债权人不必进行催告就可以解除合同。

②债务人能够履行但在履行期届满时未为履行的为履行迟延。履行迟延未必使债权人的利益完全落空。为平衡双方利益并维护合同的存续，对于迟延履行引发解除权的条件应区分两种情况加以考察：

为照顾债务人的利益，通常情况下，迟延履行发生后债权人应当设定一个合适的期间，催告债务人在此期间内履行，期间经过而债务人没有履行的，债权人可以解除合同。

但对定期行为（根据合同的性质或当事人的意思表示，履行期限特别重要，一旦期限届满而未为履行，嗣后的履行对于债权人来说就不再有意义），则于迟延履行发生后，债权人无须催告即可解除合同。

③如果债务人提供了履行，但其提供的履行与双方的约定或法律的规定不符，此时即为瑕疵履行。瑕疵履行的合同解除应区分两种情况加以判断：

对于可以补正的瑕疵履行，债权人应确定适当的期间，催告债务人在期间内予以补正。倘债务人不进行补正，债权人可以解除合同。而对于无法补正的瑕疵履行，因催告已无实益，债权人可以不经催告直接解除合同。

此外，对于不完全履行的处理与瑕疵履行大体相同。如果未履行的部分仍为可能，债权人应就该部分催告对方在适当的期限内予以提供，期限经过而无结果的，债权人可以解除合同。未履行的部分仍为可能，但是如果不于一定时间内为给付即不能达到合同目的的，债权人可以直接解除合同。如果该部分已经不能履行，债权人亦可直接解除合同。至于是解除整个合同还是仅就未为履行的部分解除合同，当视已履行的部分对于债权人有无意义而定。

④债务人也可能违反的是保护义务而非给付义务，如债务人在履行合同或准备履行合同的过程中侵害了债权人的完整利益，给其财产权或人身权造成了损害。此种情况下是否发生解除权，抑或债权人仅享有损害赔偿请求权，应结合个案的情形加以确定。如果保护义务的违反与给付义务关系不大，债权人享有损害赔偿请求权即可充分维护其利益。相反，如果保护义务的违反破坏了债权人与债务人间的信赖关系，以致不能再苛求债权人接受履行，则应确认解除权发生，此外债权人尚可主张损害赔偿。

除以上解除事由外，《合同法》分则对于解除权还有一些特别规定。比如，该法第 167 条规定，分期付款的买受人未支付到期价款的金额达到全部价款的 1/5 的，出卖人可以要求买受人支付全部付款或者解除合同。第 219 条规定，承租人未按照约定的方法或者租赁物的性质使用租赁物，致使租赁物受到损失的，出租人可以解除合同并要求赔偿损失。第 224 条规定，承租人未经出租人同意转租的，出租人可以解除合同。

（三）解除权及其行使

1. 解除权的性质

解除权为形成权的一种。另外，解除权的发生取决于合同债务关系的存在。因此，解除权具有从属性，可以说是从权利。由其从属性所决定，解除权不得单独让与，而是应附随于合同权利一并让与。

2. 解除权的行使

（1）以意思表示的方式行使解除权。作为形成权，解除权的行使需要以意思表示的方式为之。合同的解除不可能单纯地因为存在解除事由即告发生。解除权人应当向对方为意思表示。具体来说，行使解除权的表示是单方需受领的意思表示。需要受领的意思表示到达之后发生效力，而到达的判断则以意思表示到达的一般规则为依据。

依《合同法》的规定，解除权的行使不需经过诉讼的途径。如果的确存在解除事由，解除权人为单方意思表示就使得合同被解除。倘相对人有异议，可以经由人民法院或仲裁机构加以处理，法院或仲裁机构认为解除的意思表示有效的，所作出的为确认判决或裁决。解除的效力自解除的意思表示到达相对人起发生，而非法院作出判决或仲裁机构作出裁决时。原则上，解除权人在行使解除权时应明确告诉对方自己意欲解除合同。但是，如果解除权人由于不熟悉解除制度等因素未清楚地表达解除合同的意思，而是要求对方返还其所受领的自己所为的给付，或者主张合同不再有约束力，可通过意思表示的解释确认解除权人是在行使解除权，而不必拘泥于其所使用的语言。①

（2）解除权行使的限制。

①解除表示的撤销。在某些立法例上，解除的意思表示不得撤销。《合同法》对此未作规定，但是国内学者多采相同立场。这种限制的本意在于解除权的行使本身就使权利人单方即可决定自己与相对人之间的法律关系状态，如果还可以通过行使形成权性质的撤销权而消灭解除的意思表示，则法律关系更具不确定性，因此应剥夺其撤销权。不过，有观点认为，在存在欺诈、胁迫等撤销事由时，解除权人仍然可以撤销其解除表示。

②解除权行使的附条件与附期限。一般来说，形成权的行使不应附条件或附期限，以免增加对方法律地位的不确定性。对于解除权的行使来说也是如此。不过，有学者认为，解除的意思表示可以附停止条件，不可附解除条件，可以附始期，不可附终期。②

（四）解除的法律后果

《合同法》第97条规定，"合同解除后，尚未履行的，终止履行；已经履行

---

①　韩世远：《合同法总论》，法律出版社2004年版，第612页。

②　郑玉波：《民法债编总论》，中国政法大学出版社2004年版，第333页。

的，根据履行情况和合同性质，当事人可以要求恢复原状、采取其他补救措施，并有权要求赔偿损失。"由此可见，合同解除的法律后果可从以下两方面理解：（1）行使解除权后，未履行的义务消灭；（2）已受领给付的返还和价值补偿。

如果在解约之前一方或双方当事人进行了全部或部分的履行，则相对人应当将所受领的给付予以返还；在无法进行返还时，应当补偿所受领给付的价值，但在一些情况下，根据所受领给付的性质无法予以返还，亦无须补偿，这些情况包括：第一，在改造或加工期间或者已经对标的物进行消费等情况下瑕疵才显现出来，并且该瑕疵的存在引发了解除权。在这种情况下应当排除价值补偿请求权，否则，解除权人就会遭受不应有的损失。比如，甲从乙处购买原材料加工，在加工过程中发现原材料有瑕疵，致其目的不能实现，因此而解除合同，此时不应就因改造而给原料造成的减损进行赔偿。第二，减损或灭失可以归责于（返还）债权人，或者返还标的的减损灭失即使是在返还债权人那里也同样会发生。

3. 用益与费用返还

合同解除后，已经收取的用益应当返还。就可能或应当收取的而未收取的用益来说，如果解除权人违反通常的经济规则未为收取，应返还该部分用益。

此外，在已经提供履行而合同嗣后被解除的情况下，解除权人可能对其所受领的标的支付了费用。费用能否返还，应分别必要的花费与其他费用而论，一般认为，有益于物本身、为了保持物或使物能够正常运营而在客观上必要的费用，如保管费、修理费等，此为必要的花费，可以请求返还；而其他费用应根据不当得利法的有关规则加以处理。

4. 解除合同时的违约损害赔偿

解除的发生多是因为对方不履行合同义务，如此一来便发生了在解除的场合行使解除权的一方能否请求违约损害赔偿的问题。德国债法改革之前，损害赔偿与解除系替代性的制度，如果解除合同即不得再请示损害赔偿，反之，若请求损害赔偿即不得再解除合同。而依法国法及瑞士法的做法，损害赔偿与合同解除并不排斥。债法改革后，德国法也改变了立场，承认损害赔偿与合同解除可以并存。就我国来说，《合同法》第97条明确规定，在解除合同之后，当事人有权要求赔偿损失。

（五）解除权的消灭

1. 除斥期间经过

形成权因除斥期间的经过而消灭，解除权亦不例外。对此，《合同法》第95条规定："法律规定或者当事人约定解除权行使期限，期限届满当事人不行使的，该权利消灭。法律没有规定或者当事人没有约定解除权行使期限，经对方催告后在合理期限内不行使的，该权利消灭。"

2. 经催告在合理期限内未行使

法律未规定并且当事人未约定除斥期间的，相对人可以催告解除权人在合理期限内行使解除权，如果其所确定的合理期限经过而不行使解除权，该权利消灭。

【案例分析 22-2】

　　1995 年 11 月 10 日，原告刘某从被告李某家买走 37 只绵羊，价款 14500 元，当时给付 5000 元，余款 9500 元双方言明次年 5 月份付清。欠款到期后，被告多次向原告追要欠款，原告都以无款为由拒付。1996 年 6 月 7 日，因被告再次向原告追要欠款无果，被告李某提出将 37 只羊赶回，原告表示同意。当日，被告李某将 37 只绵羊及在原告饲养期间所繁殖的 16 只羊羔赶回。被告的 37 只羊在原告处饲养期间所支出的费用为 4058 元，37 只羊的羊绒卖价是 2052 元。原告刘某于 1997 年 1 月 5 日向辽阳市弓长岭区人民法院起诉，要求被告李某返还已付的买羊款 5000 元，并给付饲养期间所花的费用 4058 元。被告李某答辩称：因原告拒付欠款，导致我将羊赶走。这些羊赶走时羊绒已被原告剪去卖掉，当时曾言明购羊款与羊绒抵平。故不同意原告的诉讼请求。

　　本案中，买方刘某不履行支付余款的义务，卖方多次催讨未果，有权解除合同。由于双方均提供了全部或部分的履行，合同履行后即会发生已受领给付的返还、用益的返还、费用的补偿等问题。若买卖双方实际上并未达成以购羊款与羊绒相抵的约定，则应按照合同解除后果的一般规则加以处理。

三、清偿

清偿是指依债务本旨实现债务内容，从而使债务关系归于消灭的行为。

（一）清偿受领人

基于债务关系相对性原理，清偿受领人原则上是债权人。除债权人之外，其他人可能基于法定或约定的原因而享有受领权。

1. 代理人

如果清偿行为为法律行为，代理人可以是清偿受领人。法定代理人一般有受领清偿之权，意定代理人是否有权进行受领，应根据授权的范围加以判断。在代理人不享有受领清偿权时，也可能存在表见代理问题。倘清偿行为为事实行为，则代理人一般也可以加以受领，当然，由履行的性质所决定存在例外。

2. 破产管理人

债权人受破产宣告的，债权人的受领权被排除，此时有权受领者为破产管理人。

3. 质权人

前已言及，在债权出质的情况下，债权人的受领权即受到限制，此时质权人可以享有受领权，《物权法》第 225 条对此也做了规定。

4. 代位权人

行使代位权的债权人能够有效地受领清偿。在此方面，我国台湾地区实务上认为：债权人依"民法"第 242 条规定，行使债务人对于第三债务人之债权时，虽应以其行使债权所得之利益归属于债务人，俾总债权人得均沾之，但不得因此即谓该债权人无受领第三债务人清偿之权限。

（二）清偿的效力

1. 债务的消灭

清偿最主要的效力是债务消灭。债务消灭时，保证、担保物权等亦归于消灭，其他从属权利也归于消灭。

2. 受领证书给予请求权

清偿人对于受领清偿人得请求给予受领证书。受领证书的制作与交付是为了证明受领人已经受领清偿，其性质为证据。因此，即使债务人持有受领证书，倘债权人能够进行反证，证明债权仍然存在，仍可以主张其债权。

3. 债权证书返还请求权

债权证书是指负债字据而言。如果债权人持有债务人的负债字据，在债务关系因为清偿而消灭之时，自应返还债权证书。不过债权证书的返还也只是证明债务已经消灭而已，倘债权人能够证明虽然债权证书返还但是债务并未消灭，债务即应被认定为仍然存在。

四、抵销

（一）抵销概述

抵销是指在二人互负债务而其给付种类相同的场合，各自以其债权充当债务的清偿，从而使其债务与对方的债务在对待数额内都归于消灭的事实。

1. 抵销的种类

在广义上，抵销包括法定抵销（法律上的抵销）与合意抵销（合同上的抵销）。法定抵销是指在法律规定的要件成立的前提下，一方债权人即享有抵销权，该债权人依自己的意思表示就可以发生的抵销。在法定抵销中，当事人享有的抵销权性质为形成权。就法定债权来说，主张抵销的债权人的债权称为主动债权（自动债权、抵销债权），被抵销的债权称为受动债权、被动债权。

合意抵销是指按照双方当事人的合意而发生的抵销。合意抵销体现了双方当事人的意思自治。既然双方当事人就抵销达成了合意，就不必在法律规定的要件成立的情况下进行抵销。《合同法》第 100 条规定，当事人互负债务，标的物种类、品质不相同的，经双方协商一致，也可以抵销。

2. 抵销的功能

抵销是各国民法上普遍承认的债权债务关系消灭的制度。其制度功能体现在：

（1）便捷功能。在抵销的情况下，互负债务的两个人都不用再履行其债务，从而节省了履行所需的费用，避免了无谓的支出。

（2）担保功能。在互负债务的情况下，本来每方都应当向对方提供履行，但是在一方提供了履行后，却有可能无法得到对方的对待给付，从而提出履行的一方面临着自己的债权不能获偿的后果。即使双方同时履行，也可能一方提供的给付存有瑕疵，而受领瑕疵给付的一方主张违约责任未必能全面维护自己的利益，且相关法律事务的处理也较为繁琐。如果加以抵销，就不会出现这种一方当事人遭受不利的结果。此为抵销的担保功能。

（二）法定抵销的积极要件

法定抵销权的要件可以从两个方面来看，一类要件是指在什么情况下某个债权人享有了抵销权，这类要件可以称为积极要件；另一类要件是指对于某些特殊的情况来说，即使存在了积极要件，也不能加以抵销，此类要件被称为消极要件。

1. 双方互负债务

抵销是一个人以其债权抵销另外一个人的债权，因此，抵销权产生的前提是二人互负债务。当然，基于抵销的基本特性，双方的债权应当是有效存在的，无论主动债权还是被动债权，都应当不存在无效事由。此外，如果某项债权因为撤销权的行使而归于无效，或者因为未被追认而无效，抵销权产生的前提即不复存在。同时，主动债权的效力应当优于被动债权，易言之，能够作为主动债权的，其效力应当是完备的，不能是不完全债权，或者附有停止条件、同时履行抗辩权。

2. 双方的给付种类相同

如果两个互负债务的人，其给付内容是不同的就不应当发生抵销权。原因在于，在给付内容不同的情况下，履行义务能够满足债权人的目的，予以抵销使此目的不能达成。

在双方债权的标的物种类相同的情况下，有可能约定的品质并不相同。此际能否发生抵销权，仍以主动债权标的物的品质应优于被动债权标的物的品质为依据。比如，甲的债权标的物是某个品牌的一级大米，而乙的债权的标的物为同样品牌的二级大米。在这种情况下，甲的债权可以作为主动债权，而乙的债权不得作为主动债权，但不妨作为被动债权。甲如果愿意与对方的债权抵销，表明其愿意接受所遭受的不利。

3. 主动债权已经届期

债权均有届期问题，而期限原则上是为债务人的利益而设的。因此，某项债权到期后才能发生抵销权，不然的话，行使抵销权的一方就会剥夺对方的期限利益，无疑于要求对方提前偿债。比如，甲、乙二人互负给付相同的债权债务，甲的债权于1月1日到期，而乙的债权于2月1日到期。甲的债权可以作为主动债权，乙的债权只能作为被动债权。

（三）法定抵销的消极要件

法定抵销的消极要件，概括而言，可以分为三类：

1. 法律规定禁止抵销的情形

如果法律有特殊规定，禁止在某些情况下进行抵销，则抵销权即不成立。这些情形包括：第一，禁止扣押的债权，主要包括退休金债权、抚恤金债权等。值得探讨的是禁止扣押的债权能否作为主动债权。一般认为，如果禁止扣押的债权的债权人愿意将该债权与对方的债权进行抵销，表明其自愿抛弃了其利益保护，不应当加以禁止。① 第二，因侵权行为而发生的债权。我国现行法并没有因侵权行为而发生的债权不得作为被动债权的规定，但在立法例上颇为常见。设乙欠甲 2 万元钱，之后甲将乙打伤，乙花费医疗费和其他损失共 3 万元。甲不得以其 2 万元的债权抵销乙的 3 万元债权中的等额部分。因侵权行为而发生的债权不得抵销主要出于两点考虑：首先，就侵权损害赔偿之债来说，债务人应当现实并迅速地填补受害人的损害，而不应使对方实际上一无所获。其次，如果允许将侵权损害赔偿之债作为被动债权予以抵销，有诱发侵权行为的可能。② 是否一切侵权损害赔偿之债都不得作为被动债权被抵销？不同的立法对此规定不一。学理上多认为，侵权损害赔偿债权不妨作为主动债权。比如，因侵权行为而遭受损害的人享有债权，同时对加害人负有债务。受害者可以其债权与对方的债权相抵销。第三，约定向第三人为给付的债权。就利益第三人合同来说，第三人取得了直接要求债务人向自己提供给付的权利。比如，乙对甲享有 1 万元的债权，要求甲向丙交付这笔款项，并使丙取得了直接要求交付的权利。之后，乙又因为其他的事由欠甲 1 万元。在这种情况下，甲即不得以其对乙的债权抵销乙的债权，因为乙的债权是使第三人丙直接取得利益的，如果加以抵销，第三人的利益将会落空。

2. 依债权的性质不得抵销

某些债权由其性质所决定，其提供对于对方来说具有不可替代的效力，如果予以抵销则会导致落空。因此，就这些情况来说不得予以抵销。这类债权包括不作为债权、提供劳务的债权等。

3. 当事人约定不得抵销

法定抵销制度旨在促成更有效率的结果的发生，避免资源浪费，以及担保债权能够得到实现。假如当事人双方对于不得抵销自己作了约定，表明他们不愿意享有法律赋予的权利，此际即不得再予以抵销。

（四）抵销权的行使

法定抵销的发生，以抵销权人行使权利为前提。抵销权既然是一项形成权，则权利性质以及行使的方法与其他的形成权并无二致。行使抵销权的方式是向他方为单方需受领的意思表示，该意思表示在到达对方后发生效力，行使抵销权时不得附期限或者附条件。但是有两种例外，一是相对人同意附加期限或者条件，二是条件为任意条件，由对方加以决定。③

---

① 邱聪智：《新编民法债编通则》(下)，中国人民大学出版社 2004 年版，第 475 页。
② 郑玉波：《民法债编总论》，中国政法大学出版社 2004 年版，第 517 页。
③ 崔建远主编：《合同法》，法律出版社 2007 年版，第 265 页。

（五）抵销权行使的法律效果

在一方当事人行使了抵销权之后，可以发生以下法律效果：

（1）互负的债权在对等额内消灭。在债权额不相同的情况下，行使抵销权后，双方享有的债权在对等额内消灭。比如，主动债权额为 10 万元，而被动债权额为 8 万元，在行使抵销权后，对方的债权消灭，而抵销权人还余有 2 万元的债权。

（2）债权的消灭溯及至最初得为抵销时。多数立法例规定，在一方债权人行使抵销权的情况下，债权的对等消灭并非自抵销表示到达对方时，而是溯及至最初得为抵销时，即抵销权的要件最初成立时。《合同法》对此未予明确，但学者也多采此看法。

（3）履行地不同之时可能出现履行成本不均衡的变动，此时，受益的一方应当补偿对方所遭受的损失。

【案例分析 22-3】

2008 年 7 月，甲与乙签订钢材购销合同，约定由甲购买乙价值 100 万元的钢材，由甲先付款，款到后乙于 10 日内发货。合同签订后，甲在约定的时间内先行将 100 万元打入乙的账户。乙随即履行了合同。后来甲清点验收钢材时发现，乙只提供了价值 80 万元的钢材，尚有价值 20 万元的钢材乙并未提供。对此，乙表示认可，也表示不再履行。2009 年，双方又签订合同，约定由甲购买价值共 60 万元的新地板砖等装修材料，约定乙先供货，甲在货到验收后 10 日内付款。其后，乙提供了货物，甲只支付了 40 万元，余下的 20 万元未支付。双方后来发生纠纷，甲主张将此前多支付乙的 20 万元与欠乙的 20 万元货款相互抵销。

在甲乙签订的前一个合同中，乙部分地提供了履行，并表示不再履行余下的部分，但是甲并无免除该部分债务的意思，因此乙应返还另外的 20 万元货款。甲的此一债权与后来发生的乙的 20 万元的债权是双方互负的债权债务，给付种类相同，抵销的要件成立。因此，甲可以主张抵销。

五、提存

提存有广义与狭义之别。广义上的提存包括清偿提存、担保提存、保管提存与执行提存。各类提存的共性是将金钱或者其他财产提交给提存部门（提存人），再由他人从提存部门那里领取该项财产，以达到特定的目的。作为债权债务关系消灭原因的提存是指清偿提存。

（一）提存的概念及要件

清偿提存是指提存人以清偿债务为目的，将标的物提交有关机关保存，从而使债务消灭的行为。提存的要件包括：

1. 具备提存原因

提存发生的根据是债务人难以正常地履行其义务，包括债权人受领迟延、债权人下落不明、不确知债权人为谁。

2. 提存的主体

提存的主体是指提存的当事人。

（1）提存人。提存人不限于债务人，除债务人之外，如有他人对于清偿有利害关系，应当有权利以提存的方式消灭债务。《合同法》关于提存的规定仅提及了债务人，但是在适用上可作目的性扩张，以将有正当利益的第三人包括进来。提存的性质为法律行为，因此，在进行提存之时，提存人应当具有行为能力，可以有效地为意思表示。

（2）提存部门。根据司法部《提存公证规则》的规定，公证机关为提存机关。具体而言，债务履行地的公证处负责办理提存业务。公证处应当指定银行设立提存账户，并备置保管有价证券、贵重物品的专用设备或者租赁银行的保险箱。

3. 提存的标的物

予以提存的应当是债权债务关系的标的物。《提存公证规则》第 13 条第 2 款规定，提存标的与债的标的不符或在提存时难以判明两者是否相符的，公证处应告知提存人如提存受领人因此原因拒绝受领提存物则不能产生提存的效力。提存人仍要求提存的，公证处可以办理提存公证，并记载上述条件。《提存公证规则》第 7 条规定：下列标的物可以提存：（1）货币；（2）有价证券、票据、提单、权利证书；（3）贵重物品；（4）担保物（金）或其替代物；（5）其他适宜提存的标的物。该条规定的均为动产。

在提存的标的物是否包括不动产方面，域外立法例多采反对立场。比如，在德国法上，提存的标的物限于动产。不过，有学者认为无论动产或不动产均可作为提存的标的。不动产的提存，可以依选任保管人的方式为之。传统民法上不承认不动产可以进行提存，是因为其提存较为不便，但实际上完全能够设计出合理的提存规则以维护不动产的正常状态，又不至于过于麻烦，至少债务人可以将变卖不动产所得价金进行提存。

抛开不动产可否为提存标的的问题不论，仅就动产而言，将某些标的物进行提存并不合适。有鉴于此，《合同法》规定，标的物不适于提存或者提存费用过高的，债务人依法可以拍卖或者变卖标的物，提存所得的价款。

（二）提存的效力

提存具有利益第三人合同的性质，当事人限于清偿人与提存机关。但是提存的效力则涉及了三方主体，因此宜区别三种关系而为阐述。

1. 提存人与提存机关之间的关系

在提存人与提存机关进行了提存行为之后，提存人与提存机关的关系主要涉及两方面的内容：提存机关保管提存物；提存人可以凭人民法院生效的判决、裁定或提存之债已经清偿的公证证明取回提存物。提存受领人以书面形式向公证处表示抛弃提存受领权的，提存人得取回提存物。

2. 提存人与债权人之间的关系

（1）债权人的提存物交付（领取）请求权及其限制。在提存人进行了提存之后，债权人可以随时要求领取提存物。但是为了保护提存人的利益，提存物交付（领取）请求权也应受到一定的限制。《合同法》第104条，债权人可以随时领取提存物，但债权人对债务人负有到期债务的，在债权人未履行债务或者提供担保之前，提存部门根据债务人的要求应当拒绝其领取提存物。债权人领取提存物的权利，自提存之日起5年内不行使而消灭，提存物扣除提存费用后归国家所有。

（2）提存费用的支付。除当事人另有约定外，提存费用由债权人承担。此处所称的提存费用不限于保管费用，还包括公告费、评估鉴定费、拍卖变卖费用、保险费等。

（3）提存人的通知义务。在提存发生后，为使债权人早日领取提存物，提存人应当将提存的事实通知债权人。《合同法》第102条规定，标的物提存后，除债权人下落不明的以外，债务人应当及时通知债权人或者债权人的继承人、监护人。另外，《提存公证规则》第18条规定："提存人应将提存事实及时通知提存受领人。以清偿为目的的提存或提存人通知有困难的，公证处应自提存之日起7日内，以书面形式通知提存受教人，告知其领取提存物的时间、期限、地点、方法。提存受领人不清或下落不明、地址不详无法送达通知的，公证处应自提存之日起60日内，以公告方式通知。公告应刊登在国家或债权人在国内住所在地的法制报刊上，公告应在1个月内在同一报刊刊登三次。"

3. 债权人与提存机关之间的关系

（1）债务的消灭。提存是债的发生原因之一，债务消灭的时间点不是债权人领取提存物之时，而是提存人进行提存之时。

（2）提存物的风险负担。《合同法》第103条规定，标的物提存后，毁损、灭失的风险由债权人承担。

【案例分析22-4】

甲水利开发股份有限公司于2004年9月22日与外省的乙建筑材料厂就租赁碗扣脚手架事宜签订了合同。合同约定乙厂按甲公司的要求按时运送和取回租赁物。其后，乙厂将租赁物运交甲公司使用。甲公司使用完租赁物后分别于2005年5月18日、6月6日、6月20日向乙厂发出三份邮政快件，催促其结算租赁费并领取租赁物，乙厂不仅不予理睬，还在其住所地起诉甲公司违约。甲公司于是向公证处申请办理提存。

在本案中，双方约定租赁物使用完毕后由出租人取回租赁物，而非由承租人将租赁物送回。因此，甲公司三次通知乙厂取回租赁物而乙厂不予理睬，已构成债权人受领迟延。此时，甲公司可通过提存消灭其所负的义务。保管费用由乙厂承担。

六、免除

（一）免除概说

免除是指债权人通过意思表示抛弃其享有的债权。对于免除是合同还是单方行为向有争议。《德国民法典》系采合同说的典型。日本及我国台湾地区规定免除为债权人的单方行为。《合同法》第105条规定："债权人免除债务人部分或者全部债务的，合同的权利义务部分或者全部终止。"该条并未规定债权人是以单方行为还是合同免除债务，但国内学者多采单方行为说。相较而言，应以合同说为优。权利人处分其法律地位的权利并非毫无限制的，一旦对他人的利益发生影响，就不能任意为之。就债务免除来说，债务人似乎只获得了好处而不会受损。但实际上，债务人多会基于其人格、信誉等方面的考虑而不愿无端被免除负担。其对于债务不被任意免除具有正当利益，不应剥夺其参与决定的权利。

（二）免除的方法

既然免除应为合同，免除的进行按照合同订立的一般规则即可。倘承认与负担行为相对应的处分行为，由于免除导致债务全部或部分消灭，双方当事人达成的免除合意即为处分行为。

（三）免除的效力

免除导致债务消灭，债权的从权利，如担保物权等也随之消灭。当事人免除部分债务的，未被免除的部分仍然存在。免除不得损害第三人的利益。比如，倘债权人将其债权出质，则不得与债权人协商消灭该项债权，否则质权人将会遭受不利。

七、混同

（一）混同的含义

混同是指债权与债务同归一人从而导致合同关系消灭。债为实现当事人利益的法律手段，以当事人非同一主体为必要。倘因特定法律事实的发生致债权人与债务人为同一主体，则债的关系即没有存在的必要。

（二）混同的发生

债权债务的混同因债权或债务的承受而发生。承受既可以是概括承受，也可以是特定承受。前者是指债权人继承债务人的财产、债务人继承债权人的财产、企业合并、营业的概括承受等情形。特定承受是指债务人受让债权人的债权，或债权人承受债务人的债务。

（三）混同的效力

混同原则上使债权债务归于消灭。倘混同原因是特定承受，只是该当债权债务消灭。倘混同原因是概括承受，则原双方当事人间的一切债权债务均归于消灭。例外地，如果债权已为第三人权利的标的，混同不引发债权的消灭。《合同法》第106 条规定，债权和债务同归于一人的，合同的权利义务终止，但涉及第三人利益的除外。

【本章思考题】

1. 简述合同权利义务变更的要件和效力。
2. 简述合同权利让与的概念效力。
3. 试述免责的债务承担。
4. 试述并存的债务承担。
5. 合同解除有哪些类型？
6. 合同解除的法定事由有哪些？
7. 如何理解合同解除的法律后果？
8. 法定抵销的要件有哪些？
9. 提存有哪些效力？

第二十三章 违约责任

☞ **本章导读**

债务人不履行义务可引发违约责任。在违约责任的成立上，两大法系有显著差异。英美法系中的违约责任以严格责任为根本的归责原则，而大陆法系传统则以过错原则为根本的归责原则。我国大体上采纳了英美法系的做法，但是也为过错原则的适用留有余地。在法律有特殊规定，或当事人另有约定时，违约责任的成立亦以债务人有过错为前提。违约责任主要有实际履行、违约损害赔偿、违约金等形式。

第一节 违约责任概述

一、违约责任的特征

根据《合同法》第 107 条规定，违约责任，是指当事人一方不履行合同义务或者履行合同义务不符合约定的，对另一方当事人所承担的继续履行、采取补救措施或者赔偿损失等民事责任。违约责任既具有民事责任的一般特征，也具有不同于其他民事责任的特征。

（一）作为民事责任的一般特征

1. 财产性

作为民事责任的一种，违约责任也具有财产性的特点。所谓财产性是指违约方所承担的违约责任的诸种形式均与财产有关，而与违约方的人身无关。

2. 补偿性

在民事责任以财产性为基本特征的前提下，如果赔偿的数额以债权人实际遭受的损失为限，即可以说责任具有补偿性。民事责任一般均为补偿性的，违约责任也不例外。只是在少数情况下，为了实现特定的目的，法律方会规定惩罚性责任，以增加责任的行为。比如，《侵权责任法》第 47 条规定："明知产品存在缺陷仍然生产、销售，造成他人死亡或者健康严重损害的，被侵权人有权请求相应的惩罚性赔偿。"

（二）违约责任的专有特征

1. 违约责任发生的原因是债务人违约

违约责任发生的原因是债务人不履行合同义务或者履行合同义务不符合约定。

其他民事责任亦有各自的发生原因。比如，侵权责任发生的原因行为人侵害了他人的民事权益。

2. 违约责任的种类与内容可由当事人约定

就违约责任来说，当事人享有较大的自治空间。在签订合同之时或签订合同之后、履行合同之前，当事人可以约定一旦发生违约，债务人应当承担何种责任，损害赔偿的范围为何。违约金与违约定金均具有明显的约定性。

二、违约责任的归责原则

债权人的实际履行请求权与债务人是否有过错并无关系。因此，违约责任的归责原则仅适用于违约损害赔偿与违约金。在违约责任归责原则方面，英美法系与大陆法系有显著差异：英美法系以严格责任为一般的归责原则，而在例外情况下适用过错原则。依其严格责任原则，发生违约之后，除非成立合同受挫（相当于大陆法系的不可抗力与情事变更两项制度），债务人即应承担损害赔偿责任。大陆法系国家的违约责任则以过错原则为一般，而例外地承认无过错责任。《合同法》借鉴了《联合国国际货物销售合同公约》、《国际商事合同通则》等国际法律文件以及英美法系的做法，以严格责任为违约责任的一般的归责原则，但在分则部分也规定在某些情况下，违约责任的成立以债务人有过错为前提。

（一）严格责任

1. 严格责任的正当化根据

严格责任是英美法的术语，无论是在违约责任领域还是在侵权责任领域，无过错亦可成立责任的均被称为严格责任。在德国法上，就违约责任来说，无过错也可成立责任的被称为无过错责任，而在侵权法领域，无过错也可成立责任的一般称危险责任。

与过错责任不同，就字面来言，严格责任并未揭明归责的根据何在，只是表明此种责任较过错责任要严而已。事实上，行为人无过错时也应负责，根本的原因在于，违约损害赔偿责任只不过是原给付义务的转换而已，亦即所谓的次给付义务，而原给付义务则系债务人自己通过允诺所承担的义务。因此，无过错亦承担违约责任对于违约方来说本来就是其分内之事。因此，严格责任当具正当化依据。

2. 适用严格责任时的免责事由

严格责任并非绝对责任。在适用严格责任时，如果不履行是由不可抗力所致，则违约责任不成立。根据《民法通则》、《合同法》的规定，不可抗力是指不能预见、不能避免并不能克服的客观情况。换言之，不可抗力是指具有不可预见性、不可避免性与不可克服性的客观情况（客观事件）。如自然事件、重大社会事件、政府行为等。

《合同法》第117条规定，因不可抗力不能履行合同的，根据不可抗力的影响，部分或者全部免除责任。另外，《合同法》第94条规定，因不可抗力致使不能实现合同目的的，当事人可以解除合同。

《合同法》第 118 条规定，不可抗力发生后，遭受不利影响的债务人应当及时通知对方，以减轻可能给对方造成的损失。该条规定了不可抗力发生后债务人所负的附随义务。此种义务以诚实信用原则为基础，旨在减少对方的损失。对于未尽此项义务的应如何处理，《合同法》并未规定。在解释上应当认为，对于因债务人未尽通知义务而发生或扩大的损失，债务人应负赔偿之责。

3. 第三人引起违约的处理

在适用严格责任的背景下，因第三人的行为引起债务人不履行之时应如何处理至关重要。对此应区分两种情况加以分析，因履行辅助人的行为直接归属于债务人，因此，第三人引起违约的行为仅指履行辅助人之外的其他第三人的行为。依学者之见，因其他第三人的行为使得债务人不能履行的，属于通常事变。① 而依严格责任原则，对于这种情况，债务人仍应负责。《合同法》也采取了这一立场。该法第 121 条规定，当事人一方因第三人的原因造成违约的，应当向对方承担违约责任。当事人一方和第三人之间的纠纷，依照法律规定或者按照约定解决。

（二）过错责任

严格责任只是表明单纯的没有过错不会使行为人免责，采纳严格责任绝对不会导致过错理念即丧失了生存空间。严格责任与过错责任完全可以在不同的范围内适用而彼此互不冲突。根据《合同法》的规定，适用过错责任原则的具体情形包括：

1. 通常的过错责任

根据《合同法》的规定，承租人的保管责任（第 222 条）、承揽人的保管责任（第 265 条）、保管人的保管责任（第 374 条）、仓储合同保管人的保管责任（第 394 条）均为过错责任。这类主体对于租赁物、定作人提供的材料以及完成的工作、保管物、仓储物的保管尽了注意义务后，即不再对租赁物等的毁损、灭失承担责任。此外，承运人对运输过程中旅客自带物品毁损及灭失的责任（第 303 条）、有偿委托合同中受托人的责任（第 406 条）亦系过错责任。

2. 仅就故意及重大过错负责的情形

《合同法》尚就若干特殊情形规定债务人仅就故意及重大过失负责。比如，《合同法》第 189 条规定，因赠与人故意或者重大过失致使赠与的财产毁损、灭失的，赠与人应当承担损害赔偿责任。第 191 条规定，赠与人故意不告知瑕疵或者保证无瑕疵，造成受赠人损失的，应当承担损害赔偿责任。第 374 条规定，保管期间，因保管人保管不善造成保管物毁损、灭失的，保管人应当承担损害赔偿责任，但保管是无偿的，保管人证明自己没有重大过失的，不承担损害赔偿责任。第 406 条规定，无偿的委托合同，因受托人的故意或者重大过失给委托人造成损失的，委托人可以要求赔偿损失。此类规定的基本思想是债务人履行义务是无偿的，因此不

---

① 林诚二：《民法债编总论》，中国人民大学出版社 2003 年版，第 323 页。

宜负过重的责任。

第二节 实际履行

一、两大法系的差异

（一）英美法系以损害赔偿为违约责任的首要形式

1. 特定履行成为例外救济措施的历史原因

14 世纪时，英国普通法上出现了一种名为侵害（trespass）之诉的诉讼形式。此种诉讼形式处理本系侵权性质的案件。其适用较为灵活，在诉讼时可以根据案件的具体情况加以调整，于是后来发展出若干种类的类案侵害之诉（trespass on the case）。类案侵害之诉与典型的侵害之诉有些差异，但其所统辖的案件仍涉及了侵害的处理。类案侵害之诉中有一种为担当之诉（assumpsit）的令状。其适用的场合是，原告声称其与被告之间有一种非正式的安排，嗣后被告以一种交易时未曾预想过的不当行为给自己造成了损害。最初，担当之诉仅适用于被告的不当行为，即积极侵害行为。比如被告医生有偿地为原告提供治疗，结果却给原告造成了伤害。至于被告不作为的情形，不能适用担当之诉。换言之，早期的担当之诉只能适用于瑕疵履行而不能适用于未提供履行。至 16 世纪初期，为和其他法院争夺案源，王室法院开始扩充担当之诉的适用范围。经由拓展，在原被告之间存在非正式约定的情况下，适用担当之诉均可用于处理案件。如此一来，担当之诉又与旧有的可以处理合同案件的令状发生了冲突。至 1602 年的 Slade v. Morley 案，担当之诉确立了相对于其他令状的优势地位。经过此后一段时间的发展，除了担当之诉，用于处理合同案件的诉讼仅有盖印合同之诉。

这一历史背景对于英美合同法具有深远的影响。首先，对价制度的产生就是为了限制担当之诉的适用范围，以便对非正式约定亦有约束力的规则进行一定的矫正。其次，在违约责任的层面上，由于担当之诉是普通法合同法的源头，而担当之诉为侵权性质的侵害之诉的一种，关注的问题是损害赔偿，违约救济的手段相应地也就是损害赔偿。

在普通法法院以担当之诉为处理合同案件的主要诉讼形式后，由于损害赔偿有时难以满足原告的要求，衡平法法院介入了进来，在一定的条件下判决被告实际履行合同（特定履行）。17 世纪时，普通法法院与衡平法法院围绕着管辖权等问题展开过斗争，结果普通法法院占据了上风，从而确立了衡平法追随普通法的规定。如此一来，在违约救济问题上，相对于普通法法院适用的违约损害赔偿，衡平法法院适用的特定履行即为附属的、例外的救济手段，禁令亦系如此。为了处理好与损害赔偿的关系，衡平法法院发展出来一些规则以便决定在什么情况下可以作出特定履行判决。普通法法院与衡平法法院的划分现已成为历史的陈迹，但特定履行的例外地位并未有所改变。

2. 获得特定履行救济的限制因素

（1）充分性标准。在英美法系国家，充分性标准（adequacy test）是原告提出源自衡平法的特定履行的请求时首先要跨越的障碍。在美国，《合同法第二次重述》现仍规定，如果损害赔偿能充分保护受害方的期待利益，特定履行令或者禁令将不能作出。损害赔偿是否为充分的救济，大体上因合同的标的物是土地还是动产而有差异。在土地买卖或租赁的情况下，原告通常能较为容易地获得特定履行令，因为土地被认为具有独一无二的性质，从而损害赔偿是不充分的。而在动产买卖的情况下，法院倾向于认为原告可以很容易地获得替代物，损害赔偿是充分的，因而不愿判令被告履行合同义务。在适用时，法院还应考虑个案的具体情况以决定是否达到了充分性标准。比如，根据《合同法第二次重述》的规定，决定赔偿损害是否充分的因素主要有三个：A. 证明原告所遭受的损失是困难的；B. 凭借对方所赔偿的金钱难以获得合适的替代履行；C. 损害赔偿的判决可能收不到实际的效果。

（2）特定履行的监督是否困难。如果被告履行合同的行为监督起来比较困难的话，英美的法院一般不会同意原告的特定履行请求。这一规则的产生与衡平法不做徒劳无益之事的传统有关。假设法院判令被告履行合同义务，而被告的行为是否真正符合要求难以判断，从而法院无从去监督或监督起来代价过大的话，则作出特定履行判决的意义也就降低了。具体而言，法院在判断是否存在监督困难时主要考虑的因素有：A. 履行的质量是否合格难以判断；B. 履行将进行长期监督；C. 监督活动本身对于法院来说即是一个沉重的负担。

（3）合同内容的确定性。合同的内容是否确定得足以让法院能够据之撰写出一份明确地指示被告应当如何去做的判决也是影响特定履行的一个因素。这一限制特定履行适用的规则隐含的思想是，当事人的约定足以为损害赔偿提供基础，但不足以为特定履行提供基础。如果合同内容极不确定以至于合同没有产生，根本就不会发生违约救济问题。

3. 有效率的违约说

20 世纪 70 年代之后，美国一些经济分析法学派的学者为英美法上的违约救济以损害赔偿为主而以特定履行为辅的做法提出了一个新的理由，即损害赔偿是比特定履行更有效率的救济方式。这种观点所蕴含的思想是，发生违约后如果被告不向原告实际履行合同而是赔偿其期待利益，并且在赔偿之后被告仍处于较特定履行时更好的境地，违约就是有效率的。为说明有效率的违约说，学者们通常举这样的简单例子：A 能够以每个 1 美元的成本制造机器配件，并以每个 2 美元的价格出售给 B。如果 A 实际履行了合同，其将赚 100 美元，而 B 因为在自己的机器上使用了这些配件将会获得 50 美元的利益。如此一来，A 与 B 所获得的利益共计为 150 美元。假设在缔约之后交付之前 C 与 A 签订了以每个 3 美元的价格购买这些配件的合同，

A 将配件实际交付给 C 是更有效率的。这是因为 A 履行与 C 签订的合同将取得 200 美元的利益，比向 B 为履行多挣 100 美元。当然，A 应向 B 承担损害赔偿责任。在此例中，B 使用这些配件取得的利益是 50 美元，A 赔偿了 50 美元后，自己获得了 150 美元，仍然比交付给 B 获得 100 美元要好，而 B 获得了损害赔偿，境况没有比特定履行变得更遭。如此一来，就实现了效益最大化。

（二）德国法以实际履行为违约责任的首要形式

与英美法系相反，大陆法系对于原告请求实际履行并未作限制，并且依德国法的规定，原告还不能轻易地不请求实际履行而请求违约损害赔偿。

1. 给付不能时排除实际履行请求

根据《德国民法典》第 275 条规定，给付不能时，债权人的给付请求权被排除，其可以主张替代给付的损害赔偿。而给付不能可以分为真正不能、不成比例的不能与人身不能。

（1）真正不能。真正不能通常是指，由于自然法则性质的原因，债务人没有能力提供给付。人们也称这种情况为物理不能。基于自然法则的不能，其典型例子如作为合同标的物的特定物自始不存在或者嗣后被毁损。同时，真正不能也包括法律不能，即由于法律的禁止性规定，债务人不能履行其义务。比如，某建筑企业根据合同负有建造建筑物的义务，而根据建筑法的规定该建筑无法获得行政许可。在卖方只有通过违反进口禁令才能既得用以履行合同的物时，也成立法律不能。

（2）不成比例的不能。不成比例的不能是指债务人的履行在自然法则、法律上的意义上是可能的，但是其为给付而有必要的消耗与债权人的给付利益严重不成比例。此方面的例子如：在交付之前，作为买卖合同标的物的戒指坠入了大海。就当前的科技状况来说，对戒指进行定位并将其打捞出来是可能的。但是所需要的消耗与戒指的价值相比不成合理的比例关系。就不成比例的不能来说，给付义务并非因其成立即被当然排除，而债务人享有拒绝给付的抗辩权。如果债务人不行使抗辩权，债权人仍然可以请求实际履行。

在确定是否严重不成比例时应比较债务人、债权人两方面的情况。在债务人方面，首先要考虑为给付而有必要的消耗，包括与给付的提供有关的、无形的不利益，如债务人个人或家庭的负担。反过来，在对债权人的利益进行衡量时也要考虑无形的利益，如买卖物的收藏价值。

（3）人身不能。人身不能涉及的是劳动合同、劳务合同等债务人应自己提供给付的情形。对于此类合同，德国法认为为了债务人的利益也应考虑根源在于债务人个人情事的给付障碍。在由于债务人特殊的个人情事不能苛求其进行给付时，应赋予其以给付拒绝权。人身不能的例子如，为了照顾其有生命危险的生病的孩子，女歌唱家可以拒绝登台表演；如果被征召回国服役并且不服从征召命令将面临死刑的威胁时，雇员可以不再从事其工作。

其他情况下设定期间而无结果时，债权人方能请求替代给付的损害赔偿

2. 例外情况下不需设定期间

（1）债务人认真并最终地拒绝履行。通过设定期间，债务人被给予了提供履行的最后一次机会。如果债务人已经认真并且最终地拒绝履行，对于债务人的这一保护就失去了必要性。因此，在这种情况下债权人不必设定期间即可主张替代给付的损害赔偿。

（2）因为特殊原因不必设定期间。如果存在使得在衡量双方利益时立即主张损害赔偿请求权为正当的情况，根据德国法的相关规定，债权人也不必再设定期间。对于即时合同来说，在债务人到时不履行时，债权人即可以向其请求损害赔偿，另外采取其他的补救措施。比如，债权人为了维持其生产急迫地需要准时的提供。倘债务人到期不履行，债权人可以进行替代购买，而请求债务人赔偿损失。

二、我国法上的实际履行

在我国法上，除了履行不能等情况外，债权人均可以请求实际履行，此与英美法系的做法有着较大的差异，可以说采纳了大陆法系的传统做法。

（一）实际履行的要件

1. 通常要件

实际履行的通常要件即债务人到期不履行合同。由于我国法上的违约责任以严格责任为原则，因此，在请求实际履行时并不需要考虑债务人有无过错。

2. 修正的要件

在债务人违约的情况下，如果债权人要求实际履行并且不存在阻却因素，法院应判决债务人实际履行。如果债权人不要求履行而是请求损害赔偿，《合同法》并未加以限定。从平衡债权人和债务人的利益出发，在解释论上，可参考德国法的做法，采纳债权人不得任意放弃实际履行而请求损害赔偿的立场。

（二）实际履行的排除

根据《合同法》第110条规定，排除实际履行的情形为：不能履行；债务的标的不适于强制履行；债务人的履行费用过高；债权人在合理期限内未要求履行。

（三）实际履行的方式

1. 未履行场合

如果债务人未为任何履行，或者提供了部分履行而债权人已经加以受领，则对于未为的履行或者未提供的部分可以设定期间要求债务人加以履行。倘期间经过后债务人仍不履行，则债权人可以解除合同，或者在取得执行名义后请求法院强制执行。

2. 瑕疵履行场合

如果债务人并非未为履行，而是提供了有瑕疵的履行，则实际履行的方式为后续履行或者说再为履行。《合同法》第111条规定："质量不符合约定的，应当按照当事人的约定承担违约责任。对违约责任没有约定或者约定不明确，依照本法第

61 条的规定仍不能确定的，受损害方根据标的的性质以及损失的大小，可以合理选择要求对方承担修理、更换、重作、退货、减少价款或者报酬等违约责任。"该条所称的修理、更换、重作即为后续履行的表现形式。更换与重作均重新提供履行的方式，适用于不同性质的合同。比如，在买卖合同中，如果卖方交付的物有瑕疵，买方可以要求更换。在承揽人提供的给付有瑕疵的情况下，定作人可以要求重作。对于修复瑕疵（修理）与重新提供履行这两种瑕疵履行之时的后续履行方式有无适用上的先后顺序，我国法律并未加以规定。

【案例分析 23-1】

> 甲机电有限公司与乙房地产开发有限公司签订产品订购合同。合同约定：甲为乙生产一批设备，价款为 25 万元；按照国标、部标及甲的标准生产，乙于 2008 年 5 月 9 日前提供技术资料，技术图纸由乙确认签字后生效，随机备品备件按甲备品备件标准供货；2008 年 6 月 9 日前交货。合同签订后，乙交给甲一份草图，乙的工程师丙在甲提供的平面布置图及原理图上注明有关要求。其后，甲将部分设计蓝图交给乙，但未提交其他技术图纸。2008 年 6 月 16 日，乙派人到甲处查看设备情况。同日，乙以传真方式向甲发出通知宣布废止双方的合同。甲递请法院判令乙继续履行合同，乙则主张甲未按合同约定提交技术图纸而构成违约，该违约行为导致乙不能实现合同目的，合同已经失去继续履行的意义，主张解除合同。
>
> 本案的关键在于违约方意欲实际履行合同，而非违约方则主张解除合同、请求违约损害赔偿。对于实际履行，我国法律并未明确非违约方能否任意在其与替代给付的损害赔偿之间加以选择。但是从实际操作来看，法院多会支持非违约方的请求。从国外立法例如德国的法律规定来看，虽然非违约方不能轻易地不再要求实际履行而仅主张损害赔偿，但是在履行已无意义之时即无从再强求其以实际履行为救济措施。因此，对于本案来说，甲的实际履行请求不应支持。

第三节 损害赔偿

一、损害赔偿的概念与种类

（一）违约损害的概念

违约损害，简言之，即因一方当事人违约而给对方造成的损失。德国法传统上采纳的是差额说，即受害人所遭受的损失为其人因为致害事件的发生而处于的利益状态与假设致害事件不发生时受害人所处于的利益状态的差额。

差额说较为清楚地描述了人们对于损害的理解。其后出现了旨在对差额说进行一定矫正的规范的损害概念，其要旨是基于评价的观点确定存在财产损害。比如：T 将商事代理人 V 打伤住院。因此，T 应赔偿 V 的医疗费用及其丧失的收益（因受伤住院而未能取得的佣金损失）。由于 V 为雇员，被投了法定疾病险，故由保险公司赔付治疗费，雇主也根据法律在其住院期间继续支付工资。如此，V 未遭受经济损失。但一方面，自规范的损害说的观点看，疾病保险与续付工资旨在使 V 免于因暂时丧失劳动能力而遭受经济损失，而不是使加害人免责。另一方面，V 也不能因此而获得收益。因此，法律上的处理是保险公司与雇主向受害者履行义务，之后发生债权的法定移转。

（二）损害的种类

1. 财产损害与非财产损害

损害可分为财产损害（物质损害）与非财产损害（精神损害）。财产损害是指非违约方的财产遭受了损失。财产损害不单是指财产现实地发生了减少，既有的财产状况出现了恶化，还包括消极的不增加。精神损害也称非财产损害，是指财产损害之外的一切不利益，包括精神上的痛苦和肉体上的痛苦，诸如忧郁、怨愤、悲伤、绝望、缺乏生趣、疼痛、奇痒、恶心、味觉丧失等。[1]

在精神损害赔偿方面，各国均采慎重态度。随着人类自我意识的进一步觉醒、自我价值的发现，人格利益在人类价值体系中的地位日益提升，产生了给精神损害以金钱赔偿的迫切需求，精神损害赔偿逐步得到了肯定。但就违约而言，精神损害发生的几率较小，对违约责任的精神损害赔偿提出的反对意见则更较多见。[2]

我国《民法通则》和《侵权责任法》都规定，侵害他人人身权益，造成他人严重精神损害的，被侵权人可以请求精神损害赔偿。但是，就违约的精神损害赔偿来说，并无明确的法律规定。在我国的司法实践中，对违约的精神损害赔偿问题虽不排斥，但总体上还是限定在一定范围之内。据论者观察，我国获得精神损害赔偿的合同诉讼所涉及的案型大致有：承揽合同中，因承揽人过失，丢失了定作人提供的材料而引起定作人精神损害案；保管合同中，因保管人过失致保管物毁损、灭失而引起寄存人精神损害案；医疗服务合同中，因医院过失致亲了被他人抱走而引起精神损害案；美容服务合同中，因提供服务方过错反而毁坏容貌而导致精神损害案；培训合同中，因培训方错误终止合同而导致学员精神损害案。[3]

---

① 金勇军：《慰抚金的几个问题》，载梁慧星主编：《民商法论丛》（第 11 卷），法律出版社 1999 年版，第 267 页。

② 叶金强：《论违约导致的精神损害的赔偿》，载杨立新主编《民商法理论争议问题：精神损害赔偿》，中国人民大学出版社 2004 年版。

③ 叶金强：《论违约导致的精神损害的赔偿》，载杨立新主编《民商法理论争议问题：精神损害赔偿》，中国人民大学出版社 2004 年版。

2. 履行利益、信赖利益与维持利益

履行利益（期待利益）是指合同如约履行时债权人可以获得的利益。信赖利益是指非违约方因为合同的有效成立而支付的费用，具体可以分为本质的信赖利益与附带的信赖利益。维持利益是指非违约方的财产或人身利益，其因违约方的行为遭受了损害。在侵害维持利益的情况下会出现违约责任与侵权责任的竞合。

3. 所受损害与所失利益

所受损害，也称积极损害，是指因损害事故的发生而使非违约方现有财产的数额减少。所失利益，也称消极损害，是指因损害事故的发生使得非违约方的财产本应增加而未增加。所受损害与所失利益均为应当加以赔偿的项目，但是在后者赔偿的条件应当更严。

二、限制违约损害赔偿的规则

（一）可预见性规则

在英美法上，可预见性规则是由 Hadley v. Baxendale 案为先例而确立的，其基本规则是如果受害人所遭受的损害可以被合理地认为，该损害是因违约行为而自然地发生的，即按照事物发展的通常过程，由于这种违约行为而自然地发生的，那么受害人可以获得损害赔偿；除非可以合理地假定双方当事人在订立合同时，已经考虑到违约行为将可能造成这种损害，结果性损害就不应得到赔偿。

英国法确定了可预见性规则后，受其影响，美国法也承认了该规则。《第二次合同法重述》第351条规定，对于当事人在订立合同时没有理由预见到很可能会作为违约的结果发生的损失，不能要求赔偿。如果损失是在事件的通常进程中作为违约的结果发生的，或者损失是作为特定情事的结果因违约而发生的，该特定情事超出了事件的通常进程，但是违约方有理由知道它，则该损失作为违约的很可能发生的结果即会被预见到。

大陆法系国家中，德国并无可预见性规则，但在违约损害赔偿中发挥重要作用的因果关系要件大体上包含了可预见性规则的内容，因为按照相当因果关系说，某一损失是否为事物通常发展进程中的损失实已得到了考虑。我国《合同法》借鉴了英美法及若干国际法律文件的做法，采纳了可预见性规则。其第113条第1款规定："当事人一方不履行合同义务或者履行合同义务不符合约定，给对方造成损失的，损失赔偿额应当相当于因违约所造成的损失，包括合同履行后可以获得的利益，但不得超过违反合同一方订立合同时预见到或者应当预见到的因违反合同可能造成的损失。"

对于可预见性规则，应明确以下几方面内容：

1. 预见的主体

《合同法》第113条第1款使用了"违反合同一方"的措词，故预见的主体应为违约方，而不包括非违约方。

2. 预见的时间

关于违约方能否预见到特定的损失，在判断时点上，《合同法》明确规定了"订立合同时"（缔结合同时）。该规定以违约方在缔约时所能知晓的情事为标准对风险进行了分配，较为公允，因为双方达成合意、安排合同内容是以当时所了解的信息为基础的。倘缔约后方能知晓的情事引起的损失亦由违约方负责，则对其未免苛刻。

3. 预见的内容

在预见的内容方面有两种不同做法。依英国法，只要被告预见到损害的类型或种类即可，无须预见到损害的程度或数额。法国法则要求损害的类型与程度均应是可预见的。就国际法律文件来看，《国际商事合同通则》第 7.4.4 条（损害的可预见性）规定："不履行方当事人仅对在合同订立时他能预见到或理应预见到的、可能因其不履行而造成的损失承担责任。"就《合同法》第 113 条第 1 款的规定来说，其并未明定预见的对象究竟为何，但在解释上，学者多认为应当只要求预见损害的类型而无须预见损害的程度。①

4. 判断可预见性的标准

可预见性的判断采纳的是客观标准，即以通常的理性之人是否能够预见为根据。之所以采纳客观标准，是因为假如竞争案件中的被告知识水平、能力低于普通的理性之人，其不能预见的风险应由其自己承担，而不能让非违约方无端遭受损害。

（二）减轻损失规则

减轻损失规则是指在违约发生之后，非违约方不能坐视不管，寄希望于将来违约方赔偿自己的全部损失，而是应采取合理的措施避险或减轻可能发生的损失。

对非违约方来说，减轻损失为一种不真正义务。至于何以构建减轻损失规则，主流观点则认为，减轻损失规则的设立旨在避免资源浪费。如果能够减轻损失而不去避免，在损失发生或扩大后再由违约方进行赔偿以为补救，实属浪费，因为这部分赔偿没有带来效益，只是填补了本可不发生的损失而已。

减轻损失规则为英美合同法上的制度，大陆法系国家在违约责任方面通常仅有大体相当的与有过失规则，而无减轻损失规则。英美法上的减轻损失规则主要有以下两方面内容：一方面，受害方应采取合理的措施以减轻损失；另一方面，采取合理措施伴随有相关的费用，如果法院认为措施是合理的，受害人可以请求债务人赔偿相关费用。

我国《合同法》借鉴了英美合同法及国际法律文件的做法，确立了减轻损失规则。其第 119 条规定："当事人一方违约后，对方应当采取适当措施防止损失的扩大；没有采取适当措施致使损失扩大的，不得就扩大的损失要求赔偿。当事人因

---

① 韩世远：《合同法总论》，法律出版社 2004 年版，第 739 页。

防止损失扩大而支出的合理费用，由违约方承担。"在适用该条时，大致可参酌英美法的相应举措，从自减损措施的合理性、减损的具体办法以及减损费用的赔偿等方面决定案件的处理。

（三）损益相抵规则

损益相抵亦称损益同销，是指权利人基于损害发生的同一赔偿原因获得利益时，应将所受利益由所受损害中扣除，以确定损害赔偿范围的规则。该制度的法理依据在于，违约损害赔偿的目的在于补偿债权人因违约而遭受的损失，并非使其因此而获得不当的利益，债权人的地位不利因损害赔偿较损害事故发生前的更为优越。[1]

第四节　违　约　金

一、概述

（一）违约金的概念与特征

违约金是当事人约定的一方不履行合同时向对方支付一定数量的金钱或其他给付。违约金有如下特征：

（1）违约金的客体为金钱或其他给付。通常情况下，当事人所约定的违约金多为金钱。但是，法律并未规定当事人所约定的违约金其客体以金钱为限。当事人可以约定特定物、种类物等为违约金的客体。

（2）违约金的支付事由为一方不履行合同且违约责任成立。违约金的支付使支付的一方遭受了损失，而之所以支付违约金不单纯取决于一方的不履行，而是应成立违约责任。

（3）违约金兼有使填补债权人的损害简易化与促使债务人履行合同的功能。

（二）违约金与相关制度的区别

1. 违约金与违约定金

违约金与违约定金均有不履行的一方向对方支付金钱或其他给付的结果。但二者显有差异。在功能上，违约金兼有使填补债权人的损害赔偿简易化与促使债务人履行合同的功能，违约定金相对而言更重于促使当事人履行合同义务。其他的差异尚有：支付金钱或其他给付的时间不同；给付客体上的差异，一个为金钱或其他给付，另一个是金钱及其他可替代给付；在数额方面，一个没有比例限制，另一个则有法定的上限限制。

2. 违约金与不真正违约金

违约金是通过当事人的约定而设立的。这种合同相对于主合同来说为从合同。

---

[1] 崔建远主编：《合同法》，法律出版社 2007 年版，第 327 页。

当事人就违约金进行约定时主合同已经成立或者同时约定，而违约金合同的效力也取决于主合同的效力。主合同如果无效，违约金条款自然也不会生效。另外一种情形则是不真正违约金。这是指双方当事人就法律行为以外的其他适法行为约定违约金以强制一方当事人履行的。比如，约定戒烟戒酒，如果破戒则支付若干金钱。①

二、违约金的种类

（一）赔偿性违约金

赔偿性违约金是指当事人所约定的违约金所针对的是一方违约后另一方所遭受的损失。也有人称之为赔偿额预定性违约金。由其性质所决定，赔偿性违约金有可能根据非违约方实际遭受的损失为何加以调整，从而赔偿性违约金不能脱离违约损害赔偿而全然独立适用。

（二）惩罚性违约金

惩罚性违约金与违约损害赔偿没有什么关系，当事人只是约定一旦发生违约即支付违约金。在支付违约金之外，违约方还得应对方的要求支付违约损害赔偿，并且违约损害赔偿的计算不考虑违约金的数额。有些学者称此种违约金为固有意义上的违约金。

我国《合同法》关于违约金的规定并未提及其与违约损害赔偿的关系。在解释上，学界一般认为我国的违约金主要为赔偿性违约金。另外，基于合同自由原则，当事人当然也可以约定惩罚性违约金。只要不违反法律或公序良俗，并且没有其他瑕疵事由，惩罚性违约金的约定是有效的，一旦出现违约情事，法院应当支持非违约方的请求。至于当事人所约定的违约金的性质，应根据其意思加以判断。

三、违约金的适用

（一）赔偿性违约金数额的调整

如果当事人约定的为赔偿性违约金，并且没有就违约支付的条件作特别的规定，则在不履行义务并且不存在不可抗力时就应当支付违约金。由于赔偿性违约金重在缓和确定违约损害赔偿额的难度，而以实际的损失赔偿额为参照。因此，存在着根据实际损失额的大小而调整违约金数额的要求。另外，在未发生损失的情况下债权人能否请求支付违约金也是一个问题。

1. 违约金的增加

《合同法》规定，约定的违约金低于造成损失的，当事人可以请求人民法院或者仲裁机构予以增加。这一规定明确体现了违约金的赔偿性质，既然赔偿性违约金服务于补偿因违约而发生的损失，自然在约定的违约金较实际的损失额少时可以请求增加。就实际应用来说，违约金的增加应当是非违约方请求时方可考虑，法院不

---

① 孙森焱：《民法债编总论》（下册），法律出版社 2006 年版，第 599 页。

应依职权增加违约金的数额。

2. 违约金的减少

《合同法》规定，约定的违约金过分高于造成的损失的，当事人可以请求人民法院或者仲裁机构予以适当减少。可见，违约金的减少以约定的违约金过高为条件，与违约金的增加显有不同，后者并无"过分"的要求。结合《合同法》的相关规定，可以认为在违约金过分高于造成的损失的可以请求减少，表明立法者欲使当事人的违约金约定居于优先地位，不至于不履行方动辄以约定的违约金高于损失为由请求减少，从而使违约金约定实际上难以发挥作用，被违约损害赔偿所取代；同时，倘立法者有意对违约金增加做不同规定，而非在立法时出现了疏漏，则表明立法者在双方当事人约定违约金的情况下更偏重非违约方的保护。一旦造成的损失高于约定的违约金，非违约方即不应因约定了违约金而遭受不利，否则非违约方反倒较不为约定时处于更差的境地。《合同法解释（二）》第29条规定，当事人主张约定的违约金过高请求予以适当减少的，人民法院应当以实际损失为基础，兼顾合同的履行情况、当事人的过错程度以及预期利益等综合因素，根据公平原则和诚实信用原则予以衡量，并作出裁决。（2）当事人约定的违约金超过造成损失的30%的，一般可以认定为《合同法》第114条第2款规定的"过分高于造成的损失"。

（二）惩罚性违约金

1. 是否应根据实际损失予以增加或减少

惩罚性违约金旨在对不履行方的行为加以制裁，其数量不取决于非违约方所遭受的损失，从而也不必根据实际损失的大小加以调整。一旦发生违约，应依约定的违约金予以支付。

2. 是否有额度（比例）限制

我国法律对惩罚性违约金未加以规定，自然也没有关于违约金与给付数量的比例或额度规定。不过，学者认为应当类推适用《担保法》关于定金的规定，以一定比例为其上限。

3. 能否免除

由惩罚性违约金的性质所决定，在一方不履行之时，倘另外一方实际上并未遭受损失，不必免除违约金。

四、违约金与其他违约救济措施的关系

违约金是当事人所约定的一方违约时的救济措施，它与其他救济措施的关系如何，能否并用或者是相互排斥的应加以探讨。由于惩罚性违约金的特点，其与其他违约救济措施的关系较易确定，在此仅论及赔偿性违约金与其他违约救济措施的关系。

（一）违约金与实际履行

实际履行旨在使不履行方依合同的约定履行其本来所负的义务，而赔偿性违约金旨在填补因不履行而遭受的损失。因此，在不履行出现后，非违约方可以请求对方支付违约金。同时，其原则上也能请求对方实际履行。例外情况下，如果能够确定，双方约定的违约金具有预定替代给付的损害赔偿数额的性质，则违约金与实际履行不得并用。

（二）违约金与损害赔偿

赔偿性违约金与损害赔偿的关系实际上在上文述及违约金的增减及免除时已经有所阐释。在当事人约定了赔偿性违约金或者未明确约定违约金的性质，但根据合同解释可以确认为赔偿性违约金的情况下，就违约金与损害赔偿的关系来说，应优先适用违约金。如违约金小于实际造成的损失，依非违约方的请求，法院方可增加违约金的数额，使得违约方所支付的金额与对方所遭受的损失一致。反过来，只是在违约金过分高于造成的损失，对违约方而言很不公平时才根据违约方的请求适当减少违约金。此时，自然谈不上在支付违约金之余还要支付损害赔偿。

（三）违约金与违约定金

根据《合同法》第116条规定，违约金与违约定金不得同时适用。立法者的考虑是二者均系当事人针对一方可能发生的违约行为而约定的，性质较为接近，如果并用，非违约方可能获得过大的利益。

但是，如果排除了违约定金与违约金的并用，则在适用了定金罚则后，如果不足填补非违约方所遭受的损失，即应再计算余下的损失为多少。而考虑到违约金相对于违约损害赔偿的优先性，在适用定金罚则后仍应适用当事人所约定的违约金。在并用的情况下，如果非违约方仍认为损失大于定金与违约金之和，可以进行举证，法院采纳后应支持其请求。反之，在并用的情况下，如果违约方认为二者相加已经过分高于实际发生的损失，亦应加以举证。倘其确有根据，应在定金之外，对违约金的数额予以酌减。如果除了定金之外，实际上已不存在损失，即不应再适用违约金，此时违约定金与违约金即不能并用。

【案例分析 23-2】

2008年12月，甲摩托车销售行与乙摩托车生产厂家签订了一份摩托车购销合同，双方在合同中约定：甲方向乙方订购某种型号的两轮摩托200辆，货款为120万元，甲方向乙方支付定金20万元；任何一方不履行合同应支付违约金30万元；甲方在货到后10日内支付其余的货款100万元。临近春节，由于摩托车销售形势趋好且另一销售公司开出较好的价格，乙方即将此批货物予以调卖，但对甲方称货源紧张，要求迟延履行。甲方在得知乙方要求迟延履行的内情后，认为错过了销售旺季，致使合同目的不能实现，遂要求乙方承担违约责任，未果。甲方遂提起诉讼，主张解除合同，请求法院判令乙方支付违约金并返还定金。乙方同意解除合同并双倍返还定金，但不同意支付违约金。

在本案中，乙方的违约行为致甲方的合同目的不能实现，故甲方可解除合同。由于解除事由为乙方的违约行为，因此甲方尚可主张违约责任。双方当事人既约定了违约定金，又约定了违约金。根据《合同法》第 116 条的规定，二者只能择一主张而不能并存。因此，甲方的请求不能得到支持。当然，该条规定是否妥适容可商榷。

【本章思考题】

1. 如何理解违约责任的归责原则？
2. 根据我国法律规定，在哪些情况下违约责任适用过错原则？
3. 什么是不可抗力？不可抗力的法律后果如何？
4. 在哪些情况下，不应再将实际履行当作违约救济手段？
5. 违约损害赔偿中的限制性规则有哪些？
6. 如何理解违约金与违约定金的关系？

第二十四章 转移财产所有权的合同

☞ **本章导读**

　　本章四种合同都属于转移财产所有权的合同，转移财产所有权既是双方当事人订立合同的目的，也是合同履行后在不同当事人之间发生的当然法律后果。但四者间的区别也很突出。买卖合同是实现商品交换最普遍的方式，除了不动产等特殊商品外，法律原则上对买卖合同的形式不作硬性要求。供用电（水、气、热力）合同本质上也是买卖合同的一种，但由于这类商品的公用性、计划性及其运输的特殊性、消费的不可返还性而在合同法中单独加以规定。赠与合同具有单务性、无偿性的特征，并且在我国《合同法》中依据不同情形而被区分为普通赠与合同和特殊赠与合同两种类型。借款合同则依据合同主体的不同区分为实践性和诺成性两种，借款合同的形式及有偿性问题也是从合同主体的角度作出了不同的规定。

第一节 转移财产所有权的合同概述

　　转移财产所有权的合同，是当事人一方将一定财产的占有、使用、收益和处分的权利完全转移给另一方当事人，另一方当事人予以接受的合同。转移财产所有权的合同，包括买卖合同、供用电（水、气、热力）合同、赠与合同和借款合同。其中买卖合同是典型的双务、有偿合同，与赠与合同的无偿性、单务性相区别。我国合同法中的买卖合同仅指实物买卖交易，无形财产（如作品著作权等）的交易法律另有规定，没有规定的，参照买卖合同的相关规定。供用电（水、气、热力）合同本质上也是买卖合同的一种，但由于这类商品的特殊性而在合同法中单独作为一类合同加以规定。赠与合同与买卖合同的主要区别在于其无偿性，财产权的转移如果以支付对价为条件则是买卖合同，不以支付对价为条件则为赠与合同。借款合同在我国合同法中依据不同的情形分别具有实践性和诺成性、要式和不要式的两重性，既不全是诺成合同，也不全是要式合同。

　　转移财产所有权的合同具有以下法律特征：

　　第一，合同的标的为法律允许转让的流通物，这是其区别于提供劳务的合同、技术转让合同、商标转让合同等合同的重要特征。

　　第二，合同的目的在于实现财产所有权的转移，这是其区别于使用财产的合同的重要特征。

第三，在这类合同中，财产所有权转移的方式依标的物是动产还是不动产而有所区别。依据我国《物权法》第6条规定，不动产所有权的转移以完成登记为准，动产所有权的转移以完成法律规定的交付为准。

第二节　买卖合同

一、买卖合同的概念和特征

买卖合同，是出卖人交付标的物并转移标的物所有权于买受人，买受人支付价款的合同。其中，依约定应交付标的物并转移标的物所有权的一方称为出卖人，应支付价款的一方称为买受人。

买卖合同具有以下法律特征：

1. 买卖合同是最典型的双务合同

买卖合同的双方当事人在享有合同权利的同时，都负担相应的合同义务，其中，出卖人负有交付标的物并转移其所有权于买受人的义务，买受人负有向出卖人支付价款的义务，因此，买卖合同是典型的双务合同。

2. 买卖合同是最典型的有偿合同

买卖合同中，出卖人所负担的交付标的物并转移其所有权于买受人的义务，与买受人所负担的支付价款的义务，互为对价。因为买卖合同是最典型的有偿合同，所以我国《合同法》规定，其他有偿合同在法律没有特别规定的情况下，准用买卖合同的规定。

3. 买卖合同是诺成合同

除法律另有规定或当事人另有约定外，买卖合同自双方当事人意思表示一致时成立，并不以一方当事人标的物的交付或价款的支付作为合同的成立要件，因此，买卖合同为诺成合同。

4. 买卖合同为不要式合同

因为买卖是商品交换最普遍的方式，为了交易便捷，法律原则上对买卖合同的形式不作硬性要求。因此，买卖合同为不要式合同。但对于不动产（房屋、土地使用权买卖）和一些特殊商品（如汽车、轮船等）的买卖，法律或行政法规另有规定，这类买卖合同应当采用书面形式，转移其所有权时还须办理登记手续。

二、买卖合同的效力

买卖合同的效力是指买卖合同对合同双方当事人所具有的法律约束力。买卖合同的效力具体地表现为合同当事人所享有的权利和所负担的义务。由于买卖合同是典型的双务有偿合同，一方当事人所负担的合同义务是对方当事人所享有的合同权利，所以买卖合同的效力可以通过双方当事人所负担的合同义务来体现。

（一）出卖人的主要义务

1. 交付标的物

出卖人应当按照约定的质量要求交付标的物。出卖人提供有关标的物质量说明的，交付的标的物应当符合该说明的质量要求。当事人对标的物的质量标准没有约定或约定不明确的，可以协议补充；不能达成补充协议的，按照合同有关条款或者交易习惯确定；仍不能确定的，出卖人交付标的物，应当按照通常标准或者符合合同目的的特定标准履行。

出卖人应当按照约定的数量交付标的物。出卖人多交标的物的，买受人可以拒绝接收多交的部分，但应当及时通知出卖人。如果买受人接收多交部分的，则按照原合同的价格支付价款。合同中约定分批交付的，出卖人应按照约定的批量分批交付。出卖人未按照约定的时间和数量交付的，应就每一次的不适当交付负违约责任。

出卖人应当按照约定的包装方式交付标的物。对包装方式没有约定或者约定不明确的，可以协议补充；不能达成补充协议的，按照合同有关条款或者交易习惯确定；仍不能确定的，应当按照通用的方式包装，没有通用方式的，应当采取足以保护标的物的包装方式。

2. 转移标的物的所有权于买受人

出卖人有义务交付标的物，并有义务使标的物的所有权转移给买受人，使买受人实现合同的目的。依《合同法》第133条规定，标的物的所有权自标的物交付时起转移，但法律另有规定或者当事人另有约定的除外。这表明标的物所有权的转移方法，可以有所不同。

就动产而言，除法律有特别规定的以外，所有权依交付而移转。但当事人可以约定出卖人先行交付标的物，在买受人未履行支付价款或者其他义务的，标的物的所有权仍归出卖人所有，以担保买受人履行合同义务，这就是所谓的所有权保留制度。

不动产和法律有特别规定的动产（如车辆、船舶、航空器等），所有权的转移应当依法办理所有权的变更登记。出卖人就交付的标的物，除非法律另有规定，负有保证第三人不得向买受人主张任何权利的义务，此即出卖人所负担的权利瑕疵担保义务。但在买卖合同订立时，买受人知道或者应当知道第三人对买卖的标的物享有权利的，出卖人不负担该项义务。

（二）买受人的义务

1. 支付价款

支付价款是买受人的主要义务。买受人支付价款应按照合同约定的数额、地点、时间为之。

价款数额一般由单价与总价构成，总价为单价乘以标的物的数量。买受人应当按照约定的数额支付价款。对价款没有约定或约定不明确的，可以协议补充；不能达成补充协议的，按照合同有关条款或者交易习惯确定。如仍不能确定，按照订立合同时履行地的市场价格履行，依法应当执行政府定价或者政府指导价的，按照规定履行。

价款的支付时间，可以由双方当事人约定。买受人应当按照约定的时间支付价款。对支付时间没有约定或者约定不明确的，可以协议补充；不能达成补充协议的，按照合同有关条款或者交易习惯确定。仍不能确定的，按照同时履行的原则，买受人应当在收到标的物或者提取标的物单证的同时支付。价款支付迟延时，买受人不但有义务继续支付价款，而且还有责任支付迟延利息。买受人在出卖人违约的情况下，有拒绝支付价款、请求减少价款、请求返还价款的权利。

价款的支付地点可由双方当事人约定。买受人应当按照约定的地点支付价款。对支付地点没有约定或者约定不明确，可以协议补充；不能达成补充协议的，按照合同有关条款或者交易习惯确定；仍不能确定的，买受人应当在出卖人的营业地支付，但约定支付价款以交付标的物或者交付提取标的物的单证为条件的，在交付标的物或者提取标的物单证的所在地支付。

价款的支付方式，可由当事人约定，但当事人关于支付方式的约定，不得违反国家关于现金管理的规定。

2. 受领标的物

买受人有依照合同约定或者交易惯例受领标的物的义务，对于出卖人不按合同约定条件交付的标的物，例如多交付、提前交付、交付的标的物有瑕疵等，买受人有权拒绝接受。

3. 检验和通知义务

买受人收到标的物时，有及时检验义务。当事人约定检验期间的，买受人应当在约定期间内，将标的物的数量或质量不符合约定的情形通知出卖人，买受人怠于通知的，视为标的物的数量或质量符合约定。当事人没有约定期间的，买受人应当在发现或者应当发现标的物数量或质量不符合约定的合理期间内通知出卖人。买受人在合理期间内未通知或者自标的物收到之日起2年内未通知出卖人的，视为标的物数量或质量符合约定；但对标的物有质量保证期的，适用质量保证期，不适用该2年的规定。出卖人知道或应当知道提供的标的物不符合约定的，买受人不受前款规定的通知时间的限制。

该项义务的违反不发生违约责任的承担，但由此造成的损失由买受人自己负担。

4. 暂时保管及应急处置拒绝受领的标的物

在特定情况下，买受人对于出卖人所交付的标的物，虽可作出拒绝接受的意思表示，但有暂时保管并应急处置标的物的义务。例如，对于通过第三人（承运人）交付不易保管的易变质物品如水果、蔬菜等，买受人可以紧急变卖，但变卖所得在扣除变卖费用后需退回出卖人。买受人在拒绝接受交付时为出卖人保管及紧急变卖标的物的行为必须是基于善良的动机，不得扩大出卖人的损失。该项义务与买受人在特定情形下所负担的通知义务等同，属买受人所应负担的附随义务。

三、买卖合同中的风险负担

买卖合同中的风险在这里是指买卖合同的标的物由于不可归责于买卖合同双方当事人的事由毁损、灭失所造成的损失。风险负担是指该损失应由谁来承担。

当今各个国家和地区就此问题有两种不同的立法例：一为所有权人主义，即认为风险应由所有人承担，因之风险应随所有权的转移而转移。《法国民法典》以及《英国货物买卖法》为其代表。二为交付主义，即认为风险应自交付时起从出卖人转移给买受人。《德国民法典》以及《美国统一商法典》为其代表。我国《合同法》就买卖合同中的风险负担设有明文，第 142 条规定：标的物毁损、灭失的风险，在标的物交付之前出出卖人负担，交付之后由买受人负担，但法律另有规定或者当事人另有约定的除外。明显采交付主义作为一般规则。

四、特种买卖合同

在我国《合同法》上，特种买卖合同包括分期付款买卖合同、样品买卖合同、试用买卖合同、招标投标买卖合同和拍卖合同等。

（一）分期付款买卖合同

分期付款买卖属买卖中的一种，出卖人负有转移标的物的所有权给买受人的义务，买受人负担支付价款的义务，具有双务性、有偿性和诺成性的特征。除此之外，它还具有其独有的法律特征：（1）物先交付性。在分期付款买卖中，出卖人须在买受人支付约定的首期价款后将买卖标的物交付给买受人占有、使用。至于标的物的所有权是在标的物交付时一同转移还是在买受人支付完全部价款时转移，则依双方在合同中的特别约定。（2）价款分期支付性。买受人在取得标的物的占有权或者所有权后仍须按合同的约定分期支付残余价款。当事人双方可以自由约定付款的期限和次数，但在出卖人交付标的物后买受人至少应当再分两次向出卖人支付价款，否则就不属于分期付款的买卖。分期付款买卖可于买卖标的物价金较高、买受人一次性支付价款有困难时适用。

分期付款是许多高档商品销售所采用的一种营销手段，虽然有其有利的一面，但也蕴藏着较大的风险：剩余价款能否如期收回？出卖人通常采用两种保全方法：一种方法是要求买受人提供担保，出卖人可要求买受人寻求愿为其提供担保的有偿付能力的保证人，也可要求买受人提供相当财产抵押给买受人或者直接以分期付款的买卖标的物设定抵押。在买受人能够提供担保的情况下，买卖双方可以在合同中约定标的物的所有权在交付时转移给买受人。一旦买受人不能如期支付价款，出卖人即依《担保法》和担保合同的约定实现其担保债权。另一种方法则是出卖人保留标的物的所有权，买受人在支付首期价款后只能获取标的物的占有权、使用权和收益权，但不能处分标的物。若买受人不能支付的价款累计达一定次数或达一定数额，出卖人可依约解除合同，收回标的物。

【案例分析 24-1】

　　某汽车销售公司开展面向中小企业的汽车分期付款销售业务。在该公司为客户提供的分期付款买卖合同中规定：付款期限为 18 个月，首期付车款 1.88 万元，然后每月付车款 8800 元，合计车款 17.8 万元。并约定，购车人支付首期款项后即可取得车辆的使用权，车辆的所有权仍保留在汽车销售公司手里，但如果以后购车人连续两个月不按时付车款，该公司有权收回车辆。某印刷厂于 2006 年 10 月按汽车销售公司提供的格式合同与该公司签订了分期付款的汽车购买合同。到 2008 年元月由于印刷厂与另一单位发生经济纠纷，其银行账户被法院冻结，汽车亦被扣押，印刷厂即陷入支付不能的情形，其与汽车销售公司的分期付款买卖合同还剩下最后三期车款未支付。汽车销售公司于 2008 年 3 月向法院起诉，要求印刷厂返还合同项下的汽车，并向法院申请财产保全。印刷厂在答辩中声称：其不付车款是特殊原因所致，非故意不履行，且车款只剩最后三期未支付，由汽车销售公司无条件收回汽车违反公平原则。

　　本案的汽车销售公司（出卖人）与印刷厂（买受人）就汽车签订的分期付款合同合法有效，买受人关于合同中的出卖人在连续两期不获付款时无条件收回汽车的条款有失公平的主张不是在《合同法》第 55 条规定的期限内提出，其撤销权消灭，该条款对双方仍具有约束力。虽然有一种意见认为，《合同法》第 167 条关于分期付款买受人未支付的到期价款的金额达到全部价款的 1/5 的规定，是法律对出卖人请求支付全部价款或解除合同的特别约定的限制，属于强制性规定，当事人在合同中不得限制、排除或者违反这一限制，否则是无效的。但这种观点与《合同法》第 52、53 条对无效合同的规定不甚相符。因此如果本案没有第三人申请诉讼保全，由法院将汽车扣押，汽车销售公司依合同约定无偿收回汽车，印刷厂亦无权要求部分返回其已支付的前期价款。

　　第三人（买受人的债权人）在汽车销售公司收回汽车前就已经向法院申请财产保全，法院受理该申请并对印刷厂的财产（包括汽车）采取财产保全措施。印刷厂不是该辆汽车的所有权人，但未对法院的裁定申请复议，致使法院作出错误的裁定。汽车销售公司在了解这一情况后，可以第三人的身份对法院扣押汽车的裁定提出异议，并提交相关的产权证明以供法院审查。法院审查属实后，发现裁定不当的，应当作出新的裁定变更或者撤销原裁定。扣押汽车的裁定被撤销后，汽车销售公司即可以依据合同行使权利，收回汽车。

（二）样品买卖合同

样品买卖，是指出卖人交付的标的物须与当事人保留的样品具有同一品质。样品，是指当事人选定的用以决定标的物品质的实物。样品的确定，反映的是双方当事人对标的物质量的约定，本质上就是合同的质量条款。

《合同法》第 168 条规定："凭样品买卖的当事人应当封存样品，并可以对样品质量予以说明。出卖人交付的标的物应当与样品及其说明的质量相同。"封存，可以是双方当事人各执一份封存的货样，也可以是交第三人保存货样。

《合同法》第 169 条规定："凭样品买卖的买受人不知道样品有隐蔽瑕疵的，即使交付的标的物与样品相同，出卖人交付的标的物的质量仍然应当符合合同种物的通常标准。"样品的品质瑕疵依检测方式的不同可分为表面瑕疵和隐蔽瑕疵。（1）表面瑕疵，是指作为样品的标的物外观方面的瑕疵，不需要通过特别的检测手段，一个普通谨慎的买受人在交易中仅凭自己的经验、知识和感官就能够发现和注意到的瑕疵，如家具的油漆颜色不均匀或脱落等。（2）隐蔽瑕疵，是指不易从外观上发现，只有通过特别的检测手段或者较长时间的使用观察才能发现的内在瑕疵。如家具所含甲醛超标问题就属于隐蔽瑕疵，买受人在接受交付时仅凭目测是不能发现的，只有在使用一段时间后，或者通过特定仪器的检测，这种隐蔽的瑕疵才能显现出来。

（三）试用买卖合同

试用买卖合同，是指当事人双方约定，于合同成立时，出卖人将标的物交付买受人试用标的物，并以买受人在约定期限内对标的物的认可为生效要件的买卖合同。关于试用买卖的性质，一般认为是附生效条件的合同。

试用买卖必须确定一个合理的试用期间。《合同法》第 170 条规定："试用买卖的当事人可以约定标的物的试用期间。对试用期间没有约定或者约定不明确，依照本法第 61 条的规定仍不能确定的，由出卖人确定。"因此，试用期间的确定有三种方法：第一，由当事人约定；第二，当事人没有约定或者约定不明确，根据已有的条款或者交易习惯确定；第三，在前两种方法还不能确定的情况下，由出卖人确定。

由于是试用买卖，买受人无必须购买的义务，但为了平衡出卖人和买受人的利益，《合同法》第 171 条规定，"试用买卖的买受人在试用期内可以购买标的物，也可以拒绝购买。试用期间届满，买受人对是否购买标的物未作表示的，视为购买。"因此，在试用期间届满前，买受人明确表示同意购买标的物或者买受人未作明确表示而被推定同意购买时，买卖合同生效。

第三节　供电（水、气、热力）合同

一、供电合同的法律特征

根据《合同法》第 176 条规定，所谓供电合同是指供电人向用电人供电，用电人支付电价的合同，即供电人与用电人就电力供应、使用和电费的支付而达成的协议。

（一）供电合同的主体是供电人和用电人，即电力的供应者和使用者

供电人是具有法人资格的供电企业。《电力法》第25条规定："供电企业在批准的供电营业区内向用户供电。供电营业区的划分，应当考虑电网的结构和供电合理性等因素。一个供电营业区内只设一个供电营业机构。"供电营业机构的设立和变更，须由供电企业提出申请，经省级人民政府电力管理部门会同同级有关部门审查批准后，发给供电营业许可证，供电企业持此许可证向工商行政管理部门申领营业执照，供电企业方可供电营业。用电人则包括使用电力的法人、自然人及其他组织。供电人与用电人根据平等自愿、协商一致的原则，按照国家制定的有关法律、法规就电力的供应和使用办法签订供用电合同。在供电合同订立的过程中，没有特定的法定事由，供电人不得拒绝用电人订立合同的提议。

（二）供用电合同的标的物是电或电力

电力是一种重要的能源和动力，又是一种特殊的商品。电力是不能储存的，它被电力生产企业生产出来后必须经过输送环节才能被用户使用。电力的生产、输送和使用过程几乎是同时完成的，即电力一经产生就被使用消耗掉，电力的生产、输送和使用必须遵守计划原则，否则就会造成社会资源的浪费。

（三）供用电合同属于持续供给合同

供电人在发电、供电系统正常的情况下，应当连续向用电人供电，不得中断。

（四）供用电合同一般按照格式条款订立

供电企业为了与不特定的多个用电人订立合同而预先拟定格式条款，双方当事人按照格式条款订立合同。对供用电方式有特殊要求的用电人，可采用非格式条款订立合同。

（五）供用电合同的双方当事人的权利义务受到多方面的限制

首先是国家计划的制约。电力是与国民经济和人民生产、生活密切相关的能源和动力，由于我国目前电力的生产能力还不能完全满足生产、生活的需要，国家对电力的供应和使用实行计划管理。其次，在订立供用电合同时，双方当事人不仅要遵守《合同法》的规定，还要遵守《电力法》、《电力供应与使用条例》、《全国供用电规则》等其他相关的法律、法规。再次，在电价的确定和电费的收取方面，双方当事人也要遵守国家电价制度和电价管理权限的规定，不得擅自变更国家规定的电价标准。而且国家主管部门依据用途的区别，对工业用电、农业用电、生活用电规定了不同的电价。这些规定都是双方在订立合同时应当遵守的。

二、供电人的义务和责任

《合同法》第179条、第180条、第181条对供电人的义务和责任作出了明确的规定。

（一）供电人负有按照国家规定和合同约定安全供电的义务

（1）供电人应当按照国家规定的供电质量标准安全供电，是指供电设施和受电设施的设计、施工、试验和运行应当符合国家标准或者电力行业标准，以及用户受电端的供电质量应当符合国家标准或者电力行业标准，以保证安全供电。对公用供电设施引起的供电质量问题应当及时处理。我国《电力法》第28条规定，供电企业应当保证供给用户的电力质量符合国家标准，即在电压、电流、电量、相数、时间等方面符合国家规定的标准。违反国家规定标准，给用电人造成损害的，应当予以赔偿。除非有《电力法》第60条规定的两种情况才能免除供电人的责任：①不可抗力；②用户自身的过错。我国《合同法》第179条规定，供电人应当按照国家规定的供电质量和约定安全供电。供电人未按照国家规定的供电质量标准和约定安全供电，造成用电人损失的，应当承担损害赔偿责任。《供电营业规则》对供电质量有更为具体明确的规定：在电力系统正常状况下，220伏单相供电的合理偏差为额定值的正7%、负10%；在电力系统非正常状况下，用户受电端的电压最大允许偏差不应超过额定值的正负10%。由此可见，本案的供电局供给用户的电力质量不符合国家标准，而造成电压的升高原因又正是供电局的检修人员在没有认真查明跳闸停电的原因的情况下就轻率合闸供电造成的，不是居民用户违规用电造成的。

（2）供电人应当按照约定安全供电，是指供电人应当按照合同约定的供电数量、质量、时间、方式安全供电。在订立合同时，用户对供电质量有特殊要求的，供电人应当根据电网的条件，尽可能予以满足。

供电人未履行相应的供电义务，给用电人造成损失的，应当承担损害赔偿责任。用电人的损失既包括使用不符合标准的电力造成的电器、机械毁损等直接损失，也包括使用不符合标准的电力造成的停工、停产等损失以及由此带来的间接损失。供电人承担损害赔偿的条件为：第一，供电人违反国家规定的质量标准，或双方在供电合同中关于供电质量的约定；第二，用电人有客观的损害结果；第三，供电人的行为与损害结果之间存在直接的因果关系；第四，供电人不具有法定或者约定的免责事由。

（二）供电人在需要中断供电时负有事先通知的义务

供电人因供电设施计划检修、临时检修、依法限电等原因，需要中断供电时，应当按照国家有关规定事先通知用电人。因供电设施计划检修需停电时，应提前7天通知用户或者公告；因供电设施临时检修需停电时，应提前24小时通知重要用户；因发电、供电系统发生故障需要停电、限电时，应当按照事先确定的序位停电、限电。供电人未事先通知用电人而中断供电，从而给用电人造成损失的，应当承担赔偿责任。

（三）及时抢修的义务

因自然灾害等原因断电的，供电人应当按照国家有关规定及时抢修；未及时抢修，给用电人造成损失的，应当承担赔偿责任。因自然灾害等原因断电，如地震、洪水、风雪等引起供电设施损毁而造成的断电，属于供电人主观意识不能预见、不能避免、不能克服的意外情况，供电人既无故意也无过失，因此不承担任何赔偿责任。但是在不可抗力造成断电后，供电人应当按照国家的有关规定及时抢修，这是供电人必须履行的法定义务。由于供电人未履行抢修义务，给用电人造成损失的，应当承担损害赔偿责任。

三、用电人的义务和责任

（一）按照规定和约定交付电费的义务

《合同法》第182条规定，用电人应当按照国家有关规定和双方的约定，及时向供电人交付电费。用电人逾期不交付电费的，应当按照约定交付违约金。经供电人催告后，用电人在合理期限内仍不交付电费和违约金的，供电人可以按照国家规定的程序中止供电。在供用电合同中，用电人向供电人支付电费是一项基本义务。用电人应当按照国家规定的电价和用电计量装置的记录，按照约定的结算方式如期支付电费，同时对供电人的抄表收费等行为提供方便。用电人未在约定的期限内交付电费的，应当承担迟延交付电费的违约责任。按照有关法律规定，用电人逾期未交付电费的，供电人可以从逾期之日起，按每日电费总额的1‰～3‰加收违约金。合同的双方当事人也可根据国务院颁布的《电力供应与使用条例》的规定约定违约金的比例。经供电人催告，用电人在合理的期限内仍不支付电费和违约金的，供电人有权中止供电。供电人中止供电应按国家规定的程序办理。

（二）按照法律和约定安全用电的义务

用电人负有按照国家有关规定和当事人的约定安全用电的义务。用电人按照国家有关规定用电，包括以下几个方面：（1）用电人应当安装用电计量装置。用电计量装置应当通过国家计量检测机构依法认可。用电人的用电量，以国家计量检测机构依法认可的计量装置的记录为准。（2）用电人受电装置的设计、施工、安装和运行管理，应当符合国家标准或者电力行业标准。（3）用电人应当节约用电、安全用电和计划用电，不得危害供电、用电安全和扰乱供电、用电秩序。（4）用电人不得窃电，用电人不得在供电设施上擅自接线窃电，不得通过擅自改动用电计量装置的方法窃电等。

用电人应当按照约定的方式安全用电。（1）用电人应当按照约定的用电量、用电地点、用电时间、用电方式、用电类别等规定用电。（2）用电人应当按照合同中约定的用电人一方对供用电设施的维护责任做好对供用电设施的维护。

《合同法》第183条规定，用电人应当按照国家有关规定和当事人的约定安全用电。用电人未按照国家有关规定和当事人的约定用电，造成供电人损失的，应当承担损害赔偿责任。用电人违反安全用电义务给供电人造成的损害通常包括：（1）用电人擅自改动供电人的用电计量装置和供电设施，超负荷用电造成的供电人的供电设施的损毁、故障等给供电人带来的损失。（2）用电人擅自改动用电计量装置而造成的计量不准给供电人带来的损失（3）其他各种违反安全用电义务给供电人带来的损失。

【案例分析 24-2】

2001 年 5 月 9 日，钟某与某乡人民政府签订了《凤凰崇乡供电所和五里山电站管理租赁合同》，该合同约定将凤凰崇乡的五里山电站和全乡（除南山村外）的高压电网管理权租赁给钟某经营，钟某享有独立的经营管理权。钟某在经营管理期间，卖给全乡各变压器的电价每度为 0.65 元。王某是凤凰崇乡北村变压器的承包者，在钟某租赁电网期间，王某共拖欠电费 5996 元，并在钟某的账簿欠款人一栏印有自己的手模，而且承诺 2003 年 10 月 30 日前还清。此款后经钟某催收，王某均以经济困难为由拖延未付。钟某遂将王某告上法庭，要求王某偿还其所欠电费。被告王某认为，自己与原告没有签订任何关于变压器书面承包合同，只是口头约定由王某代收电费，因此，自己与原告是代收电费法律关系。本案债务实际欠款人是用电农户，自己并非本案适格主体。另外，还款计划约定的还款期限为 2003 年 10 月 30 日前。但原告直到 2008 年才要求被告偿还欠款，已超过诉讼时效。因此，法院应驳回原告的诉讼请求。

本案的争议焦点：一是被告王某是否为本案适格主体；二是本案诉争欠款是否超过诉讼时效。

关于第一个争议焦点，被告王某认为实际欠款人为农户，其与原告钟某之间仅是代收电费关系，被告王某并非本案适格主体。被告的这一主张难以成立。被告王某出售给农户时每度电的价格是 1 元左右。如果被告王某与原告钟某之间仅是代收电费关系，那么其应将所收电费款项全额交由原告钟某，但实际上被告王某上交给原告钟某的电费价格是 0.65 元/度，被告王某从中获得了 0.4 元/度左右的差价。因此，被告王某与原告钟某之间实际上形成的是供电合同关系，而并非被告王某所称的代收电费关系。并且，被告王某在向原告钟某出具的账簿欠款栏处加印的是原告王某的手印。因此，王某是本案适格主体。

关于第二个争议焦点，原告的证人黄某出具的书面证明证实，原告钟某的委托代理人黄某自 2002 年 12 月至 2007 年 12 月，每年都会找到王某催收所欠电费。根据我国《民法通则》第 140 条关于"诉讼时效因提起诉讼、当事人一方提出要求或者同意履行而中断，从中断时起，诉讼时效期间重新计算"的规定，本案诉争欠款的诉讼时效因原告钟某主张权利而多次中断。因此，原告钟某于 2008 年 1 月 6 日向法院提起诉讼，要求被告王某偿还欠款时，并未超过诉讼时效。

法院根据我国《合同法》第 182 条、第 207 条规定，判决：王某应支付所欠钟某电费款 5996 元及利息（从 2003 年 11 月 1 日起按银行同期贷款利率计算至还清之日止），限于判决生效后 10 日内付清。案件受理费 50 元，由王某负担。

第四节　赠 与 合 同

一、赠与合同之性质

我国《合同法》第 185 条规定："赠与合同是赠与人将自己的财产无偿给予受赠人，受赠人表示接受赠与的合同。"将自己财产无偿给予他人的一方，称为赠与人，受领财产的一方为受赠人。赠与合同可以是口头的也可以是书面的。

对于赠与合同在性质上是诺成性合同还是实践性合同，我国民法界历来有不同的观点。一部分学者认为，赠与合同是诺成性合同，只要双方意思表示一致，赠与合同即告成立。另一部分学者认为，赠与合同原则上为实践性合同，赠与人仅作出愿意将其财产给予受赠人的意思表示是不够的，还必须要赠与人实际交付赠与物，赠与合同才成立。我国司法实践过去一直认为赠与合同为实践性合同，如《民通意见》第 128 条规定："公民之间赠与关系的成立，以赠与物的交付为准。赠与房屋，如根据书面赠与合同办理了过户手续的，应当认定赠与成立；未办理过户手续，但赠与人根据书面赠与合同已将产权证书交与受赠人，受赠人根据赠与合同已占有、使用该房屋的，可以认定赠与有效，但应责令其补办过户手续。"

依据我国《合同法》第 185 条对赠与合同的定义来看，赠与合同属于诺成性合同，即只要双方就财产赠与事项达成一致意思表示，合同即告成立，不以赠与财产的实际交付作为合同成立要件。

《合同法》第 186 条又将赠与合同分为两类：普通赠与合同和特殊赠与合同。普通赠与合同的赠与人在赠与财产的权利转移之前可以撤销赠与，从某种意义上说，法律并未赋予普通赠与合同强制履行的效力；而特殊赠与合同则是指具有救灾、扶贫等社会公益、道德义务性质的赠与合同或经过公证的赠与合同，这类赠与合同在合同成立之时即具有法律约束力，赠与人应当依照承诺履行交付赠与财产的义务。

在大陆法系国家，赠与合同原则上为实践性合同，只有经过公证的赠与合同才属于诺成性合同。如《德国民法典》第 518 条规定："（1）为使以赠与的方式约定履行给付的合同有效，约定需经公证人公证。（2）缺少前款规定的方式的，可以通过履行约定的给付加以补救。"在德国民法中，合同生效与合同成立属同一概念，二者没有区分。因此，德国民法将赠与合同分为实践性赠与合同和诺成性赠与合同两类。

虽然我国《合同法》对赠与合同的分类与德国民法在形式上有所区别，但从本质上来说，二者殊途同归。对于普通赠与合同，两国的法律都没有规定赠与人负有交付赠与财产的法定义务。不过，我国《合同法》对赠与合同的这种分类及其效力的规定在逻辑上存在着明显的瑕疵：（1）依据《合同法》第 185 条规定，赠与合同在双方意思表示一致时即告成立，无须以交付赠与财产为条件；而《合同法》第 186 条第 1 款又规定，赠与人在赠与财产的权利转移之前可以撤销赠与，从某种意义上来说，普通赠与合同的赠与人在实际履行赠与义务之前可以不受合同约束。上述两条的规定事实上表明这样的逻辑关系，普通赠与合同自双方达成一致意思表示时依法成立，但在赠与人实际履行赠与义务之前合同双方并不受赠与合同的约束。这显然与《合同法》第 8 条关于合同具有法律约束力的原则发生冲突。（2）依据《合同法》的规定，在订立和履行赠与合同的全过程中，赠与人在不同阶段可以有不同的撤销行为。一是《合同法》第 18 条规定，在订立赠与合同阶段赠与人（要约人）在受赠人（受要约人）表示接受赠与之前可以撤销其要约。二是《合同法》第 186 条第 1 款规定，赠与人在赠与财产的权利转移之前可以撤销赠与。三是《合同法》第 192 条规定，赠与人在三种特定情形下可以撤销赠与。将三种撤销行为进行对比，第 186 条第 1 款规定的撤销到底属于撤销要约还是撤销赠与合同，语焉不详。如果认为是撤销要约，那就与《合同法》第 185 条对赠与合同的定义相冲突；如果认为是撤销合同，则与第 192 条的规定重叠。因此，无法从逻辑上明确界定第 186 条第 1 款"撤销"的具体含义。

二、普通赠与合同的赠与人对赠与的撤销

普通赠与合同的赠与人对赠与的撤销是指在普通赠与合同中，当事人就赠与事项达成合意后，赠与人在赠与财产交付之前撤销此前已经作出的关于赠与的意思表示，从而使赠与合同归于消灭的行为。《合同法》第 186 条第 1 款规定："赠与人在赠与财产的权利转移之前可以撤销赠与。"此处的撤销赠与与《合同法》第 192 条关于赠与合同（包括普通赠与合同和特殊赠与合同，但普通赠与合同仅限于已经完成赠与财产交付行为的普通赠与合同）的赠与人在特定条件下撤销赠与以及《合同法》第 195 条关于特殊赠与合同赠与人的赠与义务在特定条件下的免除有着本质的区别。

普通赠与合同的赠与人对赠与的撤销具有以下特征：

（一）撤销的主体

依据《合同法》第 186 条规定，撤销的主体仅限于赠与人本人，不包括赠与人的继承人和法定代理人。这与特殊赠与合同在合同成立后法律对行使赠与撤销权的主体的规定不完全相同。在特殊赠与合同成立后，不仅赠与人本人可以依法撤销赠与，当赠与人死亡或丧失行为能力时，赠与人的继承人或法定代理人也可依法行使撤销权。

（二）撤销的时间界限

依据《合同法》第 186 条第 1 款的规定，撤销的时间限于赠与物的财产权转移之前。如果赠与财产已部分交付，赠与人仅能就未交付的部分撤销赠与；如果赠与人对已全部交付的赠与财产或者已部分交付的赠与财产撤销赠与，则只能依据《合同法》第 192 条行使撤销权，而不能依《合同法》第 186 条第 1 款的规定撤销赠与。

（三）撤销赠与的性质与后果

依据《合同法》第 186 条第 1 款规定的赠与人的撤销，是一种无条件的撤销（不同于第 192 条和第 193 条规定的撤销权）。赠与人行使此撤销权时，如果没有特别约定，即使给受赠人造成经济损失，一般也不承担赔偿责任，否则《合同法》的这一规定就如同虚设。

我国《合同法》的这一规定与大陆法系国家关于实践性赠与合同的法律效力的规定有异曲同工之妙。在实践性赠与合同中，赠与人在赠与财产的权利转移之前可以不受其作出的赠与意思表示的约束，赠与人不交付赠与财产，赠与合同不成立，赠与人当然也不存在按约定交付赠与财产的义务了。

三、《合同法》第 192 条规定的撤销权

《合同法》第 192 条规定的撤销权既适用于特殊赠与合同，也适用于已经履行交付赠与财产的普通赠与合同。特殊赠与合同一旦依法成立，即对赠与合同双方产生法律约束力，双方必须依法行使合同的权利和履行合同的义务。而普通赠与合同的赠与人在交付赠与财产后也不可以随意要求受赠人返还赠与物。赠与合同为较为典型的单务无偿合同，原则上只有赠与人负有相应义务，受赠人不承担义务，它与以实现商品交换为目的的买卖合同有本质的区别。赠与关系都是基于亲属关系、友谊关系、道德上的原因而产生的。如果受赠人对赠与人有严重的侵权行为，那么受赠人的这种行为就严重违背赠与人订立赠与合同的初衷。因此为了平衡双方当事人之间的利益，法律赋予赠与人在特定条件下撤销赠与的权利。一旦赠与人行使撤销权，赠与人即可要求受赠人承担返还赠与财产的义务。

《合同法》根据撤销权人的不同对撤销权的行使分别作了不同的规定：

（一）赠与人对赠与的撤销

1. 赠与人撤销赠与的原因

《合同法》第 192 条第 1 款规定，受赠人有下列情形之一的，赠与人可以撤销赠与：（1）严重侵害赠与人或者赠与人的近亲属；（2）对赠与人有扶养义务而不履行；（3）不履行赠与合同约定的义务。

2. 赠与人行使撤销权的时间

《合同法》第 192 条第 2 款规定，赠与人的撤销权，自知道或者应当知道撤销原因之日起 1 年内行使。有的学者认为《合同法》第 192 条是关于赠与人在已经

部分或者全部交付赠与财产之后的撤销，而第 186 条是关于赠与人在交付赠与财产之前的撤销权的规定。这种理解是不正确的，因为依《合同法》的规定，具有救灾、扶贫等社会公益、道德义务性质的赠与合同或者经过公证的赠与合同在成立之时即具有法律约束力，赠与人负有依约履行合同的义务。这类特殊赠与合同不管赠与人是否实际交付赠与财产都可以适用《合同法》第 192 条的规定。赠与人尚未交付赠与财产的，赠与人行使撤销权后即免除了履行合同的义务；赠与人已经交付赠与财产的，在行使撤销权后还可以依据《合同法》第 194 条的规定要求受赠人予以返还。因此《合同法》第 192 条既适用于赠与财产已经交付的普通赠与合同，也适用于尚未交付或者已经交付的特殊赠与合同。赠与人的撤销权必须自知道或者应当知道撤销原因之日起 1 年内行使，否则丧失撤销权。

（二）赠与人的继承人或者法定代理人对赠与的撤销

1. 撤销赠与的原因

我国《合同法》第 193 条第 1 款规定，因受赠人的违法行为致使赠与人死亡或者丧失民事行为能力的，赠与人的继承人或者法定代理人可以撤销赠与。受赠人的违法行为与赠与人的死亡或者丧失民事行为能力之间，应当存在因果关系。如果撤销权的行使是通过诉讼方式的，赠与人的继承人以自己的名义提出撤销赠与的请求，赠与人的法定代理人则应以赠与人的名义提出撤销赠与的请求。

2. 撤销赠与的时间

《合同法》第 193 条第 2 款规定，赠与人的继承人或者代理人的撤销权，自知道或者应当知道撤销原因之日起 6 个月内行使。不在规定期限内行使，撤销权消灭。

（三）依法撤销赠与的效果

赠与人或者赠与人的继承人、法定代理人在发生撤销原因的情形下，依法行使撤销权，撤销赠与，即导致赠与合同被解除。《合同法》第 194 条规定："撤销权人撤销赠与的，可以向受赠人要求返还赠与的财产。"

实际上，赠与人或者赠与人的继承人、法定代理人撤销赠与的法律后果比《合同法》第 194 条的规定要复杂得多：

（1）赠与合同关系归于消灭。在特殊赠与合同中，如果赠与财产尚未交付，赠与人无交付赠与物之义务，受赠人亦无权要求赠与人交付赠与物。

（2）如果赠与财产已经由受赠人占有、使用且赠与财产为非消耗物，在赠与被撤销后，赠与财产的所有权转归赠与人或者赠与人的继承人，受赠人即按赠与财产的现有状态返还，对已被损耗部分不负恢复原状之义务，亦不负折价补偿之义务。对赠与财产在赠与被撤销后的毁损、灭失存在过失的，受赠人应承担赔偿责任。

（3）如果已经交付的赠与财产为货币或者消耗物，或者虽然为非消耗物但已被受赠人转卖而换取货币的，赠与被撤销后，受赠人仅以现存数量予以返还。

四、赠与合同成立后赠与人交付赠与财产义务的免除

特殊赠与合同的赠与人在赠与合同成立后至赠与财产交付之前，由于其经济状况发生显著恶化，如按照合同履行其赠与义务，将严重影响其生产经营或者家庭生活的，赠与人的赠与义务可以被免除，即赠与人可以不再履行赠与义务。我国《合同法》第 195 条作出了明确的规定，其他国家的法律对赠与人赠与义务在特定条件下的免除亦作了相似的规定，如《德国民法典》第 519 条和《瑞士债务法》第 250 条。

赠与人免除赠与义务的要件：（1）有赠与人经济状况显著恶化的事实。（2）该事实发生在赠与合同成立之后至赠与财产交付之前。因此赠与人赠与义务的免除只发生在特殊赠与合同关系中。由于普通赠与合同可以适用《合同法》第 186 条第 1 款的规定，所以无适用《合同法》第 195 条的余地。（3）赠与人经济状况的显著恶化足以严重影响其生产经营或者家庭生活的。赠与人经济状况的显著恶化既可以是其积极财产的显著减少（如遭受重大经济损失），也包括其消极财产的显著增加（如某种法定义务的增加）。

第五节　借款合同

一、借款合同的法律特征

借款合同是当事人之间约定，一方将自己所有或者合法经营的资金出借给他人使用，他方在约定期限届满时将同等种类、数量的本金和约定的利息予以返还的合同。出借资金的一方当事人称为贷款人，接受资金的一方称为借款人。借款合同具有以下法律特征：

（一）借款合同的标的物是货币

借款合同的标的物是货币，既可以是人民币，也可以是外币。货币是种类物，因此借款人依据合同取得借款后，可以自主行使处分权，独立支配所借用的资金，合同期满后借款人只须偿还同种类和数量的货币，而不是原标的物。

（二）借款合同一般为诺成合同

借款合同一般为诺成合同。但是《合同法》第 210 条规定，自然人之间的借款合同，自贷款人提供借款时生效，因此为实践性合同。

（三）借款合同一般为要式合同

借款合同一般为要式合同，应当采用书面形式。《合同法》第 197 条规定，借款合同采用书面形式，但自然人之间的借款合同另有约定的除外。

（四）借款合同一般为有偿合同

借款合同一般为有偿合同。借款合同的有偿性体现在借款人支付的利息上。借

款人支付利息的标准应当在国家规定的幅度内。自然人之间的借款是否支付利息则视当事人之间的约定，约定支付利息的，为有偿合同，约定不支付利息的，为无偿合同。自然人之间的借款合同对支付利息没有约定或者约定不明确的，视为不支付利息，此时即为无偿合同。

（五）法律对非自然人的贷款人的主体资格有严格的限制

借款合同中的贷款人可以是法人、其他组织或者自然人，但法律对非自然人的贷款人的主体资格有严格的限制。根据我国有关金融业的市场准入的法律、法规的规定，银行和非银行的其他金融机构以外的法人或者其他组织都被禁止从事金融信贷业务。司法实践中也严格认定银行、其他金融机构以外的非金融机构的法人或者其他组织只能作为借款人，而不能作为贷款人签订借款合同。

二、借款合同的法律效力

借款合同的法律效力，是指借款合同对双方当事人的法律约束力，这种法律约束力主要体现在合同的当事人依合同所享有的权利和应当承担的义务两个方面。

（一）借款人的权利、义务

借款人的权利主要有：有权自主申请借款并依合同约定的条件取得借款；有权按照合同约定的时间和数额使用借款；有权拒绝贷款人在借款合同中附加不合理条件。

借款人的义务主要有：（1）在申请借款时，应当如实向贷款人提供有关的业务活动情况和财务状况；（2）借款人应当按照合同约定的借款用途使用借款，不得改变用途挪作他用，接受贷款人的检查监督。（3）借款人应当按照合同约定的日期和数额取款、还款。未按约定的日期、数额取款的，应当按照约定的日期、数额支付利息；不能按期偿还借款及利息的，应当支付逾期利息。

（二）贷款人的权利、义务

贷款人的权利主要有：（1）有权要求借款人按照约定返还借款和支付利息；（2）有权对借款人的借款使用情况进行监督检查；（3）在借款人未按约定的借款用途使用借款时，有权停止发放借款、提前收回借款或者解除合同。

贷款人的义务是按照合同约定的日期、数额提供借款。《合同法》第 201 条规定，贷款人未按合同约定的日期、数额提供借款，造成借款人损失的，应当赔偿损失。

三、借款人未按约定用途使用借款的责任

借款用途是贷款人签订借款合同时必须谨慎考虑的一个重要因素，也是判断借款人到期能否返还借款的一个重要依据。因此，在金融机构作为贷款人的借款合同中，必须明确地规定借款用途，同时借款人也必须按照借款合同约定的借款用途来使用借款，以降低借款在运营中的不确定的风险。如果借款人擅自改变借款用途，

实际上就是违反合同，增大了贷款人的资金营运风险，可能导致贷款人不能收回本金和利息，给贷款人造成经济上的损失，损害了贷款人的利益。因此，借款人未经贷款人同意而改变借款用途的行为，应该被禁止。《合同法》第203条规定，借款人未按照约定的借款用途使用借款的，贷款人可以停止发放借款、提前收回借款或者解除合同。这也就是借款人擅自改变借款用途而应承担的法律后果。

（1）贷款人停止向借款人发放借款。当借款人违反合同将借款挪作他用，贷款人不仅可以停止发放原借款合同项下尚未拨付的借款，还可以在一定时期内停止向借款人发放其他项目的借款。贷款人停止发放借款时，借款人就不能足额获取借款合同约定的借款，甚至还不能从贷款人处获取其他项目的借款。

（2）由贷款人提前收回借款。当借款人擅自改变借款用途时，贷款人可以在合同约定的期限届满之前收回已经发放的部分或全部借款，以防止借款流失而不能按期收回。如果贷款人明知借款人将借款用于违法犯罪行为，而且提前收回的借款是借款人利用走私、诈骗等非法手段所获得的赃款，或者贷款人为了提前收回借款，明知司法机关正在侦查借款人的违法犯罪行为，为了防止自己遭受损失，于是采取不正当手段，将借款人的非法所得款项强行收回，则属于恶意收回借款，为法律所禁止。

（3）解除合同。借款人违反合同未按约定的借款用途使用借款时，贷款人既可以依据借款合同约定的解除条件解除同借款人之间的借款合同，在没有约定解除权时，也可以依法行使法定的解除权，解除借款合同。贷款人解除合同应遵守法律对解除合同的程序的规定，即贷款人解除合同时，可直接将解除合同的通知送达借款人，同时贷款人也应在约定的期限内或合理的期限内行使解除权。

四、关于借款合同利息支付的问题

借款合同一般为有偿合同，借款人向贷款人支付的利息实际上就是其获取借款使用权的代价。

在借款合同中，双方当事人可以约定借款的具体利息率。但有金融机构参与的借款合同，其利率应当符合中国人民银行规定的各类贷款的基准利率及允许浮动的上、下限幅度，超过中国人民银行规定利率上限的，超过部分无效，低于中国人民银行规定利率下限的，应当以规定的利率下限为准。而民间借贷的利率可以适应高于银行利率，最高人民法院要求各地法院可根据本地区的实际情况掌握，但最高不得超过银行同类贷款利率的四倍（包括利率本数），超过此限度的，超过部分的利息不予保护。

借款的利息不得预先在本金中扣除，预先扣除利息实际上是变相提高借款利率的行为，是法律明确禁止的。贷款人预先扣除利息的，借款人可以要求贷款人补足借款数额，或者按照实际借款数额返还借款和计算利息。

复利也是我国法律所禁止的。复利即利滚利，是指当事人每隔一段时期计算一次利息，将该利息算作本金再计算利息。《民法意见》中规定：公民之间的借贷，双方约定将利息计入本金计算复利的，其平均利率超过本意见规定限度的，超过部分不予保护，当然这条规定并非是对复利一概予以否定，似有保护复利之嫌。

借款合同对支付利息的期限和方式有约定的，遵守其约定，没有约定或者约定不明的，双方当事人在履行中发生争议的，利息的支付方式则应当根据借款期限的不同而分别确定。合同约定的借款期限不满 1 年的，应当在返还借款时一并支付借款利息；合同约定的借款期限超过 1 年以上的，应当在每届满 1 年时支付一次到期利息，剩余期间不满 1 年的，应当在最后偿还借款时一并支付利息。

借款合同的借款人提前偿还借款的，贷款人无特殊原因应当同意接受提前还款。提前偿还借款的，根据《合同法》第 208 条规定，利息应当根据实际使用借款的时间计付，但当事人对提前还款的利息的计算另有约定的，从其约定。

【本章思考题】

1. 如何理解分期付款买卖合同的法律特征？

2. 案例分析

（1）朱某夫妇婚后多年未生育子女，于 1980 年 12 月收养一弃婴，作为养女，取名朱妮。朱妮在参加工作之前与朱某夫妇共同生活，且与其养父母关系很好。2004 年 6 月朱妮大学毕业后留在本市工作，参加工作后朱妮一般只在节假日才回家和养父母团聚。2007 年朱妮筹备婚事时曾向其养父母提出经济援助的要求，其养父母答应赠送 30 万元以帮助朱妮购买商品房。2007 年 12 月朱妮乘养父母外出旅游之机，通过熟人擅自从其养父母在某证券公司资金账户上取出 32 万元。其养父母旅游回家后对朱妮的做法非常恼怒，要求朱妮退还 32 万元。朱妮却说："你们早有诺言，应该遵守诺言，这 32 万元归我所有。"因此拒绝返还。朱某夫妇起诉到法院，要求朱妮归还 32 万元，并解除收养关系。

①本案的赠与合同是普通赠与合同还是特殊赠与合同？

②该案应如何处理？

（2）甲公司向当地工商银行某支行（简称工商行）借款 50 万元，并有书面借款合同。还款期限届至，甲公司无归还借款之意，工商行决定从其账户扣收借款，从借款逾期后的 6 个月开始，在 30 天内分 5 次扣收借款 22 万元。此时甲公司账户上存入乙公司作为预付款的支票一张，金额 30 万元，一周后工商行又押货款 28 万元。到此 50 万元贷款全部扣收完毕。后来甲公司因非法经营被查封，随后工商管理机关正式行文吊销其营业执照，并成立资产清算小组负责甲公司债权债务的清算。乙公司因甲公司归还其 30 万元的预付款的要求得不到满足后，即以工商行为被告提起诉讼，要求工商行归还 30 万元预付款，并赔偿银行同期贷款利息。

　　①工商行能否以扣收借款人账户上的资金的方式实现自己的债权？

　　②本案中乙公司能否以工商行为被告提起诉讼？

第二十五章　使用财产的合同

☞ 本章导读

　　使用财产的合同，是合同一方将自己的财产交给另一方使用的合同。我国《合同法》规定的租赁合同和融资租赁合同即属此类合同。两类合同的债权人所取得的财产使用权均属于债权性的使用权（虽然承租人的租赁权基于"买卖不破租赁"规则而具有某些物权的效力，但本质上仍属于债权），有别于所有权人、典权人所享有的使用权。但两类合同的债权人取得他人财产使用权的方式各有不同，租赁合同的承租人直接从出租人处有偿取得财产使用权，而融资租赁合同的特点就在于承租人是通过第三人的融资而取得财产的使用权的。

第一节　使用财产的合同概述

　　使用财产的合同，是合同一方将自己的财产交给另一方使用的合同。其中包括财产租赁合同和融资租赁合同。其中财产租赁是财产的所有权人在一定期间内有偿转让财产使用权的行为，融资租赁虽然具有财产租赁的某些特点，但它更主要的是作为一种新型的融资方式、销售方式、信用消费方式在大型、成套机械设备购销活动中加以运用。

　　与转移财产所有权合同相同的是，使用财产的合同也发生财产从一方交付另一方的事实，但是这两类合同有着较大的区别，那就是使用财产的合同只发生转移财产占有权、使用权的法律后果，依合同占有、使用他人财产的一方当事人对该财产没有处分权。因此，合同期限届满或合同终止时还必须向对方返还原物。

　　使用财产的合同具有以下法律特征：

　　第一，使用财产的合同，只发生财产使用权从一方当事人转移至另一方当事人的结果，提供财产的一方并不因财产占有的转移丧失财产所有权，使用财产的一方也不会因占有和使用财产而取得该财产的所有权。

　　第二，本章的使用财产的合同（租赁合同和融资租赁合同）都是有偿合同，与自然人之间发生的财产无偿借用合同相区别；它们也都是诺成合同，合同双方就财产的使用达成一致意思时合同即告成立，不以财产的实际交付为条件。

第二节 财产租赁合同

一、租赁合同的法律特征

租赁合同是出租人将出租物交付承租人使用、收益，由承租人支付租金的合同。租赁分为使用租赁和用益租赁两种。所谓使用租赁，是指以使用为目的的租赁；所谓用益租赁，则是指以使用及收益两者为目的的租赁。租赁合同具有如下特征：(1) 租赁合同是使用财产的合同。(2) 租赁合同是以物的使用收益为目的的合同。(3) 租赁合同为双务、有偿合同。(4) 租赁合同为诺成、不要式合同。

在实践中常有一物两租的情况发生，即出租人就同一标的物与两个以上的承租人分别签订租赁合同，对此如何处理，我国《合同法》未作具体规定。既然租赁合同为诺成合同、非要式合同，前后两份合同均应因双方意思表示一致而成立（法律对某些租赁合同的形式有特别要求的除外），如果没有其他导致合同无效的因素，则分别成立两个合法的债权，两个承租人均有权要求出租人履行债务，不能因出租人只能履行一个租赁合同而认定另一个租赁合同无效。其中接收标的物交付的承租人实际取得对租赁物的使用收益权，另一租赁合同仍然有效，不能实际获得承租权的承租人可以依据租赁合同请求出租人承担不履行合同的责任。

二、租赁权的物权效力

所谓租赁权的物权效力，是指在租赁关系存续期间，承租人对租赁物的占有使用可以对抗第三人，即使是该租赁物的所有人或者享有其他物权的人也不例外。租赁权的物权效力也称为租赁权之物权化。

租赁权虽有物权化的倾向，但其性质仍然属于债权。法律对租赁权的效力的特殊规定只不过是强化了债权的效力，其权利属性并不因此改变。法律对租赁权效力的特殊规定主要体现在"买卖不破租赁"原则、对抗第三人侵权行为的权利和房屋承租人的优先购买权三个方面。

（一）"买卖不破租赁"原则

从前的立法强调对所有权的保护，在租赁物所有权发生转移时，受让人对于出让人在出让前所订立的租赁合同，不受拘束，可依据其所有权，请求承租人交出其租赁物，而承租人仅得向出租人（即租赁物的出让人），请求损害赔偿，此即"买卖击破租赁"原则。现代民法为了保护承租人的利益，一般均规定，在租赁期间将租赁物转让给第三人时，租赁合同对于受让租赁物的第三人仍然有效，这就是"买卖不击破租赁"原则。我国《合同法》第229条规定："租赁物在租赁期间发生所有权变动的，不影响租赁合同的效力。"《民通意见》第119条规定："私有房屋在租赁期内，因买卖、赠与或者继承发生房屋产权转移的，原租赁合同对承租人和新房主继续有效。""买卖不破租赁"并不限于出租人出售租赁物的行为,还包括在租赁物上设定抵押等其他物权的行为。

根据大陆法系国家法律的规定,"买卖不破租赁"的适用条件:(1)租赁合同已有效成立;(2)租赁物已交付承租人占有,如《日本民法典》第605条、台湾地区"民法典"第425条;(3)所有权发生变动是在租赁期间。具备上述条件,即便买受人不知道该租赁合同存在,租赁关系仍然能够对抗该买受人。

租赁物在租赁期间发生所有权变动的,不影响租赁合同的效力。这里所说的不影响租赁合同的效力是指,租赁物的所有权发生变动后,原租赁合同仍然存在,承租人的承租权仍然合法有效,但承租人与受让人之间无须另行订立租赁合同。受让人在受让该租赁物的所有权时就取代了出让人在原租赁合同中的地位,承继出让人作为出租人的权利和义务,受让人要受原租赁合同的约束。在本案中,法院就是依据这一原则驳回甲公司单方面要求提前终止租赁合同的诉讼请求。《合同法》第229条规定:"租赁物在租赁期间发生所有权变动的,不影响租赁合同的效力。"如果出让人(原出租人)没有将所有权变动的事项通知承租人,承租人向出让人支付租金的效力及于受让人。

(二)对抗第三人侵害租赁权的权利

在租赁存续期间,第三人不法侵害租赁物或者妨害承租人对租赁物的使用收益时,承租人可以自己的名义请求第三人承担侵权责任。当然,在第三人实施侵权行为时,承租人既可以依据租赁合同要求出租人以所有权人的身份排除第三人的妨害行为,也可以直接以自己的名义要求第三人承担相应的民事责任。

租赁权的产生以租赁合同的有效成立为前提,而合同的相对性原则决定了合同中一方当事人的权利只能向合同的另一方主张,其合同权利的实现依赖于合同的另一方对合同义务的履行,原则上合同中的一方不得向合同以外的第三人主张合同权利。承租人的租赁权的实现依赖于出租人对交付租赁物等合同义务的履行。承租人对租赁权的行使以对租赁物的现实占有为条件,只有在对租赁物安全地占有的情况下,承租人才能对租赁物为使用和收益。除了出租人不履行合同义务的行为会妨碍承租人租赁权的实现外,合同以外的第三人的积极侵权行为(如对租赁物的非法侵占、毁损或者妨碍承租人使用权和收益权的行使等)也会阻碍承租人对租赁权的行使。因此如果严格固守"债权相对性",就不能有效保护承租人的合法利益。法律有必要赋予租赁权某些物权效力,允许承租人享有类似于物权人的租赁物返还、排除妨碍、损害赔偿的请求权。

(三)房屋承租人的优先购买权

在房屋租赁期间,出租人向第三人出卖租赁房屋时,承租人享有优先购买权。《合同法》第230条规定:"出租人出卖租赁房屋的,应当在出卖之前的合理期限内通知承租人,承租人享有以同等条件优先购买的权利。"因此,承租人的优先购买权,是指当出租人出卖房屋时,承租人在同等条件下,依法享有优先于其他人而购买房屋的权利。由此可见，承租人的优先购买权在我们国家只限于房屋租赁。

至于优先购买权之法律性质，学者的观点各异。有人认为，优先购买权是一种物权取得权，也有人认为是承租人订立买卖合同的请求权。还有学者认为，优先购买权属形成权，即优先购买人可以依单方面的意思，形成以义务人（出卖人）出卖与第三人同样条件为内容的合同，无须义务人（出卖人）的承诺。只是此项形成权附有条件，须待义务人出卖标的物给第三人时，才能行使。

上述三种观点，只有第三种观点准确地抓住了优先购买权的本质属性。把优先购买权视为一种物权取得权是不对的，无法与普通买卖、赠与、继承关系中接受财产一方的权利区分开，并且物权取得权不能称为独立的民事权利。把优先购买权视为买卖合同订立之请求权也难以成立，因为依合同订立的程序，买卖合同的成立，除一方的要约外，还须另一方的承诺。买卖合同订立之请求权，论其实质，无异于要约，若没有义务人的承诺，买卖合同不成立，则优先购买权制度形同虚设。因此该观点亦不能合理说明优先购买权的本质。而形成权则是指权利人可以利用法律所赋予的权利，以单独的意思表示，无须他人的协助，依法可以发生一定法律效力的民事权利。依形成权说，优先购买权人，在义务人出卖标的物时，可直接行使其权利，与义务人形成买卖合同关系，无须得到义务人的同意，原则上以出卖人与第三人约定的相同出卖条件为合同内容。

承租人的优先购买权在我国以往的立法和司法解释中早有规定。《城市私有房屋管理条例》第 11 条规定："房屋所有人出卖租出房屋，须提前 3 个月通知承租人。在同等条件下，承租人有优先购买权。"《民通意见》第 118 条规定："出租人出卖出租房屋，应提前 3 个月通知承租人。承租人在同等条件下，享有优先购买权；出租人未按此规定出卖房屋的，承租人可以请求人民法院宣告房屋买卖无效。"《合同法》也对承租人的优先购买权再次作出了明确规定。

在我国，承租人优先购买权是依法产生的，而不是依当事人之间约定产生的。优先购买权只能由承租人本人享有，承租人不能将该权利转让给他人。承租人并不是在任何情况下都可以行使优先购买权，优先购买权的行使是有条件的：（1）承租人与出租人之间的房屋租赁合同已有效成立；（2）出租人与第三人就出租房屋成立买卖合同。如果出租人赠与出租房屋或者出租人的继承人依法继承该出租房屋，承租人不能行使优先购买权；（3）承租人在同等条件下可以行使优先购买权；（4）承租人必须在合同合理期限内行使优先购买权。

【案例分析 25-1】

1998 年 2 月，甲公司与乙公司签订了一份财产租赁合同，合同规定：甲公司将一辆桑塔纳 2000 型轿车租给乙公司使用，租期 2 年。租金 6 万元，租期内汽车的牌照费，养路费均由乙公司负担，所有权仍属甲公司，两年期满后收回轿车，合同生效后甲公司按约交付了轿车，乙公司也于 1998 年 4 月和

1999 年 4 月分两次交清了租金。1999 年 8 月甲公司财务状况紧张,为了偿还债务,甲公司决定卖掉轿车,于 1999 年 9 月将轿车以 12 万元的价格卖给丙公司,因此甲公司要求解除与乙公司的轿车租赁合同,并退还剩下几个月的租金。乙公司由于业务的需要不能返还该轿车,暂时又租不到其他合适车辆,故拒绝了甲公司的要求。甲公司认为轿车归自己所有,因而有权收回轿车,虽然违约,但退还多收的租金后乙公司应返还轿车。乙公司则认为,合同约定的租赁期间尚未届满,甲公司应严格依合同办事,不能单方解除合同。

双方各执自见。难以达成一致的意见,因而甲公司遂向法院起诉,要求收回轿车。

本案中的甲乙两公司之间的轿车租赁合同已有效成立,但租赁期间尚未届满,租赁合同对双方仍具有约束力。承租人乙公司亦无任何违反合同义务的行为,租赁合同中亦未作出解除合同的约定,因此出租人甲公司无权单方面解除合同。

甲乙公司之间系轿车租赁合同,而非房屋租赁合同,因此出租人甲公司可以转让轿车所有权,无须在转让前向承租人乙公司作任何通知,乙公司亦无优先购买权。如果甲公司与第三人之间在轿车买卖合同中约定,轿车买卖合同的生效以甲公司从乙公司处提前收回轿车为条件,则该合同尚未生效,轿车租赁合同不涉及第三人;如果甲公司与第三人在轿车买卖合同中未约定租赁合同的解除是买卖合同生效的条件,那么在买卖合同生效后,由第三人替代甲公司作为出租人的地位,承担租赁合同中出租人的权利和义务。

第三节 融资租赁合同

一、融资租赁合同的法律特征

融资租赁合同是出租人根据承租人对出卖人、租赁物的选择,向出卖人购买租赁物,提供给承租人使用,承租人支付租金的合同。

传统的租赁业务,出租人以自己拥有的财产进行租赁业务。而在融资租赁业务中,出租人不拥有也不需要设备,是承租人选择了出卖人和租赁物,由出租人出资购买,提供给承租人使用。出租人一旦向出卖人支付了价款,就承担了他作为出租人对承租人所应负的主要义务。承租人行使了购买的决策权,享有与买受人受领标的物有关的买受人的权利,出卖人直接对承租人负责,而出租人最关心的就是租金的支付。因此,融资租赁合同最基本的特征就是由三方当事人(出租人、出卖人、承租人)和两个合同(买卖合同、租赁合同)组成。正是这一点,与传统的租赁合同、借款合同及买卖合同相比较,融资租赁合同有着独特的法律特征。

（一）特有的三方当事人

在融资租赁合同中，有出租人、出卖人和承租人三方当事人，三方当事人的权利义务是通过两个不同的合同关系的交叉体现出来的。出租人与出卖人订立租赁物的买卖合同，出租人作为买受人无选择出卖人和买卖标的物（租赁物）的权利，其只能根据承租人对出卖人、租赁物的选择订立买卖合同。出租人的义务体现在依承租人对出卖人和租赁物的选择订立买卖合同并向出卖人交付价款，其权利体现在租赁合同中，即向承租人收取租金并免除向承租人承担租赁物的瑕疵担保责任。承租人的权利体现在租赁物的选择、占有、使用和收益上，义务主要体现在依租赁合同支付租金并无权要求出租人对租赁物的瑕疵负担保责任。

在实践中还存在一种回租租赁合同，它是指承租人把自己现有的或者将要购买的设备卖给出租人后，再作为承租人从出租人处租回该设备使用，并按期向出租人支付租金这样一种合同关系。回租租赁合同是承租人通过出售其固定资产给出租人，获取其生产经营所需资金，而出租人则通过向承租人购买设备再回租给承租人，获取高于银行利息的租金的一种融资方式。可见回租租赁合同的承租人获得了与融资租赁合同的承租人相同的融资方式，因此，回租租赁合同的法律性质仍属融资租赁合同，是后者的一种特殊表现形式。与一般的融资租赁合同相比较，回租租赁合同的特殊性，表现在买卖合同关系和租赁合同关系直接产生在出租人与承租人之间，排除出卖人一方。因此回租租赁合同的双方当事人的权利义务关系与普通融资租赁合同的三方当事人的权利关系相比较，显得清晰明了得多。

（二）互为前提、相互依存又相互独立的两个合同

在融资租赁合同中，租赁物的购买和出租是通过买卖合同和租赁合同来实现的，并且以租赁物为标的物的买卖合同与以买卖标的物作为租赁物的租赁合同相互依存。租赁合同的成立是订立买卖合同的前提，而买卖合同的订立又是租赁合同的权利义务得以实现的条件，即"你租我才买，我买你才能租"。在融资租赁交易中的买卖合同、租赁合同也不同于普通的买卖合同、租赁合同。三方当事人的权利义务在两个合同中相互交错。一方面融资租赁合同一旦履行，供货人（出卖人）依买卖合同获取价款，同时转移标的物所有权于出租人（买受人）；另一方面承租人依租赁合同获取了租赁物的占有权、使用权和收益权，出租人获得承租人依租赁合同支付的租金。买卖和租赁两种不同的法律关系又是相互独立的。出卖人不能向承租人主张价款，出租人不能向出卖人主张租金。

回租租赁交易，也是通过买卖合同和租赁合同来实现的，两合同的标的物也系同一标的物，两个合同也是相互依存、相互独立的，该交易的完成是以购买和回租两种行为为特征的，购买与回租两者缺一不可，购买和回租互为前提，即"你买我就租，你租我才买"。但买卖关系和租赁关系也是相互独立的。

（三）融资租赁合同具有期限性

同传统租赁一样，融资租赁合同也具有期限性。由于融资租赁是为承租人提供一种融资、信用消费方式，而融资租赁业务也主要局限在大型机械设备和大宗商品领域里，承租人通过融资以获得一种信用消费，以缓解其资金周转困难的矛盾。因此融资租赁的期限一般较长，否则承租人就达不到融资的目的。但具体期限的长短则由当事人通过合同作出明确的约定。承租人交付的租金数额除了租赁物的成本因素外，与租赁期限的长短也是息息相关的。因为出租人收取的租金要涵盖购买租赁物的成本及出租人的合理利润，而出租人的合理利润通常不会低于银行同期贷款利息。

出租人和承租人还可以约定租赁期限届满租赁物的归属。当双方约定租赁物在租赁期限届满归承租人所有时，则在租赁期限届满时承租人获得租赁物的所有权，承租人当然不负返还义务，此种约定类似于附所有权保留的买卖合同，承租人租金的支付可视为对租赁物的价款的分期支付。当双方约定租赁物在租赁期限届满仍归出租人所有，或者双方没有约定或约定不明时，租赁期满，租赁物的所有权归出租人，则承租人仍负返还租赁物的义务，这种情况与普通租赁关系相似。

（四）融资租赁合同的出租人的主体资格的限定性

尽管《合同法》对融资租赁合同的双方当事人的资格未作具体规定，但从目前已公布的法规、行政规章的规定来看，政府对专业从事融资租赁的出租人的主体资格还是有明确限制的。国内目前能以出租人身份从事融资租赁业务的只限以下三类企业：一是由中国人民银行批准的非银行金融机构可以主营或者兼营融资租赁业务；二是由对外贸易经济合作部审批成立的专门从事融资租赁业务的中外合资融资租赁公司；三是经国家经贸委批准成立的以促进产品销售和流通为目的的专业租赁公司。在市场经济中，这些承担出租人角色的企业，既是一个融资中介（相对于承租人而言），又是一个贸易中介（相对于出卖人而言）。而出租人在承租人和出卖人之间又是一个自担租金回收风险的信用中介。

二、融资租赁合同各方当事人的权利、义务及责任

融资租赁合同涉及出卖人、出租人、承租人，它是由出卖人与出租人之间的买卖合同及出租人与承租人之间的租赁合同组成的。但是为了适应经济活动的需要及当事人交往的便利，立法特别将两个合同的权利义务结合在一起，使融资租赁合同成为一种既不同于买卖合同又不同于租赁合同，而与两者都有一定共性的独立的合同形态。《合同法》对三方当事人的权利义务作了具体规定，使三方的权利义务和责任关系脉络清晰，泾渭分明。

（一）出卖人的权利、义务和责任

1. 请求出租人支付价款的权利

出租人按照承租人对出卖人和标的物的选择同出卖人订立合同后，出卖人即有

权要求出租人依照买卖合同的约定支付价款。

2. 交付标的物的义务

《合同法》第 239 条规定，出卖人应当按照约定向承租人交付标的物，承租人享有与受领标的物有关的买受人的权利。这条规定使出卖人与承租人的权利义务关系突破了买卖合同和租赁合同的界限，导致出卖人与承租人之间直接产生权利义务关系。出卖人不仅应当向承租人交付标的物，而且其交付的标的物还必须遵守买卖合同对交货期限、方式、地点的规定。

3. 不履行买卖合同时承担赔偿责任

在三方共同约定由承租人行使索赔权时，出卖人不履行买卖合同义务的，承租人可直接要求出卖人承担赔偿责任；在买卖合同和租赁合同中未约定转让索赔权的，由出租人向出卖人索赔，承租人负责提供有关证据并承受索赔的结果。

（二）出租人的权利、义务和责任

1. 出租人的权利主要包括对租赁物的所有权、向承租人收取租金的权利和不承担标的物瑕疵担保责任的权利

《合同法》第 242 条规定，出租人享有租赁物的所有权，承租人破产的，租赁物不属于破产财产。因此，承租人的债权人不能就租赁物申请强制执行以抵偿承租人的债务，即便融资租赁合同中约定租赁物在租赁期限届满后归承租人所有，租赁物在租赁期间的所有权仍属于出租人。《合同法》第 244 条规定，租赁物不符合约定或者不符合使用目的的，出租人不承担责任，但承租人依赖出租人的技能确定租赁物或者出租人干预选择租赁物的除外。因为出租人是依据承租人对出卖人和租赁物的选择订立买卖合同的，只要出租人对承租人的选择没有误导和干预，出租人就不像普通租赁合同的出租人一样要向承租人承担租赁物瑕疵担保责任。

2. 依照承租人的要求订立买卖合同，并不得擅自变更与承租人有关的合同内容的义务

因擅自变更合同内容给承租人造成损失的，出租人应承担赔偿责任。

3. 出租人应依照买卖合同约定的期限、方式支付价款

若因价款不能支付或支付不及时造成租赁物不能按期交付，承租人有权对迟延交货按合同约定提出赔偿请求或者解除融资租赁合同。

4. 出租人应当保证承租人对租赁物的占有和使用

在融资租赁合同有效期内，出租人非法干预承租人对租赁物的正常使用或者擅自取回租赁物，造成承租人损失的，出租人应承担赔偿责任。

（三）承租人的权利、义务和责任

（1）承租人的权利主要有：①自由选择出卖人和租赁物的权利。②对租赁物的使用收益权，并排除第三人的不当干预和妨害。③超值返还请求权。《合同法》第 249 条规定，当事人约定租赁期间届满租赁物归承租人所有，承租人已经支付了大部分租金，但无力支付剩余租金，出租人因此解除合同收回租赁物的，收回的租

赁物的价值超过承租人欠付的租金以及其他费用的，承租人可以要求部分返还。

（2）及时接受、验收租赁物和按合同约定支付租金的义务。《合同法》第244条规定，租赁物不符合约定或者不符合使用目的的，出租人不承担责任，但承租人依赖于出租人的技能确定租赁物或者出租人干预选择租赁物的除外。因租赁物的质量、数量等问题需要对出卖人提出索赔，如果非因出租人的过错造成，出租人不承担责任，承租人仍需依据租赁合同向出租人支付租金。承租人经催告后，在合理期限内仍不支付租金的，出租人可以请求支付全部租金，也可以解除合同，收回租赁物。

（3）承租人应当妥善保管、使用租赁物，应当承担占有租赁物期间的维修费用，不得将租赁物擅自抵押、转让、转租或者投资入股。在租赁期间内，承租人未经出租人同意，将租赁物抵押、转让、转租或者投资入股的，其行为无效，出租人有权收回租赁物，并要求承租人赔偿损失。

三、租赁物的瑕疵担保责任

租赁物瑕疵分为品质瑕疵和权利瑕疵两种。当承租人收到的租赁物不符合约定或者不符合使用目的或者存在侵犯第三人的知识产权的瑕疵时，确定谁来承担瑕疵担保责任是至关重要的，因为它直接关系到融资租赁合同的三方当事人中的每一方的权利、义务和责任。在传统租赁中，出租人与买卖合同中的出卖人一样负有瑕疵担保责任，即保证所交付的租赁物能够为承租人依约正常使用收益，保证所交付的租赁物不会因第三人主张权利致使承租人不能对租赁物使用收益；如果租赁物上存在品质瑕疵、权利瑕疵致使承租人不能依约使用、收益租赁物，承租人可请示减少租金或者解除合同。而在融资租赁合同中，当事人常常作出这种约定，若出卖人迟延交付租赁物或者租赁物的规格、型号、性能等不符合约定或者不符合使用目的的，出租人不承担责任，由承租人直接向出卖人行使索赔权，并承担索赔不成的不利后果，本案的租赁公司与钢铁公司就有这种约定，此即所谓出租人瑕疵担保的免责特约。对于这类免责条款的效力，立法和司法实务予以承认。《合同法》第244条规定："租赁物不符合约定或者不符合使用目的的，出租人不承担责任，但承租人依赖出租人的技能确定租赁物或者干预选择租赁物的除外。"

合同法的这种规定是与融资租赁交易的特点相符的。在融资租赁合同中，出租人订立买卖合同时并不享有自主权，其合同自由受到极大的限制，无选择出卖人的自由，亦无选择标的物的自由，出租人只能依照承租人对出卖人和租赁物的选择同出卖人订立买卖合同。因此，承租人作为买卖合同标的物的选择权人，自然不能要求出租人承担租赁物瑕疵担保责任。普通买卖合同的出卖人和传统租赁合同的出租人都可以通过特约免除或者限制自己依法应承担的标的物瑕疵担保责任，因此，鉴于融资租赁合同的特点，即便出租人没有通过特约免除其瑕疵担保责任，法律也会作出免除其责任的直接规定。

当然并非在任何情况下，出租人都能免除其瑕疵担保责任。当承租人完全依赖出租人的技能和判断选择租赁物，或者出租人干预选择租赁物，或者出租人擅自变更承租人已选定的租赁物时，承租人有权要求出租人向其承担租赁物瑕疵担保责任。

在融资租赁合同中，出租人和承租人通过特约免除出租人的瑕疵担保责任的同时，往往订有索赔权转让条款，即在租赁物的使用中，如果发生质量问题，承租人可以代替出租人直接向出卖人提出赔偿请求。

对于索赔权转让条款的效力，则需要区分几种不同的情况：

（1）《合同法》第 240 条规定："出租人、出卖人、承租人可以约定，出卖人不履行买卖合同义务的，由承租人行使索赔的权利。承租人行使索赔权利的，出租人应当协助。"由于索赔权的转让是三方共同协商的结果，因此承租人直接向出卖人行使索赔权当然是合法有效的。

（2）当出租人和承租人双方约定转让索赔权时，该约定只能约束出租人和承租人，不能约束第三人即出卖人。因此，当该融资租赁合同具有涉外因素，买卖合同所适用的法律是外国法时，出卖人有可能以与承租人无直接合同关系为理由拒绝向承租人承担责任。承租人索赔权的行使就会有落空的危险。

（3）如果融资租赁合同适用的法律是我国《合同法》或者是《国际融资租赁合同公约》，则承租人可依据我国《合同法》第 239 条或者《国际融资租赁合同公约》第 10 条的规定直接行使买受人的权利。

【案例分析 25-2】

某国际租赁公司与某钢铁公司于 1997 年签订一份租赁合同：由租赁公司从国外购买一套轧钢设备，然后出租给钢铁公司使用，租期 4 年，租金共 80 万美元，货到一个月内钢铁公司支付 20 万美元，其余租金从 1998 年 2 月至 2000 年 9 月分五次交清。租期届满而且钢铁公司付清全部租金后，设备可以 3 万美元的价格卖给钢铁公司。双方同时约定，此套设备交货后如发现有质量问题，租赁公司将索赔权转让给钢铁公司，并协助索赔，但不负任何责任。钢铁公司于 1997 年 8 月收到此套轧钢设备，经本市商检局检验，发现设备部件缺少，品质有缺陷，并夹杂旧货，责任属供货人。钢铁公司于是向卖方（外国公司）索赔，外国公司亦承认设备有缺陷，但一直未赔偿。钢铁公司在对外索赔未果的情况下，以租赁公司为被告，起诉到法院，要求租赁公司赔偿其损失。

本案中的租赁公司与钢铁公司之间的融资租赁合同已有效成立，租赁公司作为出租人，按照承租人钢铁公司的要求同供货人订立轧钢设备买卖合同，并依约向供货人外国公司支付了价款，履行了合同义务。租赁公司与钢铁公司在合同中约定，如果供货人提供的轧钢设备有质量问题，出租人不承担任何责任。该免责特约不违反法律规定，依法有效，因此租赁公司对承租人钢铁公司收到的租赁设备不承担瑕疵担保责任。钢铁公司在对外索赔不成时，即以租赁公司为被告，要求租赁公司承担钢铁公司因轧钢设备的质量问题所造成的损失，因缺乏法律依据，其诉讼请求应被驳回。

供货人外国公司所交付的轧钢设备存在严重质量问题，没有履行合同义务，应承担违反合同的法律责任。但由于出租人租赁公司和承租人钢铁公司双方关于转让索赔权的约定没有得到供货人的同意，因此钢铁公司直接向供货人索赔会因法律障碍而不能成功。本案应由租赁公司以自己的名义向供货人提出赔偿要求，由钢铁公司负担租赁公司进行索赔所支出的费用和提供有关证据，并由钢铁公司承担租赁公司向供货人索赔的结果。

【本章思考题】

1. 如何理解租赁权的物权效力？
2. 试述融资租赁合同中租赁物的瑕疵担保责任。
3. 案例分析

2008 年 6 月，甲公司与乙公司签订了一份租赁合同，合同约定：乙公司租用甲公司的塑料车间，其中机器设备 20 台，厂房 5 间，租赁期间为 18 个月，从 2008 年 7 月至 2009 年 12 月止。如一方要求解除合同，需提前 3 个月通知对方。每月租金和固定资产折旧费为 15000 元，于每月的 15 日前给付。合同生效后，乙公司派人进入租用车间，随后开始投入生产。由于乙公司在 2009 年 3 月拖欠了部分租金和折旧费，甲公司于 2009 年 4 月起封锁了出租车间，阻止乙公司外运物资，造成出租车间停产。后经第三方调解，双方达成了一份书面协议，乙公司于 4 月底前付清所欠租金及折旧费，甲公司不再干预乙公司的生产经营。双方都执行了协议。2009 年 8 月甲公司以乙公司要撤走为由，再次阻止乙公司外运物资，出租车间又陷入停产。乙公司无奈于 2009 年 9 月撤出甲公司，并以甲公司一再妨碍其生产经营为由，起诉到法院，要求甲公司赔偿其经济损失。

（1）出租人甲公司是否有权干预承租人的正常经营？
（2）本案应如何解决？

第二十六章 完成工作的合同

☞ **本章导读**

依我国《合同法》规定，一般承揽合同与以完成工程勘察、设计、施工为内容的建设工程合同分别为两类不同的合同。一般承揽合同是承揽人按照定作人的要求完成工作，交付工作成果，定作人给付报酬的合同。建设工程合同，是指承包人进行工程建设，发包人支付价款的合同。它包括工程勘察合同、设计合同和施工合同。在实务中这三种合同常被合并为两类，即勘察、设计合同和施工合同。

第一节 完成工作的合同概述

完成工作的合同，是指当事人一方按约定完成对方指定的工作并交付工作成果，由对方按约定接受工作成果并支付报酬的协议。依据我国《合同法》的规定，这类合同包括承揽合同和建设工程合同。承揽合同可再分为加工合同、定作合同、修理合同等，建设工程合同可分为勘察合同、设计合同、施工合同。

完成工作的合同具有以下法律特征：

第一，合同标的的特殊性。完成工作的合同的标的是工作成果，它是合同约定的、满足委托人特殊需要的物品或成果，这种标的在现货市场尚不存在，无法及时获取，需求方只能通过双方订立合同借助于合同另一方特殊的技术劳动来满足自己的特殊需要。

第二，合同履行的协作性。完成工作的合同须合同双方当事人的相互协作和支持才能得以全面适当履行，因为对合同标的有特殊需求的一方必须积极协同另一方的履行才能保证合同履行符合自己订立合同的目的。

第三，完成工作的合同均属双务、有偿、诺成合同。

第二节 承 揽 合 同

一、承揽合同的法律特征

承揽合同是承揽人按照定作人的要求完成工作，交付工作成果，定作人给付报酬的合同。委托他人完成特定工作、接受其工作成果并支付报酬的一方为定作人；

接受定作人委托，完成特定工作并交付成果的一方为承揽人。依我国《合同法》规定，一般承揽合同与以完成工程勘察、设计、施工为内容的建设工程合同分别为两类不同的合同。一般承揽合同主要包括：（1）加工合同，也即来料加工合同，是指承揽人用定作人提供的原材料为其加工制作成特定的产品，定作人给付约定报酬的协议。如用定作人的布料加工成服装等。（2）定作合同，是承揽人用自己的原材料为定作人制作特定产品，定作人接受工作成果并给付约定报酬的协议。如家肯厂用自己的原材料按定作人的要求制作成家具等。（3）修理合同，是承揽人按照定作人的要求，为其修复损坏的物品，定作人给付约定报酬的协议。如汽车修理厂为他人修理损坏的汽车等。（4）其他承揽合同。如承揽人为定作人复制材料、印刷图文资料、完成广告设计、进行物品性能的测试、检验、鉴定等。

承揽合同具有以下法律特征：（1）承揽合同是诺成、有偿、双务合同。（2）承揽合同以一定工作的完成为目的。（3）承揽合同的标的具有特定性。（4）承揽人独立承担风险。

二、承揽人的瑕疵担保责任

承揽人的瑕疵担保责任，属于严格责任，即不管承揽人对工作物瑕疵的产生是否有过错，只要不存在法定的或者约定的免责事由，承揽人均应承担责任。我国《合同法》第262条规定："承揽人交付的工作成果不符合质量要求的，定作人可以要求承揽人承担修理、重作、减少报酬、赔偿损失等违约责任。"此条即为承揽人瑕疵担保责任的规定。承揽人瑕疵担保责任的构成要件包括三个方面：（1）承揽人完成的工作成果不符合质量要求。双方当事人对工作成果的质量有约定的，从其约定，没有约定或者约定不明的，依据《合同法》第61条和第62条的规定来确定其质量要求。（2）工作成果在交付时即存在质量瑕疵。如果是在交付前存在质量问题，承揽人则可采取补救措施，只要在交付时消除了质量问题，当然不承担责任。（3）没有法定的或者约定的免除承揽人担保责任的情形。如果瑕疵是因定作人的原因产生的，承揽人不承担瑕疵担保责任；如果合同的双方之间有免除或者限制担保责任的特殊约定，原则上应从其约定。

承揽人交付的工作成果不符合质量要求时，应承担违约责任。根据《合同法》第262条规定，并结合工作成果瑕疵的程度等具体情况，定作人可以要求承揽人承担以下责任：

（1）除去瑕疵。除去瑕疵是定作人请求承揽人采取包括以修理、修补等方法消除工作成果与合同不符之处。定作人可以要求承揽人除去其工作成果上的瑕疵，承揽人也可以要求允许其除去瑕疵，从而避免因重作而造成的浪费。在承揽人所交付的工作成果存在瑕疵时，可以考虑除去瑕疵和其他责任方式的适用。特别是当瑕疵属于轻微程度时，该瑕疵并不影响定作人对工作成果的使用，则应当让承揽人承担修理或者降低报酬等责任方式。如果此时允许定作人要求承揽人重作或者解除合同，则不仅违背诚实信用原则，而且会造成物质上的浪费，且对双方当事人并无特别利益。

（2）重作。一般情况下，承揽人交付的工作成果有瑕疵，首先应承担除去瑕疵的责任，但除适用除去瑕疵（如修理等）责任方式外，在何种情况下可适用重作责任方式，世界主要国家的民事立法均未作出明确的规定。我国《民法通则》和《合同法》也只是规定修理、重作、解除合同等是承揽人承担责任的方式，并未规定在何种情况下承揽人应当承担重作的责任。但根据公平、经济合理等原则，只有当瑕疵属于显著的瑕疵，定作人根本无法利用或者虽可利用但已远达不到其订立承揽合同时所期待得到的使用价值，此时则定作人可以拒绝受领工作成果而请求重作，已经受领的，亦可要求承揽人取回予以重作。

（3）解除合同。承揽人拒绝修理，或者修理后仍不能达到定作人订立承揽合同的目的，或者由于工作成果的性质及特殊性而不能修理时，定作人可以解除合同。但一些国家的立法对定作人解除合同也有所限制，我国《合同法》在总则中也明确规定了债权人解除合同的条件和程序。值得注意的是，《合同法》第 268 条规定："定作人可以随时解除承揽合同，造成承揽人损失的，应当赔偿损失。"但这一条并非是关于承揽人因交付的工作成果有瑕疵时应承担责任的规定。

（4）减少报酬或者损害赔偿。当承揽人交付的瑕疵属轻微程度、不影响其使用，定作人可直接请求承揽人减少报酬。当承揽人交付的工作成果存在瑕疵，致使定作人遭受损失，定作人还可以要求承揽人赔偿损失。关于承揽人的损害赔偿责任，有些国家的立法，如《德国民法典》第 635 条、《瑞士债务法》第 368 条等，规定以存在可归责于承揽人的事由（或者承揽人有过失）为必要条件。根据我国《合同法》第 262 条规定，再结合《合同法》总则有关违约责任的规定，承揽人就工作成果的瑕疵向定作人承担的赔偿责任不以承揽人有过失为必要条件。但《合同法》第 265 条规定："承揽人应当妥善保管定作人提供的材料以及完成的工作成果，因保管不善造成毁损、灭失的，应当承担损害赔偿责任。"由此可见，承揽人只是在因保管不善造成定作人提供的材料和自己完成的工作成果毁损、灭失时，其承担的损害赔偿责任才以承揽人的过失为必要条件。

三、承揽人的留置权

《担保法》第 84 条规定，因保管合同、运输合同、加工承揽合同发生的债权，债务人不履行债务，债权人有留置权。《合同法》第 264 条规定："定作人未向承揽人支付报酬或者材料费等价款的，承揽人对完成的工作成果享有留置权，但当事人另有约定的除外。"本条是《合同法》对承揽人留置权的明确规定，也是对《担保法》第 84 条的具体化。

因此，承揽人的留置权，是指承揽人依合同约定占有定作人的定作物，定作人不按合同约定的期限和数额向承揽人支付报酬或者材料费等价款时，承揽人有权依照《担保法》和《合同法》的规定留置该定作物，以该定作物折价或者以拍卖、变卖该定作物的价款优先受偿的权利。

留置权具有以下特征：（1）留置权产生的前提，必须是在当事人之间存在合同关系，而且是一方占有他方财产，他方违约拒付或者迟付款项的。（2）留置权人所留置的财产，只能是依合同合法占有的对方财产。不是依照合同占有的财产，以及占有的财产不是对方的财产，不能作为留置财产，不产生留置权。（3）留置权的成立，必须是债务已到清偿期，存在债务人未履行付款义务的法律事实。（4）留置权是直接依法律的规定而产生的担保物权，不是由当事人约定的。（5）不按合同给付应付款项超过约定期限，经过一定的宽限期仍不清偿的，债权人有变卖留置物而优先受偿。

根据《合同法》第264条规定，承揽人对完成的工作成果享有留置权。付款期限届满时，定作人未向承揽人支付报酬或者材料费等价款的，承揽人可以依法留置工作成果，并通知定作人在不少于两个月的期限内支付报酬以及其他应付款项，定作人逾期仍不履行的，承揽人可以与定作人协商将留置的工作成果折价，也可以依法拍卖、变卖该工作成果，以所得价款优先受偿。受偿范围包括定作人未付的报酬及利息、承揽人提供的材料的费用、工作成果的保管费、合同中约定的违约金以及承揽人的其他损失等。工作成果折价或者拍卖、变卖后，其价款超过定作人应付数额的部分归定作人享有，不足部分由定作人清偿。

根据《合同法》及《担保法》的有关规定，承揽人行使留置权应当符合下述三个前提条件：（1）定作人无正当理由拒绝支付其应当负担的报酬、材料费等价款。支付报酬是定作人的基本义务。由承揽人提供材料的，定作人还应当向承揽人支付材料价款。（2）承揽人合法占有承揽合同的工作成果。（3）定作人与承揽人没有承揽人不能留置工作成果的特别约定。

【案例分析 26-1】

1998年4月，甲公司（定作方）和乙公司（承揽方）签订加工80吨镀锌水管合同，合同订明每吨加工费320元，合同对镀锌水管内外层镀锌质量亦有明确的规定。1998年5月乙公司接受甲公司管坯80吨，加工后于6月份将全部镀锌水管交还给甲公司。当乙公司要求按合同结清加工费25600元时，甲公司提出大部分镀锌管肉眼可见锈斑且质量差要求乙公司每吨加工费减收100元。乙公司表示每吨可减收20元，或者将不合格部分返工。经双方商定，由乙公司负责返工，拉回一车返工后再送回一车。乙公司于7月初派车到甲公司运回4吨镀锌管进行返工，但事后不按协议将返工镀锌管交还给甲公司，而是擅自留置以抵加工费，从而引起纷争。1998年10月，甲公司以乙公司违反合同，向法院起诉，要求乙公司返还擅自留置的镀锌水管并赔偿其经济损失。

本案中，定作人与承揽人之间签订的加工镀锌水管的合同合法有效，双方均应接受合同的约束，按合同的约定适当地履行合同的义务，即承揽人按照合同的约定完成80吨镀锌水管的加工并交付工作成果、定作人按合同的约定向承揽人支付合同约定的报酬等价款。

乙公司作为承揽人，应当对其完成的工件成果镀锌管的质量负担保责任，即保证其交付的镀锌管符合合同约定的质量标准和要求。而承揽人交付的镀锌管的大部分存在明显的锈斑，不符合合同约定的质量要求，因此承揽人应就其违反合同义务向定作人承担相应的法律责任。因定作人受领的镀锌管大部分都已销售出去，这说明镀锌管的质量瑕疵并不属于严重程度，不影响定作人的销售，所以承揽人承担的责任应限于修理、部分重作（返工）或者降低报酬。

在定作人要求降低加工费时，双方就降低加工费的幅度难以达成一致的意见。双方于是商定通过承揽人对有质量问题的镀锌管的返工以消除镀锌管上的锈斑。但承揽人的行为表明其毫无诚意去履行双方就返工问题达成的协议，其真实意图是希望通过返工重新获得占有定作人的镀锌管的机会，以达到通过扣押4吨镀锌管迫使定作人按原合同的约定支付加工费的目的。承揽人的这一做法是错误的。本来争议的发生就是由于承揽人未适当履行合同义务（加工的镀锌管存在质量问题）引起的，返工是承揽人对其不适当履行合同义务时应承担的合同责任，而承揽人竟将拉回的镀锌管强行扣留，这又构成了承揽人不交付工作成果的新的违约行为。因此承揽人应就其新的违约行为（即不交付工作成果）承担相应的法律责任。

因此本案的承揽人应该承担减少报酬、继续交付工作成果和赔偿因不交付工作成果给定作人造成的损失的法律责任。

第三节 建设工程合同

一、建设工程合同概述

建设工程合同，是承包人进行工程建设，发包人支付价款的合同。根据《合同法》第269条规定，建设工程合同包括工程勘察合同、设计合同、施工合同。在实务中这三种合同常被合并为两类，即勘察、设计合同和施工合同。

（一）勘察合同

勘察合同是发包人与勘察人为完成工程地理、地质等情况的勘察任务，明确相互权利义务的协议。勘察工作是一项专业性很强的工作，所以我国法律对受托从事地质勘察工作的单位的主体资格有明确、严格的要求。有权从事地质勘察工作的，必须是经过政府有关主管机关批准发给"勘察许可证"的具有法人资格的企业或事业单位。建设工程的勘察，担负着为工程建设提供地质资料的任务。建设工程的勘察人应当按照现行的标准、规范、规程和技术条例，进行工程测量、勘测工程地质和水文地质等勘察工作，并按照合同规定的进度提交符合质量要求的勘察成果。发包人应当按合同的约定提供勘察所需要的资料，接受勘察人所完成的勘察成果并向勘察人支付约定的报酬。

（二）设计合同

建设工程设计合同一般包括两种合同，一种是初步设计合同，即在建设项目立项阶段为项目决策提供可行性资料的设计而与筹建单位签订的合同；另一种设计合同是在国家计划部门批准立项后，与筹建单位之间就具体施工设计达成的施工设计合同。建设工程的设计，是直接为工程施工提供据以遵循的技术依据。建设工程的设计人应当根据有关技术文件、设计标准、技术规程、定额等提出勘察技术要求和进行设计，并按合同约定的进度提交符合质量要求的设计文件。筹建单位（发包人）应当按照合同的约定向设计人提供必要的基础资料、设计的技术要求，为进入场地的设计人员提供必要的工作条件和生活条件，接受设计人完成的设计成果并按合同约定支付报酬。

（三）施工合同

施工合同是发包人与承包人为完成约定的建设工程，明确双方权利义务的协议。建设工程的施工，是指根据工程的设计文件和施工图纸的要求，通过施工作业最终形成建设工程实体的建设。

二、建设工程合同的特征

建设工程合同，属于承揽完成不动产工程项目的合同。但是由于建设工程不同于其他工作的完成，建设工程合同除具有与一般承揽合同相同的特征之外（建设工程合同也具有诺成性、双务性、有偿性等），更具有与一般承揽合同不同的特点。因此我国《合同法》及以前的有关法律、法规将建设工程合同作为独立的一种合同加以规定。

建设工程合同主要有以下法律特征：

1. 合同主体是法人

建设工程合同的主体不仅要具有法人资格，而且法律、法规对合同的主体还有一些特别限制。发包人一般是经过批准获得建设工程施工许可的法人，承包人也只能是具有从事勘察、设计、施工业务资格的法人。

2. 合同标的为基本建设工程

合同标的为基本建设工程，并非一般的加工定作物。不属于基本建设工程的工程承包不属于建设工程合同，而为一般承揽合同。基本建设工程包括厂房、水库、桥梁、铁路、码头及学校、医院、住宅等，这些工程耗资巨大，履行期长，并且有严格的质量要求。

3. 国家管理的特殊性

建设工程合同因涉及基本建设规划，其标的物为不动产工程，投资额度大，使用周期长，事关国计民生。因此国家实行严格的监督和管理。这突出表现在国家的重大建设工程要严格遵守国家的计划，任何基本建设工程事先都要经过严格的审核批准，建设工程合同的实施要遵守严密的程序等。

4. 建设工程合同应当采用书面形式

建设工程合同应当采用书面形式。这既是国家对基本建设进行监督管理的需要，也是由建设工程合同履行的特点所决定的。

三、建设工程的总包与分包

建设工程的总包是指发包人与某一勘察人、设计人、施工人就建设工程的全部勘察、设计、建筑安装工作的完成签订的合同。建设工程的分包则是总包合同中的勘察人、设计人、施工人将其承包的工程的部分建设任务交由第三人完成，并确定双方权利义务关系的协议。由于我国《合同法》第 272 条第 2 款禁止总承包人将其承包的工程全部转包给第三人，因此，分包和转包可视为同一概念。不过也有学者认为，分包和转包是不同的。转包是指承包人于承包工程后，又将其承包的工程建设任务转让给第三人，原承包人（转让人）退出承包关系，受让人作为新承包人成为原承包合同关系的另一方。这种情形实际上属于合同总则所规定的合同转让，而非工程项目的转包。

总包合同与分包合同是两个合同，合同的标的有联系，即分包合同的标的是总包合同标的的一部分，但合同的当事人不一致。发包人与总包人、分包人之间的权利义务仍然适用原总承包合同的约定，分包人直接向总包人负责，分包人向发包人履行属第三人代替履行，总包人就分包人的履行向发包人承担责任。为了保证工程质量，避免社会资源的浪费，对于承包人签订分包合同的行为需要予以规范。一方面承包人需要完成工作的主要部分，只允许将整个工程的次要部分或者附属性的工作转给第三人完成，禁止承包人将其承包的全部建设工程转包给第三人或者将其承包的全部建设工程肢解以后以分包的名义分别转包给第三人，并且允许承担分包任务的分包人必须具备相应的资质条件；另一方面，总包人将自己的工程建设工作转包给第三人的，应当事前取得发包人的同意。《合同法》第 272 条对建设工程的分包作出了明确的限制。

建设工程的总包和分包主要发生在建设工程施工合同的履行过程中，因此，本节主要讨论建设工程施工合同的总包和分包问题。

《建设施工企业资质等级标准》将建筑企业分为四个等级，并明确规定了不同资质等级的建筑企业所能承接的施工任务的范围。所有不同等级施工企业都必须在核准的范围内营业，不得越级承揽任务。因此建设工程分包合同的签订首先必须要求分包人具有相应的资质条件。

建设工程施工总承包单位可以将其承包工程中的部分工程分包给具有相应资质条件的分包单位，但应取得发包人（建设单位）的同意。取得发包人的同意是进行分包的前提条件。

法律、法规对建设工程分包的范围也有明确的限制。工程施工过程是复杂的，不同建设项目对施工企业的资质等级要求不同，为了保证建设工程的工期、质量，对分包的范围进行限制是必要的。《建筑安装工程总分包实施办法》对此有明确规定：（1）总包单位必须自行完成建设项目（或单项、单位工程）的主要部分或者群体工程中半数以上的单位工程，其非主要部分或者专业性较强的工程可以包给营业条件符合该工程技术要求的施工企业。（2）分包单位必须自行完成分包工程，不得再分包。但属于金属容器的气密性试验、压力试验、工艺设备安装的调试工作、吊装工程的焊缝探伤检查、打桩和高级装修等特殊专业技术作业除外。

符合法律法规的分包合同成立后，总包单位按照总包合同的约定对发包人负责，分包单位按照分包合同对总包单位负责，总包单位和分包单位就分包工程对发包人（建设单位）承担连带责任。在实践中，分包合同最容易产生争议的事项主要是关于分包工程的工期、质量、造价和交付使用后的保修等问题。因此，订立分包合同时，总包单位与分包单位双方应当就各自的责任作出明确的约定。

四、发包人对其违约行为致使工程停建、缓建时应承担的责任

《合同法》第284条规定："因发包人的原因致使工程中途停建、缓建的，发包人应当采取措施弥补或者减少损失，赔偿承包人因此造成的停工、窝工、倒运、机械设备调迁、材料和构件积压等损失和实际费用。"本条是关于因发包人的原因致使工程建设无法按照约定的进度进行，承包人可以停建、缓建并可要求赔偿的法律规定。这里所指的"因发包人的原因"在实践中一般包括以下几种情况：（1）发包人变更工程量；（2）发包人提供的设计文件等技术资料有错误或者发包人变更设计文件；（3）发包人未能按照约定及时提供建设材料、设备或者按工程进度拨付款项；（4）发包人未能及时进行隐蔽工程的验收并办理有关手续；（5）发包人不按照合同的约定保障建设工作所需的工作条件致使工程建设无法正常进行的等。在发现上述情况并致使工程建设无法正常进行时，承包人可以停建、缓建、顺延工期，并及时通知发包人。承包人在停建、缓建期间，应当采取合理措施减少损失并防止损失的扩大，妥善保护已完成的工程、已购置的材料和设备，适时地将自有机械和人员撤出施工现场。

发包人因自身原因致使工程停建、缓建的，发包人应当承担违约责任。首先发包人应当采取必要措施，减少承包人的损失，同时应当排除障碍，使承包人尽快恢复建设工作。除此之外，发包人还应当赔偿承包人在停建、缓建期间的损失，包括停工、窝工、倒运、机械设备调迁、材料和构件积压所造成的损失和实际发生的费用。

【本章思考题】

1. 试述承揽合同中承揽人的瑕疵担保责任。

2. 案例分析

某私立中学与工程中标单位某建筑公司于 2007 年 2 月签订一份建筑一栋四层教学、办公两用楼的工程承包合同。合同规定：建筑面积 2600 平方米；工程总造价 140 万元；承包方式为大包干，即包工包料；开工时间为 2007 年 4 月 1 日，竣工时间为 2008 年 6 月底；工程款分两次支付，第一次于 2007 年 3 月 10 日前支付 80 万元，剩余款项于工程竣工验收合格后一次性支付给建筑公司。合同签订后，私立中学依合同向建筑公司支付了第一笔工程款 80 万元，建筑公司随后即进入施工阶段。2008 年 5 月中旬整个工程竣工，6 月上旬经双方和工程质量检测部门验收合格后即交付给私立中学，但私立中学准备用以支付工程款的 60 万元被其工作人员卷款逃走，剩余工程款就一直拖着未付。建筑公司几次交涉未果，于 2008 年 11 月法院起诉，要求私立中学支付余下的 60 万元工程款及迟延付款的罚息。

(1) 发包人是否应当承担违约责任？

(2) 如果发包人陷入支付不能，承包人的债权可以什么方式得以实现？

第二十七章 提供服务的合同

☞ **本章导读**

　　本章六种合同的共同特征就是合同的标的都以为他人提供服务为内容。其中运输合同法律关系最为复杂，根据被运输的对象、运输工具和运输的方式不同，运输合同可作多种分类，其中最重要的是旅客运输合同、货物运输合同和联合运输合同。保管合同是保管人保管寄存人交付的保管物，并返还该物的合同。仓储合同则是基于保管人的特定身份的一种特殊的保管合同。委托合同、行纪合同和居间合同的共同特点是合同的相对方接受委托人的委托并按委托人的要求提供服务，但相对方在同第三人进行民事交易时其法律地位各不相同，因此，相对方在这三种合同中的权利义务也有明显的区别。

第一节 提供服务的合同概述

　　提供服务的合同是以提供服务为标的的合同，即不以实物形式而以提供服务的方式满足他人的特殊需要。提供服务的合同具体包括运输合同、保管合同、仓储合同、委托合同、行纪合同以及居间合同。其中运输合同、仓储合同、行纪合同以及居间合同为有偿、双务合同；保管合同和委托合同既可以是有偿也可以是无偿，同时保管合同又是实践合同而委托合同则是诺成合同。

　　提供服务的合同具有以下法律特征：

　　第一，提供服务的合同的标的为一方向另一方提供特定的劳务行为，而不是劳务行为所产生的工作成果。这点不同于完成工作的合同。

　　第二，多数提供服务的合同是建立在相互信任的基础之上，具有较强的人身属性。即必须有提供服务的义务方亲自履行合同，一般不得委托他人履行。

　　第三，除保管合同之外，提供服务的合同均属诺成合同。

第二节 运 输 合 同

一、运输合同的概念和特征

　　运输合同，又称运送合同，是指承运人将旅客或者货物运输到约定地点，旅客、托运人或者收货人支付票款或者运费的合同。

运输合同一般有两方当事人：一方是承运人；一方是托运人或者旅客。涉及货物运输的，常常还有作为第三人的收货人。承运人是指将货物或者旅客送达约定地点的人，既可以是法人，也可以是自然人，但必须是经营运送业务的人，如铁路公司、航空公司、汽车运输公司、城镇运输个体户或农村运输专业户等。在旅客运输合同中，旅客既是运输合同当事人，又是被运输的对象。在货物运输合同中，托运人是指以本人名义同承运人签订合同的人，收货人是依运输合同接收承运人送达货物的人，一般是托运人以外的第三人，但托运人也可以自己作为收货人，接收承运人对货物的送达。

运输合同可以作不同的分类。根据被运输的对象不同，可将运输合同分为旅客运输合同和货物运输合同。货物运输合同又可依货物的不同特点分为普通货物运输合同、特种货物运输合同（如以鲜活货物、易腐、易变质的货物和动物为对象的运输合同）及危险货物运输合同（如以易燃、易爆、有毒、有放射性货物为对象的运输合同）。根据运输工具不同，运输合同可分为水路运输合同、公路运输合同、铁路运输合同、航空运输合同、管道运输合同。按照运输的方式不同，可将运输合同分为单一运输合同和联合运输合同。

上述各类合同各有特点，适用的法律也互有区别，但是作为运输合同，均具有以下法律特征：（1）运输合同是双务、有偿合同。（2）运输合同为诺成合同。但也有例外，如双方当事人约定以托运人交付货物时合同才能成立，此时即为实践合同。再如旅客乘坐出租车，习惯上也认为是实践合同。（3）运输合同的标的是运输行为。（4）运输合同一般为标准合同。（5）从事公共运输的承运人负有强制订约的义务。从事公共运输的承运人，由于其服务面向社会所有旅客和托运人，故《合同法》规定其不得拒绝旅客、托运人通常、合理的运输要求，只要有空余的舱位或者承运空间，就必须接受托运人的运输要求。

二、承运人的义务和责任

承运人的主要义务就是以合适的运输工具，按合适的路线，将货物安全及时地运送到目的地，并及时通知收货人。承运人不按合同约定履行其义务，应当承担相应的合同责任。

依据我国《合同法》第 311 条关于承运人对运输过程中货物的毁损、灭失承担损害赔偿责任的规定，以及《合同法》总则部分对违约责任的规定，承运人对货物毁损、灭失所承担的赔偿责任是一种严格责任，即承运人对货物毁损、灭失所承担的责任并不以承运人主观上有过错为要件，即使承运人对货物的毁损、灭失没有过错，只要不存在法定的免责事由，也要承担赔偿责任。

所谓货物的毁损，是指货物的损坏致使其价值减少。所谓灭失，是指承运人无法将货物交付给收货人，既包括货物的物质上的灭失，也包括占有的丧失及法律上不能恢复占有的各种情形。

承运人对货物的赔偿责任，在以下几种情况下，依照法律的规定，可以免除责任：（1）不可抗力。不可抗力是指承运人不能预见、不能避免并不能克服的客观情况，如地震、雷击、洪水、泥石流、战争等。（2）由于货物本身的自然属性所引起的损失。（3）国家主管部门规定的货物合理损耗。（4）由于托运人、收货人的过错所致损失。除上述四种情形之外，承运人对运输过程中货物的毁损、灭失应当承担赔偿损失。

承运人赔偿责任的范围如下：

（1）承运人对货物毁损、灭失所造成的财产损失，应当承担赔偿责任，即以损失额的大小确定承运人的赔偿额。损失额的计算，应以交货目的地的市场价格进行计算。交货目的地市场价格，通常指同类商品的平均价格，如果无法确定市场价格，也可以按货物起运时的价格加上运费和其他费用来确定。

（2）法律、法规对承运人的赔偿责任作出的限额规定。在现代高科技社会里，高精尖产品越来越多，价格昂贵的货物也很普遍。如果对这类货物的损失全额赔偿，承运人难以承受，为了维护承运人的利益和保护交通运输业的发展，也是为了交易的便利和纠纷的及时解决，法律有必要规定限额赔偿。如果有特别法（如《航空法》、《海事法》、《铁路法》等）对赔偿限额有特别规定的，应从其规定，即使实际损失超过法定最高赔偿额，承运人对超出部分也不承担赔偿责任。

但是，货物的损失是由于承运人的故意或重大过失造成的，则不适用限额赔偿的规定。限额赔偿是对承运人的一种法律保护，但如果承运人及其雇佣人故意造成货物毁损、灭失，或者对货物的毁损、灭失有重大过失，法律无保护当事人恶意行为的必要，因此也就没有适用限额赔偿的余地。对于损失是由于承运人及其雇佣人的故意或重大过失所造成的，托运人、收货人或者提单持有人可以向承运人提出全额赔偿要求，其赔偿范围既包括货物本身的价值损失，还包括其他损失，即承运人对于受害人的直接损失和间接损失均应赔偿。

（3）货物实行保价运输的，承运人对货物的毁损灭失按保价额进行赔偿。所谓保价运输，是指托运人在办理货物托运时，向承运人声明货物的保价金额，并按规定支付货物保价费，以确定货物毁损灭失时，由承运人按保价金额进行赔偿的一种货物运输方式。货物保价运输是在货物损害限额赔偿不足以保护托运人或收货人的财产权益的情况下发展起来的。保价额是与保价货物的实际损失紧密相联的，根据有关法律规定，"最高不超过保价额"中的保价额，是指损失货物的保价额，按损失货物与全批货物的比例进行赔偿。

三、联合运输合同的责任承担

联合运输合同，又称为多式联运合同、混合运输合同，它是指两个以上采用不同运送方式的承运人作为合同的一方当事人，通过衔接运送，将货物安全送到约定的地点，托运人支付约定运费的协议。联合运输合同具有以下法律特征：（1）联合运输合同的承运人为两人以上。联运合同的承运人必须为两人以上，若仅为一人，则不发生联运。联运合同的承运人虽为两人以上，但只存在一个运输合同，而不是由托运人分别同多个承运人订立多个运输合同。（2）联合运输合同的各承运人以相互衔接的不同的方式承运货物。联运合同的承运人一方不仅为两人以上，还应该是以不同的运输方式承运货物。例如铁路与水路联运、公路与航空联运等。（3）托运人一次交费并使用同一运输凭证。联运合同具有统一化、简单化的特点，即不管运输路线多长，也不论是由几种运输方式完成运输任务，托运人只须办理一次托运手续，交一次运费即可，货物的承运由多式联运经营人负责全程运输。

一方面，在联运合同中，不同运输方式的运输路线分为不同的运输区段，而完成全程运输过程必须经过若干运输区段，由不同运输区段的承运人分别完成；另一方面，联合运输又要求特定货物的运输从起点到终点具有连续性、不能中断、不可分割的特点。在运输过程中，普遍存在转车、转机、转船，从一种运输方式过渡到另一运输方式，从一个区段到另一个区段。而托运人只要与第一承运人签订运输合同，就可以"一票到底"，享受全程所有区段的运输服务。

由于联合运输合同具有上述特点，因此，合理确定承运人的责任就成了立法中一个难点，也是一个重点。有人认为，应当规定联合运输中各承运人承担连带责任。也有人认为，应当规定由签订运输合同的第一承运人对运输的全程负责。我国《合同法》第318条规定："多式联运经营人可以与参加多式联运的各区段承运人就多式联运合同的各区段运输约定相互间的责任，但该约定不影响多式联运经营人对全程运输承担的义务。"由此可见，我国《合同法》并未采纳上述两种观点，而是规定"多式联运经营人"应对全程运输享有权利、承担义务；"多式联运经营人"可以通过合同方式与各区段承运人约定相互间的责任，但这种约定不影响其向受害人就全程运输所应承担的责任。依照《合同法》第317条规定，多式联运经营人是指"负责履行或者组织履行多式联运合同，对全程运输享有承运人的权利，承担承运人的义务"的人。因此，"多式联运经营人"和"第一承运人"并不能画等号。特别值得注意的是，多式联运合同的承运人与单式联运合同的承运人的责任性质是不相同的。《合同法》第313条规定："两个以上承运人以同一运输方式联运的，与托运人订立合同的承运人应当对全程运输承担责任。损失发生在某一运输区段的，与托运人订立合同的承运人与该区段的承运人承担连带责任。"可见，在单式联合运输中，是由同托运人签订合同的承运人对全程运输承担责任，能够确定损失发生在特定运输区段时，则由与托运人订立合同的承运人和该区段的承运人向受害人承担连带责任。

至于"多式联运经营人"的赔偿责任范围，《合同法》第321条亦有明确的规定：“货物的毁损、灭失发生于多式联运的某一运输区段的，多式联运经营人的赔偿责任和责任限额，适用调整该区段运输方式的有关法律规定。货物毁损、灭失发生的运输区段不能确定的，依照本章规定承担损害赔偿责任。”

【案例分析 27-1】

　　1996 年 5 月 6 日，内蒙某纸制品厂（以下简称纸制品厂）向浙江宁波某机械厂订购两台印刷机，分别用木制包装从宁波港托运出发，途经上海港、连云港、郑州站中转换装，水陆联运，6 月 28 日抵达包头站。卸货时发现其中一台损坏。据郑州站《货运记录》记载，系 6 月 23 日中转卸车吊起印刷机时，其中一台印刷机包装用的两根托木在螺丝孔处折断，货物脱落被摔坏。7 月 1 日，包头站会同纸制品厂（收货人）的有关人员对损坏的印刷机进行了目测鉴定，鉴定结论认为印刷机已破损报废，无修复价值；损坏的原因是包装托木腐朽所致。包头站的意见是由收货方自行处理。纸制品厂即与宁波机械厂交涉，宁波机械厂拒不承认包装木质腐朽，先后将有争议的用于包装的托木送请几家权威机构鉴定，鉴定结果均为：单根托木承重为 2.15 吨，两根双“#”的托木承重为 4.3 吨，而印刷机只重 1.5 吨，因此否定了对包装木质腐朽的说法。纸制品厂于是向铁路运输法院提起诉讼，要求包头站赔偿其经济损失。

　　本案合同的签订和纠纷的发生都是在《合同法》实施以前，按照当时法律的规定，在联合运输合同中，如果发生货物毁损、灭失，不论属于何方责任，均由终点阶段的承运人先行赔偿，再由终点阶段的承运人向负有责任的承运人追偿。所以在本案中，收货人内蒙纸制品厂直接向包头铁路站主张赔偿。由包头铁路站按照《铁路货物运输规程》的规定向收货人赔偿损失，然后请求郑州站返还包头站先行支付的赔偿数额。

　　本案的联合运输合同是一个典型的多式联运合同，由水路运输和铁路运输方式相联合，共涉及三个港口和两个火车站。如果本案适用《合同法》，当事人的起诉及法院的判决会有所不同。依据《合同法》，在多式联合运输中，货物发生毁损、灭失，由多式联运经营人向受害人承担赔偿责任，至于哪一个承运人是多式联运经营人，则依托运人所持合同上的记载来确定。因此，如果包头站不是多式联运经营人，则某纸制品厂不能直接请求包头站承担责任。多式联运经营人依照《合同法》的规定，应当对全程运输承担责任。多式联运经营人在向受害人依据《铁路货物运输规程》进行赔偿之后，再依多式联运经营人与参与联合运输的各区段承运人之间有关赔偿责任的约定，向郑州站主张权利，由郑州站按联合承运人之间的协议向多式联运经营人承担责任。

第三节 保管合同

一、保管合同的法律特征

保管合同，又称寄托合同、寄存合同，《合同法》第 365 条规定："保管合同是保管人保管寄存人交付的保管物，并返还该物的合同。"保管物品的一方为保管人，或称受寄托人，其所保管的物品为保管物，交付物品保管的一方为寄存人或寄托人。我国的保管合同有别于仓库营业人以提供仓库营业服务而订立的仓储保管合同。保管合同和仓储合同分别为两种独立的合同类型。保管合同具有以下特征：

1. 保管合同为实践性合同

保管合同的成立，不仅须有当事人之间的合意，而且须有寄存人将保管物交付于保管人的行为，但当事人另有约定的除外。因此，保管合同一般情况下为实践性合同，而非诺成性合同。

2. 保管合同原则上为无偿合同

《合同法》第 366 条第 2 款规定："当事人对保管费没有约定或者约定不明确，依据本法第 61 条的规定仍不能确定的，保管是无偿的。"因此，保管合同以无偿为原则，只有在当事人约定保管费时，保管才是有偿的。

3. 保管合同以物品的保管为目的

保管合同的标的为保管行为，保管人的主要义务是保管寄存人交付其保管的物品。保管合同的这一特征使其与借用、承揽、运输等合同相区别。在这些合同中，当事人一方也负有妥善保管另一方交付的财产的义务，但当事人之间订立合同的直接目的，不是要一方对他方财产进行保管，并且一方所负担的保管义务也不是其主要义务，而仅仅是一种附属义务。

4. 保管合同只转移占有权，而不转移使用、收益权

依保管合同，保管人须妥善保管寄存人提交的物品，在保管合同有效期间，保管物应处于保管人的占有和控制之下。但保管只是对物品的保管行为，而不是管理行为，因此，保管人对保管物只有占有权，而无使用、收益权，不得对物为利用或改良行为，并且在保管期满时应当将保管物及其孳息返还给寄托人。

二、保管人的义务

根据我国《合同法》的规定，保管人的主要义务包括：

(一) 妥善保管保管物的义务

妥善保管保管物是保管人的主要义务。《合同法》对保管人履行保管义务作出了一系列的明确规定：(1) 保管人对保管物应尽到相当的注意，应当与处理自己的事务或保管自己的物品的注意程度相同。依据《合同法》第 374 条规定，保管

人在有偿保管和无偿保管中的注意义务的程度是不同的：在保管合同为有偿时，保管人应尽善良管理人的注意，即负抽象轻过失的责任；在保管合同为无偿时，保管人应当尽与保管自己的物品同样的注意，即负具体轻过失的责任。（2）保管人必须按照保管合同所约定的场所和方法进行保管。保管行为的履行，必须在安全可靠的场所才能进行。不同的保管物对具体的保管方法也会有不同的要求。依据《合同法》第369条规定，保管人擅自改变保管方法的行为是违约行为。但《合同法》也赋予保管人在情况紧急时，为维护寄存人利益而改变保管场所与方法的权利。（3）保管人占有保管物，除当事人另有约定外，保管人不得使用或者允许第三人使用保管物。如果允许保管人使用保管物，那么保管合同的性质会发生变化，保管合同便与借用合同、租赁合同等混同。如果允许保管人擅自许可第三人使用保管物，就会严重损害寄存人的利益，并使保管物处于寄存人不可控制的状态。因此，《合同法》严格禁止保管人使用或者允许第三人使用保管物，但另一方面，法律也允许当事人在订立保管合同时，约定保管人以适当方式使用保管物，这种约定是当事人自由处分权利的行为。

（二）危险通知的义务

这里的所谓危险通知义务，是指在第三人对保管物主张权利，有使保管人不能返还保管物于寄存人的危险时，或者发生其他原因致使保管物有发生毁损、灭失的危险时，保管人有义务及时通知寄存人。因此，保管人的危险通知义务包括两种情形：（1）保管物面临第三人的权利主张、诉讼请求、司法保全、司法执行时；（2）因其他使保管物处于毁损、灭失的危险状态之中时。在这两种情形下，保管人基于对保管物的合法占有状态，负有合同约定或法定的通知义务。保管人及时履行通知义务，寄存人才能及时采取措施，或者采取法律上的措施使保管物面临的法律上的权利瑕疵状态消失，或者采取保护措施以消除保管物毁损、灭失的危险。

（三）合同到期或者终止时返还保管物的义务

保管人应于保管合同期限届满或者终止时，返还保管物。依《合同法》第376条规定，在保管期间寄存人可以随时领取保管物，寄存人提出领取保管物时，保管人应将保管物返还给寄存人。保管合同没有约定保管期限的，保管人可以随时要求寄存人领取保管物；约定有保管期限的，保管人无特别事由，不得要求寄存人提前领取保管物。保管人返还的物品应为原物，原物生有孳息的，保管人应当返还保管期间的原物孳息。保管人返还保管物的地点一般应为保管地，保管人并无送交的义务，但当事人另有约定的除外。但需要说明的是，《合同法》第378条规定："保管人保管货币的，可以返还相同种类、数量的货币。保管其他可替代物的，可以按照约定返还相同种类、品质、数量的物品。"值得强调的是，接收保管物返还的人只能是寄存人本人或寄存人授权可以代替其接收返还的人。即便第三人是保管物的所有权人，第三人对保管物主张权利时，除依法对保管物采取保全或者执行的以外，保管人仍然只能向寄存人履行返还保管物的义务。

三、保管人对保管物的毁损、灭失承担赔偿责任

在保管期间，保管物处于保管人的占有状态，保管人对保管物应尽妥善保管义务，保管人未尽妥善保管义务，造成保管物毁损、灭失的，保管人应承担赔偿责任。所谓毁损，是指保管物因损坏致使其价值减少；所谓灭失，是指保管人无法将保管物返还给寄存人，既包括保管物物质形态的灭失，也包括因占有的丧失而不能回复占有状态的各种情形。《合同法》第 374 条规定："保管期间，因保管人保管不善造成保管物毁损、灭失的，保管人应当承担损害赔偿责任，但保管是无偿的，保管人证明自己没有重大过失的，不承担损害赔偿责任。"因此，保管人基于自己的过错造成保管物毁损、灭失的，应当承担损害赔偿责任。保管人基于过错原则承担的损害赔偿责任又因保管合同是有偿还是无偿的不同而有所区别。在有偿保管合同中，依善良管理人的注意为标准，保管人对因其一般过错而造成保管物毁损、灭失时应当承担赔偿责任；在无偿合同中，保管人对因其重大过错而造成保管物毁损、灭失时应当承担赔偿责任。大陆法系国家的立法对保管人的过错责任常作如此区别，如《意大利民法典》第 1768 条规定："保管人应当在保管中尽善良家父般的谨慎注意义务。如果保管是无偿的，过错责任要在较轻的范围内给予考虑。"我国台湾地区的"民法典"第 590 条也规定："受寄人保管寄托物，应与处理自己义务为同一之注意。其受有报酬者，应以善良管理人之注意为之。"各国法律之所以作如此区别，除了考虑到双方的权利、义务保持对等之外，还考虑到保管合同也是社会成员相互提供帮助或者有关服务部门为消费者提供服务的一种形式。如果过分加重保管人的责任，并不利于维护双方当事人的合法利益。

由此可见，对于因不可归责于保管人的原因造成保管物毁损、灭失的，保管人可以不承担责任。也就是说，根据《合同法》第 374 条规定，对于非因保管人保管不善造成保管物毁损、灭失的，保管人不承担赔偿责任；在无偿保管合同中，保管物的毁损、灭失非因保管人的重大过失所引起的，保管人也不承担赔偿责任。

在实践中，对于保管人是否有保管不善或者重大过失的事实，应该实行举证责任倒置，即由保管人提供证据证明，若保管人不能提供证据予以证明，则推定保管人有保管不善之行为或重大过失，保管人就应当承担赔偿责任。

【案例分析 27-2】

1999 年清明节，女工黄某带女儿赶往县殡仪馆悼念亡夫梁某。黄某来到存放亡夫骨灰的柜子前，却发现亡夫的骨灰已不知去向。黄某随即找到殡仪馆交涉，经过再三询问，有关工作人员才吐露真情，清明节前，黄某的亡夫与其前妻的儿子已将其骨灰领回农村老家土葬。黄某无法祭奠亲人，不禁心生怨气，一定要殡仪馆把骨灰追回来。殡仪馆表示可以补偿几百元钱，对追回骨灰却表示无能为力。黄某一气之下，于 2000 年 4 月将县殡仪馆推上被告席，要

求法院判令县殡仪馆将其丈夫骨灰完璧归赵，公开向其赔礼道歉，并赔偿其精神抚慰金 5 万元。黄某在法院上出示了骨灰归自己处置的最有力的证据——县殡仪馆出具的"凭条"：上写"某县某厂员工梁某的骨灰存放 3 年"，落款时间为 1997 年 2 月 20 日。殡仪馆则声称：黄某和死者没有办理结婚证，二人是非法同居关系，不具有合法夫妻关系，因此，黄某不具备原告资格。

如果本案适用《合同法》，在保管合同成立后，寄存人可以随时领取保管物；当事人约定保管期间的，保管人无特别事由，不得要求寄存人提前领取保管物。因此，黄某作为寄存人，她可以随时要求保管人殡仪馆返还保管物，而殡仪馆作为保管人，在保管期限届满前没有特别事由，就不得要求寄存人提前领取保管物。

本案的事实是，殡仪馆在保管期限届满之前，擅自将保管物交给第三人，致使寄存人黄某要求返还保管物时不能履行返还义务，这本身就说明殡仪馆有重大过错，殡仪馆应当承担责任。

但殡仪馆是否应依据黄某的请求而承担返还原物、赔礼道歉和赔偿黄某精神损害的责任？由于死者的骨灰已由死者的儿子按农村习俗埋葬，因此黄某要求返还原物显然是不可能的，并有伤风化。但要求殡仪馆赔礼道歉和赔偿黄某精神损害的诉讼请求也难以获得法院的支持。因为在合同之诉中，赔礼道歉和精神损害赔偿均不是合同当事人应该承担的责任方式。如果本案以侵权之诉提起，则可由法院根据实际情况酌情考虑判处殡仪馆向黄某赔礼道歉和赔偿黄某的精神损害。因为，依据 2001 年 3 月 10 日施行的《最高人民法院关于确定民事侵权精神损害赔偿责任若干问题的解释》第 4 条规定，具有人格象征意义的特定纪念物品，因侵权行为而永久性灭失或者毁损，物品所有人以侵权为由，向人民法院起诉请求赔偿精神损害的，人民法院可酌情判决。因此，本案黄某可根据《合同法》第 122 条规定，选择侵权之诉，但至迟应当在一审开庭以前将合同之诉变更为侵权之诉。

第四节　仓储合同

一、仓储合同的法律特征

仓储合同是保管人储存存货人交付的仓储物，存货人支付仓储费的合同。为存货人提供仓储保管服务的一方为仓储保管人（也称仓库营业人），接受仓储保管服务的一方为存货人。仓储合同又称为仓储保管合同，是随着仓库营业的出现和发展而产生的一种合同。仓库营业是一种专为他人储藏、保管货物的商业活动。因此仓储合同属于商事合同的范畴，是保管合同的变种，是与保管合同有着许多共性的一种独立的合同类型，正因如此，《合同法》第395条规定："本章没有规定的，适用保管合同的有关规定。"

仓储合同作为一种独立的合同，它具有以下法律特征：（1）仓储合同为诺成合同。（2）仓储合同为双务、有偿合同。（3）仓储保管人须为专门从事仓储保管业务人。（4）保管人接收仓储物时应当给付仓单。虽然仓单表面记载的内容包含了仓储合同的大部分内容，但仓单本身并不是合同，它只是一种证明双方当事人之间存在合同的凭证，也是保管人收到仓储物的凭证，也是存货人或仓单持有人提起仓储物的凭证。

二、保管人负有妥善保管仓储物的义务

妥善保管仓储物，是保管人的主要合同义务。保管人只有依照我国《合同法》的规定和当事人在合同中对仓储条件和保管方法所作出的特别约定履行其保管义务，才算适当地履行了其妥善保管仓储物的义务。

在仓储合同的实践中，一般应当从下述几个方面来判断保管人是否尽到了妥善保管仓储物的义务：

（1）保管人对仓储物的保管应达到一个善良管理人的注意程度。基于仓储保管人是有偿保管并且保管人系专事保管营业的商人的特点，《合同法》对于保管人保管义务履行中的注意程度的要求是比较严格的，保管人不仅应如同保管自己的财产那样履行保管义务，还应当尽到善良管理人的注意。对仓储物的毁损、灭失，保管人不仅要对自己的重大过失承担赔偿责任，还要对自己的一般过失承担责任。

（2）保管人要亲自对仓储物进行保管，不得转由第三人代替履行保管义务。未经存货人同意，不得擅自将仓储物交由第三人保管，但如果是在紧急情况下，为了存货人的利益，保管人可以不经存货人的同意而将仓储物转由第三人代替履行其保管义务。即使在此种情况下，保管人也要对第三人的履行行为负责。

（3）保管人不得使用或者许可第三人使用仓储物。

（4）对易燃、易爆、有毒、有腐蚀性、有放射性等危险物品或者易变质物品的保管，保管人应当根据仓储物的性质，严格按照国家有关法律规定的操作规程和存货人所提供的资料，运用存货人所告知的预防危险、腐烂的方法进行保管。

（5）在仓储合同履行期间发生的仓储物的毁损、灭失，只要保管人不能证明是不可归责于保管人的原因造成的，就推定保管人未尽到妥善保管仓储物的义务，保管人就应当承担责任。《合同法》规定的不可归责于保管人的原因一般只包括不可抗力、第三人的过错行为、仓储物的自然属性以及存货人本人的原因四个方面。

三、保管人的危险通知义务

当仓储物出现危险状态时，可能影响到仓储合同的履行，也会危及存货人或者仓单持有人的利益，《合同法》为了保护存货人或者仓单持有人的利益，除规定了

保管人的妥善保管义务外，还规定了保管人的危险通知义务。

保管人的危险通知义务主要是指以下几种情形：

（1）在存货人交付仓储物时保管人有验收的义务，在履行验收义务时，如果发现仓储物与合同约定的品种、质量、数量、包装等条件不符的，保管人应当及时通知存货人，否则，视为与合同的约定相符，由保管人承担不能返还与合同约定相符的仓储物的法律责任。

（2）遇有第三人就仓储物对保管人提起诉讼或者对仓储物申请扣押时，保管人应当及时通知存货人或仓单持有人。

（3）遇有第三人对仓储物进行非法扣押或者其他侵害行为时，保管人负有及时通知存货人或者仓单持有人的义务。仓储物遭受第三人的非法侵害，随时都有毁损、灭失的危险，保管人的及时通知，可以使存货人或者仓单持有人采取相应的措施，使仓储物回复到安全状态。

（4）保管人对入库仓储物发现有变质或者其他损坏的，应当及时通知存货人或者仓单持有人。

（5）对于包装或者货物标记上标明或者合同中声明了有效期的货物，保管人应当提前通知失效期。

四、保管人的违约责任

保管人对仓储物的毁损、灭失承担赔偿责任必须符合下列条件：（1）保管人有不适当履行保管义务的行为。保管人的保管义务既包括法律直接规定的义务，也包括当事人约定的义务。（2）有仓储物发生毁损、灭失的事实。在保管期间，仓储物的包装破损、仓储物实物的短量、损坏、变质、丢失等，均属仓储物的毁损、灭失的情形。（3）保管人不履行义务的行为与仓储物的毁损、灭失之间存在因果关系。（4）保管人主观上存在过错，即保管人在履行其保管义务时未达到善良管理人的注意程度。也就是说，保管人未适当履行其义务存在可归责于其本人的原因，非不可抗力、第三人的原因或者存货人的原因所致。

因此，当保管人未按合同或者法律的规定履行妥善保管义务，造成仓储物包装毁损的，应负责修复或赔偿；造成仓储物损坏、变质的，按进货价或国家调整后的价格赔偿，有残值的，应扣除其残值部分或残件归赔偿方，但不负责赔偿实物；由此给存货人造成其他经济损失的，按实际损失赔偿。

第五节　委托合同

一、委托合同的法律特征

委托合同是委托人和受托人约定，由受托人处理委托人的事务的合同。在委托合同中，委托他人为自己处理事务的一方称为委托人，接受委托的一方称为受托人。

委托合同具有以下法律特征：

1. 委托合同的目的是由受托人处理或管理委托人的事务

在现代社会生活中，由于受到自身的专业知识、能力、精力、时间等方面的限制，人们不可能事必躬亲，其事务可以通过授权让他人去处理。委托人既可以委托受托人处理一项或者数项事务，也可以概括委托受托人在特定时间内处理一切事务。所处理的事务，既可以是法律行为，也可以是有法律意义的事务，还可以是一些事实行为。只要是依据法律可以由他人代为处理的，都可以纳入由受托人处理的事务范围。

2. 委托合同建立在委托人与受托人相互信任的基础上

这种信任表现在委托人对受托人个人能力及其忠诚品格的信任和受托人对委托人及其委托事务的了解两个方面。因此，在一般情况下，受托人不得把受托之事务再转托他人处理。但如果客观情况有此需要，或者生活或交易习惯允许这么做，或者征得委托人同意的，则不在此限。

3. 委托合同为诺成合同及不要式合同

委托合同的当事人意思表示一致时，合同即告成立，无须以物之交付或者当事人为履行行为作为合同成立的要件。委托合同原则上为不要式合同。如果当事人要采用书面形式，或者法律对委托处理的事务有书面形式等特别要求（如专利代理机构接受当事人的委托办理专利申请），此时，委托合同为要式合同。

4. 委托合同可以是有偿的，也可以是无偿的

当事人约定由委托人向受托人支付报酬的，委托合同为有偿合同。双方没有约定报酬或者约定不明的，依照习惯和委托事务的性质来确定。但不管怎样，委托人必须承担受托人处理委托事项所支出的必要费用。当然，这种必要费用的支付与报酬的支付在性质上是不同的。因此，不管委托合同是有偿还是无偿，委托合同的双方当事人依照合同都互负义务，故为双务合同。

二、受托人的主要义务

1. 按照委托人的指示处理委托事务

按照委托人的指示处理委托事务。这是受托人的首要义务，也是委托人和受托人订立合同的目的。受托人应当按照委托人的指示，依据诚实信用原则将委托事务处理好，不得擅自改变或者曲解委托人的指示。如果情况发生变化需要变更委托人指示的，应当取得委托人的同意；因情况紧急，难以和委托人取得联系的，委托人应当妥善处理委托事务，但事后应当将该情况及时报告委托人。因为委托是委托人基于对受托人的信任而产生的，所以受托人应当亲自处理委托事务。经委托人同意，受托人可以转委托。转委托经同意后，委托人可以就委托事务直接指示转委托

的第三人，受托人仅就第三人的选任及其对第三人的指示承担责任。未经委托人同意，受托人不得转托第三人处理委托事务，否则受托人须对第三人的行为承担责任，但在紧急情况下受托人为保护委托人的利益需要转委托的除外。

2. 报告义务

受托人应当按照委托人的要求，报告委托事务的处理情况。委托合同终止时，受托人应当报告委托事务的结果。委托合同的双方当事人可以在合同中订明受托人报告的时间。在委托事务的处理过程中，受托人负有按照委托人的要求履行报告的义务。即使没有特别约定，但有报告的必要时，如办理的事务存在障碍，情势已发生了变化等，受托人亦负有随时向委托人报告的义务，以征得委托人的指示。受托人在委托事务处理完毕后，应向委托人全面报告委托事务的具体结果，并提交必要的书面材料和文件。

3. 交付财产的义务

受托人处理委托事务所取得的财产，是基于委托人的委托行为而产生的。对委托事务产生的后果，当然由委托人承担。因此，受托人因处理委托事务而取得的财产，无论是以委托人的名义，还是以受托人的名义，或者通过转委托从第三人处获得的，均应交付给委托人。

三、受托人的赔偿责任

受托人的赔偿责任，是指受托人因未依法履行合同义务而致委托人遭受经济损失时依法承担的民事责任。我国《合同法》第406条规定："有偿的委托合同，因受托人的过错给委托人造成损失的，委托人可以请求赔偿损失。无偿的委托合同，因受托人的故意或者重大过失给委托人造成损失的，委托人可以要求赔偿损失。受托人超越权限给委托人造成损失的，应当赔偿。"

由此可见，受托人在未履行合同义务给委托人造成损失时所承担的赔偿责任，应当适用过错责任原则，即委托人的损失是由受托人的过错造成的，受托人才承担损害赔偿责任。只不过对受托人的过错程度的要求依委托合同的有偿、无偿而有所不同。在委托合同为有偿时，受托人应尽善良管理人的注意，即应负一般过失责任；在委托合同为无偿时，受托人应当尽与保管自己的物品同样的注意，即负重大过失责任。大陆国家的立法对受托人的过错责任常作如此区别，如《法国民法典》第1992条规定："受任人不仅对于欺诈负责，并应对处理事务中的过失负其责任。但关于过失责任，无偿的受任人应较受领报酬的受任人为轻。"《意大利民法典》第1710条、我国台湾地区"民法典"第544条等均作类似的规定。

但是委托合同的过错责任与普通侵权领域的过错责任又不相同。在普通侵权领域中，侵害人主观上是否有过错，由受害人负证明责任，即在诉讼中由受害人负责提供证据证明侵害人有过错，否则由受害人承担败诉的不利后果。而在委托合同中，受托人主观上是否有过错，受害人（委托人）不负担举证责任，而由受托人自己负责提供证据，若受托人不能提供证据证明自己主观上没有过错或者重大过失，则推定其有过错或者重大过失，此时，受托人就应当承担赔偿责任。

【案例分析27-3】

王某和李某系同事关系。某日下午，王某在外办理公司事务时因故不能回公司，于是通过电话请同事李某将自己停放在公司大门旁的自行车棚的"宏达"摩托车搬到公司门卫值班室存放，李某当即表示同意。但李某下班时将王某托付之事忘得一干二净。当天晚上，摩托车被盗，后双方寻找多日亦无下落。双方对摩托车丢失承担责任问题发生争议。王某起诉到法院，要求李某赔偿全部损失，李某则认为自己对王某的摩托车并不负法定保管义务，因此不同意承担责任。

本案中，王某和李某之间的委托合同，在李某作出按王某的指示把摩托车搬到值班室的承诺时依法成立。双方当事人即应履行委托合同的义务。双方当事人系同事关系，双方在合同中并未对报酬的事项作出约定，依社会习惯和委托事务的性质，双方之间的委托合同应为无偿委托合同。

李某接受委托后，应当尽合理的注意，按王某的指示把搁置在车棚的摩托车搬到本公司门卫值班室存放。但李某作出承诺后却把委托事务忘得一干二净，而王某本着对李某的信任就没有亲自回公司来取摩托车，也没有再委托第三人去办理摩托车的存放事宜。显然，王某的摩托车被盗与李某忘记委托事务有直接关系。

李某和王某之间的委托合同属无偿委托合同，依据《合同法》第406条规定，李某只对故意或者重大过失给委托人造成的损失承担赔偿责任。那么李某忘记委托事务是重大过失还是一般过失呢？依生活常理来看，摩托车是贵重物品，如果被盗，就会给王某造成重大财产损失，这一点李某是明知的，但李某却未把这么重要的一件事放在心上，不可谓过失不严重。因此，李某应向王某承担赔偿责任。只不过考虑到李某接受的是无偿委托事务，如果要李某承担全部赔偿责任，也有欠公平。从等价有偿和权利义务相一致的原则出发，在不能追查到盗窃分子的情况下，王某的损失应由李某和王某共同分担，至于李某和王某分担的比例，则由法院根据实际情况确定。

第六节　行纪合同

一、行纪合同的法律特征

《合同法》第414条规定："行纪合同是行纪人以自己的名义为委托人从事贸

易活动，委托人支付报酬的合同。"

行纪，是经纪行为中的一种，它是指行纪人作为某项商品或者服务交易活动中的一方，事前接受委托人的委托，以自己的名义为委托人与第三方从事商品或者服务的交易活动，委托人根据约定向行纪人支付酬金的行为。一般情况下，行纪由两个合同组成：第一个合同是委托人与行纪人就双方有关权利义务达成一致意思表示而签订的合同，第二个合同是行纪人为委托人从事交易活动时同第三人签订的合同。

行纪合同具有以下法律特征：

1. 行纪合同是诺成、双务、有偿合同

行纪合同自委托人与行纪人双方达成一致意思表示时成立，委托人与行纪人双方都要承担相应的合同义务，行纪人从事行纪行为的目的就是获取委托人支付的报酬。因此，行纪合同是诺成、双务、有偿合同。

2. 行纪合同的行纪人必须是经特定程序获得合法资格的企业或个人

行纪合同的行纪人必须是经特定程序获得合法资格的企业或个人，未经法定程序批准，或者未经登记注册而不具备行纪能力者，不得作为行纪合同的行纪人。

3. 行纪合同是行纪人以自己的名义为委托人从事贸易活动

行纪合同是行纪人以自己的名义为委托人从事贸易活动，因此，行纪人与第三人发生的贸易关系是直接的，行纪人依据与第三人之间的贸易合同直接承受该合同的权利和义务。

4. 行纪人替委托人暂时占有的商品的风险由委托人承担

行纪人为委托人出售或购买商品时，该商品虽然由行纪人占有，但其所有权属于委托人。因此，该商品的风险也由委托人承担。

二、行纪费用的负担

行纪费用，是指行纪人在处理委托事务时所支出的费用。对于行纪费用的承担，各国的立法一般都作出了具体规定。如《瑞士债务法》第401条规定："委托人对于受托人因处理委托事务而支出的垫款及费用，应将利息一并返还。"我国台湾地区的"民法典"第582条规定："行纪人得依约定或习惯请求报酬、寄存费及运送费，并得请求偿还其为委托人之利益而支出之费用及其利息。"

我国《合同法》第415条规定："行纪人处理委托事务支出的费用，由行纪人负担。当事人另有约定的除外。"由此可见，在我国，行纪费用以行纪人负担为原则，但当事人另有约定的除外。我国《合同法》的规定与大陆法系其他国家法律在行纪费用负担问题上存在较大差别。其他国家多以委托人负担行纪费用为原则，若行纪人已垫付了费用，委托人则负返还义务。而我国《合同法》之所以规定行纪费用由行纪人本人负担，主要是考虑到，在实践中，双方当事人通常把费用包含在报酬之内，因而不单独计算行纪费用。当然，当事人作另外约定的，从其约定。

三、行纪人的报酬

《合同法》第 422 条规定："行纪人完成或者部分完成委托事务的，委托人应当向其支付相应的报酬。委托人逾期不支付报酬的，行纪人对委托物享有留置权，但当事人另有约定的除外。"因此，行纪人在完成或者部分完成委托事务时有权要求委托人支付相应的报酬。报酬的数量有约定的，委托人应当按约定支付；没有约定的，则可以依据《合同法》第 61 条规定来确定，即合同生效后，双方对报酬没有约定或约定不明确的，可以通过新的协议补充；不能达成协议的，按照合同有关条款或者交易习惯确定。

如果行纪人以高于委托人指定的价格卖出或者低于委托人指定的价格买入商品的，是否有权要求委托人增加报酬或者与委托人共同分享多获得的利益呢？《合同法》第 418 条规定："行纪人高于委托人指定的价格卖出或者低于委托人指定的价格买入的，可以按照约定增加报酬。没有约定或者约定不明确，依照本法第 61 条的规定仍不能确定的，该利益属于委托人。"由此可见，行纪人在依约定取得委托人支付的报酬后另外要求与委托人平等分享以高于委托人指定价格而获得的利益是没有法律依据的。另外《合同法》第 418 条也规定："行纪人低于委托人指定的价格卖出或者高于委托人指定的价格买入的，应当经委托人同意。未经委托人同意，行纪人补偿其差额的，该买卖对委托人发生效力。"因此，如果行纪人以低于委托人指定的价格卖出或者高于指定的价格买入商品的，只要是取得委托人同意的，委托人也不可以单方面对合同约定的报酬进行扣减。

四、行纪行为的法律效力

行纪行为是行纪人为完成委托事务，以自己的名义与第三人从事的交易行为。当然，行纪人与第三人所从事的交易行为都是通过买卖合同的形式完成的，但这种买卖合同的效力却涉及三方当事人的权利义务关系：

1. 行纪人与第三人之间的关系

行纪人虽然是接受委托人的委托，却是以自己的名义与第三人签订买卖合同。因此，在行纪人与第三人之间的买卖合同关系中，行纪人自己成为合同的一方当事人，直接承担合同权利、义务，向第三人承担责任。我国《合同法》第 421 条规定："行纪人与第三人订立合同的，行纪人对该合同直接享有权利、承担义务。"委托人与第三人之间不存在权利义务关系，委托人也不对行纪人的行为承担责任。第三人是否知道行纪人是为委托人的利益而与之进行交易，并不影响其与行纪人之间合同的效力。行纪人与第三人之间的合同的效力由该合同本身的因素决定，而不受委托行为效力的影响，即便委托人有欺诈、重大误解，任何一方都不得以此为理由主张行纪人与第三人之间的合同无效或撤销。

【案例分析27-4】

　　某家电商业大楼委托某信托公司代购某型号分体式空调800台。双方合同约定，信托公司与第三人成交后，由其通知家电商业大楼直接向第三人支付价款。信托公司为完成合同约定的事项，又与某空调生产厂签订了一份空调买卖合同，合同规定由空调生产厂提供合同约定的800台空调机，信托公司在收到空调机后立即付款。随后，空调生产厂按信托公司的指示将800台空调机发运给家电商业大楼，但家电商业大楼却未按信托公司的指示向空调生产厂支付空调货款，亦未向信托公司支付约定的酬金。空调生产厂由于迟迟未收到货款，于是以信托公司为被告起诉到法院，要求信托公司支付价款并承担迟延支付的违约责任。信托公司则辩称：它是受家电商业大楼的委托，为家电商业大楼的利益而签订合同，双方已约定由家电商业大楼直接向供货方支付价款，并且事实上也是家电商业大楼直接收货，因此，应由家电商业大楼向空调生产厂承担责任。

　　本案争议的焦点是到底由谁向某空调厂承担支付货款及迟延付款的违约责任。

　　在行纪人与第三人之间的法律关系中，法律上的权利义务主体是行纪人而不是委托人，是行纪人以自己的名义接受第三人的给付并向第三人为对待给付，委托人与第三人之间不产生任何直接的权利义务关系。而本案的某信托公司与某空调厂之间的买卖合同成立后，空调生产厂已按合同的约定适当履行了其交货义务，而信托公司却未依合同支付货款，承担违约责任的当然是信托公司了。虽然家电商业大楼与信托公司之间的委托合同约定由委托方直接向空调厂支付货款，但这种约定，是委托合同的约定，而不是信托公司与空调厂之间买卖合同的约定，信托公司当然就不能以委托合同中的约定来抗辩空调厂货款支付请求权了。

　　2. 委托人与第三人之间的关系

　　当行纪人通过与第三人的交易行为完成委托事务时，委托人与第三人之间并不发生任何直接利害关系：委托人不享有行纪人与第三人之间合同上的权利义务，也不对行纪人的行纪行为负责，委托人不得对第三人主张权利，第三人亦不得对委托人主张权利。在第三人不履行义务致使委托人受到损害时，对第三人享有赔偿请求权的，也只是行纪人而非委托人。

　　3. 行纪人与委托人之间的关系

　　一方面，行纪人与委托人之间的关系原则上通过委托合同规定。但是委托人委托的事务只有通过行纪人的行纪行为，即通过以行纪人的名义与第三人从事贸易活动，才能完成或实现，因此，行纪人的行纪行为又是实现委托合同的手段和方法。另一方面，行纪人从事行纪行为的目的是获取报酬。而行纪人行使报酬请求权的前提是第三人适当履行与行纪人之间的交易合同。一般认为，行纪人仅与第三人订立交易合同，尚不得请求委托人支付报酬，只有等到第三人依该交易合同履行了给付，委托人与行纪人订立行纪合同的目的才能实现，行纪人此时才能请求委托人按约定支付报酬。

第七节　居间合同

一、居间合同的法律特征

居间合同是居间人向委托人报告订立合同的机会或者提供订立合同的媒介服务，委托人支付报酬的合同。提供交易媒介的一方称为居间人，给付报酬的一方为委托人，居间人的主要任务是选择和介绍第三人与委托人进行商品买卖行为或其他民事行为。在委托人与第三人之间的订约过程中，居间人仅起媒介、保荐和疏通等作用。在上述案例中，李某在房地产公司与购房人之间的交易活动中就是处于居间人的地位，其作用就是促使双方交易成功。

居间合同与行纪合同、委托合同相比较，具有以下法律特征：

1. 居间合同的功能是居间人促使委托人与第三人订立合同

居间人只是作为委托人与第三人之间订立合同的介绍人，即仅向委托人报告订约的机会或者提供订约的媒介服务。所谓报告订约机会，是指居间人受委托人的委托，为其寻找合乎要求的第三人，从而为委托人订立合同制造机会；所谓为订约媒介，是指介绍委托人与第三人订立合同，即居间人作为中间人往来于委托人与第三人之间，通过说合使双方订立合同。但居间人既不是任何一方的代理人，也不是当事人本人，更不是当事人的保证人。居间行为所引荐的当事人之间的合同一旦成立，居间人的作用即告消灭。

2. 居间合同为双务、有偿合同

在居间合同中，居间人负有义务如实报告有关居间事项，不得损害委托人的利益；委托人负有义务按约定支付居间费用，在居间人完成居间事务时还应当向居间人支付约定的报酬。居间人和委托人均负相应的义务，故为双务合同。委托人对居间人促成合同成立的居间活动应当支付报酬，故为有偿合同。

3. 居间合同为诺成、不要式合同

居间人和委托人就居间事项协商一致，合同即告成立，无须以居间人实施居间行为为要件，也无须居间人促成委托人与第三人之间的合同成立为要件，居间人按约定实施居间行为，以致促成委托人与第三人之间合同成立的，都是居间合同成立后居间人对居间合同的履行及其履行的结果。关于居间合同的形式，除法律有特别规定的外，以不要式为原则。

二、居间人的报酬请求权

居间人的报酬，不同于居间活动的费用。居间活动的费用是居间人实施中介服务行为所支出的费用。不管居间人最终是否促成合同成立，居间人都会因居间活动要支出一定的费用，对于这部分费用当然应当由委托人负担。只不过我国《合同法》第 426 条规定，居间人促成合同成立的，委托人应支付报酬，但居间费用由居间人自己负担。这种规定显然是将居间费用包含在居间人收取的报酬之中。而居间人的报酬则是委托人在居间人促成合同成立时支付给居间人的酬金。显然，居间人的报酬只有在居间活动有了结果即促成合同成立时才发生。

我国《合同法》第 426 条规定："居间人促成合同成立的，委托人应当支付报酬。"如果居间人未促成合同成立，则不得请求。根据该条的规定，我们认为，居间人行使报酬请求权应当符合下列条件：

1. 委托人与第三人之间的合同有效成立

合同成立的标准因合同种类的不同而有别：诺成合同在双方达成合意时成立；要物合同在交付标的物时成立；书面合同由双方签字盖章时成立；须办理登记的合同在办理完登记手续时成立。居间人行使报酬请求权，以合同有效成立为标准，至于合同成立后是否履行或者是否被解除在所不问。如果合同在订立后由于违法依法被宣告无效或被撤销，合同视为自始不成立，居间人不得请求报酬。如果合同被宣告无效或撤销是由于居间人的过错造成的，居间人还要向遭受损失的一方负赔偿责任。

2. 所促成的合同必须符合居间合同的约定

如果居间人促成的合同不是委托人订立的居间合同所期待的合同，居间人不得行使报酬请求权。如委托人希望通过居间人的撮合使第三人与自己订立商品楼买卖合同，而事实上委托人同第三人订立了一份汽车买卖合同，居间人自然不能就汽车买卖合同的成立而要求支付报酬。

3. 委托人与第三人之间的合同与居间行为有因果关系

委托人与第三人之间的合同与居间行为有因果关系，即委托人与第三人之间的合同是居间人努力促成的结果。如果委托人与第三人之间的合同非因居间行为促成，居间人不能请求支付报酬。

委托人是否给付报酬，给付多少报酬，可由双方当事人自由约定，当然，法律、行政法规对某些行业的报酬限额有特别规定的，应遵守该规定。如果当事人未约定报酬，居间人可否请求支付报酬？居间合同为有偿合同，我国《合同法》第 424 条、《德国民法典》第 652 条、我国台湾地区"民法典"第 565 条等均是如此规定。既然居间合同为有偿合同，委托人就负有支付报酬的义务。我《合同法》第 426 条还规定："对居间人的报酬没有约定或者约定不明确，依照本法第 61 条的规定仍不能确定的，根据居间人的劳务合理确定。"依此规定，如果双方当事人未约定报酬的，委托人仍应支付报酬。

【案例分析 27-5】

2009 年 10 月，李某应某房地产开发公司经销处王处长的邀请，同意为某房地产开发公司促销商品房。双方约定：李某若促销成功，房地产开发公司可比照本公司工作人员促销商品房奖励办法，在收回的房款中按 3% ~ 5% 计提劳务费。此后，李某利用业余时间经多方介绍和联系，为房地产开发公司销售某商住房三套，共计价款 322 万余元，买方已付清全部房款。但某房地产开发公司关于计价提成的许诺却迟迟不兑现。李某于是以某房地产开发公司为被告提起诉讼，要求被告按约定的 5% 的比例支付劳务费。被告辩称：李某虽然取得经纪人服务许可证，但其同意为本公司促销商品房时并未表明其从事经纪人业务，李某只是作为朋友身份为本公司销售处王处长提供一些帮助，无权要求本公司为此支付报酬，更不能以本公司内部规定要求享受本公司职工的经济待遇。但鉴于李某为本公司作出了一定贡献，公司愿意支付 5000 元表示感谢。

本案中，李某与某房地产开发公司之间的居间合同已有效成立，房地产开发公司所提出的两个抗辩理由难以成立。首先，李某作为职业经纪人，在接受房地产开发公司委托后即开始多方联络的行为，应该属居间经纪人的职业行为，除非双方有另外的约定。其次，虽然房地产开发公司销售处的王处长与李某是朋友关系，但王处长的行为属职务行为，他是以房地产开发公司销售处负责人的身份要求李某为本公司进行商品房的促销活动。因而认为李某的促销行为是个人友谊行为而非职业行为的理由也不能成立。由此可见，李某与房地产开发之间的居间合同在李某接受王处长的邀请时即告成立。

居间合同成立后，李某即履行合同义务，实施居间行为，促成房地产开发公司与第三人达成商品房交易，房地产开发公司已经收回房款。房地产开发公司三套商品房的售出正是李某提供媒介服务的结果，因此，房地产开发公司作为委托人应向居间人支付约定的报酬。

由于国家计委、建设部《关于房地产中介服务收费的通知》中规定了 0.5% ~ 2.5% 的幅度，而双方约定的报酬标准明显超出了这一规定，因此，应由法院根据通知规定的幅度确定委托人应支付的报酬数额。

【本章思考题】

1. 试述联合运输合同的责任承担。
2. 简述受托人的赔偿责任。
3. 试述行纪人以高于委托人指定的价格卖出或者低于委托人指定的价格买入商品时的利益归属。

4. 简述居间人的报酬请求权。

5. 案例分析

甲公司仓库正在施工，部分电冰箱无处存放，遂于 2008 年 5 月 4 日与乙公司签订了一份保管合同。双方约定：由乙公司负责保管 40 台电冰箱和一些包装材料，为期 6 个月，甲公司向乙公司分两次支付保管费 1.6 万元。一个月后，甲公司有一批靠背纸需要存放，经与乙公司协商，乙公司同意存放在其仓库中，并为这批靠背纸建立了账目，同时双方约定，不再另行收费。同年 7 月份，当地连降大雨，乙公司的仓库因年久失修，雨水漏进，致使甲公司的 1 万多张靠背纸受损。同年 8 月上旬甲公司在搬运部分货物时，发现其靠背纸遭受雨淋，直接损失达 2 万余元。经清点货物，发现其存放的冰箱少了两台，经查，该两台冰箱已被乙公司使用，乙公司表示愿意出钱购买。甲公司要求乙公司承担违约责任，赔偿其靠背纸的损失。乙公司则声称，靠背纸是甲公司主动送存的，不在合同规定的范围内，乙公司不应承担责任。

（1）双方就靠背纸的保管合同是否成立？

（2）无偿保管人的注意义务和责任如何确定？

第二十八章 技术合同

☞ **本章导读**

　　技术合同发生在研究开发、成果转让、推广应用以及利用科技知识、信息、经验提供咨询服务的活动中。技术合同的标的是知识形态的商品和服务——技术，在不同的技术合同中，作为合同标的的技术，表现为不同的形式，如专利技术、专有技术、可行性论证、技术预测等。技术合同的权利与义务关系不只是围绕财产所有权和与财产所有权有关的债权、债务关系，而且还表现在科技成果权益由谁享有、如何行使和转让以及由此产生的利益如何分享等方面。《合同法》将技术合同分为技术开发合同、技术转让合同、技术咨询合同和技术服务合同四类。这四类合同分别存在于研究、开发和创新发展的不同阶段，是技术创新和成果转化的不同环节，它们既有联系又有区别。

第一节　技术合同概述

　　技术合同是知识形态的商品生产和交换的法律形式，《合同法》将技术合同分为技术开发合同、技术转让合同、技术咨询合同和技术服务合同四类。这些合同的共同特点是都涉及智力成果，不同点主要在于双方订立合同的目的不同。技术开发合同是要解决新技术、新产品、新工艺的研究开发问题；技术转让合同是关于已有的专利技术或专有技术的转让问题；技术咨询合同和技术服务合同则是现有技术和知识的运用问题。各种合同的效力及当事人的权利义务有明显区别。

　　技术合同具有以下法律特征：

　　第一，技术合同主要适用于各个领域的科技活动，即技术合同产生于和技术有关的交换、开发与服务领域。

　　第二，技术合同的标的主要是一种知识形态的财产，即技术成果。

　　技术成果，是指利用科学技术知识、信息和经验作出的涉及产品、工艺、材料及其改进等的技术方案，包括专利、专利申请、技术秘密、计算机软件、集成电路布图设计、植物新品种等。

　　第三，技术合同是双务、有偿、诺成合同。

第二节 技术开发合同

一、技术开发合同的概念

技术开发合同，是指当事人之间就新技术、新产品、新工艺或者新材料及其系统的研究开发所订立的合同。根据 2005 年 1 月 1 日施行的《最高人民法院关于审理技术合同纠纷案件适用法律若干问题的解释》第 17 条规定，此处的"新技术、新产品、新工艺、新材料及其系统"，包括当事人在订立技术合同时尚未掌握的产品、工艺、材料及其系统等技术方案，但对技术上没有创新的现有产品的改型、工艺变更、材料配方调整以及对技术成果的验证、测试和使用除外。

根据当事人权利义务关系的不同特点，技术开发合同可分为委托开发合同和合作开发合同两个基本类型。委托开发合同是当事人一方委托另一方进行研究开发所订立的合同；合作开发合同是当事人共同进行研究开发所订立的合同。技术开发合同的特点在于，它是当事人就新技术的研究开发所达成的权利与义务的协议。合同的标的是当事人之间尚待研究开发的技术成果。开发的成果的创新须达到何种标准、开发成功后知识产权如何分享、研究开发的风险如何承担，这些问题都是开发合同所要解决的重点和难点。

二、技术开发合同的解除

技术开发合同的解除，应当依据《合同法》总则的规定进行，除此之外，《合同法》第 337 条还规定了技术开发合同解除的特殊原因："因作为技术开发合同标的的技术已经由他人公开，致使技术开发合同的履行没有意义的，当事人可以解除合同。"

作为技术开发合同标的的技术已经由他人公开，通常是指以下两种情况：（1）该技术已经由他人申请专利而公开；（2）该技术已由他人向社会公开进入公共领域而成为公有技术。前一种情况使得技术开发合同的履行没有任何法律和经济意义，因为即便开发成功，当事人也不可能申请专利，未取得专利权人的许可，当事人甚至不能自由使用该技术；后一种情况使得任何人都可以无偿利用该项技术。

三、研究开发成果的归属和分享

（一）专利申请权的归属

1. 委托开发合同

《合同法》第 339 条规定："委托开发完成的发明创造，除当事人另有约定的以外，申请专利的权利属于研究开发人。研究开发人取得专利权的，委托人可以免费实施该专利。研究开发人转让专利申请权的，委托人享有以同等条件优先受让的权利。"《专利法》第8条也对此作了相同的规定。因此,在委托开发合同中所取得的新技术的专利申请权首先应当依据合同的约定来确定权利人,在合同没有约定时才依据法律的规定由研究开发人享有。

2. 合作开发合同

《合同法》第340条规定:"合作开发完成的发明创造,除当事人另有约定的以外,申请专利的权利属于合作开发的当事人共有。当事人一方转让其共有的专利申请权的,其他各方享有以同等条件优先受让的权利。合作开发的当事人一方声明放弃其共有的专利申请权的,可以由另一方单独申请或者由其他各方共同申请。申请人取得专利权的,放弃专利申请权的一方可以免费实施该专利。合作开发的当事人一方不同意申请专利的,另一方或者其他各方不得申请专利。"因此,合作开发完成的发明创造,专利申请权首先依据合同的约定来确定,没有约定的,依据《合同法》第340条和《专利法》第8条来确定。

（二）技术秘密成果的使用权、转让权的归属和分享

委托开发或者合作开发完成的技术秘密成果的使用权、转让权以及利益的分享问题,由当事人约定。没有约定或者约定不明的,依据《合同法》第61条仍不能确定的,当事人均有使用和转让的权利,但委托开发的研究开发人不得在向委托人交付研究开发成果前,将研究开发成果转让给第三人。

四、技术开发合同的风险责任

科学研究和技术开发是一种高度复杂的脑力劳动。这种脑力劳动是否会达到行为人的预期目的,并不完全取决于行为人的主观努力,更大程度上是受多方面客观条件的限制,如现有科学技术的发展水平、人的现有的认识能力、知识结构、试验条件等。因此,在技术研究开发过程中,出现失败是不可避免的,在高技术领域和技术攻关活动中尤其如此。如果在技术开发合同的履行过程中,合同约定的技术开发未获成功,甚至出现重大失败,势必使当事人投入的大量开发资金、时间和精力化为灰烬。如果这种失败非因可归责于当事人一方的原因造成,就会产生这种巨大损失由谁承担的问题,这也就是研究开发中的风险责任问题。

因此,所谓技术开发合同的风险,也称研究开发风险或科研风险,是技术研究开发过程中,虽经当事人一方或者双方主观努力,确因受现有科学技术知识、认识水平、试验条件等客观条件的限制,存在无法预见、防止和克服的技术困难,导致研究开发失败或部分失败所发生的损失。判断一项研究开发工作的失败是否属于开发风险,应当从三个方面来判断:一是看课题本身在国际和国内现有技术水平方面是否具有足够的难度;二看当事人在研究开发过程中是否充分发挥了主观努力并已取得实质性进展;三是对同行专家来说,它是否属合理的失败。如果依上述三个方面来判断,某种失败不属于开发风险,则由当事人依据违约责任的规定来划分责任。如果属于开发风险,当事人在开发合同中对风险责任有约定的,依当事人之间

的约定；没有约定或者约定不明的，依照《合同法》第 61 条仍不能确定的，由当事人合理分担。如果在研究开发过程中开发风险已露端倪，并可预见到研究开发工作面临失败时，当事人应当及时通知对方并采取措施减少损失或防止损失的扩大。违反协作精神和诚信原则，无视国家、集体和他人的财产损失，不及时通知对方，也不采取有效措施，致使损失扩大的，该扩大的损失不能按开发风险处理，而应由负有责任的一方当事人承担相应的责任。

研究开发风险不同于违反技术合同和不可抗力。违反合同是当事人因故意或过失不履行或不适当履行合同约定的义务。不可抗力是指因当事人不能预见、不能避免和不能克服的自然因素或者社会因素造成的客观情况。研究开发风险与违反合同比较容易区别，但与不可抗力有一些相似之处，二者都是由当事人主观以外的因素造成研究开发工作失败或部分失败。但不可抗力是指战争、动乱、地震、雷击等社会因素或者自然因素，而风险指一定时期内由于现有的技术发展水平制约了人的开发能力从而未能履行合同。另外，因不可抗力或开发风险而致使合同不能履行时当事人承受的后果也不尽相同。

【案例分析 28-1】

某年元月，南方某造船厂与某自动仪表厂签订了一份自动控制电焊机生产协议。协议约定，仪表厂根据造船厂提供的电焊技术要求设计试制一套造船厂专用的自动控制电焊机，并为造船厂培训两名技术人员。造船厂负责电焊机现场安装，支付费用 25 万元。其中 15 万元作为研究费。自动控制电焊机在现场安装后，以仪表厂为主，双方共同进行调试，运行一个月后，达到各项技术指标后即办理移交手续。协议签订后，造船厂于当年 2 月和 7 月分两次向仪表厂支付了 25 万元。仪表厂组织了专门的课题组，集中了厂里最优秀的科技人员。课题组花了 8 个月的时间，分析和参考了国外同类产品，在已有的技术基础上，终于试制出一套样机。9 月份仪表厂将电焊机运至造船厂施工现场，并派技术人员调试投运。经两方共同检验，自动控制电焊机在两项技术指标上不符合要求。此后双方经过多次协商均未达成解决办法。造船厂认为仪表厂违反合同，故由此造成的 10 万元的损失连同 25 万元的费用，应由仪表厂负责赔偿、退还。仪表厂则辩称：自己在研制过程中，已尽自己的最大努力，无违反合同的行为，电焊机的技术不达标是由不可抗拒的外力所造成，因此，自己不应承担任何责任。

本案例属于技术开发中的委托开发合同，造船厂为委托开发方即委托人，仪表厂为研究开发人。双方当事人的权利义务关系围绕着研究开发工作而确定，双方之间的纠纷也由研究开发工作而产生。

本案中，作为合同标的自动化电焊机不是现有技术成果，而是有待研究开发的技术成果，是新的研究开发课题，一方面它需要研究开发人根据委托人的要求，经过设计试制而取得。另一方面，它也可能由于受现有技术水平的限制而不能成功。这种不确定性正是技术开发合同标的所具有的特性。由于技术开发合同都可能因研究开发风险而使合同不能履行，对由此而造成的损失，双方当事人可在合同中作出具体约定。当事人没有约定时，按《合同法》的有关规定作出处理。

本案的技术开发过程中出现了失败，研究开发人不能提交符合约定要求的电焊机。但这种失败到底是当事人的过错造成的，还是由于目前无法预见、防止和克服的技术困难造成的呢？查明确认开发失败的原因是处理本案的关键。从本案的事实看，当事人双方均依约履行合同，虽然仪表厂最后提交的电焊机未达到合同的要求，但仪表厂已作出主观努力，进行了在现有条件下力所能及的工作，其主观上没有过错，开发失败是研究开发风险造成的。因此，对这种开发失败只能依据《合同法》第338条关于风险责任的规定来处理。由于双方当事人在技术开发合同中未对风险责任作出约定，开发失败后双方亦不能达成补充协议，因此，应当根据公平合理的原则来处理委托人的损失：仪表厂已经使用的科研开发经费不予退还，结余部分应返还给造船厂；对造船厂的其他经济损失，则应由双方平均承担。

第三节　技术转让合同

一、技术转让合同的概念和种类

技术转让合同是指当事人就技术成果有偿转让达成的协议。它包括专利权转让合同、专利申请权转让合同、技术秘密转让合同及专利实施许可合同。

（一）专利权转让合同

专利权转让合同是指专利权人作为让与人将其发明创造专利移交受让人，受让人支付约定价款所订立的合同。《专利法》所称的发明创造，是指发明、实用新型和外观设计。因此，专利权转让合同实际上包括发明专利权转让合同、实用新型专利权转让合同和外观设计专利权转让合同。专利权转让合同所转让的技术是已经获得国家专利权的发明、实用新型和外观设计。

（二）专利申请权转让合同

专利申请权转让合同是指让与人将其就特定的发明创造向国家专利机关申请专利的权利移交受让人，受让人支付约定价款而订立的合同。专利申请权转让合同所转让的技术是指依《专利法》可以向国家申请专利但尚未获得专利权的发明、实用新型和外观设计。按照我国《专利法》第10条规定，中国单位或个人向外国人转让专利权或专利申请权的，必须经国务院有关主管部门批准；国内单位和个人转让专利权或专利申请权的，当事人应当订立书面合同，并向国务院专利行政部门登记，由国务院专利行政部门予以公告。专利权或者专利申请权转让自登记之日起生效。

（三）专利实施许可合同

专利实施许可合同，是指专利权人作为让与人许可受让人（被许可人）在约定的范围内实施其专利，受让人向专利权人支付专利使用费所订立的合同。

（四）技术秘密转让合同

技术秘密转让合同，是指让与人将其拥有的技术秘密成果提供给受让人，明确相互之间技术秘密成果的使用权、转让权，受让人支付约定使用费所订立的合同。技术秘密转让合同的让与人应当按照约定提供技术资料，进行技术指导，保证技术的实用性、可靠性，并且在转让后对该技术秘密仍承担保密义务。

二、技术转让合同当事人的违约责任

《合同法》第351条规定，技术转让合同的让与人未按约定转让技术的，应当返还部分或全部使用费，并应当承担违约责任；实施专利或者使用技术秘密超越约定范围的，或者违反约定擅自许可第三人实施该项专利或者使用该项技术秘密的，应当停止违约行为，承担违约责任；违反约定的保密义务的，应当承担违约责任。《合同法》第353条规定，如果受让人按照约定实施专利、使用技术秘密侵害第三人合法权益的，由让与人承担责任，但当事人另有约定的除外。

《合同法》第352条规定，技术转让合同的受让人未按照约定支付使用费的，应当补交使用费并按照约定支付违约金；不补交使用费或支付违约金的，应当停止实施专利或者使用技术秘密，交还技术资料，承担违约责任；实施专利或者使用技术秘密超越约定范围的，或者未经让与人同意擅自许可第三人实施该专利或者使用该技术秘密的，应当停止违约行为，承担违约责任；受让人违反约定的保密义务的，应当承担违约责任。

第四节 专利实施许可合同

一、专利实施许可合同的概念

专利实施许可合同，是指专利权人作为让与人许可受让人（被许可人）在约定的范围内实施其专利，受让人向专利权人支付专利使用费所订立的合同。专利权是专利权人实施其发明创造的排他性权利。除法律另有规定外，任何人实施他人享有专利权的发明创造都必须与专利权人订立书面的专利实施许可合同。它不是专利权的移交，而是许可受让人在一定范围内实施专利。因而，它是让与人（专利权人）和受让人（被许可人）之间转让专利实施权所订立的合同。专利实施许可合

同只在专利权的存续期间内有效。专利权有效期届满或者专利权被宣告无效的，专利权人不得就该项技术与他人订立专利实施许可合同。

二、专利实施许可合同的特征

专利实施许可合同具有以下几个方面的基本特征：

（1）专利实施许可合同的许可人只能是专利权人，而不能是先用权人或者是强制许可的被许可人。《专利法》第56条规定，取得实施强制许可的单位或者个人不享有独占的实施权，并且无权允许他人实施。第15条规定，先用权人只能在原有范围内继续制造、使用而不得许可他人实施该专利。当专利权人为两个或两个以上的单位或者个人时，专利权的共有人对权利的行使有约定的，从其约定。没有约定的，共有人可以普通许可方式许可他人实施该专利；许可他人实施该专利的，收取的使用费应当在共有人之间分配。

（2）专利实施许可合同的标的是对有效专利的实施权。此处所指的"有效专利"，是指由中国国家知识产权局依法授予的且正处于法律规定的有效期内，没有被撤销或者被宣告无效，专利权人也没有放弃，也没有因专利权人没有按时缴纳专利年费而终止的专利。被许可方获得的只是该专利的实施权，而不是该专利权本身。

（3）专利实施许可合同的期限不得超过专利的有效期限。

（4）专利实施许可合同实行备案制度。根据2010年新修订的《专利法实施细则》第14条第2款规定，专利权人与他人订立的专利实施许可合同，应当自合同生效之日起3个月内向国务院专利行政部门备案。专利实施许可合同订立后，许可方应当将专利实施许可合同的副本送到国家专利行政部门备案。

三、专利实施许可合同的类型

专利实施许可合同是专利权人实施其发明创造的一种有效途径，是专利权人将其专利尽快转化为社会生产力的举措。专利权人可以根据自己的意愿和技术市场的具体情况，通过专利实施许可合同对被许可人的实施行为施加种种限制。按照被许可人取得的实施权的范围，可以将专利实施许可分为以下几种类型：

（1）独占实施许可。被许可人在指定的时间和地域内，有权排斥包括专利权人在内的所有人使用出让方提供的专利技术，当然专利权人也就不再有权在同一地域及时间内向第三方发放许可。

（2）独家实施许可。也称排他许可，这种许可方式的授权范围基本与独占实施许可相同，但被许可人无权排斥专利权人（许可人）自己在同一地域、同一时间使用该专利。

（3）普通实施许可。被许可人在一定地域内、一定时期内使用其专利，同时保留自己在同一地域以及同一时间使用该专利以及向第三方发放许可的权利。

根据效力的强弱不同，前者通常被称为专有实施许可，而后两者则为非专有实施许可。

四、专利实施许可合同的备案制度

专利实施许可合同备案工作是国家知识产权局为了切实保护专利权，规范交易行为，促进专利实施而对专利实施许可进行管理的一种行政手段。根据《专利法实施细则》第 14 条和国家知识产权局第 18 号局长令，专利实施许可合同中的当事人应当自合同生效日起 3 个月内，到国家知识产权局或地方知识产权局办理备案。对备案审查合格的专利实施许可合同，国家知识产权局或地方知识产权局将给予备案合格通知书及备案号、备案日期，并将通知书送交当事人。

专利实施许可合同的备案工作，由国家知识产权局协调管理司负责。涉外专利实施许可合同需到国家知识产权局协调管理司市场处办理备案。经国家知识产权局授权，各省、自治区、直辖市以及广州、武汉、沈阳、西安、石家庄这 5 个城市的知识产权局负责本行政区域内专利实施许可合同的备案工作。

在中国没有经常居所或营业场所的外国人、外国企业或者外国其他组织在中国办理专利实施许可合同备案的，应当委托专利代理机构办理；中国单位或者个人在国内办理合同备案的，可以委托专利代理机构办理；由当事人一方办理合同备案的，应当提交对方出具的授权委托书；委托中介机构办理合同备案的，应当由当事人双方共同出具授权委托书。

第五节 技术咨询合同与技术服务合同

一、技术咨询合同

技术咨询合同，是指当事人一方为另一方就特定技术项目提供可行性论证、技术预测、专题技术调查、分析评价报告所订立的合同。委托他人就特定技术项目提供咨询报告和意见的一方是委托人，接受委托人的委托提供咨询报告和意见的一方是受托人。

技术咨询合同的标的是咨询项目。技术咨询合同受托人的主要义务有两项：一是按照约定的期限完成咨询报告或者解答问题；二是保证咨询报告和意见达到约定的要求。受托人全面分析研究所承担的咨询课题，综合运用多学科、多方面的知识和先进的技术手段，提出具有较高科学水平和参考价值的咨询报告和意见，并保证向委托人提供的信息及时、有效，所传递的知识和经验真实、实用。

在合同验收时，咨询报告和意见合格与否的标准只有一个，这就是合同对于咨询报告和意见所约定的要求。只要求受托人所提交的咨询报告和意见在学术水准和参考价值方面得到了多数专家的肯定和认可，而不以咨询报告是否全部或者部分被政府或用户采纳，或者采纳后的实施效果好坏为标准。实践中，咨询活动是多样的，有时要求受托人就咨询项目提交可行性论证的报告并作出明确的结论，有时要求受托人就特定技术项目作出技术前景的预测，有时是要求受托人提出可供选择的方案，甚至有时需要对某个特定咨询项目提供多个建议或方案供委托方选择和比较。但咨询报告和意见只能是供委托人参考，受托人除了按合同约定提供咨询意见外，并无权干预委托人作出决策。

履行技术咨询合同所完成的咨询报告经验收达到合同约定的要求，受托人的合同义务因适当履行而消灭。至于委托方依据受托人提交的咨询报告作出决策以及决策的经济效果，则是委托人的个人行为，与受托人无关。我国《合同法》第359条第3款规定："技术咨询合同的委托人按照受托人符合约定要求的咨询报告和意见作出决策所造成的损失，由委托人承担，但当事人另有约定的除外。"由此可见，实施技术咨询报告而发生的损失应当由委托人自己承担，除非当事人另有约定或者受托人对咨询项目的实施效果作出特别保证。

对于受托人提交的咨询报告和意见不符合约定，致使委托人依此作出错误决策，受托人此时承担责任的性质，应作具体分析。

《合同法》第359条第2款规定："技术咨询合同的受托人未按期提交咨询报告或者提出的咨询报告不符合约定的，应当承担减少或者免收报酬等违约责任。"因此，受托人提交的咨询报告不符合约定的，受托人当然要承担不履行合同的责任。依《合同法》的规定，受托人应当承担减少报酬或者免收报酬的责任；如果受托人违反合同的行为直接给委托人造成其他经济损失，受托人还应当赔偿损失。但受托人对委托人依照其不符合约定的咨询报告作出决策所造成的损失是否也应承担赔偿责任呢？我们认为，此种情况下，受托人原则上不应承担责任。我们应当将委托人因受托人违反合同义务所受的损失与委托人因依据不合要求的咨询报告作出决策所遭受的损失严格区别开。受托人对提交不符合约定的咨询报告要按照《合同法》的规定和合同的约定承担责任，但是受托人对委任人因不符合约定的咨询报告作出决策后遭受的损失原则上不应承担责任。

二、技术服务合同

技术服务合同是指当事人一方以技术知识为另一方解决特定技术问题而订立的合同。根据2005年1月1日施行的《最高人民法院关于审理技术合同纠纷案件适用法律若干问题的解释》第34条规定，当事人一方以技术转让的名义提供已进入公有领域的技术，或者在技术转让合同履行过程中合同标的技术进入公有领域，但是技术提供方进行技术指导、传授技术知识，为对方解决特定技术问题符合约定条件的，也可按照技术服务合同处理，约定的技术转让费可以视为提供技术服务的报酬和费用，但是法律、行政法规另有规定的除外。按照我国《合同法》第356条规定，建设工程合同中的勘察人、设计人、施工人在履行合同义务所附带提供的技术应用,以及承揽合同中的承揽人履行其合同义务所提供的技术应用均不适用技术服务合同的有关法律规定。

技术服务合同较之于技术咨询合同,它具有下列法律特征:

1. 技术服务合同的标的是以解决具体技术问题为内容的

所谓"具体技术问题",是指需要运用科学知识解决专业技术工作中有关改进产品结构、改良工艺流程,提高产品质量、降低产品成本,节约资源能耗、实现安全操作,提高经济效益和社会效益等问题。

2. 受托方对技术服务的实施结果负责

技术服务合同的受托人的主要义务是运用其专业知识帮助委托人解决具体技术问题,并对解决具体技术问题的实施结果负责。

三、新技术成果权益的归属

《合同法》第363条规定,在技术咨询合同、技术服务合同履行过程中,受托人利用委托人提供的技术资料和工作条件完成的新的技术成果,属于受托人。委托人利用受托人的工作成果完成的新的技术成果,属于委托人。当事人另有约定的,按照约定确定成果的归属。因此,合同对新的技术成果有明确约定的,这种约定应当依法加以保护;合同对此没有约定的,则依据"谁完成,谁所有"的原则处理。

【案例分析 28-2】

某科技开发公司欲开发一个农业服务计算机软件。其设计思路为,将我国主要农作物病虫害的分类、危害、预防、用药等有关内容编制成专家系统。投资决策作出后,科技开发公司聘请了一个顾问小组对该项目进行技术经济论证。为此,科技开发公司与顾问小组签订了一个技术咨询合同。合同约定,顾问小组对开发"农作物病虫害技术指导专家系统"的软件进行技术经济论证,评估该项目开发所需要的经费、投资和实施后可取得的技术经济效益,咨询方式为顾问小组对咨询项目提交以定量分析为主的咨询报告,期限为1个月。科技开发公司为其提供充分和必要的资料、数据及有关协作事项,支付咨询活动的一切经费开支和一次性支付报酬3万元。上述合同条款均由双方履行完毕。半年后,科技开发公司开发的"专家系统"软件正式发表并投放市场。由于价格较高、难以推广等原因,市场销售情况不好。科技开发公司遭受较大损失。科技开发公司认为其所受的损失与顾问小组未能预测到不利情况有很大的关系,顾问小组提供的报告中"报喜多,报忧少",因而导致科技开发公司草率实施开发项目。因此提出追回已支付的3万元咨询报酬,并保留在适当时候请求赔偿损失的权利。

本案纠纷属技术咨询合同纠纷。本案争议的焦点问题是"实施技术咨询报告而发生的损失由谁负担。"《合同法》第359条第3款规定:"技术咨询合同的委托人按照受托人符合合同的咨询报告和意见作出决策所造成的损失，由委托人承担，但当事人另有约定的除外。"依据该咨询合同，顾问小组的义务是就"专家系统"软件这一咨询项目按照约定的时间和技术要求提交咨询报告。其任务也就是经过调查研究、科学分析和独立思考，提出自己的真知灼见，供委托人"参考"。委托人订立咨询合同的目的就是要拿到符合要求的咨询报告，然后依据或者参考该咨询报告，作出决策并实施。委托人有责任对咨询报告进行正确的鉴别和取舍，而且在实施过程中影响实施结果的因素也很多，有决策本身的问题，也有实施不当的问题，还有客观情况发生变化等因素的影响。咨询意见付诸实施后，也还需要根据实际情况采取相应措施，有时作必要的修改和补充。受托人一方并未参加决策和决策的实施过程，因此，依据《合同法》的规定，不应当要求受托人对咨询报告实施的结果负责。

【本章思考题】

1. 简述技术合同的特点。
2. 试述技术开发合同的风险负担。
3. 试述技术开发合同、技术转让合同与技术咨询合同、技术服务合同之间的异同。
4. 案例分析

1996 年，某市时钟总厂委托某科技咨询公司为本厂提供铝带轧制设备的设计、安装、调试等一系列技术服务，该科技咨询服务公司表示愿意承担此项任务。于是双方订立了一份合同，合同约定：受托人承担铝带轧制机的设计、组装、调试以及与之有关的技术问题的解决；受托人应于 1997 年 10 月 1 日前提交合格的样品；委托人支付服务设计费 6 万元；委托人提供所需要的一切原材料、零部件以及加工装置、计量仪器等。合同订立后，委托人按约履行其合同义务；受托人也投入工程技术力量着手设计、安装、实验。科技咨询服务公司虽然尽其能力、尽其水平，努力使样机的设计、安装达到合同要求，但因技术人员的水平有限，一直到 1998 年 2 月仍然不能按合同提交合格的样品，使委托人时钟总厂遭受重大损失。1998 年 4 月时钟总厂向法院起诉，要求法院强制受托人严格履行合同并赔偿其经济损失。

问题：因履约能力有限而不能履行合同，受托人是否应当承担合同责任？

第二十九章　准　合　同

第一节　准合同概述

准合同制度起源于罗马法。罗马法上的准合同与合同一样都能产生合法的债务，只是准合同之债是非自愿的，在这一点上类似于侵权之债；但与侵权之债不同的是，它不存在损害行为。罗马法所规定的准合同主要是指无因管理、不当得利、共有、遗赠等法律关系。法国民法典基本上沿用罗马法准合同的观念，然而它仅指无因管理和不当得利。除此之外，现代大陆法系民法均排除准合同的观念，而把无因管理、不当得利与合同、侵权行为等并列作为债发生的原因。

在英美法系，合同按当事人同意的方式分为：明示合同或事实上的默示合同（implied-in-fact contract）和"准合同"（quasi-contract）或法律上的默示合同（implied-in-law contract）。而"准合同"一词指的是在当事人之间并未订立合同（non-contractual），亦未有侵权行为（nontortious），但依公平原则和公共政策强加其债权债务关系的情况。由于在这种情况下，虽然当事人之间并未订立合同，但却产生了与订立合同一样的法律关系，故称准合同，又称默示合同。① 很显然，英美法系合同法理论将准合同纳入到合同体系之中。

我们认为上述两种立法例各有其优点。但鉴于此书不设债的总论，而把合同法与侵权行为法分为两篇，故将无因管理和不当得利放在准合同一章介绍。

第二节　无　因　管　理

一、无因管理的概念

无因管理，是指没有法定的或约定的义务，为避免他人利益受损失，自愿管理他人事务或者为他人提供服务的行为。管理他人事务或为他人提供服务的人称为管理人；其事务被管理的人称为本人，也称受益人。

---

① Steven J. Burton, Principles of Contract Law, 2nd Edition, West Group, 2001, p. 194.

无因管理就其性质来说是一种事实行为，而非民事法律行为，不以意思表示为要件，但无因管理一经成立，就在管理人和本人之间产生特定的债权债务关系。管理人负有为本人的利益尽适当管理义务，本人则负有返还管理人因管理事务所支出的必要费用的义务。

二、无因管理的构成要件

正确确定无因管理的构成要件，是正确处理无因管理之债权债务关系的关键。《民法通则》第93条规定："没有法定的或者约定的义务，为避免他人利益受损失进行管理或者服务的，有权要求收益人偿付由此而支付的必要费用。"根据此条规定，无因管理的构成应具备以下三个条件：

第一，管理他人事务。

管理他人事务，就是为他人进行管理或服务。这是成立无因管理的首要条件。无因管理中的"管理"是个广义概念，既包括狭义的管理，也包括服务。所谓的管理主要是对财产的保存、改良或者处分等，如他人的财产有毁损、灭失之虞而其所有人却毫不知情或者虽然知情却因客观原因而不能及时采取保护措施时，管理人对他人财产采取合理措施行为；所谓服务，主要是指提供帮助等，如他人突发重病而其亲属不在场时，管理人将病危的人送往医院进行急救的行为。

管理从行为性质上说，是一种事实行为，而非民事法律行为。因此，无因管理不能适用有关民事法律行为的规定，在无因管理中并不要求管理人具有相应的民事行为能力，而只要求管理人有相应的认知能力，如未成年的中学生在回家路途中对突发重病的同学进行救助的行为。不能因管理人不具相应的民事行为能力就否认无因管理的成立。

无因管理中的事务必须是他人事务。管理人管理自己的事务，不管是为谁的利益，都不能构成无因管理。至于管理人管理的事务是否为他人义务，原则上应从客观方面来判断。

如果管理人管理的事务虽为他人事务，但该事务的管理不能发生民事权利义务关系的，则管理人的管理也不构成无因管理。一般认为对下列的管理不能构成无因管理：（1）违法行为，如隐藏他人犯罪证据；（2）纯粹道义上的事务，如代为他人接待朋友、亲戚等。

第二，无法律规定或合同约定的义务。

无因管理中的"无因"，是指没有法律上的原因，即没有法定的或约定的义务。所谓法定义务，是指法律上直接规定的义务。这种法定义务既包括民法上直接规定的义务，也包括因其他部门法上直接规定的义务，如警察将从小偷手中查获的赃物替受害人进行保管等。所谓约定的义务，是基于管理人与本人之间的约定而发生的义务。不论这种约定的义务是主义务还是附随义务，管理人的管理即为有义务的管理，不能构成无因管理。

管理人有无法定或约定的义务，应从管理人管理事务当时的客观情况来确定。如果最初有义务，而途中该义务消灭，则自义务消灭之时起构成无因管理；反之，最初无义务管理，嗣后订立合同而发生义务的，自此时起管理事务即不再属无因管理。

第三，须有为他人利益管理的意思。

管理人管理他人事务的目的是为了避免他人利益受损失，而不是为了自己谋取利益。这是构成无因管理的主观条件。

管理人的管理是否具有为他人利益管理的意思，应从目的和效果两个方面考察。从目的上看，管理人须出于为避免他人利益受损失而进行管理或服务，这是无因管理得以阻却违法性的关键；从效果上看，因管理或服务行为所得的利益最终归本人所有，而不是为管理人所有。目的和动机都属主观因素，一般难以为外界知晓，但目的和动机可以通过客观行为和客观效果反映出来。因此，如果管理人的管理行为客观上避免了他人利益的损失，只要管理人没有相反的意思表示，可以认定成立无因管理；但管理人明确表示不是为了他人利益进行管理，则不成立无因管理；至于管理人既为自己利益又为他人利益进行管理的，则仅就他人受益部分成立无因管理。此外，管理人须有为他人利益管理的意思，但并不要求管理人确切地知道"他人"的具体身份。

三、无因管理的效力

（一）管理人的义务

1. 适当管理义务

所谓适当管理，是指管理人在管理方案的选择上，应当按照有利于本人的方案来实施管理。对于有利于本人的管理方案，在本人事先存在明示的情况下，按照本人明示来确定。在没有本人明示时，按照一般观念来加以确定。

2. 谨慎管理义务

所谓谨慎管理义务，是指管理人在实施管理过程中，应当尽到普通谨慎之人在类似情况下的管理义务。如果在管理过程中导致本人人身或财产损失，在管理人有故意或重大过失时，管理人须承担损害赔偿责任。

3. 通知义务

即管理开始后，在能够与本人取得联系的情况下，管理人应当将管理的事实通知本人。通知义务的意义在于确定本人在该项事务管理上的意思，即确定本人是否同意对这一事物进行管理，以及确定管理的方案。

（二）本人的义务

在无因管理中，如果管理人尽到了其法定义务，则本人应当偿付管理人因管理活动所支出的费用、遭受的损失和负担的债务。需要注意的是，本人所偿付的范围，并不包括管理人实施管理活动的报酬，这是由无因管理活动的本质所决定的。

【案例分析 29-1】

　　某日，王某拉了一车水泥路经某县，因天色已晚，道路也不好走，便决定在本地的一家个体旅店休息一晚。王某将车停放在旅店院子里，在办完住宿手续后又出门办另外一件事。约 1 小时后，天突然下起了雷阵雨。店主陈某见王某的车上装着水泥，又未见王某回来，于是急忙将店内的塑料布拿出来将水泥盖好。陈某在盖水泥时，由于车厢的挡板已被雨水打湿，陈某从车上滑倒跌了下来，手和头部受了一些轻伤。随后王某匆匆从外面赶回旅店。王某对店主的行为表示感谢，店主陈某却要求王某支付 200 元用于治疗摔伤，而王某只同意支付 50 元以表示感谢，对陈某的摔伤不愿承担责任。

　　在本案中，店主陈某的行为是否构成无因管理须从无因管理的三个构成要件方面进行分析。根据本案所反映的事实，可以看出陈某在客观上有管理他人事务的行为，即用自己所有的塑料布遮盖他人的水泥；陈某在客观上亦没有法定的或约定的义务去照看和保护王某的水泥，王某虽投宿本旅社，陈某仅依住宿服务合同负有提供住宿服务的义务；双方并未约定由店主陈某对存放在本旅店的水泥进行保管；陈某在主观上为他人利益管理的意思也非常明显，其掩盖他人水泥的直接目的就是防止他人的水泥遭雨淋而受损失。

　　但本案的难点不在于认定陈某的行为是否构成无因管理，而是陈某在实施无因管理行为时因摔伤所应支出的医疗费由谁负担，也就是说陈某有权基于无因管理之债而要求王某偿付其在无因管理活动中因管理事务而支出的合理费用，但此种费用是否包含陈某摔伤的医疗费？

　　陈某的管理行为是处于紧迫状态下实施的。由于天下着雷阵雨，陈某在抢盖水泥时又因车厢挡扳等处已被雨水淋湿而打滑摔倒，因此，陈某的摔伤与管理行为有直接的关系，陈某摔伤所需医疗费用应包含在王某应返还的费用之中。《民通意见》第 132 条规定："民法通则第 93 条规定的管理人或者服务人可以要求受益人偿付的必要费用，包括在管理和服务活动中直接支出的费用，以及在该活动中受到的实际损失。"此条司法解释中已明确将管理人在管理他人事务过程中遭受的实际损失包含在受益人应当返还的必要费用之中。而《最高人民法院关于审理人身损害赔偿案件适用法律若干问题的解释》第 14 条亦规定："帮工人因帮工活动遭受人身损害的，被帮工人应当承担赔偿责任。被帮工人明确拒绝帮工的，不承担赔偿责任；但可以在受益范围内予以适当补偿。"根据本条的精神，王某应当在受益范围内对陈某摔伤所支出的医疗费承担责任。

第三节 不 当 得 利

一、不当得利的概念

不当得利，是指没有合法根据使他人受损而自己获得的利益。不当得利之债，则是指给予不当得利的事实而在当事人之间产生了不当得利返还的权利义务关系。因为不当得利没有合法根据，虽然既成事实也不受法律保护，因此，不当得利人（受益人）应当将其所得利益返还给受损失的人。这种权利义务关系就是不当得利之债。其中，取得不当利益的人是受益人，是不当得利之债的债务人，负有返还不当得利的义务；财产受损失的人是受害人，是不当得利之债权人，享有请求受益人返还不当利益的权利。

二、不当得利的构成要件

《民法通则》第92条规定："没有合法依据，取得不当利益，造成他人损失的，应当将取得的不当利益返还受损失的人。"本条即为法律对不当得利的明确规定。根据本条规定，不当得利的构成须具备以下四个条件：

（一）须一方获得利益

如果一方使他方的财产受到损害，但未获得任何利益，即便依法须负赔偿责任，也不构成不当得利。

所谓获得利益，是指因一定事实使其财产数量增大。财产数量的增大有积极财产的增加和消极财产（债务）的减少两种情形。前者是指物权、债权、知识产权中的财产权利的取得；后者是指其债务的减少，这种债务既包括公法上的债务（如税款、罚款等），也包括私法上的债务，即依据民事法律所负担的债务。当事人消极财产的减少，使其本应负担的债务而未负担，也是其获得利益的一种表现形式。

至于当事人获得利益是通过何种具体方式，均不影响不当得利的构成。

（二）他人受到损失

如果一方获得利益，而他人并未遭受损失，则不构成不当得利。虽然不当得利制度的直接目的不是填补受害人的损失，与损害赔偿制度以恢复受害人权利的安全、圆满状态的目的和功能不尽相同，但法律规定不当得利人负返还义务仍具有衡平当事人之间利益冲突的目的。

他人受到损失一般是受损失的一方因另一方受益而使自己的财产减少，但有时则因另一方受益而使自己本应增加的财产未能增加。

（三）一方获得的利益与另一方受到的损失之间存在直接因果关系

这种因果关系是指获得利益与受到损失必须基于同一原因事实，如银行储蓄员向取款人错误地多付存款的行为，既使银行遭受经济损失，又使取款人获得利益。

获得的利益与受到的损失并不要求在数量、范围上相同，如果利益小于损失，只有获得的实际利益才构成不当得利，如公民甲骑车时不慎丢失了自己的手机，该手机被乙拾得，但乙发现该手机已摔坏，因此，乙仅就拾得这部摔坏的手机构成不当得利。

（四）没有合法根据

受益人获得的利益之所以构成不当得利，是因为该项利益的取得没有合法的根据。所谓没有合法的根据，是指受益人取得利益既不是依据法律的规定而取得，也不是依据有效合同的约定而取得。如果受益人的利益是依照法律的规定而取得（如依法继承他人遗产），或者是依据合同的约定而取得（如受赠人接受赠与财产），则受益人的利益应该得到法律的保护和认可，不构成不当得利。

判断取得利益有无合法根据，不能只以取得利益的当时为准。受益人在取得利益的当时有合法依据，而随后该合法根据已不再存在，也没有合法根据。如受益人依赠与合同接受赠与物时，其取得赠与物是有合法根据的，但若该赠与合同后来被依法撤销，则受益人占有的赠与物就构成不当得利。

【案例分析 29-2】

1998 年 7 月 10 日，赵某从某商厦购买 24K 金戒指一枚，重 16 克，价格是 2110 元人民币。同年 12 月 5 日，赵某帮同村李某从汽车上搬卸货物，回家后发现其金戒指已丢失，返回原处寻找，但没有找到。两天后李某告诉赵某，听人讲本村女青年王某拾得一枚 24K 金戒指，很像是赵某丢失的那枚。赵某即找到王某询问拾戒指之事，王某承认有拾得一枚戒指的事实，但戒指是假的，后来自己又将那枚假戒指弄丢了。赵某即起诉到法院，要求法院判令王某返还所拾得的金戒指。

本案中王某拾得遗失物的行为构成不当得利，理由如下：（1）王某因拾得遗失物的行为获得了利益。拾得人拾得遗失物并占有该财产，自然可以认为获得了利益。（2）财产所有人赵某受有损失。尽管失主赵某因粗心大意造成其金戒指丢失，但该丢失行为并非抛弃财产的行为，而金戒指是具有一定财产价值的物品，金戒指的遗失使赵某丧失了对其金戒指的控制。（3）王某拾得遗失的金戒指这一事实使失主赵某遭受了损失，而拾得人王某获得了利益，两者之间存在因果关系。（4）拾得人王某占有遗失的金戒指没有合法的根据。《民法通则》第 79 条规定："拾得遗失物、漂流物或者失散的饲养动物，应当归还失主。"王某的返还义务是法律直接规定的。王某不履行返还义务，而继续占有赵某的金戒指，不仅无合法根据，甚至是违法的。

按照《民法通则》第 92 条规定，王某亦负有返还金戒指的义务。但本案的关键问题是如何在诉讼中认定王某拾得的戒指就是赵某遗失的金戒指。根据本案的事实，王某是在赵某丢失金戒指的同一地点、同一时间拾得一枚戒指，经知情人辨认，与赵某丢失的金戒指极为相似，而王某辩称只拾得一枚假戒指并已丢失，难以自圆其说。因此，根据有关人证及案件的特殊环境，应该认定王某拾得的戒指就是赵某遗失的金戒指，除非王某能提供证据证明其所拾得一枚戒指确实是一枚假戒指。

在确认王某拾得遗失物的行为构成不当得利后，王某应向赵某履行返还所获利益的义务。按照《民通意见》第 94 条规定，拾得人将拾得物据为自有，拒不返还的，拾得人的行为按侵权行为处理。而按照《民法通则》第 117 条第 1 款规定，侵占国家的、集体的财产或者他人的财产的，应当返还财产，不能返还财产的，应当折价赔偿。因此，王某要么返还原物，要么按丢失的戒指的价格予以赔偿。

三、不当得利之债的效力

不当得利一经成立，就在当事人之间产生不当得利之债，不当得利人（受益人）即负有返还不当得利的义务，返还的利益应当包括原物和原物所生的孳息。返还利益的范围，有以下规则确定：

（1）善意不当得利的返还范围。所谓善意不当得利，是指得利人虽构成不当得利，但是其不知道自己得利或者自己利益的取得不具有法律上的依据。在善意不当得利的返还中，得利人的返还义务，以得利时的利益为限。换言之，对于所得利益在返还时已经不复存在的部分，得利人不负返还义务。

（2）恶意不当得利的返还范围。所谓恶意不当得利，是指得利人知道自己所得的利益不具有法律上的依据。在这种情况下，得利人的返还范围，以得利时的利益为限。换言之，如果在返还时所得利益因某种原因已经灭失或部分灭失，则得利人的返还义务以当初取得的全部利益为限，而不是仅仅返还现有的利益。

（3）得利人在得利时为善意，此后变为恶意的返还范围。此种情况下，得利人的返还义务，以恶意开始时的返还范围为限。①

【本章思考题】

1. 简述无因管理的法律效力。
2. 案例分析

---

① 马俊驹主编：《民法学》，清华大学出版社 2007 年版，第 352 页。

　　某日，李某乘火车到西安出差，由于有朋友到火车站接车，因此，李某下车比较匆忙。被朋友接到招待所后，李某检查其行李时，发现自己拿到的黑色手提包只是式样与自己出门带的手提包相同，这个手提包并不是自己的，而自己的手提包估计也被别人错拿走。他发现包里有现金 8000 元，还有一些信件和名片。而自己的提包里也有 3000 元钱的差旅费和出门从单位带来的几份报纸。李某出差返回后将其中的 5000 元现金捐给了正在为本县一位患白血病的中学生募集医疗费的县教育局。一周后，提包的所有人张某通过李某提包中的一些零星信息，经过多方打听，终于找到了李某。但李某告诉张某，其中的 5000 元已捐出去了，要张某去找县教育局。县教育局却说，捐款已经交给了为患者治病的医院。张某于是以李某和县教育局为被告提起诉讼，要求两被告返还 5000 元人民币。

　　（1）李某的行为是否构成不当得利？

　　（2）这 5000 元人民币应当由谁返还？

第五编

继承法

第三十章　继承权概述

☞ **本章导读**

　　本章内容主要包括继承的概念与特征、继承权的概念与分类、继承权的主体与客体、继承权的取得与放弃、继承权的丧失及继承回复请求权。在学习中需要重点掌握以下问题：同其他法律制度相比，继承制度具有哪些特征；客观意义的继承权与主观意义的继承权各自的含义，继承权的性质；成为继承权的主体应当具备哪些条件；继承权客体所包含的范围；继承权丧失的法定事由及丧失的效力；继承权放弃的有效要件及效力；继承回复请求权应当在何种条件下由谁来行使，继承回复请求权的行使效力及时效完成的效果。

第一节　继承权的概念与法律特征

一、继承的概念与特征

　　继承，是指将死者生前的财产与其他合法权益转归有权取得该项财产和权益的人所有的一项法律制度。在继承法律关系中，遗留下财产和权益的已死亡自然人为被继承人，依照法律规定有权取得该项财产和权益的人为继承人，被继承人所遗留下的个人合法财产和权益则为遗产。

　　我国的《继承法》将继承分为法定继承和遗嘱继承。法定继承是指继承人直接依照法律的规定继承被继承人的遗产；遗嘱继承是指继承人依照被继承人的遗嘱继承被继承人的遗产。

　　继承的特点主要表现在：

　　(1) 继承的发生以被继承人死亡为法定原因。我国《继承法》第 2 条规定："继承从被继承人死亡时开始。"这里的死亡包括生理死亡和宣告死亡两种。

　　(2) 继承人的范围原则上是特定的。继承以法定继承为原则，以遗嘱继承为例外。无论是法定继承还是遗嘱继承，继承人通常都是与被继承人存在一定亲属关系的自然人，如父母、配偶、子女、兄弟姐妹、祖父母、外祖父母等。在遗赠和遗赠扶养协议中，尽管受遗赠人不以有一定亲属关系者为限，但这两种取得遗产的方式都不属于继承；在无人继承而由国家或集体组织取得遗产的情况下，国家和集体组织同样不属于继承人的范畴。

（3）继承的对象是被继承人死亡时拥有的个人合法财产。作为继承的对象，遗产的范围包括被继承人死亡时遗留下来的所有个人财产，人格权、身份权等专属于被继承人的权利，都不能成为遗产。与一般财产权客体不同的是，作为遗产的财产不仅包括财物、债权及其他法律规定可以继承的财产性权利，也包括被继承人的债务，如依法应缴纳的税款。因此，民法上的继承是对财产性权利义务的全面承受，是对被继承人地位的概括性承继。

（4）继承的法律后果是财产的无偿移转。继承本质上是对死亡自然人遗产的一种重新分配，从继承的法律后果来看，被继承人因死亡丧失对财产的所有，而继承人则相应地取得这些财产，成为新的财产的所有人。与一般财产取得的方式不同的是，继承人取得遗产是无偿的，无须为此支付对价。

二、继承权的概念

继承权，是指继承人依照法律或有效遗嘱的规定，承受被继承人遗产的资格或权利。继承权的具体含义通常认为有两种，一种是客观意义上的继承权，另一种是主观意义上的继承权。

（一）客观意义上的继承权

客观意义上的继承权，又称"继承期待权"，是指继承开始前，继承人依法享有的承受被继承人遗产的资格。其具体特点主要表现在：（1）继承期待权直接根据法律规定而发生，而不以一定的法律事实的存在为要件。（2）继承期待权具有严格的人身属性，既不能转让也不能抛弃。（3）继承期待权仅表现为将来得为继承人的法律地位，并不具有直接财产内容。（4）继承期待权一般不能成为侵权行为的侵害客体，不发生被侵害的问题。因此，继承期待权不适用时效制度。

（二）主观意义上的继承权

主观意义上的继承权，又称"继承既得权"，是指继承开始后，继承人依照法律的规定或有效遗嘱的指定，承受被继承人遗产的权利。

继承既得权与继承期待权既有联系，又有区别。这种联系和区别主要表现在以下几个方面：（1）继承期待权转化为继承既得权必须具备一定的条件，如被继承人已经死亡、被继承人留有遗产等。（2）继承既得权具有直接的物质财富内容；而继承期待权则不具有任何物质财富内容。（3）继承既得权可以抛弃，也可以对应继份额内的个别遗产加以处分；而继承期待权具有严格的人身属性。（4）继承既得权作为一种民事权利，可以成为侵权行为的侵害客体；而继承期待权不能成为侵权行为的侵害客体。

三、继承权的法律特征

继承权作为一种民事权利，具有以下法律特征：

1. 继承权的主体仅限于公民

按照《继承法》的规定，继承权的主体仅限于公民，国家或某个特定的国家机关、企事业单位以及社会团体，都不能成为公民遗产的法定继承人和遗嘱继承人。

2. 继承权的客体仅限于财产

依照我国《继承法》第 3 条的规定，继承权的客体——遗产仅限于财产权。公民依法享有的人格权和身份权，在公民死亡时，随权利主体消灭而消灭，继承人不能继承。

3. 继承权的取得不以继承人的意思表示为要件

继承权的取得无须继承人作出任何意思表示或请求，只要有继承开始的原因发生，继承人就当然取得继承权。

4. 继承权应属财产权、绝对权、支配权

按照我国《继承法》的规定，继承权的客体仅限于财产权，并不包括任何人身权。由于继承权的义务主体为不特定的任何人，义务主体承担的只是不妨碍继承人行使权利的义务，继承人权利的实现并不需要义务主体积极行为的协助，因而，继承权应属绝对权。此外，继承权具体表现为继承人对权利客体——遗产的直接支配，因此就其作用效果而言，应属支配权。

【案例分析 30-1】

王某有两个哥哥均已成家，只有他和父母一起生活，最近王某的两个哥哥突然提出要分割继承父母的财产。其理由是如果现在不进行分割继承，将来父母的财产就会都留给王某，所以现在必须先分割继承父母的财产。对此，王某的父母均不同意。

本案中，王某的两个哥哥提出在父母健在时分割父母的财产，如果是分割家庭共有财产则只能针对王某的两个哥哥和父母共同生活关系存续期间的劳动收入或共同购置的生活资料及其他共同财产，并按照各自收入或出资的情况取得相应的财产份额。若要求分割父母的财产，则是没有法律依据的。根据我国《继承法》第 2 条规定，继承自被继承人死亡时开始。现在本案继承尚未开始，王某的两位哥哥只具有继承期待权，而继承期待权转化为继承既得权缺乏必备要件，两位哥哥的要求无法律依据。王某的父母完全有权自己支配自己的财产，拒绝他们的要求。

第二节　继承权的主体与客体

一、继承权的主体

（一）继承人的概念

继承人是继承法律关系的权利主体，是指依照《继承法》的规定在法定继承或遗嘱继承中有权继承被继承人遗产的自然人。

继承人具有以下特征：

1. 继承人的范围是由《继承法》直接规定的

我国《继承法》规定继承人仅限于被继承人近亲属。依照《继承法》第 10 条、第 12 条规定，我国的法定继承人包括：配偶、子女（包括婚生子女、非婚生子女、养子女和有抚养关系的继子女）、父母（包括生父母、养父母、有抚养关系的继父母）、兄弟姐妹（包括同父母的兄弟姐妹、同父异母或同母异父的兄弟姐妹、养兄弟姐妹、有抚养关系的继兄弟姐妹）、祖父母、外祖父母以及对公、婆和岳父、岳母尽了主要赡养义务的丧偶儿媳和丧偶女婿。

2. 继承人是在继承中依其享有的继承权有权继承被继承人遗产的人

继承人是在法定继承或者遗嘱继承中对被继承人的遗产享有继承权的人，而不是其他承受被继承人遗产的人。

3. 继承人是继承开始时有权继承被继承人遗产的自然人

继承从被继承人死亡时开始。在继承开始之前，继承权主体享有的仅是客观意义上的继承权，而非遗产的继承人。

（二）继承人的条件

1. 须有继承能力

继承能力，又称继承权利能力，是指能够享有继承权的法律资格或者能力。就法律性质而言，继承能力属于民事权利能力。继承能力是法律赋予自然人的享有继承权的资格，是当事人取得继承权的前提条件。继承能力不同于继承权，任何人不得非法剥夺他人的继承能力，当事人自己也不得放弃。因为民事权利能力是民事主体享受民事权利和承担民事义务的资格，有民事权利能力的人才享有民事权利并能够承担民事义务。

2. 须未丧失继承权

只有对被继承人有继承权的人，才能成为继承人。法律规定有继承权，但因发生事由而丧失对被继承人遗产继承权的人，为继承人缺格，无权继承被继承人的遗产，也就不能为继承人。

3. 须位居继承顺序或被遗嘱指定继承

在法定继承中，继承人有先后顺序之分，顺序在先者先继承，顺序在后者，则须前一顺序无继承人时，才可由其继承；在遗嘱继承中，遗嘱继承人须为法定继承人，但同时应为被继承人在遗嘱中指定的继承其遗产的人。

（三）继承人的种类

1. 法定继承人和遗嘱继承人

法定继承人是在法定继承中对被继承人的遗产享有继承权的人，指的是依照法律规定的范围和顺序直接承受被继承人的遗产的继承人。法定继承人的继承权直接来自法律的规定，而无须被继承人的指定。遗嘱继承人是指按照被继承人所立下的合法有效的遗嘱而直接承受遗产的继承人。遗嘱继承人的继承权不是来自法律的直接规定，而是来自被继承人依照法律规定所设立的遗嘱。关于遗嘱继承人的范围，各国法律规定不一。我国只允许被继承人在法定继承人之内指定继承人。

2. 配偶继承人和血亲继承人

配偶继承人是基于配偶的身份而享有继承权的人。血亲继承人是基于与被继承人的血缘关系而享有继承权的继承人。血亲继承人是最基本的继承人。我国《继承法》规定父母、子女、祖父母、外祖父母、兄弟姐妹为血亲继承人。

3. 本位继承人、代位继承人和转继承人

本位继承人，是指基于自己的继承顺序和继承地位而享有继承权的人；代位继承人，是指法定血亲继承人在继承开始前死亡或丧失继承权，代替已经死亡或丧失继承权的继承人的地位或依其固有的代位继承权继承其应继份的继承人；转继承人，是指继承开始后，继承人在未接受继承也未放弃继承以前死亡，其有权实际接受的遗产归其继承人承受。

二、继承权的客体

（一）继承权客体的概念与性质

继承权的客体，又称继承法律关系的客体或继承的客体，即继承人因继承开始所继承的对象。

从我国《继承法》第3条和第33条的规定来看，所谓遗产仅指积极财产，继承权的客体为被继承人的遗产和债务。值得注意的是，依我国现行的其他法律的规定，继承权的客体还包括可依法继承或承受的法律地位。

（二）继承权客体的种类与范围

1. 积极财产（权利）

专属于被继承人的具有人身性质的权利不得成为继承权的客体，如赡养费和抚养费请求权、抚恤金、残疾补助金等。我国《继承法》第3条规定，遗产是公民死亡时遗留的个人合法财产，包括公民的收入，公民的房屋、储蓄和生活用品，公民的林木、牲畜和家禽，公民的文物、图书资料，法律允许公民所有的生产资料，著作权、专利权中的财产权等。

2. 消极财产（义务）

继承人的继承是概括性的，不仅包括积极财产，也包括消极财产即债务。除了具有人身专属性的债务，如支付赡养费和抚养费的义务外，被继承人死亡时存在的所有债务都是继承权的客体。但是，继承人是否有义务清偿被继承人的全部债务呢？对此，我国则采取了无条件的限定继承原则，即继承人在继承遗产的限度内清偿被继承人的债务。

3. 法律资格

继承人可以继承的法律资格包括实体法上的资格，也包括诉讼资格。在实体法上，公司股东、合同人的资格继承问题值得探讨。对于股份公司而言，其资合性的特征十分明显，股东的资格是完全可以继承的。对于有限责任公司而言，从理论上分析，由于它具有一定程度的人合性特征，因此其股东资格并非当然地发生继承。依照我国新《公司法》第76条规定，有限责任公司的"自然人股东死亡后，其合法继承人可以继承股东资格；但是，公司章程另有规定的除外"，这就将股东资格继承的决定权交给了有限责任公司，在公司章程没有作否定性规定的情况下，股东资格可以继承。至于合伙企业，其人合性特征更为鲜明，因此合伙人资格的继承须具备一定的条件。依照我国《合伙企业法》第50条规定，合伙人死亡或者被依法宣告死亡的，对该合伙人在合伙企业中的财产份额享有合法继承权的继承人，按照合伙协议的约定或者经全体合伙人一致同意，从继承开始之日起，即取得该合伙企业的合伙人资格。合伙继承人不愿意成为该合伙企业的合伙人的，合伙企业应退还其依法继承的财产份额。合伙继承人为未成年人的，经其他合伙人一致同意，可以在其未成年时由监护人代行其权利。从这一规定可以看出，合伙人资格必须以其他合伙人的同意或合伙协议的约定作为前提条件。

对于诉讼主体资格，如诉讼标的并非专属于被继承人，则继承人可以继承。我国《民事诉讼法》采纳了这一原则，规定如一方当事人在诉讼中死亡的，诉讼中止，等待继承人表示是否愿意作为当事人参加诉讼，继承人愿意参加的，诉讼继续进行，被继承人已经进行的诉讼行为对承担诉讼的继承人有效。

【案例分析30-2】

何某死后留下一间价值6万元的房屋和4万元现金。何某立有遗嘱，4万元现金由四个子女平分，房屋的归属未作处理。何某女儿主动提出放弃对房屋的继承权，于是三个儿子将房屋变卖，每人分得2万元。现债权人主张何某生前曾向其借款12万元，并有借据为证。

继承权的客体不仅包括积极财产，还包括消极债务。继承人在取得财产的同时，还应根据限定继承原则，清偿被继承人生前所欠债务。《继承法》第33条规定，继承遗产应当清偿被继承人依法应当缴纳的税款和债务，缴纳税款和清偿债务以他的遗产实际价值为限。超过遗产实际价值部分，继承人自愿偿还的不在此限。继承人放弃继承的，对被继承人依法应当缴纳的税款和债务可以不负偿还责任。根据上述规定，债权债务关系不因债务人的死亡而当然消灭，死者有财产的，要用其财产承担生前债务。本案中，何某女儿放弃了对房屋的继承，仅对现金继承了1万元，因此，她仅需要对债权人负担偿还1万元的义务。另外，本案中，被继承人所有的遗产总和价值是10万元，继承人仅需要在继承10万元的财产范围内承担还债责任，四个子女各自以继承所得清偿债务，对于剩余的2万元债务，四人可以不予清偿，自愿清偿的，法律不禁止。

第三节　继承权的取得、放弃与丧失

一、继承权的取得

继承权是自然人根据法律的规定或依据被继承人生前所立合法有效遗嘱的指定而取得。纵观古今中外的继承法，继承权的取得在本质上都是以婚姻关系、血缘关系为基础的。当然，由于现代许多国家继承立法的发展，在取得继承权的根据问题上，逐渐突破了传统的以婚姻关系和血缘关系作为根据的范围，与被继承人之间形成的共同生活关系、抚养关系也成为取得继承权的重要根据之一。根据我国《继承法》、《婚姻法》等的规定，我国继承权取得的根据有：

1. 基于婚姻关系而取得

配偶有相互继承遗产的权利。配偶之间的继承权是男女双方两性结合的必然结果，因此，它是基于婚姻关系而产生的一种权利。

2. 基于血缘关系而取得

基于血缘关系而取得继承权，这是人类社会延续的需要。子女、父母、祖父母、外祖父母、兄弟姐妹是基于与死者的血缘关系取得继承权。保障血亲的继承权在现代社会条件下，仍然是十分必要的，血缘关系始终是继承权取得的重要根据之一。根据与死者血缘关系的亲疏远近确定法定继承人的范围和不同的继承顺序。

3. 基于抚养关系而取得

养子女与养父母之间，有抚养关系的继子女与继父母之间的继承权是基于抚养关系而取得的。此外，《继承法》规定，丧偶儿媳对公、婆，丧偶女婿对岳父、岳母尽了主要赡养义务的，作为第一顺序的法定继承人，这也是因为抚养关系而取得继承权。

二、继承权的放弃

（一）继承权放弃的含义

继承权放弃是指继承人在继承开始后遗产分割之前主动作出的，对其继承地位或继承份额予以抛弃的意思表示。

从现有的立法例来看，放弃继承权的意思表示可以通过不同的方式表现出来：一种方式是继承人须以明示的方式表示承认继承权，因此，如继承人在继承开始后，遗产分割之前没有作出接受继承权这一意思表示的，视为放弃继承权；另一种方式则是当继承开始后，继承权自然地转移至继承人，继承人如要放弃继承权，须作出明确的意思表示。我国《继承法》第 25 条规定："继承开始后，继承人放弃继承的，应当在遗产处理前，作出放弃继承的表示。没有表示的，视为接受继承。"这一规定表明我国所采取的是第二种立法，即要求继承权的放弃应当明示。

（二）继承权放弃的法律效力

（1）放弃的效力追溯到继承开始之时，且在继承人放弃继承权的情况下，不发生代位继承的问题，因代位继承发生在继承人先于被继承人死亡的场合，而继承人放弃继承权的意思表示只能在继承开始后作出。

（2）继承人放弃继承权后，在法定继承的场合，如存在同一顺序的其他继承人，继承人的应继承份额归同一顺序的其他继承人所有，如不存在同一顺序的其他继承人，则由后一顺位的继承人所有；在遗嘱继承的场合，继承人的应继承份额一概归法定继承人所有，不论是否还有其他遗嘱继承人存在。

（3）继承人作出放弃继承权的意思表示后，在一般情况下不允许其撤销该意思表示，以促使继承人认真谨慎地行使自己的权利，但如放弃继承权的意思表示为受胁迫或欺诈的结果，应当允许继承人撤销。

（4）继承权的放弃不免除继承人的赡养或抚养义务。在实践中，如子女为达到不赡养父母的目的，父母为达到不抚养子女的目的，而选择放弃对对方遗产的继承，按照我国相关法律的规定，父母对子女有抚养的义务，子女对父母有赡养的义务，这种义务是强制性的，当事人不能自我免除，因此，即使子女放弃了对父母遗产的继承或父母放弃了对子女遗产的继承，仍然不能免除其对对方应尽的赡养和抚养义务。

三、继承权的丧失

（一）继承权丧失的含义与法定事由

继承权的丧失也是继承权的剥夺，其意为当继承人存在某些不道德的甚至是非法的行为时，依法剥夺其继承权，以表示对其惩戒和罚责。从我国《继承法》的规定来看，继承权丧失的事由包括四种：

（1）故意杀害被继承人。此事由要求继承人必须有杀害被继承人的主观故意，且实际作出了杀害被继承人的行为，一旦满足这两个条件，无论继承人处于何种动机、行为是既遂还是未遂，继承人都依法丧失继承权。

（2）为争夺遗产而杀害其他继承人。此事由一方面要求继承人必须有杀害其他继承人的行为，不论其所杀害的对象是先顺序、同顺序还是后顺序继承人；另一方面要求继承人必须是以争夺遗产为目的而作出杀害行为，这就意味着继承人不仅存在主观上的故意，且行为的目的是争夺遗产而非其他。只要符合这些条件，无论继承人的行为是既遂还是未遂，继承人都依法丧失继承权。

（3）遗弃被继承人，或者虐待被继承人情形严重。所谓遗弃是指有抚养能力的继承人对没有劳动能力和独立生活能力、也没有生活来源的被继承人施加折磨。继承人的行为是否构成遗弃或虐待应当结合具体情形来判断。需要注意的是，只要存在遗弃被继承人行为的，继承人一概丧失继承权，而继承人虐待被继承人，需达到情节严重的程度才丧失继承权。

（4）伪造、篡改或者销毁遗嘱，情节严重。这里的伪造是指假冒被继承人的名义制作假遗嘱；篡改是指对被继承人业已立下的遗嘱内容进行擅自的修改；销毁则是将被继承人的遗嘱完全毁损。遗嘱是被继承人自由处分其身后财产的依据，是其意思自治的体现。继承人的伪造、篡改或是销毁遗嘱的行为构成了对被继承人自由意志的侵害，同时也侵害到了其他继承人的利益，因而在情节严重时理所应当受到丧失继承权的惩罚。

除上述事由外，我们还有必要参照其他国家和地区的立法，对继承权的丧失事由加以补充完善，如可以增加规定继承人隐匿遗嘱情节严重，或者恶意地阻挠、欺诈或强迫被继承人立下遗嘱，均丧失继承权。

（二）继承权丧失的效力

从我国继承法的规定来看，继承人一旦存在上述法定事由，则从事由发生之日起，即丧失继承权；但如果该事由发生在继承开始以后，则继承权丧失的效力追溯到继承开始之时。继承人丧失继承权是针对特定的继承关系而言的，其在其他继承关系中的继承人地位不受影响。例如，儿子对父亲存在严重虐待行为，则儿子对其父的继承权丧失，但对其母的继承权并不因此而丧失。又如继承人已经将其所继承的遗产转让给第三人，则继承权丧失对第三人所产生的效力应当参照善意取得制度加以确定，以保障交易安全。

需要注意的是，多数国家的继承法都认可继承权丧失的效力有绝对与相对之分。所谓继承权的绝对丧失，是指继承权的失去为终局性的、不可逆的，一般适用继承人的行为极其恶劣、无法原谅的情况；而继承权的相对丧失则是指继承人虽然失去了继承权，但在一定条件下，失去的继承权可以恢复，一般适用于继承人行为的恶劣程度相对较轻，被继承人愿意宽恕的场合。我国《继承法》只将一种情形下的继承权丧失确定为相对丧失的效力，即继承人虐待被继承人情节严重或者遗弃被继承人的，日后确有悔改表现，且被继承人生前又表示宽恕的，除此之外的继承权丧失皆为绝对丧失。

【案例分析 30-3】

甲死后留有房屋一间和存款若干，法定继承人为其子乙。甲生前立有遗嘱，将其存款赠与侄女丙。乙和丙被告知 3 个月后参与甲的遗产分割，但直到遗产分割时，乙与丙均未作出是否接受遗产的意思表示。

本案是有关继承与受遗赠的默示效力问题。《继承法》第 25 条规定："继承开始后，继承人放弃继承的，应当在遗产处理前，作出放弃继承的表示。没有表示的，视为接受继承。受遗赠人应当在知道受遗赠后两个月内，作出接受或者放弃受遗赠的表示。到期没有表示的，视为放弃受遗赠。"本案乙为继承人，丙为受遗赠人。所以乙视为接受继承，丙视为放弃遗赠。

第四节　继承权的保护

一、继承纠纷

继承纠纷，是指在被继承人死亡后因继承遗产而发生的纠纷。继承纠纷可分为两类，一类是非侵权纠纷，如有关遗嘱的效力、遗产的范围和数量、继承人的范围和顺序等。另一类是因侵犯继承权而发生的纠纷，这类纠纷主要有：（1）非法取消继承人资格的行为；（2）隐匿、侵吞或争抢遗产的行为；（3）非法处分未分割遗产的行为；（4）非法扣减继承人应继承遗产的份额；（5）法定代理人损害被代理人的继承权；（6）遗产分割时，未保留胎儿的继承份额等。

继承开始后，继承人在法律上享有两种请求权，一是继承人因继承而取得的原属于被继承人的请求权。当财产占有人不否认继承人的继承权，仅主张自己对该占有财产享有特别的权利时，不属于继承权纠纷，继承人只能提起个别物的返还请求权。二是当继承人的继承权被侵害时可行使继承回复请求权。

二、继承回复请求权

（一）继承回复请求权的概念

继承回复请求权，是指当继承权受到他人的不法侵害时，继承人应当依法享有要求侵权人恢复继承权原状，返还侵占的遗产，赔偿损失或请求法院给予其他法律保护的权利。所谓继承权的保护，主要就体现在继承权回复请求权的行使上，它是继承权的固有权能，是实现继承人继承利益的必不可少的条件。

继承回复请求权是针对继承人所继承的全部遗产而享有的一项独立权利。如前所述，遗产是物权、债权等多种权利类型的集合。一旦被继承人死亡，继承人享有的继承权就从期待权变为现实权，这时继承人对构成遗产的各项财产都享有单独的请求权，但这种单独的请求权在行使时不太方便，继承回复请求权的设立则解决了这一问题。继承回复请求权不是基于继承人或被继承人所享有的财产权利而对遗产占有人提出的物上请求权，而是将继承人对构成遗产的各项财产的请求权进行抽象并集中在一起而构成一项概括性权利。继承回复请求权不仅在行使对象上与构成遗产的各项财产之请求权有别，它还具有自己独立的诉讼时效。在继承回复请求权的时效届满后，继承人还可以基于单个的遗产物行使单独的请求权。

（二）继承回复请求权的成立要件

当继承人的继承权受到侵害时，继承人或其他法定代理人可以向人民法院提起继承回复请求权的诉讼。提起继承回复请求权的诉讼，必须具备以下四个要件：

（1）非真正继承人已实际占有、控制或处分遗产。继承回复请求权必须以非真正继承人已在事实上占有、控制或处分遗产为前提，否则真正的继承人不能提起继承的诉讼。

（2）占有人对遗产的占有没有合法依据。继承回复请求权要求占有人为无权占有。如果占有人为非真正继承人，但其有合法占有遗产的理由，继承人不能向其提起继承的诉讼。例如，占有人因租赁、保管，或者基于典权等合法原因占有遗产的，继承人不得对其提起继承之诉，而应对其提起财产返还之诉。

（3）遗产占有人否认真正继承人的继承权。继承回复请求权必须以否认合法继承人的继承权为前提。如果遗产占有人不否认继承人的继承权，而主张占有物是属于自己所有的财产，或主张占有物是从被继承人处合法取得的，继承人不得提起继承的诉讼，而应提起所有权的确认之诉。

（4）继承回复请求权人须是受到侵害的真正继承人。继承回复请求权的基础是继承人依法享有的继承权，如果请求权人不享有继承权就不能提起继承的诉讼。而继承回复请求权的相对人须是侵害继承人继承权的非真正继承人。非真正继承人主要包括：（1）不享有继承权的人。（2）享有继承权但不在应召继承顺序上或超出其应继份实际占有、控制和处分遗产的继承人。（3）放弃继承权、丧失继承权、被遗嘱取消继承权的继承人。

（三）继承回复请求权的行使

1. 行使事由

继承回复请求权的行使事由一般包括：无继承权人在事实上对遗产实施了占有、使用、处分、收益等行为。这里的"无继承权人"既包括继承人以外的相对人，也包括丧失或放弃了继承权的原继承人。继承人的继承权为其他继承人所排斥或否定，应继份额为其他继承人所侵占等，这里的"其他继承人"包括先顺序、同顺序和后顺序的继承人。

2. 权利行使主体

继承回复请求权原则上应由继承人本人行使。如继承人为无民事行为能力或限制民事行为能力人时，可由其代理人代为行使。当继承人因故无法行使继承回复请求权时，为了保存其利益，应当允许与其处于同一顺序的其他继承人可以代为行使这项权利。继承回复请求权具有人身专属性，因此继承人的债权人一般不得代位行使。在继承人死后，其继承回复请求权可由其继承人继承。

3. 行使效力

继承回复请求权的行使效力表现在：非法侵占遗产的侵权人应当返还原物及孳息，该返还义务及于原物的代位物，原物不存在且无代位物时，应当依照不当得利原则将所得利益予以返还。如遗产已被侵权人处分至第三人，为保障交易安全，应当参照善意取得制度判定第三人是否取得遗产，第三人未取得遗产的，应负返还遗产的义务。

4. 权利时效

我国《继承法》第 8 条对继承回复请求权的时效规定为：继承权纠纷提起诉

讼的期限为 2 年，自继承开始之日起超过 20 年的，不得再提起诉讼。"与此同时，《民通意见》第 177 条规定："继承的诉讼时效按继承法的规定执行。但继承开始后，继承人未明确表示放弃继承的，视为接受继承，遗产未分割的，即为共同共有。诉讼时效的中止、中断、延长，均适用民法通则的有关规定。"

【案例分析 30-4】

甲 1991 年离家出走，杳无音讯。1995 年其妻乙向人民法院申请甲宣告死亡，1996 年人民法院依法宣告甲死亡，其房屋三间被其妻乙和其子丙继承。1997 年，妻乙带产改嫁。同年，乙又与后夫离婚。甲离家出走后，南下深圳，1998 年因福利彩票中奖 20 万。甲用该款购买股票，同年获利 200 万。1998 年 12 月甲因饮酒过量心脏病发作死亡。经查，甲于 1997 年与丁在教堂举行了婚礼（但未办理婚姻登记），并生子戊。（1999 年司法考试卷二第 46 题）

本案要点为确定法定继承人的时间标准是被继承人死亡之时。案例中各个主体与被继承人之间的法律关系如下：

在甲死亡的时候，乙已经带产改嫁，根据《民通意见》第 37 条规定，被宣告死亡的人与配偶的婚姻关系，自死亡宣告之日起消灭。死亡宣告被人民法院撤销，如果其配偶尚未再婚的，夫妻关系从撤销死亡宣告之日起自行恢复；如果其配偶再婚后又离婚或者再婚后配偶又死亡的，则不得认定夫妻关系自行恢复，所以乙并非甲的继承人，没有继承权。

我国《婚姻法》第 8 条要求结婚男女双方必须亲自到婚姻登记机关进行婚姻登记。丁与甲并没有进行婚姻登记，而是在教堂举行婚礼，在法律上并不承认这种事实婚姻关系，所以丁不属于法定继承人。

《继承法》中的子女，包括婚生子女、非婚生子女、养子女和有抚养关系的继子女。丙是婚生子女、戊是非婚生子女，都是甲的合法继承人。根据《继承法》第 13 条，丙与戊为同一顺序继承人，所以甲的 200 万元遗产应由丙与戊平均分配。

【本章思考题】

1. 简述继承权的法律特征。
2. 试述丧失继承权的法定事由及效力。
3. 相互有继承权的几个人在一起事故中同时遇难，他们的继承权应当如何处理？
4. 继承回复请求权与侵权之债请求权及物上请求权有何区别？

第三十一章 法定继承

本章导读

本章学习继承的一种方式——法定继承，内容主要包括法定继承的概念、法定继承人的范围、继承顺序、代位继承及转继承。在学习中需要重点掌握以下问题：法定继承应当在哪些情形下适用；确定法定继承人的主要依据是什么；法定继承人的继承顺序对继承有何影响；代位继承适用的原因；代位继承和被代位继承人的范围；转继承的概念，其与代位继承有何区别。

第一节 法定继承概述

一、法定继承的概念和特征

法定继承，是指在没有有效的遗赠扶养协议和遗嘱的情况下，将被继承人的遗产根据法律确定的继承人范围、继承顺序、遗产分配原则、继承的份额及继承的程序，转移给继承人所有的继承方式。法定继承是在日常生活中运用得最为主要的继承方式。

法定继承具有以下法律特征：

1. 遗产继承主体间的人身性

根据《继承法》的规定，继承人与被继承人间存在一定血缘关系、婚姻关系或扶养关系等近亲属关系是法定继承发生的依据。

2. 遗产继承方式的法定性

法定继承的继承人范围、继承顺序、继承份额、遗产分配原则、继承的份额是由法律直接规定的，由此来确定哪些人能作为被继承人遗产的继承人。

3. 遗产继承功能的补充性

法定继承只有在没有遗嘱或遗赠无效，或遗嘱继承人先于被继承人死亡、丧失继承权、放弃继承权的情况下才适用。

二、法定继承的适用范围

（一）法定继承适用的一般情形

法定继承的适用范围就是指在法定继承的情况下法律直接规定的被继承人的哪

些亲属是法定继承人。在我国，法定继承的位阶在遗赠扶养协议和遗嘱继承之后。《继承法》第 5 条确立了"遗赠扶养协议在先"的原则。被继承人死亡后有遗赠扶养协议的，先要执行协议；无遗赠扶养协议或遗赠扶养协议无效的，适用遗嘱继承，然后才适用法定继承。

（二）法定继承适用的特殊情形

我国《继承法》第 27 条对继承法适用的特殊情形作了规定，有下列情形之一的，遗产中的有关部分按照法定继承办理：

1. 遗嘱未处分的或遗嘱无效部分涉及的遗产

遗嘱未处分的部分按照法定继承办理。遗嘱无效分为全部无效和部分无效。遗嘱全部无效时，遗产按照法定继承原则分配；遗嘱部分无效时，无效部分涉及的遗产按照法定继承原则分配。

2. 受遗赠人或遗嘱继承人先于被继承人死亡后所涉及的遗产

遗嘱继承人先于被继承人死亡的，遗嘱中由其继承的那部分遗产按照法定继承处理。若该遗嘱继承人是被继承人的子女，则其晚辈直系血亲可代位继承该部分遗产。受遗赠人先于被继承人死亡的，遗嘱中由其受遗赠的那部分遗产，由被继承人的继承人按法定继承原则处理。

3. 受遗赠人放弃受遗赠后涉及的遗产

受遗赠人表示放弃受遗赠的，遗嘱中指定由其受遗赠的那部分遗产由被继承人的继承人依法定继承分配。

4. 遗嘱继承人放弃继承或丧失继承权后所涉及的遗产

遗嘱继承人在继承开始后、遗产分割前表示放弃继承的，遗嘱中指定由其继承的那部分遗产按照法定继承原则处理。遗嘱继承人丧失遗产继承权的，遗嘱中指定由其继承的遗产，由被继承人的其他继承人按法定继承原则继承。

第二节　法定继承人的范围与顺序

一、法定继承人的范围

法定继承人的范围是指在适用法定继承方式时，有作为被继承人遗产的继承人资格的范围。法定继承的范围主要是依据继承人与被继承人之间的婚姻关系、血缘关系或扶养关系等人身关系确定，是由法律直接规定的。根据《继承法》的规定，被继承人的配偶、子女、父母、兄弟姐妹、祖父母、外祖父母都是法定继承人，只是继承顺序不同；孙子女、丧偶儿媳或女婿对公婆、岳父母尽了主要赡养义务的，作为第一顺序的法定继承人。

各法定继承人的认定：

（一）配偶

配偶是指合法有效的婚姻关系存在中夫妻双方的关系称谓。以下几种特殊情况下配偶的确定：

（1）男女登记结婚尚未共同生活或离婚诉讼过程中、离婚判决生效前，一方死亡的，另一方仍为配偶，有权继承死者的遗产。

（2）若男女双方未结婚登记即以夫妻名义共同生活，符合事实婚姻的，一方死亡时，生存一方有权以配偶身份继承其遗产。若不符合事实婚姻，生存一方不得以配偶身份取得继承权，但依《继承法》第 14 条，"对继承人以外的依靠被继承人扶养的缺乏劳动能力又没有生活来源的人，或者继承人以外的对被继承人扶养较多的人，可以分给他们适当的遗产"这一规定，若双方共同生活时间较长，一方死亡可分给生存方适当的遗产。

（3）解放之前形成的一夫多妻家庭，丈夫与妻、妾具有同等的权利义务关系。当丈夫或妻、妾死亡时，若其婚姻关系尚未解除，对方有权以配偶身份继承其遗产。

（二）子女

根据《继承法》第 10 条的规定，子女包括婚生子女、非婚生子女、养子女和有扶养关系的继子女。子女对父母的继承权不受父母婚姻关系变化的影响。

（1）婚生子女，是指有合法婚姻关系的男女所生育的子女。

（2）非婚生子女，是指没有合法婚姻关系的男女所生育的子女。非婚生子女与婚生子女享有同等的继承权，有权继承其生母或生父的遗产。

（3）养子女，是指因合法收养关系成立而与养父母发生拟制血亲关系的子女。一旦收养关系依法成立，养子女有权继承其养父母的遗产。但同时养子女对其生父母遗产的继承权也随之消灭。对于收养人与被收养人年龄差距较大，相互以祖孙相称的，《最高人民法院关于贯彻执行〈中华人民共和国继承法〉若干问题的意见》（以下简称《继承法意见》）第 22 条规定："收养他人为养孙子女，视为养父母与养子女的关系，可互为第一顺序继承人。"

（4）继子女，是指妻与前夫或夫与前妻所生的子女。继子女与继父母也是一种法律拟制的血亲关系。继子女原则上只能继承其生父母的遗产，一般不能继承继父母的遗产。只有在继子女与继父母之间实际形成了扶养关系时他们之间才相互有继承权。但继子女无论是否有权继承继父母的遗产，均可继承其生父母的遗产，并且继子女对有抚养关系的继父母的遗产的继承，不影响其再继承生父母的遗产资格。

（三）父母

根据《继承法》规定，父母包括生父母、养父母和有抚养关系的继父母。

（1）生父母对其亲生子女的遗产享有继承权。亲生子女按其生父母之间是否存在合法的婚姻关系，可以分为婚生子女与非婚生子女。其中，对于非婚生子女，若由生父、生母抚养，或由祖父母、外祖父母等其他亲属代为抚养时，生父母对其遗产应该享有继承权。若该非婚生子女是由他人收养，生父母则无权继承其遗产。

（2）养父母对养子女的遗产享有继承权。收养关系一经成立，养父母与养子女之间便形成了和生父母与生子女间相同的权利义务关系，因此，养父母对养子女的遗产享有继承权。

（3）在实际形成扶养关系的情况下，继父母有权继承其继子女的遗产。

（四）对公婆、岳父母尽了主要赡养义务的丧偶儿媳或丧偶女婿

《继承法》第12条规定："丧偶儿媳对公、婆，丧偶女婿对岳父、岳母，尽了主要赡养义务的，作为第一顺序继承人。"其中"主要赡养义务"是指丧偶儿媳对公、婆，丧偶女婿对岳父、岳母提供了主要经济来源或提供了日常生活中的劳务扶助和精神抚慰，如果仅是提供一般性照顾，与其他继承人履行了同样的义务，则不享有继承权，但可适当分得遗产。

（五）孙子女、外孙子女及其晚辈直系血亲

根据我国《继承法》规定，孙子女、外孙子女及其晚辈直系血亲不是法定继承人，只是在代位继承时可以享有一定的继承权。

（六）兄弟姐妹

兄弟姐妹是最近的旁系血亲，包括同父母、同母异父、同父异母的兄弟姐妹、养兄弟姐妹和有扶养关系的继兄弟姐妹。《继承法意见》第23条规定："养子女与生子女之间、养子女与养子女之间，系养兄弟姐妹，可互为第二顺序继承人。被收养人与其亲兄弟姐妹之间的权利义务关系，因收养关系的成立而消除，不能互为第二顺序继承人。"第24条规定："继兄弟姐妹之间的继承权，因兄弟姐妹之间的扶养关系而发生。没有扶养关系的，不能互为第二顺序继承人。继兄弟姐妹之间相互继承了遗产的，不影响其继承亲兄弟姐妹的遗产。"

（七）祖父母、外祖父母

当祖父母、外祖父母作为孙子女、外孙子女的法定继承人时，范围包括了生祖父母、生外祖父母，养祖父母、养外祖父母，以及形成实际扶养关系的继祖父母、继外祖父母。

（八）胎儿在法定继承中的地位

虽然我国《继承法》没有具体规定胎儿作为继承人的资格，但《继承法》第28条规定，"遗产分割时，应保留胎儿的继承份额。胎儿出生时是死体的，保留的份额按照法定继承办理"。

二、法定继承人的顺序

法定继承人的顺序，是指在继承开始后，由法律直接规定的法定继承人继承遗产的先后次序，其具有强制性。第一顺序继承人有优先继承全部遗产的权利；第二顺序的法定继承人只有在第一顺序继承人全部放弃或丧失继承权或不存在时，才能参加继承。同一顺序的法定继承人地位平等。《继承法》第10条明确规定，遗产按照下列顺序继承：

第一顺序：配偶、子女、父母。

第二顺序：兄弟姐妹、祖父母、外祖父母。

继承开始后，由第一顺序继承人继承，第二顺序继承人不继承，没有第一顺序继承人继承的，由第二顺序继承人继承。

根据《继承法》的规定，被继承人的配偶、子女、父母，对公婆、岳父母尽了主要赡养义务的丧偶儿媳和女婿为第一顺序继承人；兄弟姐妹、祖父母、外祖父母为第二顺序继承人。"尽了主要赡养义务"是指对被继承人生前生活提供了主要经济来源或在照顾方面给予了主要扶助。

【案例分析 31-1】

钱某与胡某婚后生有子女甲和乙，后钱某与胡某离婚，甲、乙归胡某抚养。胡某与吴某结婚，当时甲已参加工作而乙尚未成年，乙跟随胡某与吴某居住，后胡某与吴某生下一女丙，吴某与前妻生有一子丁。钱某和吴某先后去世，现问钱某和吴某的遗产应如何处理？（2009 年司法考试卷三第 68 题）

本案所涉问题为继承法主体的确认。依照《继承法》第 10 条规定，我国继承人的法定顺序是：第一顺序，配偶、子女、父母；第二顺序，兄弟姐妹、祖父母、外祖父母。根据上述规定可知，配偶的一方享有对另一方遗产的继承权。本案中钱某去世时，胡某与钱某已经离婚，不再是配偶，则胡某不享有对钱某遗产的继承权。《继承法》第 10 条第 3 款规定，本法所说的子女，包括婚生子女、非婚生子女、养子女和有扶养关系的继子女。按照通常的理解，所谓"有扶养关系"，是指因为年老等原因而失去劳动能力不能自理生活，或者因为年幼又无生活来源，需要家人帮助，而且事实上也形成了帮助关系。本案中，胡某与吴某结婚时，甲已参加工作且独立生活，而乙未成年跟随胡某与吴某居住。由此可知，甲与吴某之间没有形成扶养关系，而乙与吴某之间形成了扶养关系。因此，甲无权继承吴某的遗产，乙有权继承吴某的遗产。吴某去世时，胡某是吴某的配偶，根据《继承法》第 10 条第 1 款的规定，胡某有权继承吴某的遗产。丙是胡某与吴某的婚生子女，享有吴某遗产的继承权。吴某是丁的生父，丁享有对吴某遗产的继承权。综上，钱某的遗产由其子女甲、乙平均分配。吴某的遗产在分割完吴某与胡某的夫妻共同财产后，由乙、丙、丁平均分配。

第三节　代位继承与转继承

一、代位继承概述

（一）代位继承的概念

所谓代位继承，是指在法定继承中，被继承人的子女先于被继承人死亡或宣告死亡的情况下，由被继承人子女的晚辈直系血亲代位继承其父亲或母亲的遗产份额的法律制度，又称间接继承。其中，先于被继承人死亡的继承人称为被代位继承人，代位继承遗产的被继承人子女的晚辈直系血亲被称为代位继承人。

（二）代位继承的要件

根据《继承法》和《继承法意见》的规定，适用代位继承须具备以下要件：

1. 代位继承只能适用于法定继承

遗嘱继承和遗赠不适用代位继承，即如果遗嘱继承人或受遗赠人先于被继承人死亡的，他们相应的继承份额由被继承人的法定继承人按法律规定继承，这是为了遵循被继承人指定继承人或受遗赠人的初衷。

2. 被代位继承人只能是被继承人的子女

以下情况不发生代位继承：（1）被继承人的配偶先于被继承人死亡的；（2）被继承人的父母、祖父母、外祖父母等长辈直系血亲先于被继承人死亡的；（3）被继承人的兄弟姐妹等旁系血亲先于被继承人死亡的。被代位继承人先于被继承人死亡，死亡包括自然死亡和宣告死亡。根据我国《继承法》，下列情况不发生代位继承：（1）被继承人的子女丧失继承权的；（2）被继承人的子女在继承开始后、遗产分割前表示放弃继承权的；（3）被继承人的子女被有效遗嘱取消继承权的；（4）被继承人的子女在继承开始后遗产分割前死亡的，则其应该继承的遗产份额转由其合法继承人继承，这不是代位继承而是转继承。

3. 代位继承人必须是被继承人子女的晚辈直系血亲

根据《继承法》的规定，只有被继承人的晚辈直系血亲才享有代位继承权，被代位继承人的其他亲属如兄弟姐妹、配偶等均无此权利。依相关司法解释规定，被继承人的孙子女、外孙子女、曾孙子女、外曾孙子女都可以代位继承。另外，被继承人的养子女、已形成扶养关系的继子女的生子女可代位继承；与被继承人已形成扶养关系的继子女的养子女也可以代位继承。代位继承人无辈分限制，若被继承人的孙子女先于被继承人的子女死亡，则由被继承人的曾孙子女代位继承。

4. 被代位继承人必须具有继承权

根据司法解释的有关规定，若继承人丧失继承权，其晚辈直系血亲不得代位继承。但代位继承人在缺乏劳动能力又无生活来源，或对被继承人尽扶养义务较多时，可以适当分得遗产。

5. 代位继承的份额

无论代位继承人是一人还是数人，代位继承人都只能继承被代位继承人应得的遗产份额。

二、转继承概述

转继承是指继承人在被继承人死亡后，遗产尚未分割前死亡，其所应继承的遗产份额转由他的合法继承人继承的一种制度。故转继承又称再继承、连续继承或称第二次继承。在转继承法律关系中，最初留有遗产的人为被继承人；在被继承人死亡后，尚未实际取得遗产之前死亡的继承人为被转继承人；有死亡继承人的法定继承人为转继承人。

无论是第一继承顺序的继承人，还是第二继承顺序的继承人，也无论是法定继承人，还是遗嘱继承人，只要是继承开始后取得继承既得权的实际继承人，如果在遗产分割前死亡，即可以成为被转继承人。

转继承的法律特征主要表现在以下几个方面：

1. 被转继承人可以是被继承人的任何继承人

转继承的实质是由于被继承人和继承人的先后死亡，而发生多次继承。在转继承关系中，被转继承人同时具有继承人和被继承人的双重地位。作为继承人，他有权继承被继承人的遗产；作为被继承人，应当将他的遗产转由他的继承人继承。这里所说的继承人既可以是被转继承人的法定继承人，也可以是被转继承人的遗嘱继承人。

2. 被转继承人在被继承人死亡后、遗产分割前死亡

被继承人的继承人死亡，是转继承关系发生的基本事实依据。对此，必须明确以下几点：第一，该继承人必须在继承开始时尚且生存；第二，该继承人必须在继承开始后取得继承既得权，成为实际继承人；第三，该继承人必须在遗产分割前死亡。

3. 转继承的客体是被转继承人的遗产

在转继承关系中，从形式上看，似乎是直接从被继承人那里取得遗产。而实质上，有权继承被继承人遗产的是被转继承人，转继承人只能继承被转继承人的遗产。转继承的客体本质上应当是被转继承人的遗产。

4. 转继承人在分割遗产中地位平等

如上所述，转继承的性质是二次继承或多次继承。每一个死者都是作为一个独立的被继承人而发生再继承的。因此，法定继承、遗嘱继承及遗产处理的有关规定，可以直接适用于转继承。

5. 转继承既可以适用于法定继承，也可以适用于遗嘱继承

在继承人后于被继承人死亡时，无论他是法定继承人还是遗嘱继承人，其继承期待权均已转化为继承既得权，并且在该继承人没有放弃或丧失继承权的情况下，即应视为从继承开始时起该继承人就已取得其应继份额的所有权。因此，他所享有的遗产份额，自然可以由他的法定继承人继承，或是由他生前指定的遗嘱继承人继承。

三、转继承与代位继承的区别

转继承和代位继承是我国继承制度中的两种特殊继承方式。从形式上看，虽然二者都是按照法律规定的继承人范围、继承顺序和应继份额直接或间接从被继承人

处取得遗产，并且都是发生在原来的继承人死亡的情形中，代位继承人和转继承人都是原来继承人的继承人等。但是，二者仍有明显的区别，主要表现在以下几个方面：

（一）主体的范围不同

代位继承中，被代位人只限于被继承人的子女，代位继承人只限于被代位人的晚辈直系血亲。而在转继承中，被转继承人却不限于被继承人的子女，被继承人的其他法定继承人或遗嘱继承人均可作为被转继承人。转继承人可以是被转继承人的任何继承人，包括被转继承人的配偶、父母和兄弟姐妹、祖父母、外祖父母。在被转继承人没有第一顺序继承人时，可由他的第二顺序继承人继承。由此可见，转继承的主体范围更为广泛。

（二）遗产分配原则不同

在代位继承中，代位继承人不论有多少，一般只能共同继承被代位人有权继承的遗产份额，不能与其他继承人均等分配遗产。因此，在代位继承中，不适用同等条件下均等分配等法定继承中通行的遗产分配原则。

（三）适用范围不同

代位继承权是在法定继承中，依据法律的特别规定而发生，因此只能在法定继承的情况下适用；转继承不仅在法定继承中可以适用，并且在遗嘱继承中也可以适用。

【案例分析31-2】

李某死后留下一套房屋和数十万元存款，生前未立遗嘱。李某有三个女儿，并收养了一子。大女儿中年病故，留下一子。养子收入丰厚，却拒绝赡养李某。在两个女儿办理丧事期间，小女儿因交通事故意外身亡，留下一女。请分析该例中的继承关系。

本案例涉及代位继承和转继承。《继承法》第11条规定："被继承人的子女先于被继承人死亡的，由被继承人的子女的晚辈直系血亲代位继承。代位继承人一般只能继承他的父亲或者母亲有权继承的遗产份额。"所以大女儿之子取得李某遗产的方式属于代位继承。

《继承法意见》第52条规定："继承开始后，继承人没有表示放弃继承，并于遗产分割前死亡的，其继承遗产的权利转移给他的合法继承人。"这便是关于转继承的规定，因此，小女儿之女属于转继承人。转继承人并非被继承人的继承人，所以其不是第一顺序继承人。

对于李某养子的继承权问题，根据《继承法》第7条的规定，继承人遗弃被继承人的，丧失继承权。所谓遗弃是指有赡养能力、抚养能力的继承人，拒绝赡养或抚养没有独立生活能力或丧失劳动能力的被继承人的行为。从本例提供的信息（李某死后留下一套房屋和数十万元存款），可以认为李某并非没有独立生活能力或丧失劳动能力，养子虽然拒绝赡养李某，但并未构成遗弃，并不丧失继承权。《继承法》第13条中规定，有扶养能力和有扶养条件的继承人，不尽扶养义务的，分配遗产时，应当不分或者少分。

【本章思考题】

1. 简述法定继承的概念和特征。
2. 简述法定继承的适用。
3. 简述代位继承的适用条件。
4. 简述转继承的概念及法律特征。
5. 试述代位继承与转继承的区别。

第三十二章　遗嘱继承

☞ **本章导读**

本章学习继承的另一种方式——遗嘱继承，内容主要包括遗嘱可以采取的形式、有效遗嘱应当具备的要件、导致遗嘱无效与可撤销的基本事由、遗嘱执行人的确定方法及其职责。在学习中，需要重点掌握以下问题：遗嘱能力与民事行为能力的关系；遗嘱形式与遗嘱效力之间的关系；遗嘱无效的主要事由。

第一节　遗嘱继承概述

一、遗嘱继承的概念

遗嘱继承，又称意定继承、指定继承，是指在继承开始后，按照被继承人生前所立的合法有效的遗嘱来确定继承人和分配被继承人遗产的法律制度。其中，依照遗嘱的指定享有遗嘱继承权的人称为遗嘱人或立遗嘱人，依遗嘱取得继承权的人是遗嘱继承人。

二、遗嘱继承的特征

（1）遗嘱继承以被继承人死亡和立有遗嘱为发生依据。引起遗嘱继承的法律事实构成包括：事件或自然事实，即遗赠人的死亡；法律行为，即遗嘱人设立合法有效的遗嘱。而法定继承只需一个法律事实，即被继承人死亡。

（2）被继承人意志的直接体现。在遗嘱继承中，遗嘱人不仅可以指定遗产的继承人，还可以指定继承人的顺序、遗产的分配方式等事项。因此，遗嘱继承中始终贯彻着被继承人的意思，直接体现被继承人的意志。

（3）遗嘱继承在效力上优先于法定继承。在继承开始后，有遗嘱的，先按遗嘱进行继承，之后才开始法定继承。遗嘱中所指定的继承人对遗产的继承不受法定继承时法律对继承顺序、继承人应继份额规定的限制，但根据《继承法》第16条第2款的规定，遗嘱继承人只能是法定继承人范围之内的自然人。

第二节 遗嘱的成立与效力

一、遗嘱的概念和特征

（一）遗嘱的概念

遗嘱的概念有广义和狭义之分。广义上的遗嘱，是指死者生前对于其死后一切事务所作的处置和安排，包括政治、经济、身份、财产、情感、道德等各方面。狭义的遗嘱，即继承法上的遗嘱，是指自然人生前按照法律规定处分自己的财产及安排与财产相关的事务，并于死后发生法律效力的单方民事法律行为。《继承法》第16条规定："公民可以依照本法规定立遗嘱处分个人财产，并可以指定遗嘱执行人。公民可以立遗嘱将个人财产指定由法定继承人的一人或者数人继承。公民可以立遗嘱将个人财产赠给国家、集体或者法定继承人以外的人。"

（二）遗嘱的特征

（1）遗嘱是一种单方的民事法律行为。遗嘱仅需遗嘱人单方意思表示即可成立，而不需征得遗嘱继承人或遗赠受领人同意，但遗嘱继承人是否接受继承决定遗嘱继承是否发生。

（2）遗嘱继承不适用代理制度。遗嘱具有人身性，法律要求遗嘱人本人亲自作出直接意思表示，而不能由他人代为设立。

（3）遗嘱是在遗嘱人死亡时发生法律效力的民事法律行为。遗嘱具有可撤回性，《继承法》第20条第1款规定，遗嘱人可以撤销、变更自己所立的遗嘱。遗嘱是一种死因法律行为，其生效时间是遗嘱人死亡或被宣告死亡的时间。因而在遗嘱人死亡前遗嘱只有设立效力，不具有执行效力。

（4）遗嘱是一种要式法律行为。遗嘱的形式应以遗嘱设立时的情形为准来判断是否符合法律规定的形式，若不符合法定的方式则不能发生法律效力。

二、遗嘱的形式

遗嘱的形式，是指遗嘱人处分自己财产的意思表示方式。遗嘱的法定形式能够从程序上保证遗嘱的有效性，防止伪造、篡改遗嘱情形的发生。根据《继承法》第17条规定，遗嘱的法定形式有以下五种：

（1）公证遗嘱。公证遗嘱是指经过国家公证机关办理公证手续，依法认可其真实性与合法性的书面遗嘱。公证遗嘱由遗嘱人向公证机关申请办理，与其他遗嘱方式相比，纠纷最少，最便于执行，更能保障遗嘱意思表示的真实性，因而效力最高。《继承法》第20条第3款规定，自书、代书、录音、口头遗嘱，不得撤销、变更公证遗嘱。在司法实践中，法官对公证遗嘱经过审查，没有疑义后，可以直接采证。

（2）自书遗嘱。自书遗嘱是指由遗嘱人亲笔书写制作、签名并注明日期的遗嘱，这种遗嘱设立形式简便易行，无须见证人在场见证或办理相关手续，是最常用的遗嘱形式。《继承法》第 17 条第 2 款规定，自书遗嘱由遗嘱人亲笔书写，签名，注明年、月、日。自然人在涉及死后个人财产处分的内容，确为死者的真实意思表示，有本人签名并注明了年、月、日，又无相反证据的，可按自书遗嘱对待。

（3）代书遗嘱。代书遗嘱是由遗嘱人口述遗嘱内容，委托他人代为书写而制作的遗嘱。由于这种遗嘱形式比较容易被篡改和伪造，《继承法》第 17 条第 3 款规定，代书遗嘱应当有两个以上见证人在场见证，由其中一人代书，注明年、月、日，并由代书人、其他见证人和遗嘱人签名。遗嘱人不会书写自己名字的，可捺手印代替签名。

（4）录音遗嘱。录音遗嘱是指遗嘱人口述并以录音方式录制下来的遗嘱。《继承法》第 17 条第 4 款规定，以录音形式立的遗嘱，应当有两个以上见证人在场见证。见证人也应当将自己的见证证言录制在录音遗嘱的磁带上。录音遗嘱制作完毕以后，遗嘱人应立即将录音磁带封存起来，注明年、月、日，并与见证人共同在密封条上签名。

（5）口头遗嘱。口头遗嘱是指由遗嘱人在危急情况下口头表述的，而不以任何方式记载的遗嘱。我国《继承法》第 17 条第 5 款规定，遗嘱人在危急情况下，可以立口头遗嘱。所谓危急情况，就是不可能进行公证遗嘱、自书遗嘱或代书遗嘱的紧急情况。口头遗嘱应当有两个以上见证人在场见证。实践中一般发生在被继承人生命垂危等紧急情况中，内容比较简单，真实性和可靠性不及其他遗嘱，往往容易产生歧义。

为保障遗嘱的真实效力，《继承法》第 17 条对其做了限制规定，代书遗嘱、录音遗嘱、口头遗嘱都须有两个以上的见证人在场见证，同时见证人应由在法律和事实上均适格的人担任。由于遗嘱见证人证明的真伪直接关系到遗嘱的效力和遗产的处置，因此《继承法》对遗嘱见证人的资格做了规定，下列三类人员不能作为遗嘱见证人：（1）无行为能力人或限制行为能力人；（2）继承人、受遗赠人；（3）与继承人、受遗赠人有利害关系的人。继承人、受遗赠人的债权人、债务人、共同经营的合伙人，也应当视为与继承人、受遗赠人有利害关系的人，而不能作为遗嘱的见证人。

三、遗嘱的效力

遗嘱作为一种法律行为，只有具备法定条件时，才发生法律效力。根据遗嘱是否能够发生法律效力，分为遗嘱的有效与遗嘱的无效。

（一）遗嘱的有效要件

遗嘱的有效是指遗嘱具备法定的条件，能够发生法律效力，可以被执行。有效的遗嘱须具备以下条件：

（1）遗嘱的主体合法。依我国《继承法》第 22 条规定，无行为能力人或限制行为能力人所立的遗嘱无效。遗嘱人立遗嘱时必须具有完全行为能力。如果设立遗嘱时具有行为能力，立遗嘱后丧失的，不影响遗嘱的效力。

（2）遗嘱人的意思表示真实。《继承法》第 22 条规定："遗嘱必须表示遗嘱人的真实意思，受胁迫、欺骗所立的遗嘱无效。伪造的遗嘱无效。遗嘱被篡改的，篡改的内容无效。"如遗嘱人以不同形式立有数份内容相抵触的遗嘱时，其中有公证遗嘱的，以最后所立的公证遗嘱中所作出的意思表示为准；没有公证遗嘱的，以最后所立遗嘱中的意思表示为准。

（3）遗嘱的内容合法。遗嘱不得违反必留份额的规定。在司法实践中运用的是"两个缺乏"标准：（1）从继承主体的范围看，必须是取得继承既得权的法定继承人；（2）从继承主体的条件看，必须是"两个缺乏"继承人，既缺乏劳动能力又没有生活来源；（3）从继承主体状况的发生时间看，必须是遗嘱人死亡时的"两个缺乏"继承人。

（4）遗嘱的形式合法。我国《继承法》中规定的五种遗嘱形式，遗嘱人无论选择哪一种，都应遵循《继承法》中遗嘱的形式规定，且应以遗嘱设立时法律的规定为准。

（二）遗嘱的无效

遗嘱的无效是指遗嘱不符合法律规定的条件而不能发生法律效力。依《继承法》第 17 条、第 19 条、第 22 条规定，遗嘱的无效主要有下列情形：

（1）无行为能力人或限制行为能力人所立的遗嘱无效。即使无行为能力人或者限制行为能力人后来具备了完全行为能力，其先前所立遗嘱仍属无效遗嘱。

（2）受胁迫、受欺骗所立的遗嘱无效。受胁迫、欺骗而设立的遗嘱不是遗嘱人的真实意思表示，所以也应当是无效的。

（3）伪造的遗嘱无效。伪造的遗嘱根本不是被继承人的意思表示，因此，即使伪造遗嘱没有损害继承人的利益，或者并不违背被继承人的意思表示，也属无效。

（4）被篡改的遗嘱内容无效。遗嘱被篡改的，被篡改的部分无效，但不影响遗嘱中未被篡改内容的效力。

（5）如果遗嘱没有对缺乏劳动能力又没有生活来源的继承人保留必要的份额，对应当保留的必要份额的处分无效；继承人是否缺乏劳动能力又没有生活来源，应按遗嘱生效时该继承人的具体情况确定。遗嘱人以遗嘱处分了属于国家、集体或他人所有的财产时，遗嘱的这部分也应认定为无效。

（6）在危急情况消除后，口头遗嘱人能够用书面或者录音形式立遗嘱的，先前所立的口头遗嘱无效。

四、有效遗嘱的变更和撤销

遗嘱具有可撤回性。在遗嘱发生效力前，遗嘱人可随时变更或撤销所立的遗嘱。遗嘱的变更和撤销方式有明示方式和推定方式两种。

（一）遗嘱变更、撤销的明示方式

遗嘱变更、撤销的明示方式是指遗嘱人以明确的意思表示变更、撤销遗嘱。遗嘱人以明示方式变更、撤销遗嘱的，须以法律规定的设立遗嘱的方式进行。《继承法》第20条第3款规定，"自书、代书、录音、口头遗嘱，不得撤销、变更公证遗嘱。"因此，公证遗嘱的变更、撤销只有到公证机关办理公证后方为有效。

（二）遗嘱变更和撤销的推定方式

遗嘱变更和撤销的推定方式是指遗嘱人虽未以明确的意思表示变更、撤销所设立的遗嘱，但法律根据遗嘱人的行为推定遗嘱人有变更或撤销遗嘱的意思表示，并实际产生变更或撤销遗嘱的法律后果。

推定方式主要有以下三种：

（1）遗嘱人立有数份遗嘱，且内容相互抵触的，以最后所立的遗嘱为准，推定后所立的遗嘱变更或撤销之前所立的遗嘱。

（2）遗嘱人生前的行为与遗嘱的意思表示相反，而使遗嘱处分的财产在继承开始前灭失、部分灭失，或所有权移转、部分移转的，遗嘱视为被撤销或部分被撤销。

（3）遗嘱人故意销毁遗嘱的，推定遗嘱人撤销原遗嘱。原遗嘱毁坏后是否又立有新遗嘱不影响推定的效力。

【案例分析 32-1】

孙长江于2000年9月6日立下一份公证遗嘱，其内容为：个人所有的房屋一套（价值20万元）由其妹妹孙长虹继承；个人存款20万元中的10万元由其弟弟孙长河继承，另外10万元给其女友常珊珊。2001年12月8日，孙长江又立自书遗嘱一份，改变了原公证遗嘱的内容，指定将其房屋给常珊珊。2002年7月8日，孙长江因车祸死亡。除已成年并独立生活的妹妹孙长虹和弟弟孙长河外，孙长江没有其他继承人。孙长江的遗产包括个人所有的房屋一套，存款20万元，债券6万元。另外，孙长江尚欠朋友王玉山借款14万元。（2003年法律硕士入学联考专业基础课第61题）

请问：

（1）孙长江所立的两份遗嘱中，哪一份是有效的？为什么？

（2）对孙长江的遗产应当如何分割？理由是什么？

（3）如果孙长江的遗产已被分割，对其所欠王玉山的债务应当如何清偿？

根据是什么?

本案中孙长江所立的公证遗嘱有效。因为遗嘱作为单方法律行为,立遗嘱人可以任意撤销、变更自己所立遗嘱。根据《继承法》的规定,遗嘱人立有的数份遗嘱内容发生抵触的,以最后所立遗嘱为准。但是,自书、代书、录音、口头遗嘱,不得撤销、变更公证遗嘱。

孙长江的遗产应当按照限定继承、法定继承、遗嘱继承和遗赠等方式清偿被继承人的遗产债务和分割遗产。首先,应当用尚未处分的遗产清偿债务,不足部分,由遗嘱处分的财产支付。其次,如果没有债务,孙长江未处分的6万元债券按照法定继承由孙长虹和孙长河均分。再次,孙长虹和孙长河还可以按照公证遗嘱分别分得一套房屋和10万元存款,孙长江的女友接受遗赠后可以获得10万元存款。因为,《继承法》第27条规定,遗嘱中未处分的遗产按照法定继承办理;第33条规定,继承遗产应当清偿被继承人依法应当缴纳的税款和债务,缴纳税款和清偿债务以他的遗产实际价值为限。超过遗产实际价值部分,继承人自愿偿还的不在此限;第34条规定,执行遗赠不得妨碍清偿遗赠人依法应当缴纳的税款和债务。在继承开始后,按照法定继承办理;有遗嘱的,按照遗嘱继承或者遗赠办理。

如果遗产已经被分割,发现被继承人所欠债务尚未偿还的,应当先抽回法定继承的6万元债券进行偿还,不足部分,再由遗嘱继承人和遗赠人按照其所分割财产的比例偿还。孙长江欠债14万元,先由孙长虹和孙长河在法定继承的6万元债券中各支付3万元;剩余的8万元债务,由孙长虹支付4万元,孙长河、常珊珊各支付2万元。其根据是《继承法意见》第62条的规定,遗产已被分割而未清偿债务时,如有法定继承又有遗嘱继承和遗赠的,首先由法定继承人用其所得遗产清偿债务;不足清偿时,剩余的债务由遗嘱继承人和受遗赠人按比例用所得遗产偿还;如果只有遗嘱继承和遗赠的,由遗嘱继承人和受遗赠人按比例用所得遗产偿还。

第三节 遗嘱的执行

一、遗嘱继承的适用条件

遗嘱继承体现了意思自治原则。根据《继承法》的规定,在被继承人死亡之后,必须具备以下条件时才能依遗嘱继承办理:

1. 没有遗赠扶养协议

遗嘱继承效力高于法定继承,低于遗赠扶养协议。因此,只有在没有遗赠扶养协议或遗赠扶养协议无效或虽遗赠扶养协议有效,但遗产中遗赠扶养协议尚未涉及的部分可以进行遗嘱继承。

2. 被继承人的遗嘱合法有效

被继承人生前所立遗嘱必须符合我国《继承法》规定遗嘱的全部有效要件，才能发生法律效力。

3. 遗嘱继承人没有丧失、放弃继承权，也未先于遗嘱人死亡

继承人必须具有继承资格，丧失或放弃继承权的遗嘱，继承人即不再具有继承资格，不能再适用遗嘱继承；遗嘱继承人先于遗嘱人死亡时，不适用遗嘱继承，也不发生代位继承。

二、遗嘱的执行

遗嘱的执行，是指在遗嘱发生法律效力后为了实现遗嘱内容依照法律规定的程序进行的必要行为，是实现遗嘱内容和被继承人的意愿，保护继承关系当事人利益的重要措施。遗嘱的执行在被继承人死亡后、遗嘱生效时开始。

（一）遗嘱执行的主体

遗嘱执行人是实现遗嘱内容的完全民事行为能力人，根据《继承法》第 16 条的规定和司法实践中的做法，可以把遗嘱执行人分为两类：

1. 遗嘱人在遗嘱中指定的遗嘱执行人

根据《继承法》第 16 条第 1 款的规定，公民可依法设立遗嘱处分个人财产，并可以指定遗嘱执行人。遗嘱执行人可以是法定继承人，法定继承人在被指定后有义务成为执行人；也可以是其他人，但其他人可以拒绝作为遗嘱执行人。所指定的遗嘱执行人既可以是公民，也可以是社会组织。

2. 法律规定的遗嘱执行人

遗嘱人未指定或指定的遗嘱执行人不能执行遗嘱的，遗嘱人的法定继承人为遗嘱执行人。如果法定继承人为数人，可由推选的代表或按少数服从多数的原则决定各种事项。在既无指定执行人又无法定执行人的情况下，法律规定由社会组织作为遗嘱执行人，社会组织一般指遗嘱人生前所在单位或继承开始地点的基层组织。

（二）遗嘱执行人的职责

我国《继承法》对此未作明确规定，根据遗嘱执行人本身的性质，结合司法实践，遗嘱执行人有下列职责：

（1）审查遗嘱是否合法。对遗嘱产生存在方式的真实性、合法性进行审查、确认，这是遗嘱执行人的首要任务和职责。执行的遗嘱必须是合法、真实、有效的。

（2）确定继承关系当事人。通知继承关系当事人；办理死亡证明、户口注销等手续，这是遗嘱生效的必备条件。召集继承人、受遗赠人等相关当事人，宣布遗嘱，就遗产情况做书面报告说明。

（3）清理、保管遗嘱人的财产。依照法律规定和当事人意思划定遗产范围、

偿还债务、追偿债权等各种财产权益，为此支出的合理费用从遗产中支出。

（4）按遗嘱内容分配财产。在分割财产时，应保留胎儿的继承份额。

（5）排除他人的妨碍。有针对各种妨害继承的行为提起诉讼的权利；同时也有义务接受继承人、受遗赠人对自己执行行为审查的义务。遗嘱执行人对其造成的损失应承担相应的赔偿责任。

（三）对附义务的遗嘱的执行

遗嘱执行人对附有义务的遗嘱执行时，有权要求义务人履行义务。《继承法意见》第43条规定，附义务的遗嘱继承或遗赠，如果义务能够履行，而继承人、受遗赠人无正当理由不履行，经受益人或其他继承人请求，人民法院可以取消他接受附义务那部分遗产的权利，由提出请求的继承人或受益人负责按遗嘱人的意愿履行义务，接受遗产。

（四）遗嘱执行的法定程序

遗嘱执行人执行遗嘱时按下列程序进行：（1）查明遗嘱是否合法有效。（2）确定遗嘱人在遗嘱中所处分的遗产范围、价值，制作遗产清单，保管遗产。（3）召集全体遗嘱继承人和受遗赠人。（4）清偿债务。（5）执行遗赠。（6）按照遗嘱分配遗产。

【案例分析32-2】

王某虽有一子一女，但立有遗嘱，表示将遗产50万元留给妹妹甲，但此款须全部用于资助贫困大学生。王某死后，甲取得王某的50万元遗产，但并未履行资助义务且无正当理由。

本案讨论的是附义务的遗嘱的执行问题。根据《继承法意见》第43条规定，附义务的遗嘱继承或遗赠，如义务能够履行，而继承人、受遗赠人无正当理由不履行，经受益人或者其他继承人请求，人民法院予以取消他接受附义务那部分遗产的权利，由提出请求的继承人或受益人负责按遗嘱人的意愿履行义务，接受遗产。因此王某的儿子或女儿可以请求法院取消甲取得遗产的权利。但王某的子女在甲受遗赠被取消后，并不当然继承王某的遗产。其若要取得王某的遗产，必须按照王某的要求履行义务。

【本章思考题】

1. 简述遗嘱继承与法定继承的区别。

2. 简述遗嘱继承的形式。

3. 试述代书遗嘱的生效要件。

4. 遗嘱公证书违背被继承人意愿是否有效？

5. 如何确定遗嘱执行人？并简述其职权内容。

第三十三章　遗赠与遗赠扶养协议

☞ **本章导读**

　　本章学习遗产取得的两种特殊方式——遗赠与遗赠扶养协议，内容主要包括遗赠的概念与特征；遗赠与遗嘱继承及赠与的区别；遗赠的有效要件；遗赠扶养协议的概念；遗赠扶养协议的内容。在学习中需要重点掌握以下问题：遗赠、遗嘱继承、赠与三者有何区别；遗赠的生效要件；遗赠扶养协议的有何特殊性；遗赠扶养协议当事人拥有何种权利，承担何种义务。

第一节　遗　　赠

一、遗赠的概念和特征

　　《继承法》第 16 条第 3 款规定："公民可以立遗嘱将个人财产赠给国家、集体或法定继承人以外的人。"由此可见，遗赠是指自然人以遗嘱的方式将个人合法财产的一部分或全部赠给国家、集体或法定继承人以外的自然人，并在其死后发生法律效力的单方民事法律行为。在遗赠中，遗嘱人称为遗赠人，接受遗赠财产的人称为受遗赠人。

　　遗赠具有以下特征：

　　1. 遗赠是一种单方民事法律行为

　　遗赠只需遗赠人一方的意思表示就可以成立。遗赠人通过遗嘱的方式将财产无偿地赠与他人，既不需要征得受遗赠人的同意，也不受其他任何人的支配与干预。

　　2. 遗赠是一种要式民事法律行为

　　遗赠作为遗嘱的一种特殊形式，必须通过遗嘱的方式进行。

　　3. 遗赠是一种于遗赠人死亡后发生效力的民事法律行为

　　遗赠虽是遗赠人生前作出的意思表示，但只有在遗赠人死亡后才能发生法律效力。因此，遗赠人可随时依法变更、撤销遗赠。

　　4. 受遗赠人必须是法定继承人以外的人

　　与法定继承不同的是，受遗赠人与遗赠人之间没有法律上的血缘关系、婚姻关系、抚养关系等。受遗赠的主体可以是法定继承以外的人，也可以是国家和集体，但绝对不能是法定继承以内的人。受遗赠人具有不可替代性，受遗赠人必须后于遗赠人死后或者受遗赠的单位必须于遗赠人死亡前未被撤销。否则，遗赠不发生效力。

5. 遗赠是无偿给予受遗赠人财产利益的行为

遗赠给予他人的财产利益是无偿的，不以受遗赠人履行法律上的义务为前提。遗赠关系的客体只是遗产中的财产权利，而不包括财产义务。该财产利益的转让不仅可以是财产或权利的让与，而且可以是对受遗赠人某种财产义务的免除。虽然在遗赠中遗赠人可以附随义务，但所附随的义务与接收的遗赠不是对价的。如果所付义务超过遗赠财产的价值，超过部分的义务，受遗赠人可拒绝履行。

二、遗赠与遗嘱继承、赠与的区别

（一）遗赠与遗嘱继承的区别

（1）权利受让主体不同。遗赠的受计人必须是国家、集体和法定继承以外的自然人；而遗嘱继承的受让人只能是法定继承范围内的自然人。

（2）客体范围不同。遗赠的客体只包括财产权利，不包括消极的财产义务。《继承法》第 34 条规定："执行遗赠不得妨碍清偿遗赠人依法应当缴纳的税款和债务。"遗嘱继承的客体范围不仅包括财产权利，还包括财产义务。《继承法》第 33 条规定："继承遗产应当清偿被继承人依法应当缴纳的税款和债务，缴纳税款和清偿债务以他的遗产实际价值为限。超过遗产实际价值部分，继承人自愿偿还的不在此限。继承人放弃继承的，对继承人依法应当缴纳的税款和债务可以不负偿还责任。"

（3）权利的接受和行使方式不同。受遗赠人只有依法在法定期间内明确作出接受的意思表示时才视为接受，否则视为放弃遗赠。而遗嘱继承人在继承开始后，遗产处理前，明确作出放弃继承的表示才有效；没有明确放弃的视为接受。

（4）在遗嘱继承中，遗嘱人可以在遗嘱中指定候补继承人，而在遗赠中不能指定候补的受遗赠人。

（二）遗赠与赠与的区别

（1）主体范围不同。遗赠人只能是自然人，受遗赠人只能是国家、集体和法定继承以外的人。而在赠与中，赠与人、受赠与人的资格没有限制，国家、法人和其他组织、自然人均可。

（2）法律性质不同。遗赠是单方的民事法律行为，基于遗赠人一方的意思表示即可成立，不必征得受遗赠人的同意。而赠与是双方民事法律行为，基于双方意思表示一致时，赠与合同才能成立。

（3）生效时间不同。遗赠的生效时间实际上是遗嘱的生效时间，在遗嘱订立时具有设立效力，但必须在遗赠人死亡后才发生执行效力。而赠与是赠与人生前生效的法律行为，赠与不仅要双方当事人意思表示一致，而且一般认为还要实际交付赠与标的物之后才发生法律效力的实践性法律行为。

（4）意思表示方式不同。遗赠是要式法律行为，必须以遗嘱的方式进行，受遗赠人取得财产的依据只能是遗嘱，遗赠人赠与财产应遵守法律对于遗嘱的规定。而赠与是非要式法律行为，一般没有严格的形式要求，双方当事人既可口头也可书面达成一致。

三、遗赠的有效条件

遗赠作为民事法律行为，不仅要符合法律行为的一般要件，还要符合《继承法》的特别规定。因此，遗赠的有效条件主要包括以下几方面：

（1）遗赠人须具有遗嘱能力。无遗嘱能力的民事行为能力人和限制民事行为能力人不能为遗赠。

（2）遗赠人须意思表示真实、自愿合法。《继承法》第 22 条规定："遗嘱必须表示遗嘱人的真实意思，受胁迫、欺骗所立的遗嘱无效。"

（3）遗赠人须为缺乏劳动力又没有生活来源的继承人保留必要的遗产份额。根据《继承法意见》第 37 条规定："遗嘱人未保留缺乏劳动力又没有生活来源的继承人的遗产份额，遗产处理时，应当为该继承人留下必要的遗产，所剩余的部分，才可参照遗嘱确定的分配原则处理。"据此，本法强制规定了特留份额。如果遗赠的内容侵犯了此类继承人的特留份额权利，则涉及这一必要份额的遗赠无效。

（4）受遗赠人须在遗嘱生效时存在、未死亡。受遗赠人先于遗赠人死亡或被宣告死亡时，遗赠因受遗赠人的不存在而丧失法律效力，遗赠所指向的财产只能归复到法定继承。但如果受遗赠人在遗赠人死后，表示接受遗赠之前死亡的，其接受或放弃遗赠的权利应由其继承人继承。

四、遗赠的执行

遗赠的执行，是指为了实现遗产从遗赠人到受遗赠人的交付转移。义务人为遗赠人执行人，权利人为受遗赠人。其范围仅限于遗产中的指定部分，即以遗产对税款、债务清偿后的余额作为执行的范围。《继承法》第 25 条第 2 款规定："受遗赠人应当在知道受遗赠后 2 个月内，作出接受或者放弃接受遗赠的表示。到期没有表示的，视为放弃受遗赠。"因此，受遗赠人在知道受遗赠后 2 个月内，有权请求遗嘱执行人交付遗赠物。

然而，受遗赠权并不是一种债权，也并非必然地、绝对地能得以实现，遗赠人的债权人的债权优于受遗赠人的受遗赠权。《继承法》第 34 条规定："执行遗赠不得妨碍清偿遗赠人依法应当缴纳的税款和债务。"因此，受遗赠人在清偿完遗赠人生前所欠的税款和债务后，才能接受剩余的遗产。

【案例分析 33-1】

甲死后留有房屋 1 套、存款 3 万元和古画 1 幅。甲生前立有遗嘱，将房屋分给儿子乙，存款分给女儿丙，古画赠与好友丁，并要求丁帮丙找份工作。丁在作出了接受遗赠的意思表示后死亡。

甲生前所立遗嘱合法有效，《继承法》第16条第3款，公民可以立遗嘱将个人财产赠给国家、集体或者法定继承人以外的人。好友丁可以取得古画的继承权。《继承法意见》第53条规定，继承开始后，受遗赠人表示接受遗赠，并于遗产分割前死亡的，其接受遗赠的权利转移给他的继承人。所以丁的继承人取得古画的所有权。

第二节　遗赠扶养协议

一、遗赠扶养协议的概念和特征

《继承法》第31条规定："公民可以与扶养人签订遗赠扶养协议。按照协议，扶养人承担该公民生养死葬的义务，享有受遗赠的权利。公民可以与集体所有制组织签订遗赠扶养协议。按照协议，集体所有制组织承担该公民生养死葬的义务，享有受遗赠的权利。"根据该规定，遗赠扶养协议是指遗赠人与扶养人签订的，扶养人承担对遗赠人的生养死葬的义务，遗赠人将自己合法的部分或者全部财产在其死后按协议规定转移给扶养人所有的协议。遗赠扶养协议有两种：一是自然人与自然人签订的遗赠扶养协议；二是自然人与集体所有制组织签订的遗赠扶养协议。作为继承法上的一项重要的制度，遗赠扶养协议具有以下特征：

（1）遗赠扶养协议是双方有偿的民事法律行为。遗赠扶养协议是双方民事法律行为，是以遗赠和扶养为内容的协议。扶养人取得财产是以其履行生养死葬的义务为前提，体现了权利与义务的一致性。

（2）遗赠扶养协议的主体具有一定的特殊性。协议的遗赠人必须是自然人，且多为没有劳动能力又缺乏生活来源的鳏寡孤独者，也可以是由于某种原因不愿意将遗产交给法定继承人继承的老人。扶养人既可以是法定继承人以外的人，也可以是集体所有制组织。

（3）遗赠扶养协议具有生前法律行为与死后法律行为的双重属性。遗赠扶养协议自双方当事人意思表示一致时即可发生效力，扶养人应对遗赠人尽扶养义务，这是在遗赠人生前的效力；但财产的赠与只能在遗赠人死亡后才能发生效力。

（4）遗赠扶养协议在适用上具有优先性。《继承法》第5条规定："继承开始后，按照法定继承办理；有遗嘱的，按遗嘱继承或遗赠办理；有遗赠扶养协议的，按照协议办理。"根据本条规定，继承开始后，应先执行遗赠扶养协议，然后才按遗嘱继承和法定继承处理财产。

二、遗赠扶养协议当事人的权利和义务

1. 受扶养人的权利和义务

受扶养人享有请求、接受扶养人扶养的权利；负有生前妥善管理遗赠财产、不擅自处分财产的义务。按照《继承法意见》第56条的规定："遗赠人无正当理由不履行，致协议解除的，则应偿还扶养人或集体组织已支付的供养费用。"

2. 扶养人的权利和义务

扶养人享有在遗赠人死后取得遗赠财产的权利；负有妥善安排遗赠人的生活，履行生养死葬的义务。按照《继承法意见》第56条的规定："扶养人或集体组织无正当理由不履行，致协议解除的，不能享有受遗赠的权利，其支付的供养费用一般不予补偿。"

【案例分析33-2】

张某中年丧妻，无子女。1996年1月张某与村民委员会订立协议，由村民委员会负担张某的生养死葬，而张某则在死后将自己的住房五间和一幅宋朝字画交与村委会。李某和张某是有多年交情的老朋友，1998年6月张某亲笔立下遗嘱，表示要将自己所有的一幅宋朝字画赠与李某。1999年1月，张某去世。李某拿着张某的遗嘱要求交付字画，遭到村委会的拒绝。

本案涉及的是遗赠扶养协议的优先效力问题。遗赠扶养协议是遗赠人与扶养人签订的，扶养人承担对遗赠人的生养死葬的义务，遗赠人将自己合法的部分或者全部财产在其死后按协议规定转移给扶养人所有的协议。遗赠扶养协议体现了遗赠人和扶养人的共同意志，具有最优先适用的效力。根据《继承法的意见》第5条："被继承人生前与他人订有遗赠扶养协议，同时又立有遗嘱的，继承开始后，如果遗赠扶养协议与遗嘱没有抵触，遗产分别按协议和遗嘱处理；如果有抵触，按协议处理，与协议抵触的遗嘱全部或部分无效。"本案中，村委会并无违约行为，张某无权单方变更遗赠扶养协议，其所立遗嘱无效。所以，李某无权取得该字画的所有权。

【本章思考题】

1. 简述遗赠与遗嘱继承、赠与之间的区别。
2. 试述遗赠的生效要件。
3. 简述遗赠扶养协议的概念和特征。
4. 遗赠扶养协议的主要内容是什么？
5. 案例分析

李某患有不治之症，立好自书遗嘱，处分其财产。李某有一儿子李甲，并有一

私生子李乙随其母居住。李某有个人财产房屋三间，存款十万余元，并有一批古玩。两个月后，李某不治死亡。死前一个月他将其所有古玩赠给其好友黄某。李某死后，大家取出遗嘱，发现上面的财产安排是这样的：将古玩全部给李乙，其余财产按法定继承办理。李某死时，其妻正在怀孕。问：

（1）李乙能否根据遗嘱向黄某要回古玩？为什么？

（2）李某财产如何继承？

第三十四章　继承开始与遗产的处理

☞ **本章导读**

　　本章学习继承开始及其后遗产的处理，内容主要包括继承开始的确定、继承开始的通知方式、遗产的确定及其分割原则、债务的清偿原则和清偿方法、无人继承且无人受遗赠的遗产的处理方式。在学习中需要重点掌握以下问题：继承如何开始及其意义；继承开始后遗产如何确定；遗产分割的基本原则及分割方法；债务清偿的基本原则及分割方法；无人继承且无人受遗赠的遗产如何认定、认定后的归属等。

第一节　继承的开始

一、继承开始的时间

　　《继承法》第2条规定："继承从被继承人死亡时开始。"《继承法意见》第1条规定："继承从被继承人生理死亡或被宣告死亡时开始。失踪人被宣告死亡的，以法院判决中确定的失踪人的死亡日期，为继承开始的时间。"这里的死亡，包括自然死亡和宣告死亡两种。

　　自然死亡又称生理死亡，是指自然人的生命的绝对终结。关于自然人的生理死亡，一般按以下情况判断：医院死亡证书记载自然人死亡时间的，应当以死亡证书中记载的为准；户籍登记册中记载自然人死亡时间的，应当以户籍登记的为准；死亡证书与户籍登记册的记载不一致的，应当以死亡证书为准；继承人对被继承人的死亡时间有争议的，应当以人民法院查证的时间为准。

　　宣告死亡是法律上的死亡推定，必须由人民法院经利害关系人的申请，由人民法院宣告下落不明满法定期间的自然人死亡的制度。《民法通则》第23条规定了宣告死亡的条件，即公民下落不明满4年的；因意外事故下落不明，从事故发生之日起满2年的；战争期间下落不明的，从战争结束之日起计算。

　　实践中常常会出现因交通事故、自然灾害等意外原因致使相互有继承权的数人同时死亡的情况，如何确定每个人死亡的时间直接关系到遗产如何继承的问题。按照《继承法意见》第2条规定，如果相互有继承关系的几个人在同一事件中（如交通事故、自然灾害）死亡，如果不能确定死亡先后时间的，推定没有继承人的人先死亡。死亡人各自都有继承人的，如几个死亡人辈分不同，推定长辈先死亡；几个死亡人辈分相同，推定同时死亡，彼此不发生继承，由他们各自的继承人分别继承。可见，互有继承权的继承人在同一事故中死亡的时间，应当按照上述标准来确定。

正确认定继承开始的时间，具有重要的意义：

（1）它是确定继承人范围的时间。无论是法定继承人还是遗嘱继承人，只有在继承开始后才可能成为实际的遗产继承人。

（2）它是遗嘱和遗嘱生效的时间。遗嘱是一种死因法律行为，其生效时间是遗嘱人死亡或被宣告死亡的时间。因而在继承开始前遗嘱只有设立效力，不具执行效力。

（3）它是确定遗产内容的时间。继承开始前被继承人生前是否有财产，以及有多少财产一般无法确定，而被继承人死亡后，其财产的范围和数额才能被确定。

（4）它是分割遗产和放弃继承权效力溯及的时间。

（5）它是确定遗产承受资格的时间。

二、继承开始的地点

继承开始的地点，是指继承人开始继承遗产的地方。我国《继承法》未明确规定继承开始的地点，一般以被继承人生前的最后住所地为宜，也可以被继承人的主要遗产所在地为继承开始地。

根据《民法通则》第15条规定，被继承人生前的最后住所地，是指他的户籍所在地，经常居住地与住所地不一致的，经常居住地视为住所。

主要遗产所在地，如果遗产中有动产和不动产，以不动产所在地作为主要遗产所在地；如果遗产属于同类动产，以财产的多少为标准确定主要遗产所在地；如果不属于同类动产，则以各处遗产的价值额确定主要遗产所在地。

三、继承开始的通知

继承开始的通知，是指将被继承人死亡的消息，告知继承人、遗嘱执行人。为了保证继承人的继承权在被继承人死亡时得以及时实现，让其早日作出接受继承、放弃继承或者受遗赠的表示，及时地执行被继承人的遗嘱。因此，《继承法》第23条规定："继承开始后，知道被继承人死亡的继承人应当及时通知其他继承人和遗嘱执行人。继承人中无人知道被继承人死亡或者知道被继承人死亡而不能通知的，由被继承人生前所在单位或者住所地的居民委员会、村民委员会负责通知。"

这里的继承人，应理解为所有已知能继承被继承人遗产的法定继承人（不仅限于第一顺序法定继承人）、遗嘱继承人和受遗赠人。《继承法》对通知方式没有作明确规定，通常认为采取书信、电话、口信、电报以及公告等形式均可。

根据本条规定，在继承人中无人知道被继承人死亡或者知道被继承人死亡而不能通知的情况下，单位和居民委员会、村民委员会负有通知的义务，且它们在履行该项义务时没有先后顺序之分。

【案例分析 34-1】

甲及妻乙同儿子丙、儿媳丁、孙子戊外出不幸遇交通事故均遇难身亡。甲夫妇及丙夫妇留有房产、股票等遗产。在处理遗产时，不能确定他们的死亡先后时间。现在有甲的父、母、女儿、儿媳丁的哥哥要求继承。

继承开始的时间是被继承人死亡之时。根据《继承法意见》第2条，在本题中，甲、丁有法定继承人，自不用说。而甲的女儿也是乙的女儿，故乙也有法定继承人；甲的女儿正是丙的妹妹，甲的父母正是丙的祖父母，故丙也有法定继承人；但戊没有其他法定继承人。所以，应当推定戊先死；接着甲、乙次死亡，丙、丁后死亡。

第二节　遗产的分割与债务清偿

一、遗产的分割

(一) 遗产的确定

遗产的分割，是指继承开始后多个继承人分配遗产，从而取得各自应继承份额的行为。被继承人生前基于家庭生活需要或其他经济目的，往往与配偶、家庭成员或其他社会成员发生财产共有关系，因此，遗产分割的首要问题就是将被继承人的遗产从共有财产中分割出来。

1. 遗产与夫妻共有财产的分割

《继承法》第26条第1款规定："夫妻在婚姻关系存续期间所得的共同所有的财产，除有约定的以外，如果分割遗产，应当先将共同所有的财产的一半分出为配偶所有，其余的为被继承人的遗产。"在继承开始时，必须首先将被继承人的遗产和夫妻共有财产划分开来，只有将二者划分开后才可进行遗产分割。由此可见，存在夫妻共有财产的情况下，夫妻双方无约定的，应首先确定夫妻共有财产，然后将其中的一半分出作为遗产参与分配。

2. 遗产与家庭共有财产的分割

《继承法》第26条第2款规定："遗产在家庭共同财产之中的，遗产分割时，应当先分出他人的财产。"家庭共有财产，是指家庭成员在家庭共同生活关系存续期间共同创造、共同所得的共有财产。当某一家庭成员死亡时，如果被继承人在家庭共有财产中尚有份额，应该首先按照家庭人口、各成员在家庭中的贡献大小等情况来划分遗产，从而确定被继承人所占份额，在家庭共同财产中的份额即为被继承人的遗产。对于已经有劳动所得，并且劳动收入的全部或部分用于家庭共同生活花销的子女，在分割父母遗产时，应首先划分出子女的份额，不能将家庭共同财产与父母遗产相混同。

3. 遗产与其他共有财产的分割

财产共有关系，除夫妻共同财产、家庭共同财产之外，还存在着其他形式的财产共有，如合伙共有财产等。《民法通则》第 32 条规定："合伙经营积累的财产，归合伙人共有。"当合伙人之一死亡时，应当将被继承人在合伙中的财产份额分出，列入其遗产范围。

(二) 遗产分割的原则

1. 遗产分割自由原则

《继承法》第 13 条第 1 款规定："同一顺序继承人继承遗产份额的，一般应当均等。"同时木法第 5 款还规定："继承人协商同意的，也可以不均等。"由此可见，在法律没有明文限制分割的前提下，合法的继承人可以随时自由选择任意方式来行使财产分割请求权，任何人不得非法干预。均等原则并不排斥继承人间经协商不均等分配遗产。

2. 保留特留份额、胎儿继承份额原则

保留特留份额主要指对于缺乏劳动能力又没有生活来源的继承人应当保留必要的遗产份额。虽然遗产分割以自由为基本原则，但基于养老育幼的社会道德要求，在生活上又有特殊困难的缺乏劳动能力的继承人，分配遗产时，依据《继承法》第 13 条规定应当予以照顾。

胎儿继承份额的保留原则体现在《继承法》第 28 条："遗产分割时，应当保留胎儿的继承份额。胎儿出生时是死体的，保留的份额按照法定继承办理。"该原则要求在遗产分割时，如果有胎儿，就应保留胎儿的继承份额，而胎儿的继承份额一般由其母亲代管。如果应为胎儿保留的份额未被保留，则其他继承人应从其所继承的遗产中退回。胎儿出生时分为两种情况，一种是胎儿出生后死亡的，其份额由胎儿的继承人继承，另一种是胎儿出生时就是死体，那么遗产由被继承人的其他继承人继承。

3. 权利义务相统一原则

继承作为财产转移的一种方式，必然体现着权利与义务相一致的原则。各继承人的范围和顺序的界定，一般是基于血缘、婚姻等关系的存在，但这种亲等最近的继承人并不当然继承遗产份额，其继承权是以相互扶养的权利义务为客观基础的。《继承法》第 13 条第 3 款、第 4 款规定："对被继承人尽了主要扶养义务或者与被继承人共同生活的继承人，分配遗产时，可以多分。有扶养能力和有扶养条件的继承人，不尽扶养义务的，分配遗产时，应当不分或者少分。"遗产一般为财产性利益，继承人是否能取得取决于其是否履行了赡养、扶养等义务，所取得的遗产份额的多少也应与所承担义务的多少相一致。

4. 物尽其用原则

《继承法意见》第 58 条规定："人民法院在分割遗产中的房屋、生产资料和特定职业所需要的财产时，应依据有利于发挥其使用效益和继承人的实际需要，兼顾各继承人的利益进行处理。"遗产在被分割时应当有利于社会生产和生活的需要，充分考虑遗产的性质和继承人的特点，在尽量不损害遗产的使用价值的基础上实现物尽其用。

5. 互谅互让、协商分割原则

《继承法》第 15 条规定："继承人应当本着互谅互让、和睦团结的精神，协商处理继承问题。遗产分割的时间、办法和份额，由继承人协商确定。协商不成的，可以由人民调解委员会调解或者向人民法院提起诉讼。"继承人一般是基于特定的身份关系而共同分割财产，应该在依法办事的前提下，相互体谅谦让，在协商一致的基础上妥善解决遗产分割问题。

（三）遗产分割的方法

《继承法》第 29 条第 2 款规定："不宜分割的遗产，可以采取折价、适当补偿或者共有等方法处理。"根据本条规定，遗产分割的方法主要有以下四种：

1. 实物分割

实物分割是指按照各继承人应得的遗产份额，实际地分割遗产，使其得到各自应有的份额。实物分割一般用于能够并且适于实物分割方法的遗产。

2. 变价分割

遗产不宜进行实物分割并且不能进行补偿分割时，各继承人无保留共有的意愿，将遗产变卖，各继承人按照各自份额取得变卖价款。

3. 补偿分割

由某一继承人取得遗产，并向没有取得遗产的其他继承人补偿与其应继份额相当的价款。

4. 保留共有的分割

当遗产不能采用上述三种方式分割时，可采取共有方式完成遗产的处理，即各继承人继续保持对遗产的共有，并按照其应继份额行使对共有物的权利。

二、债务的清偿

（一）被继承人债务的确定

我国《继承法》第 33 条规定，继承遗产应当清偿被继承人依法应当缴纳的税款和债务。据此，被继承人的债务是指被继承人个人生前依法应该缴纳的税款、罚金以及应由他个人偿还的合法的财产性债务。主要有两大类：税款；一般债务。

（二）遗产债务的清偿原则

1. 限定继承原则

《继承法》第 33 条规定："继承遗产应当清偿被继承人依法应当缴纳的税款和债务，缴纳税款和清偿债务以他的遗产实际价值为限。超过遗产实际价值部分，继承人自愿偿还的不在此限。继承人放弃继承的，对被继承人依法应当缴纳的税款和债务可以不负偿还责任。"限定继承原则是权利与义务相一致原则在遗产债务清偿时的体现。限定继承既有利于保护债权人的债权，又可以兼顾继承人的继承权。限定继承的实质，是继承人对被继承人的遗产债务不负无限清偿责任，而仅以继承的实际价值负有限的清偿责任。

2. 清偿债务优先于执行遗赠原则

《继承法》第 34 条规定："执行遗赠不得妨碍清偿遗赠人应当缴纳的税款和债务。"可见，在顺序上清偿债务优先于执行遗赠。只有在清偿债务之后，还有剩余遗产时，遗赠才能被执行。这主要是因为，遗赠是在被继承人死亡后才发生法律效力，而税款和债务在继承开始前就已经存在，从债权先后顺序上看，应先清偿债务和缴纳税款，然后再执行遗赠。

3. 保留特留份额原则

《继承法》第 19 条规定："遗嘱应当对缺乏劳动能力又没有生活来源的继承人保留必要的遗产份额。"因此，在清偿债务时，即使遗产的实际价值不足以清偿债务，也应当为需要特殊照顾的缺乏劳动能力又没有生活来源的继承人保留适当的遗产，以满足其基本的生活需要。

（三）遗产债务的清偿方法

我国《继承法》上并没有明确遗产债务的清偿方法，在司法实践中主要采取以下两种方法：

1. 先清偿债务后分割遗产

这是一种总体清偿方式，即共同继承人首先从遗产中清算出遗产债务，并将清算出的相当于遗产债务数额的遗产交付给债权人；然后，根据各继承人应继承的份额，分配剩余遗产。此种方法比较有利于解决司法实践中遗产分割后继承人不清偿或不能清偿被继承人债务的问题。

2. 先分割遗产后清偿债务

这是一种分别式清偿方式，即共同继承人首先根据他们应当继承的遗产份额分割遗产，同时分摊遗产债务；然后，各继承人根据自己分摊的债务数额向债权人清偿。

【案例分析 34-2】

唐某有甲、乙、丙成年子女三人，于 2002 年收养了孤儿丁，但未办理收养登记。甲生活条件较好但未对唐某尽赡养义务，乙丧失劳动能力又无其他生活来源，丙长期和甲共同生活。2004 年 5 月唐某死亡，因分配遗产发生纠纷。

本案涉及的是遗产分配原则问题。《继承法》第 13 条规定，同一顺序继承人继承遗产的份额，一般应当均等。对生活有特殊困难的缺乏劳动能力的继承人，分配遗产时，应当予以照顾。对被继承人尽了主要扶养义务或者与被继承人共同生活的继承人，分配遗产时，可以多分。有扶养能力和有扶养条件的继承人，不尽扶养义务的，分配遗产时，应当不分或者少分。继承人协商同意的，也可以不均等。因此，根据权利义务相统一原则，甲由于有扶养能力而不尽扶养义务应不分或少分遗产；乙由于丧失劳动能力又无其他生活来源应多分遗产，这是保留特留份额原则在本案中的体现。丙长期和甲共同生活可以多分遗产。由于未办理收养登记，唐某和丁之间的收养关系不成立，故丁不能继承唐某的遗产。但根据《继承法》第14条规定，对继承人以外的依靠被继承人扶养的缺乏劳动能力又没有生活来源的人可以分配给他们适当的遗产，因此丁可以分得适当的遗产。

第三节　无人继承且无人受遗赠的遗产处理

一、无人继承且无人受遗赠的遗产的确定

无人继承且无人受遗赠，是指继承开始后，没有继承人或受遗赠人，或者虽有继承人、受遗赠人，但他们均放弃或丧失继承权。

继承开始后，如继承人和受遗赠人仍处于不明状态时，必须通过公告程序寻找继承人和受遗赠人。我国《继承法》对公告程序没有作出明确规定，实践中的一般做法是由遗产保管人或保管单位及时发出寻找公告，公告期至少为1年，逾期无继承人或受遗赠人出现，则该遗产就为无人继承且无人受遗赠的遗产。

二、无人继承且无人受遗赠的遗产的归属

《继承法》第32条规定："无人继承且无人受遗赠的遗产，归国家所有；死者生前是集体所有制组织成员的，归所在集体所有制组织所有。"

可见，《继承法》是按原财产所有人的身份来确定无人继承且无人受遗赠的遗产的归属的：死者生前是国家机关、全民所有制单位的职工，城镇个体劳动者及无业居民的，其无人继承且无人受遗赠的遗产归国家所有；死者生前是城镇集体所有制单位的职工、农村集体所有制单位的职工、村民的，无人继承且无人受遗赠的遗产归死者生前所在的集体所有制组织所有。

【本章思考题】

1. 如何确定继承开始的时间？
2. 简述继承开始的法律意义。
3. 遗产的范围包括哪些？
4. 试述遗产分割的原则和方法。
5. 简述遗产债务的清偿原则。

第六编
侵权责任法

第三十五章　侵权行为与侵权责任

☞ **本章导读**

　　侵权责任法以侵权行为与侵权责任为基本内容，是民事权益保护法、强行法，同时也主要是裁判法。我国《侵权责任法》在体系上由总则和分则两大部分组成，总则是普遍适用于各种侵权责任的共通性规则，分则的内容则是关于特殊侵权责任的规定。《侵权责任法》所保护的对象包括生命权、健康权、姓名权、名誉权、荣誉权、肖像权、隐私权、婚姻自主权、监护权、所有权、用益物权、担保物权、著作权、专利权、商标专用权、发现权、股权、继承权等人身、财产权益。

第一节　侵权行为

一、侵权行为的概念

　　侵权行为，是指因侵害他人的权益，依法应负侵权责任的行为。

　　侵权行为的概念，直接来源于罗马法上的私犯概念。① 但在罗马法上侵权行为尚处于个案决疑的阶段，并未抽象出侵权行为的准确内涵。近代法上，《法国民法典》首次采用一般条款的形式对侵权行为作出了规定，并为后来各国所效仿。在我国《侵权责任法》中，关于侵权行为的一般规定争论较大，有人认为，《侵权责任法》第 2 条是关于侵权行为的一般条款，也有人认为，《侵权责任法》第 6 条、第 7 条是关于侵权行为的一般条款。根据立法机关的说明，第 2 条是关于《侵权责任法》适用范围的规定，第 6 条是对过错责任原则的规定，第 7 条是关于无过错责任原则的规定②。

　　在我国《侵权责任法》的背景下，本书认为，侵权行为的概念应该客观地体现侵害他人合法权益的后果，承认侵权行为之法律效果是侵权责任，而非损害赔偿，包括狭义的侵权行为和准侵权行为。

---

　　① 张新宝：《侵权责任法原理》，中国人民大学出版社 2005 年版，第 13 页。
　　② 全国人大常委会法制工作委员会民法室编：《〈中华人民共和国侵权责任法〉条文说明、立法理由及相关规定》，第 9 页、第 20 页、第 27 页。

二、侵权行为的特征

(一) 侵权行为造成他人权益的损害

侵权行为是导致他人民事权益遭受损害的行为,遭受损害的权益不仅包括权利,而且还包括其他合法的民事利益。《侵权责任法》第2条明确列举了18种受《侵权责任法》保护的民事权利,这些权利基本上都是绝对权。但随着各国侵权责任法保护范围的不断扩张,相对权(如债权)也已经纳入到侵权责任法的保护范围中,我国《侵权责任法》是否有必要将保护范围限定于绝对性权益范围,值得深入讨论。在明确列举的权利之外,合法的人身、财产利益,也属于侵权责任法的保护范围,如人身自由、夫妻之间的忠贞、占有等。

(二) 侵权行为主要是违法行为

侵权行为主要是违法行为,具有违法性,即该行为被法律所禁止,有伤风化或者该行为侵害了法律规定的权利,总而言之是与法权相矛盾①。通常来讲,侵权行为的违法性不必直接进行证明,只要证明了侵权行为符合侵害他人权利的客观情况后,即可以推定违法性的存在。② 在侵权行为违法性的判断上,存在着所谓行为违法和结果违法的区分,前者是指行为本身违反了法律规定的行为规范,后者是指行为导致了有害的结果。③

(三) 侵权行为具有可归责性

当事人之所以要对侵权行为承担责任,其基本原因在于侵权行为具有可归责性。所谓可归责性,是将所遭受的损害转移给他人之法律原因的统称,可归责性的前提是,已经发生的损害可归咎于他人,尤其是他人的行为。可归责性包括主观归责和客观归责。前者是指行为和行为后果能够归咎于行为人自身,即行为人主观上的可非难性,主要体现在故意或过失侵权之中;后者是指事件或事件的效果能够归因于某人的意志,体现于危险责任中过错的客观类型化、相当因果关系等问题中。④ 随着现代社会风险的不断增加,各种危险责任得以确立,危险本身被作为归责的依据,可归责性也从主观范畴扩展到了客观范畴,形成了过错责任与危险责任并立的“侵权归责二元论”,依此来应对社会变迁,使其得以持续发展。

(四) 侵权行为的法律效果主要是损害赔偿

传统民法中,侵权行为是损害赔偿之债的发生原因,也就是说,侵权行为之法律后果即为损害赔偿,这从各个国家和地区的民法关于侵权行为的一般规定均可看出,如《德国民法典》第823条、《法国民法典》第1382条、《日本民法典》第

---

① Deutsh, Deliktsrecht, 4. Aufl. 2002, Rn. 78.

② Brox, Besonderes Schuldrecht, 28. Aufl. 2003, S. 443.

③ Deutsh, Deliktsrecht, 4. Aufl. 2002, Rn. 81f.

④ Deutsh, Deliktsrecht, 4. Aufl. 2002, Rn. 4.

709 条、台湾地区"民法典"第 184 条，均明确规定了侵权行为的法律后果为赔偿损失。根据实证法的情形，学者也认为，"侵权责任，指加害人应对其侵权行为负损害赔偿的义务"。① 侵权行为以损害赔偿作为其法律后果的原因是侵权法的功能在于，一定条件下在社会成员之间分配社会活动的成本与风险②，而这些社会活动的成本与风险的表现，即为损害。值得注意的是，我国《侵权责任法》第 15 条规定的侵权责任方式并不限于损害赔偿，还包括停止侵害、排除妨碍、消除危险、返还财产、恢复原状和赔礼道歉。

【案例分析 35-1】

　　赵某与钱某结婚后育有一子小赵，双方协议离婚时约定，小赵由女方钱某抚养，如一方再婚，小赵则由没有再婚的一方抚养。钱某两年后再婚，赵某主张应由自己抚养小赵，钱某不同意。赵某伺机以看望孩子为由，将小赵"抢回"，自己抚养。钱某要求赵某将儿子小赵归还，赵某则要求钱某遵守离婚协议，双方无法达成协议，钱某即以侵害监护权为由，向当地法院提起诉讼，法院支持了钱某的诉讼请求，要求赵某承担侵权责任。

　　本案中争执的焦点首先在于，赵某伺机以看望孩子为由将小赵"抢回"的行为，是否符合侵权行为的概念和外延，是否构成侵权行为。本案中，双方当事人在离婚时自愿达成子女抚养协议并不违反法律，双方在履行该协议中发生争执，纠纷发生的主体处于协议约束之中，所涉及的权利也是根据离婚抚养协议所确定的相对性的权利，即钱某相对于赵某对于小赵的抚养权、钱某再婚时赵某相对于钱某的抚养变更请求权，因此本案仍属于抚养子女纠纷。原告钱某以"侵害监护权"为由提起诉讼、法院以"侵权"案件受理、审判，未能正确认识侵权行为的范围，将违约行为与侵权行为混同，均属不当。

三、侵权行为的分类

（一）一般侵权行为和特殊侵权行为

根据法律对于侵权行为是否有特别规定，可以将侵权行为划分为一般侵权行为和特殊侵权行为。

我国《侵权责任法》规定的特殊侵权行为主要有：共同侵权行为、共同危险行为、监护人责任、网络侵权、违反安全保障义务的侵权行为、学生伤害、产品侵权、机动车交通事故侵权、医疗损害侵权、环境污染、动物侵权、物件致害等。

上述特殊侵权行为之外，《侵权责任法》未特殊规定的侵权行为，即为一般侵

---

① 王泽鉴：《侵权行为》，北京大学出版社 2009 年版，第 65 页。

② Brueggemeier, Deliktsrecht: Hand-u. Lehrbuch, 1. Aufl. 1986, Rz. 1.

权行为。此种侵权行为在构成要件、归责原则等方面，适用《侵权责任法》第 31
条以前的规定。

这一区分的主要意义有二：其一，在《侵权责任法》的适用上，特殊侵权行
为优先适用法律的相关特殊规定，没有特殊规定的，才适用法律的一般规定。其
二，在请求权基础的检索顺序上，首先应当考虑拟处理的侵权行为是否构成特殊侵
权行为，如果不属于特殊侵权行为，才考虑是否符合一般侵权行为的构成要件。

（二）作为的侵权行为与不作为的侵权行为

根据侵权行为的表现形态，可以将侵权行为分为作为的侵权行为和不作为的侵
权行为。

作为的侵权行为，又称为积极的侵权行为，是指在外部世界表现为对某种利益
或权益的危害的有意识的活动。[1]

不作为，又称为消极的侵权行为，即应做而不做某事，违反作为义务而导致他
人损害的行为。我国《侵权责任法》中明确规定的不作为的侵权行为主要包括有，
一是违反安全保障义务（第 37 条）；二是地面施工未设置明显标志或采取安全措
施（第 91 条）；三是网络服务商违反法定义务（第 36 条第 2 款）；四是产品生产
者违反法定的召回义务（第 46 条）等。

将侵权行为区分为作为的侵权行为和不作为的侵权行为，主要意义有二：其
一，《侵权责任法》以作为的侵权行为为基本规范形态，以不作为的侵权行为为例
外，仅当法律明确规定、合同明确约定或者负有安全保障义务时，不作为才有可能
构成侵权行为。其二，作为的侵权行为所负侵权责任原则上比不作为的侵权行为更
为严格，其原因就在于，任何人都负有不得损害他人的义务，该义务涉及的是法治
原则的最低限度，违反该义务的违法性程度，要明显高于仅对特定人在特定场合中
明确规定的作为义务。

（三）单独侵权行为与共同侵权行为

根据加害人人数的多寡，可以将侵权行为区分为单独侵权行为和共同侵权行
为。

单独侵权行为，是指一人单独实施的侵权行为。单独侵权行为是最常见、最普
通的侵权行为。

共同侵权行为，是指数人共同不法侵害他人权益的侵权行为。共同侵权行为不
限于行为人的共同过错，还包括数人行为导致受害人同一损害结果的情形。[2] 我国
《侵权责任法》具体规定了以下几类共同侵权行为：一是共同加害行为，即狭义的
共同侵权行为（第 8 条）；二是教唆、帮助实施侵权行为（第 9 条）；三是共同危
险行为（第 10 条）；四是无意思联络的共同侵权行为（第 11、12 条）。

---

[1]　Deutsch, Allgemeines Haftungsrecht, 2. Aufl. , 1996, S. 65.

[2]　参见张新宝：《侵权责任法原理》，中国人民大学出版社 2005 年版，第 77 页。

区分单独侵权行为和共同侵权行为，"对于交通事故、商品缺陷、公害等现代社会常见的损害，深具意义"①，在法律适用及法律思维上的意义主要有三：其一，共同侵权行为加害人为多数主体，属于特殊侵权行为类型，应当优先适用相应规则。其二，共同侵权行为中，存在着两种法律关系，即加害人与受害人之间的关系以及加害人之间的关系。从而因一个共同侵权行为可能引起多个诉，一个诉是由受害人针对共同侵权行为人提起的侵权之诉；另一个诉是由加害人之间的责任分担之诉，又称为追偿之诉。② 其三，共同侵权行为的法律效果是连带责任，诉讼中，受害人只需证明共同侵权行为和损害结果之间的因果关系，而无须对每个侵权人的行为和损害结果之间的因果关系承担举证责任，以加强对受害人的保护。③

第二节　侵权责任

一、侵权责任的概念

侵权责任，是指侵权人因侵权行为依据侵权责任法所应承担的法律后果，它是民事责任的一种类型。民事责任是指当事人违反民事义务，侵害或损害他人的权利或法益时应承担的民法上的不利后果。

我国《侵权责任法》第 4 条第 2 款规定了侵权责任与行政责任、刑事责任发生聚合时的处理原则，即因同一行为应当承担侵权责任和行政责任、刑事责任，侵权人的财产不足以支付的，先承担侵权责任。虽然从法治国家的基本精神出发，也可得出相同结论，但在法律中明定"民事责任优先性"的，我国《侵权责任法》尚属法制史上的第一部。

整个侵权责任法的历史就在于如何平衡"行动自由"和"权益保护"二者之间的紧张关系④，侵权责任法的功能也是围绕着这两个基本利益展开的。从被害人权益的保护角度来看，侵权责任法的功能主要在于预防损害、填补损害；从维护加害人的行动自由而言，侵权责任法也有限制责任范围的功能。

二、侵权责任的功能

（一）预防损害

侵权责任法的预防功能，通常被视为填补损害的"受欢迎的副产品"，从而在

---

① 王泽鉴：《侵权行为》，北京大学出版社 2009 年版，第 352 页。

② 参见王利明、周友军、高圣平：《中国侵权责任法教程》，人民法院出版社 2010 年版，第 31~32 页。

③ 参见王泽鉴：《侵权行为》，北京大学出版社 2009 年版，第 352 页。

④ 参见王泽鉴：《侵权行为》，北京大学出版社 2009 年版，第 67 页。

侵权责任法的功能体系中处于次要地位。① 但是，通常的填补损害仅仅是将损失从受害人处转移给侵权人，损害本身并未被消除，甚至由于损害的转移还会产生再分配的成本（纠纷处理费用），并导致整体社会净收入的减少。

"损害的预防胜于损害补偿。"② 我国《侵权责任法》的预防功能主要表现在以下几个方面：

第一，《侵权责任法》明确规定了消除危险、排除妨碍、停止侵害三种责任方式。第二，《侵权责任法》规范本身具有督促潜在侵权人规范自身行为，采取安全保护措施，避免或减少损害的发生。第三，《侵权责任法》承认并鼓励采取保险措施，分散风险，减少损失。

（二）填补损害

填补损害的功能，也称为补偿、救济功能，它是指在受害人遭受侵害以后，要通过侵权责任的承担，使其尽可能恢复到如同侵害没有发生的状态。现代侵权法发展的普遍趋势是强化填补损害的功能，而不再强调对行为人过错的追究和道德谴责。《侵权责任法》填补损害的功能主要体现在以下两个方面：

第一，损害移转，即将被害人所遭受的损害转移至加害人，使后者承担赔偿责任。《侵权责任法》最初的功能即在于，将风险、损失转由侵权人来承担，并藉此来减少损失。

第二，损害分散，是对加害人和受害人关系的突破，很大程度上是由第三人分担损害，最典型、最有力的损害分散方式是保险。另外，《侵权责任法》第24条也规定了另外一种损害分散的方式。即当行为人和受害人均无过错情形下根据"实际情况，由双方分担损失"，其中的"实际情况"当然包括"双方当事人的经济状况"，即所谓的"深口袋原则"。

（三）限制责任范围

侵权责任法的功能不仅在于预防和填补损害，保护受害人的权益，同时也在于维护行为人的自由。产生于自由经济时期的近代侵权责任法，一个基本的价值观在于，赋予新生代的人一个特别的活动空间，即行为自由，赋予其追求经济利益的动力，推动其经济和人格的发展。③ 这一观念即使在受到危险责任的冲击之后，也依然具有其现实意义：对侵权责任的范围如果不加任何限制，将使加害人"动辄得咎，难以预估其行为所生损害赔偿责任的范围，势必阻碍个人的任何形成和经济活动，对社会发展亦非有益"④。

---

① Larenz, Schuldrecht, §27 I; Esser/Schmidt, Schuldrecht AT 2, §30 II, 3（S. 162ff）.
② 王泽鉴：《侵权行为》，北京大学出版社2009年版，第10页。
③ Fuchs, Deliktsrecht, 7. Aufl. 2009, S. 2.
④ 王泽鉴：《侵权行为》，北京大学出版社2009年版，第67页。

【本章思考题】

1. 试述侵权行为的概念及其特征、内涵。
2. 试述侵权行为的分类。
3. 试述侵权责任的预防功能。
4. 试述侵权责任的填补功能。

第三十六章 侵权责任的归责原则

☞ **本章导读**

　　权益损害原则上由权益的享有人自行承担，确定权益遭受损害的责任由他人承担应该具备特殊的理由，或者是因为他人存在过错，或者是因为他人制造、控制着某种风险，或者是法律基于公平的考虑，这些理由即为归责的原因、基础。基于归责原因而确立的具有普遍适用性的归责体系，即为归责原则。我国侵权行为归责原则的体系由过错责任原则、过错推定责任原则、无过错责任原则和公平责任原则构成。

第一节　归责原则概述

一、归责原则的概念

　　所谓归责，即确定责任的归属。归责原则是据以确定侵权民事责任由行为人承担的理由、标准或者说最终决定性的根本要素，是贯彻于整个侵权行为法之中、并对各个侵权法规范起着统帅作用的立法指导方针，是司法机关处理侵权纠纷所应遵循的基本准则。①

　　不同归责原则的选择，体现了法律的价值判断，阐释了不同的依据与理念。归责原则是构建侵权法的内容和体系的支柱，它在侵权法中居于重要地位。侵权责任法就是要解决侵权行为的责任承担问题，也就是说，侵权责任法规范基本上围绕着责任展开，而归责原则又是责任的核心问题，所以，侵权责任法的全部规范都奠基于归责原则之上。确定合理的归责原则、建立统一的归责原则体系，实际上是构建整个侵权责任法的内容和体系。②

二、归责原则的体系

　　归责原则的体系，是指由各归责原则所组成的具有内在逻辑联系的系统结构。侵权责任法归责原则体系的建立经历了漫长的历史过程，始终处于不断的发展、变

---

　　① 马俊驹、余延满：《民法原论》，法律出版社 2007 年版，第 989 页。
　　② 王利明：《侵权行为法研究（上）》，中国人民大学出版社 2004 年版，第 195 页。

化之中。早期采取加害责任，一直到现代的多元归责原则体系，这是一个历史进程。

我国《侵权责任法》第6条第1款、第2款和第7条、第24条分别规定了过错责任原则、过错推定责任原则、无过错责任原则和公平责任原则，由此形成了我国《侵权责任法》的多元的归责原则体系。

第一，过错责任是侵权行为的一般归责原则，具有基础性地位，不存在任何争议。第二，我国《侵权责任法》在监护人责任、医疗伦理损害责任、动物园的动物造成损害责任等多种侵权责任中普遍采用过错推定责任原则，已经使过错推定责任原则独立于过错责任原则。虽然过错推定责任原则与过错责任原则均以过错为归责依据，但如果将过错推定责任原则继续置于在过错原则之下，一方面不利于对适用过错推定责任原则的侵权行为属性的认识，另一方面也不利于对过错推定责任原则的理解。第三，无过错责任原则随着现代社会风险的不断增加，已经成为一项理论上普遍承认的归责原则。第四，公平责任原则，是在上述三种归责原则适用的结果均不利于体恤贫弱、合理分配损失的情况下，产生的辅助性的归责原则。此四项归责原则，是过错责任原则向无过错责任原则发展，逐渐建立双轨责任体系过程中的四种不同形态，从过错责任、过错推定责任到公平责任，再到无过错责任，处于一个动态的发展过程，具有一定的层次性和逻辑性。①

第二节 过错责任原则

一、过错责任原则的概念

过错责任原则，又称过失责任原则，是指以侵权人有过错作为承担民事责任的基础和最终要件的归责原则。过错责任原则是侵权责任法上最基本的归责原则，根据过错责任原则确定侵权责任的归属时，仅在侵权人有过错的情况下，才承担民事责任；没有过错，就不承担民事责任。我国《民法通则》第106条第2款和《侵权责任法》第6条第1款，均明确承认了这一原则。

二、过错责任原则的社会功能

过错责任原则的基本作用在于，确立加害人承担侵权责任的基本根据。除此之外，过错责任原则还具有维护行为自由、确定行为标准、淳化道德风尚等社会功能。

过错责任原则的建立，确立了仅在有过失的情况下才对所造成的损害负责；如果已尽到注意，即使造成损害也不承担责任，进而具有鼓励创造活动、维护行为自

---

① 王泽鉴：《侵权行为》，北京大学出版社2009年版，第20~21页。

由的功能。

过错责任要求行为人尽到对他人的谨慎和注意义务，努力避免损害结果，也要求每个人充分尊重他人的权益，尽到正当行为和不行为的义务。过错责任通过对行为标准的确定，为人们的一定的行为自由提供了明确的范围。

三、过错责任原则的适用

过错责任原则是侵权行为归责原则体系中的一般原则，具有普遍的适用性，适用于一般侵权行为的归责。只有在法律特别规定适用其他归责原则时，才排除过错责任原则的适用，换言之，在法律没有特别规定的情况下，均适用过错责任原则。

此外，过错责任作为一项归责原则，不仅仅适用于责任的确立，而且还适用于责任范围的确立上。也就是说，在确定行为人的责任大小时，需要考虑行为人的过错因素，过错越重则责任越重，过错越轻则责任越轻。

第三节　过错推定责任原则

一、过错推定责任的概念与特点

过错推定责任，是指特定情形下，法律推定侵权人致他人损害时具有过错，如果侵权人不能证明自己没有过错，则应当承担侵权责任。

过错推定责任具有以下主要特点：

（1）过错推定责任仍以行为人主观上有过错为其责任的构成要件，且为最终决定性的根本要件。我国《侵权责任法》第6条将过错推定与过错责任合并在一起规定，这主要就是考虑到二者在本质上都要以过错为归责依据。

（2）过错推定的依据是法定的基础事实。所谓法定的基础事实，是指有明确的法律规定能够表明侵权人有过错的事实。例如，《侵权责任法》第58条规定，医疗机构伪造、篡改或者销毁病历资料的，推定医疗机构有过错。

（3）过错推定责任是法定的特殊侵权责任。而过错推定是法律基于各种特殊的考虑，尤其是法政策的考虑，明确规定的特殊责任。一般认为，过错推定原则上必须是基于法律的明确规定，只能适用于法律有特别规定的情形，即某些特殊侵权行为。

（4）过错推定责任采取"举证责任倒置"的原则。由于在过错推定责任中，损害事实的本身已推定加害人有过错，加害人要推翻这种法律上的推定，就应举证证明自己主观上没有过错，否则，就应承担民事责任。

二、过错推定责任的适用范围

过错推定责任原则，适用于法律规定的特殊侵权行为。根据《侵权责任法》

的规定，过错推定责任原则主要适用于以下情形：监护人责任、一时性丧失心智致人损害、无民事行为能力人在教育机构受到损害的责任；机动车造成非机动车驾驶人或者行人的责任、医疗伦理损害责任、动物园的动物造成损害的责任，以及建筑物、构筑物或者其他设施以及建筑物上的搁置物悬挂物致人损害、建筑物倒塌责任、堆放物致人损害、公共场所危险施工等。

第四节　无过错责任原则

一、无过错责任原则的概念与特点

无过错责任，又称危险责任，是指损害发生后，不以行为人的主观过错为责任要件的归责标准。无过错责任原则，是典型的特殊侵权行为归责原则。适用该原则确定责任归属，不问侵权人主观上有无过错，只要侵权人的行为、所管理的人或物与造成的损害后果之间有因果关系，他就应承担民事责任。从积极面看，该原则所调整的侵权行为，是持有或经营某特定具有危险的物品、设施或活动的人，在该物品、设施或活动所具有的危险的实现造成他人权益被侵害时，应当就所发生损害负赔偿责任，即所谓的危险责任原则。[①]

无过错责任原则主要具有以下特点：

（1）无过错责任原则不以行为人主观上有过错为责任的构成要件。加害人主观上既可能有过错也可能无过错，但加害人主观上有无过错对其承担民事责任没有任何影响。

（2）无过错责任的归责事由在于危险活动或物品、设备所具有的危险性。考察所有适用无过错责任原则的特殊侵权行为，可以发现都是以危险活动或危险物为基础的。所以，近来有更多的学者倾向于使用"危险责任原则"这一表述。

（3）无过错责任原则仅适用于特殊侵权行为。从行为自由与权益保护的关系来看，无过错责任原则放弃行为自由的价值追求，而选择了对权益的绝对保护，这是以社会发展为代价的，当然在适用范围上应当有所限制。

（4）无过错责任中的抗辩事由受到法律严格限制。无过错责任虽然严格但并非绝对责任，法律上也承认侵权人在具有特定的事由时，减免其侵权责任，但是无过错责任中的抗辩事由范围远远小于过错责任原则中的抗辩事由，不同的危险责任的免责事由也会有所不同。

（5）在无过错责任原则中，责任的确定主要从受害人一方的损害程度来考虑，并且对这种责任往往规定有最高赔偿限额或限制赔偿范围。法律作出这种规定的目的在于适当限制无过错责任承担者的责任程度，减轻他们的负担。

---

① 王泽鉴：《侵权行为》，北京大学出版社 2009 年版，第 15 页。

二、无过错责任原则的适用范围

无过错责任原则是作为过错责任原则的补充才适用，其目的在于补偿受害人所受的损失。因而无过错责任原则的适用范围是受限制的，只有在法定的情况下才能适用。

无过错责任原则在我国的适用范围，在《侵权责任法》颁行之前，主要以《民法通则》及有关单行法规的规定为依据。根据《民法通则》和相关法律的规定，无过错责任原则主要适用于以下侵权场合：即产品责任（《民法通则》第122条）、危险责任（《民法通则》第123条）、环境污染致人损害的民事责任（《民法通则》第124条）、饲养动物致害责任（《民法通则》第127条）等。

根据《侵权责任法》的规定，无过错责任原则的具体适用范围是产品责任（第41条）、环境污染责任（第65条）、高度危险责任（第69条）、动物损害责任中的部分责任（第78、80、82条）。

第五节　公平责任原则

一、公平责任原则的概念与特点

公平责任，又称衡平责任，是指当事人双方对损害的发生均无过错，法律又无特别规定适用无过错责任原则时，由人民法院根据公平的观念，在考虑当事人双方的财产状况及其他情况的基础上，责令加害人对受害人的财产损害给予适当补偿，由当事人公平合理地分担损失的一种归责原则。[1] 从本质上讲，公平责任是在坚守过错责任与保护被害人之间的妥协，是从过错责任原则向无过错责任原则过渡的产物。[2] 我国《侵权责任法》第24条承继《民法通则》第132条规定：受害人和行为人对损害的发生都没有过错的，可以根据实际情况，由双方分担损失。

公平责任原则主要具有以下特点：

（1）公平责任原则不以过错、危险为归责原因。公平责任原则适用的前提是不适用无过错责任原则，适用过错责任原则虽然不存在理论上的问题，但在结果上可能导致受害人过重的经济负担。

（2）公平责任原则主要是一个裁判规范，而不是行为规范。公平责任原则要求根据案件的具体情况、受害人所受损害的程度、当事人的经济状况等，本着公平的价值判断标准来确定损失的分担。这些实际情况中，具有决定性的是当事人的经

---

[1]　马俊驹、余延满：《民法原论》，法律出版社2007年版，第995页。

[2]　参见王泽鉴：《侵权行为》，北京大学出版社2009年版，第19页。

济状况，也就是说，财产的有无多寡成为民事责任归属确定的基础。① 此种归责原则必然是以指导法院判决为目标的，无法对民事主体的行为提供规范指导，否则就有鼓励经济倒退、导致财富萎缩的不良后果。

（3）公平责任原则主要适用于所造成的财产损失。由于公平责任原则的目的在于平衡当事人之间的财产状况和财产损失，并对不幸的损失在当事人之间进行合理分配，因此，它主要适用于侵害财产权的案件，且限于直接财产损害赔偿。

（4）公平责任原则只有在法律有特别规定时方能适用。公平责任原则的适用，由有资力的一方承担社会安全的任务，客观上容易误导法院规避基本的归责原则，基于人情、方便或其他因素作出判决，导致过错责任原则、过错推定责任原则和无过错责任原则被架空，甚至导致侵权责任法目标的落空。所以，对公平责任原则的适用应当予以严格限制，只有在法律有特别规定时，方能适用。

二、公平原则的适用范围

在大多数国家的法律中，公平责任原则仅仅适用于特殊的有限的案件，这主要是指由于年幼或智力不全面缺乏判断力的人所负的公平责任的情况。在这里，只有当受害人不能从对无责任能力人负有监护之责的人那里获得赔偿时，通常才适用公平责任原则。此外，在紧急情况下对他人造成的损害的责任通常以公平责任的方式予以减轻。

我国《侵权责任法》中明确适用公平责任的侵权行为类型主要有，紧急避险致人损害（第31条第2句、第3句）、无行为能力人或限制行为能力人致人损害（第32条第1款第2句）、完全行为能力人暂时丧失意识或失去控制时致人损害（第33条第1款后半句）和高楼抛物致人损害不能确定侵权人（第87条）等。

【本章思考题】

1. 试述我国侵权责任法中的归责原则体系。
2. 试析过错推定责任与过错责任之间的关系。
3. 简述我国无过错责任原则的适用范围。
4. 试析公平责任原则的体系地位与功能。

---

① 王泽鉴：《〈中华人民共和国民法通则〉之侵权责任：比较法的分析》，载王泽鉴：《民法学说与判例研究（第6册）》，中国政法大学出版社1998年版，第293页。

第三十七章　侵权责任的构成要件

☞ 本章导读

侵权责任（行为）的构成要件，是行为人的行为构成侵权行为，并依法承担侵权民事责任所必须具备的条件。侵权行为的构成要件是由归责原则决定的，是在归责原则的指导下认定侵权行为是否成立的、明确的、具体的法律规范。一般侵权行为的构成要件为加害行为的违法性、损害、加害行为与损害后果之间的因果关系以及行为人的过错。

第一节　侵权责任构成要件概述

一、侵权责任构成要件的概念

侵权行为的构成要件，是指行为人的行为构成侵权行为，并依法承担侵权民事责任所必须具备的条件。由于侵权责任法对于特殊侵权行为多有特别规定，所以侵权行为构成要件通常是指一般侵权行为的成立要件，而不包括特殊侵权行为的构成要件。

二、侵权责任的构成要件

一般侵权行为适用过错责任原则，但由于认识上的差异，主要是对于过错与违法之间的关系认识上的分歧，一般侵权行为的构成要件存在着不同的立法体例和学说。主要的观点有两种，即三要件说和四要件说。三要件说对过错采取客观说，认为过错是对注意义务的违反，从而把"不法"包含在"过错"之中，主张侵权责任一般构成要件包括：过错、损害事实、行为与损害事实之间的因果关系，违法性不属于一般侵权行为的构成要件。[①] 四要件说对过错采取主观说，认为过错是行为人的某种心理状态，把"过错"与"不法"区别开来，基于过错责任原则承担侵权责任的构成要件应当包括四项，即加害行为的违法性、损害、加害行为与损害后果之间的因果关系以及行为人的过错。本书认为，虽然有过错的行为往往是违法行为，但违法行为并不一定是有过错的行为，即过错并不能包含不法，因而本书采四

---

① 王利明：《侵权行为法研究（上）》，中国人民大学出版社2004年版，第348页。

要件说。

第二节 违法行为

一、违法行为的概念与分类

（一）违法行为的含义

违法行为，是指民事主体所实施的违反法律规定的行为。

违法行为的本质属性在于其违法性。所谓违法，即与法律秩序相矛盾，违法行为通常是指违反法律命令与禁令的作为与不作为。① 具体就侵权行为而言，其违法性实际上就是侵害民事权益行为的不正当性。②

（二）违法行为的分类

1. 作为的违法行为与不作为的违法行为

作为的违法行为，又称积极的违法行为，是指行为人违反法定的不作为义务而实施的行为；作为的违法行为所违反的法定不作为义务，是指法律规定的不得非法侵犯他人权利的一般义务。

不作为的违法行为，又称消极的违法行为，是指行为人违反作为义务，未实施该作为义务所要求实施的行为。不作为的违法行为，是以行为人负有作为义务为前提的。一般认为，作为义务的来源主要有，法律的直接规定、业务上或职务上的要求以及行为人自身的先前行为。

2. 自己的违法行为与他人的违法行为

自己的违法行为，是指侵权责任人自己实施的违法行为。自己的违法行为是侵权责任法调整对象的典型，体现了自己责任的侵权责任法原则。根据自己原则，每个人要对自己的行为负责，同时也仅对自己的行为负责，自己没有实施由意志支配的行为，即无须负责。

他人的违法行为，是指他人实施的、由侵权责任人承担责任的违法行为。对他人的违法行为承担侵权责任，其依据是侵权责任人与实施违法行为的他人之间存在特定的关系，如监护关系、雇佣关系等。

此外，依行为人是否有过错，可分为故意的违法行为、过失的违法行为与无过失的违法行为；依行为人的人数及其主观是否关联，可分为单独的违法行为、共同违法行为与数人的违法行为。

---

① Tilch/Arloth（hrsg.），Deutsches Rechts-Lexikon，Bd. 3，3. Aufl.，Verlag C. H. Beck，2001，S. 3509.

② 张金海：《侵权行为违法性研究》，清华大学法学院 2007 年博士论文，第 40 页。

二、违法的类型与违法性的判断标准

（一）违法的类型

违法性具体表现为三种类型，即违反法定义务、违反保护他人的法律和故意违背善良风俗致人损害。

1. 违反法定义务

违反法定义务，是对法律规定的法定义务的不履行。其典型是对生命权、健康权、所有权、人格权等绝对性权利的侵害，任何人负有不得侵犯他人合法权利的不作为义务，对此项义务的违反，就构成对法定义务的违反，具备违法性。

2. 违反保护他人的法律

保护他人的法律，就其范围而言，除狭义的法律之外，还包括习惯法、命令、规章等；就其属性来讲，以其是否以保护个人的合法权益为判断标准。如果法律是专门以保护国家利益或社会秩序为目的，则不属于保护他人的法律。

3. 故意违背善良风俗致人损害

违背善良风俗本身并不构成违法，仅当其与故意相结合，才构成不法，从而成立违法性。例如相邻店铺经营者故意在相邻一侧摆放样品花圈，影响他人经营的行为，即属于这种违法；另外故意与有夫之妇通奸、录制他人幽会情节并频繁向当事人播放等。

违法性概念的创设，其主要功能在于界定及区别受保护的权益。① 对于侵害他人权利的，直接推定其不法性，对于侵害权利以外的利益的，则需要通过"故意违背善良风俗"、"违反保护他人的法律"协助，判断是否成就侵权行为。

（二）违法性的判断标准

违法性的判断标准，有结果不法说与行为不法说两种相继产生的学说主张。

结果不法说，是传统的违法性理论所坚持的违法性判断标准。根据结果不法说，凡是侵害他人权利造成绝对权等合法权益遭受侵害的结果的，即因符合构成要件而推定具有违法性。行为人的加害行为的违法性取决于侵害结果，除非存在阻却违法性的事由，否则该加害行为就是违法行为。

行为不法说，是在批评结果不法说的基础上形成的。根据行为不法说，一个行为不能仅仅因为导致他人权利受到侵害即认定该行为违法，还需要考察行为人是否违反社会生活上的一般注意义务，未尽避免侵害他人权利的注意义务是违法性的特征。如果行为人已经尽到社会活动上必要的一般注意义务时，即使因其行为导致他人权益受到侵害，也不具有违法性。

结果不法说与行为不法说的争论，体现了不同的侵权行为体系与思考方法。结果不法说必须首先确定行为是否违法，之后才进一步认定当事人的过错；而行为不

---

① 王泽鉴：《侵权行为》，北京大学出版社 2009 年版，第 218 页。

法说直接深入到个案中考察行为人是否违反注意义务。值得注意的是，虽然结果不法与行为不法之间在理论上存在重大的差别，但是在实践层面上，这两种理论在绝大多数案件中产生的结果都是相同的。

【案例分析 37-1】

　　甲是某工厂的女工，因为工作熟练，工资很快涨为同车间最高。对此，其同事乙心怀嫉妒，总想找机会贬低她。后来，乙偷看了甲的私人信件，得知甲曾经得过性病，遂大肆宣扬传播，给甲造成了严重的精神痛苦。甲要求乙赔礼道歉、消除影响、赔偿损失、恢复名誉；乙则以所述属实为由，拒绝承担任何责任。甲不得已，向人民法院提起诉讼。法院应当如何认定乙的行为？

　　本案的焦点在于，乙偷看甲的私人信件得知甲有性病史并进行传播，是否属于违法行为。偷看他人信件、传播他人隐私，属于侵犯他人隐私权的行为，由于任何人负有不得侵犯他人合法权利的不作为义务，对此项义务的违反，就构成对法定义务的违反，具备违法性。根据结果不法说，凡是侵害他人权利造成绝对权等合法权益遭受侵害的结果的，即因符合构成要件而推定具有违法性，本案中乙的行为导致甲严重的精神痛苦，对其社会评价造成不良影响，具有违法性。根据行为不法说，乙的行为无疑违反了社会生活上的一般注意义务，偷看他人信件即已经违反该项义务，散播因此知悉的他人隐私，则更为严重地违背避免侵害他人权利的注意义务，当然构成违法行为。

第三节　损害事实

一、损害的概念

　　所谓损害，也称作损害事实、损害后果。损害是侵权行为的首要的构成要件，没有损害就不成立侵权损害赔偿责任，不会产生损害赔偿请求权。

　　对于损害的界定，具有代表性的学说是差额说和组织说。差额说由德国学者 Mommsen 首倡，主张损害是指损害事件未发生时受害人所应有的总体财产状况与受害人损害后总体财产状况之间的差额。差额说的适用引发了种种问题，例如，在假设因果关系、损益相抵、第三人损害赔偿等案型中，赔偿权利人可能在总财产上并不存在差额，如果依差额说不赋予赔偿，结果上可能又不符合公平正义。在反思差额说的基础上，产生了所谓的组织说，该说认为损害应由两方面观察，即不但抽象的差额谓之损害，具体的现实的损害亦谓之损害①。

---

① 参见曾世雄：《损害赔偿法原理》，中国政法大学出版社 2001 年版，第 120～124 页。

侵权责任法上的损害,是指由一定行为或事件造成的能够得到侵权责任法补救的人身或财产上的不利益。损害是行为的结果,而不是行为的组成部分。① 在损害的范围确定上,基本上可以差额说为基础,但不能排除就客观损害直接计算的可能,应当根据个案考虑对差额说进行调整。侵权责任法上的损害,既可以是能够以金钱计算的财产上的不利益,也可以是无法以金钱计算但可以通过侵权责任法予以补救的人身不利益。

二、损害的要件

(一) 客观确定性

损害应该是实际发生的受害人一方、财产、人身等方面的不利后果,是一个客观存在的事实,而不是当事人杜撰的、臆想的、虚构的现象,并且这种事实能够依据社会一般观念和公平意识予以认定。损害还应当是确定的或者相对确定的,即损害事实的种类、范围和大小程度等是能够证明的。

(二) 不利性

在损害的事实方面,除了损害的客观确定性外,损害还必须是不利于受害人的事实,具有"不利性"。这种不利性通常即表现为受害人的财产、人身状况等相对于受害前的财产、人身状况等发生了不利于受害人的改变。②

(三) 可补救性

损害要获得侵权责任法上的救济,必须是有可能并有必要通过侵权责任获得补救的损害。如果某一损害不能或者没有必要通过侵权责任予以补救,而只能通过其他方式获得救济,则不是侵权责任法意义上的损害。

三、损害的类型

(一) 财产损害与非财产损害

根据损害的后果是否可以金钱进行衡量,可将损害分为财产损害与非财产损害。

财产损害,又称物质损害、有形损害,是指因侵害他人的财产、人身权益而给受害人造成的经济上的损失,这种损害可以用金钱进行衡量。非财产损害,又称无形损害,是指财产损害以外的损害,这些损害通常不能用货币来计量。

区分财产损害与非财产损害的意义在于:

首先,赔偿的限制不同,对于财产损害通常适用完全赔偿原则,而对于非财产损害通常受到限制,必须依据法律的明确规定方能予以赔偿。

其次,损害救济方式不同,对财产损失作出赔偿,旨在恢复财产关系的原状,

---

① Fikentscher, Schuldrecht, 10. Aufl. , 2006, Rn. 1543.

② 张新宝:《侵权责任构成要件研究》,法律出版社 2007 年版,第 121 页。

除适用损害赔偿外，还可能采取返还财产、恢复原状、排除妨碍等，而对于非财产损害的救济则不可能适用返还财产、恢复原状、排除妨碍等方式。

再次，举证责任不同。对于财产损害，受害人或其他赔偿权利人应当对财产损害的程度、范围负举证责任；但对于非财产损害，多数情况下是由受害人所遭受的人身等非财产权益受到侵害的事实，直接推定非财产损害的存在与程度的，当事人无须举证证明，事实上也难以证明①。

（二）所受损害和所失利益

根据损害是既有利益的损失还是未来可得利益的损失，可以将财产损害区分为所受损害和所失利益。非财产损害一概为所受损害，不存在所受损害和所失利益的区分。②

所受损害，也称为积极的损害，是指现有财产的直接减少。所受损害既可能因对财产权益的侵害导致，也可能因侵害人身权益而引起。

所失利益，即消极的损害，是指本来应当获得的利益而未能获得。所失利益主要包括因为侵害财产权而遭受的利润损失，因侵害生命健康权而导致的收入损失和误工损失等。

区分所受损害和所失利益的意义在于：第一，所受损害是固有利益的丧失，对于此种损害应当完全予以赔偿；而所失利益是可期待利益的丧失，其赔偿范围应限定在与行为人的行为之间具有相当因果关系的范围内。第二，对所受损害，法律上一般没有特别的限制，但对于所失利益，法律上有可能在计算的方法、最高数额等方面进行限制。例如，《侵权责任法》第 17 条规定，实际上就确立了在多人死亡情况下死亡赔偿金的法定赔偿标准。

（三）直接损害和间接损害

直接损害，又称有形损害，是指对受害人的人身、财产权益本身所造成的损害，受害人的损害可以通过客观变化得到反映。例如，毁坏他人财物、伤害他人身体等。

间接损害，又称无形损害，是指受害人因加害行为间接遭受的损害。间接损害包括两种情形，其一为"附带的经济损失"，其二为"纯粹经济损失"。"附带的经济损失"，是指受害人在加害行为造成了有形损害之后，因加害行为而间接遭受损害，如因受伤而造成的收入损失。"纯粹经济损失"，是指受害人并未因加害行为直接遭受人身、财产上的侵害，但却遭受了财产上的损害。例如，施工过程中挖断电缆，并未直接侵害某公司的人身财产权益，但却因电力中断使其遭受 10 万元经济损失，该损失即为纯粹经济损失。

---

① 程啸：《侵权行为法总论》，中国人民大学出版社 2008 年版，第 248 页。

② 曾世雄：《损害赔偿法原理》，中国政法大学出版社 2001 年版，第 156 页。

第四节 因果关系

一、因果关系的概述

侵权责任法上的因果关系，是指加害人的加害行为或其管控物的运动与损害事实之间的前因后果的联系。因果关系是确定责任的归属与确定责任范围的重要要件，是责任人承担责任的基础和必要条件。

侵权责任法上的因果关系是因果关系的一种，具有所有因果关系都具备的客观性、时间的连续性与顺序性特征。此外，侵权责任法上的因果关系还具有如下不同于一般因果关系的特征：

（1）社会性。作为原因的事实，总是同人的特定行为与活动分不开的。只有在对人的行为和由此种行为产生的结果给予相应的社会评价的时候，即只有当某种联系除有自然性质之外，还具有社会性质时，这种联系才具有法律上的意义。

（2）相对性。因果关系并非研究整个世界各个现象之间相互联系的因果链条，而只是从中截出某一片断，研究某特定现象之间的相互关联性。之所以要对因果关系链条进行合理的截取，其目的在于避免行为人对过于遥远的损害承担责任，对责任范围进行合理的限制。

（3）确定方式的逆推性。民法上因果关系的确定，往往是在损害事实被确认之后，又往前寻找引发该损害事实的原因。也就是说，通常情况下只有在发生了损害事实之后，才有必要探寻造成损害的原因，确定加害原因与损害结果之间的因果关系，进而确定损害的分担。

二、因果关系的类型

（一）责任成立的因果关系与责任范围的因果关系

责任成立的因果关系，是指加害行为、物件的运动与权益受侵害之间的因果关系。责任范围的因果关系，是指权益受侵害与损害结果之间的因果关系。

（二）事实因果关系与法律因果关系

事实因果关系与法律因果关系的区分，是英美法系的典型做法。

事实因果关系，是指从纯粹的客观事实角度观察加害行为、物件的运动与受害人遭受的损害之间的因果关系。[1] 法律因果关系，是指在确定事实因果关系存在的前提下，依据法律规定、法律政策以及公平正义等价值，确定加害人、物件管控人是否应当依法承担民事责任的因果关系。

---

① 参见张新宝：《侵权责任构成要件研究》，法律出版社 2007 年版，第 320 页。

(三) 多数因果关系与假设因果关系

多数因果关系，是指损害后果的发生，存在多数的、彼此相互关联的原因事实时的因果关系类型。多数因果关系具体包括的类型有：

(1) 聚合因果关系，即同时发生的两个以上的原因造成了损害结果的发生，但其中任何一个原因都足以导致同一或性质相同的损害结果的发生。例如甲乙同时开枪打死丙，每人的行为均足以致死；驾驶制动装置严重缺陷的汽车，因过失未踩刹车而致人重伤。我国《侵权责任法》第 11 条规定的情形即属于聚合因果关系，此种情形下各行为人应当承担连带责任。

(2) 共同因果关系，即同一损害由两个以上的致害原因造成，其中任何一个事实都不足以造成此种损害，只有这些原因共同作用之后才能导致该损害。例如，甲乙分别对丙投毒，各自所投剂量均不足以致死，但共同作用导致丙死亡。我国《侵权责任法》第 12 条规定的情形即属于共同因果关系，对于损害可分、能够确定责任大小的，各自承担相应的责任，难以确定责任大小的，平均承担赔偿责任。[①]

(3) 择一因果关系，即受害人所受的损害是由两个或两个以上的危险行为中的某一个行为造成的，但无法查明究竟哪个行为是致害原因。例如甲乙丙同时向丁投石子，其中一颗石子致丁左眼失明，客观上只能是甲、乙、丙其中一人的行为致害，但却无法准确确定加害人。

(4) 假设因果关系，是指损害已经因加害人的加害行为发生，但即便该加害行为不存在，损害的全部或者一部也会因另一独立原因而发生。其中实际引发损害的原因称为"真正原因"，之后发生的或可能发生的另一独立原因称为"假设原因"。例如，甲将乙的房屋撞毁，当晚发生地震，该地区所有的房屋全部倒塌，甲的行为即为真正原因，地震为假设原因。假设因果关系属于责任范围上的因果关系问题，通常对于所受损害的赔偿不考虑假设因果关系，而对于所失利益的赔偿，则应当考虑因果关系而减轻赔偿责任。

三、因果关系的认定

如何从因果关系的链条中截取恰当的部分，确定侵权责任法上因果关系，众说纷纭、观点各异。当前，最具有影响力的因果关系认定理论主要有二，即相当因果

[①] 在难以确定责任大小的情形下，我国《侵权责任法》第 12 条采取了平均分担责任，而未采连带责任，这与立法例上的情形有重大不同。《人身损害赔偿司法解释》区分直接结合与间接结合，分别确定了连带责任和按份责任；德国司法对于损害不可分的，构成加害部分不明的共同危险行为，承担连带赔偿责任。台湾地区"民法"理论认为应成立共同侵权，承担连带责任。参见程啸：《侵权行为法总论》，中国人民大学出版社 2007 年版，第 270 页；王泽鉴：《侵权行为》，北京大学出版社 2009 年版，第 189 页。

关系说和法规目的说。

相当因果关系说，是由德国学者冯·克里斯在 19 世纪末所提出来的。该说主张，在判断因果关系时，应当依据相当性概念来加以判断。如果某项事件是损害发生不可或缺的条件，而且该事件实质上增加了损害发生的客观可能性，则在事件与损害之间存在相当因果关系。① 相当因果关系的判断规则是，无此行为，虽不必生此种损害，有此行为，通常即足生此种损害者，是为有因果关系。无此行为，必不生此种损害，有此行为，通常亦不生此种损害者，即无因果关系。②

相当因果关系说的不足在于，作为判断标准的可能性基础的不确定，全有全无原则的不合理，法院常以损害既已发生或同情受害人而认定相当因果关系成立，并由法官根据一般的社会经验加以判断，容易导致因果关系的不确定性。③

法规目的说为德国学者拉贝尔在 20 世纪 40 年代所创立，并由其学生凯莫尔教授所发展，现在已经成为德国的通说。根据法规目的说，因侵权行为所产生的赔偿责任，应就侵权法规的意义与目的进行探讨，尤其应当探讨其本意旨在保护何种利益。只有当损害处于法规保护的范围之内时，损害才能得到救济。④

相当因果关系说和法规目的说二者可以并存。损害应否赔偿，首先须认定其有无相当因果关系，其次再探究其是否符合规定目的，换言之，即损害之发生虽具相当因果关系，但在法规目的之外者，仍不得请求损害赔偿⑤。法规目的说既是对相当因果关系的补充，更加明确了相当因果关系的判断标准，又是对相当因果关系说的限制。

【案例分析 37-2】

原告庞某承包一养鸡场，分 4 次购进雏鸡 6970 只，饲养在鸡场，先后进入产蛋期。与此同期，附近某煤矿进行土层剥离爆破施工，鸡群因长期放炮施工的震动和噪音造成"应激产蛋下降综合症"，产蛋率突然大幅度下降，并有部分鸡死亡，造成损失 12 万元。经查，该煤矿爆破施工的震动、噪音，致使附近居民的房屋墙壁出现裂损和正常的生活秩序受到影响，引起居民不满，政府有关部门曾拨专款给予补偿。诉讼过程中，该煤矿委托地震局、环保局，对露天煤矿爆破施工的震动和噪音进行监测，结论是震动速度和噪音均没超出国家规定的标准，拒绝承担赔偿责任。

本案的核心在于，原告养鸡场鸡群的产蛋率大幅度下降与被告施工噪音之

---

① 陈聪富：《因果关系与损害赔偿》，北京大学出版社 2006 年版，第 6 页。

② 转引自陈聪富：《因果关系与损害赔偿》，北京大学出版社 2006 年版，第 13 页。

③ 曾世雄：《损害赔偿法原理》，中国政法大学出版社 2001 年版，第 104～105 页。

④ 曾世雄：《损害赔偿法原理》，中国政法大学出版社 2001 年版，第 112～113 页。

⑤ 王泽鉴：《侵权行为》，北京大学出版社 2009 年版，第 210 页。

间是否存在因果关系。首先，在被告未进行施工之前，养鸡场的鸡群产蛋率正常，当被告开始施工后，鸡的产蛋率突然大幅度下降，并导致部分鸡死亡。说明震动和噪音污染是在原告的鸡遭受损害前开始，并立即导致损害后果，具有时间上的顺序性。其次，被告施工所发出的震动和噪音与养鸡场鸡群产蛋率下降存在正比例关系。此外，该污染源确实能够导致鸡场鸡群产生"应激产蛋下降综合症"，符合医学科学规律。据此，即可以通过盖然因果关系的方式，推定被告在居民区附近建设露天煤矿，对该煤矿爆破产生的震动和噪音与原告鸡场鸡群产生"应激产蛋下降综合症"具有因果关系。因此，被告应当对其污染环境的行为造成原告的损害承担侵权赔偿责任。

第五节　过　错

一、过错的概念

过错，是指行为人通过违反义务的行为所表现出来的一种应受非难的心理状态。[1]

我国民事立法没有明确规定过错的概念，理论上则有主观说和客观说两种不同主张。主观说认为，过错是行为人主观上应受非难的一种心理状态，具有道德上、伦理上的可非难性。客观说认为，过错并非人们内心可非难的心理状态，而是指行为人的行为违反了某种标准，而具有应受非难性。本书认为，民法上的过错应该是主观与客观的统一。一方面，过错是由行为人的主观心理状态决定过错的形式，另一方面，行为人的主观心理状态对外表现为客观的外在的行为，对于过错的判断总是从行为开始的。

二、过错的形式

民法上过错的形式主要有故意和过失两种。

（一）故意

所谓故意，是指行为人预见到自己行为的后果，仍然希望或放任结果的发生。据此，故意主要包括两个方面的要素：其一，行为人预见到自己行为会产生某种损害后果；其二，行为人希望这种损害后果的发生，或者放任有害后果的发生。

现代社会常见的损害事故发生的主要原因在于，城市、工业、交通、信息传播以及因此引发的陌生人之间密切交往，由此造成的损害往往是由于疏忽或者不谨慎造成的。从而，现代侵权行为构成要件中，故意已经没有过失那么重要了。但是，

---

① 马俊驹、余延满：《民法原论》，法律出版社 2007 年版，第 1009 页。

故意在侵权责任法中的地位，还是不能忽视的，例如受害人故意引起损害结果的，行为人不承担责任（《侵权责任法》第 27 条）；再如对于侵害债权的只能是故意侵权，而不会因过失侵害债权，等等。

（二）过失

过失，是指行为人应当预见自己的行为可能发生不良后果而没过预见，或虽然预见到了却轻信此种结果可以避免的心理状态。

过失可以分为以下三种类型：重大过失、一般过失和轻微过失。

重大过失，是指行为人欠缺一般人具有的最起码注意义务。重大过失的本质属性在于行为人疏忽、轻率的严重性，其可能表现为行为人未采取任何人在特定情形下都会采取的措施，对极其简单的问题也没有加以考虑，在极其不合理的程度上疏忽了交往中应有的谨慎。自罗马法以来，大多数大陆法系国家都采用了"重大过失等同于故意"的处理规则。在侵权责任法上，重大过失通常会导致更重的赔偿责任，受害人的重大过失是减轻或者免除侵权责任的事由。

一般过失，又称作抽象过失、抽象轻过失，是指欠缺日常生活所必要的注意程度，采用的标准是善良管理人的注意、或者交易上必要的注意标准。一般过失在过失程度上居于重大过失和轻微过失之间，具有中等程度的可归责性，是最常见的过失形态。侵权人因故意或者重大过失致人损害，受害人只有一般过失的，不减轻赔偿义务人的赔偿责任。

轻微过失，又称作具体过失、具体轻过失，是指行为人缺少与处理自己事务相同的注意程度，或者是欠缺极其谨慎而细致的管理人的注意。受害人的轻微过失，往往不能减轻或免除加害人的赔偿责任。

三、过错的判断

过错的判断，即对行为人是否存在以及存在何种程度的故意或过失作出判断。在过错判断中，故意的判断相对比较简单，采取主观标准认定即可。而关于过失的判断则比较复杂，理论上也有采取主观标准还是客观标准的争论。

主观标准将过失视为主观的心理状态，主要通过判断具体行为人能否预见其行为的后果，来确定行为人有无过失。[①] 19 世纪前期盛行主观标准理论。主观标准较之于不考虑当事人主观心理状态的结果责任，适应了社会发展的需求，具有极大的进步性。但是在进入 20 世纪后，随着新技术、新机器的使用，因为技术创新本身即存在侵害风险、技术使用人根本无过错，而且即使存在过错的，受害人也受专业技术知识的限制，而很难证明加害人的过错。由此，逐渐诞生了相对客观的过错认定标准。

客观标准，在认定是否具有过失时不再考虑特定行为人的主观心理状态，而是

---

① 张新宝：《侵权责任构成要件研究》，法律出版社 2007 年版，第 462～463 页。

统一采纳某种基于社会生活共同需要而提出的客观标准，即所谓合理的人的标准或善良管理人的标准。在采取客观标准判断过失时，将"合理的人"或"善良管理人"置于相应的情境中，以"合理的人"或"善良管理人"在该情境中能否预见、避免损害，如果能够预见、避免则认定行为人有过失，如果不能预见、避免损害则行为人不具有过失。

采取客观的过失判断标准是比较合理的，这种判断标准有利于结合案件具体情况，在充分考虑事故的危险性、损害后果的严重程度、一般社会观念、损害的可预见性和预防成本的同时，合理界定维护行为自由和权益保护的关系，有利于经济发展和社会和谐。但单纯的善良管理人标准或者合理的人标准上不足以具体地确定过失，在判断过失时，还应当考虑行为人的预见能力、职业和营业类型、加害行为的危险程度和损害结果的严重性、预防和控制损害发生的成本以及社会的一般观念等影响因素。

【本章思考题】

1. 试述一般侵权行为的构成要件。
2. 简述违法行为的含义、类型及违法性的判断标准。
3. 试述因果关系的类型。
4. 试论我国侵权责任法实施中应采取何种因果关系理论。

第三十八章　共同侵权行为

☞ **本章导读**

共同侵权行为，是指二人以上共同侵害他人权益，造成他人损害，应当承担连带责任的侵权行为。"共同侵权行为"是与"单独侵权行为"相对应的侵权行为类型是一个开放性的类型，其中共同加害行为、教唆和帮助行为、共同危险行为是这一类型的核心，累积的因果关系、无意思联络的数人侵权属于与之有密切关联的具体侵权形态。

第一节　共同侵权行为概述

一、共同侵权行为的概念和特征

共同侵权行为，是指二人以上共同侵害他人权益，造成他人损害，应当承担连带责任的侵权行为。共同侵权行为与单独的侵权行为相比较，具有如下特征：

第一，主体的复数性。共同侵权行为人必须是两个或两个以上的人，既可以是自然人，也可以是法人。数人侵权的形态在侵权法中是多样的，具体包括：一是共同侵权行为和共同危险行为；二是无意思联络的数人侵权行为。

第二，行为的整体性。共同侵权行为要求数个侵权主体具有主观或客观上的关联性，数人的行为相互联系，构成为一个统一的致人损害的原因。共同致害行为既可能是共同的作为，也可能是共同的不作为。

第三，结果的统一性。共同侵权造成他人的损害，是指数人的侵权行为造成的损害结果是统一、不可分割的整体。如果各个行为人是针对不同的受害人实施了侵权行为，或者针对同一受害人不同的民事权益分别实施了侵害行为，侵害行为所导致的损害后果在事实上和法律上能够相互独立，则不是共同侵权行为。

第四，责任的连带性。共同实施侵权行为应当承担连带责任。也就是说，共同侵权人作为一个整体对损害共同承担责任，共同侵权人中的任何一人都对损害承担全部赔偿责任。需要注意的是，我国《侵权责任法》在聚合因果关系的情况下也规定了连带责任，突破了只有共同侵权行为才承担连带责任的传统，导致连带责任的适用范围的扩大。

二、共同侵权行为的类型

共同侵权行为最直观的特征是其主体的复数性，也就是说共同侵权行为首先是数人侵权。其中，共同加害行为和共同危险行为，学界一致认为属于共同侵权行为的两个独立类型，至于教唆和帮助行为，有些认为属于独立的共同侵权行为，有些认为属于共同加害行为；而无意思联络的数人侵权是否属于共同侵权行为也存在争论。

本书认为，共同侵权行为是一个开放性的类型，其中共同加害行为、教唆和帮助行为、共同危险行为是这一类型的核心，累积的因果关系、无意思联络的数人侵权属于与之有密切关联的具体侵权形态。由于类型本身并非一种精确的形式逻辑思维，人们根本无法将具体的事物精确地涵摄于类型之下，而只能"以一种较高或较少的程度，将具体事物'归类'于类型之下，使产生对应"①。因此，在《侵权责任法》关于数人侵权行为类型描述中，有些在较高的程度上符合共同侵权行为类型的特征，如共同加害行为、教唆和帮助行为、共同危险行为，有些则与共同侵权行为类型的相关程度要低一些，如累积的因果关系、无意思联络的数人侵权就是如此。

第二节　共同加害行为

一、共同加害行为的概念

共同加害行为，又称狭义的共同侵权行为，是指两个或两个以上的行为人共同实施的侵权行为。《侵权责任法》第8条规定，二人以上共同实施侵权行为，造成他人损害的，应当承担连带责任。该规定与《民法通则》第130条的规定相比较，突出了狭义的共同侵权行为的行为共同性。共同加害行为与《侵权责任法》第11条和第12条规定的情形存在着显著的差别，第11条和第12条规定的是"二人以上分别实施侵权行为造成同一损害"，即在行为上不存在共同性，而是在损害结果上具有同一性。

关于共同加害行为的本质，学说上一直存在着争论，主要存在三种主张，即主观说、客观说和折中说。主观说认为，共同加害行为的本质特征在于，致人损害的数人在主观上具有共同的过错。如果没有共同过错，数人的行为无法联结为整体，也不能使数人致人损害的行为人负连带责任。② 客观说认为，即使多数侵权人之间

① ［德］考夫曼：《类推与事物本质：兼论类型理论》，吴从周译，学林文化事业有限公司1999年版，第113页。
② 佟柔主编：《民法原理》，法律出版社1986年版，第227页。

没有意思上的联络，其共同行为相互关联造成损害的，也构成侵权行为。客观说的理由在于，共同侵权行为与刑法上的共犯不同，共同侵权行为人各自的行为客观上有关联就足矣。① 折中说认为，共同侵权行为的构成，应从主观和客观两个方面来分析。从主观方面而言，各加害人应均有过错，或为故意或为过失，但并不要求共同的故意或者意思上的联络，而只要求过错的内容应当是相同或者相似的。从客观方面而言，各加害人的行为应当具有关联性，构成一个统一的不可分割的整体，而且都是损害发生的不可或缺的共同原因。

我国《侵权责任法》虽然未直接表明采取哪种主张，但从该法第 8 条、第 12 条后段来看，更接近于主观说。②

二、共同加害行为的构成要件

（一）两个以上的加害人

共同加害行为是典型的共同侵权行为，行为人应当是两个或两个以上的人，无论是自然人还是法人，均可成立。

（二）加害行为均符合侵权行为的构成要件

共同加害行为是单独侵权行为的扩张，因此每个共同加害行为均应符合侵权行为的构成要件，否则将不成立共同加害行为。如果仅有一人的行为符合侵权行为的构成要件，则不能成立共同加害行为。

（三）各加害行为必须具有关联性

共同加害行为是由数人共同实施的，各人的加害行为之间必须具有关联性，否则不构成共同侵权行为，不应承担连带赔偿责任。但是学界关于各加害行为应当是主观上的关联，即存在共同过错、共同过失还是共同故意，抑或仅需要客观上的关联即可，一直存在争议。

《侵权责任法》第 8 条采取的"共同实施"的表述究竟是采纳了主观说还是客观说，依然没有明确的结论。立法机关的意见也存在冲突，一种意见认为该条"包括主观的共同侵权和客观的共同侵权，并不是只有共同过错的共同侵权"③。另外一种立法机关的意见认为，该条规定的"共同"包含了共同故意、共同过失以及故意行为与过失行为的结合，采纳的是共同过错说。④ 本书认为，各加害行为人主观上存在共同过错当然能够满足加害行为具有关联性的要求，没有共同过错但

---

① 史尚宽：《债法总论》，中国政法大学出版社 2000 年版，第 166 页。

② 张新宝：《侵权责任法》，中国人民大学出版社 2010 年版，第 50 页。

③ 该意见是全国人大常委会法律工作委员会副主任王胜明的发言；参见杨立新：《侵权责任法》，法律出版社 2010 年版，第 93 页。

④ 全国人大常委会法制工作委员会民法室编：《〈中华人民共和国侵权责任法〉条文说明、立法理由及相关规定》，第 9 页。

客观结合造成同一不可分的结果的，也属于共同实施侵权行为。

（四）造成损害

共同加害行为，必须造成受害人的损害，共同加害人方承担责任，这是由侵权责任法填补损害的基本功能决定的。共同加害行为所造成的损害，是统一的不可分割的损害结果。对于共同过错的加害行为，无论损害具体是一项还是多项，侵害的权益是同类还是不同类，在法理上均为统一不可分的损害。对于没有共同过错的共同加害行为，如果其造成的损害结果是可分的，应当认为不构成共同加害行为。

三、共同加害行为的责任

《侵权责任法》第8条的规定，共同加害行为人应当承担连带责任。

所谓连带责任，根据《侵权责任法》第13条规定，被侵权人有权请求部分或者全部连带责任人承担责任。也就是说，受害人有权要求全部加害人承担赔偿责任，也可以将加害人中的一人或数人作为被告，请求承担赔偿责任。如果受害人的请求没有实现或者没有全部实现，他还可以向其他加害人请求赔偿全部损害或者赔偿剩余的部分损害。如果加害人中有人赔偿了全部损害，也就履行了全部赔偿义务，受害人不得再对其他加害人提出请求。

在共同加害人作为一个整体在向受害人承担责任以后，其内部责任的分配，应当遵循以下原则：（1）比较过错原则，即对各个共同加害人在实施共同加害行为时的过错进行比较，过错较大的承担较大的赔偿责任，过错较小的承担较小的赔偿责任。（2）比较原因力原则，即对各共同加害人在实施共同加害行为时各自所起的作用进行比较，所起作用重要的承担较大的赔偿责任，所起作用较小的承担较小的赔偿责任。（3）平均分担原则，是在根据比较过错原则和比较原因力原则后，仍然不能确定各连带责任人责任大小的情况下采取的责任分担原则。

倘若共同加害人中的一人或数人承担了全部或承担了超出自己应承担份额的责任的，有权向其他连带责任人追偿。可追偿的范围通常包括，超过自己分担部分的给付额、免责时起的利息、因清偿所支出的必要费用和所遭受的损害，例如因受强制执行而支出的强制执行费用，至于因清偿而低于市价出售房屋能否视为因清偿而遭受的损害，理论上则有所争论，值得探讨。

第三节　共同危险行为

一、共同危险行为的概念和特征

共同危险行为，又称为准共同侵权行为，是指数人实施的危险行为都有对他人造成损害的可能，其中一人或者数人的行为造成他人损害，但不知数人中何人造成实际的损害。

共同危险行为，在本质上并不是共同侵权，毕竟就客观事实来讲，仅是其中一人或者数人的行为造成了特定的损害，而不是各共同危险行为人的行为结合起来造成受害人的损害。共同危险行为是由于人类认识能力和事实证明能力的局限，在无法确定具体侵权人时，在加害人的行为自由和受害人权益的保护之间，选择牺牲行为不当的加害人的行为自由，保护受害人的合法权益。《侵权责任法》第 10 条明确规定了共同危险行为，并在免责事由上作了严格的限制。

共同危险行为的主要特点在于：

第一，数人实施的是可能导致他人损害的危险行为。共同危险行为中，各个行为人都从事了危及他人财产或人身的危险活动，但并非每个人的行为都构成了侵权行为，损害只是其中的一人或数人的行为所致。这是其与共同加害行为、无意思联络的数人侵权之间根本的区别。

第二，各个共同危险行为大多都具有时间上和空间上的同一性。也就是说，各个共同危险行为人同时、在大体相同的地点实施了该行为。当然，在例外情况下，各个共同危险行为人也可能是在不同时间和不同地点实施的行为。

第三，共同危险行为人中的一人或数人是实际造成损害结果的人。在共同危险行为的情况下，虽然数人实施了危及他人财产或人身的行为，但损害的发生只是其中的一人或数人造成的。这是共同危险行为与单独侵权和共同加害行为的区别所在。

第四，共同危险行为与损害结果之间是择一的因果关系。在共同危险行为中，各个危险行为人的行为只是可能造成了损害后果，其行为与损害后果之间的因果关系是法律推定的，是一种择一的因果关系。而在共同侵权的情况下，各个行为人的行为都确定地造成了损害后果，此种因果关系是确定的。

二、构成要件

共同危险行为的构成必须具备以下要件：

1. 数人实施了共同危险行为

首先，共同危险行为的实施者是应该是二人以上，行为主体的复数性是所有数人侵权的共同要求，否则属于单独侵权行为。其次，行为具有共同危险性，即数人的行为都在客观上有危及他人财产或侵害他人人身的可能，而且这种危险具有共同性。

2. 数人的危险行为均有可能造成损害结果

在共同危险行为中，虽然损害发生的真正原因是其中的一人或数人的危险行为，其他人的行为并未造成实际损害，但同样具有造成该损害的可能。如果某人所实施的行为不可能造成该损害后果，则该人并不属于共同危险行为人。

3. 不能确定具体侵权人

在共同危险行为中，虽然只有该其中一人或数人的行为真正导致了损害后果，但却无法证实究竟是何人所为。如果能够确定何人的行为造成损害的话，则加害人就应当根据相应的侵权行为规则承担责任，其他行为人即不需承担责任。正是因为在共同危险行为中加害人不明，故归责的基础之一是法律对因果关系的推定，即推定数人的行为与损害结果之间具有因果关系。

三、共同危险行为人的责任及免责事由

（一）责任的承担

共同危险行为人承担连带责任，这也正是共同危险行为被称作"准共同侵权行为"的原因所在。各个共同危险行为人实施危险行为，构成对他人人身、财产权益的威胁，本身即应当给了否定的评价。在无法查明具体加害人的情况下，由所有行为人承担连带责任，不仅有利于受害人利益的保护，而且可以促使各个行为人证明真正的行为人，从而有利于发现事实真相。

在共同危险行为人承担了连带责任之后，应当在行为人之间根据各自责任大小确定相应的赔偿数额。由于共同危险行为人在实施共同危险行为时，致人损害的概率大体相当，而且由于共同危险行为责任的不可分割性，所以，应当认为属于《侵权责任法》第 14 条第 1 款后段规定的"难以确定责任大小的"情形，在责任的分担上，原则上仍应当采取平均分担的办法。但在例外情况下，也可允许斟酌具体案情，参照危险行为的可能性的大小按比例分担。

（二）免责事由

对于共同危险行为的免责事由，在《侵权责任法》颁行之前，实务界的认识是，共同危险行为人能够证明损害后果不是由其行为造成的，不承担赔偿责任。对此《侵权责任法》第 10 条的规定是，"不能确定具体侵权人的，行为人承担连带责任"，即只有在确定了具体加害人的情况下，其他共同危险行为人才可以免责，证明损害不是其行为造成的并不能使共同危险行为人免责。其基本理由在于：

第一，民事证明理论要求的是法律真实，而不是客观真实，由此即可能导致法律真实与客观真实之间的差异。虽然在法律上不能确定具体的责任人，但可以肯定的是损害是由共同危险行为人造成的，这是客观真实对共同危险行为所确定的底线。案件的处理不能突破客观真实所确定的这一底线，任由共同危险行为人逃脱其应承担的民事责任。

第二，在共同危险行为人与受害人之间，共同危险行为人毕竟实施了危险行为，制造了损害的风险，而受害人则是无辜的，由无辜的受害人独自承担损害后果，而放纵风险的制造者，这是极不公平的。

【案例分析 38-1】

刘某、薛某、卞某（均为未成年人）三人在回家途中，看见对面河边洗鞋子的原告张某，刘某即提议三人用石子砸原告的鞋子，原告被一粒石子砸中

其左眼。原告父母为原告受伤赔偿一事，向法院提起诉讼，要求三被告赔偿经济损失。被告刘某、卞某、薛某的法定代理人均认为自己的孩子未砸中原告，且原告亦不能举证证实是他们的孩子所为，故请求法院驳回原告的诉讼请求。

本案属于典型的加害人不明的共同危险行为：首先，三被告并无共同追求伤害原告的目的，即并不存在意思联络，因此本案不属于共同加害行为；其次，三被告都参与实施了对原告的人身安全具有极大危险性的行为，而原告所受损害时三被告中的某一被告所为，现在无法查明谁是加害人。三人的行为与原告的损害之间是择一的因果关系，即损害必定是其中一人的行为造成的。因此，三被告应当根据《侵权责任法》第 10 条承担连带责任。

第四节　无意思联络的数人侵权

一、无意思联络数人侵权的概念和类型

无意思联络的数人侵权，是指数个行为人事先并无共同的过错，而因为各自行为的偶然结合致受害人遭受同一损害。

【案例分析 38-2】

何某在被告甲处购买了被告乙生产的不锈钢淋浴器一台，同时购买了被告丙生产的多功能漏电保护器一台在家中安装，后由于淋浴器及多功能漏电保护器产品质量均有缺陷，致使其妻在使用过程中触电死亡。为此原告诉至法院，要求各被告赔偿全部损失。

由于各被告在生产、销售时，并无共同过错，所以不能构成共同加害行为，而应认定为无意思联络的数人侵权。

根据各侵权行为和损害之间的关系，无意思联络的数人侵权可以分为两种类型：一是聚合的因果关系（也可以称为累积的因果关系），即各个行为都足以造成全部损害的发生的，这种无意思联络的数人侵权对外要承担连带责任。二是部分的因果关系，即每个行为都不足以造成全部损害的发生的，对于此种行为，各个行为人应当按照其责任大小分别承担责任。

二、聚合因果关系的无意思联络数人侵权

我国《侵权责任法》第 11 条规定，二人以上分别实施侵权行为造成同一损害，每个人的侵权行为都足以造成全部损害的，行为人承担连带责任。这就在法律上规定了以聚合因果关系的无意思联络数人侵权。例如，建筑物的设计单位设计不

当，足以导致建筑物的倒塌；而施工单位在施工中偷工减料，也足以导致建筑物的倒塌。

此种无意思联络的数人侵权的构成要件为：

第一，存在复数的加害人。这是所有数人侵权的基本前提，一人实施的加害行为不可能构成数人侵权。

第二，每个加害人分别实施了侵权行为。加害人在实施侵权行为时没有主观的意思联络，不存在共同的故意、过失，否则应该认定为共同侵权行为。无意思联络的数人侵权与狭义的共同侵权的本质区别就表现在，行为人在主观上没有共同过错。

第三，造成同一损害的结果。所谓造成同一损害，是指数个行为造成的损害结果是不可分的，如果造成数个可以分离的损害结果，则构成数个单独的侵权行为。

第四，每个人的侵权行为都足以造成全部的损害。即按照社会一般经验或者科学理论，可以认为每个人的侵权行为能够单独造成全部的损害后果发生。如果加害行为不足以导致全部的损害，则不构成聚合的因果关系，各加害人也无须承担连带责任。

对于聚合的因果关系的无意思联络的数人侵权，行为人应当承担连带责任。其原因在于，每个加害人的行为均足以造成全部损害，如没有他人行为，各加害人也要承担全部责任。

三、部分因果关系的无意思联络数人侵权

部分因果关系的无意思联络数人侵权，是指二人以上分别实施侵权行为造成同一损害，能够确定责任大小的，各自承担相应的责任；难以确定责任大小的，平均承担赔偿责任。部分因果关系，又称为共同的因果关系，是指数人分别实施侵害他人的行为，主观上并无意思联络，由加害人分别承担损害赔偿责任。①

部分因果关系的无意思联络的数人侵权的构成要件为：

第一，存在复数的加害人。这是所有数人侵权的基本前提，没有复数的加害人不可能构成数人侵权。

第二，每个加害人分别实施了侵权行为。"分别实施"是无意思联络数人侵权的共同构成要件，是指各加害人在实施侵权行为时没有主观的意思联络，不存在共同的故意、过失，否则应该认定为共同侵权行为。

第三，造成同一损害的结果。所谓造成同一损害，首先要求数个加害行为只导致了一个不可分割的损害。另外，指数个行为的整体与造成的损害结果是不可分的，这与聚合的因果关系有所不同，聚合的因果关系中各个行为与损害结果之间都可能构成独立的因果关系。如果造成数个可以分离的损害结果，则构成数个单独的

---

① 王泽鉴：《侵权行为》，北京大学出版社 2009 年版，第 361 页。

侵权行为。

第四，每个人的侵权行为都不足以造成全部的损害。每个行为人的行为都不足以造成损害结果，如果将各个行为人的行为分别来观察，将会导致每个行为人都不应当对该损害承担责任或承担全部责任。而这样的结果对于受害人来讲则是不公平的，《侵权责任法》从受害人保护的角度出发，使所有加害人对损害负责，即使每个人的侵权行为都不足以造成全部的损害，也应当承担责任。

根据我国《侵权责任法》第12条规定，对此类无意思联络的数人侵权，应当采用按份责任。具体情形有二：

第一，能够确定责任大小的，承担相应的责任。责任通常是按照比较原因力原则和比较过错原则来确定。

第二，难以确定责任大小的，平均承担赔偿责任。在许多情况下，数人的行为对行为损害结果的原因力、当事人的过错程度难以判断，或者当事人都没有过错。在这种情况下，只能采取平均分担的方法确定各自的侵权责任。

第五节 教唆、帮助行为

一、教唆行为

（一）教唆行为的概念和特征

所谓教唆，又称为造意行为，是指采用诱导、劝说、挑拨、刺激、怂恿等手段使他人产生实施侵权行为决定，进而从事某种侵权行为的一种过错行为。没有教唆人的唆使，被教唆人就不会实施侵权行为，所以，教唆行为乃是加害行为的原因，在法律性质上应当与加害行为相同。

教唆行为具有以下特征：

（1）教唆行为的必须是积极的作为，消极的不作为不成立教唆行为。作为造意行为，加害人本无加害他人的意思，如果没有来自教唆人的不作为的方式，不可能引起被教唆人的侵权意图。

（2）教唆应当是教唆他人实施特定的侵权行为。教唆的内容应当是，特定的人针对特定对象的合法权益实施特定的侵权行为。如果让他人去实施不特定的侵权行为，则不能成立教唆行为。

（3）教唆行为具有从属性。对于侵害结果而言，教唆行为并非直接导致受害人遭受损害的原因，被教唆人的加害行为才是损害发生的直接原因。教唆行为承担侵权责任是建立在两个阶层上的侵害行为的，第一阶层是对本无侵害他人权利意思的人进行教唆；第二阶层是被教唆人实施的加害行为造成他人权益遭受损害。[①]

---

① 姚志明：《侵权行为法》，台湾元照出版公司2005年版，第95页。

（二）教唆行为的构成要件

第一，教唆人实施了教唆行为。教唆行为，在法律评价上应当被视为一种加害行为。当然，这种加害行为与通常的直接加害行为不同，是由被教唆人独立行为介入而产生的权利侵害结果，是一种间接的加害行为。

第二，被教唆人实施了被教唆的侵权行为，并符合相应的构成要件。教唆人承担侵权责任，以被教唆人实施侵权行为为前提，而且被教唆人所实施的侵权行为，符合相应的构成要件。

第三，教唆行为与受害人损害结果之间有相当因果关系。如果教唆人教唆的是一种侵权行为，而被教唆人实施的是另外一种侵权行为，则在教唆行为与损害结果之间不存在相当因果关系，教唆人对其未教唆的侵权行为不承担责任。

第四，教唆人主观上有过错。通常情况下，教唆人都是基于故意实施教唆行为。民法理论上通常借鉴刑法上的教唆犯罪的理论认为，成立教唆行为，必须有教唆故意（包括直接故意和间接故意）。① 教唆者既有教唆的故意，而且对于被教唆行为的后果，也是希望或放任结果发生的心理状态。当然，在特别情况下，因不注意而向他人作出不正当的指示，致使他人加害于第三人的，亦构成过失的教唆②。

二、帮助行为

（一）帮助行为的概念和特征

帮助行为，是指通过提供工具、指示目标以及事先应允帮助销售、保管、搬运、收受无权处分的财产等方法，从物质上或精神上帮助他人，使其实施侵权行为更为容易的行为。

帮助行为主要具有以下特征：

（1）帮助行为可以是积极的作为，也可以是消极的不作为。帮助行为通常是积极的作为，不作为构成帮助行为的，主要是具有作为义务者故意不履行作为义务时，才属于帮助行为。

（2）帮助行为可以是有形的，也可以是无形的。有形的帮助行为是指提供工具、场所、指示目标，无形的帮助例如提供建议、强化犯意等。

（3）帮助人的意图仅仅是在于使加害行为更为容易，并无自己行为的意思。帮助行为的实施者无论是在被帮助人实施直接加害行为前、还是在与之同时实施或者在加害过程中实施，帮助行为人在主观上都没有自己实施加害行为的主观意图，

---

① 参见张明楷：《刑法学》，法律出版社 2007 年版，第 345 页。

② 关于过失是否能构成教唆，学者仍认识不一。如有的认为，民法上的教唆与刑法上的教唆不同者，不以故意为必要，亦得有过失的教唆。参见史尚宽：《债法总论》，中国政法大学出版社 2000 年版，第 175 页。有的则认为，教唆行为均出于故意。参见王利明：《侵权行为法研究（上）》，中国人民大学出版社 2004 年版，第 711 页。

而只是使得加害行为更容易侵害他人的合法权益。

（4）帮助行为大多是由于帮助者的故意而引发。在特殊情况下，过失行为也可能构成帮助行为。

（二）帮助行为的构成要件

第一，帮助人实施了帮助行为。帮助人的责任建立在其帮助行为的基础上，未实施帮助行为者不是帮助人，也就无须承担侵权责任。

第二，被帮助人实施的侵权行为，符合相应的构成要件。帮助人具有从犯的性质，被帮助人不构成侵权行为，则帮助人也不承担侵权责任。

第三，帮助行为与损害结果之间具有相当因果关系。在有些情况下，帮助行为是损害发生的不可或缺的必要条件之一，帮助者促成了损害的发生；而在另一些情况下，帮助行为是导致损害范围的扩大，导致损失的进一步恶化。但无论如何，帮助行为都是最终损害发生的原因之一。

第四，帮助人主观上有过错。通常情况下，帮助人是希望损害结果发生，或者明知可能造成损害，仍然实施帮助行为。学说上也有认为无论帮助人是故意或过失，均应承担责任。例如，小偷白日公然开门搬运东西，甲误以为邻居搬家上前帮助，不仅加快了盗窃速度而且也使盗窃行为很难被辨认出来。对此，通说借鉴刑法上关于帮助犯的理论，基本上是坚持故意帮助，才负侵权责任。

三、教唆、帮助行为的法律后果

（一）教唆、帮助完全行为能力人的责任

教唆、帮助他人实施侵权行为的，应当与行为人承担连带责任。

教唆人使本无犯意的他人决意实施特定的侵权行为，其主观上的可非难性程度很高，与损害结果发生之间的因果关系非常紧密。所以，无论教唆人是否实际实施侵权行为，他都应当与完全行为能力人负同样的责任。帮助行为意图使加害行为更为容易，对于损害结果的发生也存在着密切的关联，是损害结果发生的必要条件之一。而且，作为完全行为能力人通常具有完全的侵权责任能力，对自身的加害行为亦应负责。所以使二者承担连带责任，有利于受害人的保护。

（二）教唆、帮助无民事行为能力人、限制民事行为能力人的责任

教唆、帮助无民事行为能力人、限制民事行为能力人实施侵权行为的，应当承担侵权责任；该无民事行为能力人、限制民事行为能力人的监护人未尽到监护责任的，应当承担相应的责任。

1. 教唆人、帮助人的责任

无行为能力人和限制行为能力人并没有完全的意思能力，尤其是无民事行为能力人，其可能完全不了解自己的行为后果，从而可能成为教唆人、帮助人的工具。另外，教唆和帮助无民事行为能力人、限制民事行为能力人实施侵权行为，往往对无民事行为能力人、限制民事行为能力人自身将产生严重的不良影响，在主观上具

有较高的可非难性，应加重其责任。因此，《侵权责任法》规定，应当由教唆人、帮助人承担侵权责任。

2. 监护人的责任

被教唆、帮助的无民事行为能力人、限制民事行为能力人的监护人，如果未尽到监护责任的话，应当承担相应的责任。监护人未尽到监护责任的，应当在相应责任的范围内，向受害人承担赔偿责任，并不与教唆人、帮助人承担连带责任。监护人承担了相应责任后，得就其相应的责任向教唆人和帮助人行使求偿权。

值得注意的是，教唆、帮助行为中的监护人责任，是监护人责任中的特殊情形，应当采取特别法优先于一般法的法律适用方法，根据《侵权责任法》第9条第2款的规定，监护人尽到了监护职责就可以免除其责任，而不能拘泥于第32条第1款的规定，认为监护人尽到监护责任的，仅可以减轻侵权责任，不能免除其责任。

【案例分析38-3】

某日深夜两点，开锁公司接到一男子电话，说自己的汽车钥匙丢了，请开锁公司帮忙打开车门。开锁公司员工查看了该名男子出示的身份证、驾驶证和行车证后，为其开锁。经查，该男子并非车主，而是盗车贼。虽然开锁公司三名员工排除了盗车嫌疑，但车主吴某主张，如果没有开锁公司的帮助，犯罪分子不可能如此顺利将其车辆盗走，开锁公司应当承担侵权责任。开锁公司主张，已经核对了当事人的身份证、驾驶证和行车证，并无任何过错，不应承担侵权责任。

本案的焦点在于，开锁公司的行为是否构成帮助行为。区分帮助行为与非帮助行为，其关键在于开锁公司在主观上是否知道请他开锁的人有盗窃的故意。如果主观上明知道别人在实施盗窃行为，仍然帮助对方开锁，则构成帮助行为，应当承担连带责任，否则，不能认定为帮助行为。在开锁公司已经严格审查了请求人（盗窃犯）所持有的证件，并根据其现有的审查能力不能证明盗窃犯所持证件为假证，其解锁行为则属于正当的行为，不能因其未能识别伪造证件，就认为存在帮助他人实施侵权行为的故意。

【本章思考题】

1. 试述共同侵权行为的类型体系。
2. 试述共同加害行为的构成要件与责任承担。
3. 试述共同危险行为的本质与责任承担。
4. 试述无意思联络数人侵权的类型及责任承担。
5. 试述教唆、帮助未成年人的侵权责任。

第三十九章　侵权责任方式与免责事由

☞ **本章导读**

　　侵权责任方式，是指侵权责任人依法应当对侵权行为承担的不利法律后果的形式和类别，侵权责任方式是民事责任形式在侵权法领域的体现。侵权责任方式中，停止侵害、消除危险、排除妨碍和返还财产在传统民法上，作为保护绝对权的手段性权利而存在，是绝对权请求权。从解释论的角度来看，停止侵害、排除妨碍、消除危险、返还财产，可以解释为类似于绝对权请求权的规定。

　　就一般侵权责任而言，受害人的故意、第三人原因、不可抗力、正当防卫与紧急避险等，都可以成为其免责事由。但是，在特殊侵权责任中，只有在符合法律规定的特别免责事由的情况下，才能够免责。

第一节　侵权责任方式概述

一、侵权责任方式的概念和特征

　　侵权责任方式，也称侵权责任形式，是指侵权责任人依法应当对侵权行为承担的不利法律后果的形式和类别。侵权责任方式具有如下特点：

　　第一，侵权责任方式是侵权责任人承担责任的具体方式。侵权责任是一个抽象的概念，责任人要承担侵权责任必须落实为具体的责任方式。否则，侵权责任将无法实现。

　　第二，侵权责任方式是民事责任形式在侵权法领域的体现。违反民事义务即应当承担民事责任，具体表现为民法所规定的各种民事责任措施，如支付违约金、返还不当得利等。侵权责任方式是民事责任形式在侵权法领域的体现。

　　第三，侵权责任的主要承担方式是赔偿损失。我国《侵权责任法》继承《民法通则》的理念，将传统侵权责任方式由赔偿损失一种扩展至现在的八种，但这并不能改变损害赔偿的侵权责任方式在整个侵权责任体系中的基础地位和统帅作用。

二、《侵权责任法》规定的侵权责任方式

　　根据我国《侵权责任法》第 15 条规定，承担侵权责任的方式有如下 8 种：

（一）停止侵害

停止侵害，主要是要求行为人停止实施正在进行的加害行为。这种责任方式旨在及时制止侵害，防止侵害后果的扩大。此种责任形式的适用条件是，行为人实施的侵害他人财产和人身的行为仍在继续之中，对于未发生的或者已经终止的加害行为，受害人即不能再请求法院责令侵害人停止其侵害行为。此种责任形式的适用范围为各种侵权行为，人民法院根据受害人的请求，可以在案件审理之前、审理过程中或者在判决中判令加害人停止侵害。

（二）排除妨碍

排除妨碍，是指行为人实施的行为使他人无法行使或者不能正常行使人身、财产权益的，受害人可以要求行为人排除妨碍权益实施的障碍。受害人有权请求排除妨碍，也可以自行排除妨碍，排除妨碍的费用由行为人承担。此种责任形式的适用条件是，妨碍行为必须是不正当的，如果行为人的行为是正当行使权利的行为，例如依据租赁合同使用房屋、依法行使留置权等，权利人则不能请求排除妨碍。排除妨碍仅仅是导致他人的绝对权圆满状态受到妨害，造成对权利行使的障碍，但通常并未造成他人的实际损害，这与停止侵害强调加害行为在继续之中的要求有所不同，也与赔偿损失不同。

（三）消除危险

消除危险，是指行为人的行为对他人人身和财产等绝对权益的圆满状态构成威胁，或存在着侵害他人人身或财产权益的可能，他人有权要求行为人采取有效措施消除危险。《物权法》第 35 条规定可能妨害物权的，权利人可以请求消除危险。即明确规定了《物权法》上消除危险的适用条件。请求消除的"危险"应当是确实存在的对他人财产、人身造成损害的可能，应当是可以合理预见的，而不是主观臆测的。消除危险应当由危险的形成人、引起者承担，消除危险的费用由危险设施的权利人承担。

（四）返还财产

返还财产，又称返还原物，是物权请求权的一种，是指物权人要求无权占有其物或侵夺其物的人返还该物的请求权。返还财产的民事责任不仅适用于因侵权行为而无权占有他人财产的情形，而且还适用于不当得利、无因管理以及因法律行为无效或被撤销后的情形。侵权责任中的返还财产，责任人应当是基于侵权行为非法占有其物的人，权利人应当财产的权利人，所主张返还的财产应当存在。

（五）-恢复原状

恢复原状，是指恢复到权利被侵犯前的原有的状态，或者将损害的财产修复。恢复原状在民法上有三种意义，其一是有体物遭受侵权人不法损坏时的恢复如初（《民法通则》第 117 条第 2 款、《合同法》第 223 条第 2 款），其二是合同解除情况下的与返还财产相当的恢复原状（《合同法》第 97 条），其三是当事人法律关系回复到原来状态的事实、状态。① 作为侵权责任方式的恢复原状，以侵权行为的成立为前提，也要求须有恢复的可能与必要。至于修理、重作、更换（《物权法》第36条、《合同法》第111条）虽亦可作为恢复原状的手段之一，但并非《侵权责任法》确定的责任方式，主要适用于合同法领域。

（六）赔偿损失

赔偿损失，是指行为人因侵权行为而给他人造成损害，应以其财产赔偿受害人所受的损失。赔偿损失时最基本的侵权责任方式，也是运用最为广泛的责任方式。《侵权责任法》规定的赔偿损失，包括人身损害赔偿、财产损失赔偿和精神损害赔偿。赔偿损失适用的前提条件是，必须有损害并且该损害有必要也能够依法获得救济。

（七）赔礼道歉

赔礼道歉，是指加害人以口头或者书面形式向受害人承认错误、表示歉意。它主要适用于侵害人身权的情况。赔礼道歉的侵权责任方式，存在着强迫加害人内心自由的缺陷。赔礼道歉责任超出了现代社会中可以施加司法强制的事项的范围，试图对于人的内心世界进行强制，是法治万能主义的一种表现。赔礼道歉的强制执行将会导致违背保障良心自由的宪法原则。② 在客观的效果上，赔礼道歉责任要么导致强迫加害人向公众说谎的不良后果，要么根本无法实现，而只能由法院采用公告、快报等方式将判决书的主要内容和有关情况公布于众，以达到相同的后果。法院采取的替代赔礼道歉的方式，在一定程度上承认了赔礼道歉不具备强制属性、不符合法律责任的基本属性的现实。由于赔礼道歉旨在修补受害人的精神创伤，法院采取的替代方式能否实现相应的效果，值得斟酌。

（八）消除影响、恢复名誉

消除影响，是指加害人因其侵害了民事主体的人格权应承担的在影响所及的范围内消除不良后果的民事责任。恢复名誉，是指加害人在其造成侵害后果范围内，使受害人的名誉恢复至未受侵害时的状态。消除影响是适用于侵害人格权如隐私权、肖像权的侵权责任方式；恢复名誉则专属于侵害名誉权的侵权责任。一般来说，在什么范围内造成损害的，就要在什么样的范围内消除影响或恢复名誉。

第二节　侵权损害赔偿

一、侵权损害赔偿的概述

侵权损害赔偿，是指因为侵权行为以及其他致害原因不法侵害他人人身、财产

---

① 崔建远：《物权法》，中国人民大学出版社 2009 年版，第 118 页。

② 参见韩大元：《韩国宪法法院关于赔礼道歉广告处分违宪的判决》，载《判解研究》（2002 年第 1 辑），人民法院出版社 2002 年版。

权益并造成损害时，侵权责任人依法应当承担的赔偿责任。侵权损害赔偿是最基本的侵权责任承担方式，以现实的损害为前提，以恢复原状和金钱赔偿为具体赔偿方法。

依据侵权损害赔偿责任的功能，可以将侵权损害赔偿区分为填补性损害赔偿和惩罚性损害赔偿。填补性损害赔偿，是指旨在使受害人回复到如同未受损害而应有的状态而给予的赔偿。惩罚性损害赔偿，是指为了对行为人实施惩戒，追求一般抑制效果，而由侵权人在支付填补性损害赔偿之外支付高于受害人实际损失的赔偿金。我国《侵权责任法》第47条在产品责任中，承认了惩罚性损害赔偿。

根据损害是否能够依金钱计算，可以将侵权损害赔偿区分为财产损害赔偿和非财产损害赔偿。财产损害赔偿，是赔偿义务人就受害人或其他赔偿权利人所遭受的财产损失而承担的赔偿责任，例如毁坏动产而支付的修理费、伤害人身而支付的医疗费等。非财产损害赔偿，是指因侵害他人人格利益而造成他人肉体、精神上的痛苦而支付的损害赔偿金。非财产损害赔偿本身既"无法挽回逝者之生命，亦无法化解生者之悲恸"，但"仍可略表抚慰之心意，体现社会之公平，实践人类之良知"①。

二、侵权损害赔偿法律关系的主体

（一）侵权损害赔偿的权利主体

侵权损害赔偿的权利主体，也称为赔偿权利人，是指享有侵权损害赔偿请求权的民事主体。侵权损害赔偿权利人包括直接受害人和间接受害人。由于直接受害人是侵权损害后果的直接承受者，直接受害人都是侵权损害赔偿法律关系的权利主体。间接受害人是指侵权行为损害后果的间接承受者，原则上只有法律明确规定时才可以成为赔偿权利人。根据《侵权责任法》第18条，除直接受害人作为侵权赔偿的权利主体之外，下列主体可以作为间接受害人享有侵权损害赔偿请求权：

第一，被侵权人死亡时，被侵权人的近亲属。《侵权责任法》并未对作为侵权损害赔偿权利主体的近亲属范围作出明确规定，立法者的考虑是交由法院在具体案件中具体判断，以充分保护最应当受到救济的近亲属。②

第二，作为直接受害人的单位分立、合并时，承继权利的单位。我国法律上的单位包括法人和其他组织。

第三，被侵权人死亡时，支付被侵权人医疗费、丧葬费等合理费用的人。为死

---

① "张洪星、孙少蕊与济南市植物园管理处建筑物塌落损害赔偿纠纷案"，山东省济南市中级人民法院（2001）济民终字第1251号民事判决书；转引自程啸：《侵权行为法总论》，中国人民大学出版社2008年版，第419页。
② 全国人大常委会法制工作委员会民法室编：《〈中华人民共和国侵权责任法〉条文说明、立法理由及相关规定》，北京大学出版社2010年版，第67~68页。

者支付了丧葬费或医疗费的第三人，之所以享有损害赔偿请求权，在理论上可以通过无因管理、不当得利和侵权行为予以解释。

（二）侵权损害赔偿的义务主体

侵权损害赔偿的义务主体，也称为赔偿义务人或责任人，是指应当承担侵权损害赔偿责任的民事主体。侵权损害赔偿的义务主体原则上是加害人本人，此外，法律还基于特定的立法政策，将与加害人存在特定关系的其他人纳入赔偿义务主体，对受害人承担侵权损害赔偿责任。

《侵权责任法》规定的这类侵权损害赔偿的义务主体主要有，为他人行为承担责任的人，如用人者责任（第34、35条）、监护人责任（第32条）、为第三人承担补充责任的安全保障义务人（第37条）等。此外，共同危险行为中未造成实际损害的行为人根本上也是为他人的加害行为承担责任。关于动物致害、物件致害等，侵权损害赔偿的义务主体是动物的饲养人、管理人和物件的所有人、管理人或使用人。

三、侵权损害赔偿的规则

（一）完全赔偿原则

完全赔偿原则，又称全部赔偿原则，是指与侵权行为之间具有相当因果关系的损害，都应当予以赔偿。完全赔偿原则，并非赔偿全部损失，而是赔偿其中与侵权行为具有相当因果关系的部分。就其具体适用范围而言，完全赔偿原则通常适用于财产损害赔偿，而无法适用于非财产损害赔偿，因为精神损害的存在本身就难以确定，无法贯彻完全赔偿原则。

依据完全赔偿原则，赔偿权利人可以获得赔偿的损害包括所受损害和所失利益。其中，所受损害也称积极的损害，是指因损害原因事实的发生，现有财产的直接减少；所失利益也称消极的损害，是指因损害原因事实的发生，本来应当获得的利益而未能获得。

（二）损益相抵

损益相抵规则，也称为损益同销规则，是指赔偿权利人基于与受损害的同一赔偿原因而受有利益时，应由损害赔偿额中扣除所得利益，确定实际的损害赔偿。例如受伤住院因而节省伙食开支，房屋倒塌因而遗留建筑材料等。①

1. 损益相抵规则的适用要件

侵权损害赔偿中损益相抵规则的适用，必须具备以下要件：（1）损害赔偿请求权人必须因同一赔偿原因事实而受有利益。如果利益基于第三人的给付产生则不适用损益相抵规则。（2）所受利益应当是客观的财产利益。如因房屋被焚毁而发现用以诅咒的木剑或者因交通事故致人妻死亡而使之能与第三者结婚，这些或者不

---

① 马俊驹、余延满：《民法原论》，法律出版社2007年版，第1042页。

属于财产利益，或者不属于加害事实必然引发的客观利益，而不能适用损益相抵规则。（3）侵权行为与所得利益间具有相当因果关系。与侵权行为没有相当因果关系的获益不适用损益相抵规则，例如因房屋被焚毁而发现祖上埋藏的银元，祖上的埋藏行为是其取得银元在法律上的原因，而不是焚毁房屋的侵权行为。

2. 损益相抵规则的具体适用

通常情况下，可以扣减的利益主要包括如下几种：（1）被侵害物的残余体。如建筑物被毁之后的建筑材料、汽车毁坏后的可用零件。（2）以新赔旧时的价值差异。如果以新物赔偿被毁损的旧物时，则在新旧两物价值之间的差额就是所得利益，原则上应当予以扣除。（3）原本应当支出，因损害事故的发生而免于支出的费用，如因受伤住院而免的日常交通费用。（4）原本无法获得，因损害事故的发生而获得的利益。例如，赛马时骑手违反管理规定鞭马致死，马匹所有人因马的死亡遭受了损害，但同时也因此获得了比赛奖金（前提是如无加害行为，无获得该笔奖金的可能）。

（三）过失相抵

过失相抵，是指当受害人对于损害的发生或者损害结果的扩大具有过错时，依法减轻或者免除赔偿义务人的损害赔偿责任。

1. 过失相抵适用的要件

（1）受害人必须具有过错。受害人的过错是过失相抵的首要条件，如果受害人没有过错就根本排除了过失相抵规则的适用。受害人的过错首先是受害人违反对自己利益的维护照顾义务，是法律上的不真正义务，违反这种义务仅仅导致所受损害不能获得赔偿，是"对自己之过失"或"非固有意义之过失"①。

（2）受害人行为必须是不当行为。过失相抵是以法益所有人应负担自己损害的原则为前提，只要对于损害的发生或扩大具有原因力，而偏离了对正常人可以期待的行为模式，即构成了受害人的过失。例如，在受害之后应当及时就医而没有就医，本身并不违法，但却不符合常人的行为模式，具有不当性，属于过失相抵上的过失。

（3）受害人必须具有过失相抵能力。如果受害人并不具备过失相抵能力，即事理辨识能力时，也不能适用过失相抵。例如 3 岁幼童踯躅路上，被汽车撞上，该幼童即使违反交通规则，也不能适用过失相抵。至于监护人的过失能否作为受害人的过失适用过失相抵规则，则存在争议。本书认为，鉴于未成年人受到损害通常会推定其监护人具有过错②，如果认为监护人的过失应当适用过失相抵的话，将导致优先保护未成年人利益的民法原则成为一纸空文，所以监护人的过失不能一概适用

---

① 王泽鉴：《债法原理》，北京大学出版社 2009 年版，第 37 页。

② 这种情况不仅在我国司法实践中非常常见，而且在欧洲也不例外。参见［德］冯·巴尔：《欧洲比较侵权行为法（上卷）》，法律出版社 2001 年版，第 210~211 页。

过失相抵规则。

（4）受害人行为与损害发生或者扩大有相当因果关系。受害人的过错应当与加害人所导致的损害之间存在因果关系，如果受害人的故意或者过失导致的不是同一损害的发生或扩大，而是另外一个损害的发生或与加害人无关的损害的扩大，则不能适用过失相抵。

2. 过失相抵规则的适用限制

（1）无过错责任归责时受害人须有重大过失。《侵权责任法》对于过失相抵规则的适用，并没有作出一般性的规定，但司法实践中关于过失相抵规则的适用限制则有比较明确的限制，在适用无过错责任归责原则的情况下，受害人有重大过失的，方能适用过失相抵规则。此外，高度危险物造成他人损害的，只有被侵权人对损害的发生有重大过失的，才可以减轻占有人或者使用人的责任。另外，在动物致人损害时，受害人的轻过失不可能导致责任的减轻，即不适用过失相抵规则。

（2）侵权人故意或重大过失致人损害，受害人仅有一般过失时不适用。《侵权责任法》虽然对此并未明确规定，但故意或重大过失的主观可非难性较大，受害人一般过失即予以减轻的话，可能会导致纵容不法侵害行为的不良后果。因此，当侵权人因故意或者重大过失致人损害，受害人只有一般过失的，不减轻赔偿义务人的赔偿责任。

四、财产损害赔偿

损害可以分为财产损害和非财产损害（也称为精神损害），可以金钱衡量的损害都是财产损害，否则就是非财产损害。就致害原因而言，财产损害可以区分为因为人身伤亡而产生的财产损害和因为侵害财产权益而产生的财产损害。相应地，财产损害赔偿也包括两种类型，即人身伤亡的财产损害赔偿和侵害财产权益的财产损害赔偿。

（一）侵害人身权益的财产损害赔偿

侵害他人人身权益造成财产损失的，应当按照被侵权人因此受到的损失承担损害赔偿责任。在侵害生命权、健康权和身体权等物质性人身权益导致人身伤亡的，受害人、受害人依法扶养的人以及死亡受害人的近亲属等，有权要求赔偿义务人承担金钱赔偿责任。人身伤亡的财产损害赔偿包括人身伤害的一般财产损害赔偿与致人残疾、致人死亡的财产损害赔偿。

如果侵害名誉权、姓名权、荣誉权、肖像权和隐私权等非物质性人身权益时，所造成的损失往往难以确定，侵权人因此获得利益的，按照其获得的利益赔偿。如果侵权人获得的利益也难以确定，受害人和侵权人就赔偿数额又不能协商一致，向人民法院提起诉讼的，由人民法院根据实际情况确定赔偿数额。

人身伤亡的财产损害赔偿适用金钱赔偿的方法，除当事人另有约定外，赔偿原则上应当一次性支付，一次性支付确有困难的，可以分期支付，但应当提供相应的担保。

1. 人身伤害的一般财产损害赔偿

所谓人身伤害的一般赔偿，是指无论是致伤、致残，还是致死，凡是有一般赔偿范围内所列项目的费用支出，行为人均应给予赔偿。[①] 根据《侵权责任法》第16条前句的规定，侵害他人造成人身损害的，应当赔偿医疗费、护理费、交通费等为治疗和康复支出的合理费用，以及因误工减少的收入。

《侵权责任法》第16条所列举的一般赔偿项目仅是几种比较典型的费用支出，实践中出现的因为治疗和康复所支出的其他合理费用，也应当纳入赔偿范围之中，根据《人身损害赔偿解释》的规定，这些因为治疗和康复所支出的其他合理费用还包括住院伙食补助费、营养费、住宿费等三项一般赔偿项目。

2. 致人残疾的财产损害赔偿

因侵权导致他人残疾的，除了赔偿上述一般项目以外，还应当对因残疾所造成的特殊损害予以赔偿。《侵权责任法》第16条明确规定：造成残疾的，还应当赔偿残疾生活辅助具费和残疾赔偿金。另外，根据《人身损害赔偿解释》的规定，还应当赔偿被扶养人的生活费。

残疾生活辅助具费，是指受害人因残疾而造成身体功能全部或者部分丧失后需要配制补偿功能的残疾辅助器具的费用。残疾赔偿金，是造成受害人残疾时所特有的一个赔偿项目。关于残疾赔偿金的性质和赔偿标准，理论界和实务界存在较大争议，当前我国主流的观点认为残疾赔偿金是财产损害赔偿。被扶养人的生活费，是指因受害人丧失劳动能力，导致依靠其扶养的人丧失扶养，从而请求赔偿义务人赔偿的费用。

3. 致人死亡的财产损害赔偿

在因侵权行为导致他人死亡时，还应当对因致人死亡所造成特殊损害予以赔偿，如赔偿丧葬费和死亡赔偿金。另外，根据《人身损害赔偿解释》的规定，还应当赔偿被扶养人的生活费。

死亡赔偿金，是在受害人死亡的情况下所特有的损害赔偿项目。《侵权责任法》第16条虽然规定了死亡赔偿金，但是并没有明确它的性质。由于我国司法实践对于农村居民和城镇居民采取不同标准，从而引发了所谓"同命不同价"的社会讨论。《侵权责任法》试图对此作出回应，该法第17条规定，因同一侵权行为造成多人死亡的，可以相同数额确定死亡赔偿金。该规定授权法官在处理造成多人死亡的事故时，不考虑受害人的个体差异，如年龄、职业、教育背景、收入状况尤其是城乡差别等，而以相同的数额确定死亡赔偿金。

[①]　全国人大常委会法制工作委员会民法室编：《〈中华人民共和国侵权责任法〉条文说明、立法理由及相关规定》，北京大学出版社2010年版，第58页。

（二）侵害财产权益的财产损害赔偿

侵害财产权益的财产损害赔偿，我国《侵权责任法》第19条做了明确规定，即侵害他人财产的，财产损失按照损失发生时的市场价格或者其他方式计算。该条规定的"财产"应该是指财产权益，主要包括：（1）物权，包括所有权、用益物权和担保物权；（2）知识产权，包括著作权、专利权、商标专用权和发现权；（3）股权；（4）继承权。其中侵害知识产权、股权、继承权的，可以根据《著作权法》《专利法》、《商标法》和《公司法》、《继承法》的相关规定处理，以下仅探讨侵害物权中的典型形态，即侵害所有权时的财产损害赔偿问题。就所有权的侵害来说，其损害的计算分为如下两部分：

第一，所受损害的计算。对于侵害所有权的损害赔偿，通常的计算公式是，赔偿额＝时价－残存价额。残存价额可以实际算定或者估定，否则，根据经验公式算出：残存价额＝取得成本/（耐用年数+1）；每年的折旧额＝（取得成本－残存价额）/耐用年数；时价＝取得成本－[（取得成本－残存价额）/耐用年数]×已用年数。应予说明的是，以上公式适用于被毁损物成本价格与被毁损时同类物品成本价格不变的情形。在实践中，如果是原成本价高、现价低或原价低、现价高的物品，都应当按照现价来计算，如此才不会给受害人造成损失或增加加害人的负担。

另外，凡是法律对于折旧率有规定的，应当依照法定的折旧率来计算年折旧额，其公式为：年折旧额＝（取得成本－残存价额）×法定年折旧率。使用年限不足1年的，按实际使用月数与全年之比计算；不满1月的，以1月来计算。有些物品如汽车，如果发生过事故，在一般人看来该车成了不吉利的车，其价值也会贬损。因此，对此种价值贬损也应当视为所受损害，予以赔偿。

第二，所失利益的计算。一般认为，在侵害所有权的情况下，可以按照下列公式来计算：所失利益＝单位时间增殖效益×影响效益发挥的时间。在这一公式中，"单位时间增殖效益"是一个关键的量。确定这个量，通常用三种方法：一是收益平均法，即计算出受害人之前一定时间里的单位时间平均收益值。二是同类比照法，即确定条件相同或基本相同的同类生产、经营者，计算该人在同等条件下的平均收益值，作为受害人损失的单位增殖效益的数额。三是综合法，即将以上两种方法综合使用，使计算更趋于精确。

【案例分析39-1】

　　　　原告刘某到被告韩某经营的音像店租影碟，用其购买使用的乘坐飞机用的优惠卡"白山卡"作租碟押金，抵押在韩某处。但第三天刘某去退碟时，韩某告诉刘某，其音像店昨天被盗，"白山卡"也因此丢失。刘某要求韩某赔偿其损失4000元，韩某只同意赔偿其办卡时的费用400元。双方协商不成，刘某向人民法院提起诉讼。刘某诉称，因其做生意需要经常乘坐飞机到广州进货，使用"白山卡"每次可优惠10%的机票款，由于"白山卡"已不再办理，还有两年的有效期，该卡的丢失在机票费用方面最少造成损失4000元，要求被告予以赔偿。被告韩某称，音像店被盗是意外之事，故只同意赔给原告400元办卡费用。

本案中，被告对于应予赔偿这一点并无异议，但对于赔偿范围则存在争议。"白山卡"的丢失，对于刘某而言其直接损失为其办卡所花费的费用400元，如果该卡能够重新办理，则通过赔偿办卡费用及办卡之前的损失，尚可实现侵权损害赔偿填补损害的目标。但由于该卡已经不再办理，且还有两年的有效期，在这两年中，可以合理期待做生意的刘某会正常乘坐飞机，但其每次乘坐飞机均会因"白山卡"的丢失，而损失10%的机票费用。就此来讲，在确定赔偿额时，应当考虑持卡人的用卡频率，使用频率越高，得到的赔偿数额就应该越高。惟其如此，方能实现侵权损害赔偿填补损害的目的。

五、精神损害赔偿

(一)精神损害赔偿的概念和特征

精神损害赔偿，是指受害人就其人格权益或身份权益遭受损害所应获得的金钱赔偿。《侵权责任法》第22条规定，侵害他人人身权益，造成他人严重精神损害的，被侵权人可以请求精神损害赔偿。该条继《民法通则》第120条首开精神损害赔偿先河之后，在一般意义上确立了精神损害赔偿的地位。我国民法上的精神损害赔偿具有如下特点：

第一，精神损害赔偿属于侵权责任。虽然在理论上存在着众多将精神损害赔偿适用于合同责任的呼声，但我国现行法并未承认基于合同的精神损害赔偿。因此，精神损害赔偿请求权基础必须在《侵权责任法》规范中寻找，不能依据《合同法》规范主张精神损害赔偿请求权。

第二，精神损害赔偿具有限定性。与财产损害赔偿适用完全赔偿原则不同，精神损害赔偿以限定赔偿为原则。一方面，精神损害赔偿主要适用侵害人身权益，侵害财产权益通常不产生精神损害赔偿责任；另一方面，由于精神损害存在很大的主观性和不确定性，所以《侵权责任法》第22条要求造成"严重"的精神损害，方可以请求精神损害赔偿。

(二)精神损害赔偿的适用

根据《侵权责任法》第22条规定，精神损害赔偿的适用要满足以下两项要件：

1. 侵害他人人身权益

人身权益包括人格权、身份权和人身利益。《侵权责任法》第2条第2款所规定的人格权、身份权当然属于精神损害赔偿的范围，对于《侵权责任法》并未明确列举的其他人身权益，例如身体权、配偶权、亲权和亲属权等均可以通过纳入到《侵权责任法》第2条第2款中的"等"字范围内，使其获得保护。

2. 受害人遭受了严重的精神损害

受害人遭受了精神损害是精神损害赔偿责任产生的前提。精神损害与受害人的心理承受能力、受教育程度、社会交往等个体因素密切相关，很难客观确定。因此，司法实践中对于受害人的精神损害予以推定。对于生命权、健康权、身体权等物质性人格权的侵害，直接推定存在精神损害；对于名誉权、荣誉权、姓名权、隐私权等精神性人格权的侵害，只要侵权行为达到一定的严重程度，也推定精神损害的存在。

《侵权责任法》之所以强调"严重"的精神损害，是为了防止精神损害赔偿被滥用。① 但本书认为，在司法实践中，对"严重"应当做从宽解释，可以采容忍限度理论，即超出了社会一般人的容忍限度就认为是"严重"的，否则可能过分限制精神损害赔偿制度的功能。

第三节　免责事由

一、免责事由概述

免责事由是指免除行为人责任的理由，也称为抗辩事由、违法阻却事由。

免责事由主要具有以下特点：

第一，免责事由是免除责任的事由。免责事由与责任不成立的事由不同。所谓责任的不成立，是指不符合责任的构成要件，而免责通常是指符合了责任构成要件，但只要具备了法定的免责事由，从而导致责任的被免除。

第二，免责事由主要由法律规定。免责事由与免责条款不同，后者是依据当事人约定而免除责任的合同条款，而免责事由是法律规定的免除责任的事由。

第三，免责事由一旦成立，就导致责任人的责任免除。免责事由既可以由被告提出，也可能是法院依职权调查的。只要能够确定免责事由的存在，就可以发生相应的法律效果，即导致责任的免除。

受害人的故意、第三人原因、不可抗力、正当防卫与紧急避险等免责事由是一般侵权责任中的免责事由。但是，在特殊侵权责任中，只有在符合法律规定的特别免责事由的情况下，才能够免责，《侵权责任法》上关于免责事由的一般规定对严格责任一般无法适用。例如，《侵权责任法》第70条的规定即表明，在民用核设施致人损害的情况下，只有因战争等情形或者受害人故意才能成为免责事由。

---

① 全国人大常委会法制工作委员会民法室编：《〈中华人民共和国侵权责任法〉条文说明、立法理由及相关规定》，北京大学出版社2010年版，第81页。

二、受害人的故意

所谓受害人故意,是指受害人明知自己的行为会发生损害后果,仍然追求损害后果的发生,或者放任损害后果的发生。损害是因受害人故意造成的,行为人不承担责任。受害人的故意,表明损害是因受害人的原因而引起的,使行为人的行为与损害结果之间的因果关系中断,从而不应当承担责任。只有在绝对的无过错责任中,受害人故意才被排除在免责事由之外,例如《侵权责任法》第79条、第80条的规定。

值得注意的是,如果受害人故意引起损害的同时,行为人也有故意、过失的,不能一律免除行为人的责任,否则将会与《侵权责任法》第26条规定的过失相抵制度发生龃龉。例如,受害人欲在高速公路上自杀,行为人超速行驶发现受害人后未采取避让或者制动措施,于此无论行为人是故意或重大过失,均应适用过失相抵制度,而不能认为受害人的故意构成免责事由。①

三、第三人的原因

第三人的原因是指除原告和被告之外的第三人,对原告的损害的发生或扩大具有过错,此种过错包括故意和过失。如某人将另一人推向自行车道,被迎面驶来的自行车撞伤等。由于第三人的原因造成损害的发生或扩大,既可能导致因果关系中断,使行为人被免除责任,也可能因为第三人的原因导致损害的发生或扩大,而使行为人被减轻责任。

对于第三人原因造成损害的,可以区分为两种类型:第一,第三人原因是损害的全部原因;第二,第三人原因是损害的部分原因。

(一)第三人原因是损害的全部原因

在第三人原因是损害的全部原因的情况下,第三人原因通常可以构成行为人的免责事由,例如甲乙斗殴,甲将乙从天桥上推下,丙驾车正常行驶将乙撞死。但是对于一些超常的危险活动,即使受害人的损害完全是由第三人的过错行为造成的,法律规定必须首先由危险活动的行为人或者危险物的持有人承担责任,或者由被侵权人选择责任的第一承担人。例如,《侵权责任法》第68条、第83条就明确规定,损害因为第三人的过错造成的,被侵权人既可以向污染者、动物饲养人请求赔偿,也可以向第三人请求赔偿。

(二)第三人的行为是造成损害的部分原因

《侵权责任法》第28条规定的"第三人造成的",既包括损害完全是由第三人造成的,也包括第三人行为是造成损害的部分原因。在第三人的行为是造成损害的

---

① 全国人大常委会法制工作委员会民法室编:《〈中华人民共和国侵权责任法〉条文说明、立法理由及相关规定》,北京大学出版社2010年版,第104页。

部分原因的情况下，第三人应当根据《侵权责任法》的相关规定承担责任，行为人则需要根据《侵权责任法》第8条、第10条、第11条和第12条的规定与第三人分担责任。

四、不可抗力

不可抗力，是指人力所不可抗拒的力量，它包括某些自然现象（如地震、台风、洪水、海啸等）和某些社会现象（如战争等）。不可抗力是独立于人的行为之外，并且不受当事人的意志所支配的现象，它在各国法律中都是免责事由。根据我国《民法通则》第153条规定，不可抗力是指不能预见、不能避免并不能克服的客观情况。

所谓不可预见，是从主观方面考察不可抗力的认定，是指根据现有的技术水平、一般人的认识能力而言，某种事件的发生具有不可预见性。

所谓不可避免并不能克服，是指当事人已尽到最大努力和采取一切可以采取的措施，仍然不能避免某种事件的发生并克服事件造成的损害后果。

因不可抗力造成损害，当事人一般不承担民事责任，但是，不可抗力必须是损害发生的唯一原因，才可以导致免责。换言之，当事人的行为对损害的发生和扩大不能产生任何作用。因此，在发生不可抗力的时候，应当查清不可抗力与造成的损害后果之间的关系，并确定当事人的活动在发生不可抗力的条件下对与其所造成的损害后果的作用。

五、正当防卫

正当防卫是指当公共利益、他人或本人的人身或其他利益受到不法侵害时，行为人所采取的一种防卫措施。正当防卫是一种合法的、受法律鼓励的行为，不具有违法性而且行为人没有过错，因此即使因正当防卫造成他人损害，行为人也应当免责。

构成正当防卫必须符合一定的条件：

第一，防卫须以不法侵害行为的现实存在为前提。不法侵害既可能是对财产的侵害，也可能是对人身的侵害，但侵害必须是实际存在的，而不是尚未发生或已经结束的。

第二，防卫须具有必要性和紧迫性。一方面，正当防卫是对不法侵害的反击，对合法行为不得实行正当防卫。另一方面，防卫是不得已的，对有条件和有能力通过非防卫的合法方式而制止的侵害行为，不得实施正当防卫。

第三，正当防卫必须针对不法侵害者本人实行。正当防卫的目的在于排除和制止不法侵害，故只能对不法行为人本人进行，不能针对第三人实行。

第四，正当防卫具有保护合法权益的目的性，即防卫意识。这就意味着防卫人不仅应意识到不法侵害的现实存在，而且应意识到其防卫行为是为了保护本人或他人的合法权益以及社会利益。

第五，正当防卫不得超过必要限度。必要限度是指，为了制止不法侵害，正当防卫必须具有足以有效制止侵害行为的应有强度。

依法实施正当防卫造成损害的，不承担责任。但是如果行为人实施的正当防卫超过必要的限度，造成不应有的损害的，正当防卫人应当承担适当的责任。

六、紧急避险

紧急避险，是指为了使公共利益、本人或他人的合法权益免受正在发生的损害危险，不得已而采取的致公共利益、他人或本人损害的行为。

紧急避险的构成必须符合一定的条件：

第一，必须是合法权益面临紧急的危险。采取紧急避险，必须是危险正在发生，并威胁着公共利益、本人或他人的利益。

第二，必须是在不得已的情况下采取避险措施。所谓不得已的情况，是指不采取避险措施，就不能保全更大的法益。

第三，避险行为不得超过必要的限度。所谓不超过必要的限度，是指在面临紧急危险时，避险人应采取适当的措施，以尽可能小的损害保全较大的法益，也就是说，紧急避险行为所引起的损害应轻于所避免的损害。

紧急避险作为一种免责事由，但并非不发生任何法律效果，紧急避险在不同情况下具有不同的法律效果。

因人的行为引起的紧急避险，引起险情的人应当承担责任。引起险情的人承担的具体责任，要依据《侵权责任法》来确定，可能适用过错责任原则，也可能适用过错推定或无过错责任原则。

因自然原因引起的，紧急避险人可以免除责任或给予适当补偿。究竟应当免责还是进行适当补偿，法院应当根据避险人和受害人的经济状况、受害人所蒙受的损失、所保全的利益与造成的损害在价值上的比较等因素，予以确定。

紧急避险措施不当或超过必要限度的，紧急避险人应当承担与其过错程度相一致的责任。

【案例分析 39-2】

李某想与朱甲谈恋爱，多次纠缠、拦截女方，遭拒绝后竟开始威胁、恐吓并伺机报复。某日，李某携刀闯入朱甲家，殴打朱甲及其母亲，朱甲的姐姐朱乙回家，看见李某正用刀刺向其母，即上前制止。在厮打过程中，李某因被朱乙刺中胸部、腹部等多处致死。法院经审理查明，李某曾因调戏妇女、打架斗殴被多次拘留，曾因盗窃被判刑。

本案涉及的是侵权行为的免责事由之一——正当防卫。本案中，李某携刀对朱甲等实施人身伤害，符合侵权行为现实存在的要件；朱甲等人的生命受到严重威胁，防卫行为不足以防止损害的发生，符合正当防卫对于必要性和紧迫性的要求；朱乙抢到水果刀对李某实施防卫行为，系针对不法侵害人本人实行，其目的在于保护自己及朱甲等人的人身安全，具有目的正当性；而且朱乙是在自己与朱甲等人的生命遭受严重威胁的情况下实施的防卫行为，其行为并未超出必要限度。因此，朱乙实施的防卫行为符合正当防卫的要件，无须对李某的死亡承担侵权责任和刑事责任。

【本章思考题】

1. 试述我国侵权责任方式的类型。
2. 试述侵权损害赔偿规则。
3. 试析我国侵权责任法上的精神损害赔偿。
4. 试述我国侵权责任法上的免责事由。

第四十章 特殊侵权行为的民事责任

☞ **本章导读**

我国《侵权责任法》规定的特殊侵权行为主要有：共同侵权行为、共同危险行为、监护人责任、网络侵权、违反安全保障义务的侵权行为、学生伤害、产品侵权、机动车交通事故侵权、医疗损害侵权、环境污染、动物侵权、物件致害等。在《侵权责任法》的适用上，特殊侵权行为优先适用法律的相关特殊规定，没有特殊规定的，才适用法律的一般规定。在请求权基础的检索顺序上，首先应当考虑拟处理的侵权行为是否构成特殊侵权行为，如果不属于特殊侵权行为，才考虑是否符合一般侵权行为的构成要件。

第一节 不作为侵权责任

一、不作为侵权责任概述

（一）不作为侵权的概念

不作为侵权责任，是指责任人违反作为义务导致他人损害应当承担的侵权责任。不作为侵权责任以责任人的作为义务为前提，此种作为义务，可能是基于法律规定、合同约定、先前的危险行为或者基于社会交往的安全保障义务。①

《侵权责任法》以作为的侵权行为为基本规范形态，以不作为的侵权行为为例外，仅当法律明确规定、合同明确约定或者负有安全保障义务时，不作为才有可能构成侵权行为。② 较之于作为的侵权行为，不作为的侵权行为所负侵权责任通常较轻③。其原因在于，任何人都负有不得损害他人的义务，该义务涉及的是法治原则的最低限度，违反该义务的违法性程度，要明显高于仅对特定人在特定场合中明确规定的作为义务。

---

① 姚志明：《侵权行为法》，台湾元照出版公司2005年版，第14~15页。
② 曾隆兴：《详解损害赔偿法》，台湾三民书局2008年增订版，第76页。
③ Deutsch, Deliktsrecht, 4. Aufl. , 2002, Rn. 40.

（二）作为义务

1. 法律规定的作为义务

法律规定的作为义务，不限于被监护人的照管义务、道路施工人采取安全措施的义务等私法上的作为义务，而且也包括公法上的作为义务，例如警察、消防人员的救助义务等。

2. 合同约定的作为义务

合同约定的作为义务，必须是不作为即可能侵害合同当事人或者特定第三人的固有利益的情形，买卖合同约定的交付买卖标的物则不属于侵权法上的作为义务。合同约定的作为义务，既可能是主给付义务，如保姆负有照顾主人家孩子的义务，也可能是从给付义务，如超市在出售之时应当包装好菜刀，避免顾客受伤。

此外，合同法上的附随义务，即合同当事人之间的通知、协助及保密等义务，也是作为义务的重要根据。例如，医生在治疗结束以后，负有不得宣扬病人病史的义务。违反附随义务的行为也可以构成侵权法上的不作为，也有利于克服我国司法实践中"不能基于违约主张精神损害赔偿"规则的弊端。

3. 先前行为引起的作为义务

先前行为，应当是有发生一定的危害结果的行为或者"先前的危险行为"。对因先前行为而产生的作为义务应当做较为严格的限制，否则"因先前行为而产生作为义务"标准就失去了明确性，导致法律适用的不确定性。

4. 安全保障义务

安全保障义务，是指开启或持续特定危险的人所应承担的、根据具体情况采取必要的、具有期待可能性的防范措施，以保护他人免受损害的义务。安全保障义务可以适当增加开启公共交通、实施职业活动、保有危险物品、具有社会性密切关系中人们的作为义务，以满足风险社会的需要。

二、网络服务提供者的责任

（一）概述

网络服务提供者的责任，从广义上来说，既包括网络服务提供者自己利用网络侵害他人民事权益时的作为侵权的责任，也包括网络服务提供者没有能够避免网络用户利用网络实施侵权行为而承担的不作为侵权责任。网络服务提供者自己利用网络侵害他人民事权益，属于一般侵权责任的领域。本章所讨论的网络服务提供者的责任，仅指网络服务提供者没有能够避免网络用户利用网络实施侵权行为而承担的不作为侵权责任。

网络侵权的后果，往往具有快速、广泛传播的特点，为了防止网络侵权的泛滥、避免网络侵权的严重后果，需要对其予以控制，而网络服务提供者开启、持续了网络这一危险，基于其对网络空间的支配，而负有控制网络侵权这种危险的作为义务。

（二）构成要件

第一，网络用户利用网络服务实施侵权行为，应当承担侵权责任。网络用户以网络服务为媒介而实施侵权行为，必须具备侵权行为的构成要件，因其加害行为造成受害人权益的侵害，应当承担侵权责任，这是服务提供者责任的前提。

第二，网络服务提供者没有采取必要措施。网络服务提供者应当及时采取必要措施，避免受害人遭受损害，此为网络服务提供者的作为义务。所谓网络服务提供者，通常包括技术接入服务商、网络内容服务商、中介服务商和在线服务商。必要措施，即客观上采取足以阻止侵权行为的危害后果进一步扩散的各种手段。例如，删除发帖、屏蔽账号、断开链接等。

网络服务提供者负有的作为义务以其接到网络侵权的通知或者知道网络侵权的事实，即所谓的通知规则和知道规则。根据通知规则，被侵权人知道网络用户利用网络服务实施侵权行为时，有权通知网络服务提供者采取必要措施，网络服务提供者接到通知后未及时采取必要措施的，对损害的扩大部分与该网络用户承担连带责任。根据知道规则，网络服务提供者知道或者应当知道网络用户利用其网络服务侵害他人民事权益，未采取必要措施的，与该网络用户承担连带责任。①

第三，网络服务提供者的不作为与损害之间存在因果关系。不作为与损害之间的因果关系，是责任成立上的因果关系，应当符合相当因果关系、法规目的说的要求。

第四，网络服务提供者具有过错。虽然《侵权责任法》第36条第2款、第3款并未明确规定网络服务提供者的过错要件，但网络服务提供者违反其作为义务，即可认定为有过错。在过错的认定中，对于故意的认定应当采主观标准，而过失的认定则应当采客观标准。

（三）责任承担

网络用户是通过网络实施侵权行为的直接侵权人，应当根据《侵权责任法》的相应规定，对其侵权行为承担侵权责任。作为网络服务提供者就其不作为承担侵权责任，需要区分通知规则与知道规则。

在通知规则下，如果网络服务提供者在接到通知后未及时采取必要措施，即构成对其作为义务的违反，应承担不作为的侵权责任。根据责任范围的因果关系理论，网络服务提供者不对通知之前的损害负责，而仅对未采取必要措施而导致损害的扩大部分，与该网络用户承担连带责任。

在知道规则下，即网络服务提供者知道网络用户利用其网络服务侵害他人民事权益的情况下，未及时采取必要措施，即违反其作为义务，应当承担不作为的侵权

① 全国人大常委会法制工作委员会民法室编：《〈中华人民共和国侵权责任法〉条文说明、立法理由及相关规定》，北京大学出版社2010年版，第152页。

责任。在知道规则下，网络服务提供者就被侵权人的全部损害与网络用户承担连带责任。

虽然《侵权责任法》并未明确赋予网络服务提供者追偿权，但为了更好地实现《侵权责任法》的预防功能，应当允许网络服务提供者向网络用户全部追偿。

三、违反安全保障义务的责任

（一）概述

违反安全保障义务的责任，是指宾馆、商场、银行、车站、娱乐场所等公共场所的管理人或者群众性活动的组织者，未尽到安全保障义务，造成他人损害，应当承担的侵权责任。

安全保障义务具体可以区分为两类：其一是，通过影响潜在受害人以防免危险的安全保障义务，包括警告、禁止、指示义务等，如设置"禁止入内"的标牌、对危险或副作用予以说明。其二是，直接对危险源产生影响的安全保障义务，包括危险控制义务、组织义务、调查和告知的义务以及看守和照料义务等。《侵权责任法》第37条关于违反安全保障义务的侵权责任，很大程度上具有一般条款的意义，在其他相关领域，如有借助安全保障义务扩展保护范围时，可以借助对《侵权责任法》第37条的类推适用来实现。①

公共场所，是指宾馆、商场、银行、车站、娱乐场所等人群经常聚集、供公众使用或服务于人民大众的活动场所。值得注意的是，公共场所的范围，不限于经营性场所，非经营性场所也包括在内。

群众性活动，是我国《侵权责任法》第37条创造的一个新概念。立法机关对"群众性活动"的理解是，法人或者其他组织面向社会公众举办的参加人数较多的活动，比如体育比赛、演唱会、音乐会、展览、灯会、庙会和人才招聘会等。②《侵权责任法》中的"群众性活动"概念来源于《人身损害赔偿解释》第6条所规定的"社会活动"，即具有与社会公众接触的主动性、客观上的可能性和现实性的活动。

（二）构成要件

1. 公共场所管理人或者群众性活动组织者违反安全保障义务

违反安全保障义务责任的构成，首先要求具有未尽安全保障义务的客观情形。未尽安全保障义务通常表现为消极的不作为方式，即由于未尽适当注意义务，应当履行安全保障的行为，而没有作出相应的行为，从而造成他人损害的情形。

---

① 王利明、周友军、高圣平：《侵权责任法教程》，人民法院出版社2010年版，第491页。

② 全国人大常委会法制工作委员会民法室编：《〈中华人民共和国侵权责任法〉条文说明、立法理由及相关规定》，北京大学出版社2010年版，第159~160页。

2. 他人遭受损害

承担违反安全保障义务的侵权责任，需以他人遭受损害为前提，即受害人因义务人违反安全保障义务而遭受的不利益。与《人身损害赔偿解释》第6条将安全保障义务的保护范围限于人身损害相比较，《侵权责任法》第37条采用了"造成他人损害"的表述，从文意解释和历史解释的角度来看，《侵权责任法》第37条保护的权益范围应当不限于绝对性权益。

3. 安全保障义务的违反与损害之间存在因果关系

作为违反安全保障义务侵权责任构成要件的因果关系，是责任成立的因果关系，即为安全保障义务的违反与损害之间的因果关系。在因果关系判断上，通说认为采取相当因果关系说。对于不作为侵权来讲，尤其应当考虑适当履行作为义务后，能否阻碍损害结果的发生，如果能够防免损害后果的发生即成立因果关系，反之则否。

4. 安全保障义务人具有过错

违反安全保障义务的责任是过错责任。我国《侵权责任法》第37条没有明确过错要件，并非不要求安全保障义务人具有过错，而是认为，违反安全保障义务本身就意味着过错。当然，安全保障义务人可以举证证明自己并无过错，以免除侵权责任。

（三）侵权责任的承担

安全保障义务人违反安全保障义务导致他人遭受损害，即应当根据《侵权责任法》承担侵权责任。至于非法进入公共场所，如未购票进入公园者是否可以作为受害人请求赔偿，本书认为应当给予肯定。同时，在符合过失相抵规则的适用条件下，也应当适用过失相抵规则。

在公共场所管理人、群众性活动组织者承担安全保障义务范围内，第三人直接实施加害行为造成他人损害的，直接侵权的第三人根据《侵权责任法》相关规定承担相应侵权责任。

第三人致害情况下，如果安全保障义务人未尽到安全保障义务的，应当承担相应的补充责任。所谓相应的补充责任，是指对于第三人没有承担的侵权责任部分，安全保障义务人仅根据其过失大小和程度承担补充责任，而并不意味着"全部补充"。

【案例分析 40-1】

王某至沪参加药品交流会，入住上海银河宾馆，后被罪犯仝某杀害于客房内，劫走财物若干。经查，罪犯仝某在选择犯罪对象的两个小时内曾七次上下上海银河宾馆电梯。宾馆未对仝某进行访客登记，亦未注意其可疑形迹。又查明，王某所住的房门门上配有"窥视孔"、安全链及自动闭门器。上海银河宾馆系涉外星级宾馆，有规范的管理制度和安全监控设施。其自行制定的《银河宾馆质量承诺细则》内有"24小时的保安巡视,确保您的人身安全"、"若有不符合上述承诺内容,我们将立即改进并向您赔礼道歉,或奉送水果、费用打折、部分免费、直至赔偿"等内容。

"上海银河宾馆案"是我国安全保障义务第一案。宾馆属于《侵权责任法》第37条明确列举的公共场所之一,宾馆的管理者(本案中与经营者一致)对该公共场所中的人员负有安全保障义务。罪犯仝某实施抢劫、杀人,宾馆管理者未对其进行访客登记,对其两小时内七次上下宾馆电梯的可疑形迹也未予注意。宾馆作为特殊服务性行业,应向住客提供安全的住宿环境,上述疏忽明显违反了其所负安全保障义务。根据《侵权责任法》第37条第2款规定,死者王某被害所产生的侵权责任,应由罪犯仝某承担;上海银河宾馆未尽到其安全保障义务,应承担相应的补充责任。

四、学生伤害责任

(一) 概述

学生伤害责任,是指无民事行为能力人、限制行为能力人的学生在幼儿园、学校或者其他教育机构学习、生活期间受到人身损害的,幼儿园、学校或者其他教育机构应当承担责任的特殊侵权责任。

学校等教育机构,是指传授文化、技能的法人或其他组织,包括幼儿园、中小学校、职业学校和高等学校,以及辅导班、培训班等。这些教育机构对未成年学生承担的教育、管理义务的依据是《义务教育法》、《未成年人保护法》以及国家各级政府部门及地方权力机关制定的有关保护未成年学生的法规、规章,如《学生伤害事故处理办法》、《学校卫生工作条例》等。因此,学校等教育机构的责任是基于法律法规的规定对学生的法定教育、管理责任。

(二) 构成要件

1. 学生遭受人身损害

学生遭受人身损害这一要件应当具备以下要素:

首先,学生伤害责任中的伤害,仅限于学生遭受人身伤害。没有损害,或者只有财产损害而没有人身损害,就不能成立《侵权责任法》上的学生伤害责任。

其次,学生人身伤害应当发生在学习、生活期间。这里的学习、生活期间,应当作广义理解,即只要是经学校允许在校期间,学校或者其他教育机构就应当对学生负有教育、管理责任,而不论是上课、学习期间,还是休息、放假期间,课余活动期间发生的伤害也应属于学校或者其他教育机构负责的范围以内。

2. 教育机构未尽教育、管理职责

教育机构未尽教育、管理职责,是指幼儿园、学校及其他教育机构没有正确履行或者违背《教育法》等相关法律关于学校履行相应职责的客观情形。幼儿园、

学校及其他教育机构未尽教育、管理职责，有以下两种表现形式：

（1）幼儿园、学校及其他教育机构未尽教育职责。幼儿园、学校及其他教育机构在教育和教学活动中，未适当履行教育职责，未提供安全的教育活动场所、任用的教职员工不合格、采取的教育方法不合适，造成学生遭受人身损害后果。

（2）幼儿园、学校及其他教育机构未尽管理职责。幼儿园、学校及其他教育机构的管理职责不限于对学校活动的管理，还包括对学生的管理。如果幼儿园、学校及其他教育机构未尽其对于学生的纪律管理、对教师的教学管理、对于校园的安全管理以及对于校园的卫生管理职责，造成学生人身损害的，即应当承担侵权责任。

3. 教育机构未尽教育、管理职责与学生人身损害有因果关系

学校未尽教育、管理职责，须与学生伤害的损害事实之间有相当的因果关系，即两者之间具有引起与被引起的因果关系。在学生伤害事故责任中的因果关系上，在一般情况下，学校的行为与损害后果之间，只有一种因果联系，即学校的行为就是损害后果发生的原因，没有其他原因。具有这样的因果关系，学校就应当承担侵权责任。

4. 教育机构在学生伤害事故中有过错

幼儿园、学校及其他教育机构对学生人身损害的发生要承担侵权责任，还必须具有过错。只有幼儿园、学校及其他教育机构存在过错，才对学生人身伤害承担赔偿责任，不存在过错则不承担责任。

关于教育机构的过错，《侵权责任法》针对不同情况规定了不同的责任。就教育机构自身原因造成损害的责任而言，对于无行为能力人，教育机构承担的是过错推定责任；对于限制行为能力人，教育机构承担的是一般的过错责任。在第三人致害学生的责任中，则不区分被侵权人是无行为能力人还是限制行为能力人，一律承担过错责任。

（三）侵权责任的承担

1. 学校等教育机构对自己责任的承担

幼儿园、学校或者其他教育机构教职工的职务行为导致的无民事行为能力人、限制民事行为能力人人身损害的，其民事责任由幼儿园、学校或者其他教育机构作为责任主体承担责任，教职工有故意或重大过失的，幼儿园、学校或者其他教育机构可以追偿，从而教职工成为被追偿的责任主体。如果教职工非履行职务行为导致学生人身损害的，系其个人行为，学校如尽到管理职责的，则不承担责任，不是学生伤害责任的责任主体。①

2. 第三人侵权与教育机构的补充责任

无民事行为能力人或者限制民事行为能力人在幼儿园、学校或者其他教育机构

---

① 曹诗权：《未成年人监护制度研究》，中国政法大学出版社 2004 年版，第 348 页以下。

学习、生活期间，受到幼儿园、学校或者其他教育机构以外的人员人身损害的，由侵权人承担侵权责任；幼儿园、学校或者其他教育机构未尽到管理职责的，承担相应的补充责任。

第三人侵权时，其责任承担应根据《侵权责任法》的相关规定确定，例如第三人饲养的狼狗进入校园咬伤未成年学生，即应当根据《侵权责任法》第78～83条的规定承担责任。

学校等教育机构相应的补充责任，以其未尽到管理职责为前提。学校等教育机构承担的补充责任，本质上是对自己未尽对学生的安全保护义务的自己责任。由于第三人是侵害的根源，所以首先由第三人承担全部责任，仅在第三人不能发现或者没有赔偿能力的时候，方由学校等教育机构承担补充责任，且其责任应与其违反管理职责的程度相适应。

第二节　监护人责任

一、监护人责任制度概述

监护人责任，是指监护人对其所监护的被监护人造成他人损害所承担的侵权责任。

《侵权责任法》第32条规定，无民事行为能力人、限制行为能力人造成他人损害而由监护人承担责任。然而，受害人所遭受的损害毕竟是由于无行为能力人、限制行为能力人引起的，仅因其缺乏责任能力，就致使受害人自己承受损失，并不符合《侵权责任法》在保护法益和行为自由之间寻求平衡的立法宗旨，当无民事行为能力人、限制行为能力人侵害他人权益时，通常即可认定监护人监护不力，应当由其对受害人承担侵权责任。

二、监护人责任的归责原则

我国《侵权责任法》第32条对监护人责任采无过错责任原则，这一方面有利于通过强化监护人的责任，督促其履行监护责任，避免损害的发生；另一方面，也有利于强化对受害人的保护。这与《民法通则》确立的监护人责任归责原则一脉相承。当然，监护人尽到监护责任即可减轻责任，这与无过错责任原则有别。① 我们认为，尽到监护责任作为无过错责任的减轻责任事由，一方面在体系上并无冲突，毕竟无过错责任不仅经常存在减轻责任事由而且还存在众多的免责事由；另一方面，尽到监护责任并不影响监护人责任的成立，也就无法动摇无过错责任的成立

---

① 全国人大常委会法制工作委员会民法室编：《〈中华人民共和国侵权责任法〉条文说明、立法理由及相关规定》，北京大学出版社2010年版，第224页。

不问当事人过错的基础。

三、监护人责任的构成要件

（一）被监护人实施了侵权行为

《侵权责任法》第 32 条并未采取"被监护人"的表述方式，但由于责任的承担主体为监护人，致人损害的无民事行为能力人、限制行为能力人即应为其被监护人。被监护人实施的侵权行为可以是作为，例如殴打他人；也可以是不作为。当然，被监护人的不作为要认定为侵权行为，必须以作为义务的存在为前提。

（二）受害人遭受了损害

基于"无损害即无赔偿"的侵权责任法原则，监护人承担责任必须以损害的存在为前提。通常情况下，被监护人总是造成第三人的损害，但被监护人也可能造成监护人自身的损害，此时监护人不能依据《侵权责任法》第 32 条的规定请求其他监护人赔偿。

（三）被监护人的行为与损害之间存在因果关系

被监护人的行为与损害之间存在因果关系，即存在的引起与被引起的关系，是监护人承担侵权责任的要件之一，对其判断标准我国学界通说采相当因果关系说。通常来说，受害人的损害都是被监护人行为的直接后果。但间接后果与行为之间也可能具有相当因果关系。例如，12 岁的未成年人甲将其投掷箭给了 6 岁的小男孩乙，并告诉乙不要再转送他人。但是，乙并没有听甲的话，还是把这个投掷箭给了他的玩伴丙。后来，丙用这个投掷箭伤害了其他人。德国法院认为，甲的行为与损害后果之间存在相当因果关系。

（四）监护关系的有效存在

监护关系的存在，是监护人责任产生的基础。[①] 监护人因被监护人的侵权行为对被侵权人承担侵权责任，但如果监护人与被监护人之间的监护关系已经解除，监护人承担监护人责任的基础即丧失了，例如精神病人痊愈、未成年人成年、委托监护关系解除等。

四、监护人责任的承担

我国《侵权责任法》第 32 条第 1 款前句规定，无民事行为能力人、限制民事行为能力人造成他人损害的，由监护人承担侵权责任。这是《侵权责任法》就监护人责任承担确定的一般规则。当被监护人有自己的财产时，首先从被监护人本人财产中支付赔偿费用，仅在被监护人的财产不足以实现完全赔偿时，监护人才予以赔偿。当监护人尽到监护责任的，可以减轻其侵权责任。当同时存在监护人和委托监护人时，如果被委托人确有过错的，与监护人负连带责任。如果被监护人实施侵

---

① 马俊驹、余延满：《民法原论》，法律出版社 2007 年版，第 1088 页。

权行为由第三人教唆或帮助时，如果监护人未尽监护人责任，监护人也要承担相应责任。反之，监护人尽到监护人责任的，即无须承担监护人责任。

夫妻离婚后，未成年子女侵害他人权益的，同该子女共同生活的一方应当承担民事责任；如果独立承担民事责任确有困难的，可以责令未与该子女共同生活的一方共同承担民事责任。

另外，如果被监护人的行为具有违法阻却事由，监护人也可以免于承担责任。例如，被监护人遭受他人的不法侵害，其实施正当防卫，从而导致他人的人身伤害。此时，监护人就不必对受害人的损害负责。再如，被监护人紧急避险，也没有造成不应有的损害，此时，监护人也不必承担责任。

【案例分析 40-2】

某小学班主任王某经常让本班学生为其打开水，一日小学生赵某（9 岁）为其打开水上楼时，恰逢闫某（12 岁）在学校楼道的防盗门横梁上打秋千，将暖水瓶碰碎烫伤了赵某的右腿。事发之后，被告王某及校方送赵某到医院就诊。后赵某向法院起诉，要求被告闫某赔偿医疗费、误工费、交通费、治疗费以及精神损失费共计 15283.40 元。

本案被告闫某系限制民事行为能力人，应当预见到在学校楼道内打秋千的危险性，但他不遵守校规，在楼道内打秋千致赵某烫伤，应由其监护人承担民事责任(《侵权责任法》第 32 条)。

另外，本案中还涉及教育机构的侵权责任和用人者的侵权责任问题。对于无民事行为能力人赵某在学校学习、生活期间受到的人身损害，某小学应当承担责任，如其能够证明尽到教育、管理职责，可以不承担责任。班主任王某经常让小学生为其打水，学校对此种行为未予制止，未尽其管理职责，应当承担责任，不得免除。由于王某让学生为其打开水的行为并非职务行为，该小学承担的责任是教育机构的责任，而不是用人者责任。王某让本班学生为其打开水，即与其学生之间形成劳务关系，小学生赵某作为提供劳务一方，因提供劳务使自己受到损害，本应根据王某与赵某各自的过错承担相应的责任(《侵权责任法》第 35 条)，但本案中赵某属于无民事行为能力人，无过错可言，故王某应对赵某所受损害承担用人者责任。

第三节　用人者责任

一、用人者责任制度概述

用人者责任，是指用人者的工作人员或者劳务派遣人员因执行工作任务造成他人损害，用人者或劳务派遣单位承担赔偿责任的特殊侵权责任。传统侵权责任法并无用人者责任的概念，而是使用雇主责任的概念，用人者责任概念起初是将雇主责任与定作人指示过失责任汇集在一起的学理概念。① 我国法上的用人者责任具有如下特点：

第一，用人者责任是因执行工作任务致人损害的责任。用人者责任都是因为执行工作任务致人损害而产生的，用人者利用被使用者来扩张其活动范围，从而获得利益，按照损益同归的原则，他也应当对被使用者造成他人的损害承担侵权责任。

第二，用人者责任是对他人行为的责任。造成损害的过程中，直接行为人是工作人员、提供劳务的一方，而承担侵权责任的人并不是这些人，而是对他们有支配关系的用人者。正因为如此，此种责任也被称为替代责任，是对自己责任原则的突破。

第三，用人者责任以劳务关系为责任基础。用人单位、接受劳务派遣单位和接受劳务一方之所以在法律上应对其工作人员、劳务提供者承担责任，其前提是用人者与被使用者之间的劳务关系。

用人者何以要对被使用者在执行工作任务过程中的致害行为承担侵权责任，理论上存在着不同的学说。其一是收益与风险一致说，该说主张用人者通过被使用人扩展业务范围，获取更高额的利润或取得更大利益的机会，因此也就应当承担更大范围内的风险。其二是手臂延长说，该说认为用人者本应自己亲自处理自己的事务，而使用他人帮助自己处理事务，被使用人就犹如用人者手臂的延长一样，因此被使用人在执行事务过程中的过错在法律上就应该视为用人者自己的过错。其三是伦理说，此种观点认为用人者之于被使用者，就如同长官之于幕僚或下属，发生伦理的关系，所以应当负责。另外，从经济分析的观点而言，用人者可以较少的成本预防损害的发生，并通过价格机能或保险分散损害，可以实现资源配置的效率。②

二、用人者责任的归责原则

用人者责任适用无过错责任原则，是世界立法的趋势，我国法律历来肯定用人者责任是一种无过错责任。③ 根据无过错责任原则，被使用者在职务活动中发生了侵权责任，用人者即应承担，而不考虑用人者是否存在过错。应该明确的是，用人者责任属于无过错责任，仅指不考虑用人者自身是否存在过错，并非不考虑被使用人的过错。被使用者的行为必须满足相应的侵权行为构成要件，在被使用者实施一般侵权行为时，应当具备过错要件；当被使用者实施的特殊侵权行为不以过错为要

① 杨立新：《侵权责任法》，法律出版社 2010 年版，第 238 页。
② 王泽鉴：《侵权行为》，北京大学出版社 2009 年版，第 421 页。
③ 张新宝：《侵权责任法》，中国人民大学出版社 2010 年版，第 152 页。

件时，则被使用者无须具有过错。

也有学者认为，用人者承担无过错责任，容易养成工作人员怠惰恶习，使用人者的合法权益受到侵害，有碍于社会经济的发展。① 但此种主张，忽视了用人者对被使用者的控制力，也未对受害人的利益给予足够的关注，值得商榷，也与《侵权责任法》立法者、司法实务部门的认识相违背②，不足采信。

三、用人者责任的构成要件

（一）被使用者实施的行为符合相应侵权行为的构成要件

被使用者，是指依用人单位、接受劳务派遣单位和劳务接收人等用人者的意思行事，并服从用人者指示的人。被使用者包括我国《侵权责任法》第34条中用人单位的工作人员和第35条中提供劳务一方。《侵权责任法》没有使用被使用者的概念，被使用者身份的认定应当以指示权为基础，只要用人者可以在任何时间内限制被使用人的活动，或决定该活动的时间、范围，就足以认定被使用者的身份。当然，在具体认定指示权的存在时，也应该综合考虑各种因素，包括工作方法的决定、工作时间的决定，以及工作场地、工作材料、社会保险金的支付等。用人单位的工作人员，应当包括《劳动合同法》上的劳动者、公务员、参照公务员进行管理的其他工作人员、事业单位的聘任制人员等。提供劳务一方，则是指基于个人之间形成的劳务关系提供劳务的家庭保姆、小时工、家庭教师等自然人。

被使用者实施的行为符合相应侵权行为的构成要件，是用人者承担侵权责任的前提。如果被使用者所实施的行为并不符合《侵权责任法》关于侵权行为的构成要件要求的话，即不发生侵权责任承担的问题，用人者当然也无须承担侵权责任。对于一般侵权责任，被使用者实施的行为应当符合一般侵权行为的构成要件；对于特殊侵权责任，被使用者实施的行为应当符合法律规定的特别侵权行为的构成要件。

（二）被使用者的行为属于执行职务

用人者仅对被使用者因执行职务而导致的损害负责。所谓执行职务，包括我国《侵权责任法》第34条、第35条规定的国家机关的工作人员"执行工作任务"和其他人员提供"劳务"。

关于执行职务的认定，理论上有不同的观点。从比较法的角度来看，宜根据行为外观予以认定，此即所谓"客观说"。鉴于我国《侵权责任法》并没有对执行职务的认定作出规定，实践中可以根据《人身损害赔偿解释》第9条第2款的规定

---

① 杨立新：《侵权责任法》，法律出版社2010年版，第244页。
② 全国人大常委会法制工作委员会民法室编：《〈中华人民共和国侵权责任法〉条文说明、立法理由及相关规定》，北京大学出版社2010年版，第135页；奚晓明主编：《〈中华人民共和国侵权责任法〉条文理解与适用》，人民法院出版社2010年版，第246页。

来认定被使用者是否属于执行职务的行为，即"从事雇主授权或者指示范围内的生产经营活动或者其他劳务活动。雇员的行为超出授权范围，但其表现形式是履行职务或者与履行职务有内在联系的"，均可认定为"执行工作任务"。

（三）受害人的损害

有损害才有救济，是侵权法的基础性原则。我国《侵权责任法》第34条和第35条中都有造成他人损害的表述，这也表明了"损害"是用人者责任的构成要件之一。就其范围而言，被使用者的行为导致他人的损害，包括财产损害和精神损害。另外，《侵权责任法》第34条、第35条并没有将侵害的范围限制在他人的绝对性权益之内，是否可以解释为包含了纯经济损失呢？本书认为，应当根据被使用者的侵权行为导致的具体侵权责任类型具体判断，对于本身排除纯粹经济损失赔偿的侵权责任案件，不能因为属于用人者责任而成为纯粹经济损害赔偿。

【案例分析 40-3】

　　2005年10月4日，北京某大学教授晏某夫妇携爱女乘坐公交车，因两元钱车票问题，与售票员朱某发生口角，朱某两次掐住晏某女儿的脖子，最终导致晏某女儿窒息死亡，在发生口角期间，该公交车司机韩某、吴某也实施了侵权行为。该案民事部分诉至法院后，终审判决公交公司与朱某承担连带责任。

　　本案中，朱某、韩某、吴某三人基于共同故意实施加害行为，导致原告之女死亡的严重后果，除朱某承担刑事责任之外，尚需明确其中民事责任的承担。虽然导致原告之女死亡的直接加害行为（掐脖子致死）明显不属于执行职务的行为，但是售票员朱某实施侵害行为是直接因履行职务引起，如其并非售票员则不至于引发口角，酿成惨剧。因此，法院认定三人实施侵权行为，属于履行职务过程中的活动，法院据此判决公交公司应对晏某夫妇承担侵权责任。

四、用人者责任的承担

（一）用人者的身份确定

用人者，是指任用被使用者，并能够通过其指示权有计划地控制该被使用者的人。例如，企业主、国家机关、雇佣他人劳动的人等。

通常情况下，用人者身份的认定应当从两个方面考察：一方面考察用人者与被使用人之间的关系，如劳动关系、雇佣关系等；另一方面考察用人者是否拥有对被使用者的指示权。

我国《侵权责任法》区分用人单位和个人两种不同类型的用人者，分别设立规则。所以，还必须探讨这两类不同的用人者，以明确相关规则的适用范围。《侵权责任法》第34条所规定的用人单位，包括企业、事业单位、国家机关、社会团体等，也包括个体经济组织等；而该法第 35 条中的接受劳务一方仅指自然人。个体工商户、合伙的雇员工作过程发生的用人者责任，应根据《侵权责任法》第 34 条关于用人单位责任的规定处理。①

（二）用人者与被使用者的连带责任

1. 连带责任

用人者责任的承担，以被使用者的行为符合侵权责任的构成要件为前提。从逻辑上讲，用人者承担责任，并不影响被使用人对自己行为向被侵权人承担责任。在用人者与被使用人均对被侵权人承担责任的情况下，被侵权人既可以向用人者主张侵权责任，也可以向被使用者主张。就此，理论上认为，用人者与被使用者对被侵权人承担连带责任。我国《侵权责任法》并未明确规定被使用者的责任，也未涉及用人者与被使用者之间的责任承担。对此，可以考虑适用《人身损害赔偿解释》第 9 条规定，即雇员因故意或者重大过失致人损害的，应当与雇主承担连带赔偿责任。

2. 追偿权

考虑到如何确定用人者单位追偿权的条件比较困难，现实情况比较复杂和对被使用者的保护，《侵权责任法》未明确规定用人者的追偿权。但这并不影响用人单位依照法律规定，或者根据双方的约定来行使追偿权，在发生争议时，由人民法院根据具体情况公平解决。② 而根据最高人民法院的《人身损害赔偿解释》第 9 条规定，当雇员执行职务侵害他人具有故意或者重大过失时，与雇主承担连带赔偿责任，雇主承担连带责任后，可以向雇员追偿。

（三）劳务派遣中的用人者责任承担

劳务派遣，是指由劳务派遣机构与被派遣劳动者订立劳动合同，由劳动者向接受劳务派遣的实际用工单位给付劳务，劳动合同关系存在于劳务派遣机构与劳动者之间，但劳动力给付的事实则发生于劳动者与实际用工单位之间。

劳务派遣期间，被派遣的工作人员因执行工作任务造成他人损害的，接受劳务派遣的用工单位对工作人员进行实际指挥控制，因此是实际的用人者，应当承担侵权责任。劳务派遣单位有过错的，承担相应的补充责任（《侵权责任法》第 34 条第 2 款）。劳务派遣单位，是名义上的用人者，与被使用者之间的关系较为遥远，通常不具有实际控制力，所以不被认为是《侵权责任法》上的用人者。仅在其有过错，且接受派遣方无力赔偿的情况下，才承担补充责任。

---

① 全国人大常委会法制工作委员会民法室编:《〈中华人民共和国侵权责任法〉条文说明、立法理由及相关规定》，北京大学出版社 2010 年版，第 132 页。

② 全国人大常委会法制工作委员会民法室编:《〈中华人民共和国侵权责任法〉条文说明、立法理由及相关规定》，北京大学出版社 2010 年版，第 133 ~ 134 页。

第四节 产 品 责 任

一、产品责任概述

产品责任，是指产品存在缺陷造成他人损害，产品的生产者、销售者所应承担的民事责任。之所以有必要将产品侵权行为及其责任列为特殊侵权行为，适用特殊的构成和责任规则，主要是因为产品侵权行为具有与一般侵权行为不同的特殊性。

第一，产品侵权行为与损害结果之间具有间接性。产品侵权行为是通过生产或销售的缺陷产品间接地造成受害人的损害，而一般侵权行为的损害结果通常都是以加害人的积极加害行为或消极不作为直接引起的。

第二，损害结果的延时性。一般侵权行为通常是在加害行为实施之后立即产生损害后果，而产品投入流通领域后，通常都是使用了一段时间后才暴露出缺陷、造成损害。损害结果的延时性对于产品缺陷的认定和证明、产品销售关系的证明往往带来重重困难，这也正是产品责任从合同责任走向侵权责任的一个重要原因。

第三，损害范围的广泛性。由于产品大多是专业化、批量化大规模生产、销售，一旦出现产品缺陷，损害的范围往往人数众多，遍及各地。产品侵权行为的损害范围意味着对此种侵权行为的规范，应该在预防方面倾注更多的精力。

第四，具体侵权主体的不确定性。一般侵权行为中，侵权人通常较为明确。而产品责任中，由于社会分工的细化和销售方式的多样化，要确定产品缺陷究竟发生在哪个环节、具体的侵权主体是谁，非常困难。

产品责任的核心在于，如何平衡生产经营者与消费者之间的利益，这也是《侵权责任法》中行为自由与权益保护这对矛盾在产品责任领域的集中体现。产品责任经历了从最初的合同责任到侵权责任，由过错责任到严格责任，以及对严格责任进行诸多限制，其历史发展进程也正是产品责任核心矛盾解决的思想轨迹。

二、产品责任的归责原则

产品责任归责原则，经历了从过错责任到严格无过错责任的演变，体现了法律政策从平等保护维护形式公平向优先保护消费者以实现实质公平的转变。我国《侵权责任法》第41条规定，因产品存在缺陷造成他人损害的，生产者应当承担侵权责任。该规定沿袭了《产品质量法》第41条第1款规定，确立了生产者产品责任的无过错责任原则。

对于销售者的产品责任的归责原则，则以过错责任为原则，在特殊情况下采取无过错责任原则。一方面，销售者不参与产品的生产，因而对产品制造过程不了解，对产品本身的缺陷不可能存在过失，由销售者对所有产品缺陷承担责任，对销售者而言过于严苛。① 另一方面，为了加强对受害人的保护，《侵权责任法》第 43 条规定了销售者对于被侵权人的先行赔付责任，销售者不得依《侵权责任法》第 42 条规定以自己对于产品缺陷没有过错为由而主张抗辩。值得特别说明的是，《侵权责任法》第 43 条是为了保护产品责任中受害人而设立的特殊的裁判规则，该规则并没有在根本上改变《侵权责任法》第 42 条所确立的销售者过错责任的归责原则。

三、产品责任的构成

（一）产品缺陷

1. 产品的范围

何谓产品，我国《侵权责任法》并未明确予以规定，学者多从《产品质量法》的角度理解产品概念及其范围。根据《产品质量法》的规定，产品是指经过加工、制作，用于销售的产品，但建筑工程除外。

《侵权责任法》作为民事基本法所确立的产品侵权概念，当然包括《产品质量法》上的产品，但不能局限于该法所规定的产品范围，只要符合产品责任规范目的的，就应该纳入产品范围内。立法机关也认为，产品可以《产品质量法》为标准确定，但也应当随着社会的发展及科学技术的进步，予以调整②。

2. 产品的缺陷

确定产品的缺陷是认定生产者侵权责任的前提。产品缺陷的认定有二，即"不合理危险"和"不符合法定的强制性标准"。

"不合理危险"的判断，一方面，应以产品生产时的科技发展水平与生产技术为标准，若依生产时的技术发展水平与生产技术，产品有可能避免却又未避免的缺陷即为不合理危险。同时，产品尚未进入消费领域前，若已发现且能解决缺陷时，生产者仍应负产品责任。另一方面，生产者或销售者违反注意义务、未采取预防措施和有效的警示措施，而未能避免发生产品侵权的，也构成不合理危险。

强制性标准，是国家为控制某些产品的质量，针对该产品制定的保障人体健康、人身财产安全的专门标准，凡不符合该标准的产品即应认定产品存有缺陷。法定标准在缺陷判定的实际操作上较为方便，在我国司法实践中，强制性标准是认定产品是否存在缺陷的最主要依据。但必须明确的是，即使产品符合强制性标准的规定，却又因不合理危险对人身、财产造成损害时，生产者、销售者也应当依法承担产品责任，而不得以"符合法定的强制性标准"为由主张免责。

---

① 奚晓明主编：《〈中华人民共和国侵权责任法〉条文理解与适用》，人民法院出版社 2010 年版，第 310～311 页。

② 全国人大常委会法制工作委员会民法室编：《〈中华人民共和国侵权责任法〉条文说明、立法理由及相关规定》，北京大学出版社 2010 年版，第 173～174 页。

（二）销售者的过错

销售者承担侵权责任以过错责任为归责原则，因此需要销售者存在过错。根据《侵权责任法》第42条规定，销售者的过错可从以下几个方面来判断：第一，销售者的积极行为导致产品存在缺陷，例如销售者为谋取非法利益在合格产品中混合掺杂缺陷产品；第二，销售者的不积极的行为使产品存在缺陷，例如在不适宜的条件下保存产品，结果造成产品缺陷。另外，销售者负有产品的进货检查、验明产品合格证明和其他标识的义务（《产品质量法》第33条），其中当然包括生产者、供货者的厂址、名称，如果不能指明即可认定其违反《产品质量法》的规定，具有过错。

（三）损害事实和因果关系

产品责任中的损害事实要件、因果关系要件与其他侵权行为中的判断规则一致，此处不赘述。

四、产品责任的减免规则

（一）未将产品投入流通

未将产品投入流通，是指生产者生产的产品虽然经过了加工制作，但根本没有投入销售。这一抗辩事由主要是保护不知情的生产者，即如果产品并非基于销售目的而由生产者有意投入流通市场（如被盗或遗失），那么对于产品因此造成的损害，生产者可以免责。

（二）产品投入流通时，引起损害的缺陷尚不存在

生产者只对其控制下（如设计、制造、储运等）形成的缺陷负责，如果生产者能够证明其将产品投入市场，转移到销售者或直接交付给买受人时，产品并不存在缺陷，则应当免除其责任。

（三）将产品投入流通时的科学技术水平尚不能发现缺陷的存在

如果产品投入流通时的科学技术水平使生产者无法发现产品的缺陷，那么即使日后由于科技的进步证明产品有缺陷，生产者对损害也不负责任。这是新产品开发过程中的风险，生产者难以预见到，对其免除责任是合理的。

五、产品责任的具体承担

（一）产品责任的责任主体

1. 生产者和销售者

根据现代化大生产的特点，我国在司法实践中应将生产者的范围确定为：（1）产品的设计人；（2）零部件的制造者；（3）原材料生产者；（4）成品制造者；（5）修理者；（6）准生产者，即将名称、商标或其他识别特征标注在产品上的人。对产品生产者做较大范围的认定，可以为受害者提供多个被告选择，从而有效地保护其利益。

产品责任法上的销售者，是以营利为目的购进并出售产品的人，并具有一定的稳定性。因此可以认为销售者应当包括产品的批发商、产品的零售商，以及其他方式直接向消费者销售产品的人，但从事私人之间偶尔的买卖行为的人不能看作是产品责任法上的销售者。

2. 追偿权

产品责任中，追偿权的对象有两种类型，其一是负有责任的销售者或生产者；其二是运输者、仓储者等第三人。如果产品缺陷是由生产者造成的，销售者在向被侵权人承担责任后，有权向生产者追偿。如果因销售者的过错使产品存在缺陷的，生产者赔偿后，有权向销售者追偿。

因运输者、仓储者等第三人的过错使产品存在缺陷，造成他人损害的，产品的生产者、销售者赔偿后，有权向第三人追偿。由此可见，对于运输者、仓储者、原辅材料和零部件提供者、中间供货人等的最终责任也采纳过错责任原则。

（二）产品责任的具体形式

1. 排除妨碍、消除危险、恢复原状

因产品缺陷危及他人人身、财产安全的，被侵权人有权请求生产者、销售者承担排除妨碍、消除危险等侵权责任。此外，《产品质量法》第44条第2款规定，因产品存在缺陷造成受害人财产损失的，侵害人应当恢复原状或者折价赔偿。可见，恢复原状也属于产品责任的具体承担形式之一。

2. 售后警示、召回义务

产品投入流通后发现存在缺陷的，生产者、销售者应当及时采取警示、召回等补救措施。未及时采取补救措施或者补救措施不力造成损害的，应当承担侵权责任。《侵权责任法》第46条的规定也全面确立了我国缺陷产品的召回制度，借此可以使生产者、销售者预见到漠视产品缺陷可能产生的法律后果，促使生产者、销售者采取合理措施避免损害后果的发生、扩大，鼓励生产者、销售者自觉追踪、发现并弥补已投入流通的产品质量、缺陷，以期在最大程度上保护广大消费者的利益，实现《侵权责任法》预防损害的功能。

3. 赔偿损失

赔偿损失是产品责任最基本的责任形态，产品责任造成被侵权人损害的，被侵权人可以向产品的生产者请求赔偿，也可以向产品的销售者请求赔偿。至于产品自身损失是否属于产品责任的赔偿范围，由于《侵权责任法》第五章的规定，并未像《产品质量法》第41条那样，将损害限定为"缺陷产品以外的其他财产损害"，所以本书认为，我国《侵权责任法》已将产品自身损害纳入产品责任的赔偿范围。

4. 惩罚性赔偿

惩罚性赔偿，是指当被告以恶意、故意、欺诈或放任之方式实施加害行为而致原告受损时，原告可以获得的除实际损害赔偿金之外的损害赔偿。① 《侵权责任法》第47条规定，明知产品存在缺陷仍然生产、销售，造成他人死亡或者健康严重损害的，被侵权人有权请求相应的惩罚性赔偿。惩罚性赔偿的主要目的在于惩罚不法行为人，并遏制不法行为人与社会其他成员在将来实施类似行为。

【案例分析40-4】

原告何某在被告上海联合水暖卫生洁具公司购买了一台被告浙江省温州市新华日用电器厂生产的山峰牌DL-20型不锈钢淋浴器。同月3日，原告何某又购买了一台被告上海无线电三十三厂生产的双三牌GCB-1型多功能漏电保护器。该月中旬，原告在家中安装了这两件电器。4月1日晚9时30分左右，原告之妻李某用该淋浴器洗澡时被电击死亡。经法院审理查明：事发现场的山峰牌DL-20型不锈钢淋浴器接地线路接触不良，电热管绝缘不好，电源进线一个接线端与保护盖之间有电击穿，使外壳带电，该产品安全性能不符合要求。双三牌GCB-1型多功能漏电保护器接线正确，脱扣线圈已严重烧坏，线圈回路中可控硅及三只二极管击穿，导致该漏电保护器失效，该保护器质量有问题。

本案中，不锈钢淋浴器和多功能漏电保护器两件产品均不合格，导致了原告的妻子在洗澡时被电击死亡，如果有一件产品合格都不会发生导致原告妻子死亡的损害后果。本案属于典型的产品责任，同时也是典型的无意思联络的数人侵权。本案涉及的产品缺陷均属于生产缺陷，不存在责任减免事由，原告何某既可以向产品的生产者请求赔偿，也可以向产品的销售者请求赔偿。

第五节　机动车交通事故责任

一、机动车交通事故责任概述

机动车交通事故责任，是由机动车交通事故引发的民事赔偿责任。

结合我国的相关法律规定，机动车交通事故责任具有以下几个特征：

第一，机动车交通事故责任是"机动车"发生在"道路"上的"交通事故"责任。道路、机动车和交通事故是构成机动车交通事故的三个组成要素，也是机动车交通事故责任的三个组成要素。道路，是指公路、城市道路和虽在单位管辖范围内但允许社会机动车通行的地方，包括广场、公共停车场等用于公众通行的场所；机动车，是指以动力装置驱动或者牵引，上道路行驶的供人员乘用或者用于运送物

---

① 张新宝、李倩：《惩罚性赔偿的立法选择》，载《清华法学》2009年第3期。

品以及进行工程专项作业的轮式车辆。机动车交通事故，也称为道路交通事故，是指机动车辆在道路上因过错或者意外造成的人身伤亡或者财产损失的事件。

第二，机动车交通事故责任是特殊侵权责任。机动车交通事故责任适用多元化的归责原则，既包括过错责任原则，也包括无过错责任原则。同时，机动车交通事故责任的责任承担、免责事由和赔偿限额均有特殊规定。

第三，机动车交通事故责任与其他损害转移、分散制度具有异常紧密的联系。机动车交通事故发生频繁、损害后果严重、责任人承担责任能力有限等特点决定了，仅仅依靠《侵权责任法》难以承担对所有损害进行转移、分散的重任。因此，机动车交通事故责任与机动车强制保险责任、商业性机动车第三者责任险、道路交通事故社会救助基金以及其他社会救济机制密切配合，形成了我国机动车交通事故损害转移、分散的救济体系。

第四，机动车交通事故责任损害赔偿一般实行限额赔偿原则。在机动车交通事故责任实行无过错责任（危险责任）的国家，往往实行赔偿限额制度。我国的《道路交通安全法》没有规定具体的赔偿限额，而是规定"机动车一方没有过错的，承担不超过 10% 的赔偿责任"。

二、机动车交通事故责任的归责原则

我国机动车交通事故责任实行的是，过错责任和无过错责任相结合的二元归责原则体系。

首先，在机动车之间发生交通事故的归责原则是过错责任原则。

在机动车相互之间发生交通事故造成损害，由于双方都是具有较高的道路交通素质的机动车驾驶人，并不存在实行过错推定、无过错责任原则的合理理由，实行过错责任原则更有利于机动车驾驶人的行为规范。

其次，机动车与非机动车驾驶人、行人之间发生交通事故的归责原则是机动车一方承担无过错责任原则。根据《道路交通安全法》第 76 条第 2 款规定，机动车与非机动车驾驶人、行人之间发生交通事故，只要非机动车驾驶人、行人没有过错的，机动车一方就要承担赔偿责任；机动车一方即使没有过错，也要承担不超过 10% 的赔偿责任。如果非机动车驾驶人、行人有过错，可以通过过失相抵适当减轻机动车一方的赔偿责任。不过需要注意的是，无过错责任并不意味着机动车一方要承担全部赔偿责任。

值得注意的是，保险公司和道路交通事故救助基金并不承担无过错责任。保险公司赔偿所依据的基础是机动车强制责任保险，是保险公司依据保险合同履行合同义务，并非侵权行为那样是对一般义务的违反而承担责任[1]，根本没有《侵权责任法》上的归责问题，认为其承担无过错责任显然不够准确。道路交通事故救助基

---

[1]　曾世雄：《损害赔偿法原理》，中国政法大学出版社 2001 年版，第 10 页。

金，也并非承担《侵权责任法》上的侵权责任，同样不能认为适用无过错责任归责原则。

三、机动车交通事故责任的构成要件

由于我国法上机动车交通事故责任适用二元归责责任原则体系，所以在机动车交通事故责任的构成要件也因而有所不同：在机动车之间发生交通事故时，承担侵权责任必须以过错为构成要件之一；在机动车与非机动车驾驶人、行人之间发生交通事故的归责原则是机动车一方的无过错责任原则，因而承担侵权责任无须以过错为构成要件。

（一）事故须是机动车造成的

机动车，是指以动力装置驱动或者牵引，上道路行驶的供人员乘用或者用于运送物品以及进行工程专项作业的轮式车辆。包括汽车、有轨电车、摩托车、挂车、轮式专用机械车、上道路行驶的拖拉机和特型机动车。

值得注意的是，根据《道路交通安全法》第58条的规定，电动车与残疾人机动轮椅车属于非机动车，但实践中电动车已经成为交通事故的"新宠"①。2009年12月，国家标准委将自重40公斤以上、时速20公里以上的电动自行车划入机动车范畴，但对其法律适用做了保留。

（二）须是机动车在使用中或运行中发生的交通事故

所谓使用中或运行中，是指机动车在发挥其功能的过程中，如果不是在发挥其功能的过程中致人损害，也不能发生机动车交通事故责任。应该注意的是，"使用"不以行驶为限，应包括停车时未注意后面来车，遽开车门，导致发生事故；或在斜坡停车而未刹车，致滑行伤人等情形。②

（三）须造成一定的损害

机动车交通事故责任中造成一定的损害，是指机动车在使用中侵害他人权益造成损害，在机动车交通事故中造成的主要是一些人身伤亡或者财产损失。符合《侵权责任法》第22条规定时，受害人也可以就精神损害获得救济，但纯粹经济损失则原则上不能获得赔偿。例如，甲在高速公路撞坏乙车时，应对乙负赔偿责任。丙等驾驶人因车祸造成的交通阻塞，延误行程所受经济上损失，不属受保护的利益，不得请求赔偿。③

---

①　例如，2008年仅郑州市区电动车数量已达60万台，2009年前11个月，交警部门共受理涉及电动车的各类交通事故761起，死亡12人，伤382人，事故损失290万元。《电动车：交通事故的"新宠"》，http：//www2. zzjtgl. com/info/DetailDoc. aspx? DocID=877，2010年8月28日访问。

②　孙森焱：《民法债编总论（上）》，法律出版社2006年版，第270页；王泽鉴：《侵权行为》，北京大学出版社2009年版，第507页。

③　王泽鉴：《侵权行为》，北京大学出版社2009年版，第507页。

（四）须机动车事故与损害之间具有因果关系

机动车交通事故中的因果关系是指机动车交通事故与损害之间的引起与被引起的关系。在我国司法实践中，对于机动车交通事故中采取相当因果关系理论，其具体判断与其他侵权责任适用相同规则，此处不赘述。

（五）在机动车之间发生交通事故的情形中需要具有过错

机动车之间发生交通事故的，由有过错的一方承担赔偿责任；双方都有过错的，按照各自过错的比例分担责任。在机动车交通事故中过错的认定多采用客观的认定方法，机动车驾驶人违反"法律法规的规定"、"操作规范"即可以认定其过错。此外，如果机动车没有遵循优先通行权的规定造成他人人身、财产损害的，也可以作为认定过失的客观标准。

四、机动车交通事故的责任承担

（一）保险公司的赔付义务与道路交通事故社会救助基金的垫付义务

为了保障道路交通事故受害人获得及时、有效的经济保障和医疗救治，机动车发生交通事故造成人身伤亡、财产损失的，首先由机动车交通事故责任强制保险赔付，然后再根据有关机动车交通事故的侵权责任法律进行赔偿。在驾驶人未取得驾驶资格或者醉酒，盗窃、抢劫或者抢夺的机动车、发生交通事故，以及被保险人故意制造道路交通事故的情况下，对于造成受害人的财产损失，保险公司不承担赔偿责任；但保险公司在机动车强制保险责任限额范围内应当垫付抢救费用，垫付后有权向交通事故责任人追偿。

另外，在机动车不明或者该机动车未参加强制保险，需要支付被侵权人人身伤亡的抢救、丧葬等费用的，由道路交通事故社会救助基金垫付。

（二）合法保有人的责任

由于机动车的所有人与占有人之间、直接占有人和间接占有人之间或结合或分离的关系，导致责任主体并不一定是直接致害者。我国《侵权责任法》对此确立了"运行支配"与"运行利益"的二元说作为侵权责任主体的判定基准，以下分述之。

1. 租赁、借用等合法占有人的责任

承租人、借用人在使用机动车过程中发生机动车交通事故时，如果属于该机动车一方责任的，除保险公司在强制保险责任限额范围内先行赔付之外，根据运行支配权、运行利益归属的判断基准，机动车承租人和借用人作为动车的使用人，对不足部分应当承担赔偿责任。机动车出租人、出借人的所有人，仅在其对损害的发生有过错时，才承担相应的赔偿责任。

2. 未登记受让人的责任

当事人之间已经以买卖等方式转让并交付机动车但未办理所有权转移登记，发生交通事故后属于该机动车一方责任的，在保险公司根据机动车强制保险赔付之外仍有不足部分的，由于受让人属于机动车的实际所有人，对机动车具有直接的运行支配力并享有运行利益，应该成为赔偿义务人。

当然，如果以买卖等方式转让拼装或者已达到报废标准的机动车，本身即具有违法性，上路行驶则具有更大的危险性，因此发生交通事故造成损害的，由转让人和受让人承担连带责任，适用无过错责任原则，且无任何免责事由。

（三）盗窃、抢劫或者抢夺等非法占有人的赔偿责任

当机动车被盗窃、抢劫或者抢夺以后，机动车所有权人失去了对机动车的运行支配权和运行利益，转而由盗窃者、抢劫者或者抢夺者控制机动车的运行及其利益，发生交通事故造成损害的，由盗窃人、抢劫人或者抢夺人承担赔偿责任。保险公司在机动车强制保险责任限额范围内垫付抢救费用的，有权向交通事故责任人追偿。

结合我国当前的具体社会治安状况，在盗窃、抢劫或者抢夺的机动车发生交通事故造成损害的情形下，即使机动车的所有人具有重大过失的，如未锁车门、未拔出发动机钥匙等，也不宜使机动车所有人承担赔偿责任。毕竟机动车所有人的重大过失仅仅是对于机动车被盗的过失，而不是对于交通事故本身的过失，要求机动车所有人对过于遥远的交通事故承担赔偿责任，也不符合相当因果关系的要求。

【案例分析 40-5】

2004 年 5 月某日，张女士将一辆小轿车停在自家门前。当晚 11 时左右，张女士发现车竟然不见了，她慌忙报警，但车一直没有找到。直到 9 月 20 日，张女士突然接到了法院一张传票，有人以她驾驶的轿车肇事逃逸为由，将她告上了法院。莫名其妙的张女士到法院一看，才明白事情原委：原告李先生在 2004 年 6 月 12 日晚 19 时，有人驾驶该车将其撞伤后弃车逃逸，经查该车系张女士所有，故将张女士告到法院。张女士终于见到自己丢了几个多月的小轿车，但车体已严重损坏，而她还面临一场民事赔偿官司。本案如何处理？

本案涉及的是机动车的所有人与盗窃、抢劫或者抢夺等非法占有人的赔偿责任的分配问题。当机动车被盗窃以后，机动车所有权人张女士已经失去了对机动车的运行支配权和运行利益，转而由盗窃者控制机动车的运行及其利益，相应来讲，因该机动车发生交通事故造成损害的，不应再由机动车所有人来承担责任，而应由盗窃人对受害人承担赔偿责任（《侵权责任法》第 52 条）。因此，本案张女士通过提供报警记录可以举证证明自己并非交通肇事者，即无须对原告承担人身损害赔偿责任。原告可以要求保险公司在机动车强制保险责任限额范围内垫付抢救费用，保险公司垫付后，有权向交通事故责任人追偿。

第六节　医疗损害责任

一、医疗损害责任概述

《侵权责任法》出台之前，我国的医疗损害责任制度区分为医疗事故与医疗过错责任，实行医疗事故责任与医疗过错责任的双轨制、医疗赔偿标准的双轨制和医疗损害责任鉴定的双轨制三个"双轨制"构成的二元化结构，有"行政机关偏袒医疗机构的嫌疑"①。这种医疗损害责任制度加剧了医患矛盾，严重损害了患者合法权益的平等保护，影响法制的严肃性、统一性和司法公正。因此，《侵权责任法》以专章规定了医疗损害赔偿责任，成为解决医疗损害责任的统一法律依据，《医疗事故处理条例》等与《侵权责任法》相冲突的规定不再适用。

二、医疗损害责任的归责原则

《侵权责任法》为兼顾受害患者、医疗机构和全体患者之间的利益关系，对"医疗损害责任"采取了以过错责任原则为基础的多重归责原则体系，即对医疗技术损害适用过错责任原则、对医疗伦理损害适用过错推定原则、对医疗产品损害适用无过错责任原则。

所谓医疗技术损害责任，是指医疗机构及医务人员在从事病情检验、诊断、治疗方法的选择、治疗措施的执行等医疗行为中，存在不符合当时医疗水平的过失行为，医疗机构所应当承担的侵权赔偿责任。医疗技术损害责任是一般的医疗损害责任纠纷案件，适用过错责任原则能够平衡三者之间的利益关系，使医患关系得到改善。

《侵权责任法》在确立医疗技术损害责任过错责任原则的同时，为了贯彻民事诉讼武器平等原则，于第58条规定了下列例外情形下的过错推定责任，即医疗机构违反法律、行政法规、规章以及其他有关诊疗规范的规定；隐匿或者拒绝提供与纠纷有关的病历资料；伪造、篡改或者销毁病历资料。

所谓医疗伦理损害责任，是指医疗机构及医务人员从事各种医疗行为时，未对病患者充分告知或者说明其病情，未提供对病患者及时有用的医疗建议，未保守与病情有关的各种秘密等，违反医疗职业良知或职业伦理上应遵守的规则的过失行为，医疗机构所应当承担的侵权赔偿责任。医疗机构及医务人员存在上述违背医疗伦理的行为，即可认定其具有过错，而无须患者对其过错另行举证。

所谓医疗产品损害责任，是指医疗机构在医疗过程中因使用有缺陷的药品、消毒药剂、医疗器械或者血液及制品，造成患者损害的，医疗机构、医疗产品生产

---

① 杨立新：《侵权责任法》，法律出版社2010年版，第406页。

者、销售者应当承担的医疗损害赔偿责任。医疗产品也属于产品，因产品缺陷造成损害属于产品责任的调整范围，适用无过错责任原则。

三、医疗损害责任的构成

（一）医疗机构和医务人员的加害行为

医疗机构和医务人员的加害行为，包括医疗机构和医务人员违反当时医疗水平的医疗行为、违背医疗良知和医疗伦理的行为以及使用有缺陷的医疗产品的行为。

医疗行为本身并非加害行为，只有违反当时医疗水平的医疗行为才具有违法性，因而造成患者损害的应该承担相应的法律责任。

违背医疗良知和医疗伦理的行为，是指根据《侵权责任法》第 55 条、第 56 条和第 62 条的规定，违背医疗机构和医务人员的告知、保密义务，或者未取得病患同意即采取某种医疗措施或者停止继续治疗等疏忽和懈怠的行为。

所谓使用有缺陷的医疗产品的行为，是指医疗机构在医疗过程中因使用有缺陷的药品、消毒药剂、医疗器械或者血液及制品，造成患者损害的行为。

（二）医疗机构和医务人员的过错判定

医务人员对患者在诊疗活动中所遭受的损害是否存在过错，是以"尽到与当时的医疗水平相应的诊疗义务"作为判断标准的。至于医务人员是否尽到诊疗义务，首先应当考察诊疗行为是否符合法律、行政法规、规章以及诊疗规范的有关要求。由于医疗行为具有未知性、特异性和专业性等特点，不能仅凭事后证明错误这一点来认定医务人员存在诊疗过错，判断的关键在于，当时情况下其他的医务人员是否都不会犯这种错误。如果在当时的医疗水平下，其他医务人员不会犯同样的错误，即可认定医务人员有过错。

由于在医疗过程中涉及专业的技术规范，而且医疗相关的医学文书等多掌握在医疗机构手中，如果医疗机构采取隐匿、拒绝提供相关的病历资料、伪造、篡改或者销毁病历资料的，患者将丧失最起码的诉讼证明武器。鉴于此，《侵权责任法》第 58 条规定，在以下三种情形推定医疗机构有过错：违反法律、行政法规、规章以及其他有关诊疗规范的规定；隐匿或者拒绝提供与纠纷有关的病历资料；伪造、篡改或者销毁病历资料。

当医疗机构及医疗人员有违背医疗良知和医疗伦理的行为时，这些行为本身就表明医疗机构及医疗人员主观上具有过错，应当承担相应的法律责任。只有在特殊情况下，因抢救生命垂危的患者等紧急情况，不能取得患者或者其近亲属意见的，经医疗机构负责人或者授权的负责人批准，可以立即实施相应的医疗措施。

（三）因医疗机构、医疗人员的加害行为致患者遭受损害

患者所受损害应当是医疗机构、医疗人员的加害行为所致，即由于医疗机构、医疗人员违反当时医疗水平的医疗行为、违背医疗良知和医疗伦理的行为以及使用有缺陷的医疗产品的行为所致，医疗机构、医疗人员的加害行为与患者遭受损害之

间应当具有相当因果关系。

四、医疗损害责任的减免规则

（一）患者或者其近亲属不配合医疗机构进行符合诊疗规范的诊疗

当患者或者其近亲属不配合医疗机构进行符合诊疗规范的诊疗时，医疗机构不承担赔偿责任；如果医疗机构及其医务人员也有过错的，应当承担相应的赔偿责任。判断患者是否存在过错的前提在于，医务人员是否向患者履行了合理的说明告知义务。医务人员是否充分尽到对其诊疗行为的说明告知义务，这是判断患者客观上不配合诊疗的行为是否具有主观过错的关键。

（二）医务人员在抢救生命垂危的患者等紧急情况下已经尽到合理诊疗义务

医务人员在抢救生命垂危的患者等紧急情况下已经尽到合理诊疗义务的，应当免除医疗机构侵权责任。医务人员尽到合理诊疗义务，并非免除医疗机构所有侵权责任的事由，而仅仅是处于抢救生命垂危的患者等紧急情况下的免责事由。至于"紧急情况"通常是指时间上的紧急性和决断上的紧急性，所谓时间上的紧急性，是指医务人员的诊疗时间非常短暂，该情况的突发性使得医务人员难以在技术上作出全面细致的考量；所谓决断上的紧急性，是指在该种情况下，患者常常命悬一线，这就要求对患者的伤情进行迅速诊断和治疗，医务人员所作出的决断决定着患者的生死存亡。

（三）限于当时的医疗水平难以诊疗

医疗机构及其医务人员对患者进行诊疗时，并不负担保证治愈的义务。况且，在医学领域，由于人类认识的有限性，并非所有出现的疾病都可以获得有效地诊疗。对于某些复杂的疾病，如果医疗机构及其医务人员已经尽到与当时的医疗水平相应的诊疗义务，但限于当时的医疗水平，对患者采取的医疗措施不仅未取得治愈的效果，反而带来新的损害，对此医疗机构不承担赔偿责任。这一免责事由的规定也是出于鼓励和促进医学科学发展的需要。

【案例分析 40-6】

　　肖某被某医院初步诊断为胃内基底肌瘤，无其他病症。医院于 3 日后对肖某实施胃底肌瘤切除手术。然而手术结束后，医生却告知肖某的家属，因为胃底肌瘤与脾脏紧密粘连一起，分离手术十分困难，强行分离可能损伤脾门处的动脉、静脉血管；切除脾脏比可能发生的大出血且危及患者生命的后果要轻得多，为了达到手术目的而不得已采取了切除脾脏的措施。肖某及其家属认为，医院在没有告知和征得他们同意的情况下，擅自摘除了脾脏，导致肖某失去了部分胃体和脾脏，手术后肖某身体免疫力明显降低，频发感冒、头痛，丧失了劳动能力。遂向法院提起民事诉讼请求赔偿。

　　本案涉及医疗机构及其医务人员对患者的告知义务与紧急情况下的医疗措

施之间的关系问题。从本案医方的医疗行为特征来看，患者肖某被诊断为胃内基底肌瘤无其他病症，医院在没有履行向肖某及其家属告知义务的前提下，擅自手术切除了未发现病变的脾脏，显然属于治疗行为的过错，依法应当承担损害赔偿责任。就其是否构成紧急情况下的合理诊疗义务而言，本案医方在脾脏上分离胃底肌瘤的手术虽然确有困难，但仅存在损伤脾门处动脉、静脉血管的可能性时，纵然确实面临危及患者生命的危险，也仅属于非紧急情况下的未经告知而擅自切除患者脾脏的行为，仍然不能认定其已经尽到紧急情况下的合理诊疗义务。

第七节　环境污染责任

一、环境污染责任概述

环境污染责任，是指实施污染环境的行为造成他人损害应当依法承担的民事责任。我国《侵权责任法》对污染采取了广义的界定，环境污染既包括对生活环境的污染，也包括对生态环境的污染。对大气、水体、海洋、土地等生活环境的污染属于环境污染，对生物多样性的破坏、破坏生态环境和自然资源造成水土流失等生态环境的污染也属于环境污染。①

二、环境污染责任的归责原则

我国《侵权责任法》对环境污染责任采取了无过错归责原则。适用无过错责任原则，不仅有利于保护受害人，免去受害人对加害人过错的举证责任，还有利于强化污染者、污染物质的保有者的责任，督促其履行环保义务，积极防治环境污染，且污染者完全可以通过定价机制减少损失。

现代社会典型的环境污染行为大多发生于企业生产过程中，遭受环境污染损害的当事人多为自然人，被侵权人在经济实力上往往处于弱势地位，对企业生产、排污等情况的举证能力也远远不足，适用无过错责任原则有利于充分救济受害人，这也是《侵权责任法》对环境污染责任采取无过错责任原则的出发点之一。无过错责任原则主要适用于企业污染环境损害他人民事权益的情况，自然人之间普通的生活污染纠纷可以适用《物权法》中的相邻关系进行处理。②

---

① 全国人大常委会法制工作委员会民法室编:《〈中华人民共和国侵权责任法〉条文说明、立法理由及相关规定》，北京大学出版社2010年版，第266页。
② 全国人大常委会法制工作委员会民法室编:《〈中华人民共和国侵权责任法〉条文说明、立法理由及相关规定》，北京大学出版社2010年版，第267页。

三、环境污染侵权责任的构成要件

（一）存在污染环境的行为

污染环境的行为，是环境污染责任的前提，没有污染环境的行为即不存在环境污染责任。污染环境的行为，可以是作为，也可以是不作为。环境污染行为多表现为积极的作为，例如排放有害物质、有害废弃物（例如废气、废水、废渣等）等。不作为的污染环境行为，包括泄漏电磁波辐射等放射性物质等。污染环境的行为，往往具有间接性、复杂性、渐进性、多样性的特点。所谓间接性，是指污染环境的行为往往是加害人排污以后，污染物通过空气、水、土壤等环境要素之媒介导致他人人身财产权益受损。所谓复杂性，是指环境污染源和致人损害的历程比较复杂。所谓渐进性，是指污染环境的行为往往并不是一次性的，损害结果并非即时发生，而是往往基于多种因素长期积累后逐渐形成损害结果，损害结果的发生具有一定的长期潜伏性。所谓多样性，是指污染环境的行为多样，环境污染致人损害的结果可能是多种不同形式的行为造成。

（二）受害人遭受损害

环境污染中，受害人遭受的损害是因为接触或暴露于被污染的环境，而受到的人身伤害、死亡以及财产损失等后果。环境污染致人的损害，一般具有复杂性、隐蔽性、潜伏性、持续性和广泛性等特点。

污染环境的行为如果没有造成他人人身财产权益损害，而仅仅是造成环境污染或者生态破坏，是否也应当承担侵权责任，涉及环境权或者环境（民事）权益是否属于环境污染侵权责任的保护范围。本书认为，环境污染行为人应当根据《侵权责任法》所规定的责任方式，恢复生态、环境或者承担恢复生态、环境的相应费用。

（三）环境污染行为与损害间有因果关系

1. 盖然性因果关系

所谓盖然性因果关系，又称或然性因果关系，是指受害人只需要证明污染环境的行为引起损害的可能性达到一定程度，即可推定因果关系存在。在盖然性因果关系的证明中，只要求被侵权人证明"如无该行为，即不致发生此结果"。具体来讲，受害人只需要证明：（1）加害人有污染损害发生地的行为；（2）该地区有众多同样的损害情况发生。盖然性因果关系理论实际上将因果关系的证明责任转移给了被告，只要加害人不能证明不存在因果关系，就可以认定因果关系存在。①

2. 间接反证法

间接反证法，是一种举证责任倒置的证明规则。只要受害人能够证明因果关系链条中的一部分事实，就可以依据经验法则推定其他事实存在，而由加害人举证证

---

① 罗丽：《中日环境侵权民事责任比较研究》，吉林大学出版社2004年版，第191页。

明存在特别的情况而不应适用经验法则，或者其他事实不存在而推翻这种因果关系推定。依据间接反证法，受害人仅需要证明以下事项：（1）侵权人具有排放污染物的行为；（2）被侵权人曾经接触或暴露于污染物质；（3）被侵权人在接触或暴露于污染物质之后受到损害。在被侵权人对因果关系进行了大致的证明之后，举证责任便转移给被告一方，由被告证明存在其他特殊情况，进而证明因果关系不存在。否则，即推定因果关系成立。

3. 疫学因果关系

疫学因果关系，又称为流行病学因果关系的证明方法，是指将有关某疾病发生的原因，就疫学上可考虑的若干因素，利用统计的方法，调查各因素与疾病发生间的关系，选出关联性（盖然性）较大的因素，对之进行综合性的研究及判断，考察损害结果与排污行为之间是否存在因果关系。疫学因果关系的判断主要考察以下几个因素：（1）污染物质在受害人发病前发生作用，即具有时序性。（2）污染物质发挥作用的程度与患病几率成正比例关系。（3）污染物质的减少或消除与患病几率的降低成正比例关系，没有受到该物质影响的人群患病几率极低。（4）该污染物质确实能够导致该疾病发生的作用机制，与科学和医学没有矛盾。

上述三类因果关系证明方式，实际上是因果关系的推定。污染者应当就法律规定的不承担责任或者减轻责任的情形及其行为与损害之间不存在因果关系承担举证责任。显然，我国《侵权责任法》第66条所规定的举证责任倒置，免除了受害人就因果关系的举证责任，对受害人的保护比因果关系推定更为周密。

四、环境污染责任的承担

因环境污染造成他人损害的，污染环境的人应当承担责任。实践中，经常是多个主体污染环境造成同一损害的，表现在因果关系上即为多因一果的因果关系，《侵权责任法》第67条对此专门作出了规定，即两个以上污染者污染环境，污染者承担责任的大小，根据污染物的种类、排放量等因素确定。该规定确立了数人污染时的按份责任规则，而排除了《侵权责任法》第11条、第12条所规定的累积的因果关系、共同的因果关系规则的适用。

就承担环境污染侵权责任的方式而言，除典型的损害赔偿责任外，在环境污染责任中，即使损害事实尚未发生，只要排污者的排污行为对他人人身财产权益构成威胁，也应当允许受到威胁的权利人享有依照《侵权责任法》第21条主张停止侵害、排除妨碍和消除危险的权利，这也符合《侵权责任法》预防损害发生的功能。

考虑到污染环境致人损害案件的复杂性、因果关系确定的困难程度，我国《环境保护法》第42条规定，因环境污染损害赔偿提起诉讼的时效期间为3年，从当事人知道或者应当知道受到污染损害时起计算。

【案例分析 40-7】

　　张某与某装饰公司签订了一份家居装饰工程合同，准备装修房子，考虑到家住楼下的已经 73 岁的何老先生曾患心肌梗塞住过院，张某还特地到何某家作了说明。由于施工人员未严格按约定的时间施工，何某夫妇多次与被告施工人员进行交涉，但被告施工人员没有改变做法。某晚上 9 时后，夫妻俩正准备休息，施工人员又开始施工，刺耳的电钻钻墙声扰得何某及其妻子施某根本无法入睡。何某便上楼与施工人员进行交涉，结果心肌梗塞急性发作死亡。施某提起诉讼，要求装饰公司承担赔偿责任。装饰公司辩称，何某的死亡与其行为没有因果关系，是其自身原因引起的，拒绝承担赔偿责任。

　　本案问题的关键在于，被告装修的行为是否具有违法性、装修行为所产生的噪音污染与何某死亡之间是否存在因果关系。被告在事发当晚 9 点后仍然使用排放强噪声的电钻进行室内装修，明显违反了《环境噪声污染防治法》第 47 条规定，其行为具有违法性。容易产生争议的是，何某的死亡与被告的环境污染噪声行为是否存在因果关系。一方面，被告施工的噪声污染造成何某夫妇的损害是确定的，至于是否足以达到致死的程度，应结合疫学因果关系、盖然因果关系和间接反证法进行考察。由于环境污染责任中因果关系的证明责任由加害人负担(《侵权责任法》第 66 条)，在被告无法证明装修噪声与何某死亡之间没有因果关系的情况下，推定二者之间存在因果关系。所以，被告应对何某的死亡负赔偿责任。

第八节　高度危险责任

一、高度危险责任概述

　　高度危险责任，是指因从事高度危险活动或者保有高度危险物品致人损害而承担的侵权责任。从体系上来讲，我国《侵权责任法》第九章专章规定的高度危险责任，是与产品责任等危险责任相并列的特殊侵权责任类型；从内部体系来看，高度危险责任包括了民用核设施致害责任、民用航空器致害责任、高度危险活动致害责任、高度危险物致害责任，总体上可以概括为高度危险活动致害责任和高度危险物致害责任两种类型。

二、高度危险责任的归责原则

　　高空、高压等高度危险活动的存在和发展，使人类社会在享受高科技文明所带来的巨大经济效益的同时，选择了突破过错责任归责原则，最大限度地限制这些高度危险活动对人类社会所造成损害的程度。高度危险责任适用无过错责任原则，符合侵权责任法的基本理念，以下分述之。

第一，符合危险开启者承受其风险的原则。高度危险责任中，从事高度危险活动者与危险物品保有人开启了特别的危险源，根据危险责任原则，也应当对此造成的损害承担风险。

第二，符合具有控制风险能力者承受损害的原则。从事高度危险活动者与危险物品保有人同时也是风险的控制者，要求从事高度危险活动者与危险物品保有人承担无过错责任，有利于督促二者采取更为严格的措施控制风险，降低造成损害的可能性。

第三，符合谁受益谁承担风险和分散损害的原则。从事高度危险活动者与危险物品保有人通常从相关活动中获益，理应承担相关风险和损害。同时，从事高度危险活动者与危险物品保有人也能够通过价格机制、保险工具分散风险，实现风险责任的社会化，较之于被侵权人个人承担风险更为合理。

三、高度危险活动致害责任

（一）概念和类型

高度危险活动致害责任，与高度危险物品致害责任相对，是根据危险来源的不同对高度危险责任的类型划分。高度危险活动致害责任的危险来源于经营者的作业活动，而高度危险物品致害责任的危险来源于物品自身。危险的来源不同，危险的属性、控制危险的主体不同，从而责任承担主体确定的规则也有所不同。

从体系上来看，《侵权责任法》第 69 条规定了高度危险责任的一般条款，可以认为高度危险责任并不限于《侵权责任法》明确列举的运营核设施、使用民用航空器、高空作业、高压作业、从事地下挖掘活动、使用高速轨道运输工具等六类高度危险活动，还可以包括其他类型的高度危险责任，具体可以在司法实践中来认定。

（二）运营民用核设施致害责任

运营民用核设施致害责任，是指民用核设施发生核事故造成他人损害，其经营者应当承担的危险责任。核事故责任是最危险、最严重的高度危险活动致人损害责任，虽然核事故发生概率极低，但由于危险后果极为严重，因此对民用核设施运营责任予以最严格的控制。

《侵权责任法》第 70 条规定的核事故仅限于民用核设施发生的，我国民用核设施主要包括 4 种类型：（1）核动力厂（核电厂、核热电厂、核供汽供热厂等）；（2）核动力厂以外的其他反应堆（研究堆、实验堆、临界装置等）；（3）核燃料生产、加工、贮存及后处理设施；（4）放射性废物的处理和处置设施等。

运营民用核设施致害责任的承担，应当具备发生核事故、导致被侵权人受到损害、损害与核事故之间具有因果关系等构成要件，在此不再一一赘述。《侵权责任法》第 70 条规定，民用核设施致害责任的承担者为"经营者"。具体来讲，经营者应当包括，依法取得法人资格，营运核电站、民用研究堆、民用工程实验反应堆的单位或者从事民用核燃料生产、运输和乏燃料贮存、运输、后处理且拥有核设施的单位。

值得注意的是，一般的不可抗力，如洪水、台风并非运营民用核设施致害责任的免责事由，仅在战争、暴乱、被侵权人的故意等极端情形下，经营者才能免除责任。

运营民用核设施致害责任，有最高赔偿额的限制。《国务院关于核事故损害赔偿责任问题的批复》区分"核电站的营运者和乏燃料贮存、运输、后处理的营运者"与其他营运者，对一次核事故所造成的核事故损害的最高赔偿额分别规定为3亿元人民币和1亿元人民币。如果核事故损害的应赔总额超过规定的最高赔偿额时，由国家提供最高限额为8亿元人民币的财政补偿。

（三）经营民用航空器致害责任

经营民用航空器致害责任，是指民用航空器造成他人损害，其经营者承担的无过错责任。

航空器，是指通过空气的反作用，在大气中取得支承的任何机器，主要包括固定翼飞机、滑翔机、直升机、热气球、飞艇等。民用航空器，是指除用于执行军事、海关、警察飞行任务外的航空器，主要包括两种类型，一是专门从事运送旅客、行李、货物运输的航空器；二是从事工、农、林、渔和建筑业等作业的飞行，以及医疗卫生、抢险救灾、气象探测、海洋监测、科学实验等方面飞行活动的航空器。

民用航空器可能导致两类损害，第一是在从事旅客、货物运输过程中，对所载运的旅客、货物造成的损害；第二是民用航空器对地面第三人的人身、财产造成的损害。就民用航空器发生损害的期间，《侵权责任法》并未明确规定。按照《民用航空法》的规定，旅客人身伤亡和其随身携带物品毁灭、遗失或者损坏，应当是发生在民用航空器上或者在旅客上、下民用航空器过程中。对托运的行李、货物而言，毁灭、遗失或者损坏应发生在航空运输期间，即在机场内、民用航空器上或者机场外降落的任何地点，托运行李、货物处于承运人掌管之下的全部期间。

关于民用航空器致害责任的免责事由，《侵权责任法》第71条只规定了被侵权人故意。除此之外，被侵权人过失也可以构成民用航空器致害责任的免责事由。例如，《民用航空法》第161条第1款规定，损害是完全或者部分由于受害人或者其受雇人、代理人的过错造成的，免除或相应减轻其赔偿责任。

至于不可抗力是否能够作为民用航空器致害责任的免责事由，《侵权责任法》没有予以明确规定。比较而言，危险程度最大的民用核设施致害责任也可以战争等情形作为免责事由，民用航空器致害责任也应当可以战争、武装冲突等作为免责事由。① 据此，《民用航空法》第125条关于战争或者武装冲突是货物损失、第160

---

① 张新宝：《侵权责任法》，中国人民大学出版社2010年版，第306页。

条关于武装冲突或者骚乱是对地面第三人损害的免责事由的规定，可以继续适用。

另外，我国民用航空器致人损害实行限额赔偿制度，国际航空运输的责任限额根据《民用航空法》第129条的规定确定，国内航空运输的责任限额则根据中国民航总局《国内航空运输承运人赔偿责任限额规定（2006年）》的规定，旅客赔偿限额为40万元人民币。

（四）其他高度危险活动致害责任

其他高度危险活动致害责任，是指从事高空、高压、地下挖掘活动或者使用高速轨道运输工具造成他人损害，经营者应当承担的危险责任。《侵权责任法》第73条继承并完善了《民法通则》第123条的规定，在高空、高压、高速运输工具作业之外增加了从事地下挖掘活动的高度危险责任。

从事高空、高压、地下挖掘活动或者使用高速轨道运输工具致害责任的承担，应当具备高度危险活动危险实现、受害人损害、二者之间具有相当因果关系等构成要件，其判断与其他特殊侵权责任并无不同，此处不再赘述。

值得注意的是，高度危险活动的责任主体是经营者，这里的经营者并非与消费者相对应的以营利为目的的商行为主体，而是为了自己的利益而开启或持续危险的人。① 在高度危险活动中，作为责任主体的经营者，应当是事实上或经济上控制该活动的人，并不要求最终承担责任的人直接、积极地亲自参与该活动。

与民用核设施致害责任、民用航空器致害责任相比，这四类高度危险活动致人损害的责任属于常见多发的，造成的损害规模、严重程度较小，受害人对此多有所防范。因此，《侵权责任法》第73条规定了多样化的责任减免事由，即因受害人故意或者不可抗力造成的，不承担责任；被侵权人对损害的发生有过失的，可以减轻经营者的责任。另外，在《侵权责任法》之外的法律、法规关于其他高度危险活动致害责任的免责事由，需要根据《侵权责任法》第73条规定的精神判断是否能够适用。

【案例分析40-8】

白某私自到某村所有的鱼塘垂钓，该鱼塘上空架设了1.3万伏的高压电线，鱼塘四周也设有"高压线下，严禁钓鱼"的警示标志，在垂钓过程中，白某手持的鱼竿与高压线相触，导致白某被电击死亡。白某的家属将鱼塘的所有人某村村民委员会、发包人村经济合作社、转包人刘某和直接经营者胡某，以及高压输电设施的产权人某供电公司告上法庭，要求他们连带赔偿23万余元。②

本案涉及危险活动致害责任，1.3万伏高压电是具有高度危险的电力设

---

① Erwin Deutsch, Allgemeines Haftungszreccht, 2. Aufl., S. 452f.

② 案例来源：http://bjgy.chinacourt.org/public/detail.php?id=7069，选用时略有改动。

施，存在高度危险作业活动，受害人是因该高压电线被电击而死的，存在损害后果。由于高度危险作业承担无过错责任，供电公司如无法证明受害人存在故意或不可抗力的，即应当承担责任。本案中，白某在高压线下垂钓，对损害的发生也有过失，因此可以减轻供电公司的责任。另外，本案中因高压电引起的人身损害是由多个原因造成的，应当根据《侵权责任法》第 12 条的规定，按照致害人的行为与产生损害结果之间的原因大小确定各自的责任。本案中，鱼塘的所有人、发包人、转包人、直接经营者对白某的死亡都有过错，都应承担责任。最终，法院判决供电公司赔偿白某家属医疗费、丧葬费、死亡补偿费、生活费等共计 2.3 万余元，胡某赔偿 16 万余元，村民委员会、村经济合作社、刘某对此承担连带责任。

四、高度危险物致害责任

（一）概述

高度危险物致害责任，是指因易燃、易爆、剧毒、放射性等高度危险物造成他人损害，相关主体应当承担的侵权责任。《侵权责任法》第 72 条、第 74 条和第 75 条对高度危险物致害责任做了详细的规定。

高度危险物致害责任与高度危险活动致害责任均属于高度危险责任，但二者之间在法律性质上具有重要的区别，高度危险物致害责任是对于"物"本身的危险造成损害承担的责任，属于"准侵权行为"，而高度危险活动致害责任属于行为引起的侵权责任，属于侵权行为。① 高度危险物致害责任属于保有者的责任，即对物的危险具有控制力的人，就高度危险物致害承担的责任。② 保有者在具体案件中，既可能是物的所有人，也可能是物的占有人、使用人，还有可能是盗窃、侵占该物的人。

（二）高度危险责任的承担

与其他高度危险责任一样，高度危险物致害责任适用无过错归责原则，应当符合高度危险物、受害人损害、相当因果关系等构成要件，此处不再一一赘述。高度危险物致害责任的承担，应当区分不同的情形予以考虑，以下分述之。

1. 占有、使用人的责任

高度危险物本身具有危及他人人身、财产的自然属性，生产、储存、运输高度危险品以及将高度危险品作为原料或者工具进行生产的占有、使用过程中，高度危

---

① 当然，二者之间的区分并不严格。例如高度危险物致人损害的责任也是需要有占有、使用、遗失、抛弃等行为的存在，就此而论，高度危险物致害责任也可以认为是侵权行为，而非准侵权行为。

② 张新宝：《法路心语》，法律出版社 2003 年版，第 199 页。

险物的占有人和使用人必须采取可靠的安全措施，避免高度危险物造成他人损害。通常来讲，高度危险物致害都是由于未采取可靠的安全措施所致，但由于高度危险物的存在即构成对他人安全的威胁，其占有人、使用人并不能主张自己采取了可靠的安全措施即可免责。因此，高度危险物致害责任是无过错责任，即只要是易燃、易爆、剧毒、放射性等高度危险物造成他人人身、财产损害的，占有人或者使用人应当承担侵权责任。

2. 遗失、抛弃人的责任

高度危险物被遗失、抛弃之后并不改变其危险性，反而会因为得不到适当的控制而使危险增加，因此根据风险控制理论和利益—风险理论，造成他人损害的，也应当承担侵权责任。只是高度危险物遗失、抛弃之后，并无占有人和使用人，无法适用《侵权责任法》第72条的占有人、使用人对高度危险物的责任。由于这种特殊性，《侵权责任法》第74条规定，遗失、抛弃高度危险物造成他人损害的，由所有人承担侵权责任。所有人将高度危险物交由他人管理的，由管理人承担侵权责任；所有人有过错的，与管理人承担连带责任。

3. 非法占有人的责任

当高度危险物被他人非法占有时，不存在合法意义上的占有人、使用人，非法占有人是该高度危险物风险的控制者，高度危险物致人损害的，非法占有人应当承担责任。高度危险物致害责任的承担，是以风险的控制、损害的防范为基础的，因此保有人是合法占有还是非法占有并无不同，均应对高度危险物造成的损害承担责任。当然，高度危险物的所有人、管理人应当以高度的注意义务妥当保管高度危险物，防止他人非法获得高度危险物。倘若高度危险物被他人非法占有，造成损害的，虽然所有人和管理人不必承担危险责任，但是根据《侵权责任法》第75条后句的规定，如果所有人、管理人对防止他人非法占有未尽到高度注意义务，他们也要承担过错推定责任，并与非法占有人承担连带责任。

第九节　饲养动物致人损害责任

一、饲养动物致害责任概述

饲养动物致害责任，是指因饲养的动物致人损害，饲养人或管理人所应承担的侵权责任。《侵权责任法》在《民法通则》第127条的基础上，于第十章专章规定了饲养动物致害责任。

饲养动物致害责任的特点如下：

第一，造成损害的动物必须是人为饲养的动物。如果损害是由野生的动物造成的，不适用《侵权责任法》的规定，而适用《野生动物保护法》相应的行政补偿规则。

第二，饲养动物致害责任是对物的责任，属于所谓的"准侵权行为"。动物自身的"举动"直接导致了受害人的损害，而非饲养人、管理人的行为。因此，可以认为，"饲养人或管理人并非对自己的行为负责，而是对与其具有一定关系的'物'造成的损害负责"①。

第三，饲养动物致害责任是危险责任，是因为动物自身危险的实现而承担的责任。不是动物自身潜在的危险的实现，而是人的行为，例如纵犬伤人，所承担的就不是动物致害责任，而是一般的过错侵权责任。

二、饲养动物致害责任的归责原则

我国《侵权责任法》继承《民法通则》第 127 条规定，对饲养动物致害责任采无过错归责原则，对动物园的动物致害则例外地采过错推定责任原则，以强化对受害人的保护。

根据《侵权责任法》第 81 条规定，动物园的动物造成他人损害的，动物园应当承担侵权责任，但能够证明尽到管理职责的，不承担责任。该规定表明，对动物园的动物致害责任采取了过错推定责任原则。不过，在立法论角度来看区分动物园的动物和非动物园的动物规定不同的归责原则，理由并不十分充分。事实上，动物园虽然具有实现社会公共利益的目的，但不能因此将风险转嫁给个别的受害人，公共利益所伴随的公共风险、公共负担应当由所有社会成员平等承受，才符合法律上的平等原则。②

三、饲养动物致害责任的构成要件

饲养动物致害责任的构成要件包括三项，即饲养动物危险的实现、受害人的损害和饲养动物危险的实现与损害之间存在因果关系。

（一）饲养动物危险的实现

饲养动物致害责任的前提是饲养动物本身内在的、潜在的危险的实现。饲养的动物，应当按照社会一般观念来理解，不仅包括有益的动物，如青蛙、耕牛等，而且还包括有害动物，如寄生虫等，有害动物的饲养通常是以学术、技术或展览等为目的的。饲养的动物必须是能为特定的人所有、占有，对动物的举动能够予以适当程度的控制，惟其如此才符合饲养动物致害责任的立法目的。

（二）受害人的损害

饲养动物所造成的损害，既包括人身损害也包括财产损害。但是否仅限于绝对

---

① 张新宝：《侵权责任法》，中国人民大学出版社 2010 年版，第 320 页。
② 王利明、周友军、高圣平：《侵权责任法教程》，人民法院出版社 2010 年版，第 705 页。

权所遭受的损害，换言之纯粹经济损失，是否受饲养动物致害责任的保护。鉴于饲养动物致害责任，是基于动物的危险性的危险责任，而纯粹经济损失不是动物危险的保护范围。① 无过错责任原则上不救济纯经济损失的规则，据此也应当认定动物的饲养人、管理人不对纯粹经济损失承担责任。

（三）饲养动物危险的实现与损害之间存在因果关系

饲养动物致害责任必须以因果关系为要件，即动物危险的实现与损害之间必须存在因果关系。通常情况下，动物致害责任中的因果关系都是直接因果关系，如因动物撕咬而造成他人损害。但在动物并未直接侵害他人，而是通过受害人自身的行为或者通过其他媒介间接导致他人损害时，也可以认定因果关系的存在。例如，狼犬龇牙咧嘴地冲向邮递员，邮递员躲避中受伤；再如饲养的狗追逐其他动物而引起车祸，狗的饲养人、管理人也应当承担饲养动物致害责任。

四、饲养动物致害责任的承担

（一）饲养人、管理人的责任

我国《侵权责任法》将饲养动物致害责任界定为危险责任，基于危险控制者承担危险责任的原则，《侵权责任法》第 78 条规定了动物饲养人、管理人承担责任的一般规则。

值得注意的是，当饲养的动物遗弃、逃逸时，虽然饲养、管理关系已经事实上消灭了，但饲养动物遗弃、逃逸期间的危险，依然由原饲养人、管理人承担。其基本立场在于，饲养动物的遗弃、逃逸，导致其社会危险性的加剧，其原因多在于因饲养人、管理人未尽到管理责任所致，为了充分保护被侵权人利益，遗弃、逃逸动物的原饲养人或者管理人就应当对自己遗弃动物的行为，以及疏于管理没有尽到管理义务的行为承担责任。②

动物饲养人、管理人通常情况下是比较确定的，在饲养或管理自己的动物时，动物的饲养人、管理人就是动物的所有人，通过雇佣他人为自己饲养、管理动物的，饲养人、管理人应当是动物的所有人，而非受雇人。至于发生借用、租赁、委托等法律关系时，即发生了动物的所有人与动物的饲养人、管理人相分离的情况，应当根据实际控制力的原则，确定由动物的具体饲养人、管理人承担责任。例如，甲出国期间，将爱犬委托乙照顾，期间对丙造成损害，责任的承担者应为具体的饲养人即管理人乙，而非狗的所有人甲。

（二）第三人的责任承担

第三人的责任，是指被侵权人和动物饲养人或者管理人以外的人对动物造成损

---

① 王泽鉴：《侵权行为》，北京大学出版社 2009 年版，第 475 页。

② 全国人大常委会法制工作委员会民法室编：《〈中华人民共和国侵权责任法〉条文说明、立法理由及相关规定》，北京大学出版社 2010 年版，第 335 页。

害有过错时，应当承担的责任。在第三人过错引发饲养动物致害时，被侵权人可以向动物饲养人或者管理人请求赔偿，也可以向第三人请求赔偿。动物饲养人或者管理人赔偿后，有权向第三人追偿。

（三）免责事由

在饲养动物致害责任中，被侵权人的故意或者重大过失是一般的责任减免事由。根据《侵权责任法》第78条规定，动物饲养人或者管理人能够证明损害是因被侵权人故意或者重大过失造成的，可以不承担或者减轻责任，但被侵权人的一般过失、轻微过失造成损害的，并不能减轻、免除动物饲养人或者管理人的侵权责任。应当注意的是，在《侵权责任法》第79条、第80条的情形下，即违反管理规定，未对动物采取安全措施或者禁止饲养的烈性犬等危险动物造成他人损害的，被侵权人的故意、重大过失不能作为饲养人、管理人减免责任的事由。对于动物园而言，由于其承担的是过错推定责任，因而当动物园能够证明尽到管理职责时，即相当于证明自己并无过错，从而可免除其侵权责任。

【案例分析40-9】

A市市民孙某的一头纯种西施犬走丢，被市民栗某拾得。栗某知此犬为纯种西施犬，一边精心看管，一边积极寻找失主，并登报招领，一共花去饲料费和登报招领费共800元。一天，该西施犬挣脱缰绳欲逃走，刚出家门一段路的转角，正遇市民姚某骑自行车回家，因西施犬跑得太快，姚某躲闪不及而摔倒，造成右手腕骨折，医疗费、误工费等共计5200元。姚某要求栗某赔偿此费用，栗某辩称，该西施犬并非自己所有，不应由他赔偿。恰好此时孙某来寻栗某要回该西施犬，姚某即要求二人一起承担侵权责任。

本案是一起饲养动物致害责任，其核心在于确定动物饲养人、管理人的身份。本案中的西施犬属于孙某所有，走丢后由栗某拾得，因此发生了该西施犬的所有权人和实际饲养人、管理人的分离。饲养动物致害责任的主要根据在于风险控制理论，既然栗某拾得该西施犬，并成为其实际饲养人、管理人，就应当承担相应的管理责任。栗某作为此犬的管理人，虽对此犬采取了措施，但此犬脱缰绳欲逃走，故栗某有管理不严的过错，所以，本案的栗某作为此犬的管理人，应当向姚某承担民事责任。至于《侵权责任法》第82条所规定的，遗弃、逃逸的动物在遗弃、逃逸期间造成他人损害的，由原动物饲养人或者管理人承担侵权责任，应解释为是以不存在实际的饲养人、管理人为前提的，否则对实际饲养人、管理人过于纵容，而对于原动物饲养人或者管理人过于严苛。

第十节　物件损害责任

一、物件损害责任概述

物件损害责任，是指建筑物等设施及其搁置物、悬挂物，堆放物、妨碍通行物和林木等由于存在缺陷或者疏于管理、维护造成他人损害，侵权人应当承担的侵权责任。物件损害责任具有以下特征：

第一，物件损害责任主要是不作为侵权责任。物件所有人、管理人或者使用人承担责任的原因是其违反了建造、维护、警示等积极的作为义务，属于不作为侵权。建造人（包括建设单位）实际上也是因其原所有人的身份，并因其建造义务的违反而承担责任，也属于不作为侵权。当然，施工人（包括施工单位）是因其积极的作为（即施工行为）而承担侵权责任，不属于物件致害责任的范畴。

第二，物件损害责任是物件的所有人等承担的过错推定责任。在比较法上，各国基本上都采过错推定责任原则。物件所有人、管理人、使用人或建造人负担过错推定责任，这既是考虑到物件的巨大危险性，也是考虑到责任人距离证据较近。

第三，物件损害责任是物件的所有人等承担的自己责任。物件致害责任是自己责任，所有人、管理人、使用人或建造人是因其自己的不作为而承担责任，而不是对物的替代责任，因为物件并不会承担责任，从而也就无从替代。

二、建筑物等脱落、坠落致害责任

建筑物等设施及其搁置物、悬挂物损害责任，是指建筑物等设施及其搁置物、悬挂物因设置或保管不善而脱落、坠落等，给他人人身或财产造成损害，物件所有人、管理人或者使用人应当承担侵权责任的物件损害责任。

（一）构成要件

1. 建筑物等脱落、坠落

建筑物，是指人工建造的、固定在土地上，用于居住、生产或者物品存放的设施等。构筑物，是指固定在土地上，建筑物以外的人工设施，包括道路、桥梁等。其他设施，主要是包括其他的附属设施，例如道路上的护路树、路灯，纪念碑附属的围栏等。搁置物、悬挂物，是我国法律的独特规定，其并非建筑物的组成部分，仅仅是搁置、悬挂于建筑物上的物件，因与建筑物等存在物理联系，可能发生坠落风险。

上述物件致人损害的方式主要是脱落或坠落。这也是《侵权责任法》第85条和第86条之间在适用范围上区分的主要特征，如果不是建筑物、构筑物或者其他设施发生脱落而是发生了倒塌，则属于《侵权责任法》第86条的调整范围，如果本身并未倒塌则属于第85条的范围。

2. 所有人、管理人和使用人的过错

建筑物、构筑物或者其他设施的所有人、管理人和使用人负有维护、管理建筑物、构筑物及其他设施，保障建筑物等设施及其搁置物、悬挂物的安全，避免造成他人损害。需要注意的是，所有人、管理人或者使用人是指建筑物、构筑物或者其他设施的所有人、管理人或者使用人，至于其是否为搁置物、悬挂物的所有人、是否为搁置人或悬挂人，均不影响其责任的成立。

所有人、管理人和使用人的过错，是指管理上的过错，而不仅仅是指对物件"脱落、坠落"事实本身在行为上的直接过错。① 所有人、管理人和使用人的过错是推定的过错，无须由受害人证明，所有人、管理人和使用人只有在举证证明自己没有过错时，方能免除其责任。

3. 致人损害和因果关系

损害是建筑物等设施及其搁置物、悬挂物损害责任的必备要件，如果没有损害即使发生了建筑物等设施及其搁置物、悬挂物脱落、坠落的事实，也无须承担责任。

损害的范围是否必须限于因侵害绝对性权益还是可以包括纯粹经济损失，应当予以明确。理论界与实务界均认为，其限于绝对性权益的侵害，不包括纯经济损失，例如，房屋倒塌、阻塞巷口、商家因不能营业所受损失，不可以依据该制度请求赔偿。

关于致害事实与损害之间的因果关系，与其他侵权责任的因果关系略同。值得注意的是，损害的致害事实必须是因为脱落、坠落所致，如果是脱落、坠落后的物件将行人绊倒、摔伤，则不属于建筑物等脱落、坠落损害责任，而应当适用其他的相关规定，例如违反安全保障义务的责任等。

（二）侵权责任的承担

物件的所有人、管理人和使用人在物件致人损害后，应当如何承担责任，《侵权责任法》并未明确规定。本书认为，物件损害责任适用过错推定责任原则，在责任的成立和承担上依然以过错为其最终标准，即使致害物件同时存在所有人、管理人和使用人，也应该按照过错来确定其责任，能够证明自己没有过错的当事人无须承担责任，否则应当赔偿受害人的损失。至于所有人、管理人和使用人是否承担连带责任，则需要根据其过错状况来判断，如果符合《侵权责任法》第8条、第10条和第11条的规定，则应该承担连带责任。

三、建筑物等倒塌致害责任

建筑物、构筑物或者其他设施倒塌损害责任是指建筑物、构筑物或者其他设施倒塌造成他人损害，建设单位与施工单位应当承担的侵权责任。

由于在《侵权责任法》立法过程中发生了令人触目惊心的"楼倒倒"、"楼脆

---

① 杨立新：《侵权责任法》，法律出版社 2010 年版，第 570 页。

脆"事件，因此引起了立法者对于"豆腐渣"工程的警惕。同时，由于在《国家赔偿法》的修订中，未将国有建筑物、构筑物或者其他设施缺陷致人损害列入，《侵权责任法》必须作出相应的规定。综合这两方面的原因，《侵权责任法》第86条将建筑物、构筑物或者其他设施倒塌致人损害的侵权责任单独规定，并赋予了更为严厉的法律后果。

（一）归责原则

建筑物倒塌致人损害责任，究竟适用无过错责任还是过错推定责任，存在争议。按照文义解释的方法，该条条文表述方式属于无过错责任原则的典型表述方法，也并没有规定建设单位和施工单位没有过错即可免责，所以采取的应当是无过错责任原则。按照历史的解释方法，"豆腐渣"工程的泛滥正是《侵权责任法》第86条规定的立法背景，据此对建设单位和施工单位提出无过错责任的要求，更能实现立法目的。按照体系化的解释方法，本条第1款第2句和第2款的规定采取了排除法，即除非有"其他人的原因"，均应由建设单位和施工单位承担责任，至于其是否存在过错在所不问，这也说明建筑物等倒塌责任适用的是无过错责任原则。

（二）构成要件

1. 建筑物等倒塌

建筑物、构筑物或者其他设施的倒塌，是建筑物等倒塌的前提条件，如果未发生倒塌，而仅仅是发生了脱落、坠落等，则不属于《侵权责任法》第86条的调整范围。建筑物等倒塌损害责任中的建筑物、构筑物或者其他设施在属性上与建筑物等脱落、坠落中的属性相同，但是其范围则有所不同。建筑物等倒塌中，建筑物等的范围限于有建设单位、施工单位的建筑物构筑物或者其他设施，而不包括自然人作为建设者、施工者的建筑物、构筑物或者其他设施。

2. 致人损害与因果关系

与建筑物等的脱落、坠落相同，这里所说的损害仅限于因侵害绝对性权益而遭受的损害，而不包括纯经济损失。损害也应当是由倒塌直接导致的，因为倒塌物阻碍交通致夜间行驶中发生交通事故，不能认为属于建筑物等倒塌的侵权责任。

（三）责任主体

建筑物等倒塌造成他人损害的，由建设单位与施工单位承担连带责任。建设单位，是指从事各类房屋建筑及其附属设施的建造、装修装饰等的单位，建设单位是建设工程的立项者、投资者和拥有者，也是建设工程质量的保证者和主要责任人。施工单位，是指与建设单位或者其他发包人签订工作物建造合同、对工作物进行施工的单位。

建筑物等倒塌，除了建设单位、施工单位以外，还可能有其他的责任人，例如设计存在缺陷的、勘察不符合标准的、未按照监理合同履行监理义务的。对此，建设单位、施工单位赔偿后，有其他责任人的，对其他责任人享有追偿权。

因其他责任人的原因，建筑物、构筑物或者其他设施倒塌造成他人损害的，由其他责任人承担侵权责任。例如，建筑物、构筑物因为年久失修、业主擅自改变承重结构等倒塌。

四、抛掷物坠落物致害责任

（一）概述

抛掷物坠落物致害责任，是指从建筑物中抛掷或者坠落的物品造成他人损害，无法确定具体侵权人时，可能加害的建筑物使用人承担的补偿责任。

抛掷物坠落物致害责任独立作为一种特殊侵权行为类型，是以我国司法实践中出现的争议非常大的几个类似案件为背景的，"重庆烟灰缸案"、"济南菜板案"和"深圳玻璃案"等。由于缺乏统一、明确的法律依据，法院裁判不统一的情况①，《侵权责任法》针对这一情况规定了抛掷物坠落物致害责任。

【案例分析40-10】

2000年5月10日深夜，重庆市郝某加完夜班回家，在路过某两幢楼下时，一只从天而降的烟灰缸砸在了他的头上，当场昏迷倒地，随即被人送往附近的急救中心抢救。经过治疗，郝某虽脱离了生命危险，但留下了严重的后遗症，基本丧失了生活自理和工作能力。这一事件经当地公安机关介入侦查后未能查明系何人所为，郝某亲属遂将位于出事地点的两幢居民楼的开发商及两幢楼一定楼层以上的24户居民先后告上了法庭，要求他们共同赔偿自己的医药费、精神损失费等各种费用共计17万余元。法院驳回了对于开发商的诉讼请求，但根据过错推定原则，判决24户居民被告中的22户共同分担17万余元的赔偿责任，每户赔偿8101.5元。

本案即为著名的"重庆烟灰缸案"，案件涉及所谓"高空抛物"责任承担问题。抛掷物坠落物致害责任与共同危险行为虽然在"有人实施，但无法确定"方面存在共同点，但建筑物使用人不是基于共同危险行为而承担责任，因为建筑物使用人并非均实施了抛物行为，而那种认为居住高楼之上就是"危险"的观点更是十分荒谬的。抛掷物坠落物致害责任，可能加害的建筑物使用人承担的是补偿责任、公平责任，而不是无过错责任。由于抛掷物坠落物致害责任对于建筑物使用人采取了"有罪推定"、"集体归责"的原则，严重侵害了建筑物使用人的行为自由，有可能导致人人自危、动辄得咎的不良后果，也极其容易引发道德危机。

---

① 在"重庆烟灰缸案"中，一审判决可能加害的建筑物使用人20余户分担损失，二审维持原判。"济南菜板案"中，一审法院认为，缺乏明确的被告，驳回起诉，二审维持原裁定。在"深圳玻璃案"中，法院判决物业公司承担责任。

建筑物使用人，是指在侵权行为发生时建筑物的实际使用人，包括使用建筑物的所有人、承租人、借用人以及其他使用建筑物的人。建筑物使用人的补偿责任意味着不是按照损失的数额全部赔偿，而仅仅是根据实际情况，作出适当补偿。而且，建筑物使用人承担的是按份责任，而不是连带责任。

（二）构成要件

1. 建筑物中抛掷或坠落物品

如果物体并非从建筑物中抛掷或坠落，则不能适用。《侵权责任法》第85条与第87条均规定了"坠落"物致人损害，其"坠落"并无不同。在适用法律时，应先判断具体侵权人是否明确，明确的则适用第85条的规定，不明确的则适用第87条的规定。

2. 损害结果

损害包括人身损害和财产损害，《侵权责任法》第87条并没有将受害人的损害限于人身损害，按照文义解释，该条规定的损害也应当包括财产损害。

3. 建筑物中抛掷或坠落物品与受害人的损害之间存在因果关系

因果关系的认定应当采相当因果关系理论。

4. 具体侵权人难以确定

这里的"难以确定"要结合《民事诉讼法》来理解，即不能达到证明标准。如果能够确定具体侵权人，应当由该侵权人承担责任。当具体侵权人是建筑物的所有人、管理人或使用人时，应当适用《侵权责任法》第85条的规定；如果是建筑物的所有人、管理人或使用人以外的第三人的，则应当适用《侵权责任法》第6条第1款承担的过错责任。

（三）免责事由

建筑物使用人能够证明自己不是侵权人的，即可以免除责任。具体而言，建筑物使用人可以通过主张下列事实，证明自己不是侵权人：第一，证明在发生损害时，自己不在建筑物之中。第二，证明自己所处的位置无法实施该种行为，例如居住在一层的住户即难以实施高空抛物的行为。第三，证明自己即使实施该种行为，也无法使抛掷物或坠落物到达发生损害的位置，例如损害发生在楼的南侧，而自己居住在楼的北侧。第四，证明自己根本就没有占有该种造成损害的物。第五，如果能够证明具体的侵权人，则当然可以免除自己的责任了。

五、堆放物倒塌致害责任

堆放物倒塌致害责任，是指由于堆放物倒塌，致使他人人身和财产权利遭受损害，堆放人不能证明其没有过错的，由堆放人对受害人承担的赔偿责任。《侵权责任法》第88条规定，堆放物倒塌造成他人损害，堆放人不能证明自己没有过错的，应当承担侵权责任。

堆放物，是指成堆放置的物品，是某一种或者数种物品成堆放置于一处，在物理形态上形成的一个新的共同体，例如，建筑工地上堆放的砖块、木料场堆放的圆木等。堆放物只能是动产，但不必以具有财产价值为限，堆放的垃圾也属于堆放物。

（一）归责原则

堆放物倒塌致害责任采用过错推定原则，堆放人不能证明自己没有过错的，承担侵权责任。堆放物倒塌责任，是因堆放人堆放物品的先前行为而使责任主体负有选择合理地点、方式堆放以及看管堆放物的作为义务，当堆放物倒塌致人损害时，通常即因为堆放人未尽到相应的作为义务，推定其存在过错具有恰当的实践基础。

（二）构成要件

堆放物倒塌致害责任的构成要件包括四个方面：（1）堆放物倒塌，如果不是堆放物滑落、滚落、倒塌导致的损害，不属于《侵权责任法》第88条调整的范围；（2）受害人的损害事实，包括人身损害和财产损害，没有损害就没有责任；（3）因果关系，在堆放物倒塌与损害事实之间存在相当的因果关系，如果因第三人故意推倒堆放物或者地震等导致的堆放物倒塌，则不成立本侵权行为；（4）堆放人有过错，堆放人的过错是指堆放人堆放或管理不当，或者存在其他的注意义务欠缺。对于堆放人的过错，采取推定过错，堆放人能够证明其没有过错的，则导致堆放物倒塌致害责任的构成要件不成就，从而无须承担侵权责任。

（三）免责事由

堆放人如果能够证明堆放物的倒塌是因不可抗力、第三人或者受害人的故意造成的，堆放人即可以不承担侵权责任。如《最高人民法院关于处理涉及汶川地震相关案件适用法律问题的意见（二）》第9条规定，因地震灾害致使堆放物品倒塌、滚落、滑落的，所有人或者管理人不承担赔偿责任。但应该注意的是，根据《民通意见》第155条规定，在堆放人证明自己没有过错的同时，如果受害人、第三人等均无过错，则应当根据公平原则酌情处理。

六、妨碍通行物致害责任

妨碍通行物致害责任，是指在公共道路上堆放、倾倒、遗撒妨碍通行的物品造成他人损害的，有关单位或者个人应当承担的侵权责任。

妨碍通行物是指，堆放、倾倒、遗撒在公共道路上的物品，例如在公共道路上非法设置路障、晾晒粮食、倾倒垃圾等；妨碍通行物既可以是固体物，也可以是液体、气体，例如，泄漏到公路上的石油、非法向道路上排水或者热力井向道路散发出的大量蒸汽。

妨碍通行物必须是妨碍公共道路通行的物品，所谓公共道路是指公共通行的道路，即经公路主管部门验收认定的城间、城乡间、乡间能行驶汽车的公共道路，公路渡口、公路路基、路面、桥梁、涵洞、隧道，以及虽在单位管辖范围但允许社会机动车通行的地方，包括广场、公共停车场等用于公众通行的场所。

妨碍通行物致害责任应当符合以下构成要件：（1）公共道路上堆放、倾倒、遗撒的物品妨碍通行，这是妨碍通行物致害责任区别于堆放物倒塌等责任的基本特征；（2）造成他人损害，包括人身损害和财产损害，如行人被绊倒、司机因而发生车祸等；（3）因果关系，即妨碍通行物是导致他人损害的原因，因果关系的判断标准应该符合相当因果关系的标准。

在公共道路上堆放、倾倒、遗撒的物品妨碍通行这一行为具有一定的危险性，行为人应当就其引起的危险承担责任，就此而言无过错责任原则有其适用余地。实务界有观点认为，应当区分两种责任主体适用不同的归责原则，即对于堆放、倾倒、遗撒物品的行为人适用无过错责任原则，而对于道路管理部门则根据《侵权责任法》第85条的立法思想，适用过错推定责任原则。①

七、林木致害责任

林木致害责任，是指因林木折断造成他人损害，林木的所有人或管理人所承担的侵权责任。我国《侵权责任法》第90条规定：因林木折断造成他人损害，林木的所有人或者管理人不能证明自己没有过错的，应当承担侵权责任。

（一）林木致害责任的构成要件

1. 林木折断

林木，包括人工种植的林木和天然生长的林木。林木折断，不仅包括林木枝蔓等的折断、掉落，而且也包括树木果实坠落、树木倒伏等情形。

2. 受害人的损害

受害人的损害，包括人身损害和财产损害，但考虑到物件损害责任范围的控制，受害人的损害不包括纯粹经济损失。

3. 林木折断与损害之间的因果关系

受害人所遭受的损害应当是因为林木折断、倒伏直接遭受的损害，而不包括林木折断后将行人绊倒、造成交通堵塞等引起的损害。就因果关系而言，林木折断与受害人所遭受的损害应当具有相当的因果关系。

4. 所有人或者管理人的过错

林木的所有人或者管理人负有恰当栽植、妥当维护林木的义务，林木折断致人损害通常情况下都是因为林木的所有人或者管理人未尽栽植、维护林木的义务所致，因此《侵权责任法》第90条对林木致害责任采取了过错推定责任原则。实践中，虽然林木的折断表面上是由于自然原因或者第三人等的原因造成的，但实质上常常都与所有人或者管理人的未尽维护义务有关。例如，大风将因虫害而枯死的大树刮倒，砸伤了过路的行人，此种情形下，就不能以大风、虫害而主张免除责任。

---

① 奚晓明主编:《〈中华人民共和国侵权责任法〉条文理解与适用》，人民法院出版社2010年版，第593页。

（二）免责事由

除不可抗力、第三人和受害人的过错之外，林木所有人或者管理人能够证明自己没有过错的，也可以不承担侵权责任。林木的所有人或者管理人要证明自己没有过错，必须证明已经尽到恰当的管理、维护义务。至于栽植义务和维护义务的认定，可以保证林木具有通常的安全性为宗旨综合考虑各种因素。

八、地下设施致害责任

地下设施致害责任，是指在公共场所或者道路上挖坑、修缮、安装地下设施等，或者由于地下设施造成他人损害的，施工人、管理人应当承担的侵权责任。

（一）地下设施致害责任的构成要件

第一，地下设施致人损害。地下设施包括在公共场所或者道路上挖的坑、窨井、地窖、水井、下水道等其他地下设施。地下设施致害责任的适用前提是其导致他人损害，与其他物件致害责任一样，损害应当解释为因侵害绝对性权益而导致的损害，不包括纯粹经济损失。

《侵权责任法》第91条规定了两种不同类型的地下设施致人损害的情形，其一是在公共场所或者道路上挖坑、修缮安装地下设施等的，由于没有设置明显标志和采取安全措施造成他人损害的；其二是由于管理人不能证明尽到管理职责导致窨井等地下设施致人损害。

第二，施工人、管理人未尽管理职责。地下设施的管理人、施工人承担的责任是不作为侵权责任，其作为义务就是管理职责、维护义务，就施工人而言，其维护义务是设置明显标志和采取安全措施，以防他人遭受损害；就窨井等地下设施的管理人而言，其维护义务应当根据相应地下设施维护的规则具体判断。

第三，地下设施致人损害与施工人、管理人未尽管理职责有因果关系。管理人没有尽到其管理职责必须与损害之间应当具有相当的因果关系。例如，受害人骑车回家，第三人违章驾车，为了躲避第三人的车辆，受害人掉进了没有设置明显标志和采取安全措施的工地内或者没有井盖的下水道之中。在这种情况下，第三人的过错并不影响地下设施管理人没有尽到管理职责与损害之间的因果关系。

（二）免责事由

地下设施致害责任是过错推定责任，如果施工人、管理人能够证明自己没有过错，即可以免责。《侵权责任法》第91条对施工人、管理人证明自己没有过错做了更为具体的要求，即施工人应当证明自己设置了明显标志，并采取了安全措施，管理人证明尽到管理职责的，即足以证明没有过错而免除责任。

【本章思考题】

1. 试述不作为侵权的责任基础。

2. 试述监护人责任的承担。

3. 试述用人者承担责任的理论根据。

4. 生产者产品责任与销售者产品责任之间的关系是什么？

5. 机动车交通事故责任与强制责任保险的关系如何？

6. 试论医疗损害责任的归责原则体系及其对我国医疗事业的影响。

7. 环境污染责任的因果关系确认规则。

8. 试述高度危险责任的类型及其承担。

9. 饲养动物致人损害的责任类型。

10. 试论物件损害责任的类型及其构成要件。